BRADY'S BOOK OF FIXED STARS

BERNADETTE BRADY

# ブレイディの恒星占星術の基礎

## 恒星の神話、伝説、哲学

ベルナデット・ブレイディ［著］
さくらいともみ［訳］

太玄社

BRADY' S BOOK OF FIXED STARS

by Bernadette Brady



Published by arrangement with
Red Wheel Weiser LLC
through Japan UNI Agency.

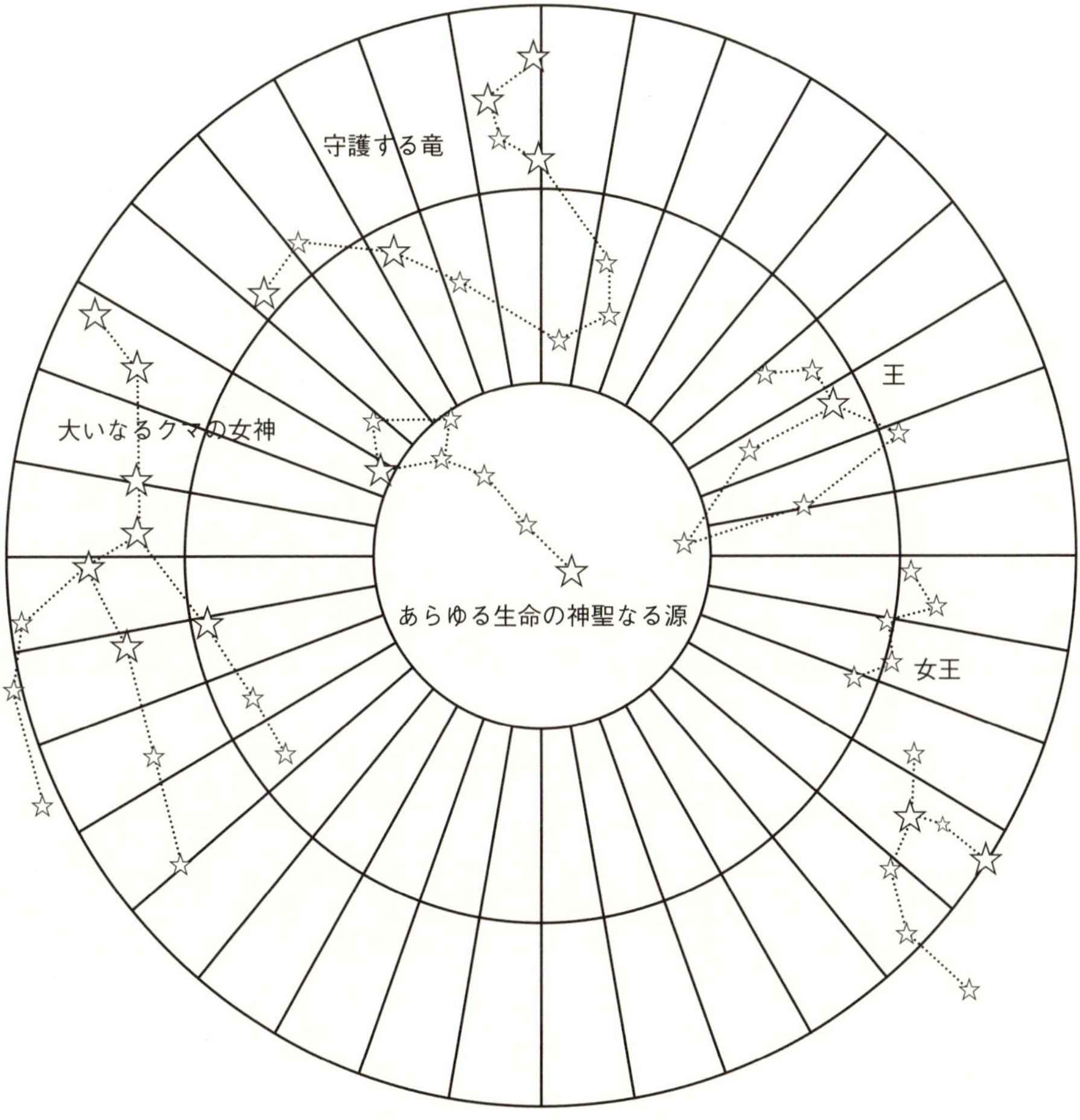


最初のバラ窓

ダレンに

図一覧

スター・マップ一覧

チャート

## 謝　意

長年にわたる友人ジリアン・ヘルフゴートに感謝します。彼女は恒星の世界を私に紹介し、このテーマへのありのままの情熱で私を満たしてくれました。何年もたってからジリアンはニューサウスウェールズ州の熱帯雨林の奥深くにある彼女の家を私がこの本の旅を始めるために利用できるようにしてくれました。

古代の文献を調べていると、時間の埃《ほこり》のなかからふたつの光が射してきました。ひとつは紀元前四世紀のアラトスの作品と、もうひとつは七〇〇年後の、単に三七九年の名前不詳者として知られる名前が失われた著者の作品です。このふたりの著者が旅の道筋を示してくれました。

占星術師はひとりで仕事をするわけではありません。長年にわたってこの題材を発展させ、この本を執筆する長年のあいだ、南オーストラリアの占星術師コミュニティ（学生や同僚）が貴重で、たゆまぬ、忍耐強く、継続したサポートを私に与えてくれました。

目　次

## 第Ⅰ部　はじめに

## 第Ⅲ部　黄道十二宮、生命の輪

## 第Ⅴ部　恒星と出生図

# 第Ⅰ部　はじめに

Part1 IN THE BEGINNING

## 序論

占星術における恒星と星座の重要性を理解するには、人類の夜明けの時代と星々が人間の生命に果たした特異な役割に戻る必要があります。

時間が人間の認識に生まれていないあいだは、すべては完全なものと思われていました。世界は偉大な不死の、けっして沈まない地点である北極星から糸でつるされていると考えられていました。季節はきては去りますが、なにも変化しませんでした。これは黄金時代であり完全性の時代であり不死の女神の時代でした。宇宙や神聖なものはすべて完璧で完全に調和し、北極星は天が毎晩そのまわりを回転し、黄金と富を大量につくり出している巨大なひき臼として、生きとし生けるものとあらゆる秩序の源として、ほかのすべてのものが周回する静止点としてみなされていました。[1] ずっとあとになってギリシャ人はこの点を〝オンファロサ〟と呼びました。これは物事の中心を意味するオンファロスという言葉からきています。ラテン語ではこれは〝ウムビリウス〟と訳し、そこから〝ウムビリカル〟(へその緒)という単語になっています。極は地球のへその緒であり、すべての力、すべての強さ、すべての聖性がこの地点からやってきました。バビロニア人は〝天の母との絆〟と呼びました。静止点から地球へのこのつながりは、ある文化では金の石臼が回転するシャフトである極または軸と見られました。ほかに宇宙樹、[2] エデンの園の生命の樹、[3] または測定棒とする文化もありました。

古代社会はオンファロスの中心に構築され、地球上に天の不死の生命、女神、世界の母を映し出そうと試みました。すべての力が宇宙の中心である極からくると信じられていたので統治するための権力、権威、知恵は部族や集団の物理的な中心を占有することで達成できるということになりました。こうして中心位置は王、女王あるいは首長に属していました。この指導者が特定の石の上に座り、あるいは特定の樹のそばに立ち、極か聖なるひき臼の軸をかたどるつえまたは棒を持つことで天球の極の力を主張しました。のちにこの極点は聖なるケルトの剣だけでなく王笏または聖笏になりました。この聖なる力

1 G. de Santillana and Hertha von Dechend, *Hamlet's mill* (Boston: Nonpareil Books, 1977), p. 3.
2 John Mitchell, *At the Center of the World* (London: Thames & Hudson, 1994), p. 24.
3 De Santillana and von Dechend, *Hamlet's Mill*, p. 223.

の考え方は中心からきており、政府あるいは王位のまさに物理的な中心からどこの家にもある暖炉の中心まで、人間社会のあらゆるレベルに反映されました。

ケルト人は彼らの中心を〝シング Thing〟または〝ティング Ting〟[4]と呼びました、それは英国中にある多くの地名のなかにいまも存在している言葉です——ちょっと挙げてみるだけでもシングウォール Thingwall がリバプールの近くに、ティングリー Tingley がリーズの近くに、ティングリス Tingrith はベッドフォードシャーにあります——こうした場所がこうした地域の政治と法の中心とみなされていたことを示しています。アイスランド社会でもこの言葉が使われ中央政府機構が〝アルシング Al-thing〟と呼ばれていました。私たちは首都に言及するとき〝政府の中心〟という言葉を使用しています。ただ、現在これらの首都を国の物理的な中心に置くことはなくなりました。しかし古代社会の人々はこのような場所に位置していることから国、州、部族の土地、農地あるいは一家を支配する神聖な力をもっていると信じていました。そのため部族の土地の中心は常に岩や立て石で印を付けられていました。これらの石はのちに旗ざおに象徴され、それは戦いにあってどんな犠牲を払ってでも守られました。中心は部族の心臓であり、人々の魂だったからです。実際にこれを反映している先史時代の多くの遺跡のひとつはストーンヘンジです。コーンウォールのランズエンド岬、ウェールズのホリーヘッド、ノーフォーク

4 Mitchell, *At the Center of the World*, p. 24.

海岸の北東端から等距離に位置し、ケルトのドルイド世界の中心だったので権力と権威の中心点であったことを示しています。[5]

プラトンは、完全な人間社会を求めてこのへその緒的な哲学を『法律』第五巻のなかで表現し、そのなかで彼が考える完全な社会や都市を、すべての人々が完全な調和と秩序のなかに暮らす都市を設計しました。この都市はすべての道路、建物などが中心から広がるように設計されました。プラトン前の古代文明のように、社会が不死の中心と調和するとき、世界は黄金時代に戻り、そうしたへその緒的考え方に回帰すれば完璧な秩序のうちに人間の生命を再創造するだろうとプラトンは信じていました。

文化または人々の、そして社会のあらゆるレベルを通じた表現の中心にたいするこの強迫観念は私たちの集団心理の奥深くに残っています。私たちは古代の祖先とちょうど同じようにいまでも国の中心を追い求めていますが、その動機に気づいたり理解したりすることはありません。一九八八年オーストラリアは白人の入植二〇〇年を祝いました。そのとき行われたプロジェクトのひとつは国の中心を見つけることでした。何か月もの作業を費やしましたが中心点が見つかりました。それは南緯25度36分36.4秒、東経134度21分17.3秒のノーザン・テリトリーにある場所でした。オーストラリア政府の中心キャンベラの議事堂にある旗ざおの正確なレプリカが、この砂漠の場所のうえに立てられました。そこには現代人に

5　Mitchell, *At the Center of the World*, p.41.

現れた、本能的に中心点を求める行動パターンがあります。みずからもわからない理由で、彼らは国の力の源やその中心を政府の所在地に伝えようとしています。米国では、北緯39度50分、西経98度35分カンザス州レバノンの地点に石のモニュメントが立ち、そこから旗ざおが星条旗を掲げています。[6] これは米国の地理上の中心です（アラスカとハワイは含みません）。多くの国々にこのような拠点がたくさんあります。英国ではこの場所は保護されウォリックシャーのレミントン・スパに近いリリントンの樫の木ミッドランドオークが示しています。この木は第二次大戦直後に枯れたときもとの切り株から樫の苗木に置き換えられました。[7] 旗ざおでなく宇宙樹です。

この外界への探究は古くからの性質に根ざした反射作用であり、現在では私たちがみずからの心の中心を求める個人的で内面的な霊的な旅で最も一般的に見られ認識されています。プラトンの信念は間違っていませんでした。私たちは完全になるために、みずからの中心を見つけようと試みるからです。心の深いひだのなかで私たちはいまもなお中心性を静寂として、中心性を神聖なものとして、中心性を悟りあるいは黄金時代として考えています。私たちは地球から遠ざかる宇宙探検家や大海をわたるコロンブスのように、心の限界を求めません。個人的な旅では、私たちは中心を求めます。私たちの不死、悟り、そして個人の霊的な旅の概念はこのへその緒の始まり、あらゆる物事が神聖な静止点のまわりを

6　Mitchell, *At the Center of the World*, p. 30.
7　Mitchell, *At the Center of the World*, p. 123.

移動するこの極を中心とした天空から生まれてきました。これは星座、恒星、そして夜空が人間の心に与えたはじめての大きな影響でした。この最初の哲学は集団内では非常に無意識であるため、一般的に名前も認識されていませんが、非常に強力であるため、私たちの精神のまさに基盤を形成しました。

そして、この古代の人間の世界では星空の静止地点の中心である極域は人間の生活と人間の心のなかで物理的に複製されました。地球は異世界または死後の世界への四つの出入り口のあいだにある次元であると思われていました。これら四つの門は太陽年の点である、ふたつの分点とふたつの至点です。[8]これらは四つの柔軟宮に守られました。すなわち射手座と双子座が秋分点と春分点、乙女座と魚座が夏至点と冬至点でした。

太陽はいまでは天の河として知られている黄金の道に沿って移動し、ついには黄道に落ち着きました。一年の半分を双子座から射手座で過ごし、地球に光と暖かさを与え、もう半分を射手座から双子座で過ごし、大海原の地球の下で冷たさと暗さの時期に移行しました。現代の専門用語ではこれらはそれぞれ北もしくは南の赤緯のふたつの時期でした。死後の世界は天の河、すなわちもういっぽうの極である南極に向かって海の下に沈んでいく道あるいは小道を旅することから始まりました。

この完全な世界は聖なる極の女神によって創造され生命を授かり、そして春分の朝に太陽とともに昇る神によって季節ごとのリズムに保たれていました。この神は太陽の馬車か船に乗り、そして人間に季

8 De Santillana and von Dechend, *Hamlet's Mill*, pp.62-3.

節とそれによる生命の輪を与え、それぞれの年が神の上昇によって測定されました。彼は神話的に極の女神と結びつき、そのふたつが世界を完全な調和のうちに支配しました。エジプト人は彼をホルス／オシリスと呼び、[9]現代ではオリオン座として知られています。

しかし、歳差運動による影響が神と女神のあいだにあるバランスと調和のこの結合をゆっくりと壊していくにつれて、社会では世界がほころび、大きな危機が起きてしまったように信じられていました。ギリシャ人はゼウスが怒って天のテーブルの上をたたいてテーブルを傾け、タイタン族と闘い、世界秩序をひっくりかえしたのだと話しました。ケルト人はアーサー王が聖剣を石から引き抜いたと語りました。その昔トルコの九歳の英雄カラ・パーが地球のへそやひき臼から中心にある銅の棒を持ちあげ、引き抜くことができたようにです。[10]エジプト人は、オシリスの弟セトが兄を襲い殺したと伝えました。キリスト教の神話ではヘビ（りゅう座）がエデンの園（極）の中心にある生命の樹に現れました。物語がなんであれ、黄金のひき臼が地上に落下し、空の大海に着水し、渦巻きをつくったというものが数多くあります。この瞬間まで世界は北極星に固定され、この大きな軸が定位置に保たれていました。[11]危機にあって、この軸は溝からはずれました。極は別の星に焦点を移し、世界は元に戻りました。

落ちたひき臼によって生じる渦巻きは、ギルガメシュ叙事詩から知恵を得るために水の世界に迷い込

9 Gertrude, and James Jobes, *Outer Space: Myths, Name Meanings, Calendars* (New York: Scarecrow Press, 1964), p. 219.
10 De Santillana and von Dechend, *Hamlet's Mill*, p. 235.
11 De Santillana and von Dechend, *Hamlet's Mill*, p. 141.

むケルトの魔法の魚の世界、オリンポスから海に落とされたヘーパイストスのギリシャ神話まで多くの神話で語られています。[12] 渦巻きはオリオン座の先端、恒星リゲルが占める地点、オリオンの足にある恒星リゲルが占める地点、大いなる星の海に〝すべり込む〟地点に位置していました。〝渦巻き〟は昔もいまも黄道と赤道が交差する点です。歳差運動の影響は星座が季節とは逆にゆっくりとすべり込むように見えることなので、ある時期には春分とともに昇る星が数千年以上かけて南へすべり落ちていくように見えるのです。見た目にはオリオン座はゆっくりと海に沈みました。オリオン座は春分ごとにだんだんと見えなくなりました。そしてこぐま座との結びつきから引き離されてしまい、不死の母の女神から離れ、黄道の渦巻きにさらされ、死と次に起こる再生を経験しました。渦巻きと絶え間なく撹拌する周期はすべての神々や星座を次々と飲み込みはじめました。歳差運動がすでに始まっていました。

　赤道と黄道が離れていることに気づいたときに、時間が人間の意識のなかで始まりました。太陽の旅はもはや以前のものとは異なり、不死の神々は消えて海のなかにすべり込み船で旅をし黄泉の国に移動するという大きな周期がありました。神々はいまとなっては死ぬことができました。歴史が始まってしまい、黄金時代は終わりを告げていました。ギリシャ人はおとめ座の女神が黄金時代の終わりに悲嘆にくれ、永遠に人類を置き去りにして天に帰ったと語りました。[13] これはおとめ座が夏至の位置を終えた

---

12　Pierre Grimal, *The Dictionary of Classical Mythology*, trans. A. R. Maxwell-Hyslop (Oxford, England: Blackwell Reference, 1986), p. 191.

13　A. W. and G. R. Mair (trans.), *Callimachus, Lycophron, Aratus* (Cambridge: Harvard University Press, 1989), p. 215.

歴史的な神話の物語です。

ひとつの星座が渦巻きに入り南の緯度にすべり込み、もうひとつの星座が春分点に位置することで象徴され予告された、ひとつの世界秩序から次の世界秩序へ移行するこうした時期に古い世界の秩序は〝洪水にあった〟と言われます。[14] これは大洪水や大氾濫のありとあらゆる物語に反映されました。ギリシャ人はデュカリオンの物語を伝えています、それは聖書にあるノアの古典版のようにみえます。バビロニアでは水の神エアの怒りによって引き起こされた大洪水を扱った、ノアに似た別の人物ウトナピシュティムの物語がありました。ハワイの原住民も洪水について語っています、カイアカヒナイル Kai-a-ka-hina-li'I と呼び、〝族長をひっくり返した海〟[15] と訳されています。実際これらの〝洪水〟は先史時代における宇宙規模の洪水についての神話の記録です。

聖書のイザヤ書14章12節にもルシファーが神によって追放され、地獄に落ちるとあります。ルシファーは光の支配者で夕方の星として金星と、そしてふたご座の主星カストールと同一視されることもあります。この星座はオリオン座とともに黄泉の世界の水域にすべり込んだのでルシファーは地獄に落とされたかのようにみえますが、実のところ渦巻きのなかに落とされました。同様に悪魔（りゅう座）が楽園の中心（北極点）にある生命の樹に出現したとき、アダムとイブはエデンの園から追放されました。こ

14 De Santillana and von Dechend, *Hamlet's Mill*, p. 59.
15 J. F. Bierlein, *Parallel Myths* (New York Ballantine Books, 1994), p. 127.

れは黄金時代の終わりであり、楽園は失われました。

生と死、再生の考えを含む宗教が人間の精神に現れ、私たちの目に証拠となるものを体現しました。[16] 聖なる女神である極はけっして沈まないのでまだ不死でしたが、軸はもはや傾き聖なる男性の神々が、生命、死、再生の周期に支配されました。エジプトの神話では、オシリスは死に（ふたご座／オリオン座は春分点からすべり落ちました）、冥界の支配者になり、息子のホルスに王座を譲りました（おうし座が新しい春分点の星座となりました）。[17] ホルス、彼もまた海にすべり落ちたとき、その王位をエジプト人には〝神々の王〟として知られる神アメン・ラーに譲りました。これはおひつじ座が春分点にきたことを意味しました。台頭しはじめたギリシャ文化ではこの〝神々の王〟という称号を彼らのおひつじ座の神であるゼウスに与えました。二〇〇〇年後ゼウスは自分の時代の終わりを知ったとき、是が非でも後継者をつくる必要がありました。そして人間のセメレーを介して子供をつくりました。こうしてディオニュソスが誕生し、新しい世界秩序の新しい神となり、うお座が春分点を支配しました。ディオニュソスもまた、以前の神々のように後継者をつくる必要があります。確かに私たちの時代にうお座はほとんど完全に渦巻きのなかに隠れ、ディオニュソス（キリスト）は後継者を残さず、再来を約束するというだけの曖昧な結果となりました。

16 Jane B. Sellers, *The Death of the Gods in Ancient Egypt* (London: Penguin, 1992), p. 123.
17 Sellers, *The Death of the Gods in Ancient Egypt*, p. 123.

つまり、太古から人類の本能が現代の精神に告げていることは、世界はバランスを欠いているということです。科学は私たちを空とその中心性の考え方から連れ去り、いまではビックバン宇宙論を支持しています、これはすべての事物が共通の起源や中心から始まり、時間と空間はそうした仮説上の爆発以前には存在していなかったというものです。[18] 科学は一巡してもとの位置に戻りました。ひとたび周期とつながりの概念から私たちを遠ざけると、今度は大きな中心となる信条を探すほうへ、ビックバン宇宙論の論理的展開である、すべてのものはひとつであるという統一場理論のほうへ向かいます。

歳差運動にたいする認識は集合意識のなかに蒔いた種のように作用し、〝なぜ〟〝どのように〟という答えられない質問は私たちを科学と論理の世界に駆り立て、この時点からのちに私たちは世界を疑問に思い、結果として無邪気さと純朴さを失いだしました。私たちは母のゆりかごと周極の生活の安全性から離れ出し、周期の価値が低くなり、女神や周期的で生物学的な女性の生命は重要ではなくなりました。しかし、私たちがこの夜ごとの中心である極を見失うまえに、私たちの精神は極を中心とした生活の明確な秩序が創造したイメージどおりに形づくられていました。そして渡り鳥のように私たちは最後まで完全な中心性に向かって努力するよう駆り立てられています。それは私たちが人間になって初めて聞くドラムの鼓動であり、いまだに鳴り響いていています、最大音ではないかもしれませんが、間違いなく最大の振動で鼓動しています。

18 Stephen W. Hawking, *A Brief Histry of Time* (New York: Bantam, 1988), p. 9.

ジョルジオ・デ・サンティリャーナとヘルサ・フォン・デチェンドの言葉によると、占星術師は〝世界の伝統的なシステムについて熟考し、天文学、地理学、神話、時間と変化の法則にかんする聖典などあらゆるものを利用して、野心的なシステムを構築してきた〟人たちです。[19] したがって占星術師として私たちはこうした世界の神話、科学的事実と人間精神の観察から推定し、学び、こう結論を出しはじめるべきです。星座や恒星とともに星空が人間の精神形成のまさにモデルになりうるかもしれないと。そして、もし私たちがそうした種類の結論に到達できるとしたら、恒星を惑星志向の占星術に復活させ、心理的なるつぼの底に捨てられた破片ではなく、中心的な教義に据えたいと思うでしょう。占星術に〝星〟をとり戻せばいいのです。ある意味でひとりひとりの人間の精神は星空であり、自分の静止点、自分の中心である聖なる北極点を中心として眺めることが可能です。

しかし、天の影響力は人間の精神を形づくる型として極域をしのぎます。というのも星空全体は古代の人々が神話、物語、口述歴史、宗教を描くキャンバスであると同時に民族構造の型を提供したからです。人々は北極から見わたすかぎりの南まで明るい星々を観察し名前を付けました。そしてこのキャンバス上で神話は永遠に生き続けることができました。星空は壮大な絵本となり、それぞれの物語は夜ごと人々が炉辺に座るとき解き明かされました。こうした天空の物語は移住の波によってひとつの文化から別の文化へと運ばれ、歴史の幕開けである時代の始まりの、偉大な神話が未完成の頃には空は多くの

19　De Santillana and von Dechend, *Hamlet's Mill*, p. 228.

文化で共有された多くの物語に満ちており、そうしたものの起源はすでに口述歴史の織細な織物のなかに埋もれてしまっていました。

夜空は壮大な宇宙の本であり、こうした民族が求める要求を満たしました。それは本来の大聖堂あるいは寺院であり、彼らの道徳、宗教、ライフスタイルを保持するもの、もしくは視覚的に表現するものでした。それは彼らに宇宙のなかでの彼らの場所を示し、不確実な世界のなかで彼らに確かさを与えていました。そこは神の住まいでした。無限に長い年月のあと、キリスト教徒は物語に満ちたこの空をまねて大聖堂を建てました。それらの円天井の高くそびえ立つアーチは色ガラスであふれんばかりでキリスト教の神話を表現しました。大聖堂は人々の書物であり、神話と宗教の物語がおさめられており、そしてすべての大聖堂のバラ窓は神聖な天球の極をかたどり、その神聖さは立派な場所にあることで示されており、星々の代わりにステンドグラスがありました。

## 恒星占星術衰退の背景

歳差運動が認識されるとすぐにそれは人間の精神に触媒として作用しました。そのパズルは人間の精神をからかって気づき、論理、数字、数学、そしてついには科学を生じさせました。解かれるのを切望するこうしたパズルは歳差運動の性質と移動速度に関係していました。プトレマイオス（紀元前約一〇〇―一七三年）の時代にはその疑問はまだ大部分が解明されておらず、彼の関心を強く引いていました。

プトレマイオスは最初に天文学者であり、空の象徴的な意味よりも実際は空の数学のほうに関心がありました。

彼の主な論理上の問題は歳差運動にかんする疑問に答えるためにふた組みのデータが必要であることでした。それは、ある期間における星の正確な位置と、そのあとの期間に測定された同じ星のリストの位置でした。ふたつのリストを比較し、ふたつのリストのあいだの期間を知ることで歳差運動の速度を発見することができました。

プトレマイオス以前の初期の天文学者が使用していた空の星の位置を特定する方法は、月の経度と緯度の度数とともに月の周期の日付と時間を記録し、星への方向に印を付けることでした。これは面倒な方法であり、プトレマイオスの『アルマゲスト』からの次の抜粋を引用します。

「繰り返しになりますが、チモカリスは、第一カリポス周期の三六年、ちょうど十時のはじめに月がその北の弧でさそり座の額にある北極星を追い越すように見えたことをアレクサンドリアで観察したと述べています。そしてこの日付はナヴォナッサル四五四年、エジプトのファオフィ（編注　後期古代エジプト民間暦の二番目の月を表す）十六～十七日で、真夜中の三季節時間後、三と五分の二赤道時間です。なぜなら太陽は射手座のなかの二十六度でしたが通常の太陽日にかんしては三と六分の一時間だったからです。このとき月の中心の真の位置は秋分点から三十一と四分の一度、黄道から北に一と三分の一度でした」[20]

プトレマイオスはこの状況を繰り返し、現在の日付に対応する特定の月齢の位置を発見し、星の動きを計算することを進めましたが、それは面倒でありすべてが正確というわけではありませんでした。そこでプトレマイオスは星の位置を記録するもっと良い方法を開発しようと決意しました。その理論は、星を測定する方法を明確に定め、その方法を使って〝六等星までのできるだけ多くの星〟を測定することができれば、[21]後生の天文学者が歳差運動の速度の推定値をチェックするのに使用できる星のリストを作成できるというものでした。

その方法は単純でした。最初に彼は必要な計測を可能にする装置を開発しました。黄道の極を見つけ、こうした極の経線を介してあらゆる星を黄道上に投影しました。投影された星が黄道を切る点と黄道の北または南の星の緯度が慎重に測定されました。プトレマイオスは一〇二二個の星を測定し、このリストをその著書『アルマゲスト』に掲載し出版しました。

これは独創的なシステムでした。星の位置を正確かつ簡単に記録できることを意味しており、星の黄

20 クラウディオス・プトレマイオス『アルマゲスト』(Chicago: Britannica, Great Books of the World, 1985), p. 232.
21 『アルマゲスト』, p. 233.

道位置の変化を簡単に書き留められるのでこの先ずっと再現することが可能です。これは天文学者にとって大きな前進であり、プトレマイオスは天文学の巨人のひとりに列されました。しかし、占星術が恒星を使用する方法を変えてしまったようにみえます。その時代まで占星術において星を使用する方法の主流が星の上昇、天頂にあること、沈むことによるものであったことを証拠が示しています。[22] しかし、数百年もすると占星術師はプトレマイオスの便利な星のリストと黄道上の度数とを一緒に取り込み、自分たちの仕事に使い、面倒で旧式の技法を捨てました。プトレマイオスは天文学者として天文学的な必要性にかられてリストを開発しました。彼はつまるところ天文学者であり、このリストを載せた本は占星術にかんする本『テトラビブロス』ではなく、天文学の大作『アルマゲスト』でした。しかしながらのちの占星術師は彼の名声に左右されて、恒星を占星術的に使用する好ましい技法としてプトレマイオスの星のリストにある黄道上に投影された度数を使用するのを選びました。これはゆっくりとした移行でした。三七九年に『明るい恒星にかんする論文』が名前不詳の著者によって書かれ、[23] 上述の方法で黄道に近い星を使うことについて語っていますが、黄道から離れた星を使用する場合はチャートの〝軸のポイント〟[24] を使用しています。これは現在知られているパランを使用する方法です。

22 プトレマイオスと三七九年の名前不詳の学者の著作による。
23 Anonymous of 397. See *The Treatise on the Bright Fixed Stars.* trans. Robert Schmidt (Berkeley Springs, WV: The Golden Hind Press, 1944), p. 379.
24 アセンダント、ディセンダント、ＭＣとＩＣ。

プトレマイオスが投影した黄道上の度数（本書ではＰＥＤとします）は黄道の極にもとづいていました。その後、一〇二二個の星のリストとそれらのＰＥＤは時代を経て歳差運動をし、各時代の占星術師が現在の歳差運動の速度を加えて、各時代における星の現在の黄道位置を見つけました。プトレマイオスの星のカタログはこうして千年をはるかに超えて、モンゴル系トルコ人の君主にして天文学者でありファフリーの六文儀を開発したウルグ・ベク（一三九四―一四四九年）とレギオモンタナス（一四三六―一四七六年）の時代まで使用されました。こうしたふたりの天文学者はプトレマイオスの星のカタログをすべて再構築し、アルブレヒト・デューラー（一四七四―一五二八年）が（黄道の極の測定をもとにしたプトレマイオスの方法よりもむしろ）赤道の極にもとづいた星図をつくるための土台を築きました[25]（図1参照）。この新しい投影法を使うことでプトレマイオスのリストの一〇二二の星々はそれぞれ新しい黄道の位置を与えられました。ウルグ・ベクとレギオモンタナスの時代の占星術師は恒星の位置のこうした変化を疑問なく受け入れているようにみえました。その日以来占星術師も天文学者も、そのような投影法のすべてに黄道ではなく赤道の極を使用してきました[26]。そのため、最初に占星術界がプトレマイオスの天文学的な業績を受け入れ、次にパランの古いシステムを使わなくなることにつながり

25　Thomas J. Filsinger, *Manual Notes and Tables for the Map of the Universe* (Berckeley: Celestial Arts, 1988), p. 2.
26　恒星の投影された度数システムの使用を好む占星術師のために、現在占星術師が使用している方法と対比してプトレマイオスの投影法に与えられた西暦二〇〇〇年の位置を含む一七六の星のリストを付録Ｅにおさめました。占星術師はのちの天文学者が考案したものでなく本来の投影システムで作業をすることに興味をもつかもしれません。

ました。もしそれが有効な措置だったとしたら、なぜ占星術界がウルグ・ベクがなした業績を受け入れたのかという疑問をもつ必要があります。なぜならばそれはプトレマイオスが記録したあらゆる恒星の黄道位置を変えたからです。

占星術師が星の黄道上に投影した星の度数を使用する場合、星が特定のチャートのアセンダントと同じ度数にあるとき、その星の実際の位置と視覚的なつながりはありません。この星は数時間早く昇ったかもしれないし、あるいは今後数時間昇らないかもしれません。

図2では網掛け部分は地平線の面です。この図はおひつじ座のアルファ星ハマルが地平線に上昇しているのを示しています。ハマルが上昇しているときにアセンダントの黄道の度数を見る場合、それは魚座24度です。そのため特定の位置では、ハマルは常に魚座24度で上昇します。しかし、天の極からもういっぽうへ引

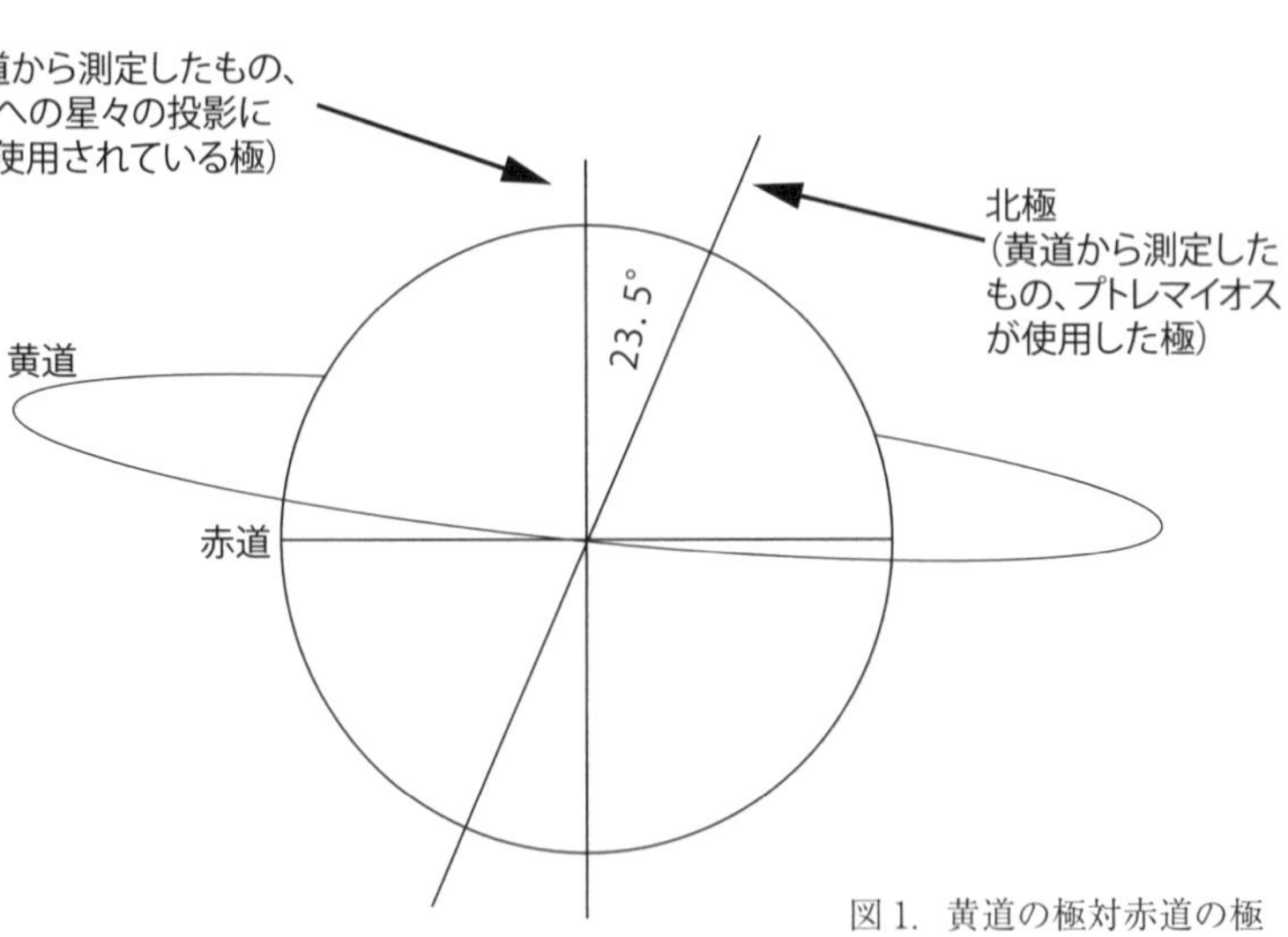


図1. 黄道の極対赤道の極

かれた線を想像でき[27]（図では破線）、その線がハマルを通ると、その線は黄道の牡牛座５度を切り取ります。そのためハマルのＰＥＤは牡牛座５度になるでしょう。さてハマルのＰＥＤが牡牛座５度であると言って、それをハマルの位置と認めると、本当のところこれは単なる数学的な概念であるにもかかわらず、あやまってこの星が物理的に牡牛座５度にあることを暗示してしまう可能性があります。というのも結局、牡牛座５度がその位置に上昇するとき、魚座24度と同時に上昇するハマルはずっと以前に地平線を離れ空のきわめて高いところにあるだろうからです。

したがってハマルは牡牛座５度に投影されるかもしれませんが、同時に上昇する度数にもとづいた別の黄道上の位置もあります。この新しい位置は緯度ごとに異なり、この例ではハマルと魚座24度を結びつけています。星がどの度数でともに上昇するかということの問題はパランの古い方法の一例です。

27　現代の投影法であり、いまではこうした投影に使用される唯一の極です。

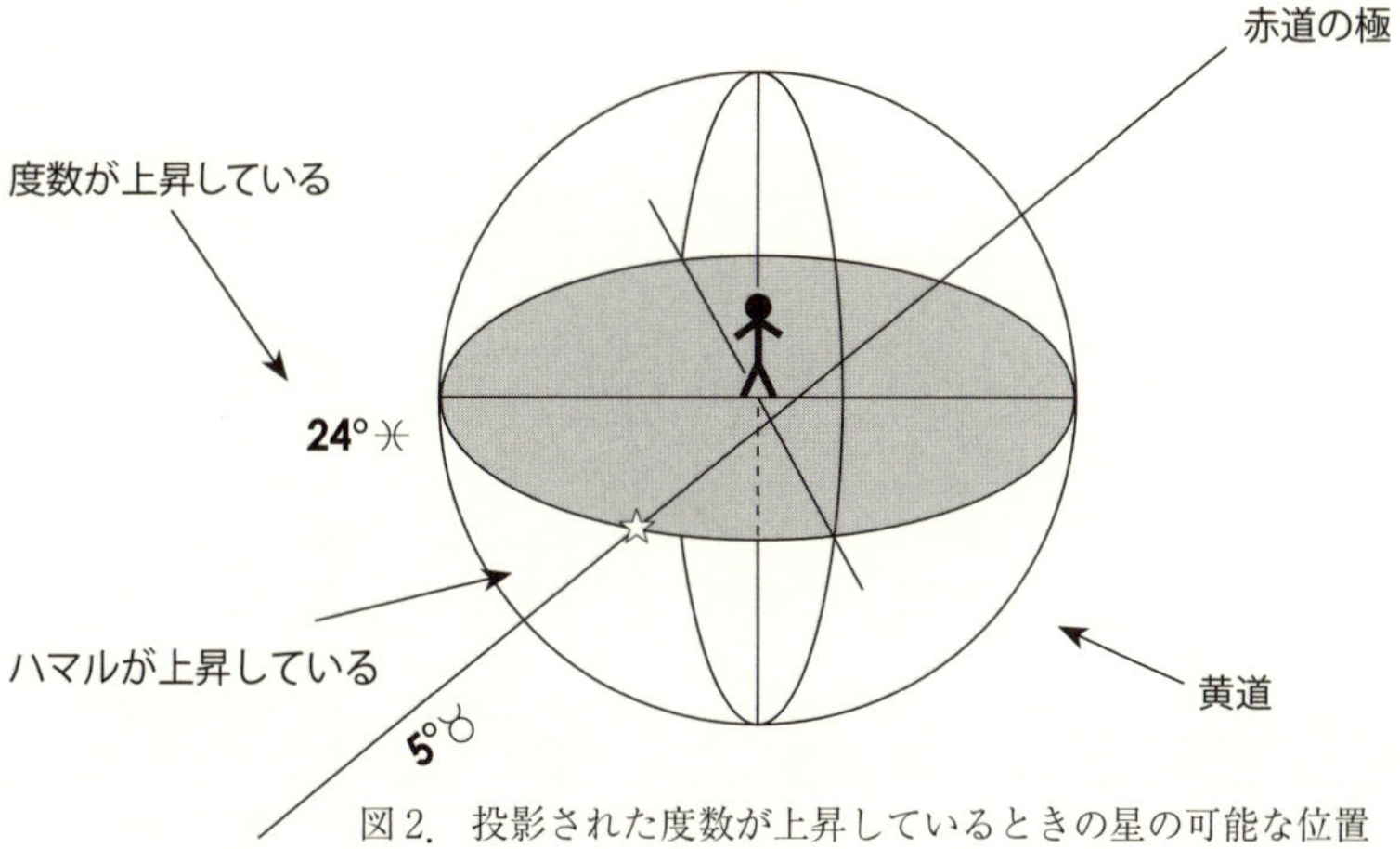


図２．投影された度数が上昇しているときの星の可能な位置

## 占星術の恒星史におけるプトレマイオスのもうひとつの貢献

プトレマイオスはまた、それぞれの恒星のエネルギーを惑星のエネルギーの組み合わせに結びつけたことでも有名です。彼はこの研究を『テトラビブロス』に発表しました。その第九章で次のような意見を述べています。「おひつじ座の頭部にある星々は火星や土星と同様に影響力をもっている」[28]。プトレマイオスがそれぞれの星を惑星の組み合わせに結びつけることで成し遂げようとしていたことについて考察するのは重要なことです。『ティマイオス』のなかでプラトンは創造者デミウルゴスについて語っています。デミウルゴスは人間の魂を宇宙の魂と同じ方法でつくり、こうした魂の数が恒星の数であるということです。これをもとにして〝さまよう星々〟もしくは惑星は、時間を司るものとして選出されました。魂は恒星からさまよう者へ移動し、そこでそれらの力は人間の魂に置き換えられると考えられていました[29]。

このようにプトレマイオスはプラトンの著作に親しみ、神話的な影響とあらゆる恒星の意味を惑星の組み合わせに置き換えることが適切で正しいことであると感じたにちがいありません。ここでの目的は

28 *Ptolemy's Tetrabiblos*, J. M. Ashmand, trans. (London: Foulsham, 1917), p .24.
29 De Santillana and von Dechend, *Hamlet's Mill*, p. 307.

恒星を神話学上無視するのでなく、プラトンが示唆した可能性のある惑星の力を探究することでした。しかしときが経つにつれてこうした惑星の意味が表舞台に立ったようです。占星術師たちはそれぞれの星のまわりで紡がれてきたかつての壮大な物語、教訓や人生の教えを失い、忘れてしまいました。したがって、黄経に投影された星の度数の使用、のちにウルグ・ベクとレギオモンタナスによって修正されたこと、そして惑星の表現にたとえたことでもとの意味の多くが失われたことなど、これらすべての要因が重なったことによって、恒星が占星術における重要性の中心的な場所を失ったことを意味しました。

占星術師らが星座を捨てたのにともなって、もはや恒星が上昇したり下降したりするのを観察したり気づいたりすることもなくなり、星空に保存されていたイメージや物語は崩壊しました。空は天文学者らに開かれたままでしたが、彼らは天の形にたいする愛はなく、自分たちの世界を空に配置し、古代の美しい星座を目的に併せて小さなグループに分けて刻みはじめました。おおぐまの女神は天の北極にある生きとし生けるものの守護者ですが、大きなひしゃく（北斗七星）になりました。オリオンは赤道の神でしたが、ソース鍋あるいはティーポットとなりました。アルゴは南の巨大な船でもともとエジプトのファラオが黄泉の国を旅するのに使いましたが、南極を漂流する壊れた難破船になりました。星空は、個人の精神や集団の神学を形づくるためのまさしくモデルですが、宇宙との関係をとおして人類や出来事を研究しようと努めている人々からさえもついには見捨てられました。占星術は私たちの技術のまさに中心的な教義であるものとつながりを失ってしまっているようです。

## パランの基礎

占星術で空と星がどのように使用されていたかを再構築するにあたって、単に最初の物語や意味を探し出してそれらの使用に現代の技術を当てはめることはできません。最初の重要なステップは先代が使用していたもとの神話を理解することです。

すでに述べたように、古代の星の観測者が使用していた数学的なシステムがパランと呼ばれるものです。それは単純な概念です。地平線が360度はっきりと見わたせ、星降る夜だと想像してください。東の方向を見ると星が昇っているのが見えます。それらは真東だけでなく、地平線の半円上に昇っているでしょう。北東に上昇している星を観察するとき、同時に南東にも上昇しているもうひとつの星があるでしょう。同時に昇るふたつの星は（図3参照）、星と星

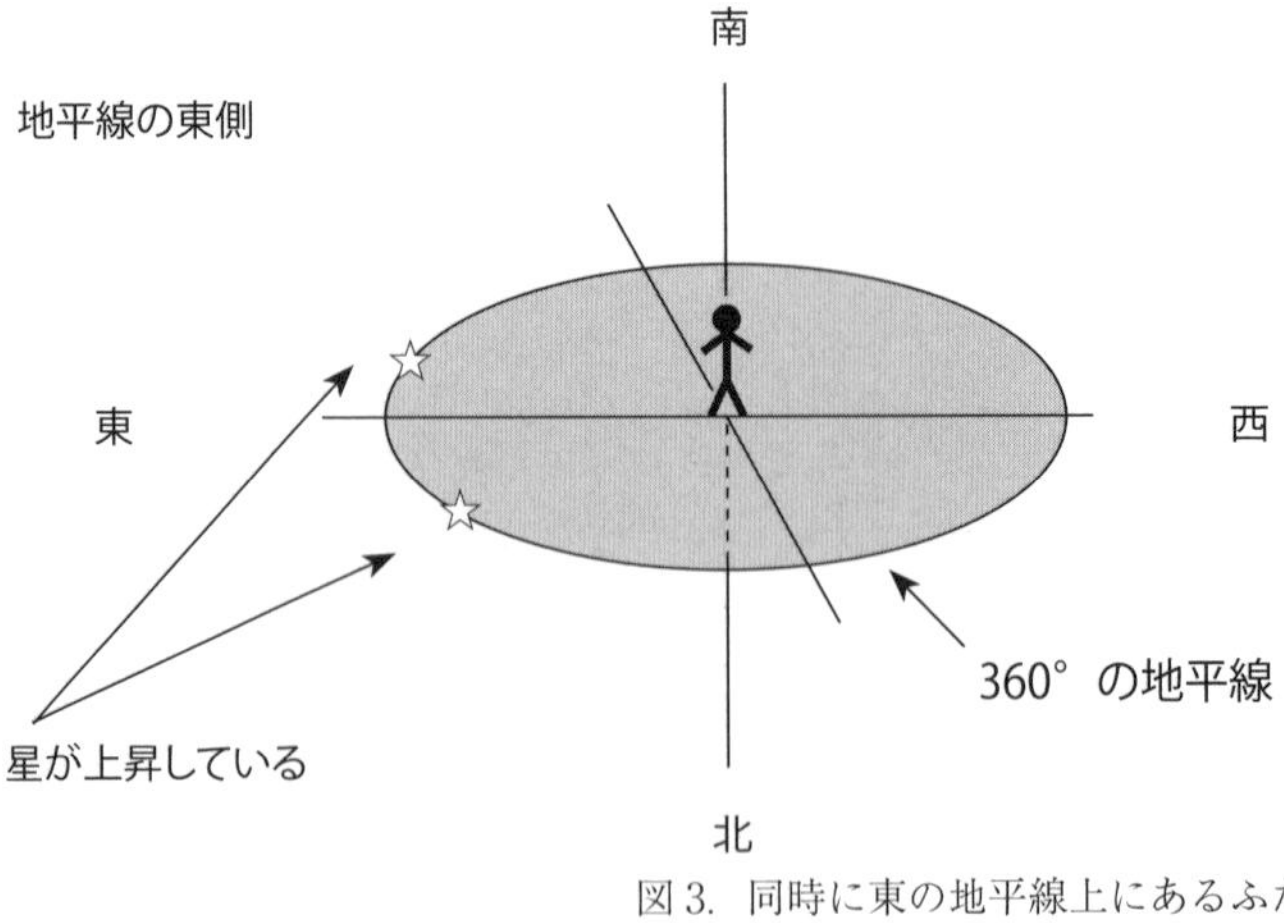


図3. 同時に東の地平線上にあるふたつの星

を結ぶ直線である地平線によってアスペクトされてパランの関係にあると言われます。同様にひとつの星が沈んでいるときもうひとつの星が昇っているかもしれません。これらのふたつの星もまたパランの関係にあります。

さて月が昇るのを観察し、月がちょうど地平線を切り取るとき[30]明るい星が南東にも昇っているのに気づきます、そのとき月はその星とパランにあると言われます。それらは地平線で結ばれています。同じ状況が明るい星が北西に沈んでいるとき起こるかもしれません。月はさらにその星とパランにあります。図4を見てください。

重要な点は黄道の東と西の点だけでなく、地平線の一周が使われていることです。英国のストーンヘンジは地平線を一周することを支持している記念碑です。もし黄道上かその近くにある星々しか使用されず、空のほかの星々が無視されたら、ストーンヘンジは現在のような完全な

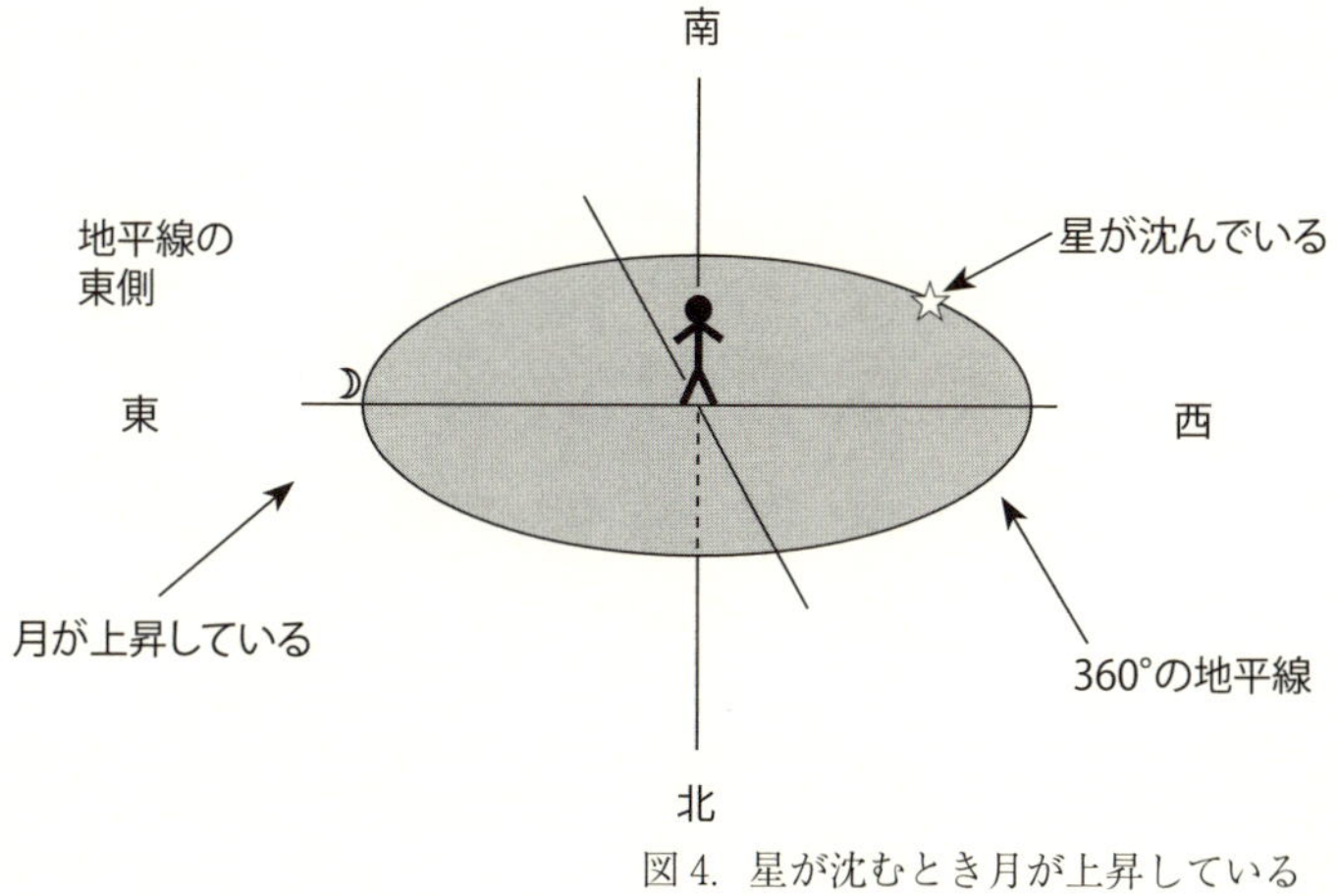

図4. 星が沈むとき月が上昇している

30 これは明白な上昇として知られています。

円ではなく、二本の平行な石の横ばりだったでしょう。こうした構造物が存在していることは、換言すれば、英国のドルイド以前の民族がパランを使用していたことを意味しています。

空のもうひとつの明らかな特徴は天頂点です。南か北のどちらかを向いて、真上を通る線が空を二分するのを想像するならば、いわゆるグリニッジ子午線を想像することになります。この線が黄道を区切るところに、現在の天頂（MC）、もしくは中天があります。この線に沿った星々は頂点に達し、上昇している弧の頂点に達し、西の地平線に向かって下降しはじめようとしています。図5では、星AとBは両方とも天頂にありますが、星BはAより高い高度にあります。

天頂点は別の可能なパランの配置を加えます。ちょうど明るい星が沈んだり上昇したりしているとき月が天頂にあるのに気づくかもしれません。この場合には月はこの星とパランにあります（図6参照）。同様に南東にある星が上昇しているとき、北にある星が

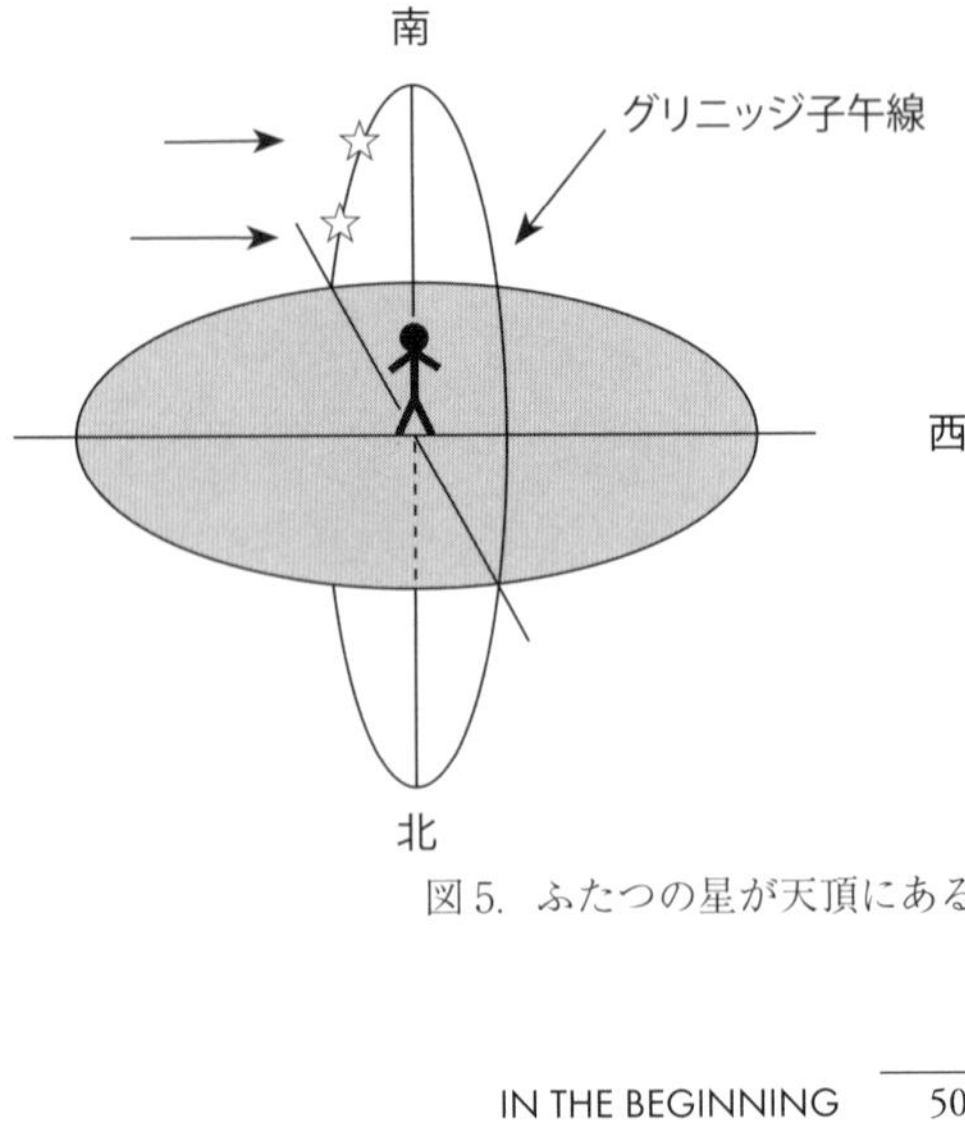

図5. ふたつの星が天頂にある

天頂にあるかもしれません。これらふたつの星はパランの関係にあると言えます。

パランが起きる可能性のある四つの点があります。

・地平線の円の上昇している側
・地平線の円の下降している側
・グリニッジ子午線の上部、あるいは〝天頂にある〟
・地平線の下のこの反対側の部分、あるいは〝天底にある〟

恒星か惑星がこれらの四つの点のいずれかにあると同時に恒星か惑星が同じ点またはほかの三つの地点のいずれかにある場合、これらふたつの惑星または恒星はパランの関係にあります。

## 観測者の位置

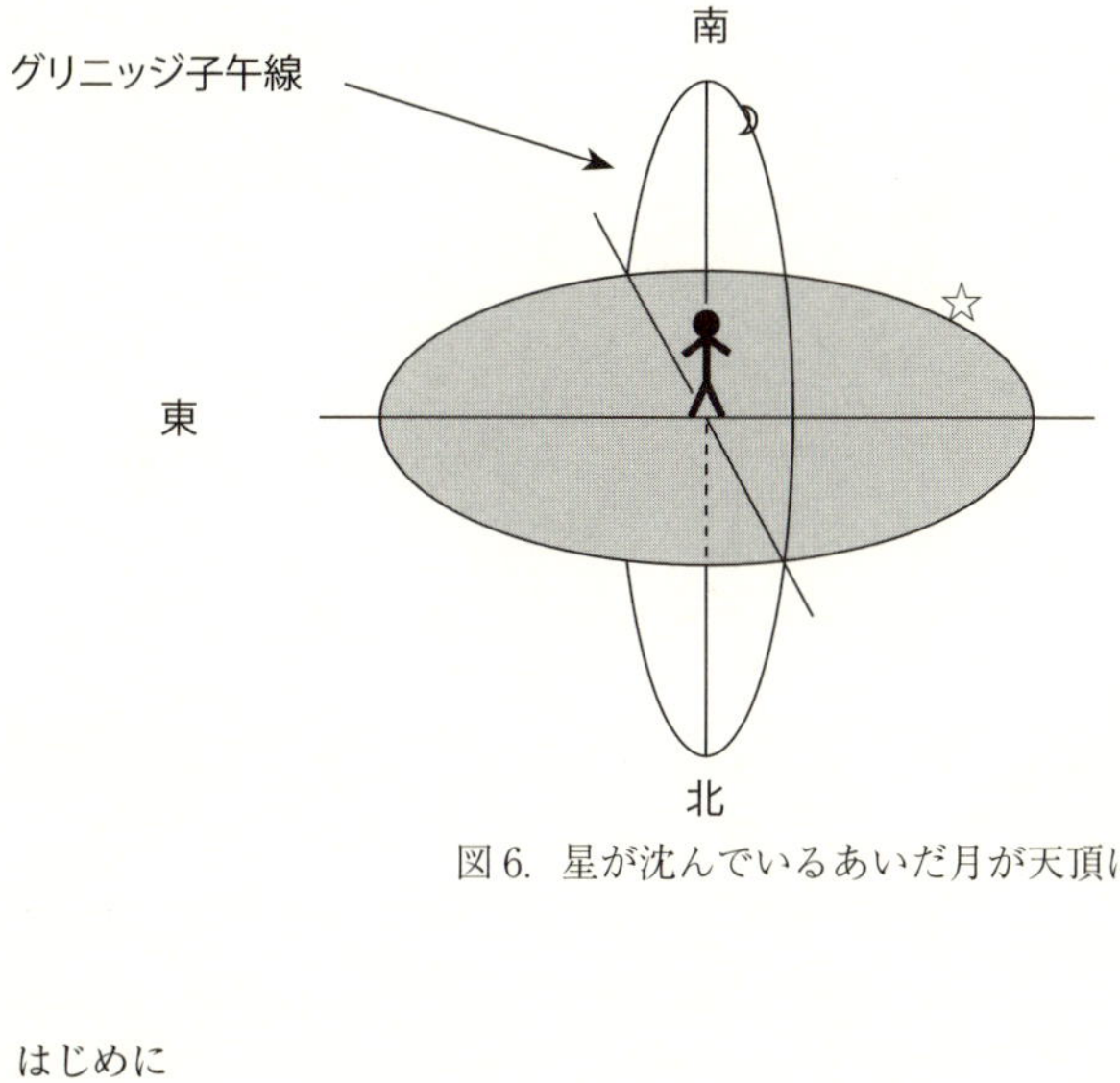


図6. 星が沈んでいるあいだ月が天頂にある

特定の場所では同じ星々がお互いとパランになります。[31] しかし、緯度が変われば、地平線の円が星にたいする向きが変わります。そのためある緯度の星が金星と同時に上昇するかもしれませんが、別の緯度では、同じ日に星は既に上昇してしまったか、あるいは金星が昇るときにまだ地平線の下にあるかもしれません。

たとえば双子の片割れであるふたご座の主星カストールを使用するときに、もし観測者が北緯40度にいる場合アセンダントに上昇している度数が蟹座10度のときにカストールが昇っているのが見られるでしょう（図7参照）。そうした特定の位置では蟹座10度にアセンダントがくるときはいつもカストールが上昇します。もしその位置の出生図で金星が蟹座10度にあるならカストールと金星はパランにあり、両方が一緒に上昇しているといえます。金星は黄道上にあり、カストールは地平線に沿ってさらに北にあるでしょう。

しかし、同じ日に金星が蟹座10度にそのままあるにもかかわらず、観測者が北緯20度に移動してしまったらアセンダントの度数が蟹座17度のときカストールが上昇します。したがって、金星はおよそ三十分カストールよりも速く上昇してしまい、ふたつはパランになりません（図8参照）。

同じ日にもし金星が蟹座10度のままで観測者が南緯30度にいる場合、この状況はさらに変化します。

31　歳差運動は星の赤緯を変えるため、これに影響を与えます。したがって千年以上経つと、かつてパランにあった星はその特定の場所でもはやこの関係にならない可能性が高くなります。

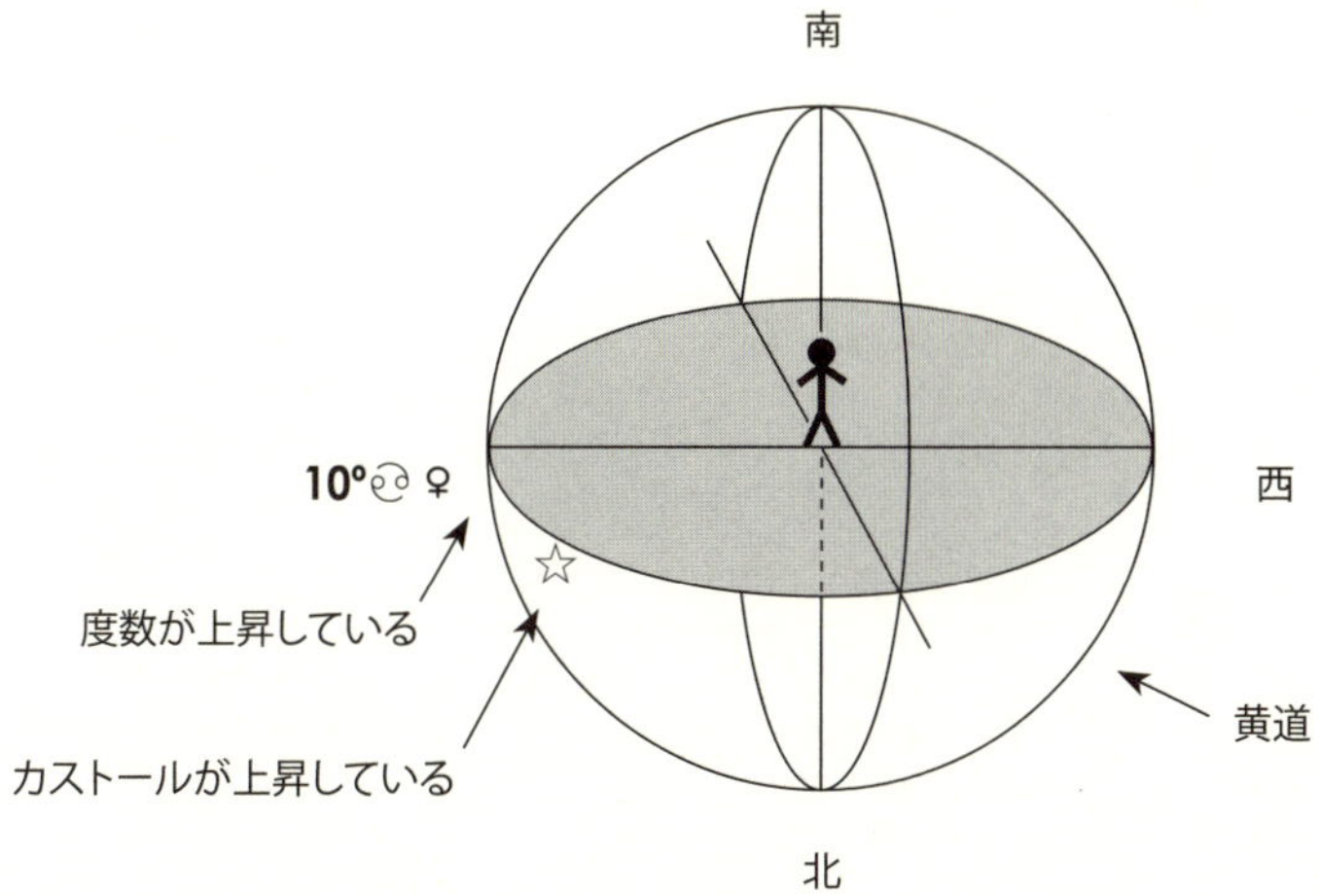


図7. 北緯40度でカストールが上昇している

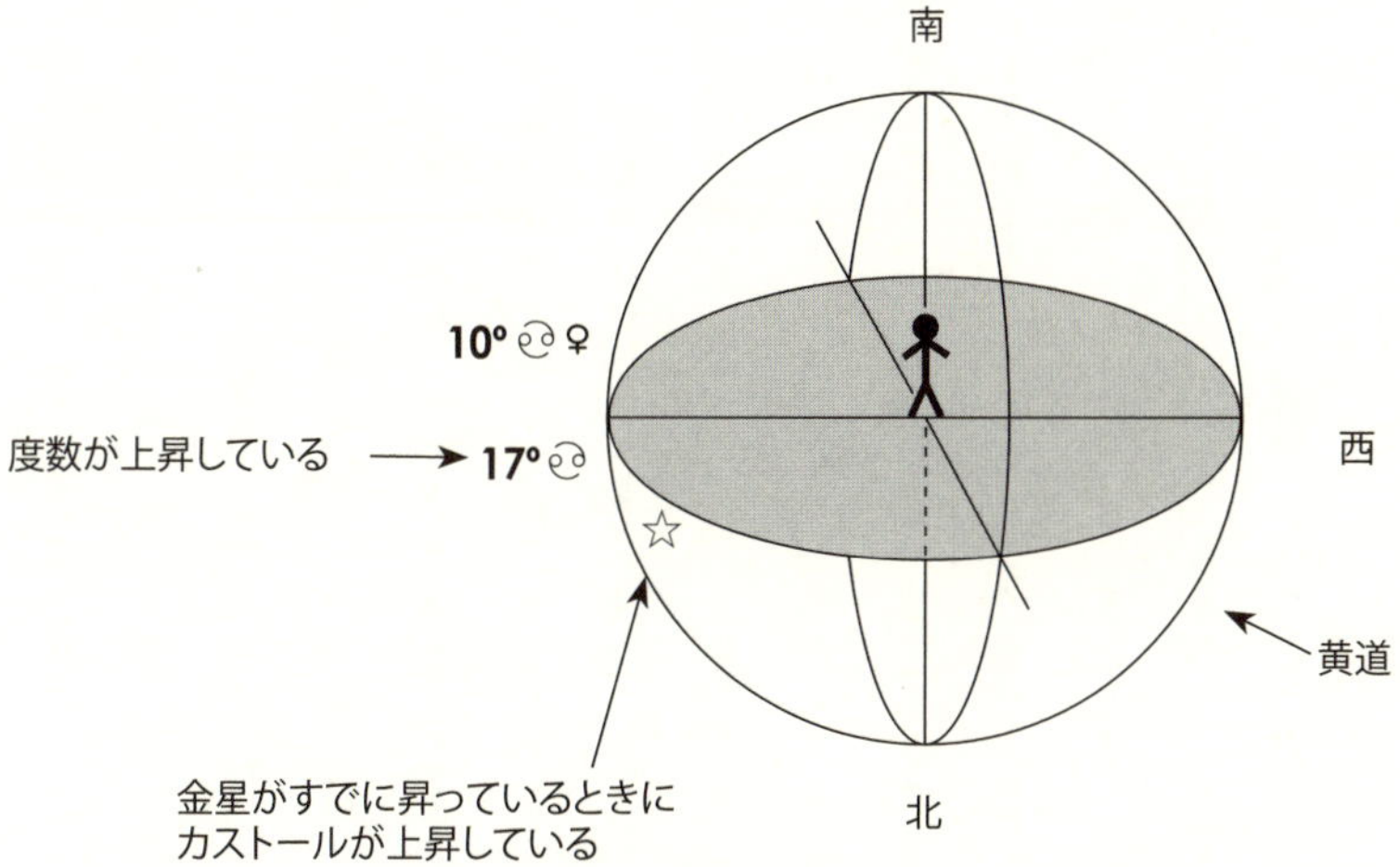


図8. 北緯20度でカストールが上昇している

アセンダントが蟹座29度にあるときカストールは上昇し、金星は一時間以上速く上昇してしまいます（次頁の図9参照）。

したがって、出生図から見ると北緯40度に生まれた人は金星‐カストールのパランの関係にあります。しかしながらほかのふたつの緯度に生まれた人たちはそうではありません。パランは場所に非常に固有なものです。

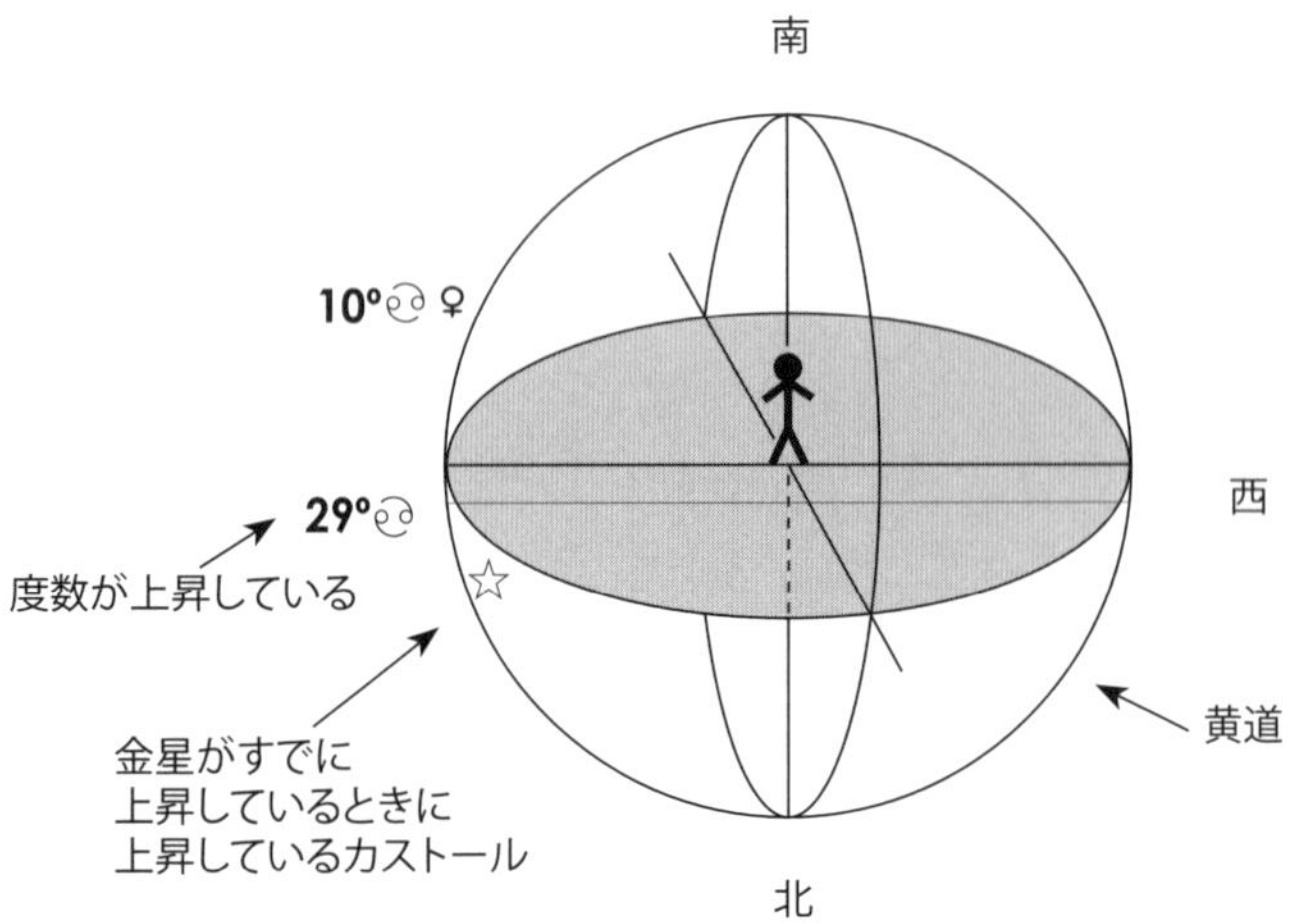


図9. 南緯30度でカストールが上昇している

さてカストールは実際には空の黄道に非常に近い場所に位置しており、黄道星座のふたご座に属しています。しかし、この星にかんしてでさえ蟹座とともに上昇するのは北緯40度から南緯30度までの20度の範囲です。もし、この緯度の範囲をスコットランド南部からタスマニアまで広げるならば、その違いはさらに大きくなります。スコットランドではカストールは蟹座6度とともに上昇しますがタスマニアではこの星は獅子座20度まで昇りません。

星が黄道上から離れれば離れるほどこの範囲は大きくなります。しかし、十二星座の星々にかんしてもカストールと同様にこの範囲は最大のオーブすらはるかに超えています。位置の影響を大きく受けやすいこの性質のため、初期の占星術師がパランの使用から遠ざかる原因となりました。

パランは位置に敏感なため緯度にたいして描いた、各星のともに上昇／下降している度数のグラフを作成する必要があります。[32]

図10はカストールのパラン表です。垂直軸が黄道上の度数で、左側には経度があり、右側に星座の度数があります。地平線の軸は観測者の誕生時の緯度です。

マイナスの緯度は南、プラスの緯度は北です（日付の表はヒライアカル、アクロニカル等に分けられ、星の位相の章で述べています）。地図にはふたつの曲線があります。破線は黄道上でともに下降する度数、実線は星がともに上昇する度数です。

北緯40度を見てカストールの最初のほうの例をチェックしてみましょう。実線が区切るところまで移動します。右側の垂直軸を読むと蟹座10度とあるのがわかります。そして北緯20度を見るならば実線が区切るのはちょうど蟹座17度あたりになります。南緯30度（マイナス30度）まで進むと、実線が区切るのはおおよそ蟹座29度になります。

その表はまたカストールがともに上昇する黄道上の度数が必ずしもともに下降する度数ではないことを示しています。もう一度北緯40度を見てください、カストールがともに上昇している度数は蟹座10度です。さて、破線のほうを見上げればカストールがともに沈むのは獅子座の約7度であることを示しています。同様に南緯30度でカストールがともに上昇しているのは蟹座29度ですが、ともに沈むのはおよ

32　緯度と同じ平行線に沿った経度の変化はパランには影響しません。

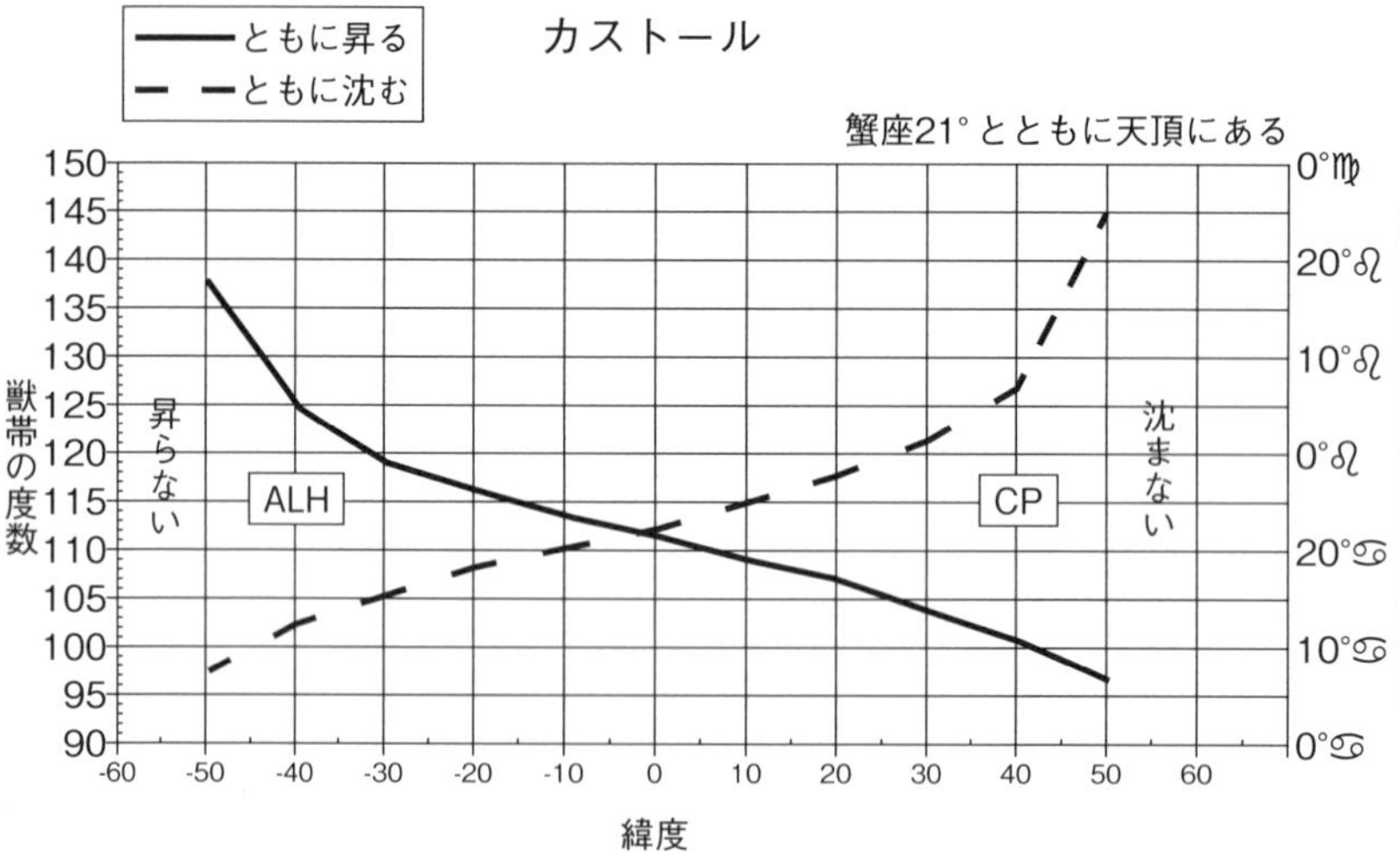


ヒライアカル

| 上昇 | 下降 |
|---|---|
| 8月13日 | 2月9日 |
| 8月7日 | 2月4日 |
| 8月2日 | 1月30日 |
| 7月28日 | 1月25日 |
| 7月23日 | 1月20日 |
| 7月17日 | 1月10日 |
| 7月12日 | 1月10日 |
| 7月7日 | 1月5日 |
| 7月2日 | 12月31日 |
| 7月27日 | 12月27日 |
| 下降 | 上昇 |

アクロニカル

図10.  カストールのパラン表

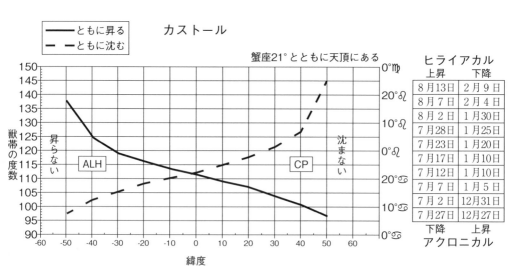

そ蟹座16度です。上昇と下降の度数のこうした違いは黄道上に星があるのではなく、したがって空に太陽とは異なる弧を描くからです。

それぞれの表の一番上には星がともに天頂にある度数があります。これはどこで生まれても緯度の変化の影響を受けません。もし惑星を蟹座21度にもっているならばその惑星はカストールとともに上昇していきます。あるいはもし惑星を山羊座21度にもっているならば、その惑星はカストールが天頂にあるときに天底にあります。

各表は星が昇ったり沈んだりしなくなった場合を除いて、北緯60度から南緯60度までの範囲の緯度をカバーしています。この場合、北緯または南緯50度を超えるカストールの場合と同じように表には適切に記されています。

## 恒星とパランの関係にあるか出生図をチェックします

カストールの例を続けます。北緯30度に生まれた場合カストールとともに上昇するのは蟹座14度で、ともに下降するのは獅子座2度であることがわかります。天頂にあるのは蟹座21度ですので天底は山羊座21度です。出生図でこうした四つの点のカストール近くに惑星がある場合、出生図の惑星はカストールとパランの関係にあります。カストールが象徴する神話は出生図の惑星と結びつき、人生の旅路において表現を求めます。
留意すべき重要な点は生まれたときの惑星が正確に黄道上にあり、すなわち黄緯が0度であるならば、その表は最も正確なものであるということです。ほとんどの惑星は黄道上からそれほど遠くはずれていることはありませんが冥王星は黄緯からかなり大きく離れています。出生時の惑星がもつ黄緯は、上昇したり下降したりする正確な度数を変更します。そのため表はガイドにしかすぎません、パランを使用する最も正確な方法は自分のための情報を出してくれるコンピューター・プログラムを入手することです。一九八六年以来占星術ソフトの主流は恒星のパランのプリントアウトが利用可能になってきました。[33]
この段階でパラン関係をチャートで見つけ、恒星神話を使用することに進みたくなる誘惑に駆られるかもしれません。しかし、星の考古学はほかの遺跡の発掘作業と同様に忍耐強く徹底的に行うのが最善です。

## 見える星だけを使用します

もし観測者が天の北極の真下にまっすぐに立っているとしたら、天は頭上の点のまわりをまっすぐに

33 Windows版のソーラー・ファイアを使用していました（Esoteric Technologies, Adelaide, Australia, 1996）。

回転しているように見えるでしょう。北極で星々は昇ったり沈んだりせず、単に地平線の縁をあちこち回ります。図11を参照してください。

観測者が南に移動する場合、天球の極は空に沈むように見え、そして地平線の南側にある見えない星々が今度は視界に入ってきます。北緯50度で天の北極は次頁の図12で示されるように観測者には50度の角度になります。

南にあるさらに多くの星々が今度は観測者に見えるようになり、極に近づくとけっして沈まなかった星々が今度は沈みます。さらに南に観測者が移動すれば、さらに南の星々が見えるようになりますが、北では沈まない星々がほんの短いあいだ地平線のしたに沈みはじめます。さらに南に観測者が行けばこうした北の星々はさらに長く地平線のしたに留まります。次頁の図13を参照してください。

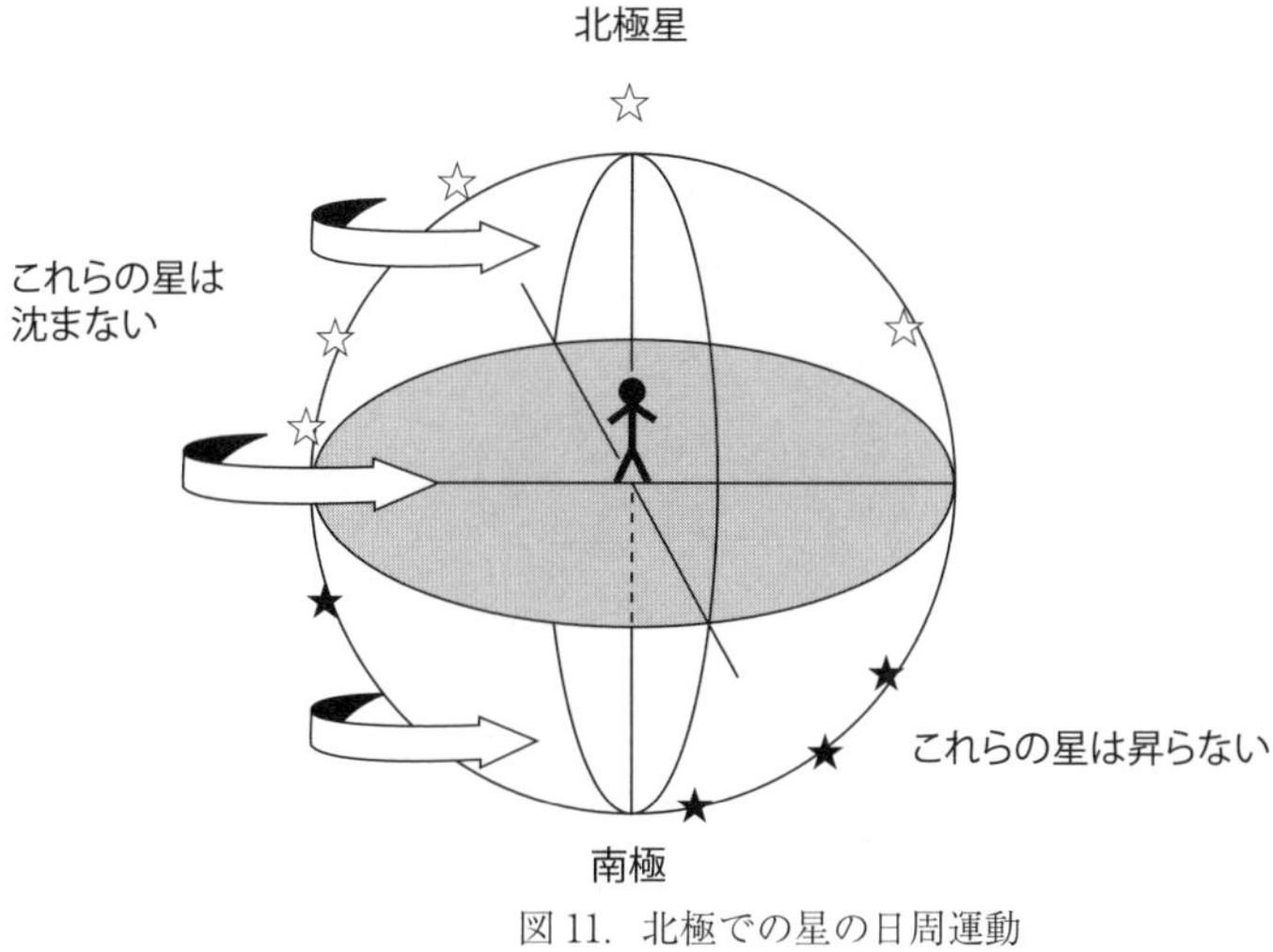

図 11. 北極での星の日周運動

観測者が赤道に到着する頃には、この旅のはじめに頭上にあった天の北極は、いまや北の地平線上

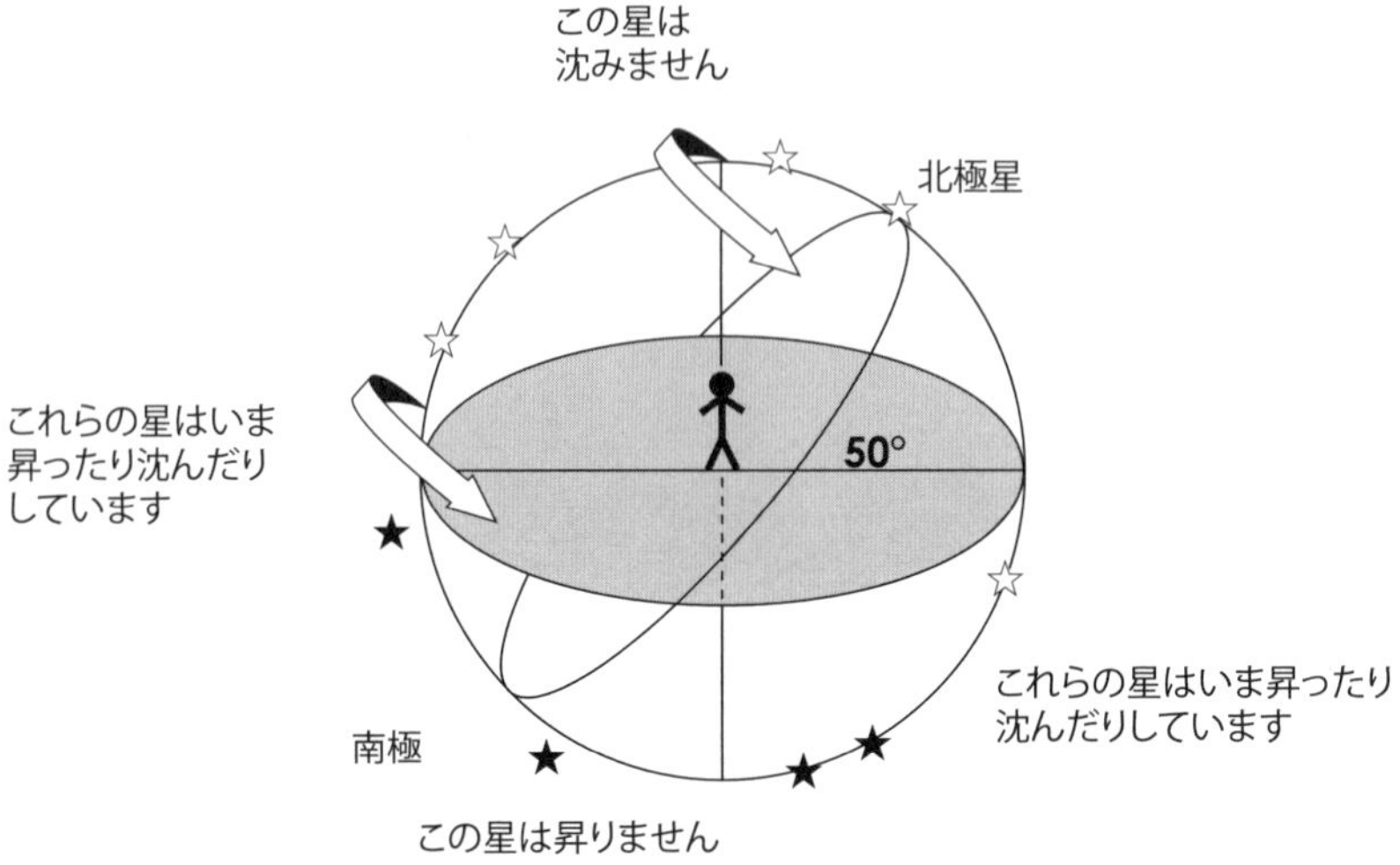


図 12. 北緯 50 度での星の日周運動

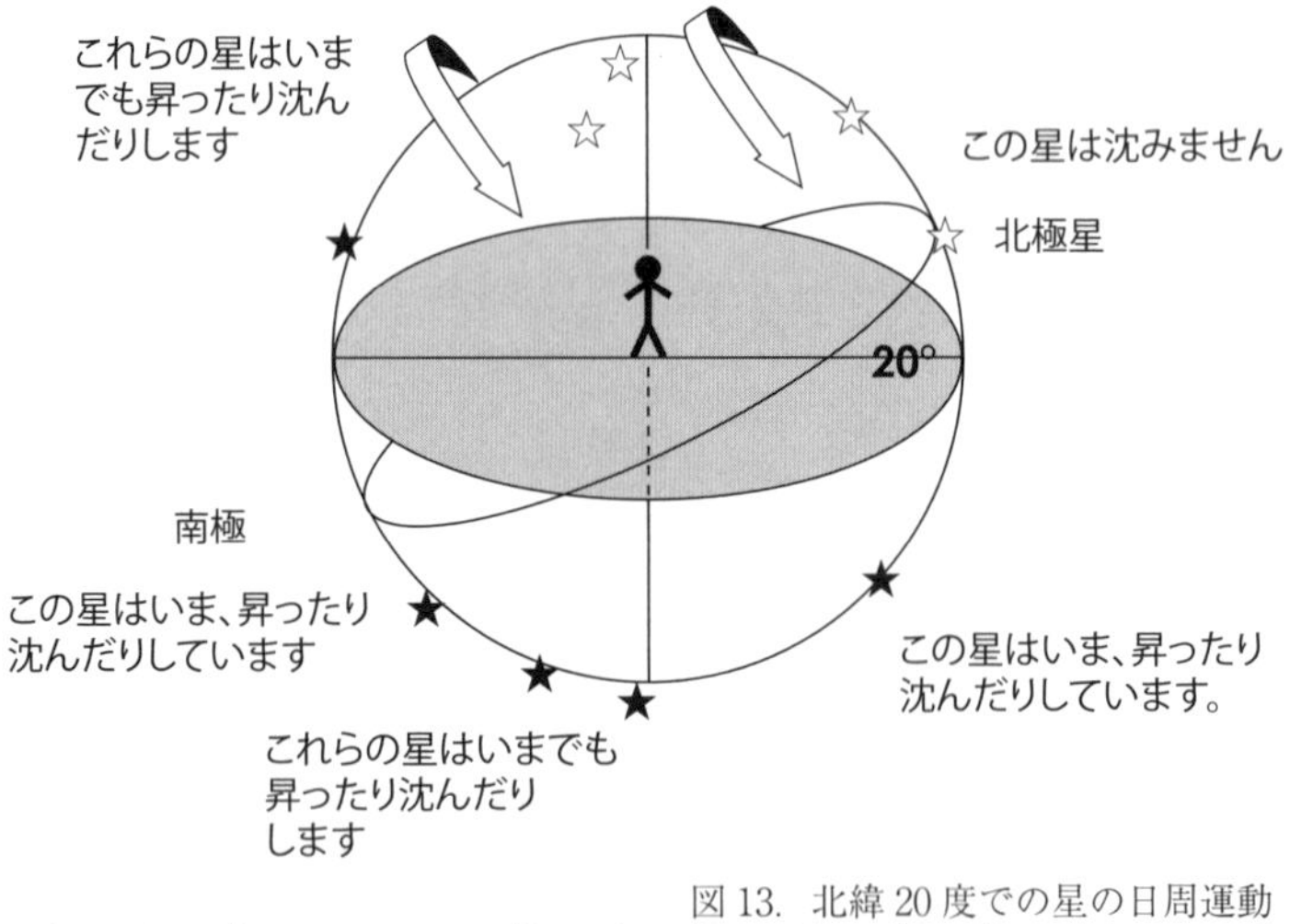


図 13. 北緯 20 度での星の日周運動

にあります、いっぽう最初にちらりと見た天の南極が南の地平線上に現れています（図14を参照）。

観測者がこの点から南に移動するにつれて、南の天極は空にだんだん高く昇り、その角度は観測者にとっては常に観測者の

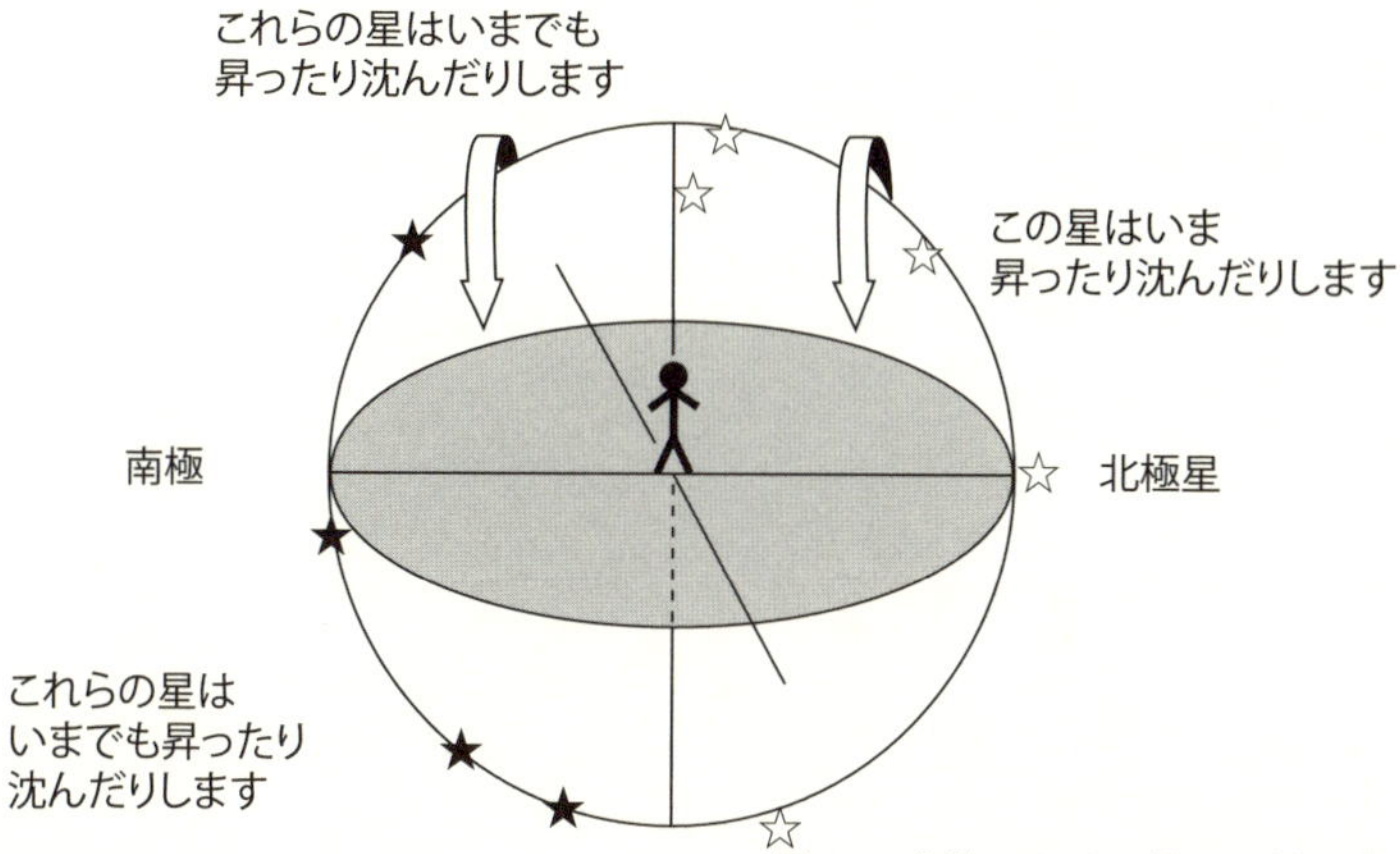

図 14.　赤道における星の日周運動

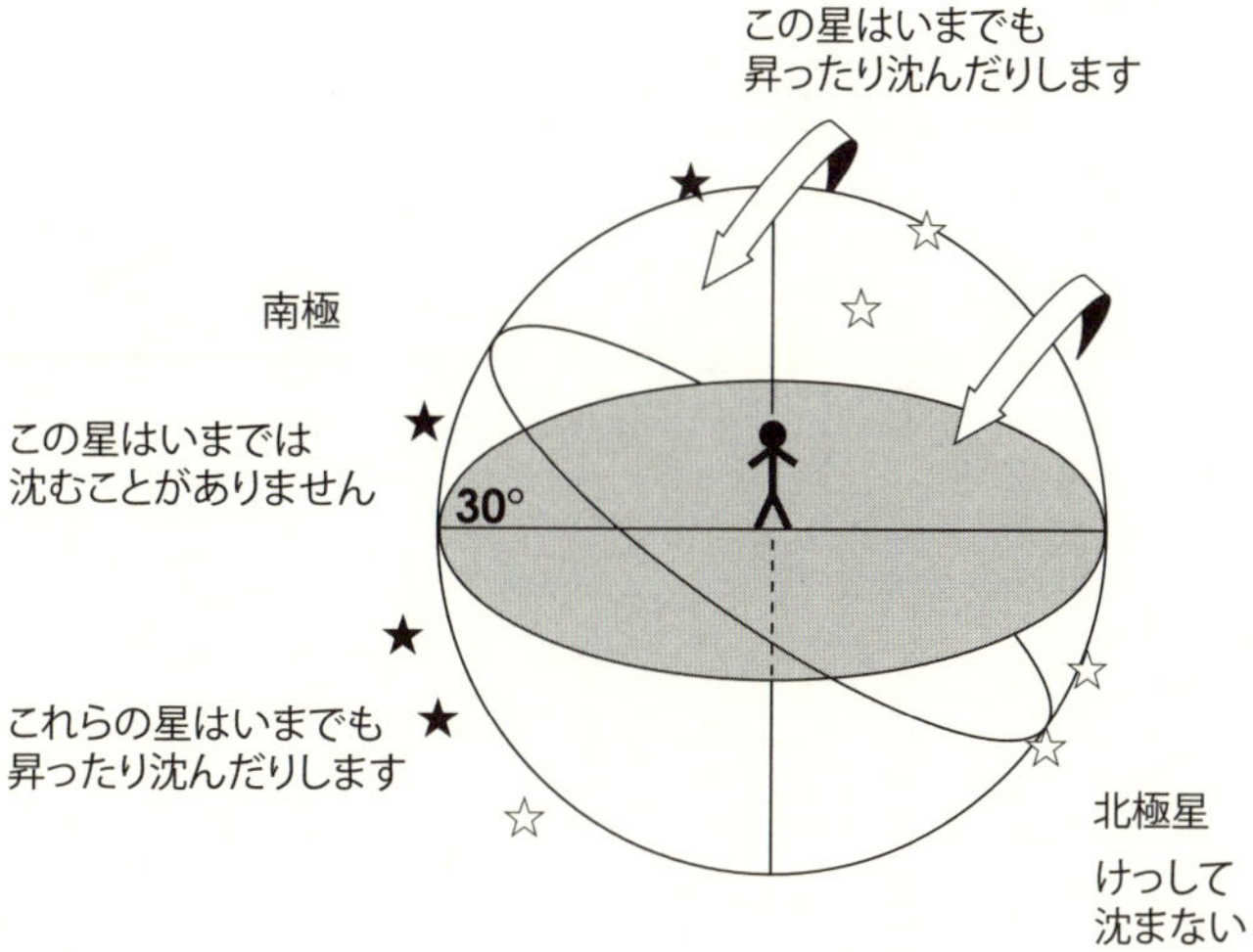

図 15.　南緯 30 度での星の日周運動

緯度の度数と等しくなります。北半球の星々は南の空が現れると消え失せます（図15を参照）。

そのため特定の場所では地平線上に昇らない、そして沈まない星々があります。[34] たとえば、カノープスと呼ばれる大きくて美しい

34　特定の場所にたいするこの正確な組み合わせは歳差運動の影響を受けています。古代の人々は彼らの場所から現在見えるよりも多くの南の空を見ることができました。実際に、みなみじゅうじ座がエルサレムで最後に見えたのはキリストの磔刑の頃でした。しかし、ひとつの生から次の生まで影響はごくわずかです。

星があります。その星はアルゴ船の舵のひとつにあり、アルゴ船は巨大な船で南極のまわりを航海しています。カノープスはプトレマイオスやほかの著者が重要な星のひとつであると認めています。しかし、目で見ることができない場所では使用されませんでした。『明るい恒星についての論文』にはこうあります。

こうした理由で、私たちは明るくて有名な星々の違いと働きをはっきりと記しました。ただしカノープスだけは例外です。カノープスはかなり南にあり、この一帯で見かけることはほぼありません、私の調査はローマ一帯で行なっているからです。[35]

（現代のカノープスは北緯35度より南の緯度から見え南緯35度から沈むことはありません）これは非常に重要な点です。というのも特定の場所や出生地のために、ある星は上昇することができず、それゆえ見ることもできないのならば、出生図に使用すべきではありません。こうした使い方に役立つように、付録Bは観測する緯度によって上昇したり沈んだりすることに関係のある主要な星をリストにしたものです。また、すべての星のパラン表のあとに緯度の有効範囲があるのがわかるでしょう。出生地が特定の範囲内にある場合、その星が地平線で昇ったり沈んだり、あるいは沈まなかったりするのが見えるで

35 Anonymous of 379, *Treatise on the Bright Fixed Stars*, p. 10.

しょう。

したがってこれらの方法を再構築するには次の点を考慮する必要があります。

・地平線で上昇し沈む星（四つのアングルのいずれかに現れる：上昇、天頂、下降、天底）
・沈まない星はいつも短縮した運行（ＣＰ）の位相にある―図16のトリマンの例を参照。
・上昇しない星（まったく使用しない）

この情報はすべてそれぞれの星のパラン表を使用して見つけられます。次の図16はケンタウロス座アルファ星トリマンの表で赤緯は南の60度49分です。

南緯30度にいるならば、この星が沈むことはありません。南極のまわりに円を描きますが、地平線には触れません。この円周のなかで上昇し、天頂に行き、沈み、そしてその円の天底に行きます。惑星がアングル上――上昇、下降、天頂、あるいは天底――のひとつにあるときこの星がこれらの位置のひとつにあれば、そのとき惑星とトリマンはパランの関係にあります。こうした星々は極のまわりのみずからの円周のなかで〝昇る〟か〝沈む〟かします。実際に地平線に触れられる緯度にあるよりもはるかに白黒はっきりした表情をしています。そうした動きのパターンを〝短縮した運行〟と呼び、それについては星の位相の章で説明しています。

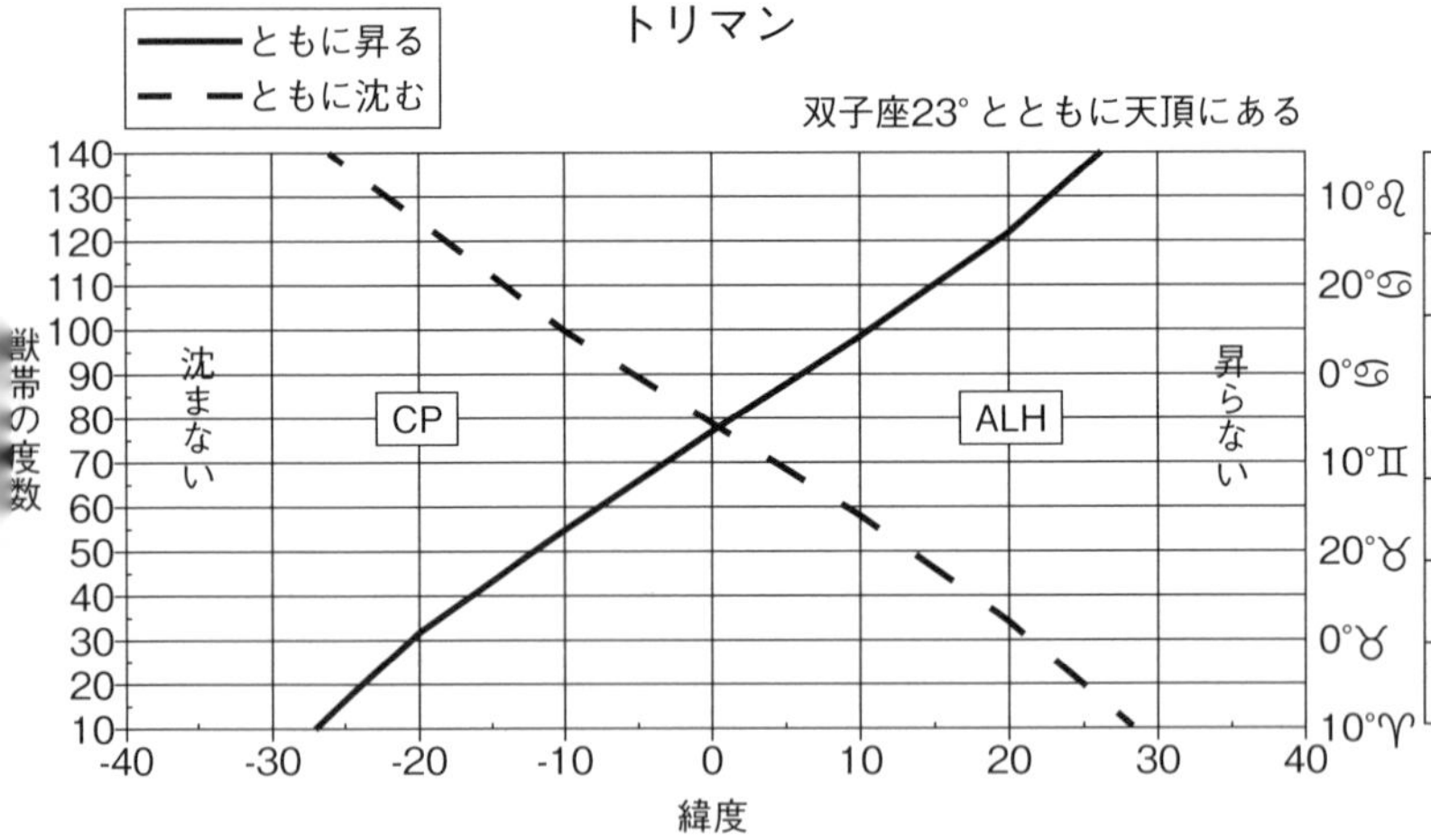


ヒライアカル

| 上昇 | 下降 |
|---|---|
| 8月2日 | 1月30日 |
| 7月12日 | 1月10日 |
| 6月21日 | 12月22日 |
| 5月31日 | 12月2日 |
| 5月11日 | 11月12日 |
| 4月20日 | 10月23日 |
| 3月31日 | 10月3日 |
| 下降 | 上昇 |

アクロニカル

図16. トリマンのパラン表

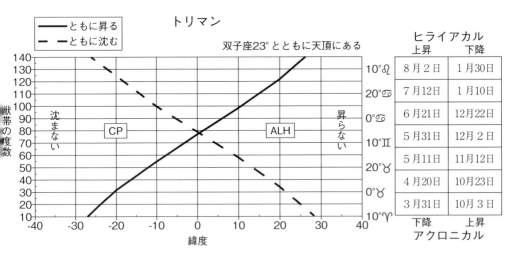

したがって、恒星を使用するあらたな技法を再構築するにあたって最初に知る必要があるのはパランを使用する方法であり、二番目はこの技法を微調整することで生まれた場所から見える星々を使用すること、アングルとどのように関わり合うかによって星々を使用することです。

この使用方法を定め恒星を分類したら、次の考慮すべき点は恒星と関係を形成している出生図のポイントや惑星を考慮することです。

## 惑星とオーブ

古代から占星術において恒星を使用することは目で見えることにもとづいたシステムでした。そのため個人の出生図を見るときは近年発見された天王星、海王星、冥王星ではなく目に見える惑星のみを使用すべきです。外惑星の世代的な特質からみたらこのことは意味をなします。たとえばロンドンで特定の星が海王星とともに上昇し、あるいはほかの四つのアングルのいずれかにあったとします、すると海王星が特定の度数にあるときその場所で生まれたすべての人々に当てはまるでしょう。海王星は十八か月以上にわたって度数を強調することができるので、こうなると特定の年にロンドンで生まれたすべての人々にとって海王星がその星と結びついていることになります。しかしこうしたグループはさらにもっと範囲がひろがります。というのも星がともに上昇したり沈んだりするのは地球経度の影響を受けないからです。そのため星はロンドン生まれだけでなく、ロンドンと同じ緯度で生まれた世界中のあらゆる人にも結びついています。集団を代表する海王星をもつ個人が常にいます。それゆえ彼らの外惑星が興味深い恒星と結びついているのも当然です。しかしこれは例外であり、間違いなくルールではありません。

月のノード（訳注　ドラゴンヘッド、ドラゴンテイルのこと）にも同じ視覚ルールが当てはまります。初期の占星術師はノードに注意を払っていましたが、恒星にかんする著作には入っていないようです。ノードは目に見える地点ではありません。「見て！　ノードが昇っている」と、夏の夜に東のほうを指さして夢中になって言うことはありません。そこでノードを使用する場合は注意してください。アングルにある恒星の影響を受けるかもしれませんし受けないかもしれませんので。

## オーブと手

占星術のほかのあらゆる分野と同様にオーブについての疑問も考慮する必要があります。視覚システムを使うとオーブは手を使って測ることができます。空の1度の距離は目の前に腕を伸ばして差し出した指一本の幅です。指がどの程度太いか細いかは関係ありません。腕の長さがこの違いを補う助けをします。それから握りしめたこぶしを空にかざせば、それが約4度の距離をカバーします。そしてこぶしをまだ握ったまま小指と親指をできるだけ広げます、その距離がおおよそ15度です。

要約すると

・指一本＝1度
・握りこぶし＝4度
・広げたこぶし＝15度

オーブ1度を使用して星と惑星が両方ともアングルにあるかどうかを判断する場合、これはアングルのどちらかいっぽうに指一本分の幅があることになります。これは実際の空ではかなり大きな視距離があります。主な星のあとのすべての例で使用されているオーブは指の半分、30分0.5度です。

## まる一日を使用します

パランを使用するさい一日の二十四時間分を調べます。生まれたときに四つのアングルのいずれにも惑星がない人がいるかもしれません。しかし誕生後数時間のうちに惑星が上昇します。その惑星が上昇するとき同時になんらかの星がほかのアングルにあるかどうかチェックしましょう。この手順にしたがって出生チャートを完全に回転させましょう。実際、誕生時間は、なんらかの星が誕生の正確な瞬間にアングルにあったかどうかを確認するためにしか必要でありません。出生図を調べるのは言い換えれば、惑星が星と同時にアングルにある可能性を調べるためです。誕生の実時間に出生図のアングルがふさがっていなくてもかまいません。

一日のまるまる二十四時間を使用する必要があるため月を使用するさいには問題が発生する可能性があります。誕生日の月を上昇の位置、天頂の位置、下降の位置、それから天底によって進ませる頃には、黄道で約12度先に移動しています。これを必ず考慮に入れてください。

## どの星を使用するか決めます

どの星を使用するかは個人の自由です。リストの約50の星を30分（あるいは0.5度）のオーブで使用するとしたら、平均10から15の星が出生図に関係することになります。この星のコンタクトリストは、誕生地から見えない星々を取り除くことで8か10まで減らすことが可能です。オーブを1度までひろげ250の星を使用すると、星との接触の数は百単位が可能です。明らかに、こうした星々がすべて人生に意味をもつわけではありません。恒星を使用する第一の目的は最も重要な星の最も重要な影響を見つけることです。

疑いなくほかの恒星よりも重要な恒星があります。輝きや太陽年の重要な位置にあることから多くの文化の想像力をかきたててきた星もあります。それらは星のなかの星です。こうした人目を引く星のなかにはチャートで見つけるのが楽しいものもあるいっぽうで表現するのが常に困難なものもあります。

次は絶対に不可欠な星であると私が信じるものの短い説明です。

## ペルシアの四つのロイヤルスター：初期の主要点

・アルデバラン、おうし座。三七九年の名前不詳の学者によるとあらゆる星々のなかで最も偉大な星と考えられています。誠実さ、正直さに関連しています。
・アンタレス、さそり座。強迫観念に関連しています。激しく徹底的。
・フォーマルハウト、みなみのうお座。理想と夢に関連しています。
・レグルス、しし座。復讐のない成功と関連しています。

これら四つの星はきわめて特別です。それぞれが独特の人生の旅と学びをもたらします。いずれも力をもたらし成功を約束しますが、目の前にある特定の障害に対処できる場合にかぎってです。それぞれの星が人間のジレンマか弱さの特定の型を表しています。これら四つの星のいずれかが出生図にある場合、人生の旅にかなりの量の神話が加わることになります。

## オリオン座の星

・リゲル（オリオン座の足にある）。他者に知識をもたらし、他者を教えることと関連しています。
・ベテルギウス（右の脇の下か肩にある）。勝利、成功、達成を示唆します。
・ベラトリックス（左の肩にある）。影に向き合うことによる成功を意味します。

これらだけがオリオン座の星ではありません。しかし、これら三つの星は達成を輝かせます。実際、私の考えではベテルギウスはすべてのなかで最も縁起の良い星であり、もたらされる達成感は試練や苦労によって複雑化されないものであるように思います。こうした星がひとつあると人生のあらゆるレベルでなにかを達成しようと努めている場合おおいに役立ちます。

## ほかの鍵となる星

・シリウス、おおいぬ座。最も明るい星で犬の星として知られています。輝かしさを与えます。
・スピカ、おとめ座。偉大な才能を示唆します。
・カノープス、りゅうこつ座。巨大なアルゴ船の舵の部分。進む道を探す鳥卜官《ちょうぼくかん》（訳注　アウグル Augur、古代ローマの神官）。

これらはおそらく最も重要な空の星です。このリストに抗議の声をあげる人もいますが、実際にはしばらく星を使用したあと自分で短いリストをつくってもよいかもしれません。しかし、チャートでこれらの星のいずれかがパランの考えのとおりに活発ならば、あなたの人生は最古の底知れぬ人類の神話と密接に関連しています。

## 最も困難な星のリスト

二十世紀の初めに占星術は恒星に地獄の業火や破壊と関連のある意味を与えました。これらの意味は、私は思うのですが、真実でないばかりかときとしてまったく奇妙です。しかし、なかにはほかの星よりもはっきりと困難な試練をチャートに与える星があります。次のリストは困難度順ではなく、道しるべにすぎません。星の意味はそれぞれの星座についての章にさらに詳細に記載しています。

・ファーシーズ、いて座。純粋な戦闘力。
・カプルス、ペルセウス座の剣。原始的、男性的、性的エネルギー、突き刺すような、無慈悲な。
・アルゴル、ペルセウス座の手。原始的、女性、性的エネルギー、情熱的、激しい、言葉の本当の意味でヒステリックでもある。
・メンカル、くじら座。無意識が意識になる。深い無意識の問題が突然出現すること。
・ゾスマ、しし座。犠牲者、救世主または加害者の三角形の一部。

こうした星々はどれも邪悪ではなく、素晴らしい人々の出生図に存在することもあります。しかし、それぞれに独自の傷や悩みの種があり、抱え込み影響を受けるか別の人に投影され、星のエネルギーの最悪の面を具現しているようにみえます。

## 四つのアングルと恒星

パランを使用する際、アングルは星が出生図に入る四つの門です。もし星が場所や個人のチャートのアングルのひとつに触れていない（目に見えない）場合、古代では星は場所や個人のチャートに影響を及ぼすことはできないと信じられていました。この点については第Ⅳ部の星の位相の章で展開していま

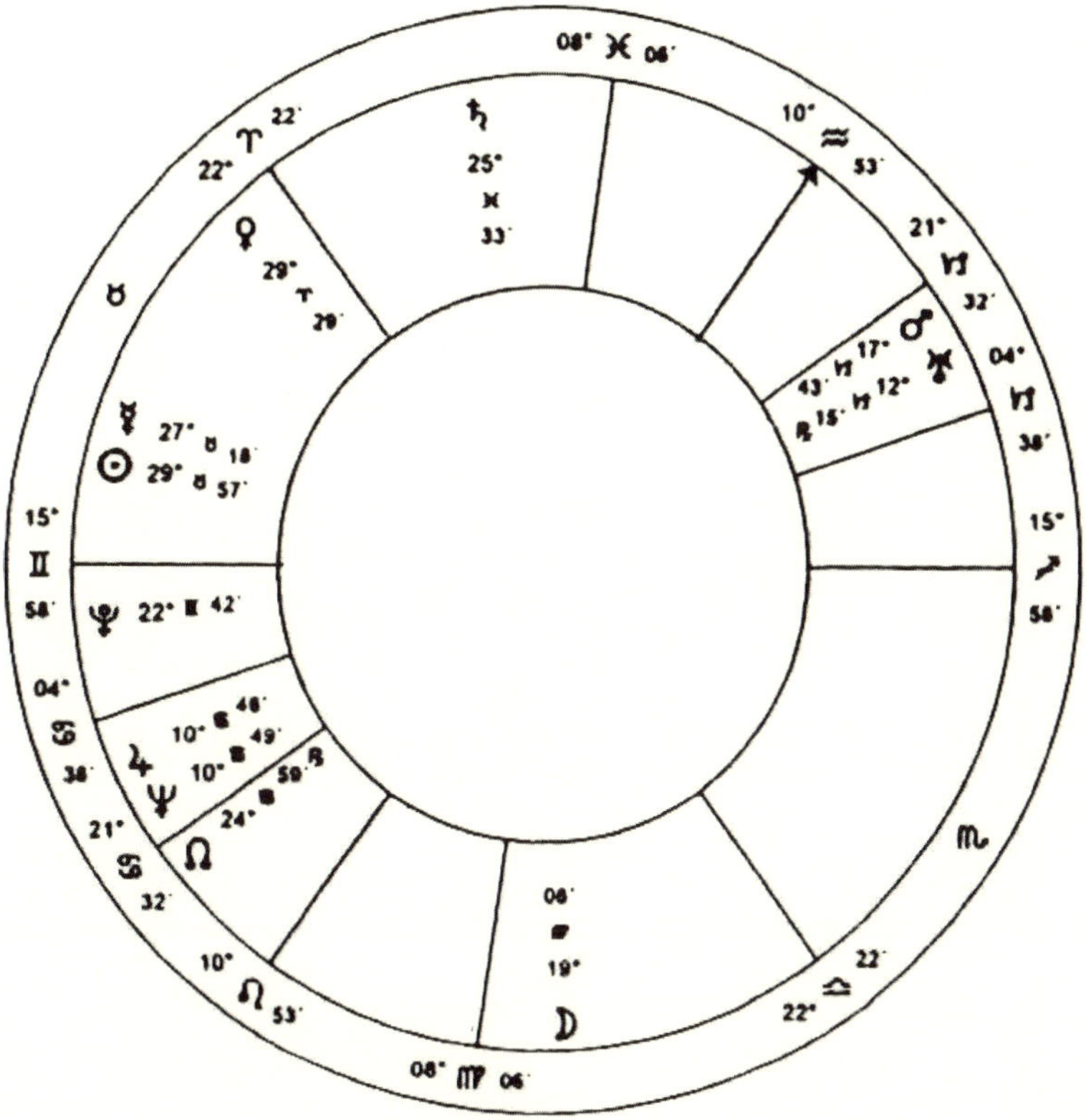

**チャート1. ローレンス・オリヴィエの出生チャート**

1907年5月22日05：00（GMT）、英国サリー州ドーキング。北緯51度14分、東経00度20分。ジオセントリック、トロピカル式、プラシーダスハウス、トゥルー・ノード。ブラックウェルからのデータ。出典：*The Oliviers* by F. Barker, cited in "AQ" for June, July, August, 1956.

す。

四つのアングル――アセンダント、MC（黄道上の天頂）、ディセンダント、天底――は遠い昔、動く天空の天井を支える四つの大きな柱とみなされていました。そして恒星がエネルギーを地球に転送するための経路でした／です。こうした地点は私たちと星のあいだの接続部、架け橋です。現代占星術のアスペクトのように、それぞれの特定のアングルがその意味を出会う星と組み合わせました。しかし、アングルは現代のアスペクトの作用と同様に表現を変えたり等級分けしたりするのではなく、表現のタイミングと星のエネルギーの強度に関連していました。

次のガイドラインは主に三七九年の名前不詳の学者の作業と筆者が見つけた現代的な表現にもとづいています。将来の研究により、現代の経験的表現が古代の考えに近づくかあるいは遠ざかる可能性があります。

## 地平線上に昇る

三七九年の名前不詳の学者によると、[36] 星が上昇し、惑星が同じアングルか別のアングルに上昇しているなら、星のエネルギーの表現は人の生涯を通じて表れ、最も強い位置にあると考えられています。

36 Anonymous of 379, *Treatise on the Bright Fixed Stars*, p. 1.

星が人生に与える影響はパランにある惑星を介して表現しうる最大のものです。
しかしながら、いずれかのアングル上の惑星と結びついた、上昇位置にある星の最も顕著な特徴は、そのエネルギーが早期にピークに達するようにみえることです。そのエネルギーは一生をとおして発揮されるかもしれませんが、その人が若いときに非常に強いようにみえます。成功へのゆっくりとした着実な上昇あるいはそのほかの人生の表現はありません。

この例は一九〇七年五月二十二日に生まれたローレンス・オリヴィエです。オリヴィエの金星はムルジムが上昇するときに天頂にありました。彼の出生図では、金星はMCにありませんでした。しかし、生まれた日の経過中に金星が天頂にあるときムルジムが上昇していました。チャート1と図17を参照してください。ムルジムはおおいぬ座のシリウスのちょうどまえに上昇する星で、〝アナウンサー〟と呼ばれていました。外向的な星で、見られること発言することに関連しています。したがって、この外向的ではっきりと話す星の使命や役割は〝公表し〟知らせることであり、オリヴィエの金星につながっています。

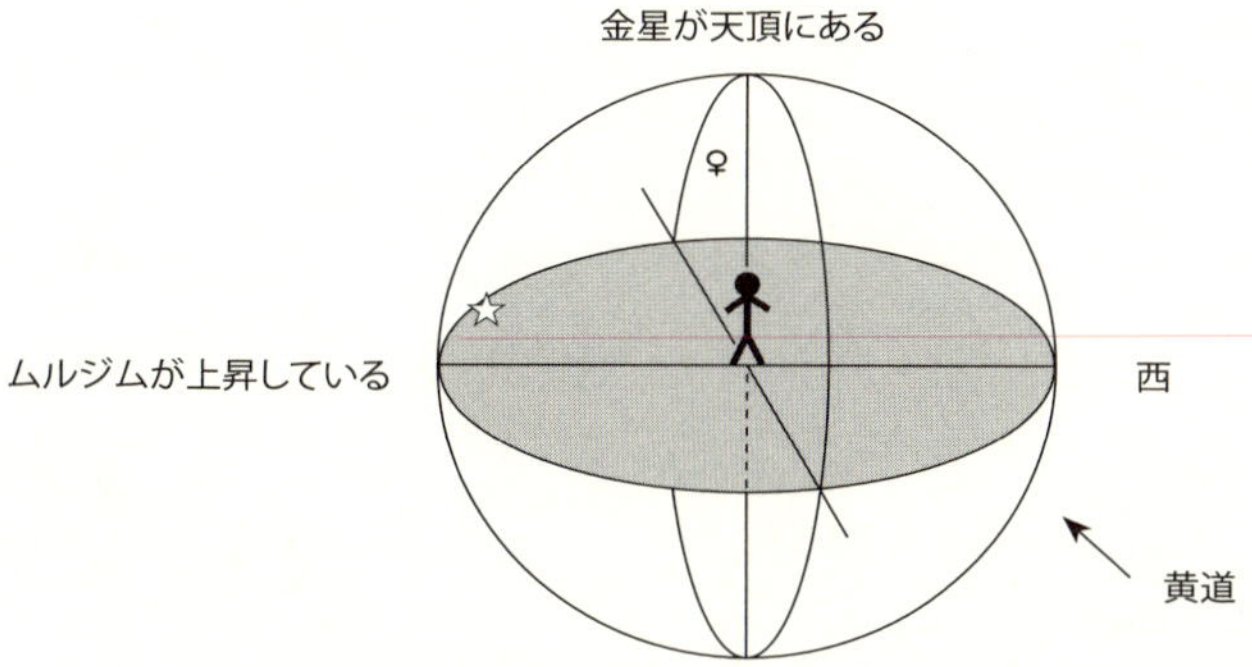


図17. ローレンス・オリヴィエの金星はムルジムが上昇するときに天頂にある。1907年5月22日の配置、ドーキング、英国、北緯51度14分、東経00度20分。

ローレンス・オリヴィエは役者としてのキャリアを九歳のときにはじめ、十九歳の頃に成功し俳優として認められました。ここでは彼の人生における星の初期の表示と金星／MCによる演技の仕事の両方を見ることができます。重要な点は知らせ見られ発言するエネルギーが非常に若いときMCにある金星とのパランによって〝表現されて〟いることです。名声を得るために何年もあくせく働き、二十代か三十代もしくは五十代でようやく幸運をつかんだあとではありません。

## 天頂にある（黄道上の天頂＝MC）

三七九年の名前不詳の学者によると、[37] 星が天頂（訳注　天頂は本書では、黄道上の天頂であるMCを意味しています。天頂＝MCとしています。ホロスコープ上の天頂であり子午線と黄道の交わった点です、恒星の場合は子午線と合になる点です。天球の一番上の天頂ではありません）にあり、惑星が同じか別のアングルにある場合、星のエネルギーの表示は初期に明らかになります、それは人生をとおして続き、生まれた街での成功をもたらします。[38] これは上昇点とよく似ているようにみえます。しかしこのアングルを使用するとき、星が天頂にあれば、その表現が焦点をあてるのは集団、職業あるいは社会的な立場における地位であることがわかります。したがって星のエネルギーは野心や意欲がかなり若い頃から確立されていたとしても人生の中年期に表

37 Anonymous of 379, *Treatise on the Bright Fixed Stars*, p.1.

38 ここで示唆されているのは恒星におけるアストロカートグラフィ（占星地図製作）の型です。

現されます。

ローレンス・オリヴィエも水星が天頂にあるときにアルシオンも天頂に達していました。出生時の惑星と同時に同じアングルにくる恒星があります。これは非常に強力な結果をもたらす傾向があります。アルシオンはプレアデス星団の主星であるため、のちほど説明します。プレアデスは神秘主義と関連していますが、力、生命、死とも関連しています。オリヴィエは平凡な芝居や映画に出演したがりませんでした。彼はシェイクスピアの専門家であり、偉大な詩人の言葉にふさわしい力や神秘をもたらす能力で血気盛んな天才として認められました。ローレンス・オリヴィエはその声と雄弁術を職業（天頂に達している）で使用しました、その声の魔法とカリスマ性の源はプレアデス星団のアルシオンの力そのものでした。

## 地平線に沈んでいる

三七九年の名前不詳の著者によると、星が沈み、惑星が同じか別のアングルにあるならば星のエネルギーは中年期や外国で発揮されます。

この意見は現代の研究で事実であるように思えます。たとえば偉大なヴィクトリア時代の小説家であるチャールズ・ディケンズは木星が沈んでいるのと同時にアルヘナが沈んでいました。アルヘナはふたご座の双子のひとり、ポルックスのかかとにあります。チャートにアルヘナがあれば、その人物は目的に向かって進む使命があることを意味しています。ディケンズは若いときから成功を手に入れましたが、彼にとって最も重要なのは、人生の後半にヴィクトリア朝の英国における社会的不公正を描いた作品でした。実際に社会改革が晩年における彼の人生の主要な原動力となりました。

アルヘナがあるからといってディケンズが社会正義の問題に注目するようになったわけではありません。しかし彼のチャートにあり、特に出生時の惑星とアングルを共有していることは、使命や大義をもっていることを示しています。アルヘナは傷ついたかかとです。ディケンズは子供時代に子供の働く工場での重労働に苦しみましたので後半生では木星の意味に沿うように、その作品を通じて他者に教えることでこの傷ついたかかとを癒そうと努めました。

## 天底

三七九年の名前不詳の学者はまた、星が天底にあり、惑星が同じか別のアングルにある場合、星のエネルギーの表示は老年期に明らかになると言いました。〝そして彼らの死は広く知られ、多くの人の認めるところとなります〟[39]

39　Anonymous of 379, *Treatise on the Bright Fixed Stars*, p.2.

天底はおおいなる源であり、表面のしたに横たわるものを表します。この位置にある出生時の惑星は表現されるまでに何年もかかる場合があります。同様にこの位置にある星は非常に強いですが地下の泉のように隠れていて、すぐにはっきりと見えませんが、ひとたび発見されると本当の宝となります。ディケンズの木星もベテルギウスが天底に達するのと同時に天底に達していました。ベテルギウスはオリオンの右肩にあり、空のほとんどどの星よりも成功を予言します。それは名誉と偉大さを示します。木星と天底とに関連しているので、これはディケンズが死後も引き続き多くの名声を獲得できたことを意味しています。

## 星がアングルにあるときに生まれる

星にとって最強の位置は、出生時にアングルのひとつを星が占める場合です。この状況では星のエネルギーがその位置に集中し、生まれた日から死ぬ日まで機能し、かなりあとまで影響が及ぶこともあります。

パブロ・ピカソとガリレオ・ガリレイは双方ともシリウスが上昇しているときに生まれました。シリウスは空の最も明るい星で、偉大な行いに関連し、日常が神聖なものになります。使わないと燃えてしまう可能性があり、出生時にアセンダントにあると偉大なことをなすよう求められることを示す大きなしるしです。人はこの試みに失敗するかもしれませんが、大きく前に進み、シリウスが暗示する痛みや混乱を経験するのに十分なほど勇敢ならば成功は保証されています。このような星の上昇のもとに生まれた場合は、あるいはほかのアングルのどれかのもとであっても望まれた行動をとれば、遠大な結果をもたらしうることを示します。

## 出生時の惑星にたいする星の影響

ひとたび星を見つけチャートに星の注意を向けさせているアングルの意味を描き出したなら、次の手順は星ときわめて重要な立場を共有している出生時の惑星や太陽と月の意味を知ることです。三七九年の名前不詳の著者は月を非常に重視し、恒星を使用するにあたってこれが最も重要な出生図の地点であることを示しています。しかし、この月の重要性は実際の結果で裏付けられていないようです。目に見える惑星と太陽や月はすべて一様に星とのつながりの影響を受けやすいように思えます。太陽は最も影響を受けやすいですが、それはただ太陽にたいして星が独自性と自意識で表されるため占星術師の目にはっきりと映るからです。今後の研究で月の重要性がずっと明らかになるかどうかはまだわかりません。

下記は惑星と太陽、月がどのように恒星の影響を受けるかについての道案内として使用できます。太陽や月と惑星についてのご自身の知識を使ってもかまいません。

## 太陽

太陽が影響を受けるとしたら個人の独自性です。自分がだれであるかの感覚、自分の人生がなんであるかの意識的な考え、それが星の意味や神話によって変化し結びつきます。これはしかし不幸な結合ではなく、むしろ無意識の融合です。もし太陽がカプルスと関連していたら、みずからを強引な行動と重ね合わせ、強く集中するかもしれません。しかし、太陽がヴェガと関連していたら、人を引き付ける種類の性格をもった人物かあるいは非常にだまされやすい人物かのどちらかを自分であると思っているでしょう。

アブラハム・リンカーンは太陽が昇っているとき天底にペルシアの偉大なロイヤルスターのひとつアルデバランがありました。アルデバランは強い誠実さや高潔な理想によって行動せざるを得ない統治者や人物を表します。天底にありますからこの輝きでリンカーンが後世に思い出される人物になることを示しています。

偉大な星アルゴルには二面性があります。女性の情熱と激しさ、あるいは冷酷さです。アドルフ・ヒトラーの場合は太陽が天底にあるとき、アルゴルが沈んでいました。ヒトラーは晩年に（沈んでいる）その冷酷な出来事（アルゴル）によって記憶されています（天底）。しかし、アルゴルが良い結果をもたらすことを証明するならばジュール・ベルヌがいます。SFの父であり、短篇集や『八十日間世界一周』『地底旅行』『海底二万里』などの小説の作家です。ベルヌも太陽とともにアルゴルが上昇していました。星の上昇が示したのはこの星の情熱と激しさが多くのあふれんばかりの創造的作品と結びついていたことです。

## 月

月は恒星を扱うとき太陽と同様です。それは別のかたちのアイデンティティとなります。どのように感じるのか、人生に何を求め、あるいは見つけるのかです。もし月が影響を受けているとしたら、それはあなたが信じていること、あなたの理想があるところ、あなたが情熱的である事柄を変えます。月がフォーマルハウトに関わると芸術や形而上学的なテーマに情熱的です。あなたが何者なのかというよりも、あなたを喜ばせること、あなたを育むこと、そのため意識的あるいは無意識的に追い求めていること、人生に招き入れることを伝えます。

ジュール・ベルヌが生まれたのは月が沈みアルタイルが昇る日でした。アルタイルはわし座の主星です。アルタイルはワシの飛翔であり、これまでのだれよりも高く大胆なやり方で飛び、未踏の大きな高みへ舞い上がります。アセンダントをとおして月と結びついているため、これが示すのは少年の頃ジュール・ベルヌは冒険、新しい場所を求めていたということです。成長するにつれて、彼はこの望みのはけ口を全部書くことのなかに見いだしました。物理的にこうした場所に行くことはなかったものの、彼は月に突き動かされて、感情的にそうした場所を旅していました。

いて座の星であるファーシーズと結びついた月の例が以下にあります。ファーシーズはいて座の顔にあり、人間の生活様式の概念としての戦争を表します。無慈悲で情け容赦のない攻撃や態度です。月と結びついてこの星が示すのは、戦闘的な生き方を好み軍隊を好み、残酷な傾向もあるかもしれない人物です。アドルフ・ヒトラーはファーシーズが天頂にあるとき、月が天頂にありました（職業に表れています）。別の例としては、ジム・ジョーンズです、ジョーンズ・タウンの大虐殺の指導者です。ファーシーズが上昇している（人生全般をとおして強い）とき月が天頂にありました。別の観点からファーシーズを示すために、長年英国の保守党首相を勤めたマーガレット・サッチャーは、最も輝かしい時期がフォークランド紛争であり、月が天底にあるときファーシーズが沈んで（人生の晩年期に）いました。

月は私たちが養育を受ける方法でもあり、上昇している星と結びついている場合、星のエネルギーは母親にたいする見方を、あるいは母親から教えられたり植え付けられたりしたことを説明します。というのもその星は人生の早い時期に最も活発だからです。たとえばあるクライアントはアルゴルが上昇しているとき月がディセンダントにあり、自分の母親を怪物と形容したことがありました。チャールズ皇太子はムルジムが上昇しているとき月が天頂にあります。ムルジムはおおいぬ座の犬の前足にある星です。アナウンサーと呼ばれ、その意味は堂々と話すことや言いたいことがあることです。この星が示しているのは、チャールズが母親のことをはっきりと話す人、あるいは伝えたいメッセージをもっている人と見ていることです。成人期にこのことは、彼自身の行動だけでなく引きつけられる女性のタイプにも影響を及ぼしました。チャールズは内気で若いダイアナと結婚しましたが、彼女もまたはっきりと発言する人物であることがわかりました。彼女は世界に向けて伝えたいことがある人でした。

## 水星

恒星の扱いで水星が関わるのは考えや知性です。話し方に影響を与えたり人生において水星的なあらゆる事柄を強調したりします。攻撃的な男性エネルギーの星カプルスが水星と結びついている場合、非常に率直な話し手で、良くも悪くも思ったことを自由に話します。しかし水星が教育と教師の星リゲルと結びついている場合、教育者であり、知識を伝えたいと思っているかもしれません。

水星と星との結びつきの素敵な例としてはルイス・キャロルがいます、『不思議の国のアリス』の登場人物を世に送り出した男性です。彼は生まれたときに水星が沈むと同時にフォーマルハウトが天頂にありました。この星はペルシアの偉大な星々のひとつで、みなみのうお座にあります。フォーマルハウトが結びついているのはロマンスと詩の才能です。キャロルの非常に想像力に富み、理想的でロマンティックな作品につながります。ＭＣによる水星とのつながりが表すのはこの想像力を駆使した発言や執筆表現が職業の一部を形成するか社会的地位の一部になることです。

このコインの裏側にヴェガという星があります。こと座の主星、オルフェウスの竪琴であり、それが触れるものすべてを魅惑的なカリスマ性で覆います。ヒトラーが生まれた日、水星が沈むときにヴェガが上昇していました。これが意味するのは最もカリスマ的で呪文を生み出す演説者です。この星は彼がそのカリスマ的能力を使う方法について説明しておらず、ただ水星にカリスマ的能力を集中させただけであることを示しています。

## 金星

恒星の扱いにおける金星は芸術だけでなく調和や関係性についての考えにも強く結びついているようです。そのため創造的な表現形式に駆り立てるだけでなく個人的な生活、友情、同盟関係に影響する可能性があります。もし金星がカプルスとかかわっていたら、たとえば調和やバランスや社交術にほとんど関心をもたないでしょう。いっぽう金星が女性の犠牲の星ディアデムと関わると個人的な人間関係で非常に自己犠牲的になるかもしれません。

エリザベス・テイラーは結婚や離婚を何度も繰り返し私生活がかき乱されていました。彼女は金星が沈みプロキオンが天頂にある日に生まれました。プロキオンはこいぬ座の主星です。プロキオンは〝光り輝くもの〟シリウスよりまえに昇り、長続きしない軽はずみな行動に関連します。金星と結びつき、MCと関連しているので彼女の世間での知名度のひとつは何度も結婚に失敗したことです。

金星の別の例として今度は芸術の分野でレオナルド・ダ・ヴィンチです。彼は金星が沈んでいるときプレアデス星団の主星であるアルシオンが沈んでいました。この星はローレンス・オリヴィエが水星と結びつけていたのと同じ星です。しかし、レオナルドの場合、その神秘的なエネルギーは金星に注がれています。そのことは多くの作品やスケッチのなかに、とりわけ『モナ・リザ』の微笑みと謎のなかに現れています。

## 火星

火星が恒星と結びつく場合は、やる気、性的エネルギー、攻撃、あるいは衝動が星の神話やプロセスによって色づけされます。火星が表すのはエネルギーを集中させ、他人のことは考えずに感情的あるいは物理的な目標に向かって進む能力です。アルシオンのような星が火星と関わると、意欲のない理想主義に陥ったり、あるいはより高い理想や肉体的または精神的な生命の神秘に強く焦点をあてる人物になったりする可能性があります。エマニュエル・カントは火星が沈むときにアルシオンが天底にありました。彼のライフワークは哲学の分野でした。カントの火星とは対照的にジャンヌ・ダルクの火星はアンタレスが天底にあるとき上昇していました。アンタレスはサソリの心臓で大きな情熱、変容、戦士意識を示します。言うまでもなくジャンヌ・ダルクは英国との戦いにおいてフランス国家を勝利に導く役割を果たしたため、英国人によって焼き殺されました。

## 木星

木星と結びついた星々はその表現が強調されるとともに、学び方や自分の世界を広げることに影響を与えます。全体像を見てそれに向かって突進するか、あるいは逃げ去るかもしれません。レグルスはペルシアのロイヤルスターのひとつで復讐を避けるかぎり成功を約束します。木星と結びつくと非常に強力な組み合わせになる可能性があり、大きな成功か復讐を避ける苦闘を意味します。木星は拡大鏡です。それは星のエネルギーを受け取って、拡大した形で世界に表現します。

この最も鮮明な例がアドルフ・ヒトラーです。彼はファーシーズが木星と同時に上昇しています。戦争や戦闘の本質をもったファーシーズは、木星との接触で拡大されます。もっと明るい例としてヴォルフガング・アマデウス・モーツァルトはスピカと木星がともに天頂にあります。スピカはおとめ座の主星で、天才としての資質です。モーツァルトのＭＣと結びついて、彼の作品が知られ天才として知られるようになることを示しており、触れる星を拡大してみせるという木星の明白な例です。

## 土星

土星と結びついた星には継続的な影響があります。人生で築くもの、あるいは死後に残すものに関連しています。それは統率力の問題で表現され、父親や権威者に投影されることもあるでしょう。土星がカストールと結びつくと、たとえば、たくさんの作品や考えを残す一流の作家やメッセージの伝達者を表します。ジョン・レノン[40]はカストールが天底にあるとき土星が上昇していました。レノンの死後も彼の音楽や歌が大きな評価を得て名声がいかに続いたかにふたたび天底の影響力が見られます。

対照的にオリバー・クロムウェル――イングランド内戦を導き、君主制を転覆させ、イングランドの護国卿になった男――は土星が天底にあるときにプロキオンが上昇していました。プロキオンはエリザベス・テイラーのチャートでは金星と関連している星でした。素早く上昇するものの、長続きしません。彼女の結婚は長続きしませんでした。

クロムウェルの死後、その遺体は破壊され、王政復古となりました。

40　ジョン・レノンの出生時間には疑問がありますが、この方法ではどんなに時間が変化したとしてもチャート上のパランの関係を変えることはありません。

## 要約：パランと恒星を使用する方法

恒星を扱うときは次のすべての点に注意しましょう。

1　生まれた場所から見える星々を使用しましょう。星は生まれた場所の緯度で昇り沈むように位置している必要があります。その緯度でのみ天頂に達することができる場合、星は常に短縮した運行にあることに注意してください、短縮した運行は星の位相の章で説明しています。

2　短いリストからはじめましょう。大きな星からはじめれば本当に重要なことを見逃さず、名前と意味に慣れるのが簡単になります。知らない星の長くてわかりにくいリストよりも効果がわかっている星の短いリストを用意するほうがよいでしょう。

3　小さいオーブを使用します、指の約半分の幅か0.5度です。計算は不必要な星々が多すぎると乱雑になります。

4　チャートのすべての星の記録を取りましょう。一度星を理解しはじめれば、人を怪物に変えるのは凶星がひとつあるよりもっと多くの星を必要とすることに気づきます。重要なのは星の組み合わせです。

5　アングルが示すのは人生で星のエネルギーが現れるときです。アセンダントが示すのは初期の影響であり生涯をとおして続きます。天頂の地点やＭＣが関わるのは中年期であり、世間的な地位と関連しています。ディセンダントが示すのは晩年期です。天底が表すのはライフワーク、人生の終わりと死後の評価です。

**6**　目に見える惑星だけを使用します。外惑星は世代やマンデン占星術にも大きな影響を与えますが、出生時のチャートで使用するのはふたつの発光体と土星までの惑星に限定します。ノードは恒星の作業では使用しませんので研究してみてください。しかしそれらの使用には歴史的根拠がないことを認識してください。

**7**　惑星は星に影響されている人生の領域を見せてくれます。ひとたび星がチャートで活発ならば特定の惑星に影響を与え、そして惑星が支配する人生の領域に影響を与えることになります。

**8**　アングルにある星。出生時に四つのアングルのいずれかにある星について記録しましょう。すなわち人は星が昇る、沈む、天頂にある、もしくは天底にある瞬間に生まれる可能性があります。この場合、そうした星は生涯を通じて強いです。

第Ⅱ部　星座

Part2

THE CONSTELLATIONS

## 空に浮かぶキャンバス

星座は空に描かれた物語を表現しており、洞窟壁画は何世代にもわたって人類が使用するために完全に保存されています。当初、こうした物語は、孤立したストーリーをもつ孤立したイメージとしてではなく、空の区分全体を占める特定のテーマとして見られていました。こうした広範囲におよぶテーマは、星座の位置を記録した最初の人物とされる初期の天文学者アラトスが紀元前二七五年頃に著した『ファイノメナ（現象）』に記録されているものがあります。この作品ではアラトスは星座を〝水〟や〝王室〟などのテーマに分類しました。

私たちが占星術師として空のキャンバス、すなわち最古の神殿や最初の大聖堂の円天井を理解するために天空を再構築しようとする場合、空を孤立した対象物としてでなく全体として見始めることが重要です。したがって本書のこの第二部の星座はアルファベット順に掲載されていますが、それぞれの関係も含まれています。

各星座の説明のあとに、重要な星のリストがあり、クラウディオス・プトレマイオス（一四〇年頃）、ヴィヴィアン・E・ロブソン（一九二三年）、ラインホルト・エバーティンとゲオルク・ホフマン（一九七一年）、最後にジョセフ・E・リゴー（一九七九年）の意見の要約があります。これらは恒星について利用可能な主要な占星術文献を代表しています。それぞれの星は歴史や神話にもとづいた現代的な骨組みに書き換えられています。星の天文学データを示し（付録Aで説明しています）、周極星でない場合は、パラン表を提供しています。

## アンドロメダ座、王女

りゅう座と二匹のクマのちょうど南に位置しているアンドロメダ座は、ケフェウス王、女王カシオペヤ、王の娘または王女アンドロメダ、そして王子ペルセウス（スター・マップ1を参照）からなる王室の一員です。神聖で崇拝されている極地のそばに位置するこのグループは人間社会の形を描いています。

著書『ファイノメナ』においてアラトスがこの王室について言及しているのは「無名の者はみな、怠惰なケフェウスの不運な家族を休ませることはできない」[1]

ケフェウスとカシオペヤの娘としてアンドロメダはさまざまな意味が込められています。ギリシャ人はこの星座を岩に鎖でつながれた王女が海の怪物ケートスに食べられようとしている姿に見立てました。[2]しかしアンドロメダはメデューサの首を持った英雄ペルセウスにより死の淵から救われ、ペルセウスは彼女と恋に落ちて結婚しました。中世のキリスト教徒はペルセウスをゴリアテの頭部[3]を持つダビデとみなし、アンドロメダの姿と結びつけることはありませんでした。しかし日本の神話では、稲作の女神クシナダヒメは八つの頭のある怪物のあごから海の王に助けられ、そのあと若いカップルは結婚します（訳注　スサノオのヤマタノオロチ退治の神話）。[4]こうした救出を望み、結婚や豊穣につながる王女たちのさまざまな話は多くの神話やおとぎ話に現れます。

アンドロメダの主星アルフェラッツはペガススのへその部分であると同時にアンドロメダの首や頭でもあります。ギリシャ神話では翼の生えた馬ペガススは母親の頭が切られてしまったあとに誕生しました（母親はメデューサでありペルセウスに殺されたいわゆるゴルゴンです）。[5]そのためペルセウス座と

1　A. W. and G. R. Mair (trans), *Callimachus, Lycophron, Aratus* (Cambridge: Harvard University Press, 1989), P. 221.
2　Adrian Room, *Dictionary of Astronomical Names* (New York: Routledge, 1988), P. 57.
3　Richard Hinckley Allen, *Star Names: Their Lore and Meaning* (New York: Dover, 1963), p. 331.
4　Gertrude and James Jobes, *Outer Space: Myths, Name Meanings, Calendars* (New York: Scarecrow Press, 1964), p. 111.
5　Pierre Grimal, *The Dictionary of Classical Mythology*, trans. A. R. Maxwell- Hyslop (Cambridge: Blackwell Reference, 1986), P. 349.

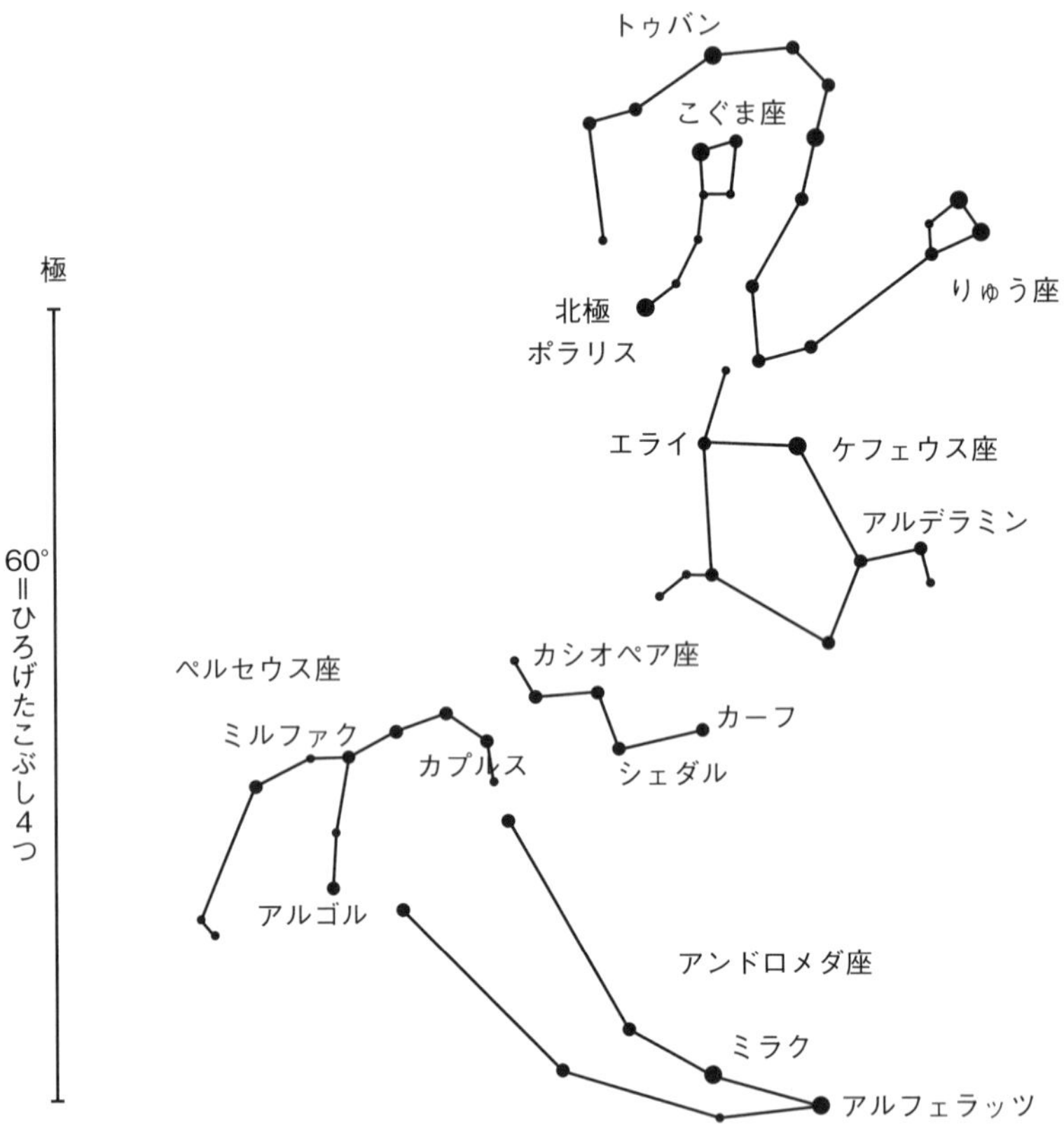
極
60°=ひろげたこぶし4つ
トゥバン
こぐま座
りゅう座
北極
ポラリス
エライ
ケフェウス座
アルデラミン
ペルセウス座
カシオペア座
カーフ
ミルファク
カプルス
シェダル
アルゴル
アンドロメダ座
ミラク
アルフェラッツ

スター・マップ1. 王家

アンドロメダ座のこのふたつの星座はともに馬と頭部、殺害と救出の物語と結びついています。

しかしこうした星座を別の視点から観察すると、アンドロメダ王女をゴルゴンすなわちメデューサと見ることができます。ペルセウスとアンドロメダの星座をペルセウスがメデューサを殺し、頭部を持ったまま首を切り落とされたメデューサの体から空飛ぶ馬ペガススが生まれる場面と見ることができます。ペガスス座はアンドロメダの首から出ています。実際、この神話は天体の構成要素にはるかによく合致しています。

この星のグループを考えるにはさらに別の方法があります。アンドロメダは王女で空の王と王妃の娘です。そのため人類あるいは文明の自然な調和を示す空の物語の一部です。アンドロメダは若く肥沃な処女で、求婚者を待っている年ごろの娘です。そして受動的で身を委ねる姿勢で用意ができていることを示しています。アンドロメダの両足は離れています。しかし豊穣な処女が求婚者を得て受け入れる準備ができているというこの意思ある受容の象徴はギリシャ人によって変えられた可能性があります、鎖につながれ無力で力がなく、依存した立場、自由になるために男性を必要とする弱い女性の象徴にです。その当時集団が女性から力を奪いました。王女はおそらく女王である母親が王位につながれたのと同時に鎖を受け入れたのでしょう、それは女性が主権を失ったことを意味しています。

ペルセウスはギリシャの鋳型のなかで苦悩の乙女を救出する勝者の英雄として見ることができます。彼は剣を掲げ、戦利品であるメデューサの頭を持っています。もしくはペルセウスを自然の調和の要素と見ることもできます。アンドロメダの求婚者であり、若く男性的で、巨大な男根のようにかかげた剣が象徴する男性エネルギーにあふれています。彼は動物の頭か敵の頭を供物として、狩りの賞品として、あるいは勇気や防御能力の象徴として、あるいは狩猟の腕前を誇示するために手に持っています。たぶん彼はアンドロメダを助けるだけではなく、彼女に求愛するのでしょう。聖なる馬ペガススの存在はアンドロメダの持参金か力かもしれません。母系社会の時代には、馬はすべて女神によって支配されていました。アンドロメダとペルセウス、王女と王子、若い女性と若い男性。求婚。空のふたつの星座あるいは物語が示しているのは人間社会、習慣と生命や秩序の自然な調和です。

**アンドロメダ座の星**

アンドロメダ座で一番明るい星はアルフェラッツで、王女の首に位置しています。ほかの星々は等級の明るい順にミラク、彼女の左臂部。アルマック、彼女の左足。アドヒル、王女のドレスの引き裾。

## アルフェラッツ

（アンドロメダ座アルファ星、2・2等星、赤経：00h08m09s、赤緯：北29度03分50秒、黄経：牡

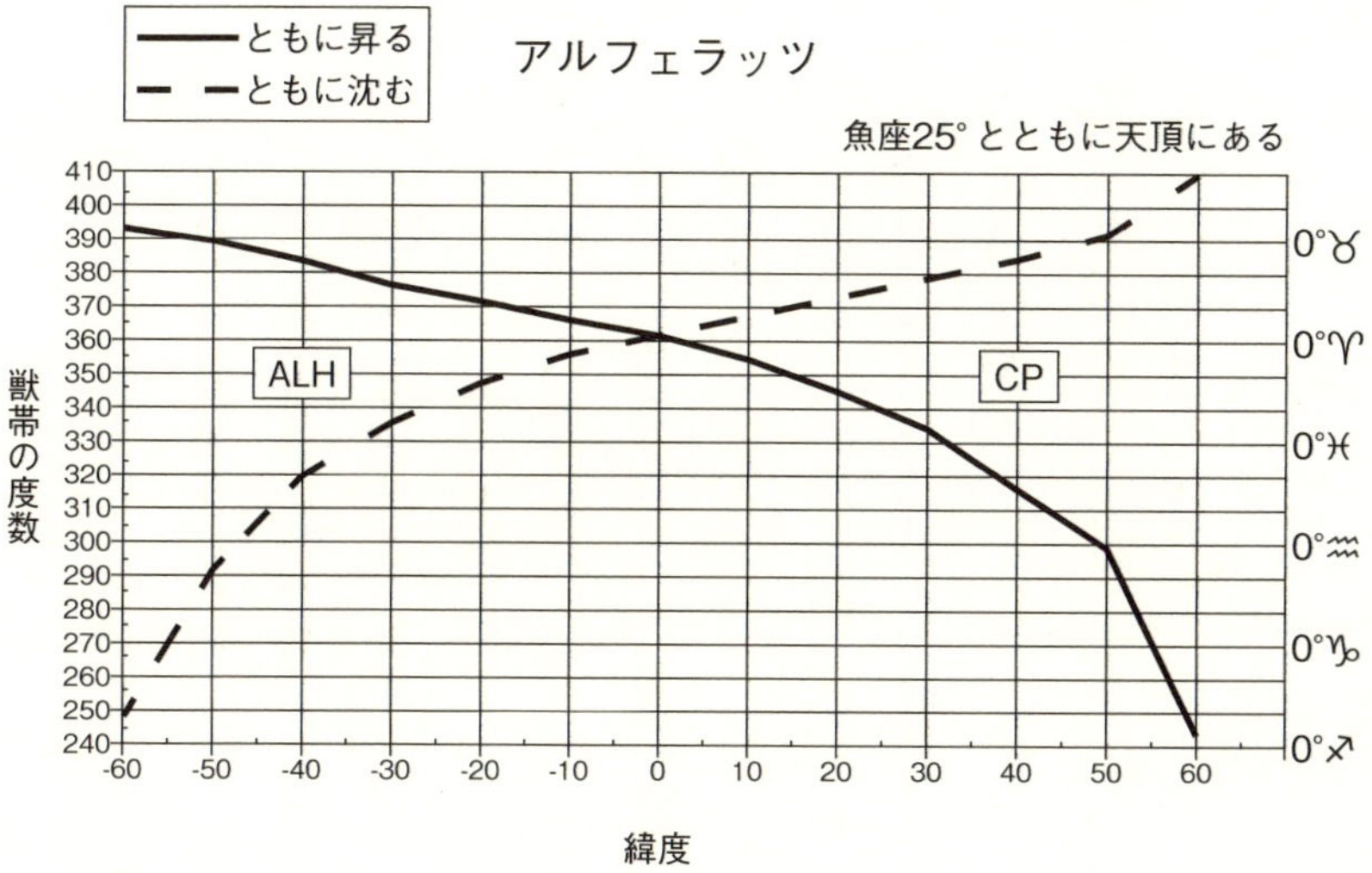


| ヒライアカル 上昇 | ヒライアカル 下降 |
|---|---|
| 該当なし<br>4月21日 | 該当なし<br>10月24日 |
| 4月10日 | 10月14日 |
| 3月31日 | 10月4日 |
| 3月21日 | 9月23日 |
| 3月11日 | 9月13日 |
| 3月1日 | 9月3日 |
| 2月19日 | 8月24日 |
| 2月9日 | 8月13日 |
| 1月30日 | 8月3日 |
| 1月21日 | 7月23日 |
| 1月11日 | 7月13日 |
| 1月1日 | 7月2日 |
| 12月22日 | 6月22日 |
| 12月12日 | 6月11日 |
| 12月3日 | 6月1日 |
| 該当なし | 該当なし |
| 下降 | 上昇 |
| アクロニカル | |

パラン表1. アルフェラッツ

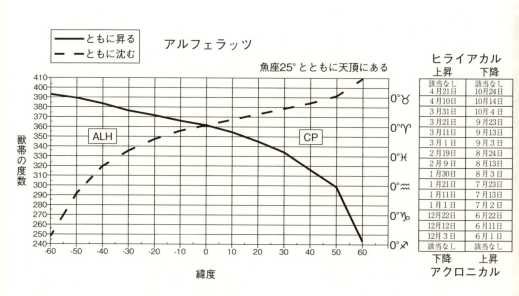

羊座13度37分）パラン表1を参照。パラン表の読み方の例：英国北緯50度のデボンポートに生まれた場合、星は水瓶座の約0度で上昇します。惑星が水瓶座か獅子座の0度にある場合、惑星は星とともに上昇し沈みます。また、この星は牡牛座0度で沈みます。そのためもし惑星が牡牛座か蠍座の0度にある場合、惑星は星が沈むとき沈み上昇します。星は魚座25度で天頂にあります、そのため惑星が魚座25度か乙女座にある場合は星が天頂にあるとき惑星は天頂にあるか、天底にありました。

この北緯50度で星は短縮した運行の位相にあります。この時期はおおよそ毎年七月二十三日（水瓶座0度の横の日付の右側の欄から読み取ります）から十月二十四日（牡牛座0度の横の日付の右側の欄から読み取ります）までになります。そしてこの星が本当に、あるいは宇宙的に太陽と同時に上昇するとき（ヒライアカルライジング）は北緯50度では一月二十一日頃です（〝太陽と同時に上昇する〟欄の北緯50度で上昇している線の日付を読み取ります）。

アルフェラッツは南緯60度と北緯60度のあいだのチャートの四つの点すべてで使用可能です。それより南では星が昇ることはなく、それより北では星が沈むことはないため、永遠に短縮した運行にあります。

**これまでの解釈**

プトレマイオスはこの星を金星と結びつけています。ロブソン（一九八四年）はこの星を独立や自由への愛と結びつけています、この星は王女よりも聖なる馬との関係をもとにしているように思えます。

エバーティン（一九七一年）は〝シラー〟と呼び、人気があることと関連していると言っています。ています。リゴー（一九七八年）は王女のイメージと結びつけ、この星を富、名誉、上機嫌、人生への愛と関連させています。

## アルフェラッツの意味

しかしアルフェラッツはアンドロメダでは居心地がわるく、この星座の象徴と関連がないようにみえます。ガートルード・ジェームズとジェームズ・ジョーブスが指摘するには「……この星はかつてペガスス座の一部だったが、そこから女性の髪の毛に変わり、だれかにアンドロメダのへそという奇妙な名前を付けさせた」[6]

アルフェラッツが住んでいたことのあるペガスス座に戻されるなら、自由、動きへの愛、スピード、そして髪の毛が風になびく純粋な喜びに結びつけることができます。この性質を考えるとアルフレド・ドレフュスのチャートにこの星があることを理解できます、アルフレド・ドレフュスは十九世紀フランスの陸軍士官であり国家反逆の冤罪を被り、悪名高い囚人の流刑地である悪魔島に送られました。ドレフュスは木星が上昇しているときにアルフェラッツが天頂にありました、このようにして中年期が象徴していたのは自由を求める闘いであり、その闘いは大きな政治問題へ発展したあとついに十二年後ドレ

6 *Jobes, Outer Space* p. 300.

フュスは無罪判決を勝ち取り、釈放されました。この星はまた、ジョン・グレンのチャートにもあります、ジョン・グレンはアメリカ初の地球周回軌道を飛行した宇宙飛行士です。彼の火星が上昇するときにアルフェラッツが天頂にありました。スピードと自由な動きを愛することが意欲や集中力につながっています。またヘンリー八世のチャートにも見つかります、彼はカトリック教会の法から自由になるよう求めました。出生時の水星が上昇するときにアルフェラッツが天頂にあったことから、彼が法的、知的レベルで自由を望んでいたことを示唆します。

**アルフェラッツが出生図にある場合**

アルフェラッツがチャートにある場合、移動の自由と行動する能力が影響を受ける天体の特徴になります。たとえば水星と結びついた場合、自由な考え、新しいアイデアさもなければ頑固さを示します。火星と結びついた場合、強い意欲かわがままを示すかもしれません。

**アルフェラッツが誕生時に太陽の上昇と同時に昇る（ヒライアカルライジング）場合**

アルフェラッツはプトレマイオスの星のリストのひとつです。そのため宇宙的にそして明白に太陽の上昇と同時に昇る星の両方として自信をもって使用できます。生まれた日にアルフェラッツが太陽を支配していた場合はこの星の特徴を受け継ぐことになります。最も素晴らしい才能は行動を起こす能力で

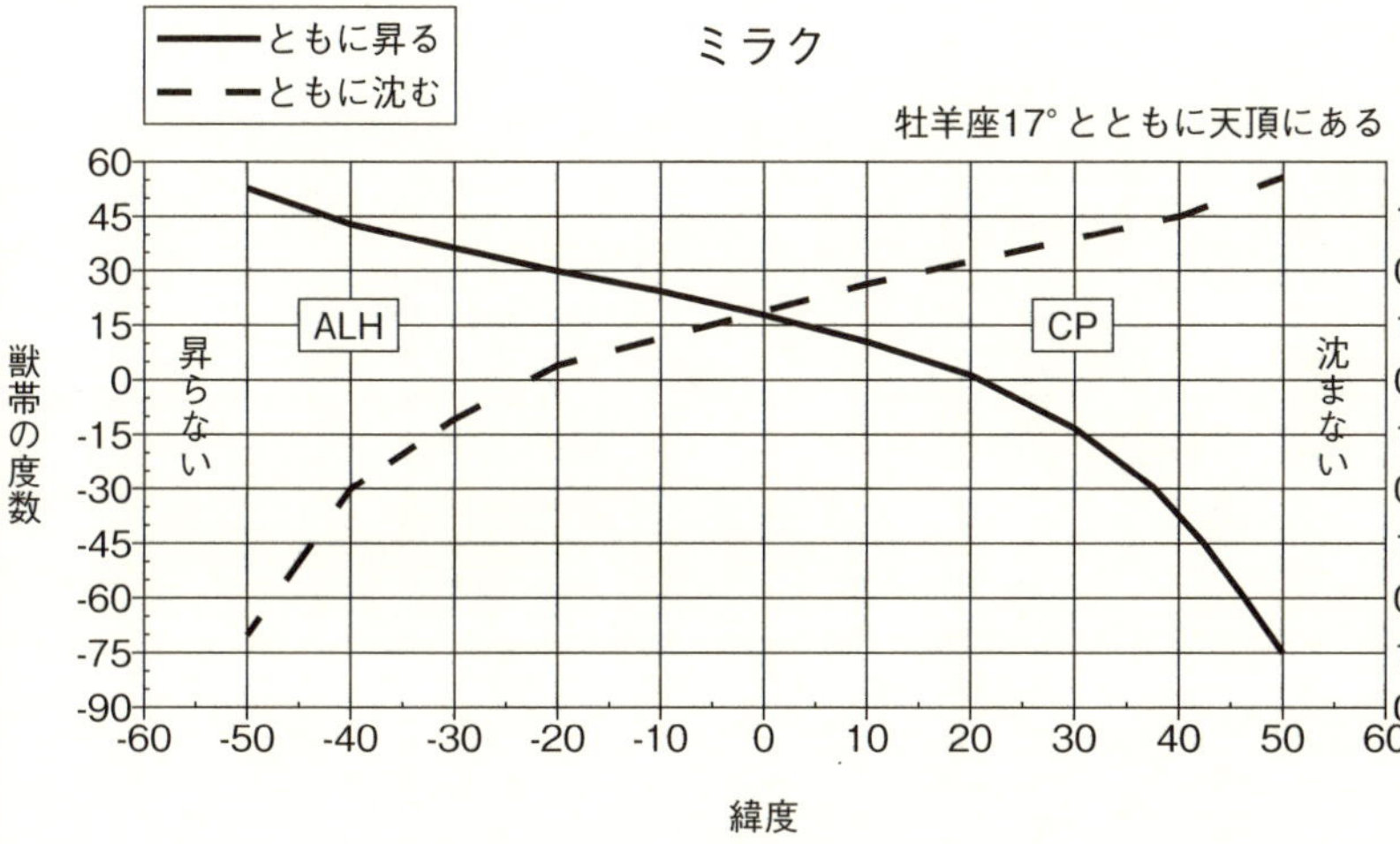


| ヒライアカル 上昇 | 下降 |
|---|---|
| 5月5日 | 11月7日 |
| 4月20日 | 10月23日 |
| 4月5日 | 10月8日 |
| 3月20日 | 9月23日 |
| 3月5日 | 9月7日 |
| 2月19日 | 8月23日 |
| 2月4日 | 8月7日 |
| 1月20日 | 7月23日 |
| 1月5日 | 7月7日 |
| 12月22日 | 6月21日 |
| 下降 | 上昇 アクロニカル |

パラン表2. ミラク

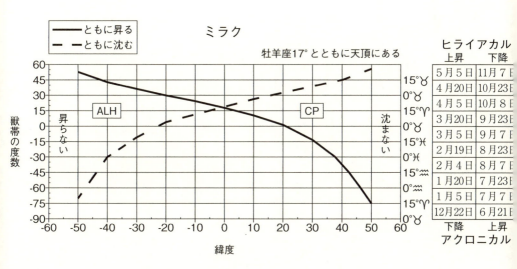

す。この強さは、独立への愛とともに生まれながらの才能のひとつです。才能ある若い俳優ジェームズ・ディーンはスピードへの愛による交通事故で死去しました。彼が生まれたのはアルフェラッツが太陽の上昇と同時に昇る（ヒライアカルライジング）ときでした。SFの父であり『月世界旅行』の著者であるジュール・ベルヌも、十六世紀の天文学者で近代物理学の父であり最初に星々に望遠鏡を向けたガリレオ・ガリレイも同様でした。

## ミラク

（アンドロメダ座ベータ星、2・4等星、赤経：01h09m28.5s、赤緯：北35度35分38秒、黄経：牡羊座29度42分）パラン表2を参照。パラン表の読み方の例：南緯30度に生まれた場合、星は牡牛座の約5度で上昇します。惑星が牡牛座か蠍座の5度にある場合、惑星は星とともに上昇しまたは沈みました。星はまた魚座20度で沈みます。そのため魚座か乙女座の20度に惑星がある場合、星が沈むとき沈むか上昇したでしょう。星は牡羊座17度で天頂にあるので、牡羊座か天秤座の17度に惑星がある場合、星が天頂にあるとき天頂か天底にありました。

この南緯30度では、星は〝出現しているけれども隠れて見えない〟arising and lying hidden 位相にあります。この時期は毎年およそ三月十日（魚座20度の横の日付の左側の欄から日付を読み取ります）

から四月二十五日（牡牛座5度の横の日付の左側の欄から日付を読み取ります）までです。そして本当に、あるいは宇宙的に太陽と同時に上昇するときはだいたい四月二十五日です（〝太陽と同時に上昇する〟欄の南緯30度で上昇する線の日付を読み取ります）。

ミラクは南緯54度と北緯54度のあいだのチャートの四つの点すべてで使用可能です。それより南では星が昇ることはなく、それより北では星が沈むことはないため、永遠に短縮した運行にあります。

## これまでの解釈

プトレマイオスはこの星を金星と結びつけています。ロブソンが関連付けているのは結婚における幸福、親切であること、許し、多大な貢献です。エバーティンが言及しているのは幸福、芸術的能力、霊媒能力です。リゴーはロブソンの指摘したすべての特徴に加えて秘密、悪習や頑固さを挙げています。

## ミラクの意味

ミラクが本当にアンドロメダの主要な星であり、アルフェラッツがペガスス座の一部であるとすれば、この星は若い豊穣な処女の概念を示すべき星であり、それは受容性、女性の力、直感、芸術などです。ドイツの哲学者イマニュエル・カントは完全な社会の可能性を信じていました。それは共和国による世界連合[7]であらゆる人の福祉に利益をもたらすというものでした。カントの生まれた日の月とともにこの星が天頂にありました。人類の福祉にたいするこうした理想主義的な思想はミラクの影響がちらつきます。レオナルド・ダ・ヴィンチは水星がミラクと結びつき、生まれた日にミラクとともに天頂にあり、偉大な芸術という結果をもたらしました。フレッド・アステアは、ミラクが金星とともに天頂にあり、そこでは星の調和とリズムがダンスに表現されました。ほかに多くの例がありますがそれらはすべて調和的な方法を求めるという共通したテーマをもっているように思えます。ミラクはアルフェラッツよりずっとアンドロメダ座を体現しているように思えます。

**ミラクが出生図にある場合**

この星のテーマは受容性とゆたかさです。出生図にあればさまざまな考えに自由で、すすんで受け入れることを意味します。これを素朴さや無邪気さと誤解する人がいるかもしれませんが、ミラクは素朴ではありません。というのも彼女は受け取るものを有効に使えるからです。そして創造力がゆたかです。そのスキルは聞き、考え、こうしたインプットを最も創造的に使う能力です。

**ミラクが誕生時に太陽の上昇と同時に昇る（ヒライアカルライジング）場合**

7 Lewis White Beck, ed. *Immanuel Kant Selections* (New York: Macmillan, 1988).

ミラクはプトレマイオスが誕生時に太陽の上昇と同時に上昇する星として使用する星のリストに含まれていないため、その日の宇宙的に太陽の上昇と同時に上昇する星としてしか使用できません。チャートでこうした位置にある場合はとても理解力がありさまざまな考えにたいして自由です。これはある種の純朴さを示すことがありますが、一方では芸術や色彩にかんする創造的な才能や他者から最良のものを引き出す能力をもたらすことも可能です。

## わし座、ワシ

この星座は三種の鳥からなる北の空のグループの一部です。三種の鳥の星座はワシを表しているわし座、白鳥であるはくちょう座、そして三番目は近代に名前が変えられたこと座、さらに矢の、や座です。スター・マップ2を参照。こうした三種の鳥はギリシャ人にはヘルクレスが六番目の功業で殺したスチュームパリデスの怪鳥として知られていました。[8] 天のや座はヘルクレス座に属していると言われています。

アラトスはわし座を嵐の鳥と呼んでいました。[9] この星座は北半球では冬に上昇し、悪天候と嵐をそ

8　Allen, *Star Names* p. 350.
9　Mair, *Callimachus, Lycophron, Aratus*l, p. 231.

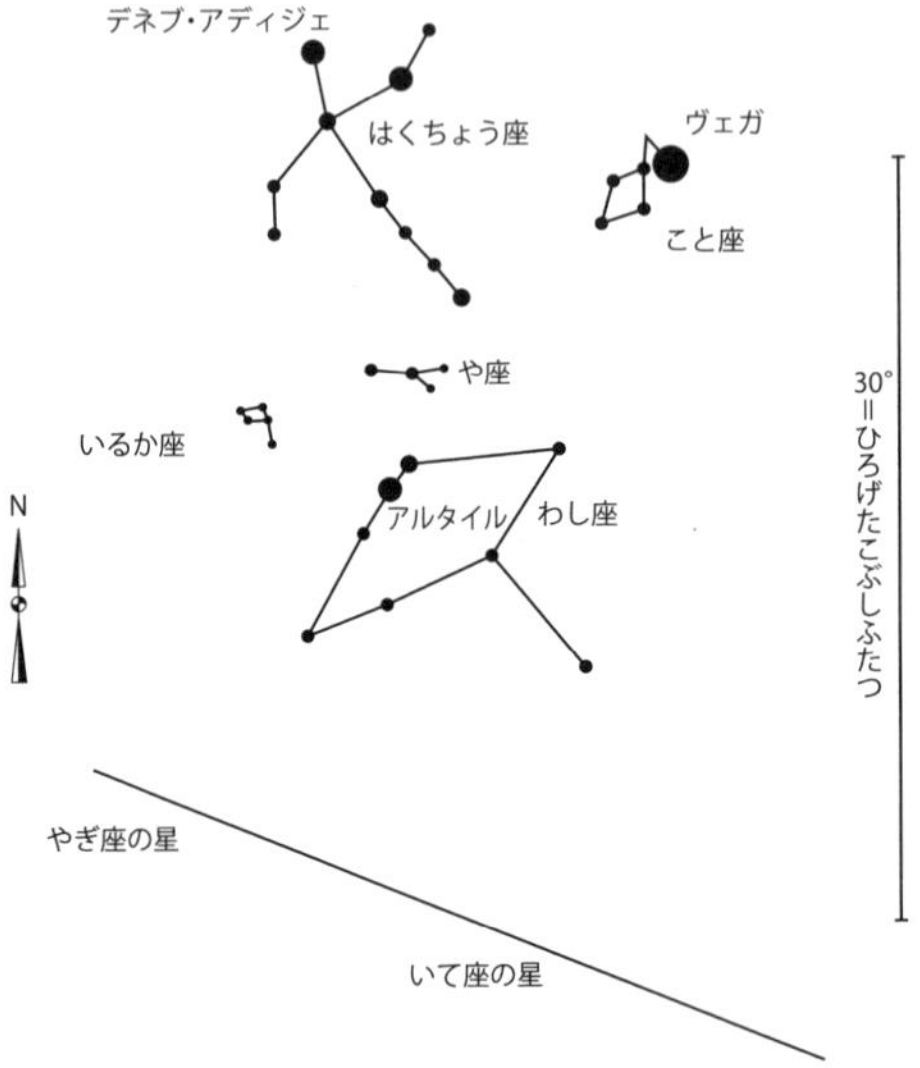


スター・マップ2. 三羽の鳥と矢

の季節にもたらしたからです。この星座は過去三五〇〇年間、鳥と認識されてきて、ギリシャ人はわし座と名付け神話に取り入れました、その形からゼウスが急降下してガニメデスを誘拐したと思っていました。[10] ゼウスは美少年に心を奪われ、彼を専属の給仕としました。

ガニメデスの神話は続きます、彼は不死を認められ、みずがめ座の典型的な給仕として天空に位置します。[11] 後者の別の物語ではローマ皇帝ハドリアヌスの寿命が若いアンティノスがすすんで犠牲になったおかげで伸びたというものです。ワシは若者を天に上げ、みずがめ座としてそこに置きました。[12]

ワシが常に関連してきたのは火、雷、太陽神です、そのためギリシャ人はこのワシを雷と稲光の神ゼウスの化身としました、これは神話と一致しています。ローマの習慣では皇帝の火葬用のまきの山のうえにワシを放ちました。彼らは信じていました、ワシが戦士の魂を不死の地に運んでくれると。ワシは祭壇に捧げられたいけにえを焼き尽くすために天から炎を呼び寄せるための道具でもありました。犠牲の炎をくぐり抜けたあと、いけにえはワシに運び去られ、あるいはワシのすがたとなって天に達しました。[13]

これが象徴するところは旧約聖書に示されています。ヤハウェが送り込んだ火がアブラハムの息子を

10 H. A. Guerber, *The Myths of Greece and Rome* (London: Harrap, 1991), p. 27.
11 Jobes, *Outer Space*, p.116.
12 Jobes, *Outer Space*, p.117.
13 Barbara Walker, *The Woman's Encyclopedia of Myths and Secrets* (San Francisco: HarperSanFrancisco, 1983I, p. 262.

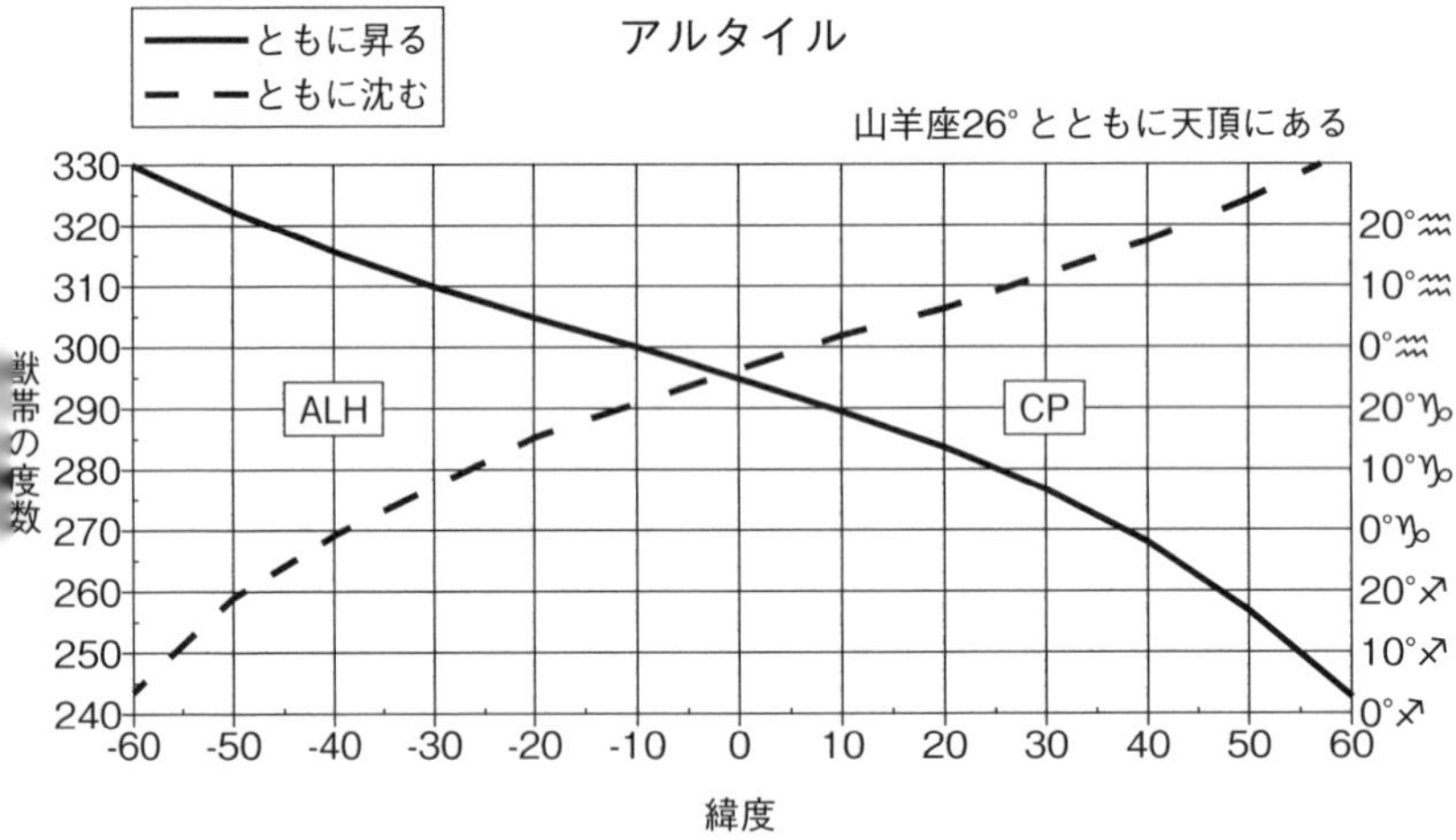


ヒライアカル

| 上昇 | 下降 |
|---|---|
| 2月9日 | 8月12日 |
| 1月30日 | 8月2日 |
| 1月20日 | 7月23日 |
| 1月10日 | 7月12日 |
| 12月31日 | 7月2日 |
| 12月22日 | 6月21日 |
| 12月12日 | 6月11日 |
| 12月2日 | 5月31日 |
| 11月22日 | 5月21日 |
| 下降 | 上昇 |

アクロニカル

パラン表3. アルタイル

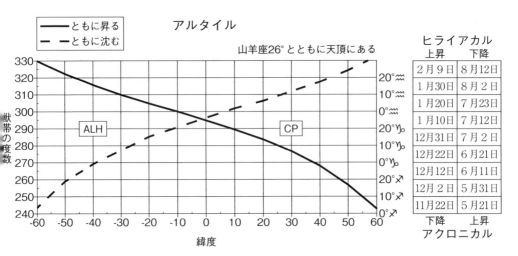

焼き尽くすさいの描写です。炎との関連性により、ワシは不死鳥と混同されることがよくありました。[14] ワシはローマの王家の鳥で、男性主権の象徴でした。現代の国でワシを紋章として採り入れたのはアメリカ合衆国です。アメリカは何年にもわたっておそらくほかのどの国よりも強力な戦争行為として空から火を降とす能力を示してきました。

### わし座の星

最も明るい星はアルタイルです。ほかに名前の付いた星は等級の明るい順に、アルシャイン、ガニメデスの頭。タラゼド、ワシの胴体。デネブ、ワシの尾。

## アルタイル

（わし座アルファ星、0・9等星、赤経：14h54m51.6s、赤緯：北8度51分31秒、黄経：水瓶座1度04分）

パラン表3を参照。表の見方の例：北緯42度のイタリアのローマに生まれた場合、星は射手座の約25度で上昇しました。もし惑星が射手座か双子座の25度にある場合、惑星は星とともに上昇するか沈むかしました。星はまた水瓶座18度で沈みます。そのため、惑星が水瓶座か獅子座の18度にある場合、星が沈

14　Walker, *The Woman's Encyclopedia of Myths and Secrets*, p. 262.

むとき惑星は沈むか上昇したでしょう。星は山羊座26度で天頂にあります、そのため山羊座か蟹座の26度に惑星がある場合、星が天頂にあったとき惑星は天頂か天底にありました。

この北緯42度では星は短縮した運行の位相にあります。この時期は毎年およそ六月十五日（射手座25度の横の日付の右側の欄から読み取ります）から八月十日（水瓶座18度の横の日付の右側の欄から読み取ります）までです。そして本当に、あるいは宇宙的に太陽と同時に上昇する星になるのはおよそ十二月十七日（〝太陽と同時に上昇する〟欄の北緯42度で上昇する線の日付を読み取ります）です。

アルタイルは南緯81度と北緯81度のあいだのチャートの四つの点すべてで使用可能です。それより南では星が昇ることはなく、それより北では星が沈むことはないため、永遠に短縮した運行にあります。

### これまでの解釈

プトレマイオスが言ったのはアルタイルをはじめとしたわし座の星々は火星や木星と似ているということです。ロブソンが語っているのは出世する能力、大胆で勇気があるが、そのように影響を受けたならば流血の罪を犯し、爬虫類の危険にさらされる可能性があるということです。エバーティンはロブソンが成功と勇気を強調していることに同意しています。リゴーはこの星については言及していません。

### アルタイルの意味

大胆さと行動の星ですが、人間関係や思いやりとも関連しています。アルタイルの大胆不敵さはレオナルド・ダ・ヴィンチのチャートに示されていました。アルタイルが上昇しているとき土星が天頂にありました。こうした組み合わせが示しているのは、レオナルドが新しい分野や新しい未開拓の領域を考え探求することに意欲的であったことです。この衝動は生涯を通じて続きました。レオナルドと対照的なのがジョン・レノンです。彼の太陽はアルタイルと結びついており、生まれた日の太陽が天頂にあるときアルタイルが上昇していました。レノンの場合には人権と平和を求める音楽的抗議のなかに表現を得ようとするアルタイルの強い意欲が見られ、それは彼を生まれながらの指導者にしました。ジュール・ベルヌの生涯はこの星のまた別の表現です。ベルヌが生まれた日に月が沈みアルタイルが天頂にありました。アルタイルと月との結びつきは彼の情熱と信念に影響を与えました。ベルヌのＳＦ小説がすべて明示しているのはワシの大胆さと勇気です。彼の場合は行動志向でない月と結びついていました。

**アルタイルが出生図にある場合**

アルタイルがチャートにある場合は大胆さと決断力、リスクを負うか粘り強い決断力で物事を成し遂げるかする能力をもたらします。この男性的な行動と強さの星は、しかしながらこうした行動の探求をみずからのためだけでなく、他者のためにも用います。

## アルタイルが誕生時に太陽の上昇と同時に昇る場合

プトレマイオスのリストの星々のひとつであるため、宇宙的に太陽の上昇と同時に昇る星と明白に太陽の上昇と同時に昇る星の両方として使用できます。これはこの星の重要な配置です。行動の素早さや大胆さは自意識の一部になります。無分別や決断力、あるいは未踏の地へ到達する能力につながる可能性があります。アルタイルの興味深い例はヨハネス・ケプラーです。ケプラーはこの星が明白に太陽の上昇と同時に昇るときに生まれました。ケプラーの数学能力はシェアト（ペガサス座の）が水星とともに上昇していたことに起因できるかもしれませんが、惑星の軌道の謎を解こうという決意はアルタイルの集中した影響でした。

## さいだん座、祭壇

アラトスはその著作『ファイノメナ』のなかで次のように書いていました。「恐ろしい怪物サソリの燃えるような針のした、南半球のそばにさいだん座が掛かっている。汝が地平線のうえに見ることができるのは短いあいだだ」[15]。さいだん座は南の赤緯50度と60度のあいだに位置しており、現在では北緯40度以南でしか見ることができません（スター・マップ7を参照）。祭壇としてさまざまなかたちで見ら

15 Mair, *Callimachus, Lycophron*, Aratus, p.239.

れてきました。ディオニソスの祭壇、香をいれる鍋、また暖炉とも考えられてきました。古代において主に重要性があったのは天気予報のために太陽の上昇と同時に昇るときの日付でした。

アラトスは次のように書いています。「しかし、その祭壇にはほかのどんなものにも増して古代の夜があり、人間たちの苦悩を嘆き、海上の強力な嵐の兆しになるよう定められている。……汝に祈るように告げる、大海原にいるとき雲に隠れたこの星座が、天のほかのもののなかに姿を見せないように」[16]と。

これはケンタウルス座のケイロンがいけにえを捧げるためにおおかみ座のオオカミの供物を携えて近づく祭壇です。

## さいだん座の星

この星座には占星術的には目立つ星はありません。しかしアラトスの強い警告を考えると、星座全体に気象予測を考慮すべき価値があるとするのもうなずけます。認識する必要があるのは、特定の星や星座はいつも毎年毎年同じ季節に目にするので、ただ嵐の季節に星が昇るからというだけで嵐を起こす星座であるという評価を得る可能性があるということです。

しかしアラトスの警告はとても正当であるようにみえます。一九七四年のクリスマスの朝にオーストラリアのダーウィン（南緯12度28分）で、海王星と火星が射手座10度で合となり、さそり座の主星であ

16 Mair, /Callimachus, *Lycophron*, Aratus, p.239.

り、さそり座の心臓として知られるアンタレスとともにその緯度で上昇していました、これは十分に困難な組み合わせですが、南の地平線上にさいだん座も上昇していました。これはサイクロン・トレーシーが上陸する前触れであり、オーストラリア史上最悪の嵐となりました。

## アルゴ座、船
## （りゅうこつ座：竜骨、とも座：とも、ほ座：帆、らしんばん座：羅針盤）

昔々はるか南方の空の隠れた場所のもとに神秘の国、魔術師と魔法の国がありました、そこでは自然の法則を曲げ、変えることもできました。人類が常に必要としてきたのは、はるかかなたの土地でした。ヴァイキングにとってこの原型を体現していたのが、荒海を隔てたヨーロッパの果てにあるアイルランドのような国々でした。のちの時代には西インド諸島の香料諸島になりました。さらにのちにはそれはオーストラリアでした、旧世界では作り話とみなされるような非常に奇妙な動物でいっぱいの南の大陸です。今世紀（編注　本書の出版年から二十世紀を指す）になると最初それは月でしたが、急速に深宇宙や宇宙があとに続きました。人類が共通して夢みるのは、はるかかなたの場所で、そこは世界がまったく異なっています。不思議の国、科学的事実になるまえのサイエンス・フィクションの場所です。こうした夢を見ることは人間の基本的な特性であり、私たちの遺伝子のなかにあって、それこそが私たちを前進させる原動力です。

アルゴ座はエジプト人、のちにはギリシャ人にとって、こうした旅を行うのに使用できる船を表す星座でした。

アルゴ座は完全に南半球に位置し、長さは75度を超え、現在では参照しやすいように四つの別々の星座、すなわち事実上星群に分割されています（スター・マップ3を参照）。四つの新しい星座はりゅうこつ座、とも座、ほ座、らしんばん座（古代の星図ではほばしら座と呼ばれていた）です。

このほかにも何世紀にもわたって多くの区分化が行われてきました。ふたつ例をあげればマスト（帆柱）と航海用の箱 Nautical Box ですが、どれもいまは知られていません。

北の緯度ではこの南の船は東から西に移動するときに地平線近くに浮かび上がり、はるか南の海を航行する船のように見えます。太古にはこの星の一群が、どこにでも行き未踏の地に向かって航行することができる偉大な船と考えられていました。最古の文献では地球を覆った大洪水のあとにオシリスとイシスが使用した船です[17]（図18を参照）。ギリシャ人はこの大きな南の船をアルゴと名付けました。[18] 神話の船であり最初の大きな外洋航行船であり、イアソンと五十人の従者が〝だれも行ったことのない場所〟に航海するために建造し使用し、黄金の羊毛を見つけました。ヒンドゥー教徒にとってこれは魚の姿をしたヴィシュヌ神がヒンドゥーの大洪水のあいだ安全な場所まで引っ張って行った船です。キリスト教

17 Allen, *Star Names*, p. 66.
18 Allen, *Star Names*, p. 65.

徒にとってこれはノアの箱舟でした。[19] 星座の名前がなんであれ、乗員がほかの方法では到達できない場所まで移動できるようにする偉大な船を表しています。

空から切り離されてしまったので、私たちの心のなかにあるこの船の必要性はいまやＮＡＳＡの宇宙船と映画やテレビの世界で果てしない宇宙の海を航行する大きな宇宙船で満たされています。アルゴ船はいまではスタートレックの有名なエンタープライズ号またはＮＡＳＡのアポロ計画です。しかし単なる船以上に、この星座が表すのは冒険や探検を求める人間の願望の本質そのものです、それが個人的成長のための心であれ集合知の成長のための天を経由したものであれ。こうした海や宇宙を行く船をばらばらにすることは人間の精神に大きな影響を与えます。それはエンタープライズ号を壊すことや近年のチャレンジャー号のショッキングな爆発と似ています。占星術師はアルゴ船を小さな星座に分割することを拒否するべきです。アルゴ船は新しい知識の探求と世界を広げたいという種としての深い願望の象徴だからです。

## アルゴ座の星

最も明るい星はりゅうこつ座のカノープスです。ほかに名前の付いた星は等級の明るい順に次のとおりです。ミアプラキドゥス、この星もりゅうこつ座にあります。ミュニタイン、三つの星のグループが

19 Allen, *Star Names* p. 120.

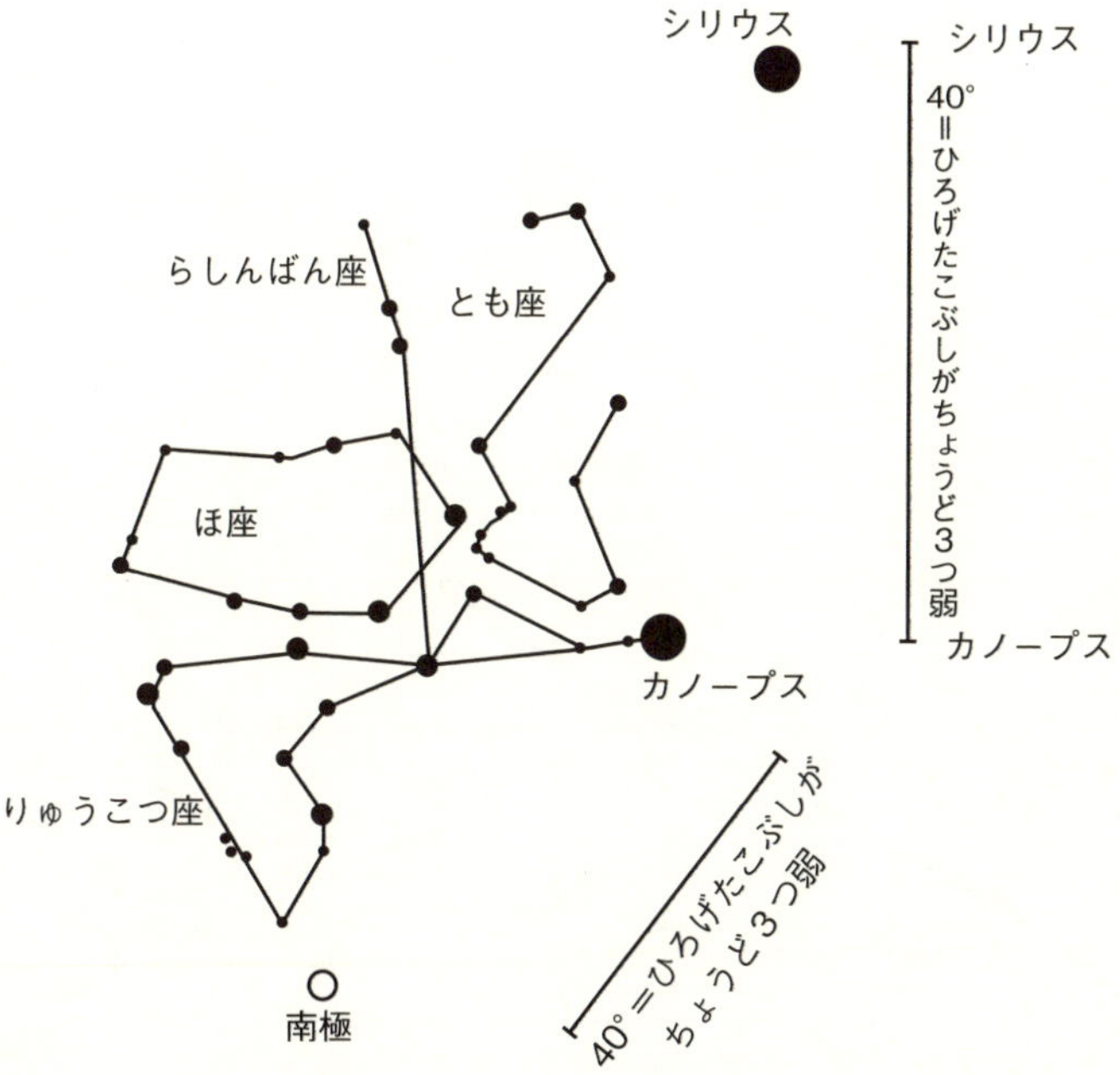


スター・マップ3. 大いなる南の船アルゴ

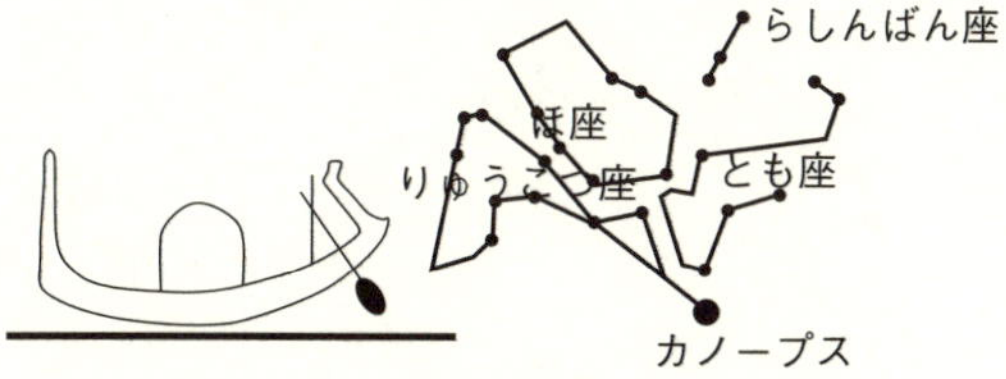


図18. 黄泉の国の船を表す古代エジプトの象形文字とアルゴ座

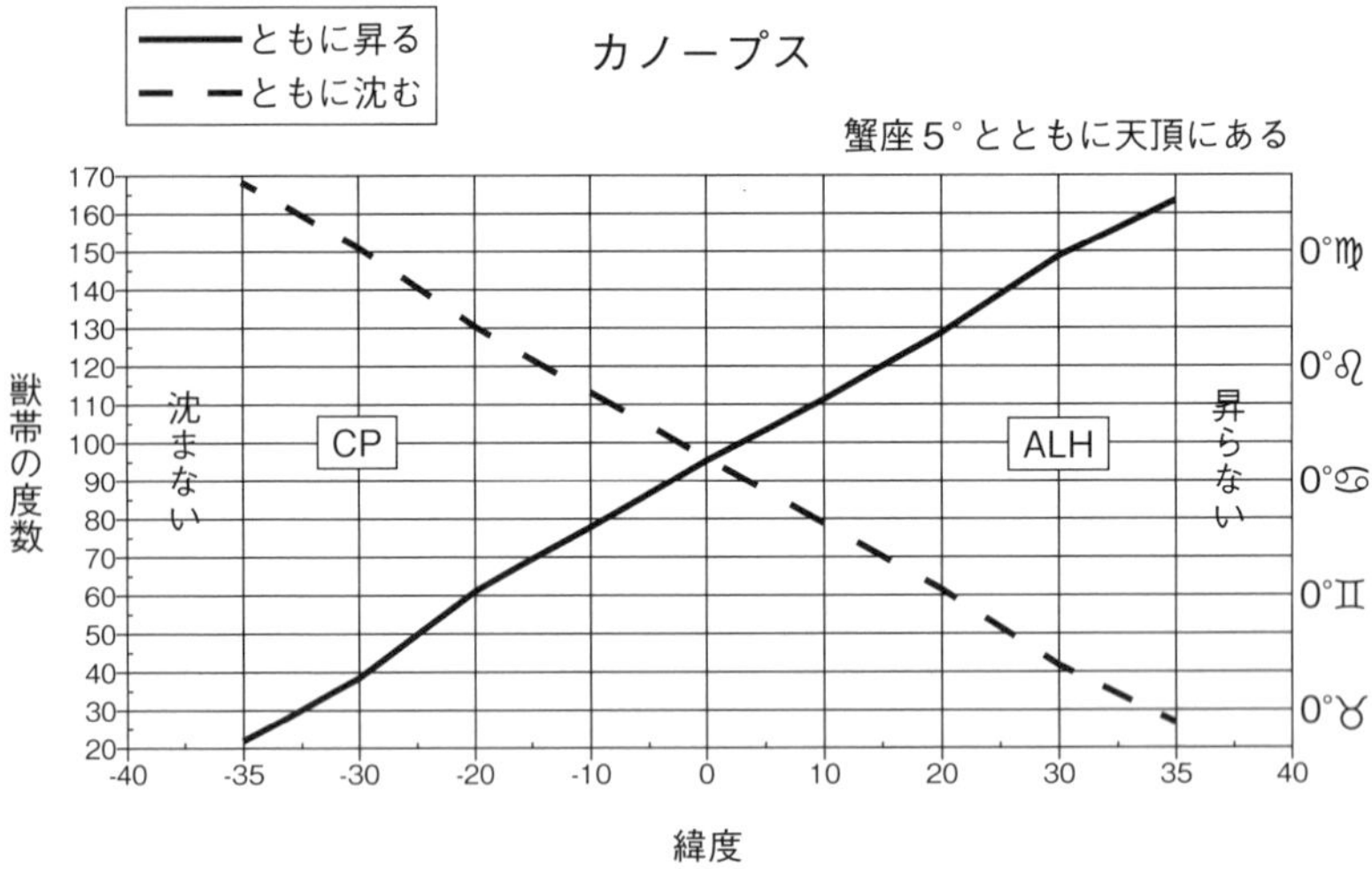


ヒライアカル

| 上昇 | 下降 |
|---|---|
| 8月24日 | 2月19日 |
| 8月3日 | 1月30日 |
| 7月13日 | 1月11日 |
| 7月22日 | 12月22日 |
| 6月1日 | 12月3日 |
| 5月11日 | 11月13日 |
| 4月21日 | 10月24日 |
| 下降 | 上昇 |

アクロニカル

パラン表4. カノープス

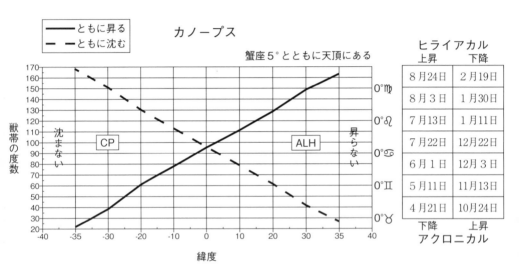

ほ座にあります。アル・スハイルもほ座にあります。

## カノープス

（りゅうこつ座アルファ星〈アルゴ座アルファ星〉、0・9等星、赤経：06h23m49.8s、赤緯：南57度07分14秒、黄経：蟹座14度16分）パラン表4を参照。表の読み方の例：北緯13度、インドのマドラスに生まれた場合、星は蟹座の約25度で上昇しました。惑星が蟹座か山羊座の25度にある場合、惑星は星とともに上昇し沈みました。星はまた双子座13度で沈みます。したがって双子座か射手座の13度に惑星がある場合、星が沈むとき惑星は沈むか上昇するでしょう。星は蟹座5度で天頂にあります、そのため蟹座か山羊座の5度に惑星がある場合、星が天頂にあるとき惑星は天頂にあるか天底にありました。

この北緯13度では、星は出現しているけれども隠れて見えない位相にあります。この時期は毎年およそ六月三日（双子座13度の横の日付の左側の欄から読み取ります）から七月十八日（蟹座25度の横の日付の左側の欄から読み取ります）までです。そして本当に、あるいは太陽と同時に上昇するときはおよそ七月十八日（〝太陽と同時に上昇する〟欄の北緯13度で上昇している線の日付を読み取ります）です。

カノープスは南緯37度と北緯37度のあいだのチャートの四つの点すべてで使用可能です。それよりも北では星が昇ることはなく、それより南では星が沈むことはないため、永遠に短縮した運行にあります。

## これまでの解釈

プトレマイオスが言ったのはこの星は土星と木星に似ているということです。ロブソンが言っているのは、この星が信心深さ、保守主義をもたらし、悪を善に変えることができるということです。エバーティンは単に旅行を好むと言及しています。リゴーが言っているのは家庭内の問題を引き起こす可能性があるということです。

## カノープスの意味

この星は空にある大きな星のひとつです。〝保守主義〟や〝家庭内の問題〟についての上述の乾いたほこりをかぶっているような言葉はちゃかしています。カノープスの名前は、トロイ戦争から帰還する途中に亡くなった、メネラオス王率いる艦隊の水先案内人に由来しています。[20] しかしながらギリシャ人がエジプトの船をアルゴ号と呼ぶずっと以前から、エジプト人はこの偉大な航海士のことを知っており、この古代の水先案内人の死後、彼は死者を来世に運ぶために使用する船の航海士となったと語りました。[21] ほかの文化圏では別の名前で呼ばれていました。アラビア人はさまざまな時代に〝輝く者〟と呼び、

20 Allen, *Star Names*, p. 68.
21 G. de Santillana and Hertha von Dechend, *Hamlet's Mill* (Boston: Nonpareil Books, 1977), p. 283

または〝賢者〟であり、ペルシア人はアル-アンワリスハイリ Al-Anwar I Suhaili、カノープスの〝光明〟（あるいは〝英知〟）と呼びました。カノープスはまた砂漠地帯で神の姿として崇拝され、〝エジプトの星〟として知られていました[22]。紀元前六〇〇〇年ごろ、秋分に太陽の上昇と同時に昇る星でしたので、エジプトではこの上昇と一直線に一連の神殿が建てられました[23]。現代人はこの星がＮＡＳＡに必要とされているととらえています。というのはこの古代の配置点が宇宙船の航法援助として使用されているからです。

アラビア人はカノープスを南極星のように使い、砂漠の海を航行するために使用し、しばしば〝南の心臓〟と呼びました。非常に明るい星なので南極星と考える文化が多くありました。〝重いカノープス〟とも呼ばれましたが、この星の重要性を教えてくれる名前です。カノープスは、極を定めるための測鉛線の先端にある重りと考えられていました。測鉛線がずれると、ひもの先にある鉛の重りは論理的に動きだしました。これが南の〝静止点〟とされるカノープスに歳差運動が及ぼす影響について古くから説明されていたものです[24]。

アメリカ先住民の部族の神話をはじめとした多くの文化では、この南極星が北に移動するのを見てこれを世界が終るタイミングと描写しました。そのためカノープスは時間の概念と結びつくようになりま

22 Jobes, *Outer Space*, p. 311
23 Norman J. Lockyer, *The Dawn of Astronomy* (Kila, MT: Kessinger, 1992), p. 312.
24 De Santillana and von Dechend, *Hamlet's Mill*, p. 73

した。これはオリンポスの神々とティーターンの神々との戦いで、クロノス（土星）が戦車からエリダヌス河に投げ出され、アポロとパエトーンと同様の物語であると考えるギリシャ人から大きな支持を得ました。[25] クロノスが落ちたところにカノープス星があり、そこから冥界の主のような存在となり、すべての魂を受け取り、ゆっくりと進み、やがて北極星と結合して世界の終わりを告げました。インディアンのポーニー族はこう言いました。「さあ南極星、精霊の星、あるいは死の星は天にどんどん高く昇り、北極星にどんどん近づき、生命の終わりのときが近づくと、死の星は北極星のすぐそばまで近寄って北極星をとらえる……」[26]

そのためカノープスをエリダヌス座に含めることは考慮すべき神話上の論拠があります。魂の偉大な受け取り手になるのですから。しかし、おそらくカノープスは最もめずらしい星であり両方の星座に含まれている可能性があります。エリダヌス座では、それによって創造の分を刻み、世界の終わりを定義する、移動する南極の静止地点になります。同時にアルゴ船の水先案内人や航海士であり、カノープスが人類の光を消すまえにできるかぎり多く探検したいという私たちの飽くなき欲求を表しています。

北緯37度より南に住んでいるなら外に出てカノープスを見てください、そして心のなかのもっと古くからの基準がこの驚くべき星をどのように見ているかに思いを馳せてみましょう。偉大な航海士であり

25 De Santillana and von Dechend, *Hamlet's Mill*, p. 265.
26 H.B. Alexander, "North American Mythology," in *Mythology of all Races*, vol. 10. Boston, 1916, p. 116.

魂の導き役であり、死の星であり時間の父であり、南極であり神聖な静止地点です。

パブロ・ピカソは北緯36度45分で生まれ、金星が上昇しているときにカノープスが天頂にありました。カノープスはほんの数時間前に地平線上にありました。南の地平線にとても小さな弧を描き、金星が上昇するときにその弧のてっぺんにカノープスが位置していました。パブロ・ピカソは芸術の世界で道を切り開いた人でした。その芸術におけるさまざまなスタイルは最初のキュビズム、キュビズム、そしてキュビズムの彫刻として知られるようになりました。ピカソの偉大さは多くの変化する、そして最先端を行くスタイルにありました。カノープスと金星の組み合わせがピカソを偉大な芸術家にしたわけではありませんが、いったんそうした生活スタイルに乗り出すと彼のスタイルは良くも悪くも確実に変わり芸術の世界に新しい次元を設定しました。

毛沢東は北緯27度52分で生まれ、カノープスが上昇したり沈んだりできる場所でした。毛沢東の太陽はカノープスと結びついていました。太陽が天頂にあるときカノープスは天底にありました。ここでわかるのは毛沢東の自意識の感覚がまさにカノープスの性質と結ばれていたことです。中国の人々や文化を導く開拓者であり、ダーク・ファーザーとしてのカノープスの暗い面、すなわち土星的なテーマでついには子供たちを食い尽くす人物（訳注『わが子を食らうサトゥルヌス』より）です。フィデル・カストロは火星が天頂にありカノープスが上昇しているときに生まれ、民衆を好戦的軍事的な方法で導くことを選びました。

### カノープスが出生図にある場合

カノープスは力のある星です、北緯37度より南の生まれであれば、リーダーシップや新しい方向性、あるいは創造されたものを破壊できる先駆者としてのスキルに影響を与えることができます。複雑な星でロイヤルスターに似ており、成功に関係しますが、強く影響を受ける人の宿敵は、過度の制御を必要とすることです。

### カノープスが誕生時に太陽の上昇と同時に昇る場合

プトレマイオスの星のリストにあるカノープスは、確かに夜明けの到来を告げるには十分明るいので宇宙的に太陽の上昇と同時に昇る星としてだけでなく明白に太陽の上昇と同時に昇る星としても使用できます。チャートのこうした位置に星がある場合、優れたリーダーシップの可能性あるいは新しい道の発見や新境地の開拓について語ります。同時に支配しコントロールしようとする心の葛藤をもたらし、達成しようとしている仕事そのものを損なう可能性があります。

## ぎょしゃ座、馭者

人類にとって大きな前進のひとつは農耕の開始や植物の栽培化、動物の家畜化です。この過程の重要性は北極星から離れた次の星団によって空の星座に表現されています。こうした星座は天馬のペガスス座、仔馬のこうま座、馭者のぎょしゃ座であり、これらはすべて馬とかかわりがあります。

馭者は馬を扱う者です。この星座は文化によってさまざまなイメージが使われ、鞭や手綱をもつ人から左肩に山羊を乗せて馬車に乗る人までさまざまでした。[27] このイメージはユーフラテス河に端を発し何千年も前から空の絵柄として定着したと一般的に信じられています。[28] ジョブスは、からだの不自由なヘーパイストスがこの馬車のつくり手であり、乗り手は異形の息子アッティカであり、下肢がヘビのとぐろだったと語っています。[29] 彼は馬車に乗って自分のヘビの足を隠していました。この星座もまた昔から群れを見張る羊飼いと関連していました。こうした関連から聖書の時代には良き羊飼い、すなわちキリストと見られました。[30]

ぎょしゃ座は、二頭の子ヤギを育てる雌ヤギの星群[31]では初期の執筆者に問題を引き起こしたようにみえます。育てるというイメージは天をわたって競走する無敵の馭者のイメージには相応しくなかったのです（スター・マップ4を参照）。その問題のひとつの解決策は、星群はゼウスを育てたヤギであり、

27 Allen, *Star Names*, p. 83.
28 Allen, *Star Names*, p. 83.
29 Jobes, *Outer Space*, p. 311.
30 Jobes, *Outer Space*, p. 311.
31 星群は星座のなかの星座です。

したがって神聖であり、その奉仕へのお礼として天に上げられたという提案でした。[32] 二頭の子ヤギについては説明を試みようとさえしていません。別の試みでは、豊饒の角を馭者の腕に置いて幼いゼウスが角の先を折り、馭者が携えているのがこの角の先であるというものでした。[33]

しかしながらこの星座には最も明るい星カペラがあるのでこの星群を無視することはできなかったでしょう。カペラはエジプト人とギリシャ人の両方に崇拝され神聖視されていました。エジプトでは紀元前五二〇〇年ごろ神殿はその上昇と下降に一直線に並んでいました。[34] のちにギリシャでは月の女神であるダイアナに捧げられたエレウシウスの神殿の方位測定地点となったようです。[35] いかにもカペラは女神の星で、女神のさまざまな顔のひとつです。

しかし授乳中のヤギが御者の左腕に抱えられ、肩に乗りだしているイメージを考慮すると、それに加えてエジプトとのちにギリシャによってカペラが強く歴史的な女性らしさと関連していることとアッティカの足がヘビであるため馬車を使ったという神話から、馭者が抱えているのは女性的な育んでいる対象であることは明らかです。二頭の子ヤギに授乳している雌ヤギにせよ、豊饒の角の先端であるにせよ、これは授乳する女性の胸の象徴です。

32 Allen, *Star Names*, p. 87.
33 Allen, Star Names, p. 87.
34 Lockyer, *The Dawn of Astronomy*, p. 312.
35 Allen, *Star Names*, p. 88.

この点を考えて口伝えの神話と記述された神話の境目にある場所まで神話の層をめくることは興味深いことです。ここで発見できるのは、女性、馬車、双子にかんする物語の断片です。ケルト人は馬車を発明しなかったとしても重要な社会の要素として確かに馬車を発展させた民族です。ケルト神話には、空の馬車の車輪である星輪を司る女神アリアンロッドが双子を産んだという物語があります。[36] そして偉大なケルトの馬の女神マッハの物語[37]は同様に、女性の象徴と馬車のテーマを結びつけています。

マッハはある晩つつましい男性の家の玄関に現れました。男性は彼女がだれであるかがわかりました。マッハは彼に自分の正体をだれにも明かさないという条件で妻としてともに暮らすつもりであると告げました。この取り決めはうまくいきました。マッハは、スリルと足の速さの楽しさと顔にあたる外気の

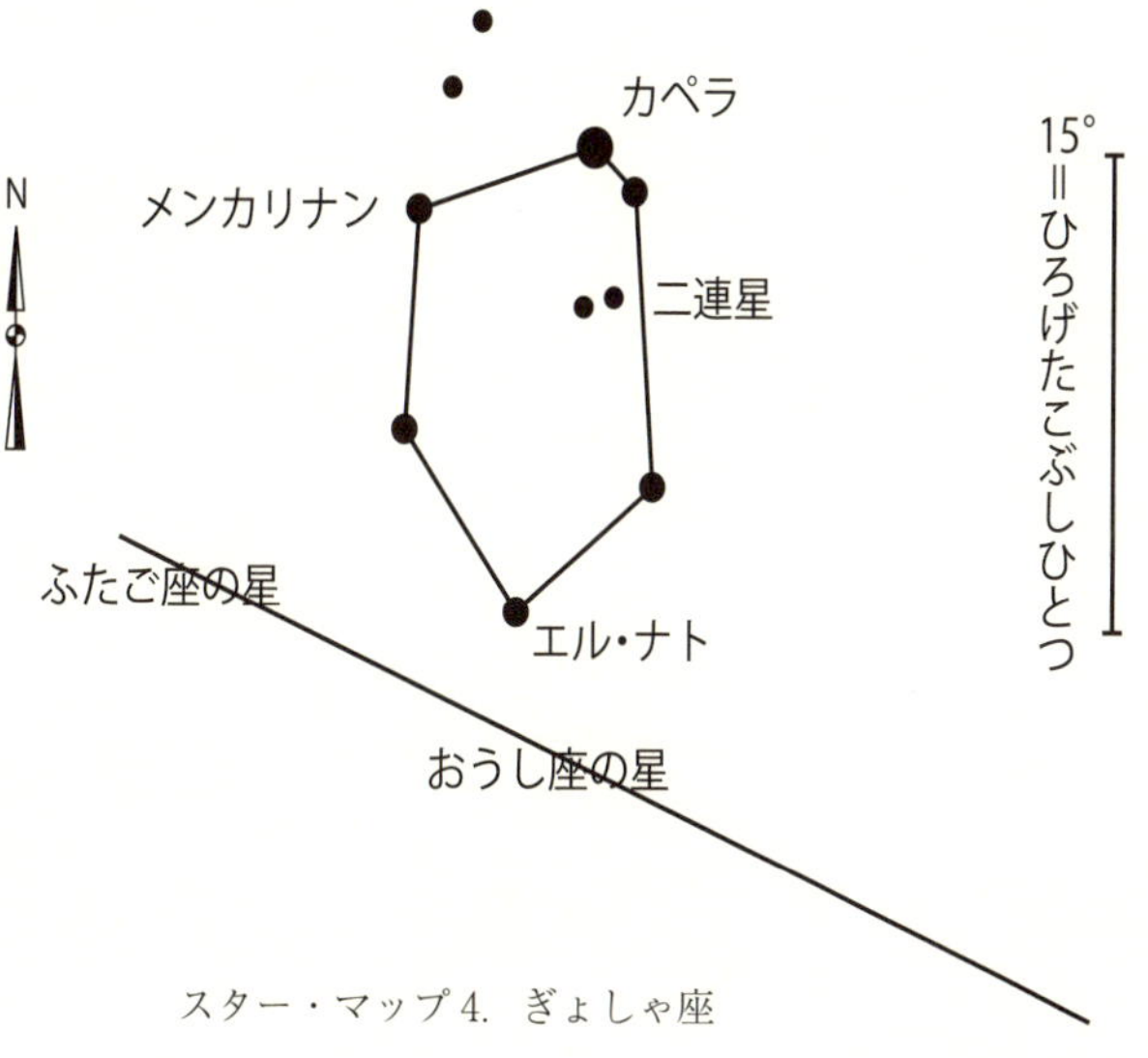


スター・マップ4. ぎょしゃ座

36 R. J. Stewart, *Celtic Gods, Celtic Goddesses* (London: Blandford, 1990), p. 85.

37 マッハについては多くの言及がありますが、次の話はモイラ・カルデコットの *Women in Celtic Myth* (Rochester, VT: Destiny Books, 1992), p. 127. で全文を読むことができます。

開放感のためだけに何マイルも走ることがよくありました。マッハはついに人間の夫との子供を身ごもり、夫は女神の子供の父親になることを考えて喜びました。時は過ぎました……。その当時は人の価値は馬車の速度で測られました。王はそのため王国のなかで一番早い馬を必要としました。ある日、戦士たちが自慢しだし、マッハの夫は自分の妻が徒歩で王の馬車に勝てると自慢しました。憤激の声が上がり、夫は王の馬車と競争できるようにマッハを王のもとに連れてくるよう命じられました。身重のマッハは王のもとに連れてこられました。同情を乞い出産間近であることを話し競争を延期してもらうよう頼みましたが、懇願は無視されました。この行為は神話学者によればケルト社会における母系と父系の境界線を象徴していると考えられています。彼女の状態は考慮されることなく、王は女神の神聖さに反する行為を行っていました。マッハは競争に参加するよう命じられました。子供がいて身重であるものの、王の馬車と競争し、あらゆる馬の女神なので競争に勝ちましたが、激痛と困難さを伴っての勝利でした。競争の終りにマッハは破水し戦士たちのまえで双子を産み落としました。これらの双子は男性と女性のあいだに起こった分裂を象徴していると見ることができます。戦士たちが敬意のなさを示したためにマッハは怒り、アルスター地方の男たちに呪いをかけ、生死に関わる戦いに臨むときはいつでも出産の苦痛を味わわせました。マッハの双子に何が起きたかはだれも知りませんが、マッハの土地は今日でもなおアイルランドで敬意を払われています。マッハの呪いの効力はアルスター地方や北アイルランドの歴史のなかの生きた記念碑です。

偉大で力強い物語は単独の出来事として存在しません。そうした物語はほかにもあったかもしれませんが不幸なことに女神の神話は書き留められませんでした。しかしこの生き残った特別な物語からこのぎょしゃ座の星は馬の女神の象徴とみなす神話上の理由があることがわかります。その女神は子供たちを運ぶことで豊穣さを示しています。男性の胸にもたれた雌ヤギの乳首の代わりに女性の胸が正確に並んでいるように置き換えれば、この形をマッハの象徴にするのがずっと容易になるかもしれません。こうした種類の疑問には最終的な答えは出ませんが、考慮する価値はあります。

**ぎょしゃ座の星**

最も明るい星はカペラです。ほかの星は等級の明るい順に、肩のメンカリナン、踵のエル・ナト、マーズとデュオハイジは双子です。エル・ナトは伝統的には馭者の踵とされていますが、現在ではおうし座に割り当てられています。

### カペラ

（ぎょしゃ座アルファ星、0・3等星、赤経：05h16m18s、赤緯：北45度59分22秒、黄経：双子座21度10分）パラン表5を参照。パラン表の読み方：北緯26度、米国のマイアミに生まれた場合、星は双

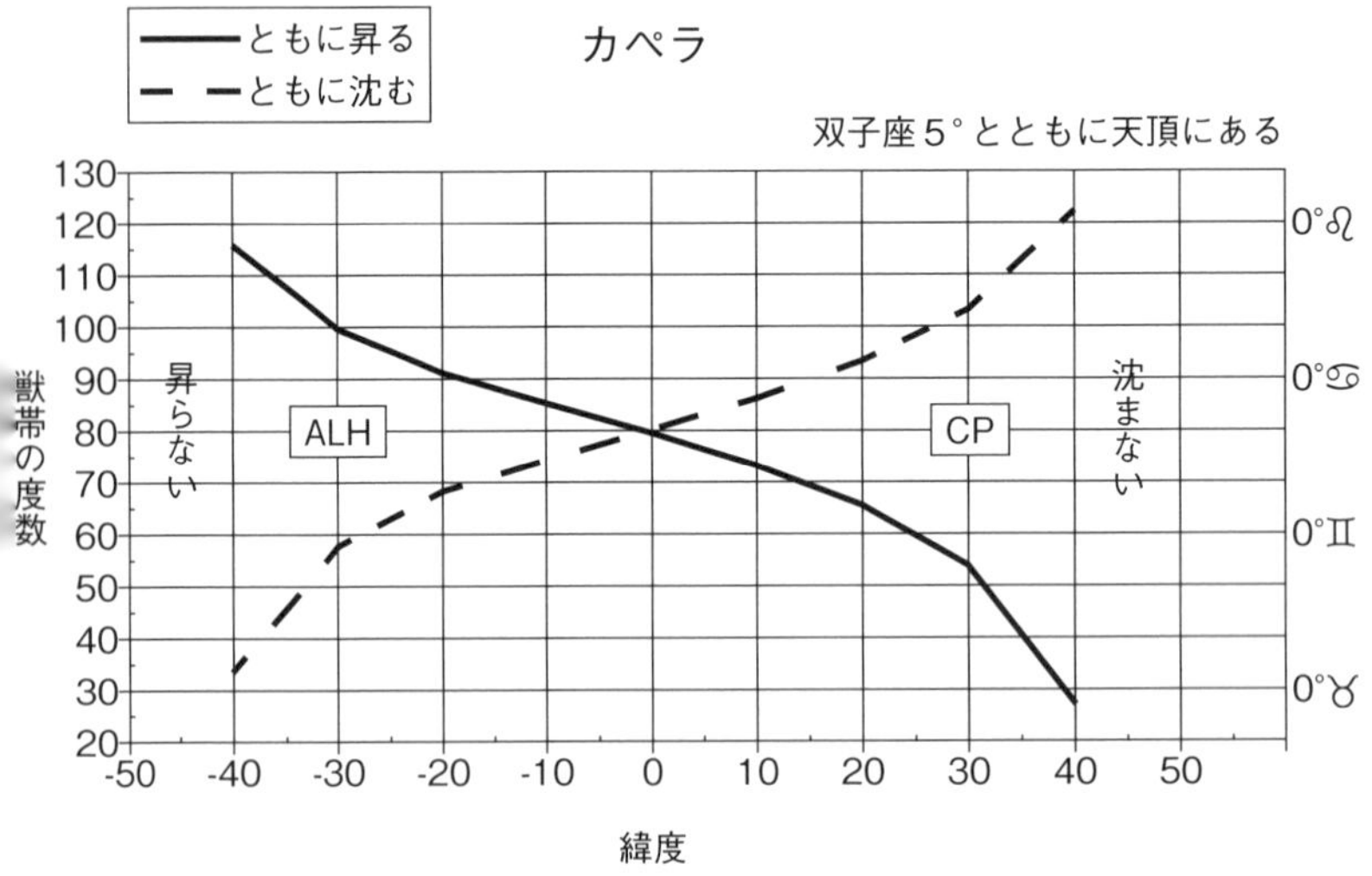


ヒライアカル

| 上昇 | 下降 |
|---|---|
| 7月23日 | 1月20日 |
| 7月13日 | 1月11日 |
| 7月2日 | 1月1日 |
| 6月22日 | 12月22日 |
| 6月11日 | 12月13日 |
| 6月1日 | 12月3日 |
| 5月22日 | 11月23日 |
| 5月11日 | 11月13日 |
| 5月1日 | 11月3日 |
| 4月21日 | 10月24日 |
| 下降 | 上昇 |

アクロニカル

パラン表5. カペラ

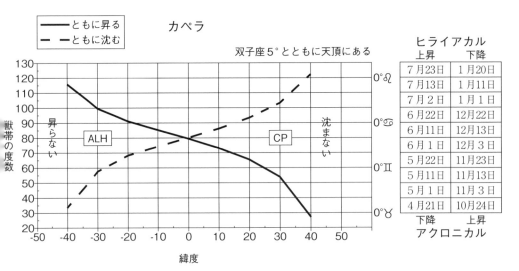

子座の約0度で上昇しました。惑星が双子座か射手座の0度にある場合、惑星は星とともに上昇しあるいは沈みました。星はまた蟹座9度で沈みました。惑星が蟹座か山羊座の9度にある場合、星が沈むとき惑星は上昇するか沈むかしました。星はまた双子座18度で天頂にあります、そのため惑星が双子座か射手座の18度にある場合、星が天頂にあるとき惑星は天頂か天底にありました。

この北緯26度では、星は短縮した運行の位相にあります。この時期は毎年およそ11月23日（双子座0度の横の日付の右側の欄から読み取ります）から12月30日（蟹座9度の横の日付の右側の欄から読み取ります）までです。そして本当に、あるいは宇宙的に太陽と同時に上昇する（ヒライアカルライジング）ときはだいたい5月20日（〝太陽と同時に上昇する〟欄の北緯26度で上昇している線の日付を読み取ります）です。

カペラは南緯43度と北緯43度のあいだのチャートの四つの点すべてで使用可能です。それより南では星が昇ることはなく、それより北では星が沈むことはないため、永遠に短縮した運行にあります。

### これまでの解釈

プトレマイオスによれば明るい星は火星と水星に似ているとのことです。ロブソンはこの星を名誉と富、名誉ある公職や学ぶことへの愛と関連させています。エバーティンはこの星を探究心や好奇心と結びつけ、この星は人を〝奇妙〟にすることがあると示しています。リゴーはロブソンの意見に同意し、野心だけでなく、嫉妬深くなり、多くの問題を抱える傾向を加えています。

## カペラの意味

カペラはほとんどのチャートで育成的でありながら自由奔放な趣を醸し出しています。それは豊饒の女神の発想に似ていますが、彼女は馬であり、したがって行動と動きを体現しています。カペラを最もはっきりと表現している人生のひとつはおそらくアメリア・イアハートの物語でしょう。アメリアが生まれた日に金星がカペラと同時に天頂にありました。天頂点が意味するのはその人物が世界からどのように見られているかです。アメリア・イアハートはスピードと飛行の偉業を成し遂げ、航空界を驚嘆させました。自分の考えの支持を得るためにアメリアがみせた紛れもない決意は一九三〇年代の女性として計り知れないものだったにちがいありません。アメリアは大西洋横断飛行の速度記録を樹立し、この飛行のあとに*The Fun of It*という本を書きました。またメキシコシティからニューヨーク市までの飛行速度の記録も打ち立てました。飛行機は現代の馬車であり、アメリア・イアハートは金星がカペラと結びつき、速度記録を破る女性として見られていました。彼女はまた飛行によって女性としてのペルソナを失うこともありませんでした。マッハのように生者にせよ死者にせよほかのだれよりも速く距離を移動することができました。彼女が愛しているものはスピードと飛行の自由でした。それが彼女の大切なものでした。アメリアは、マッハの元型を体現していたと言ってもいいでしょう。

まったく別の話ですが、続き漫画のキャラクターであるスーパーマンに与えられているチャートは、彼が創造されたときをもとにすればカペラが火星とともに上昇しています。そのため〝誕生〟直後からこのキャラクターはスピードや飛行と関連があります。ジョン・グレンは、そのチャートでアルフェラッツ（自由と動くことへの愛）と関連がありますが、アルフェラッツはアンドロメダ座のペガススのへそであり、土星がカペラとともに天頂にあります。彼のチャートのこれらふたつの星が強く暗示しているのはジョン・グレンの人生がスピード、自由と（あるいは）飛行という概念になんらかの関連があることです。

**カペラが出生図にある場合**

カペラが惑星のひとつとパランにあるならば、自由や独立を穏やかなかたちで表現します。自由にたいする欲求があり、その自由はカペラと関連のある惑星が示す人生の領域で表現されます。たとえば人間関係では金星と、思考では水星とつながっている場合などです。

**カペラが誕生時に太陽の上昇と同時に昇る場合**

カペラは空の最も美しい星のひとつであり、カペラが明白に太陽の上昇と同時に昇ることは祝祭や儀式の理由となりました。こうした日に生まれることは、明白な上昇でも宇宙的な上昇でも自由への愛と家庭になじみたい願望との板ばさみというマッハのような問題に関連しているということです。パートナーを求める気持ちや家族をもちたいという願いがなんら義務を負うことのない自由への欲求と闘っています。これらはそのような人が両立させるふたつのテーマです。教訓はふたつを混ぜることで、話の片面を否定したり隠したりすることではありません。

## うしかい座、いまでは農作業をする狩人

うしかい座は一連の星座のひとつであり、そうした星座は極のりゅう座、おおくま座、こぐま座の聖なる星々からはじまり、そして文明化した村社会の構成要素を反映した図案で放射状に広がっています（スター・マップ5を参照）。この星座は家庭的な、あるいは文明化した人間の象徴です。

うしかい座は、猟師、牛飼い、農民を表し、三〇〇〇年以上もまえから同じ名称で知られてきました。[38] けれども最初この名前は主星アルクトゥルスだけに使われていました。うしかい座が象徴するのは旧石器時代の狩猟採集民から新石器時代の耕作者、動物を飼い慣らす人への重要な移行です。その星のイメージを中心に紡ぎ出された物語が数多くあります。たとえば、空の田畑を耕すために牡牛を引い

38 Allen, *Star Names*, p. 92.

ている農作業者です。[39] のちにアテナイ人は、農作業者を人々の指導者であると考えました。それは人々が困難な時期に遭遇したとき、農作業者は労働を楽にするために使用するすきを発明し、それによって人類の偉大な恩人のひとりとなったというものでした。[40] うしかい座は文字が書かれるようになるずっとまえから、狩猟採集民から耕作者に移行したことを思い出させるものとして星の歴史の一端として役割を果たしてきたとするのは、もっともなことです。

しかしながらギリシャ人は空のあらゆるものに名前をつけようと、うしかい座をゼウスと森のニンフであるカリストの息子としました。ゼウスはカリストをレイプしたと言われ、カリストが妊娠していることがわかったときゼウスはアルテミスに危害を加えられないようにカリストをクマに変えました。ついに彼女は男の子を産み、男の子は強い猟師に成長しました。何年も経ってある日森のなかでカリストは成長した息子を見かけました。うれしさで息子を抱きに行ったものの、自分がクマであることを忘れていました。息子はクマに攻撃されていると思い、やりを上げて母親を殺しました。母親殺しの考えられない、許しがたい罪を阻止するため、ゼウスはすぐに母と息子の両方を天に上げ、カリストはおおぐま座かこぐま座に、その息子はうしかい座になりました。ギリシャ人はうしかい座が極のクマを狩っている姿を思い描きました。[41]

39 Room, *Dictionary of Astronomical Names*, p. 65.
40 Jobes, *Outer Space*, p. 128.
41 Guerber, *The Myths of Greece and Rome*, p. 35.

うしかい座は武器と農具をたずさえて空に立ちながら、前方にいる二匹の狩猟犬を導いています。かつてはこの星座の一部だったのが、もはや農夫、狩人、飼い主から分離されています。犬はりょうけん座で、アステリオンとカラと名付けられています。うしかい座の主星はアルクトゥルスです。おそらく最初に名前が付けられた星々のひとつでしょう。[42] 空にかんするあらゆる文献のなかに出てきますから。この星は農業暦に使われていました。そのヒライアカルライジング（太陽の上昇と同時に昇る）とアクロニカルライジング（日没時に星が上昇する）がかつて農業年における重要な日程に合致していたためです。耕作者の概念が偉大なギリシャの詩人ヘシオドス（およそ紀元前八〇〇年）によって次のように書かれています。

「バラ色の朝にアルクトゥルスが輝くとき、ブドウの木から房を摘み取りなさい」[43]

**うしかい座の星**

最も明るい星はアルクトゥルスで、牛飼いの膝にあります。ほかの名前のある星は、頭のネッカル、腰巻きのイザール（編注　原書ではMirakとありますが同じ腰布ということで筆者が間違えた可能性があります）、やりの先のアルカルロプスです。

42 Jobes, *Outer Space*, p. 306.
43 Allen, *Star Names*, p. 95.

## アルクトゥルス

（うしかい座アルファ星、0・3等星、赤経：14h15m25.2s、赤緯：北19度12分47秒、黄経：天秤座23度32分）パラン表6を参照。パラン表の読み方：南緯43度、オーストラリアのホバートに生まれた場合、星は山羊座の約29度で上昇しました。惑星が山羊座か蟹座の29度にある場合、惑星は星とともに上昇し沈みました。星はまた天秤座10度で沈みました。天秤座か牡羊座の10度に惑星がある場合、星が沈んだとき惑星は沈むか上昇したでしょう。星は蠍座

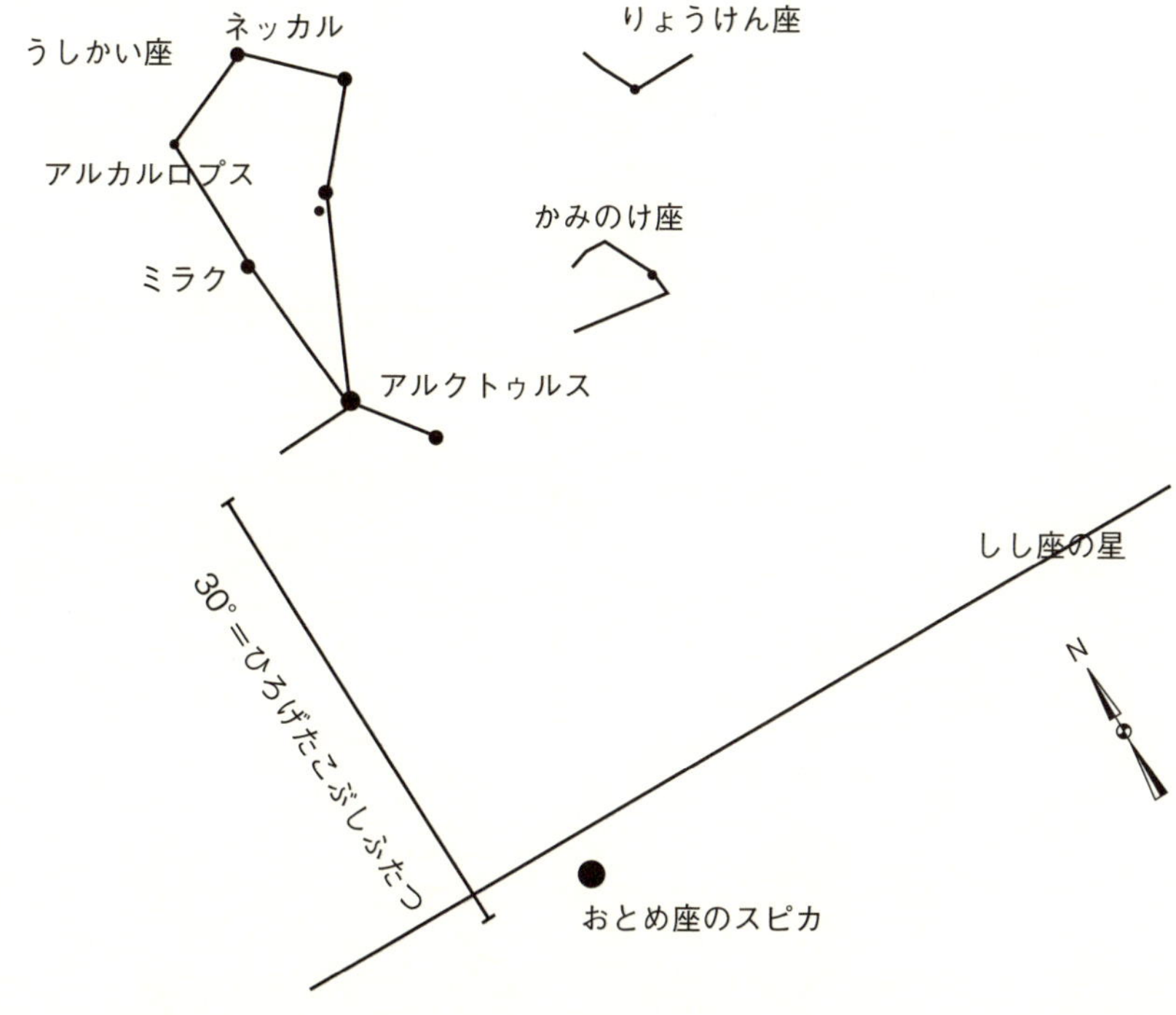


スター・マップ5. うしかい座とその犬たち

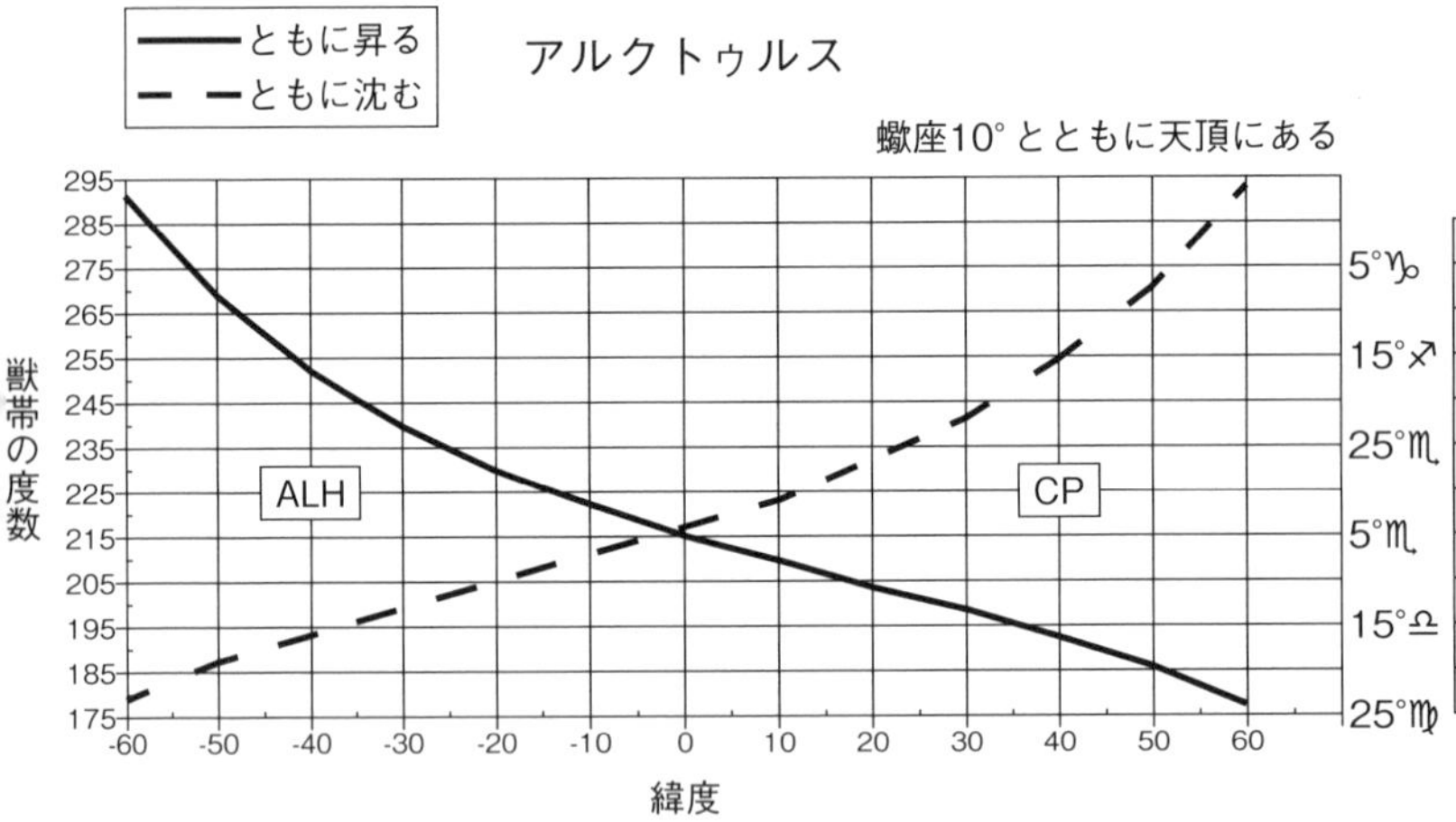


| ヒライアカル 上昇 | ヒライアカル 下降 |
|---|---|
| 12月27日 | 6月26日 |
| 12月17日 | 6月16日 |
| 12月7日 | 6月5日 |
| 11月27日 | 5月26日 |
| 11月17日 | 5月16日 |
| 11月7日 | 5月5日 |
| 10月28日 | 4月25日 |
| 10月18日 | 4月15日 |
| 10月8日 | 4月5日 |
| 9月28日 | 3月25日 |
| 9月18日 | 3月15日 |
| 下降 | 上昇 |
| アクロニカル | |

パラン表6. アルクトゥルス

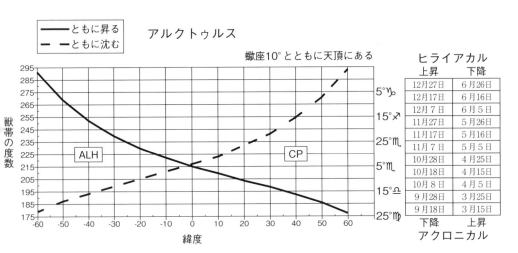

10度で天頂にあります、そのため惑星が蠍座か牡牛座の10度にある場合、星が天頂にあるとき惑星は天頂か天底にありました。

この南緯43度では、星は出現しているけれども隠れて見えない位相にあります。この時期は毎年およそ十月三日（天秤座10度の横の日付の左側の欄から読み取ります）から十二月七日（山羊座29度の横の日付の左側の欄から読み取ります）までです。そして本当に、あるいは宇宙的に太陽と同時に上昇する時期はおよそ十二月七日（〝太陽と同時に上昇する〟欄の南緯43度で上昇している線の日付を読み取ります）です。

アルクトゥルスは南緯70度と北緯70度のあいだのチャートの四つの点すべてで使用可能です。それより南では星が昇ることはなく、それより北では星が沈むことはないため、永遠に短縮した運行にあります。

## これまでの解釈

プトレマイオスによればその赤い色のためアルクトゥルスは火星と木星のようなものであるということです。ロブソンによればゆたかさと名誉に加えて旅による成功をもたらすということです。[44] エバーティンによれば好戦的で喧嘩好きにすると同時に先見の明のある進取の気性を与えることがあるという

44　アルクトゥルスが夜空に見えると運送保険が劇的に増加するため船乗りにとって非常に不運なことだと考えられていたことからすると、これは興味深い記述です。

ことです。リゴーは名誉とゆたかさに同意し、芸術の分野での成功もアルクトゥルスの影響に結びつけています。

## アルクトゥルスの意味

アルクトゥルスは見張り番であり、周極域と赤道域の境界を警備しパトロールしています。[45] そして狩猟採集の遊牧民と牧畜・耕作・農作業の村人とのあいだの土地の橋渡しをする人です。このようにアルクトゥルスは守ること、学ぶこと、教えること、導くことの象徴を体現し、新しい生活様式を受け入れるよう人々を導き守ります。案内できる人、最初の一歩を踏み出すためのビジョンや精神をもっている人です。それは毛沢東のチャートに非常に強く表れています。毛沢東が生まれた日に火星がアルクトゥルスとともに沈み、意欲的なエネルギーと新しい生活様式をつくり出そうとする願望を結びつけています。この原動力で毛沢東は中国を封建制度から共産主義共和国へ移行させようと奮闘しました。アドルフ・ヒトラーはそのチャートでペルセウス座のアルゴルと結びついていました。アルクトゥルスともつながりがあり、木星が天底にあるとき上昇していました。これが表しているのは、木星によって拡大されたアルクトゥルスの影響や新しい生活様式に入るとき人々を導き守る能力であり、アルゴルの情熱と

45 Jobes, *Outer Space*, p. 305.

潜在的な冷酷さと結びついていました。

まったくちがう例としてメアリー・シェリーのチャートがあります。彼女は英国の小説家で『フランケンシュタイン』を著しました。メアリーはアルクトゥルスと三つのかかわりをもっていました。アルクトゥルスが沈んでいるときに生まれ、その日アルクトゥルスは金星とともに上昇し月が昇るとき天頂にありました。メアリー・シェリーは毛沢東とはまったく異なった人物でしたが、文学において新しい道を創造したことは確かです。メアリーがわずか二十歳のときに書いた小説『フランケンシュタイン』は、まったく新しいジャンルの文学作品を生み出しました。

**アルクトゥルスが出生図にある場合**

強いアルクトゥルスがチャートにある場合は先駆者であることを示しています。より良い生き方かあるいはなにかをする新しい方法を自分のためだけでなく他者のためにも創造する必要がある人です。こうした新しい道や新しい考えに関わる他者を導く強いセンスもあるでしょう。

**アルクトゥルスが誕生時に太陽の上昇と同時に昇る場合**

この星はプトレマイオスの星のリストのひとつですので、明白に太陽の上昇と同時に昇る場合だけでなく宇宙的に太陽の上昇と同時に昇る場合の両方に使用できます。太陽と結びついているなら、リーダーシップの資質や新しい分野を開拓したり前進したりする能力を示します。地方の共同体か世界的なレベルかのいずれかでこうした能力をもった人として知られるでしょう。チャートにあるほかの星々がこうした能力を使う方法を示してくれます。

## おおいぬ座、犬

アルゴ号の船尾からそう遠くないところに二匹の犬が位置しています。大きな犬のおおいぬ座は南に位置し、小さい犬、こいぬ座は天の赤道上にすわっています（スター・マップ6を参照）。これらはオリオンの犬であり、野ウサギであるうさぎ座を追いかけ、巨大なおうし座の牡牛に嫌がらせをしています。

アラトスは、おおいぬ座をオリオンの猟犬のひとつと記述しています、なにかをねだるような姿勢で前足を上げ後ろ足で立ちながら、近くのウサギを注意深く見つめています。[46] しかしこの犬はアラトスが紀元前四世紀に記録するずっとまえから空にありました。犬は書き言葉が生まれる何千年もまえから人類が飼い慣らしている最初の動物のひとつであり、守護者としてひろくあがめられ、たえず死者を守り、あるいは死者の魂を母なる女神のもとに戻しました。かつて神話では犬だけが女神に付き添い、死

46 Mair, *Callimachus, Lycophron, Aratus*, P. 233.

の門を守りました。[47] エジプト人はこの死者の守護者や審判者をアヌビスと呼び、ミイラの神となりました。[48] キリスト教の神話ではアヌビスは天国の門で聖ペテロに代表され、犬と同じ役割を果たし、監視し、ときにはだれが通過できるかを判断したようです。

別世界への入り口を守るというこの犬のイメージは飼い主の住居を守る飼い犬を簡単に拡大したものです。ケルト文化では忠実な猟犬の死が意味するところは、家を守り続けることができるように玄関前の階段のしたに埋められることでした。精霊の守護者が花嫁を侵入者ではなく居住者と見てくれるように花嫁を玄関の敷居をまたいで運ぶ習慣はこうした伝統からきています。[49]

おおいぬ座は長い歴史をとおしてさまざまな名前で呼ばれてきましたが、古い記録では書き手が語っているのは星座のことか主星であるシリウスのことかはっきりしていません。トロイが滅びるまえの時代には、おおいぬ座は〝太陽の犬〟と呼ばれていました。[50] 空の最も明るい星シリウスを口にくわえていると考えられたからです。

## おおいぬ座の星

47 Walker, *The Woman's Encyclopedia of Myths and Secrets*, p. 240.
48 Walker, *The Woman's Encyclopedia of Myths and Secrets*, p. 241.
49 Walker, *The Woman's Encyclopedia of Myths and Secrets*, p. 242.
50 Jobes, *Outer Space*, p. 136.

最も明るい星はシリウスです、ほかの名前のある星は等級の明るい順に、ムルジムが犬の足にありアナウンサーとしても知られています。ウェズンが胸にあり、アルドラが尻尾にあります。

## シリウス

（おおいぬ座アルファ星、マイナス1・43等星、赤経：06h44m55s、赤緯：南16度42分25秒、黄経：蟹座13度24分）パラン表7を参照。パラン表の読み方の例：南緯37度、オーストラリアのメルボルンに生まれた場合、星は双子座の約10度で上昇しました。惑星が双子座か射手座の10度にある場合、惑星は星とともに上昇し沈みました。星はまた獅子座9度で沈みました。そ

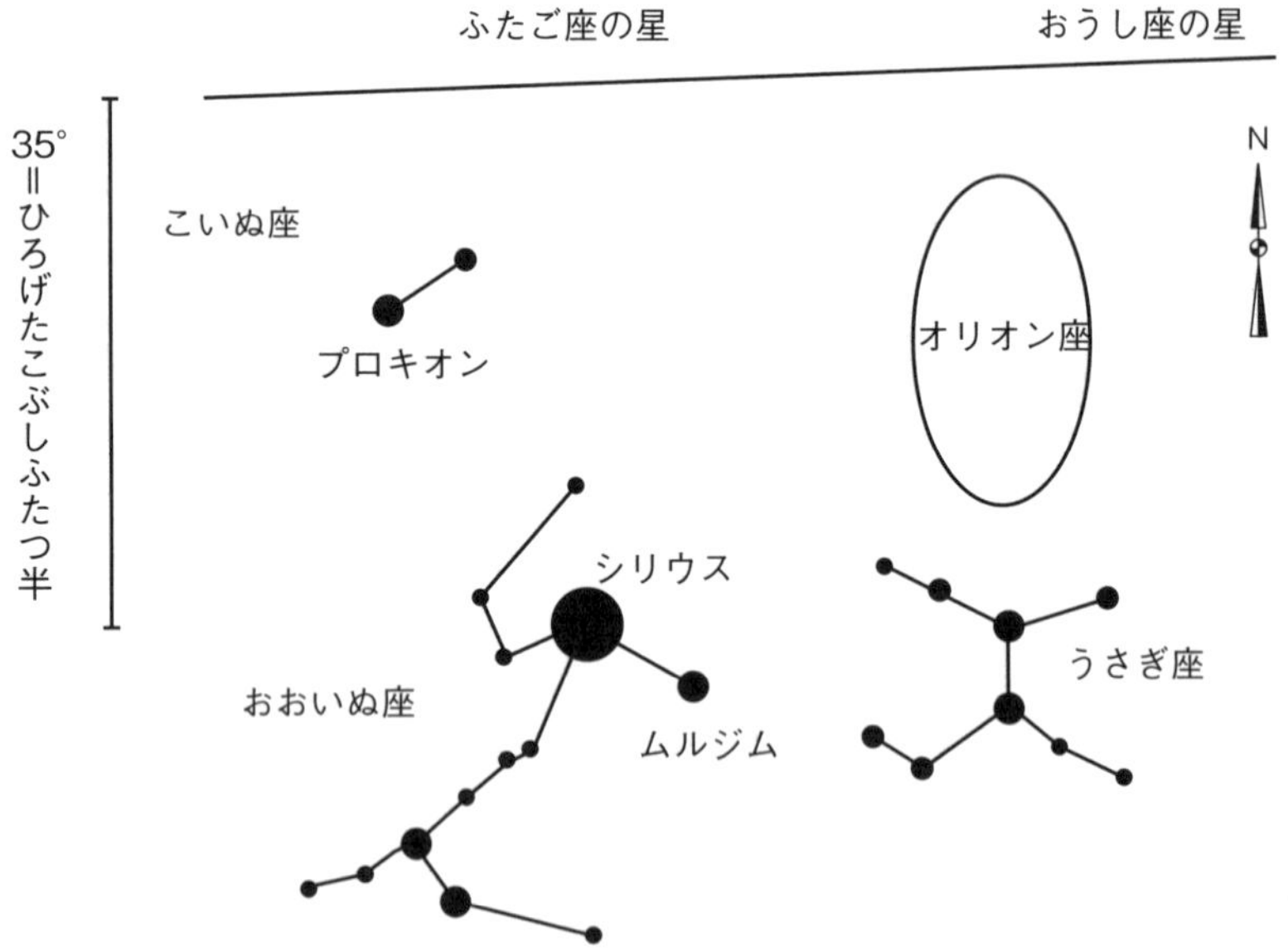


スター・マップ6. 二匹の犬と野ウサギ

のため惑星が獅子座か水瓶座の9度にある場合、星が沈むとき惑星は沈み、あるいは上昇しました。星は蟹座14度で天頂にあります、そのため蟹座か山羊座の14度に惑星がある場合、星が天頂にあるとき惑星は天頂か天底にありました。

この南緯37度では、星は短縮した運行の位相にあります。この時期は毎年およそ十二月三日（双子座10度の横の日付の右側の欄から読み取ります）から一月二十九日（獅子座9度の横の日付の右側の欄から読み取ります）までです。そして本当に、あるいは宇宙的に太陽の上昇と同時に昇るときはおよそ六月一日（〝太陽と同時に上昇する〟欄の南緯37度で上昇している線の日付を読み取ります）です。シリウスは南緯73度と北緯73度のあいだのチャートの四つの点すべてで使用可能です。それより北では星が昇ることはなく、それより南では星が沈むことはないため、永遠に短縮した運行にあります。

**これまでの解釈**

プトレマイオスによればシリウスは木星に似て、火星も少々混じっているとのことです。ロブソンは名声と名誉、さらには信心深さ、守護者に言及しています。エバーティンはロブソンに同意し、シリウスの影響を受けた人物は物事をあまりにも早く押し進めすぎる危険性があると加えています。リゴーはエバーティンに同意しており、こうした人物は権力を好むと付け加えています。

## シリウスの意味

シリウスは、空の大きな星のひとつで明るさの等級はマイナス1・43であり、太陽は別として、空の最も明るい恒星です。エジプトでは〝輝けるもの〟あるいは〝焦がすもの〟と呼ばれていました。[51] シリウスの熱は犬に狂犬病や狂気を引き起こすと考えられていました、その上昇と下降は非常に規則的に記録されているのでエジプト暦の基礎を形成しました。シリウスは、古くは紀元前三二八五年から崇拝され、犬の象徴が象形文字の特色でした。[52] それは生命に息吹を与えるナイル川の水位の上昇と関連しており、その力量から〝ナイル・スター〟とも呼ばれていました。[53] エジプトではシリウス・イシスと呼ばれていました[54]（図19を参照）。ユリウス暦の特異さによって、数千年以上にわたる歳差運動の影響を受けていないようにみえました。[55] というのも歳差運動は暦の間違いと完璧なタイミングにありました。こうしてシリウスは常に同じ暦の日に上昇しました。エジプト年はシリウスのヒライアカルライジング（太陽の上昇と同時に昇る）からはじまり、およそ紀元前五〇〇〇年からキリストの時代ごろまで四年ごとに、ユリウス暦では七月十九日と二十日に起きました。このようにして女神だけが歳差運動の支配を受けないようにみえました、なぜなら静止点、あるいは北極星として私たちが知っているもので

51 Jobes, *Outer Space*, p. 368.
52 Jobes, *Outer Space*, p. 364.
53 Allen, *Star Names*, p. 124.
54 Lockyer, *Dawn of Astronomy*, p. 196.
55 Lockyer, *Dawn of Astronomy*, p. 252.

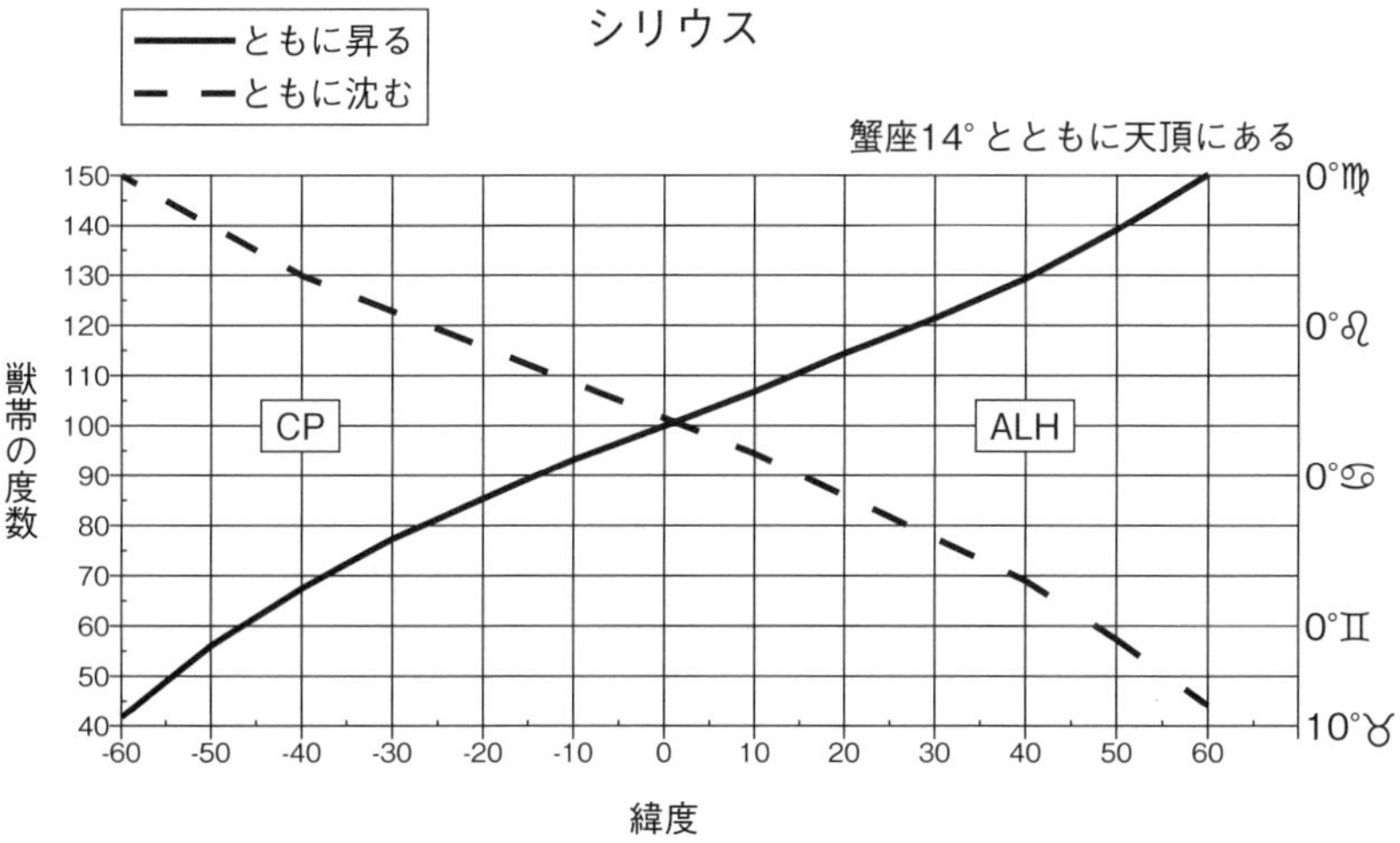


| ヒライアカル | |
|---|---|
| 上昇 | 下降 |
| 8月13日 | 2月9日 |
| 8月3日 | 1月30日 |
| 7月23日 | 1月20日 |
| 7月13日 | 1月11日 |
| 7月3日 | 1月1日 |
| 6月22日 | 12月22日 |
| 6月11日 | 12月12日 |
| 6月1日 | 12月3日 |
| 5月22日 | 11月23日 |
| 5月11日 | 11月13日 |
| 4月30日 | 11月2日 |
| 下降 | 上昇 |
| アクロニカル | |

図22およびパラン表7. シリウス

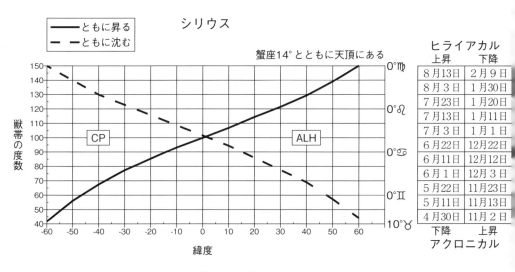

したから。しかしエジプトの神官たちは季節による運行のことを知っていて、イシスの不死性と秘密を守るために、彼女が太陽の上昇と同時に昇るときにすっかり合うように暦を調節しました。[56] 数千年後にこの暦はついに廃止され、紀元前二三年のアレクサンドリア年に取って代わられました。[57] そしてこの星が太陽の上昇と同時に昇るときの暦上の日付が変わることでこの星は歳差運動の影響を受けることになりました。そのため最初で最後のこととして女神は〝死んだ〟と考えられました。

デ・サンティリャーナとフォン・デチェンドは著作 *Hamlet's Mill* のなかで広範囲の神話を説明し、そうした神話が神や女神が死んでしまったことを知らせるものであるとしています。そしてティベリウスの治世中にエーゲ海を漂って聞こえた〝偉大なる牧神が死んだ〟という嘆きについて語り、この牧神がどのようにギリシャやローマの神ではなく、一万五〇〇〇年ほどまえのはるか古代のエジプト人の姿であったかを説明しています。彼らが示唆するのはこのエジプトの牧神は確かにシリウスであり、女神イシスであり、この星の凋落が象徴しているのはこの太古の神の死であったことです。[58] この神は女神と犬との関連によってイシスやシリウスとつながっていました。また七月十九日から二十日にかけての夜に呼び出されたとされるエジプトの穀物神タンムーズへの嘆きの言葉もあります。この夜は新暦が導入

56　ファラオは、このシリウスにもとづいたカレンダーを維持するという聖なる誓いを立てたあと神官によってのみ戴冠されます。もっと正確な暦を採用することはイシスが不滅の女神としての力を失うことを意味しました。
57　Lockyer, *Dawn of Astronomy*, p. 281.
58　De Santillana and von Dechend, *Hamlet's Mill*, p. 286.

されるまえはちょうどシリウスが太陽の上昇と同時に昇っていました。シリウスはその日に太陽よりまえに昇りませんでした、その結果思いも寄らないことが起きていました。女神は歳差運動の影響を受け、渦巻きのなかにすべり込んで死が訪れていました、オシリスのように数千年かけて徐々にではなく、ひと晩で。というのもその夜、五〇〇〇年分の歳差運動がシリウスにもたらされたからです。このように暦が変わるとともに神聖な存在は打ち落とされたり倒れたりしました。デ・サンティリャーナとフォン・デチェンドが示唆しているように、神託が効力を失いだした時期でもありました。

こうしたことはすべて占星術師にとって非常に興味深いものです、神託と占星術の礎石である相互関連性とサイクルの世界が表舞台だった時代の終わりを示唆するからです。いまやそうしたものは論理と科学の発展のために脇に置かれるでしょう。これが推測させるのは別の女神の死あるいは女神の誕生かもしれません、サイクルの再出現と主流の考えにおける重要性を指し示すものです。

図 19. イシスの結び目またはイシスの血液をかたどったエジプトの象形文字

女神イシスは最初に歳差運動の渦巻きに飲み込まれた大神オシリス（オリオン座）の妻でした。神話ではオシリスは殺され、その身体は分断されました。喪に服したイシスは地上を旅して回り、オシリスの体の断片をすべて見つけ、つなぎ合わせ、生命を吹き込みました。オシリスは、イシスに息子のホルスを妊娠させるほど十分に長く生き、ホルス（おうし座のアルデバラン）はのちに王位継承者となりました。[59]

そのためシリウスがチャートにパランで現れるときは偉大な行為の目印です。それが示すものは日常が神聖なものになるかもしれないこと、個人の小さな行動が集団に大きな影響を与えることです。しかしながら、個人はこの集団的な表現の犠牲になるかもしれません、あるいは、名声と栄光を得るかもしれません。それはエネルギーの爆発であり、指を燃やすかもしれませんし不可能と思えるレベルのことを達成する手助けをするかもしれません。イシス／シリウスの神話のなかにあるのは、女性が死ぬ運命にある肉体を焼き払う火をおこすという最古のエピソードのひとつです。[60] その物語はギリシャ神話のテティスとアキレウスの物語のなかに、[61] またさらに暗い表現として、アルタイアーとメレアゲルの物語のなかに繰り返されています、[62] アルタイアーは運命が決めた寿命の長さを示すまきを燃やして息子メレアゲルを殺します。

最も衝撃的なシリウスの例のひとつは、シリウスが一九四五年の八月初旬に冥王星とともに太陽の上昇と同時に昇っているときで、北緯32度と35度のあいだに生じました。この時期上述の緯度にある日本

59 J. F. Bierlein, *Parallel Myths* (New York: Ballantine, 1994), p. 212.
60 Bierlein, *Parallel Myths*, p. 214.
61 Liz Greene, *The Astrology of Fate* (York Beach, ME: Samuel Weiser, 1984), p. 201.
62 Thomas Bulfinch, *Myths of Greece and Rome* (New York: Penguin, 1979), P. 163.

のふたつの都市広島と長崎は核攻撃を受けました。何千もの人々の肉体が焼け落ち、それでもなお彼らは不滅の存在となりました、これらの都市はいまや神聖な場所であり地球から核兵器を撤去するために捧げられているからです。

アブラハム・リンカーンはシリウスが天頂にあり金星が沈む日に生まれました。金星の意味は明確でありませんが、リンカーンは典型的なシリウス型の人物です。彼は夢を、あらゆる人々を自由にすることを実現しようと努力しました。実際にリンカーンは目的を達成し成功をおさめましたが命を失う結果となりました。彼はいまではアメリカ史のなかで偉大な不滅の人物のひとりと認識されています。

ダイアナ妃もシリウスが天頂に太陽とともにあるとき生まれました。私が常々考えていたのはこの配置が示すのは彼女が中年期に世界中の人々の注目を集めることでした、しかし、いまではダイアナ妃の悲劇的な死とそれに続く世界中の哀悼のあと、いかに人生の途中におけるダイアナの死が彼女の記憶を〝不滅〟で神聖なものにしたかがわかります。

**シリウスが出生図にある場合**

この非常に強い星が示すことは、努力によって期待よりずっと大きなものを得るかもしれないことです、日常が神聖なものになります。したがって小さな行動が集団にとっての象徴や日々の生活における儀式の感覚になります。シリウスはある意味で扱いが簡単な星ではありません。人生でなんらかの形で表現を求めるので、それがもたらす大きな成功があなたを〝燃やす〟かもしれません。

**シリウスが誕生時に太陽の上昇と同時に昇る場合**

もちろんこの星は、明白に太陽の上昇と同時に昇るときと宇宙的に太陽の上昇と同時に昇るときの両方で使用することができます。この日に生まれた古代エジプト人の子供であったなら神聖で特別な存在となり、人生はイシスの奉仕に捧げられるのも当然だったでしょう。これは非常に強い星の強い配置です、そしてこの星が純粋で誠実な意図をもっているにもかかわらず、そのエネルギーは非常に強く扱いにくい可能性があります。根本的に、あなたの行動は期待をはるかに超えて深遠な影響をもたらすことがありますので、注意深く行動を選択し、もし状況が悪化するなら試みず、止めたほうがよいでしょう。むしろ行動を前向きな結果に向かわせるよう試みましょう。

## ムルジム（ミルザム）

（おおいぬ座ベータ星、1・9等星、赤経：20h25m16.3s、赤緯：南17度57分04秒、黄経：蟹座6度29分）

パラン表8を参照。パラン表の読み方の例：北緯30度、米国のニュー・オリンズに生まれた場合、星は蟹座の約27度で上昇しました。惑星が蟹座か山羊座の27度にある場合、惑星は星とともに上昇し沈みます。星はまた双子座13度で沈みました。そのため惑星が双子座か射手座の13度にある場合、星が沈むとき惑星は沈むか上昇しました。星は蟹座6度で天頂にあります、そのため惑星が蟹座か山羊座の6度にある場合、星が天頂にあるとき惑星は天頂か天底にありました。

この北緯30度では、星は出現しているが隠れて見えない位相にあります。この時期は毎年およそ六月四日（双子座13度の横の日付の左側の欄から読み取ります）から六月二十日（蟹座27度の横の日付の左側の欄から読み取ります）までです。そして本当に、あるいは宇宙的に太陽の上昇と同時に昇るときはおよそ七月二十日（〝太陽と同時に上昇する〟欄の北緯30度で上昇している線の日付を読み取ります）です。

ムルジムは南緯72度と北緯72度のあいだでのチャートの四つの点すべてで使用可能です。それより北では星が昇ることはなく、それより南では星が沈むことはないため、永遠に短縮した運行にあります。

**これまでの解釈**

プトレマイオスはおおいぬ座の星々を木星や火星と結びつけています。ロブソン、エバーティン、リゴーはこの星について言及していません。

**ムルジムの意味**

ムルジムはシリウスよりまえに上昇するため〝アナウンサー〟と呼ばれました。[63] この星は犬の象徴を体現しているように思えます。ちょうど犬のようにその性質は知らせ、音を立て、はっきり表現することです。ムルジムの影響を受けた人はメッセージを伝えたり言うべき重要なことをもっていたりするようにみえることがよくあります。アルバート・アインシュタインは水星と土星の両方が沈むときにムルジムが天頂にありました。彼はたった十七歳のときに相対性理論を思いつきました、そして人生の最後に相対性理論を他者に説明することに全人生を費やしていたことを認めました。伝えるメッセージをもったもうひとりの人物は英国のエドワード八世（一八七四―一九七二年）でした。ムルジムが天底にあるとき火星が上昇していました。天底にある星は人生の要約を指し示すものです、実際にエドワード八世が思い出されるのは、〝自分の愛する女性のために〟英国の王位を捨てることを告げた国王としてです。

## ムルジムが出生図にあるとき

シリウスとは異なり、この星は非常に重要性のある星ではありません。しかし〝アナウンサー〟のエネルギーをこの星の影響を受けた人物の人生に運びます。個人的なレベルでこれが意味できることは言いたいことがあるか集団に関わることです。あるいは公的なレベルで世界に向かってはっきりと口に出

63 Jobes, *Outer Space*, p. 334.

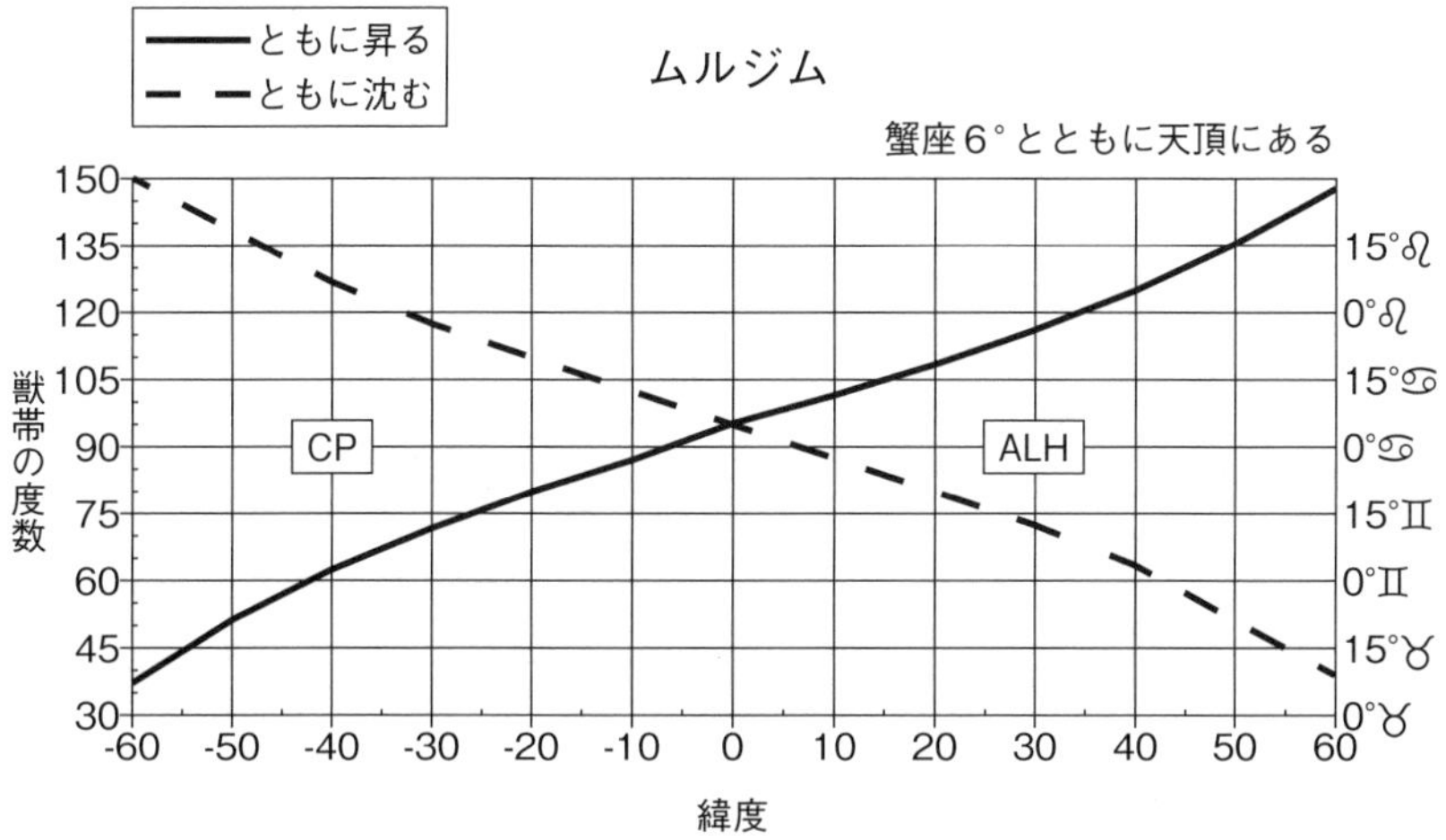


ヒライアカル

| 上昇 | 下降 |
|---|---|
| 8月7日 | 2月4日 |
| 7月23日 | 1月20日 |
| 7月7日 | 1月5日 |
| 6月21日 | 12月22日 |
| 6月5日 | 12月7日 |
| 5月21日 | 11月22日 |
| 5月5日 | 11月7日 |
| 4月20日 | 10月23日 |
| 下降 | 上昇 |

アクロニカル

パラン表8. ムルジム

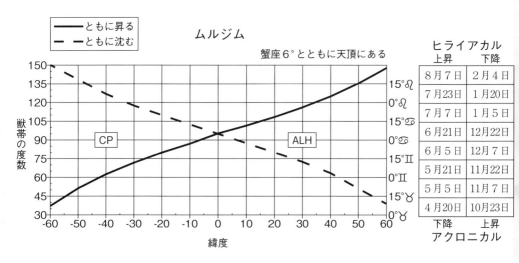

したい、あるいは発表したい願望があるかもしれません。

**ムルジムが誕生時に太陽の上昇と同時に昇る場合**

ムルジムはプトレマイオスのリストに載っていませんので、宇宙的に太陽の上昇と同時に昇る星としてしか使用できません。チャートにこの配置をもっている場合、情報、話すこと、あるいはなんらかのメッセージを伝えることと自分を重ね合わせるでしょう。

## こいぬ座、小さい犬

おおいぬ座の上方にあり、天の赤道上にずっと小さな〝犬〟がいます。(スター・マップ6を参照)。オリオンの二番目の猟犬と考えられていて、子犬とも呼ばれてきました。[64] この星はおおいぬ座のまえに上昇し、おおいぬ座のベータ星ムルジムのように、自慢できるのは主にシリウスの来訪を知らせるという事実です。

### こいぬ座の星たち

64 Allen, *Star Names*, p. 132.

最も明るい星はプロキオンです、ほかに名前が付いている星はゴメイサです。

## プロキオン

（こいぬ座アルファ星、0・5等星、赤経：07h39m1.5s、赤緯：北05度14分18秒、黄経：蟹座25度06分）パラン表9を参照。パラン表の読み方の例：北緯39度、ギリシャのアテネに生まれた場合、星は獅子座の約3度で上昇しました。惑星が獅子座か水瓶座3度にある場合、惑星は星とともに昇ったり沈んだりしました。星はまた蟹座9度で沈みました。そのため惑星が蟹座か山羊座の9度にある場合、星が沈むとき惑星は沈んだり昇ったりします。星は蟹座25度で天頂にあります、そのため惑星が蟹座か山羊座の25度にある場合、星が天頂にあるとき惑星は天頂か天底にありました。

この北緯39度では、星は出現しているけれども隠れて見えない位相にあります。この時期は毎年およそ七月一日（蟹座9度の横の日付の左側の欄から読み取ります）から七月二十五日（獅子座3度の横の日付の左側の欄から読み取ります）までです。そして本当に、あるいは宇宙的に、太陽の上昇と同時に昇るときはだいたい七月二十五日（〝太陽と同時に上昇する〟欄の北緯39度で上昇している線の日付を読み取ります）です。

プロキオンは極点以外のあらゆる緯度のチャートの四つの点すべてで使用可能です。

## これまでの解釈

プトレマイオスはこの星をわずかに火星の要素をもった水星になぞらえています。ロブソンは暴力的な行動、災害、犬が人にかみつく危険性、一般的な不運に関連付けています。エバーティンはカッとなりやすい、せっかち、嫉妬深い、頭が固いと語っていますが、それでも成功する計画を立てられると付け加えています。しかしリゴーはプロキオンを富や名声に結びつけて、そのような高みからすぐに落ちる可能性があると警告しています。

## プロキオンの意味

俳優のジェームズ・ディーンはこの星の影響を受けた明らかな例です。若い俳優は一躍有名になり、それから自動車事故で亡くなります。ディーンはプロキオンが沈み月が天頂にある日に生まれました。オリバー・クロムウェルもそのチャートでプロキオンの影響を受けていました。彼の土星がチャートの天底あるいはICにあるとき、プロキオンが上昇していました。クロムウェルは生涯を通じて名声を享受し、英国王と女王とともにウェストミンスター寺院に埋葬されました。クロムウェルの死の三年も立たないうちに共和国は崩壊し、人々は王政を復活させました。彼の遺体はウェストミンスターから取り除かれ、裏切り者として絞首刑にされ首は棒に付けられウェストミンスター・ホールの屋根にさらされ

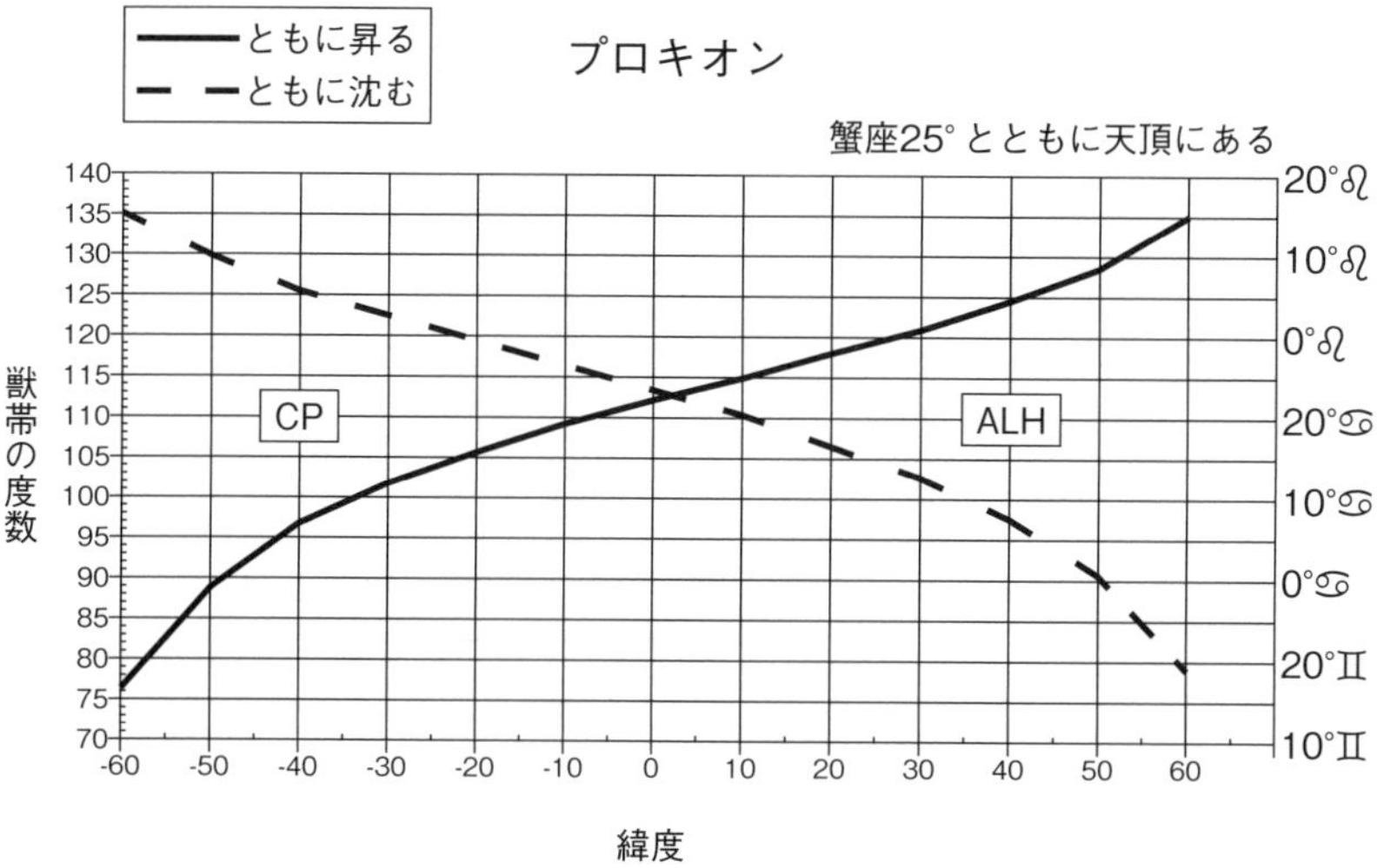


ヒライアカル

| 上昇 | 下降 |
|---|---|
| 8月2日 | 1月30日 |
| 7月23日 | 1月20日 |
| 7月12日 | 1月10日 |
| 7月2日 | 12月31日 |
| 6月21日 | 12月22日 |
| 6月11日 | 12月12日 |
| 5月31日 | 12月2日 |
| 下降 | 上昇 |

アクロニカル

パラン表9. プロキオン

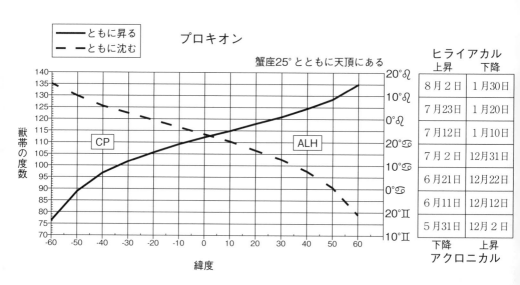

ました。

**プロキオンが出生図にある場合**

プロキオンは〝輝けるもの〟シリウスよりまえに昇ります、そのため素早く上昇するが、実質を伴わないことを示すことがあります。この星がチャートにある場合、どのようにそれが影響を与えているかに応じて、早期に利益を得る経験をしますが、そうした利益がずっと続くと期待するのではなく迅速に活用する必要があります。

**プロキオンが誕生時に太陽の上昇と同時に昇る場合**

プロキオンはプトレマイオスがリストに挙げているので、明白に太陽の上昇と同時に昇る場合だけでなく宇宙的に太陽の上昇と同時に昇る場合の両方であることができます。この星は太陽と結びつくには難しい星であることがわかるかもしれません。この星そのものがなんらかの否定的なエネルギーをもっているからではなく、現代の考え方と位相がずれていることがあるからです。現代生活では人々は懸命に働く必要があり、成功を望むよう教えられており、その成功はだんだんとやってきます。しかしプロキオンがチャートでこの位置にある場合、利益を収穫したらたえず次のことに進む必要があります。それは長く厳しいゆっくりとした土星的な成功（この場合、損失につながる）ではなく、短期的で迅速な成功をうながします。

## りょうけん座、うしかい座の猟犬

うしかい座が飼っている二匹の犬はもともとその星座の一部です。一六九〇年に星座として形成されました。占星術的な記録のある星はないと考えられています。しかしながらロブソンは実際に狩猟の楽しさとこの星座の星を結びつけています。北の犬はアステリオン、あるいはスターリィと呼ばれ、ふたつの最も明るい星を含む南の犬はカラと呼ばれ、アレンによれば主人の愛情を大切にしていると言われています。中国ではアステリオンの頭部にある三つの星を〝後継者の三人の名誉ある守護者〟と呼んでいました。この意味するところはもともとうしかい座の一部であったこれら三つの星々は、監視という習慣的な犬の役割をもっていただけでなく、確実な後継者と同じくらい貴重なものを守っていたということです。

主星はコル・カロリとして知られています。一七二五年にエドモンド・ハリーによって処刑された王をたたえて〝チャールズ一世の心臓〟として星座になりました。興味深いことにこの星はチャールズ皇太子のチャートにも登場しています。彼の海王星は、個人が集団を代表しないかぎり通常使用されない惑星であり、コル・カロリとともに天頂にあります、これは彼が相続人であることは明らかであるもののもしかすると王位継承をめぐる損失や混乱（海王星）が生じるかもしれないことを暗示しています。

## カシオペヤ座、女王

カシオペヤはケフェウス王の妻です。ギリシャでは彼女は海の女神ネレイスよりもずっと美しいとされていました。[65] 虚栄心の罪にたいする罰として、カシオペヤは椅子に鎖でつながれ永遠に極のまわりを周回するように空に置かれました。空のこの象徴は女性の無力な状態を思い起こさせるものでした。権力のある女性の拘束というこの同じテーマはゼウスが妻のヘラに加えた拷問で繰り返されています。ヘーパイストスがヘラの単性生殖の子供であると信じられなかったとき、ゼウスは妻を座ると折れ曲がるひじ付きの機械仕掛けの椅子に監禁しました。[66]

しかし、カシオペヤ座は周極星のほかの家族と同様、古代から続く星座です（スター・マップ1を参照）。アラビアではこれらの星を〝椅子に座る貴婦人〟と呼んでいました。[67] しかしもっと古い記録によるとヘンナで染まった手、すなわち赤い手とあります。[68] キリスト教徒はマグダラのマリアと呼び、デ

65 ネレイスは妖精、ニンフや北欧神話の人魚に似ていました。
66 Robert Graves, *The Greek Myths*, vol. 1 (London: Penguin, 1960), p. 51.
67 Allen, *Star Names*, p. 143.
68 Allen, *Star Names*, p. 144.

ボラと呼ぶこともありました。[69] エジプト人は、ほかの天上の王族と同様にこの星座の形を配置しました。したがってこの星団の主要なテーマは女性主権のひとつです。最初は王の隣に調和して位置していたが、バランスが崩れると罰の状態に投げ込まれたようにみえます。

### カシオペヤ座の星

最も明るい星はシェダルです、女王の左胸にあります。ほかに名前のある星は等級の明るい順に、カフは椅子の角、ツィーは女王の腰のベルト、ルクバーは膝、マルファクはひじです。

## シェダル

（カシオペヤ座アルファ星、変光星2・2~2・8等星、赤経：00h40m15.7s、赤緯：北56度30分33秒、黄経：牡牛座7度05分）パラン表10を参照。パラン表の読み方の例：南緯12度のオーストラリアのダーウィンに生まれた場合、星は牡羊座の約28度で上昇しました。惑星が牡羊座か天秤座の28度にある場合、惑星は星とともに上昇するか沈みました。星はまた魚座18度で沈みました。そのため惑星が魚座か乙女座の18度にある場合、星が沈むとき惑星は沈むか上昇しました。星は牡羊座12度で天頂にあります、そ

69 Allen, *Star Names*, p. 145.

のため惑星が牡羊座か天秤座の12度にある場合、星が天頂にあるとき惑星は天頂か天底にありました。

この南緯12度では、星は出現しているけれども隠れて見えない位相にあります。この時期は毎年およそ三月八日（魚座18度の横の日付の左側の欄から読み取ります）から四月十六日（牡羊座28度の横の日付の左側の欄から読み取ります）までです、そして本当に、あるいは宇宙的に太陽の上昇と同時に昇るときはだいたい四月十六日（〝太陽と同時に上昇する〟欄の南緯12度で上昇している線の日付を読み取ります）です。

シェダルは南緯33度と北緯33度のあいだのチャートの四つの点すべてで使用可能です。それより南では星が昇ることはなく、それより北では星が沈むことはないため、永遠に短縮した運行にあります。

## これまでの解釈

プトレマイオスによればカシオペヤ座の星々は土星や金星のようであるということです。ロブソンはシェダルについて記述していませんが、この星座の影響を受ける人たちが尊敬を集めるとしています。エバーティンはこの星をあまりにも良すぎる暮らしは困難につながる可能性があることを警告し、この星に付随したある種の悪魔的な力をほのめかしてさえいます。リゴーも悪魔的な力や愛の悲しみに言及していますがいっぽうでは目上の人や上司の助けによる名声に言及しています。女性主権の象徴が過去数千年にわたって困難な時代を経てきたようにみえます。

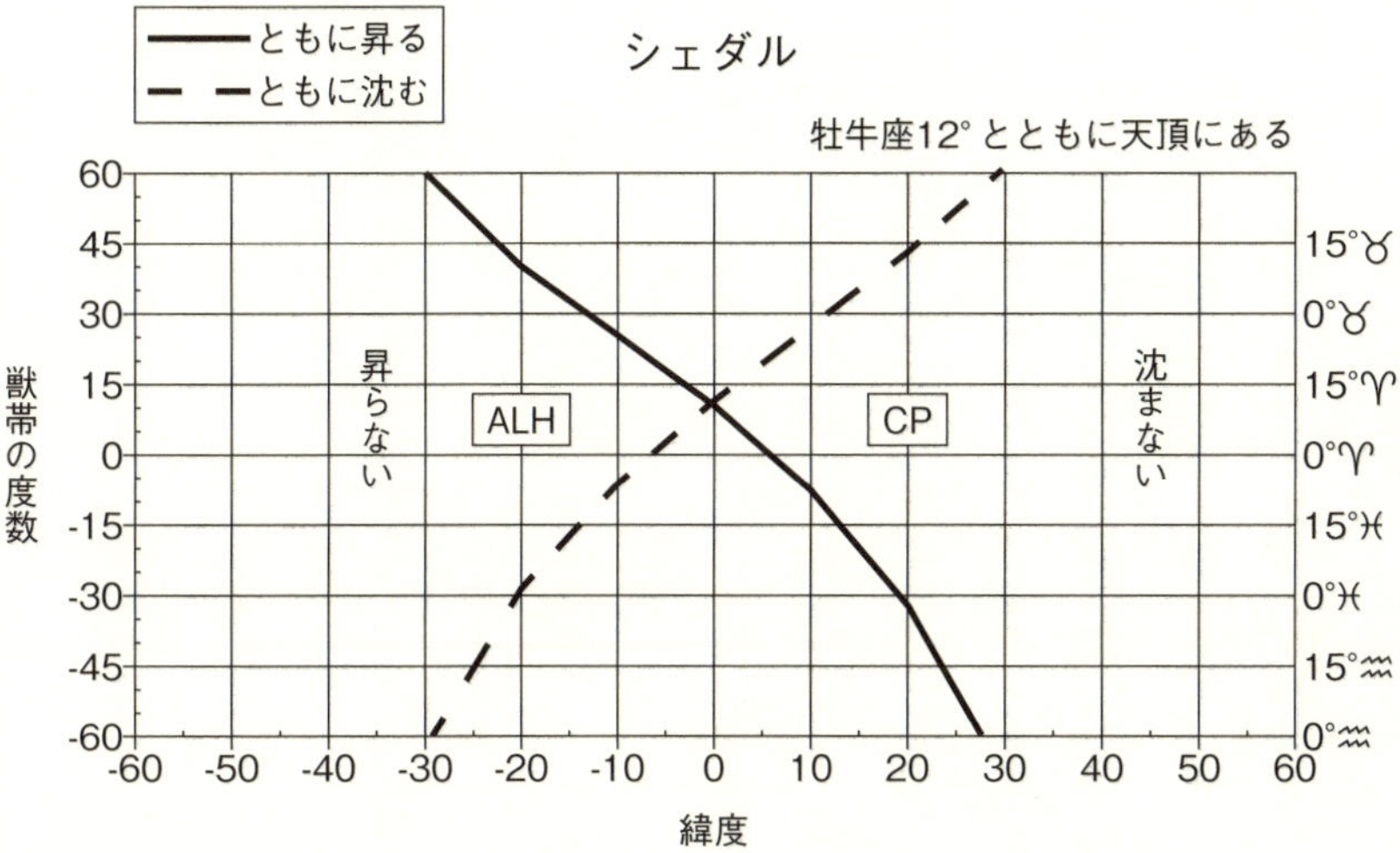


ヒライアカル

| 上昇 | 下降 |
|---|---|
| 5月5日 | 11月7日 |
| 4月20日 | 10月23日 |
| 4月5日 | 10月8日 |
| 3月20日 | 9月23日 |
| 3月5日 | 9月7日 |
| 2月19日 | 8月23日 |
| 2月4日 | 8月7日 |
| 1月20日 | 7月23日 |
| 下降 | 上昇 |

アクロニカル

パラン表10. シェダル

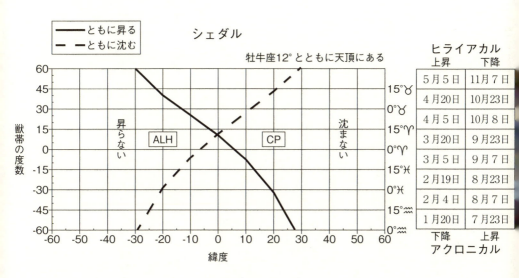

## シェダルの意味

鎖と罰と威厳の喪失を取り外せば、残るものは尊敬を集める可能性です。この星座の星は女王の典型的な概念を十分に体現していると言えるでしょう。尊敬を集める生来の能力、ちょうど男性的なモデルが強さや集中力を強調するのと同様に、直感と神秘主義を取り入れた女性的なモデルにもとづいたリーダーシップ・スタイルを体現する知恵に恵まれています。

ジョージ・パットン将軍の人生はシェダルの影響を受けた興味深い例です。彼が生まれた日にシェダルが天頂にあり、月が沈んでいました。パットン将軍の感情はこの天の女王と結びついていました。自分が常に正しいという感情的な確信や輪廻転生と神秘思想を深く信じていたことはこの星の典型的な影響です。こうした軍人像とは対照的にマーガレット・サッチャーが生まれた日には火星が天底にありシェダルが天頂にありました。そのため中年期に彼女は英国首相の役割に女王の仮面を被りました。英国のもうひとつの事例はダイアナ妃です、彼女は木星が沈みつつありシェダルが天頂にあるとき生まれました。このことはほとんど説明の必要がありませんが最初に興味深いのはこの星と結びついていたのが木星であるため星の影響が増大したことです。次に興味深いのは星が天頂に達しつつあるためこの明らかな主権をもって生まれたのではなく、人生の中年期や成人期に主権を明らかにしたことです。マーガレット・サッチャーが関心を集めたのは政治によってであり、ダイアナ妃は結婚によってでした。

**シェダルが出生図にある場合**

この星が象徴しているのは、威厳を求め社会的地位と名声の力で支配する強い女性です。シェダルがチャートにある場合、常に礼儀を守って役割を果たしたい、自分がそうしてもらいたいように他者を扱いたい、威厳が力の源であることを知りたいという願望を頼りにすることができます。

**シェダルが誕生時に太陽の上昇と同時に昇る場合**

シェダルはその赤緯によって、太陽の上昇と同時に昇る星の役目を制限されています。しかしチャートでこのように集中しているならば、名誉と良識を維持する大きな強さをもっていること、ストレス下でそれらが勝利を得ることを覚えていてください。同一性意識は品行や倫理とつながっているのでそれらに敬意を払ってください。

## ケンタウルス座、ケンタウルス

ケンタウルス座、おおかみ座、さいだん座は三つの星座のグループであり、崇拝と献身の物語のなかに絡み合っています（スター・マップ7を参照）。アラトスはこの星を〝ケンタウルス〟と呼んでいました[70]、ギリシャ人はこの星座をこうとらえていたからです（最初は射手として見られたいて座とは対照的に）。ケンタウルス座は巨大な星座で南の赤緯30度から60度のあいだの領域を占めており、伸ばした手でおおかみ座のおおかみを捕まえようとしていると言われています。ギリシャ人とアラビア人両方から彼はさいだん座の祭壇に向かっていけにえを捧げるために進んでいると考えられました[71]。そのために彼は必要な神酒の入った水筒をもっていると表されることがよくあります。

彼はケイロンあるいはポロスと同一視されていました[72]。双方ともギリシャ神話では有名なケンタウルス族です。ケイロンとポロスの物語はつながりをもっていました。ヘルクレスはイノシシ狩りをしているとき、ケンタウルス族のポロスからもてなしを受けました。ヘルクレスはポロスが瓶に入れて持っている酒が欲しいと言いました。しかし、ポロスは拒否し、この酒はケンタウルス族すべての共同所有物であるため自分のものでなく与えられないと説明しました。ヘルクレスは乱暴さと無作法さを見せて瓶をこじ開けほしいだけ飲みはじめました。粗暴なケンタウルス族は酒の匂いをかいで非常に興奮しポロスの地下蔵に殺到しました。このときにはヘルクレスは酒を少し飲み過ぎてしまっていて、ケンタウルス族の興奮を攻撃と間違えました。続いて乱闘が起こりヘルクレスはあやまって師匠であったケイロンに傷を負わせました。傷は致命的でケイロンに永遠の苦痛を強いました、ケイロンは不死で死ぬこと

70 Mair, *Callimachus, Lycophron*, Aratus, p. 241.
71 Mair, *Callimachus, Lycophron*, Aratus, p. 241
72 Allen, *Star Names*, p. 148-149.

ができなかったからです。ポロスがケイロンの足から矢を抜いたとき、その矢の先がポロス自身をかすめ、彼もまた負傷しました。ポロスは不死ではないので死ぬことができました。そしてのちにケイロンは自分の不死をタイタンのプロメテウスに譲り、彼も死ぬことができました。[73]

伝説によるとケイロンは空に置かれたそうです。[74] いて座と言う人もあればケンタウルス座と言う人もあります。しかし、ふたつの星座は非常に異なっています。いて座は射手として知られ、弓を引いて闘っている姿です。ケンタウルス座は宗教的な姿をして神酒といけにえを祭壇に捧げようとしています。二者のうちどちらか一方を選ぶとするとケンタウルス座はより正確にケイロンの優しさを表していると思われます。実際にギリシャ神話でゼウスはケイロンをいて座の場所に置こうとしましたが、いて座の凶暴さによってその試みは失敗し、ケイロンを南の空深くに置くことを余儀なくさせられました。[75]

ケンタウルス座が象徴するのは才能のある教師や治療家であり、深い傷が自意識への個人的な触媒となっています。

## ケンタウルス座の星

73 Allen, *Star Names*, p. 149.
74 これは同じ神話的な創造物であり、近年キロンと呼ばれる燃え尽きた彗星に当てはめられてきましたが、ゼウスがすでにこの星座としてケイロンを空に置いていたことに注意する必要があります。
75 Jobes, *Outer Space*, p. 146.

最も明るい星はトリマンです、〝今後〟を意味し、リギルケンタウルスとしても知られています、ケンタウルスの足、もっと普通にはアルファケンタウルスです。ほかに名前のある星は等級の明るい順にアゲナ、馬の腹、ハダルとも呼ばれています、そしてチョルト、左肩にあります。

トリマンとアゲナは一対の明るい星でお互いが接近していて、オーストラリアの先住民族はふたりの兄弟が槍を動物に向かって投げていると信じていました。[76] 双方の星は南十字星を指し示す線を形作っており、一対の星としてギリシャ、ローマ神話の双子カストールとポルックスのように見られています。対になったひと組の星なのでこれらの星はひとつの考えやテーマを表現するもののこうしたテーマをいっぽうは明るく輝いていてもういっぽうは影になっているというように、ふたつのレンズをとおして表現していると思

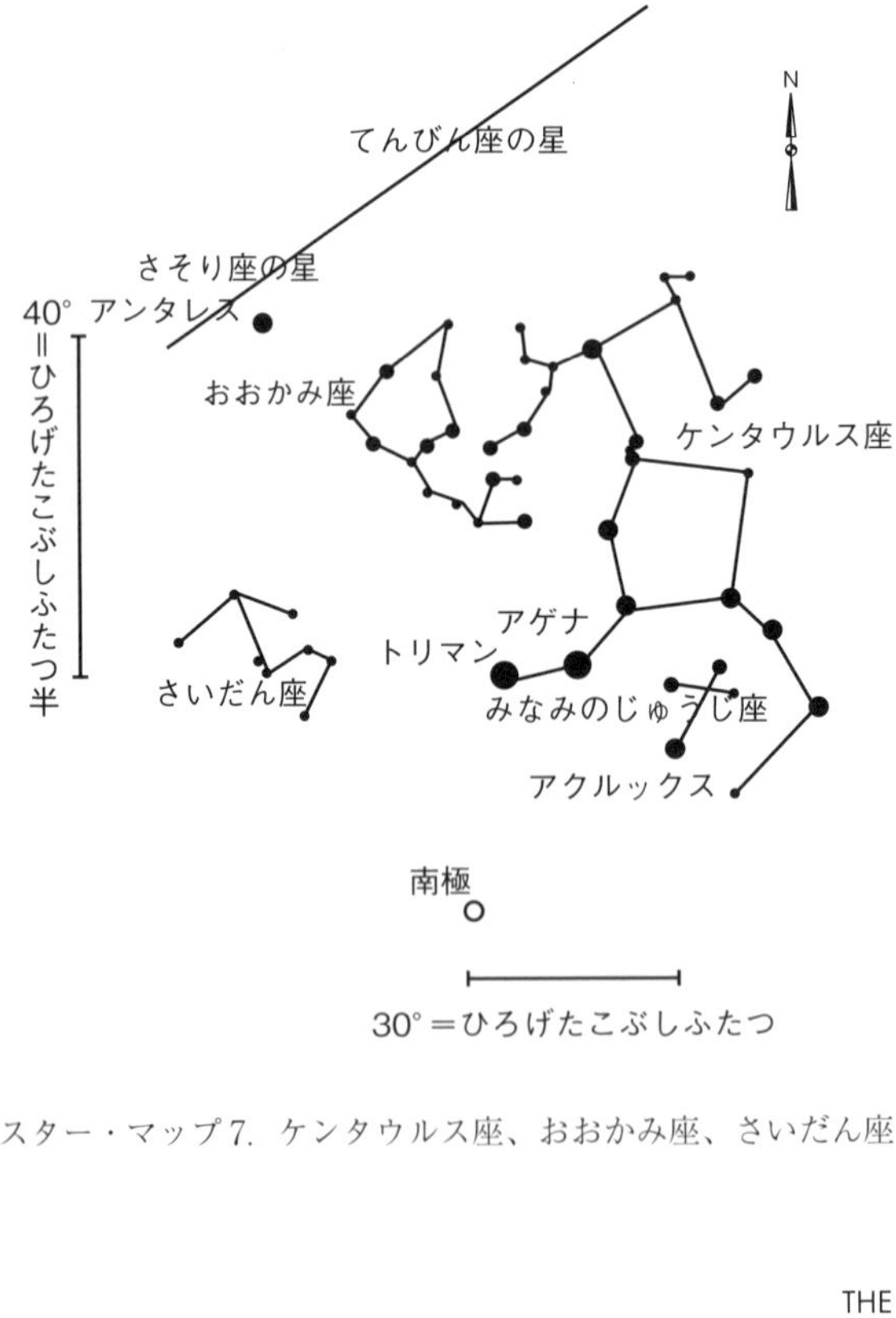


スター・マップ7. ケンタウルス座、おおかみ座、さいだん座

76 Jobes, *Outer Space*, p. 147.

います。

## トリマン

（ケンタウルス座アルファ星、0・1等星、赤経：14h39m14.5s、赤緯：南60度49分、黄経：蠍座28度51分）

パラン表11を参照。パラン表の読み方の例：北緯41度、ニューヨークに生まれた場合、星は一年のいかなるときにも上昇しません。けっして見えないので、出生図や恒星で使用するさいに考慮しません。

トリマンは、南緯29度と北緯29度のあいだのチャートの四つの点すべてで使用可能です。それより北では星が昇ることはなく、それより南では星が沈むことはないため、永遠に短縮した運行にあります。

### これまでの解釈

プトレマイオスによればケンタウルス座の馬の部分にある輝く星は金星と木星の性質をもっているとしています。ロブソンはこの星をバングラと呼び、友だちと名誉を与えると言っています。エバーティンもこの星をバングラと呼び、女性に関する問題を引き起こすと示唆しています。リゴーはロブソンに同意し、この星が運命論的な態度を与えると付け加えています。

## アゲナ

（ケンタウルス座ベータ星、0・9等星、赤経：17h39m44.5s、赤緯：南60度21分04秒、黄経：蠍座23度6分）パラン表12を参照。パラン表の読み方の例：南緯47度、ニュージーランドのインバーカーギルに生まれた場合、星は永遠に短縮した運行の位相にあり、常に目に見えますが、けっして地平線に触れません。惑星のひとつと同じ度数で天頂に達している場合にのみチャートにあるこの星を考慮することになります。アゲナは双子座14度で天頂にあります、そのため惑星が双子座か射手座の14度にある場合、星が天頂にあるとき惑星は天頂か天底にありました。

アゲナは南緯29度と北緯29度のあいだのチャートの四つの点すべてで使用可能です。それより北では星が昇ることはなく、それより南では星が沈むことはないため、永遠に短縮した運行にあります。

### これまでの解釈

まえに述べたようにプトレマイオスによれば、ケンタウルス座の馬の部分にある明るい星々には金星と木星の性質があるということです。ロブソンは友情や良好な健康に関連させています。エバーティンによれば、これらの星々は有益であるかもしれないが概して顕著な好色さやさらにはゴシップやスキャンダルを引き起こすということです。リゴーはロブソンに同意しています。

## トリマンとアゲナの意味

これらの星は両方とも占星術では限定的にしか使用できません、というのも多くの誕生場所ではこれらの星は見えないかもしくは沈むことができないかのどちらかであるからです。星が使用されている事例では、このケンタウルス座が祭壇に行っていけにえを捧げていることを思い出すことが重要です。ケイロンは治療者で教師ですが、みずからの傷をかかえています。リゲルがオリオンの足にあるように、トリマンは偉大な教師の足に位置しています、それはこの星の意味が個人の世界観を広げる学びや教育の事柄とつながりがあることを示しているかもしれません。対の星アゲナは成長を起こすために必要とされる犠牲と関連があるかもしれません。

これらふたつの星の南の赤緯によって調査することは困難です。しかし、これらはふたつとも毛沢東のチャートに現れていました、毛沢東は北緯27度52分で誕生したのでふたつの星が地平線上にわずかのあいだ見えました。毛沢東の誕生日にアゲナが沈み火星が天頂に達していました、そしてトリマンは月とともに沈んでいました。トリマンと月の結びつきが示すのは毛沢東が最初は中国の国民に愛されたことです（トリマンは思いやりのある治療者の役割を果たします。愛したり気にかけたりすることで癒やしをもたらします）。アゲナはしかしもっと影の部分、ケイロンの傷であり、天頂にある火星と結びつき、目的を達成するために使う強引な力を表しています。

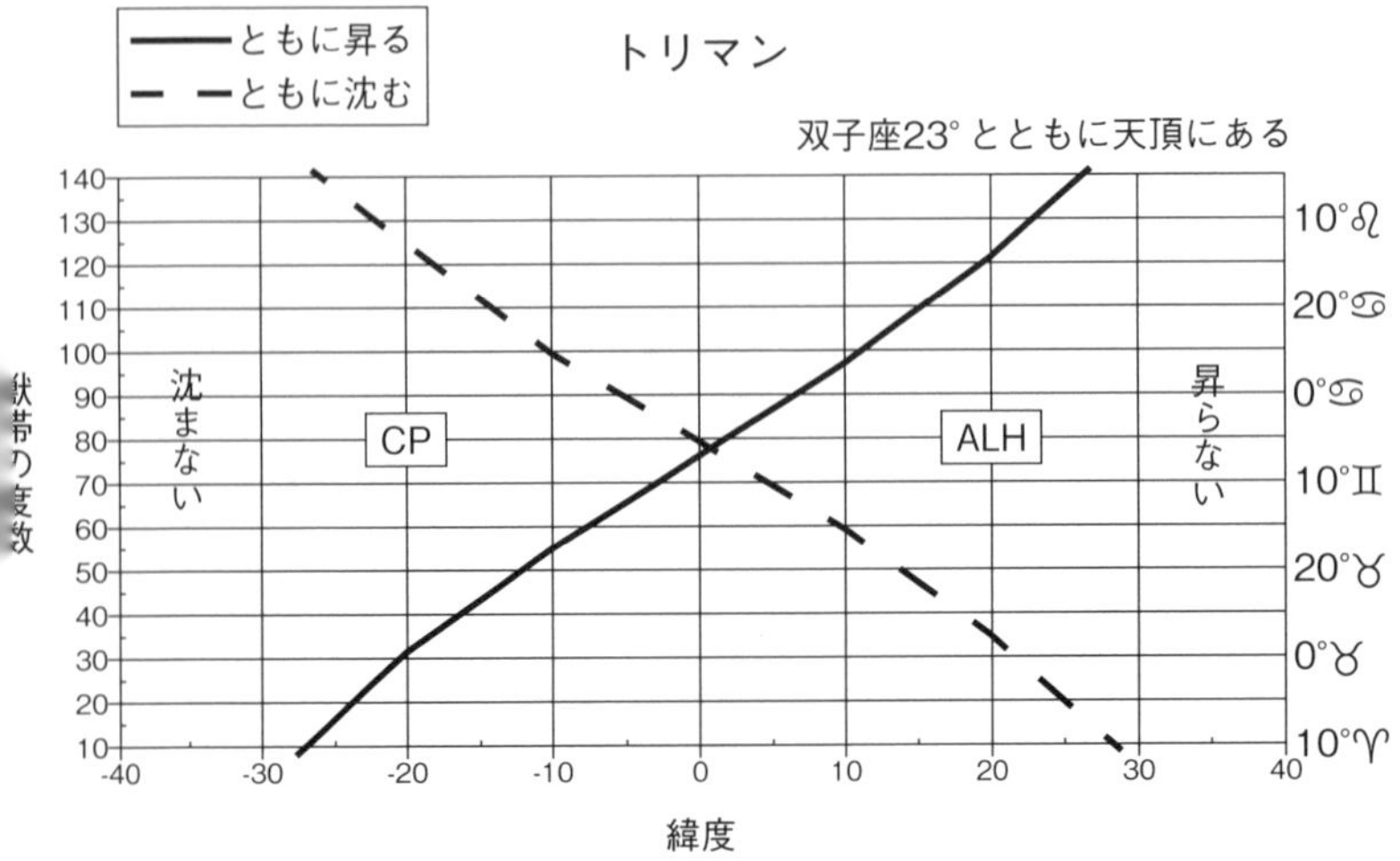


ヒライアカル

| 上昇 | 下降 |
|---|---|
| 8月2日 | 1月30日 |
| 7月12日 | 1月10日 |
| 6月21日 | 12月22日 |
| 5月31日 | 12月2日 |
| 5月11日 | 11月12日 |
| 4月20日 | 10月23日 |
| 3月31日 | 10月3日 |
| 下降 | 上昇 |

アクロニカル

パラン表11. トリマン

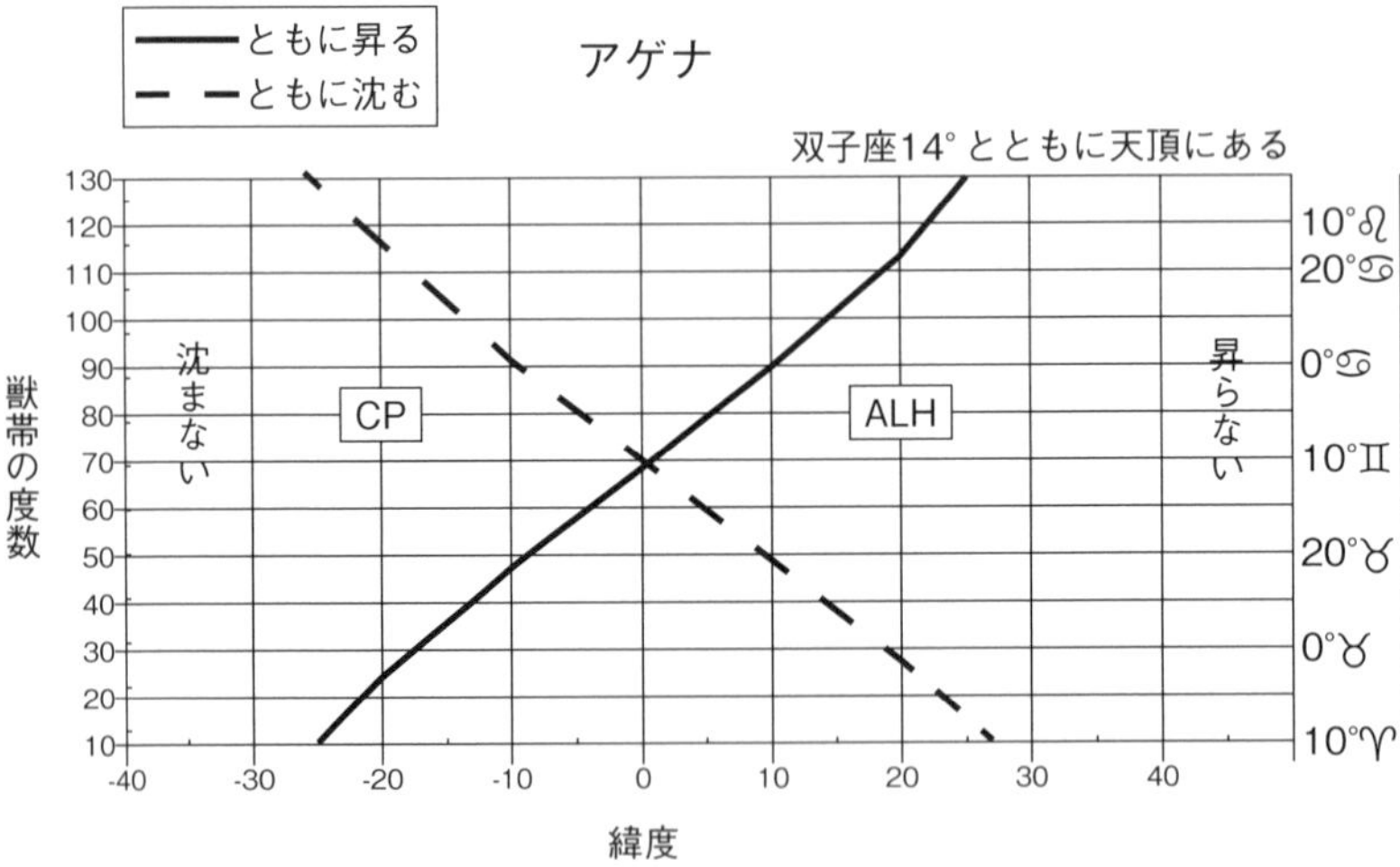


ヒライアカル

| 上昇 | 下降 |
|---|---|
| 7月23日 | 1月20日 |
| 7月12日 | 1月10日 |
| 6月21日 | 12月22日 |
| 5月31日 | 12月2日 |
| 5月11日 | 11月12日 |
| 4月20日 | 10月23日 |
| 3月31日 | 10月3日 |
| 下降 | 上昇 |

アクロニカル

パラン表12. アゲナ

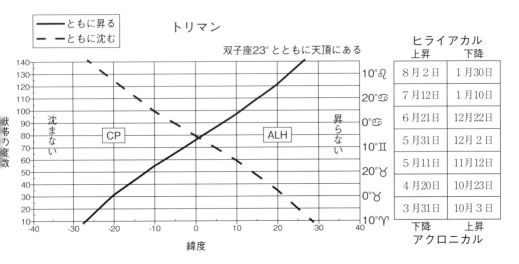

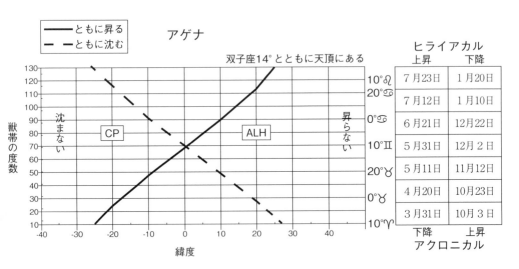

### トリマンとアゲナが出生図にある場合

これらの星は、北緯29度より南のチャートでのみ使用するよう十分な注意を払う必要があります。そうしたチャートにこれらの星がある場合、個人的または集団的に修正し、あるいは治療する必要のある原因や問題に関係しています。

### トリマンとアゲナが誕生時に太陽の上昇と同時に昇る場合

一九六〇年代当時私の生まれた南オーストラリアで州政府の首相としてドン・ダンスタンという男性が選ばれました。ダンスタンは南緯18度でアゲナが太陽の上昇と同時に昇っている朝にフィジーのスバで生まれました。そして政権につき、劇的に州の未来を変えました。彼は同性愛を合法化しました、それは南オーストラリアをこの法律を可決させた世界で最初の場所のひとつにし、多くの旧態依然とした慣習を改めました。彼は健康の衰えや深い個人的な危機によって最期には権力の座から引退させられました。多くの点で彼はアゲナの本質を象徴していました。

## ケフェウス、王様

ケフェウスは北極を周回する王家の一員です（スター・マップ1参照）。非常に古くからある星座でその起源は神話が記録されるまえに、長いあいだ失われていました。アラトスは当時の一般的な考えに沿ってケフェウスはユーフラテス河流域の起源であると考えていました。ケフェウスは多くの文化に〝王〟の役割を広めました。中国では天のその場所に五人の皇帝の内なる王座を割り当てました。中世のキリスト教徒はケフェウスをソロモン王と呼び[77]、カルデア人は彼をベロスの息子と見なしました[78]。それは彼らの創造神話の鍵となる人物です。興味深いことにそれは非常におぼろげな星座でありながら、男性主権のイメージとして重要さを保ち続けました。ケフェウス座は二万一〇〇〇年から二万三〇〇〇年まえのあいだ北極星の位置を占め、その期間に十中八九王としての役割を得ました。そしておよそ七五〇〇年までは中心的な役割に戻らないでしょう。

**ケフェウス座の星**

最も明るい星はアルデラミンで右肩にあります、ほかに名前のある星は等級の明るい順に、アルフィルクが王の側面に、エライが王の左ひざを示しています。

77 Jobes, *Outer Space*, p. 149.
78 Allen, *Star Names*, p. 155.

## アルデラミン

（ケフェウス座アルファ星、2・6等星、赤経：21h17m23s、赤緯：北62度22分24秒、黄経：牡羊座12度05分）この星にはパラン表は必要でありません。アルデラミンは水瓶座16度で天頂にあります。アルデラミンは南緯27度と北緯27度のあいだのチャートの四つの点すべてでのみ使用可能です。それより南では星が昇ることはなく、それより北では星が天頂にある場合しか使用できません。

### これまでの解釈

プトレマイオスによればこの星座の星々は木星と土星のようであるとしています。ロブソンはこの星について述べていませんが、この星座については言及し首吊り、斬首、はりつけ、串刺しによる死を結びつけています。エバーティンはケフェウス座の星は扱っていません。リゴーもコメントを控えています。

### アルデラミンの意味

ロブソンの警告とは別に、ほかの執筆者たちはかつて北極の守護者だった王を孤独なままにしています。現在はこの星座の時代ではないと考えたくなります。おそらく、こぐま座、おおぐま座が衰退し、七五〇〇年頃には栄光を迎え、ふたたび北極の位置を占めるようになるにつれて重要さが高まるでしょう。意味がこうした星々に与えられるとしたら他者が見て学ぶための例として成功した王が天に上げられるという考えに関連しています。

したがって、この星は男性主権の異なったお手本について十分に語ることができます。いまのところ集団的意見としての型は攻撃性のものです。せいぜい単に惑星地球や自然の法則と歩調を合わせていないだけであり、それによる破壊的な影響力をもっています。しかし、アルデラミンは女性性や地球と調和したバランスのとれた男性エネルギーを表すことが可能であり、受容的で直感的な女性エネルギーと対照的に的を絞って集中した男性エネルギーです。

この男性主権の型の素晴らしい例はネルソン・マンデラです。南アフリカの反人種隔離政策の活動家であり、多くの年数を政治犯として送り、解放されたときに異なる派閥から十分に尊敬され愛された唯一の男性であり統一した南アフリカ初の大統領となりました。マンデラはこの星が姿を消すまえに地平線をかすめる緯度で生まれましたが、水星はアルデラミンが地平線上で低く頂点に達したときに天底にありました。マンデラが自分の言葉の、そして文章の力を信じていたことは、アルデラミンのこの穏やかな意味、すなわち穏やかな男性主権の証明です。

**アルデラミンが出生図にある場合**

この星がチャートで優勢な場合、技能は強く集中したものですが攻撃的ではありません。最大の利益や成功は劇的な行動よりも穏やかな決断でもたらされます。

**アルデラミンが誕生時に太陽の上昇と同時に昇る場合**

この星は赤緯が高いため太陽の上昇と同時に昇る星の位置で使用されませんでした。大多数のチャートにとって天頂にある場合にしか使用できません、したがって太陽とつながることはけっしてありません。

## くじら座、クジラ

現代の地図では長さが50度を超えるくじら座は、みずがめ座のつぼからエリダヌス座の河の端まで達し、その途中で赤道を横断しています（スター・マップ8を参照）。

ギリシャ人によればくじら座は海の怪獣で、アンドロメダを貪り食うために送られました。しかし、ペルセウスがメデューサの切断された首を使って海の怪獣を石に変えてアンドロメダを救いました。[79]しかし、空に浮かぶこのクジラの物語はギリシャ語版よりも古いようです。その形はさまざまですが、常に水棲の怪獣であり、噴気孔から水を噴き出します。くじら座はときには犬の頭部と前脚と人魚のよ

79 Room, *Dictionary of Astronomical Names*, p. 73.

うな尻尾という姿で描かれていることがありました。この生き物は海のクジラよりは淡水の伝説上の生き物であるネス湖の怪獣のようなもので、私たちが知っている海の穏やかな巨人というよりも深海の未知の獣を表しているように思えます。アラトスはこの星座を〝憎き怪物ケートス〟と呼びました。[80] ジョブスによれば、〝ものすごい食欲で人間を求めて暗い地獄の海から現れる〟怪物としています。[81] キリスト教の伝承ではヨナを飲み込むクジラと見ていました。ところがアラブでは三つの離れた星座に分けました。て座、だちょう座、ネックレス座です。[82]

## くじら座の星

一番明るい星はメンカルです、クジラの鼻かあごの部分です。ほかに名前のついた星々は等級の明るい順に、デネブ・カイトスは尻尾、バテン・エル・カイトスは胸にあり、デネブ・カイトス・シュマリは尾の先、ミラは首にあり、最初に発見された変光星だったので〝素晴らしい〟(ラテン語による Mira の意味)と天文学者が名付けました。[83]

80 Mair, *Callimachus, Lycophron, Aratus*, p. 235.
81 Jobes, *Outer Space*, p. 149.
82 Allen, *Star Names*, p. 162.
83 変光星は輝度が変化する星のことです。

## メンカル

（くじら座アルファ星、2・8等星、赤経：03ｈ02ｍ1.6ｓ、赤緯：北4度4分15秒、黄経：牡牛座13度37分）

パラン表13を参照。パラン表の読み方の例：北緯40度、米国のインディアナポリスに生まれた場合、星は牡牛座の約9度で上昇しました。惑星が牡牛座または蠍座9度にある場合、惑星は星とともに上昇するか沈みました。また星は双子座2度で沈みました。惑星が双子座か射手座の2度にある場合、星が沈むとき惑星は沈むか上昇しました。星は牡牛座20度で天頂にあります。したがって惑星が牡牛座または蠍座の20度にある場合、星が天頂にあるとき惑星は天頂か天底にありました。

この北緯40度では、星は出現しているけれども隠れて見えない位相にあります。この時期は毎年およそ四月三十日（牡牛座9度の横の日付の左側の欄から読み取ります）から五月二十三日（双子座2度の横の日付の左側の欄から読み取ります）までです。そして本当に、あるいは宇宙的に太陽の上昇と同時に昇るときはだいたい五月二十三日（〝太陽と同時に上昇する〟欄の北緯40度で上昇している線の日付を読み取ります）です。

### これまでの解釈

メンカルは極点以外のあらゆる緯度のチャートの四つの点すべてで使用可能です。

プトレマイオスはくじら座の星々を土星になぞらえています。ロブソンは病気、不名誉、破滅に関連させています。エバーティンはクジラの首に星を配置させ、エルズベート・エバーティンの医学史を主な情報源として引用しのどの痛みを引き起こすとしています。リゴーは基本的にロブソンに同意しています。

## メンカルの意味

穏やかさで知られている、現代のクジラにたいする見方から離れ、この星座が人を食べる怪物を表していることを理解する必要があります。この星の不快な意味は空に浮かぶこのクジラを人間の無意識や集合無意識の象徴であり、深海の獣のように大きな集団的洞察の瞬間に爆発したり混沌や騒乱をもたらしたりする可能性

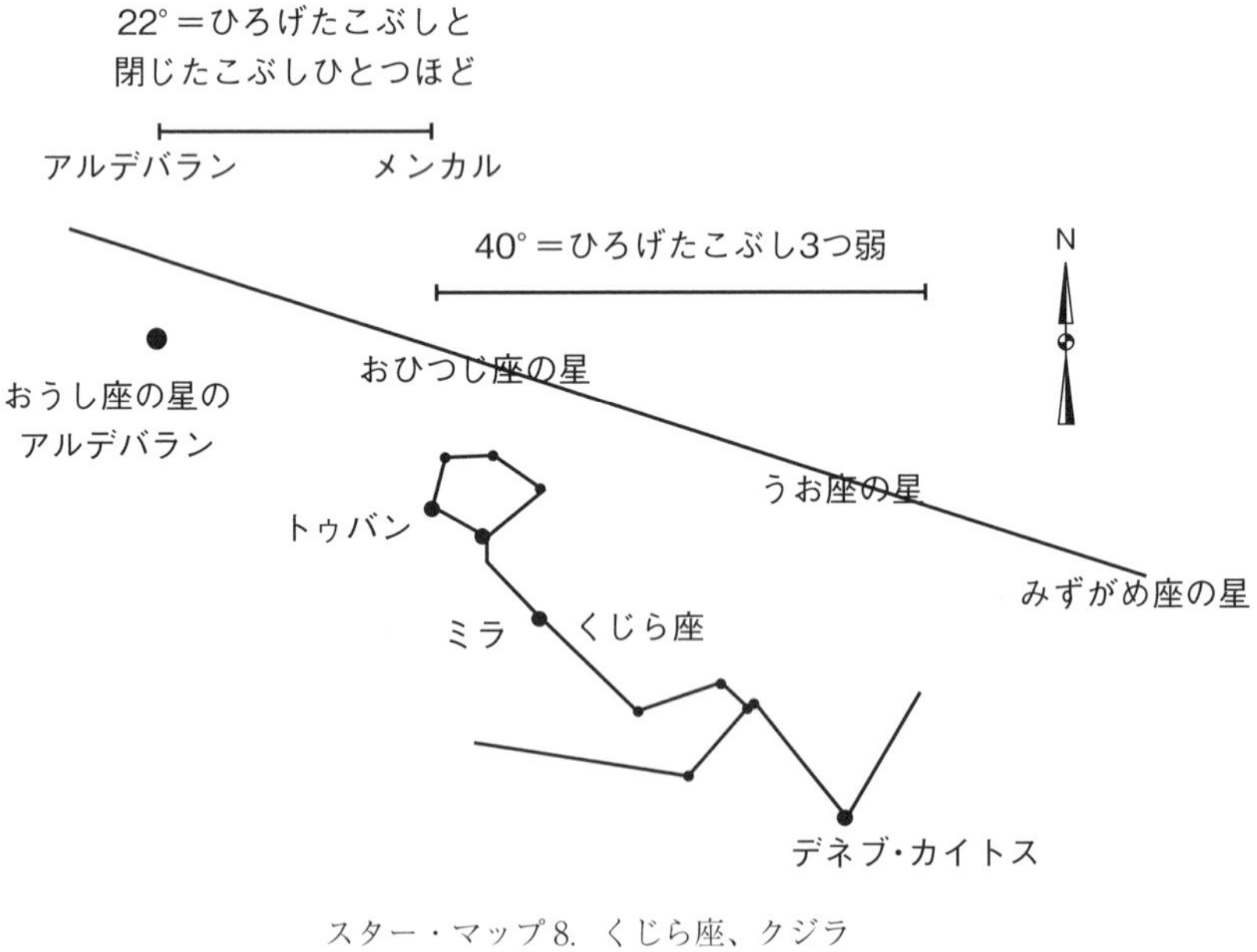


スター・マップ8. くじら座、クジラ

があると考えれば納得がゆきます。

そうした無意識の獣は集団の歴史や個々の人生の両方に突如出現し、巨大で、止められなく、破壊的であるように見えたでしょうし、実際にそう見えました。

くじら座は人間の集団のなかにあるこれらの無意識の力を象徴しており、人間の無意識の大きな深海にあり物理的には見えないためチャートに位置すると困難である可能性があります。アドルフ・ヒトラーは生まれた日に火星がメンカルとともに天頂にありました。毛沢東は金星が沈みつつあるときにメンカルが天頂にありました。ベニート・ムッソリーニは木星が天頂にあるときメンカルが天底にありました。しかし、集団無意識はかならずしも邪悪で暗いわけではありません。ジグムント・フロイトは太陽がメンカルとともに天頂にありました。彼のライフワークは人間の無意識を発見し図で示すことでした。占星術的著作はメンカルを人類にたいする永遠の呪いとして思い起こさせるでしょうが、実際には空虚なキーワードではなく生きたプロセスです。

## メンカルが出生図にある場合

メンカルがチャートに存在する場合、影響を受けている点や惑星の人間集団にたいしてオープンになります。集団の海は、航海するには荒れ狂う嵐の可能性があるのでチャートにあるほかの恒星との関係にも大きく左右されます。ポジティブに使えば集団にたいしてなにかを成し遂げる能力として現れるでしょう。いっぽうでネガティブに使えば集団の犠牲になるおそれがあります。しかし、集団にたいする自分の感受性を認識することで、夢やほかの自発的なイメージと連携してこのつながりをより深く理解することができます。

**メンカルが誕生時に太陽の上昇と同時に昇る場合**

夜明けの到来を告げるにはぼんやりしすぎてメンカルは宇宙的に太陽の上昇と同時に昇るときしか使用できません。こうした配置は集団と非常に深いつながりをもっていることを意味し、そのためになにかを創造する天分を与えます、あるいはネガティブには見たところでためらめの集団の行為の犠牲になります。ロシアのアナスタシア皇女は殺害された皇帝の娘で、家族の虐殺を生き延びて逃亡し、その後は自分の身分を証明するために生涯を費やす結果になったと言う人もいますが、メンカルが宇宙的に太陽の上昇と同時に昇るときに生まれました。

## かみのけ座、ベレニケの髪の毛

ふたつの王冠と頭髪がこの星座に表され、すべてがなんらかのかたちで女性と関連しています。ふたつの星座は北半球に位置しています、かみのけ座と北の王冠であるかんむり座です、三つ目はみなみの

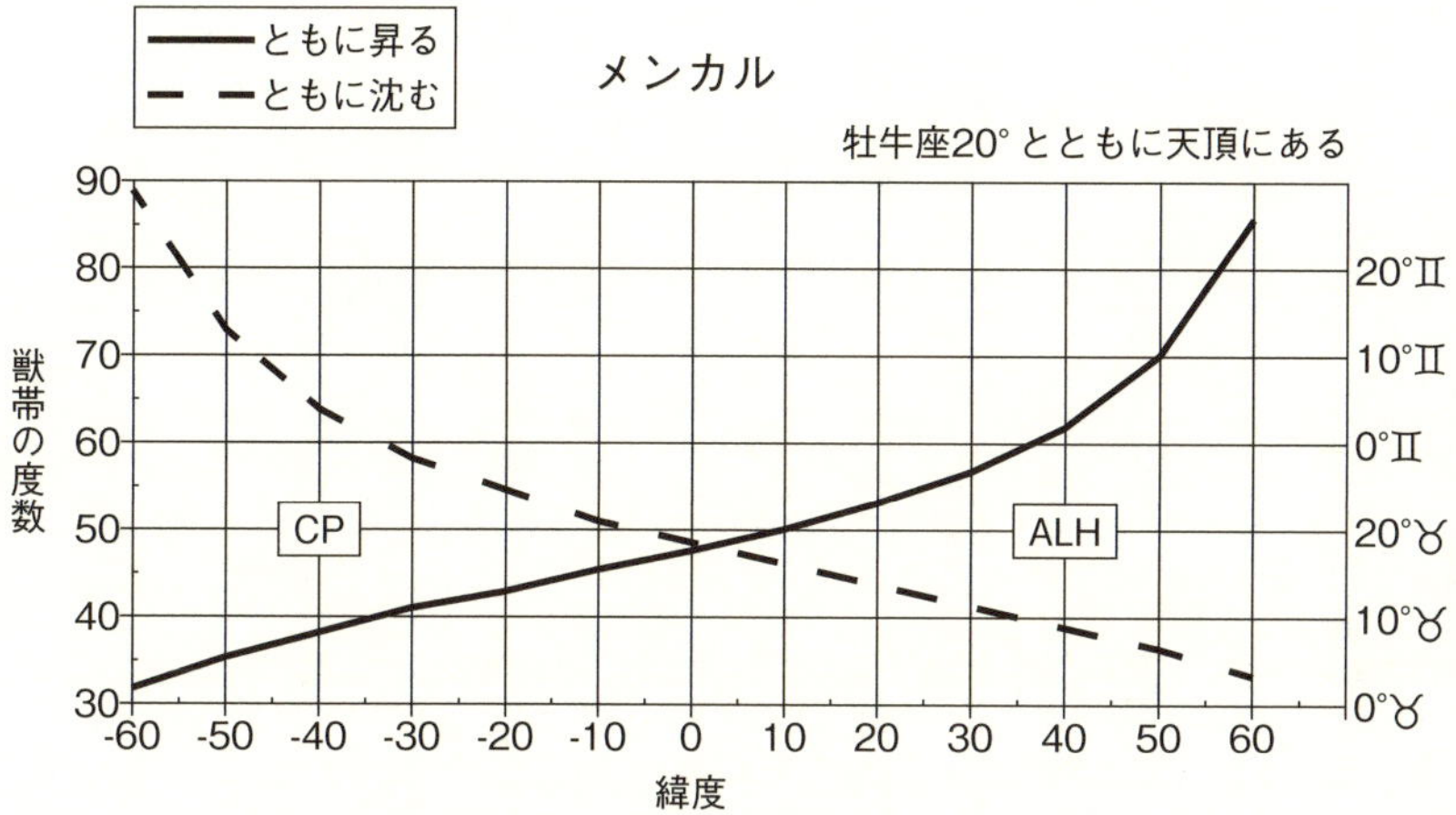


| ヒライアカル 上昇 | ヒライアカル 下降 |
|---|---|
| 6月11日 | 12月12日 |
| 5月31日 | 12月2日 |
| 5月21日 | 11月22日 |
| 5月10日 | 11月12日 |
| 4月30日 | 11月2日 |
| 4月20日 | 10月23日 |
| 下降 アクロニカル | 上昇 アクロニカル |

パラン表13. メンカル

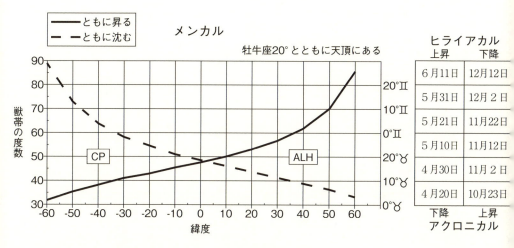

かんむり座があり、南半球に位置しています。

かみのけ座はかつてしし座の尻尾の房でした。それは最初エラトステネスによってアリアドネの髪の毛やアリアドネの王冠とされました。[84] 古代ギリシャ人はこの星座の命名に紀元前二四三年の日付を置きました、彼らの歴史によればその髪の毛はベレニケという女性のものでした。[85] かみのけ座は、うしかい座とその犬のあいだに位置し、スター・マップ5に示されています。

ギリシャの物語によれば、プトレマイオス三世の姉か妹／妻であるベレニケが戦争からの夫の帰還を待っていました、そして夫の無事をアフロディテ（金星）に毎日祈りました。ある日、非常に重要なものを犠牲にできたらきっと夫が無事に戻るであろうという考えが浮かびました。彼女が犠牲にしたものは髪の毛で、それは伝統的な琥珀色でした。これは二十世紀では小さな犠牲にみえるかもしれませんが、当時の女性の髪の毛は身分のあかしであり、髪が短いことは不名誉を表しました。いまでも女性を罰するために頭髪を剃る文化があります。さてベレニケは自分の髪の毛を切って、アフロディテに捧げました。しかし、髪の毛は祭壇から消え、盗まれたと言う人がいれば、いっぽうではアフロディテがその犠牲に非常に心を動かされ、ひと房の髪をとって天空に置いたと言う人もいました。[86]

この物語は、おそらく恋人たちが結婚前に彼らの髪の房を神ヒポリュトスに与える習慣にもとづいて

84 Allen, *Star Names*, p. 168.
85 Allen, *Star Names*, p. 168.
86 Jobes, *Outer Space*, p. 152.

います、これは神や女神とこうした若いカップルのあいだの結びつきを強くすると考えられていたのです。[87] エジプト人は妻の髪の房が死後の世界で夫の守護になると信じていました。そのため女性は夫が亡くなって埋葬するときに自分の髪の房をお墓のなかに入れました。女性の髪の毛は、彼女が相手を愛しているなら持ち運べる最も神聖な形のお守りでした。[88]

イシスは、オシリスの生命を髪の毛を使うことで回復させました。それから彼女は聖なる子供のホルスを髪の毛で覆うことで守りました。髪は女神の強さの源であり、死の女神や冥界の女神であったとしてもその髪は力と強さの印として頭のうえで際立っていました。あるいはメデューサの場合、髪の毛は蛇の頭として目立っていました。頭をそった女性には力や魔法がなく、それゆえキリスト教の尼僧とユダヤの既婚夫人は頭をそらなくてはいけませんでした。[89] 最も厳しいユダヤ教の共同体では、実際に女性は頭をそって公共の場ではかつらをかぶって女性的な力を捨てるようにいまだに求められています。この習慣はここオーストラリアの伝統的な共同体でいまもなお続いていました。

したがってベレニケの夫への捧げ物は、聖なる行為でした。彼の命を救い守るために自分の力を明け渡しました。実際のベレニケのものではなかったかもしれませんが、女性の髪の毛はなお星空の一部であり、そういう意味ではすべての女性にとって重要な星座です。

87 Walker, *The Woman's Encyclopedia of Myths and Secrets*, p. 367.
88 Walker, *The Woman's Encyclopedia of Myths and Secrets*, p. 367.
89 Walker, *The Woman's Encyclopedia of Myths and Secrets*, p. 368.

**かみのけ座の星々**

非常におぼろげな星座であり最も明るい星が正式名称のある唯一の星です。ディアデムと呼ばれます。

## ディアデム

（かみのけ座アルファ星、4・3等星、赤経：13h09m43.3s、赤緯：北17度33分33秒、黄経：天秤座8度15分）パラン表14を参照。パラン表の読み方の例：南緯41度、ニュージーランドのウェリントンに生まれた場合、星は蠍座の約24度で上昇しました。もし惑星が蠍座か牡牛座の24度にあれば、惑星は星とともに上昇し、あるいは沈みました。また星は天秤座1度で沈みました。もし惑星が天秤座か牡羊座1度にある場合、星が沈むとき沈み上昇しました。星は天秤座19度で天頂にあります、そのため惑星が天秤座もしくは牡羊座の19度にある場合、星が天頂にあるとき惑星は天頂か天底にありました。

この南緯41度で、星は出現しているけれども隠れて見えない位相にあります。この時期は毎年およそ九月二十三日（天秤座1度の横の日付の左側の欄から読み取ります）から十一月十四日（蠍座24度の横の日付の左側の欄から読み取ります）までです、そして本当に、あるいは宇宙的に太陽の上昇と同時に昇るときはだいたい十一月十四日（〝太陽と同時に上昇する〟欄の南緯41度で上昇している線の日付を読み取ります）です。

ディアデムは南緯72度と北緯72度のあいだのチャートの四つの点すべてで使用可能です。それより南では星が昇ることはなく、それより北では星が沈むことはないため、永遠に短縮した運行にあります。

**これまでの解釈**

プトレマイオスは、占星術師が当時使っていたにもかかわらず、かみのけ座に言及していません。ロブソンはディアデムをリストに入れていませんが、この星座は魅力的な影響力をもち、たぶん怠惰な生活につながると述べています。ロブソンはまたこの星が盲目や禿頭を引き起こすと言っているとリリーを引用しています。エバーティンは言及していません。リゴーもまたなんの言及もありません。

**ディアデムの意味**

ディアデムはもちろん、その名を頭にかぶった王位の象徴である小さな王冠からとっています。ディアデムの星座は女性的な強さに関連しているようにみえます。ジョージ・エリオットはこの星が上昇し土星が沈む日に生まれました。恒星と土星の作用は自分の人生で築き上げたことと関係があります。ディアデムはエリオットのチャートで上昇していますので、その影響は人生の早い段階からずっと感じられました。ジョージ・エリオットは十九世紀イギリスの偉大な作家のひとりで、愛する男性ジョージ・ルイスから執筆を勧められました。ルイスは既婚者で妻と別居していましたが離婚はできなかったのでジョージ・エリオットは彼と同居し、長い幸せな関係を結婚のように思いました。これは一八五〇年代のことです。その関係のあいだずっとルイスは彼女の執筆を支え、作品にたいする否定的な批評を彼女から隠しました。しかし、彼の死後、エリオットはルイスへの愛のために執筆をやめることを決心しました。ある意味、執筆が彼女の〝髪の毛〟でした。というのは既婚男性と結婚しないで暮らし、男性の名前を使って自分の作品を発表し、一八五〇年の英国社会をまえに飛び立つ力と勇気をエリオットに与えたからです。

そして恋人の死後、エジプト人の妻のように夫と一緒に髪の毛を埋葬しました。ベレニケの髪は彼女を作家にしたというよりは、あえて作家になる強さを与えたのです。

ジョージ・エリオットと異なった人物は俳優のクリストファー・リーブです。スーパーマンの役で知られていましたが、のちに悲劇的な乗馬事故がもとで四肢まひになりました。彼はディアデムが沈み木星が上昇しているときに生まれました。木星はいつも接する星を拡大します、ディアデムが沈んでいることはこの星がリーブの後半生に影響を表すことを意味しています。俳優としての仕事人生をとおして、彼は貧しい人々やホームレスの人々の生活を少しでも楽にしようと静かに取り組んでいました。しかし、事故のあとにようやく助けを必要とする人々のための力と思いやりの象徴になりました。

この星は、栄光や個人的な名声を求めません。それは静かに働く人たち、すなわち何年もあくせく働き、集団の利益のために助けたり働いたりしているがけっして個人的に認められることや名声を追い求

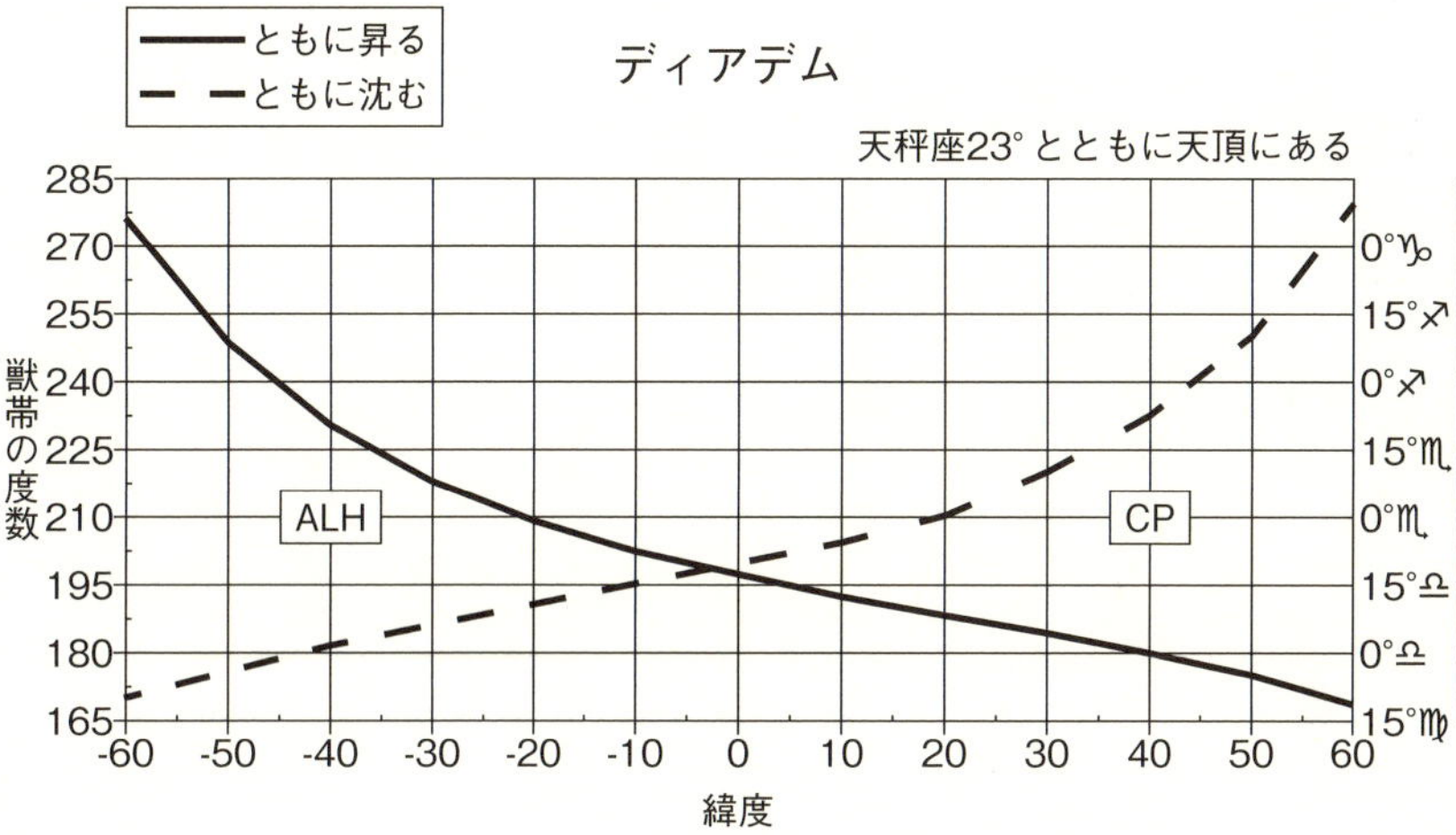


ヒライアカル

| 上昇 | 下降 |
|---|---|
| 12月22日 | 6月21日 |
| 12月7日 | 6月5日 |
| 11月22日 | 5月21日 |
| 11月7日 | 5月5日 |
| 10月23日 | 4月20日 |
| 10月8日 | 4月5日 |
| 9月23日 | 3月20日 |
| 9月7日 | 3月5日 |
| 下降 | 上昇 |

アクロニカル

パラン表14. ディアデム

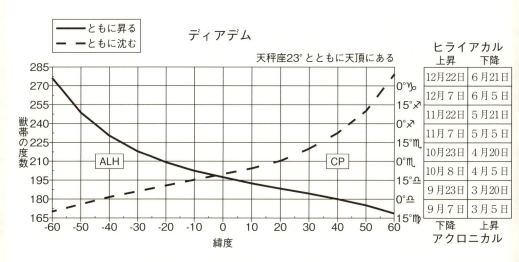

めない人たちのものです。そしてときどき求められる犠牲が個人の与える能力を超えているようにみえます。こうして、その性質そのものによって有名人のチャートに現れない傾向にあります。

**ディアデムが出生図にある場合**

チャートに強く位置していると、ディアデムは他人への愛に動かされる自己犠牲的な人物を示す可能性があります。そうした犠牲のなかに大きな力や品位を見いだすことができます。

**ディアデムが誕生時に太陽の上昇と同時に昇る場合**

非常にぼんやりしているため、この星は明白に太陽の上昇と同時に昇る星として使われません。しかし、生まれた日に宇宙的に太陽の上昇と同時に昇る星であれば、恋人たち、髪、そして静かで優しい犠牲のこうした物語が人生の旅の一部になるでしょう。

## みなみのかんむり座、南の王冠

この星座はプトレマイオスが認めた最初の48星座のひとつです。彼はこの星座を南の花輪と呼んでいました。またいて座の冠とも呼ばれてきました。これはいて座のケンタウロス、そしていて座の手から放射状に放たれていると言われる弓矢の束と関連しています。[90] この星座に有名な星はありませんが、プトレマイオスはこの星々には土星と木星の性質があると記述しています（スター・マップ24を参照）。

## かんむり座、北の王冠

多くの名前で呼ばれ、古代ギリシャでは花冠と呼ばれ、[91] さらにアリアドネの王冠、アリアドネのティアラ、そしてアリアドネの結い上げた髪とさえ称されることがありました。[92] この王冠のイメージは、大部分は女性のかぶりもの、花冠や花輪でした。ギリシャ人はこれをヴィーナスによってアリアドネに贈られた結婚の花輪、すなわちアリアドネがテセウスに捨てられたあと、ディオニソスとの結婚を祝うためにヴィーナスがアリアドネに贈った結婚式の花輪と見なしていました。[93] この星座はペルシアでは壊れた大皿としても知られていました、星による円が不完全だからです。こうした壊れているという感覚は別の名前、貧しい人のボウルにつながりました。しかし、王冠の一種と見てきた文化がほとんどでした。キリスト教の伝承ではキリストがかぶったいばらの冠と結びつけました。[94]

90 Jobes, *Outer Space*, p. 154
91 Room, *Dictionary of Astronomical Names*, p. 76.
92 Allen, *Star Names*, p. 174.
93 Jobes, *Outer Space*, p. 155.
94 Jobes, *Outer Space*, p. 156.

結婚式の花輪もしくはいばらの冠として、この星座は欲しくても欲しくなくても贈り物である冠を暗示しています。この星座はヘルクレス座とうしかい座のあいだに位置し、ヘルクレス座のスター・マップに示されています。

**かんむり座の星**

最も明るく、そして名前のある唯一の星はアルフェッカです。

## アルフェッカ

（かんむり座アルファ星、2・3等星、赤経：15h34m27.8s、赤緯：北26度44分11秒、黄経：蠍座11度35分）

パラン表15を参照。パラン表の読み方の例：北緯49度、パリに生まれた場合、星は天秤座の約13度で上昇しました。惑星が天秤座か牡羊座の13度にある場合、惑星は星とともに上昇し沈みました。星はまた山羊座25度で沈みました。そのため蟹座か山羊座の25度に惑星がある場合、星が沈むとき惑星は沈み上昇しました。星は蠍座26度で天頂にあります、そのため惑星が蠍座もしくは牡牛座の26度にある場合、星が天頂にあるとき惑星は天頂か天底にありました。

この北緯49度では、星は短縮した運行の位相にあります。この時期は毎年およそ四月三日（天秤座13

度の横にある日付ボックスの右側の列から読み取ります）から七月十七日（山羊座25度の横にある日付ボックスの右側の列から読み取ります）までです。そして本当に、あるいは宇宙的に太陽の上昇と同時に昇るときはだいたい10月５日（〝太陽と同時に上昇する〟欄の北緯49度で上昇している線の日付を読み取ります）です。

アルフェッカは南緯63度と北緯63度のあいだのチャートの四つの点すべてで使用可能です。それより南では星が昇ることはなく、それより北では星が沈むことはないため、永遠に短縮した運行にあります。

## これまでの解釈

プトレマイオスによればこの星座の星々は金星と水星の性質をもっているとのことです。ロブソンによれば、名誉と芸術的な能力を与えるとしています。エバーティンはこの星について言及していません。リゴーはロブソンの意見を広げて、病人治療に役立つ神秘的な能力について語り、アルフェッカの影響を受けた人々が陰口を言う状況に陥ることがあると付け加えています。

## アルフェッカの意味

アルフェッカをチャートの解釈に使おうとするならば、その意味には女性の王冠の象徴である静かな達成を取り入れる必要があるでしょう。その影響が示すのは進歩ですが、必ずしもみずからの努力によるものではありません。アルフェッカの興味深い例はダイアナ妃のチャートにあります。アルフェッカは彼女の金星が天底にあるときに天頂にありました。ダイアナ妃は王冠を授かりましたが、いばらの冠であるという人もいました。しかしアルフェッカが天頂にあることが示すのは彼女がこの贈り物をもった女性として知られるようになることです。中世の占星術師は、人は人生の運命の場所を超えて上昇することができるが、大きな苦痛や混乱を伴ってのみ起こりうると信じていました。ダイアナ妃の場合はそうであったようです。

王冠を与えられたあと悲劇を経験したもうひとりの女性はモナコ王室の一員となったアメリカの女優グレース・ケリーでした。グレース・ケリーはアルフェッカが火星と結びついており、ふたつとも彼女の生まれた日に同時に天頂にありました。グレース・ケリーは王冠を得ましたが、ダイアナのようにライフスタイルの変化と折り合いをつけるのに苦労し、ついには人生の盛りに自動車事故で亡くなりました。アルフェッカは社会のなかを前進する才能を与えますが、それには代償を伴います。

三番目の例はフランスの農家の娘、聖ジャンヌ・ダルクのチャートです。彼女は天の啓示を力にして、王太子の戴冠のためにフランス軍を勝利に導くために立ち上がりました。のちにジャンヌは英国軍に捕らえられ、十九歳のときに火あぶりの刑に処せられました。彼女が生まれた日、太陽が天底にあるときにアルフェッカが上昇していました。星の上昇はそれが人生の早い段階で現れることを暗示しており、実際に起こりました。ジャンヌはフランスの宮廷で非常に力のある人物で、王太子についで二番目の地

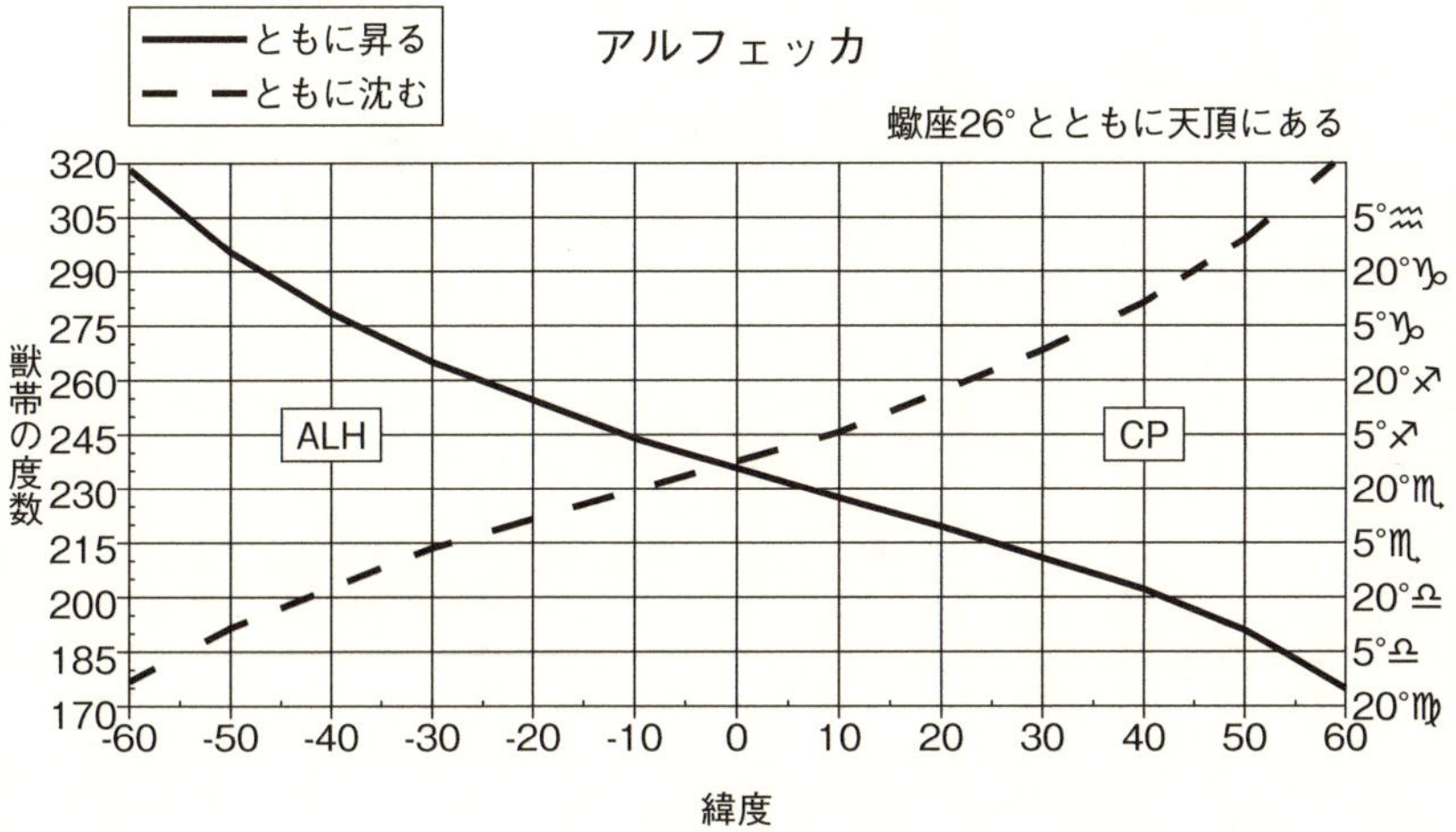


ヒライアカル

| 上昇 | 下降 |
|---|---|
| 1月25日 | 7月28日 |
| 1月10日 | 7月12日 |
| 12月27日 | 6月26日 |
| 12月12日 | 6月11日 |
| 11月27日 | 5月26日 |
| 11月12日 | 5月10日 |
| 10月28日 | 4月25日 |
| 10月13日 | 4月10日 |
| 9月28日 | 3月25日 |
| 9月13日 | 3月11日 |
| 下降 | 上昇 |

アクロニカル

パラン表15. アルフェッカ

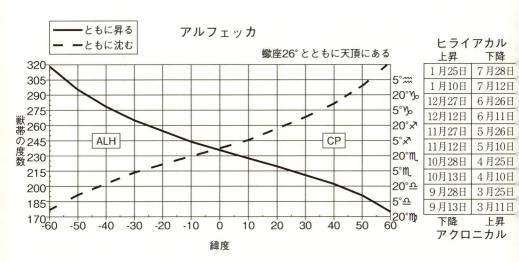

位にありました。しかしほかの例と同じようにアルフェッカの王冠には代償がありました。

### アルフェッカが出生図にある場合

チャートにアルフェッカがある場合、その人は社会的地位や共同体での立場の変化を申し出されることに関係することがあります。この昇進は勤勉によって得るものではなく、むしろ愛や幸運によるものです。こうした恩恵や起こりうる昇進はとても慎重に考慮する必要があります。というのもこの星は結果的に暗いもしくは重い時期を経験しなければならないかもしれないことを暗示しているからです。

### アルフェッカが誕生時に太陽の上昇と同時に昇る場合

プトレマイオスのリストの星のひとつとして宇宙的にか明白にかいずれかで太陽の上昇と同時に昇る星として使用可能です。アルフェッカのこうした恩恵は特に太陽が関連している人にとって人生の旅に不可欠な要素です。しかし、こうした恩恵を受け入れるのは関連していると思われる潜在的な悲しみを受け入れることであることに注意する必要があります。

## からす座、カラス

このカラス（ワタリガラスとしても知られている）は、少なくとも数千年前からうみへび座とコップ座と関連付けられてきました、アラトスが次のように記述しています。「そのとぐろ状のもの（うみへび）の途中にカップがあり、端にはカラスの姿がある、カラスはとぐろをついているように見える」。[95]カラスはウミヘビの背後にいて、伝説によるとウミヘビはアポロンが与えた義務を果たすのに失敗した罰としてカラスがカップから水を飲んでいるのを止めている[96]（スター・マップ12参照、うみへび座の背中にいるからす座）ということです。ギリシャではまたカラスを予言の働きをしているアポロンと見ていました、というのもアポロンはオリンポスの神々とティーターン族の戦いのときにカラスを使ったからです。[97]ケルトの伝説ではカラスは神聖で、死や災いを予告しました。この鳥を予言的な、たいていは前兆のかたちでとらえる文化は数多くあります。[98]しかし、のちのキリスト教学者は、からす座の星々とコップ座の星々を合わせて〝契約の箱〟を形成しました。[99]

## からす座の星

プトレマイオスはからす座の星々は火星と土星に似ていると言及していますが、最も明るい星アル・

---

95 Mair, *Callimachus, Lycophron, Aratus*, p. 243.
96 Allen, *Star Names*, p. 180.
97 Jobes, *Outer Space*, p. 158.
98 Stewart, *Celtic Gods, Celtic Goddesses*, p. 80.
99 Allen, *Star Names*, p. 183.

チバは視等級は4・3しかなく、占星術的に重要であるようにはみえません。

## コップ座、カップ

このカップはうみへび座の背中にあり(スター・マップ12参照)、いつものどが渇いているからす座から守られています。この星座は長いあいだうみへびとカラスとカップでひとつの星座とされてきましたが、現代では三つの星座に分類されました。

バビロニア人はこのコップ座をイシュタルが豊穣さを注ぐために使ったカップと見ていました。[100] エジプト人がこの星座に言及した唯一のものは次のようにつぼの上に書かれています。

賢明な古代人は、カップが見えてきたとき
ナイル河の肥沃な氾濫が頂点に達したことを知っていた。[101]

ギリシャ人は、このカップをディオニソス(バッカス)にワインの作り方の秘密を教えてもらったイ

100 Jobes, *Outer Space*, p. 160.
101 Jobes, *Outer Space*, p. 160.

カルスが発酵飲料を保存するカップだと考え、アポロの予言の井戸とも関連させました。[102] こうした意味でカップの星座は多くの文化にとって聖杯の概念を表しました、アポロのゴブレットあるいは井戸、ケルト人の予言の酒器としての頭蓋骨、ブランの大釜、キリスト教神話の聖杯あるいはアラジンのランプなど。それはあらゆる象徴が込められた〝カップ〟です。生命を宿す器であり、それゆえ神秘的です。カップがウミヘビの背中にあるのは適っています、ヘビは女神の最古の象徴であり、ウミヘビがエデンの園のヘビと結びつけられると、カップは女神の唯一残る象徴になったからです。

### コップ座の星

この星座には明るい星はありませんが、主星はアルケスと名付けられています。

## アルケス

（コップ座アルファ星、４・１等星、赤経：10ｈ57ｍ20.2ｓ、赤緯：南18度01分56秒、黄経：乙女座23度00分）パラン表16を参照。パラン表の読み方の例：北緯14度、タイのバンコクに生まれた場合、星は乙女座の約19度で上昇しました。惑星が乙女座か魚座の19度にある場合、惑星は星とともに上昇し沈み

102 Jobes, *Outer Space*, p. 161.

ました。また星は乙女座7度で沈みました。そのため乙女座か魚座の7度に惑星がある場合、星が沈むときに惑星は沈み上昇しました。星は乙女座15度で天頂にあります、したがって惑星が乙女座もしくは魚座の15度にある場合、星が天頂にあるとき惑星は天頂か天底にありました。

この北緯14度では、星は出現しているけれども隠れて見えない位相にあります。この時期は毎年およそ八月二十八日（乙女座7度の横にある日付ボックスの左側の列から読み取ります）から九月十二日（乙女座19度の横にある日付ボックスの左側の列から読み取ります）までです。そして本当に、あるいは宇宙的に太陽の上昇と同時に昇るときはだいたい九月十二日（〝太陽と同時に上昇する〟欄の北緯14度で上昇している線の日付を読み取ります）です。

アルケスは南緯71度と北緯71度のあいだのチャートの四つの点すべてで使用可能です。それより北では星が昇ることはなく、それより南では星が沈むことはないため、永遠に短縮した運行にあります。

### これまでの解釈

プトレマイオスは金星の性質をこの星座の星々に属するものとし、水星の性質も付け加えています。ロブソンは親切で寛大ですぐれた知能をもっているが多くの混乱や突然の思いがけない出来事を経験する人物であると長い説明を述べています。エバーティンとリゴーはこの星について記述していません。

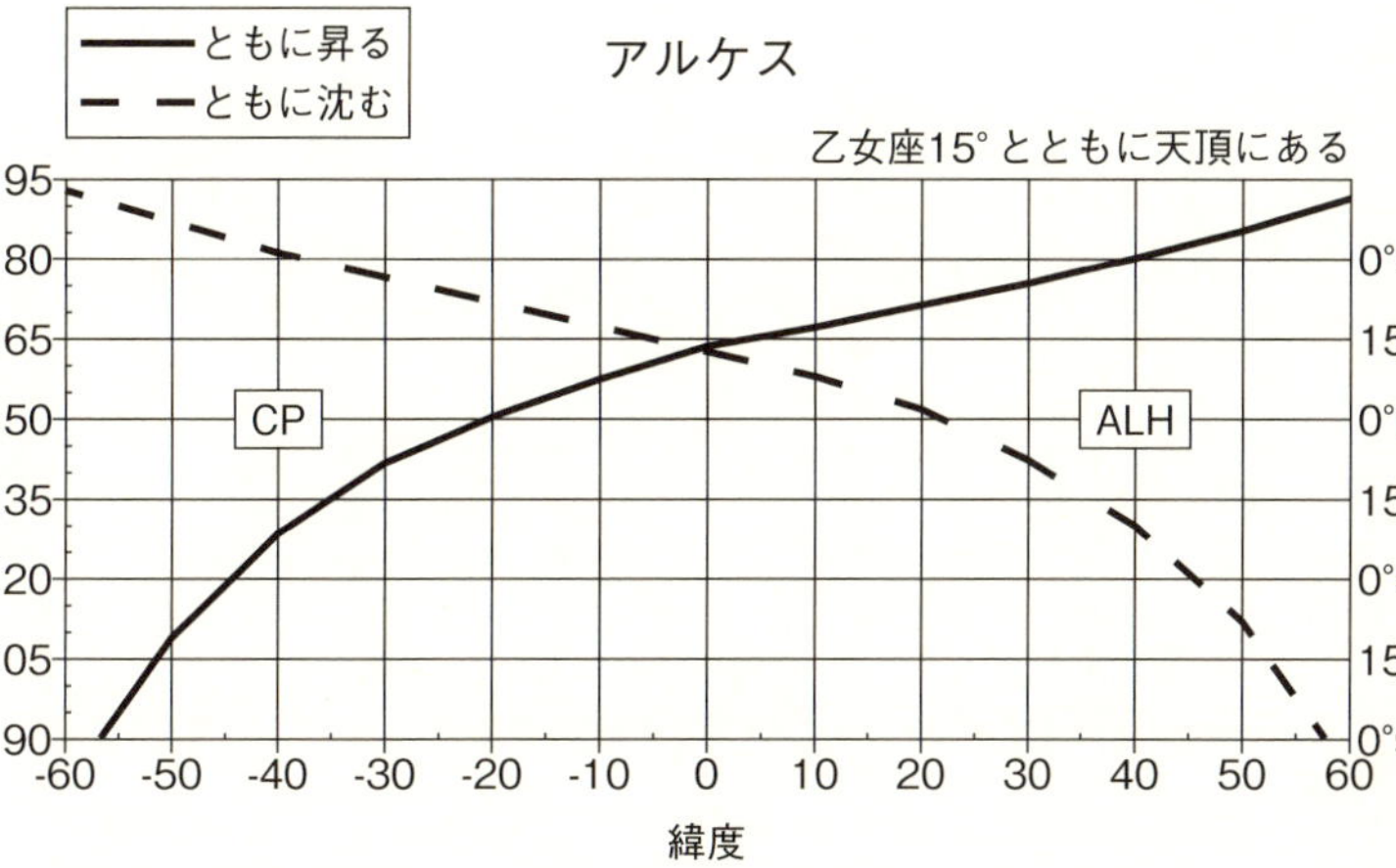


| ヒライアカル 上昇 | ヒライアカル 下降 |
|---|---|
| 9月23日 | 3月20日 |
| 9月7日 | 3月5日 |
| 8月23日 | 2月19日 |
| 8月7日 | 2月4日 |
| 7月23日 | 1月20日 |
| 7月7日 | 1月5日 |
| 6月21日 | 12月22日 |
| 下降 アクロニカル | 上昇 アクロニカル |

パラン表16. アルケス

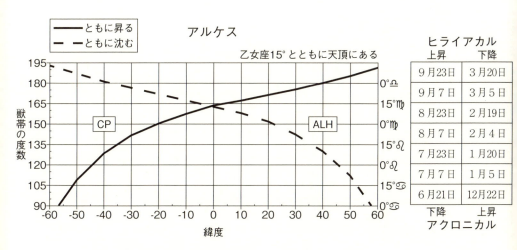

## アルケスの意味

この星は優しい星です。霊的、神秘的、予言的な性質、他者のために象徴的な意味で大切なものを運ぶ人々と関連があります。この星を扱うなかでアルケスと最も多くの接点を見せたグループがローマ教皇でした。過去数百年のほとんどの教皇がこの星と彼らのチャートがパランによってつながりがあります。それは聖杯や他者のためになにかを運ぶことの興味深い表現です。カトリックの教皇はキリストの生ける器であるとみなされているからです。もうひとつの興味深い例はチャールズ皇太子です。彼は太陽が天頂にあるときアルケスが昇っていますので、一生涯がこの星と関わっています。チャールズ皇太子はまた自分自身を特別なものの容れ物と見ています。これは傲慢な発言ではありません。彼はブリテン島の領主であり、自分自身をスコットランドのエネルギーを運ぶ者と見ています。同様に英国王位の後継者であり、いつの日か英国国教会の長となるでしょう。彼は他者のためになにかを運びます。彼は器です。

## アルケスが出生図にある場合

まさに集団志向であり、集団に深くつながっていると感じます。その集団にとっての容れ物あるいは器です。また強い宗教的、あるいは霊的な視点をもっているかもしれません。

**アルケスが誕生時に太陽の上昇と同時に昇る場合**

光がぼんやりしすぎて夜明けを告げることができないため、アルケスは宇宙的に太陽の上昇と同時に昇る位置にしか使用できません。この日に生まれたならば人生はアイデアや創造性、あるいは遺伝子のような他者のために大切なものを運ぶことに捧げられます。

## みなみじゅうじ座、十字架

南の十字架として知られており、空の最も小さい星座ですが、それでもはっきりと見え南の赤緯約60度に位置しています（スター・マップ7を参照）。もとはケンタウルス座の一部でした。みなみじゅうじ座は十七世紀になってやっと公式な名前が付けられました。しかし、キリストよりずっと前に、インドの天文学者がこの星の集まりを十字の形に見たという記述があります。歳差運動によって南十字星はかつて北半球の高緯度地域で見ることができました。アレンはエルサレムの地平線上で最後に見ることができたのはキリストが磔刑の頃であったと指摘しています。[103]

興味深いことに、北極が最古の女神像のひとつであるクマに囲まれているのにたいし、南極はその指針として別の、しかしより現代的な宗教的シンボルである十字架をもっています。

103 Allen, *Star Names*, p. 185.

**みなみじゅうじ座の星**

十字架の底部にあるアクルックスは最も明るい星であり、ほかに名前の付いた唯一の星であるミモザは十字架の横棒の一端にあります。

## アクルックス

（みなみじゅうじ座アルファ星、1・6等星、赤経：12h26m17.4s、赤緯：南63度04分24秒、黄経：蠍座11度11分）パラン表17を参照。パラン表の読み方の例：南緯9度、ニューギニアのポートモレスビーに生まれた場合、星は牡羊座の約22度で上昇しました。惑星が牡羊座か天秤座の22度にある場合、惑星は星とともに上昇し沈みました。星はまた双子座10度で沈みました。したがって惑星が双子座か射手座の10度にある場合、星が沈むとき惑星は沈み上昇しました。星は牡牛座23度で天頂にあります、したがって惑星が牡牛座もしくは蠍座の23度にある場合、星が天頂にあるとき惑星は天頂か天底にありました。

この南緯9度では、星は短縮した運行の位相にあります。この時期は毎年およそ十月十八日（牡羊座22度の横にある日付ボックスの右側の列から読み取ります）から十二月二日（双子座10度の横にある日付ボックスの右側の列から読み取ります）までです。そして本当に、あるいは宇宙的に太陽の上昇と同時に昇るときはだいたい四月十二日（〝太陽と同時に上昇する〟欄の南緯9度で上昇している線の日付を読み取ります）です。

アクルックスは南緯26度と北緯26度のあいだでチャートの四つの点すべてで使用可能です。それより北では星が昇ることはなく、それより南では星が沈むことはないため、永遠に短縮した運行にあります。

## これまでの解釈

プトレマイオスはこの星に言及していません。ロブソンはアクルックスを直感、オカルト研究への興味、独創的な知性に関連付け、占星術師のチャートにも顕著であるとしています。エバーティンは星座全体を論じ、ロブソンに同意しています。リゴーは上記の意見を支持しつつ、この星の影響が苦痛を見ることを好む人、一種のサディストにつながるかもしれないと付け加えています。

## アクルックスの意味

この星は北半球のチャートの大部分にとって見えないことに気をつける必要があります。そのためパランの技法を使用する場合、こうしたチャートから除外されます。十字架は宗教的な象徴ではなく占星術的な観点からとらえるほうがおそらく一番よいでしょう。占星術で〝十字〟は物事の交差であり、[104]

104　ＡＳＣとＤＳＣの軸がＭＣとＩＣの軸を交差すること。

その表現は物事に実体を与え形作ることです。十字はあらゆるチャートの中心であり、生まれてきた物質界と取り組む個人の魂や霊の象徴です。こうしてこのアクルックスという星は具体的な物質界、すなわちお金をもうけたり可能性を実現したりすることとかかわりがあります。

一九五九年以降のキューバの指導者であるフィデル・カストロは太陽が天頂にありこの星が昇っているときに生まれ、〝ラテン・アメリカの共産主義革命の象徴〟となりました。[105] これはアクルックスが共産主義と関連していることを意味するのではなく、むしろ共産主義は物質的な富の平等にかんする政治哲学であるということを意味しています。

**アクルックスが出生図にある場合**

アクルックスの影響を受けている場合、配置にもよりますが、自分を物理的に表現しようとします。実行者、達成者、動いて行動したいと思う人物、物事を成し遂げる人物です。

**アクルックスが太陽の上昇と同時に昇る場合**

これはプトレマイオスの星のひとつではありませんが、非常に明るい星ですが、北半球では見ることができません。しかしながらこの星が昇ったり沈んだりするのが見える緯度で生まれた場合、明白に、そ

105 *The New Encyclopedia Britannica*, vol. 2, p. 940.

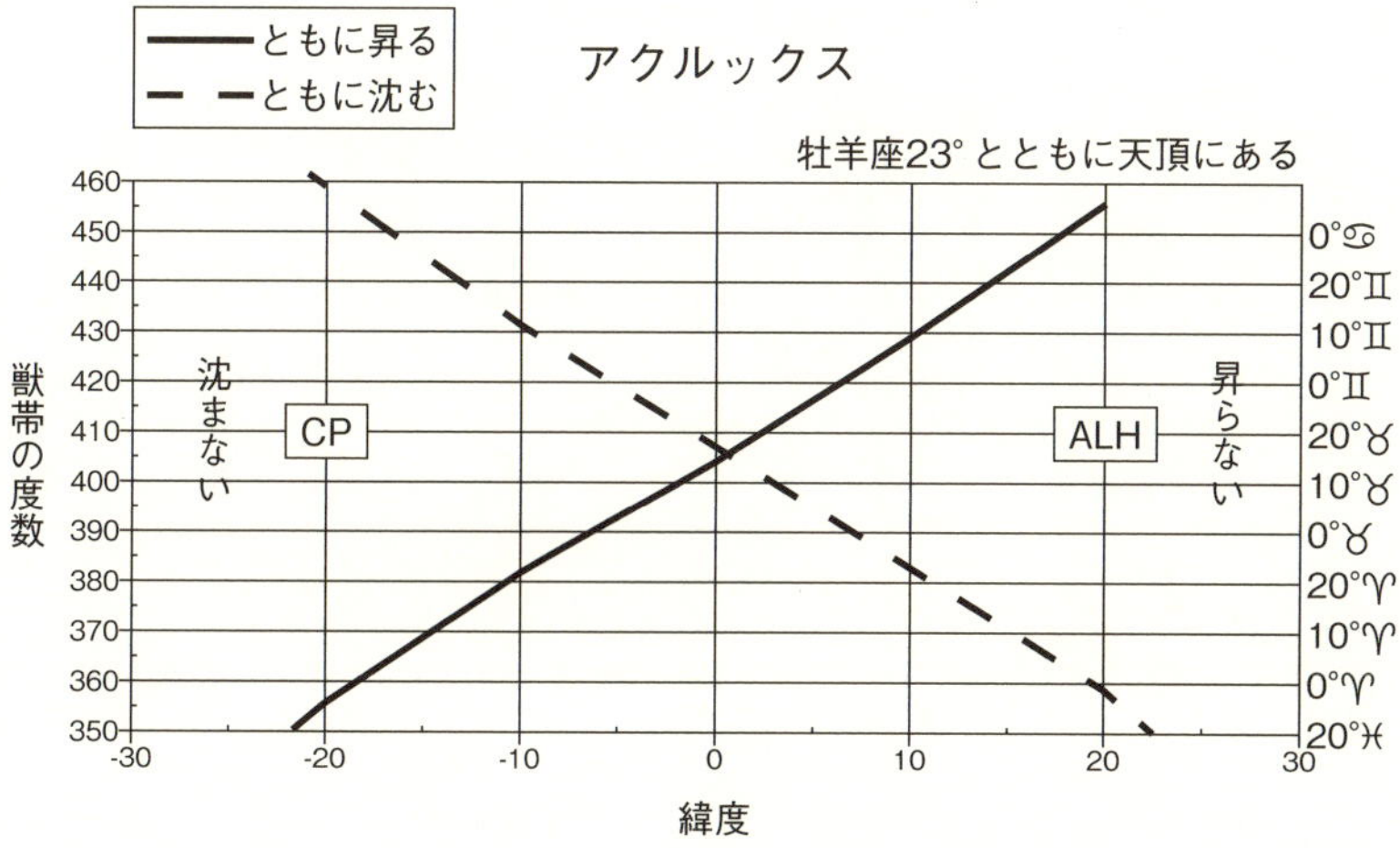


ヒライアカル

| 上昇 | 下降 |
|---|---|
| 6月21日 | 12月22日 |
| 6月11日 | 12月12日 |
| 5月31日 | 12月2日 |
| 5月21日 | 11月22日 |
| 5月11日 | 11月12日 |
| 4月30日 | 11月2日 |
| 4月20日 | 10月23日 |
| 4月10日 | 10月13日 |
| 3月31日 | 10月3日 |
| 3月20日 | 9月23日 |
| 3月10日 | 9月13日 |
| 下降 | 上昇 |

アクロニカル

パラン表17. アクルックス

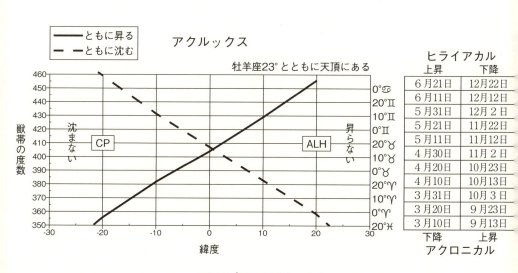

して宇宙的に太陽の上昇と同時に昇る星として使うことができ、物事を実現させる能力の強い表示となります。

## はくちょう座、ハクチョウ

はくちょう座は、最初にユーフラテス川流域で描かれたかもしれません。というのは粘土板にこの位置にある大きな星の鳥を示しているものがあるからです。[106] エジプト人にはニワトリとしても知られ、[107] アラビア人には一種の闘鶏として知られていました。ヘブライ人はハクチョウと考え、キリスト教徒はキリスト磔刑の十字架と見ていました。[108] ギリシャ人は、ゼウスがカストールとポルックスの母レダを誘惑したときのハクチョウとして、[109] あるいは火星の息子であるハクチョウとして知っていました。[110] こうした神話はいずれもインドの古い物語と呼応しています。というのもハクチョウの姿をした神をまねてハクチョウの羽のマントを身に着けるというシャーマンの共通した習慣があったからです。ヒンズー教の伝統にもとづいたクリシュナは、この過程を経てハクチョウの騎士となりました。ゼウスとレダの

106 Jobes, *Outer Space*, p. 164.
107 Allen, *Star Names*, p. 193.
108 Allen, *Star Names*, p. 195.
109 Room, *Dictionary of Astronomical Names*, p. 78.
110 Allen, *Star Names*, p. 192.

物語はクリシュナと〝貴婦人〟が結ばれて世界の卵を創造したという物語をギリシャ人が改訂したものと考えられています[111]（スター・マップ2を参照）。

ハクチョウは現代の私たちの精神では力強いイメージです。西オーストラリアで黒いハクチョウが発見され、〝ハクチョウはすべて白い〟という哲学公理のひとつを急落 tail spin（しゃれのつもりです）に陥らせました。現代ではハクチョウは優雅で平和な鳥と思われていますが、実際は敵愾心の強い動物であり、縄張りに入ってくる鳥や動物と闘うのもいといません。この生まれつきの敵対心は多くの寓話や伝説のもとであり、それに合わせて天空のハクチョウは、わし座と闘っているように見えます。その闘いはワシを追って位置している北半球で常に勝利する闘いです。ハクチョウは強く、力のある鳥で、太陽神クリシュナ、強さと攻撃性と関連しています。

**はくちょう座の星**

最も明るい星はデネブ・アディジェです、デネブとも呼ばれることがあり、白鳥の尾にあります。ほかに名前のある星は等級の明るい順にアルビレオがくちばしに、ギェナーが翼に、アゼクファファファジが尾や足に、ルクバが左の翼の先にあります。

111 Walker, *The Woman's Encyclopedia of Myths and Secrets*, p. 963.

## デネブ・アディジェ

（はくちょう座アルファ星、1・3等星、赤経：20h41m17s、赤緯：北45度16分01秒、黄経：魚座4度38分）パラン表18を参照。パラン表の読み方の例：南緯32度、オーストラリアのパースに生まれた場合、星は魚座の約20度で上昇しました。惑星が魚座もしくは乙女座の20度にある場合、惑星は星とともに上昇し沈みました。星はまた射手座15度で沈みました。したがって惑星が双子座か射手座の15度にある場合、星が沈むとき惑星は上昇し沈みました。星は水瓶座8度で天頂にあります、そのため惑星が水瓶座もしくは獅子座の8度にある場合、星が天頂にあるとき惑星は天頂か天底にありました。

この南緯32度では、星は出現しているけれども隠れて見えない位相にあります。この時期は毎年およそ十二月七日（射手座15度の横にある日付ボックスの左側の列から読み取ります）から三月十日（魚座20度の横にある日付ボックスの左側の列から読み取ります）までです。そして本当に、あるいは宇宙的に太陽の上昇と同時に昇るときはだいたい三月十日です（〝太陽と同時に上昇する〟欄の南緯32度で上昇している線の日付を読み取ります）。

デネブ・アディジェは南緯44度と北緯44度のあいだのチャートの四つの点すべてで使用可能です。それより南では星が昇ることはなく、それより北では星が沈むことはないため、永遠に短縮した運行にあります。

## これまでの解釈

プトレマイオスによればはくちょう座の星々は金星や水星と似ているということです。ロブソンは、デネブ・アディジェを芸術あるいは科学における成功や物覚えの良さに結びつけています。エバーティンはこうした言及に同意しています。リゴーはポジティブな点のリストに知性を付け加えています。

## デネブ・アディジェの意味

デネブ・アディジェはとても繊細な星で、白鳥の強さや敵愾心に関連していますが、同時に、世界の卵を創造するというシャーマンの伝説にある神秘的で超自然的な特質を象徴的にもっています。この興味深い融合の非常に良い例がマザー・テレサです。インドで貧しい人々とともに働き、あらゆる形式の産児制限に反対する非常に強い発言者としても生ける聖人としても世界的称賛を集めた尼僧です。彼女は太陽が天頂にあるときデネブ・アディジェが上昇し、月が上昇するときデネブ・アディジェが天頂にありました。そのためこの威厳あるはくちょう座とそれが象徴するものはマザー・テレサ（太陽）を私たちがどう見ているかにも、彼女が人生の指針としてきた信念体系や感情（月）にもつながっています。ほかの例は画家のフィンセント・ファン・ゴッホです。彼は水星が沈むときにデネブ・アディジェが天底にありました。この場所にある星は人生の終わりもしくは死後にさえ現れます。この場合水星とつながっているのでフィンセントがどのように伝え、考えたかに影響を与えます。ありふれた瞬間の神聖さをとらえた、その野性的な後期印象派の色彩様式や素早い筆遣いは死後になってやっと認められました。デネブ・アディジェは彼の技術（水星）に、空、花、風景や人々といった日常的な題材のうちに神秘を探求する必要性をもたらしました。

**デネブ・アディジェが出生図にある場合**

デネブ・アディジェはおそらく人生の霊的な面だけでなく攻撃的な面にも現れます。この星は強い攻撃的な鳥とハクチョウの神という二面性があり、すすんで英雄の旅に出ようとする意志、自己認識の旅をはじめようとする意志をもっているようです。

**デネブ・アディジェが誕生時に太陽の上昇と同時に昇る場合**

プトレマイオスの星のひとつとして夜明けを告げる星としても宇宙的に太陽の上昇と同時に昇る星としても使用できます。いずれの場所にあってもこの星は最強です。人生の旅を分かち合い、あるいは成長しほかのレベルの意識に変わりたいという気持ちが内なる自己の特徴になります。これをどうするかどう表現するかは当人の手のなかにあります。

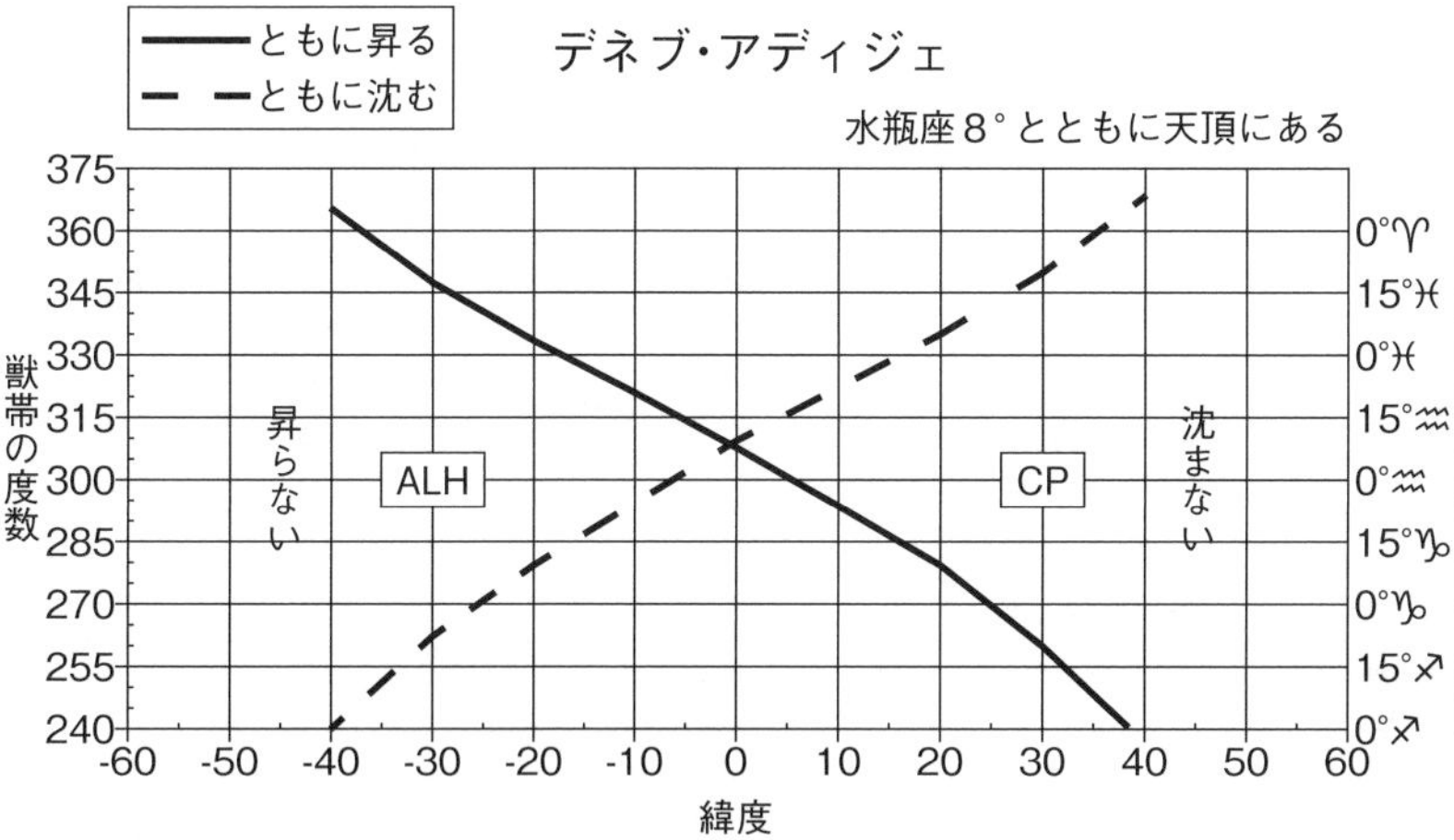


ヒライアカル

| 上昇 | 下降 |
|---|---|
| 3月20日 | 9月23日 |
| 3月5日 | 9月7日 |
| 2月19日 | 8月23日 |
| 2月4日 | 8月7日 |
| 1月20日 | 7月23日 |
| 1月5日 | 7月7日 |
| 12月22日 | 6月21日 |
| 12月7日 | 6月5日 |
| 11月22日 | 5月21日 |
| 下降 | 上昇 |

アクロニカル

パラン表18. デネブ・アディジェ

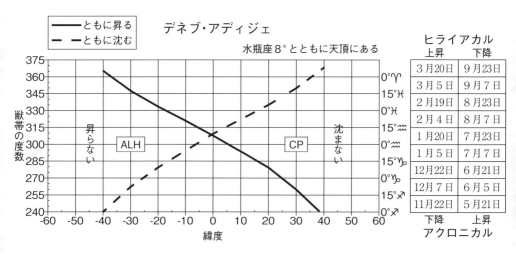

## いるか座、イルカ

いるか座は小さい星座で、わし座の隣に位置しており、天の北半球にあります（スター・マップ2を参照）。アラトスが〝水〟と呼んだ空の領域に位置しています。イルカは数千年まえから現在の姿や形を維持してきました、そこには多くのさまざまな物語が付随しており、どれも共通しているテーマは助け合いや遊び心です。ギリシャ人もこの星座を聖なる魚と見て、[112] その意味ではキリスト教徒はキリスト教の初期のシンボルである魚の空にある紋章と見ました。[113] これとは対照的にアラビア人はこの星座を人が乗っているラクダ、砂漠の船と見ていました。[114]

### いるか座の星

最も明るい星はスアロキンです。ほかに名前が付いている星はロタネヴです。両方ともイルカの頭部にあります。

#### スアロキン

（いるか座アルファ星、3・9等星、赤経：29h39m25.3s、赤緯：北15度53分、黄経：水瓶座16度41分）

112 Allen, *Star Names*, p. 199.
113 Jobes, *Outer Space*, p. 167.
114 Jobes, *Outer Space*, p. 167.

パラン表19を参照。パラン表の読み方の例：南緯43度、ニュージーランドのクライストチャーチに生まれた場合、星は魚座の約3度で上昇しました。惑星が魚座3度か乙女座3度にある場合、惑星は星とともに上昇し沈みました。星はまた射手座28度で沈みました。したがって惑星が双子座か射手座の28度にある場合、星が沈むとき惑星は沈み上昇しました。星は水瓶座8度で天頂にあります、そのため惑星が水瓶座か獅子座の8度にある場合、星が天頂にあるとき惑星は天頂か天底にありました。

この南緯43度では、星は出現しているけれども隠れて見えない位相にあります。この時期は毎年およそ十二月二十日（射手座28度の横にある日付ボックスの左側の列から読み取ります）から二月二十一日（魚座3度の横にある日付ボックスの左側の列から読み取ります）までです。そして本当に、あるいは宇宙的に太陽の上昇と同時に昇るときはだいたい二月二十一日（〝太陽と同時に上昇する〟欄の南緯43度で上昇している線の日付を読み取ります）です。

スアロキンは南緯74度と北緯74度のあいだのチャートの四つの点すべてで使用可能です。それより南では星が昇ることはなく、それより北では星が沈むことはないため、永遠に短縮した運行にあります。

### これまでの解釈

プトレマイオスはこの星を生まれながらの才能をもっていることと結びつけ、そのいっぽうで星座全

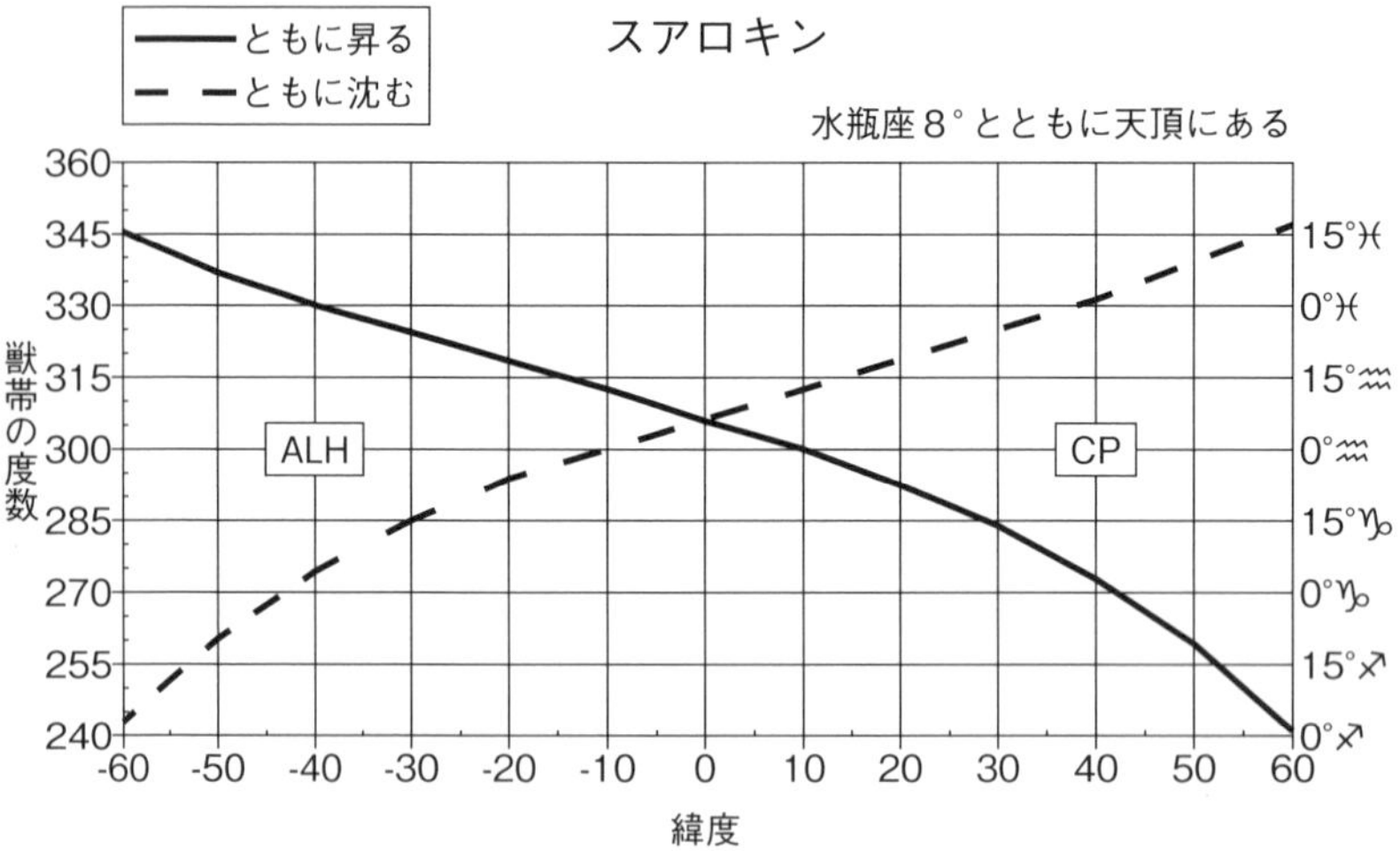


ヒライアカル

| 上昇 | 下降 |
|---|---|
| 3月5日 | 9月7日 |
| 2月19日 | 8月23日 |
| 2月4日 | 8月7日 |
| 1月20日 | 7月23日 |
| 1月5日 | 7月7日 |
| 12月22日 | 6月21日 |
| 12月7日 | 6月5日 |
| 11月22日 | 5月21日 |
| 下降 | 上昇 |

アクロニカル

パラン表19．スアロキン

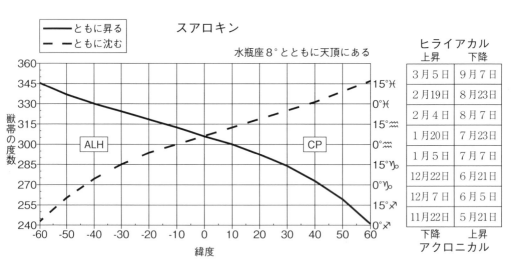

体を土星と火星のようであると見ていました。ロブソンはこの星をリストに入れていませんがいるか座については語っていて、狩猟への好みや陽気な性質と関連させていますが、恩知らずの傾向があるとしています。エバーティンはこの星を扱っていません。リゴーもこの星については何も述べていません。

**スアロキンの意味**

この星を使用するにあたって現れる明確なパターンはありません。マリリン・モンローのチャートにあり、木星とともに沈んでいます、これは彼女の興味をそそられる性格に拍車をかけたかもしれません。もうひとつの例がカール・ユングのチャートにあります。ユングはスアロキンが沈んでいるときに生まれました。フロイトと決別したあとユングはみずからの精神を探求するために、自分の性質の不合理な側面が自由に支配しているのを意図的に認めようとしました。海の友好的なイルカのようにユングは、心の海の恐怖を喜んでいるように見えるフロイトやメンカルとは対照的に、人間の心の底を優しく導く人として見られています。さらに遊び心によって、スアロキンは自分の環境についてある程度の支配力、あるいは少なくとも支配しているという自信を与えるようです。

**スアロキンが出生図にある場合**

スアロキンがチャートにある場合、この星が影響する惑星に生まれながらの才能や熟練を加えるでしょう。しかし、強い星ではないようですので、あなたのチャートにあるほかの表示を補強する働きをする傾向があり、好奇心や熟練の傾向を加えます。

**スアロキンが誕生時に太陽の上昇と同時に昇る場合**

弱い光の星なので、スアロキンは夜明けを告げる星として用いることはできませんが、宇宙的に太陽の上昇と同時に昇る星として使用することができます。こうしたときに生まれたら、十中八九生活環境に自信や安心感があるでしょう。

## りゅう座、ドラゴン

巨大な渦を巻いて竜は
鱗の襞で黄道軸をもっている
空の半分以上を覆うその巨大な首はそびえ立ち
そして大きく蛇行しながら熊座を分かつ[115]

115 Quoted in Allen, *Star Names*, p. 202.

十八世紀英国の自然主義の詩人は上記のように描写しました。遠い昔からこの星座はヘビや竜あるいは大蛇と思われてきました。バビロニア人は偉大な竜ベルとして崇拝し、[116] キリスト教の伝承ではエデンの園のヘビとされました。かつては空の非常に大きな場所を占め、二匹のクマ、おおぐま座とこぐま座を含んでいました（スター・マップ9を参照）。こぐま座はもともと竜の翼として知られていました。半分鳥で半分ヘビであるこの竜はあらゆる文化の神話に登場した伝説上の生き物の元祖です。りゅう座の星々は紀元前四五〇〇年ごろから紀元前二〇〇〇年ごろまで天の北極の星々でした。トゥバンはりゅう座の五番目のとぐろに位置し、この星座の最も明るい星です。紀元前二七〇〇年、北極星の位置を占めていたとき、りゅう座は逆方向の時計の針のように、〝世界の不動点〟の周りを回転し、その中心を守っていました。

そのため天空の強力な竜は最高の宝物である世界の回転の中心を守りました。けっして沈まないのでけっして眠らずに。これはエジプト人にはクロコダイルであり、[117] 心臓が審判の秤には重すぎる死人を貪り食って、彼らを極の不死の生命から遠ざけました。これはギリシャ人がヘスペリデスの庭で黄金の林檎を守っていた、眠らない百の眼を持つ竜です。[118] 林檎はまたキリスト教におけるエデンの園のイブに差し出された大蛇の宝物でした。永遠の生命を表すナナカマドの実はケルト神話では片割れによって

116 Allen, *Star Names*, p. 203.
117 Allen, *Star Names*, p. 215.
118 Jobes, *Outer Space*, p. 170.

守られていました。アーサー王伝説の頃には竜は金や宝石などの有形の財宝を守っているように考えられました。その象徴が女性的なあらゆる物事の衰退によってぼろぼろになったとき騎士のための完全な狩りのゲームとみなされました。しかし女性性がふたたび姿を現すにつれて、竜のイメージはもはや聖ジョージが殺さねばならなかった恐ろしい生き物と見られていません。竜はいまでもなお精神的および物質的宝物の両方の守護者です。

なぜならりゅう座は現代の星図製作者によって小さくなったとしても、いまでも世界の不動点の中心に巻き付き、いまでも不死と創造の忘れられた場所の入り口を守っているからです。

**りゅう座の星**

最も明るい星はトゥバンです。ほかの星は等級の降順に、ラスタバンとラスタベンは竜の目です。エルタミンは竜の頭、ノドゥス・セクンドゥスはとぐろの二番目の結び目、ギナンサル、ゲンナム、ヅィバン、そして対のかすかに光る星がかぎ爪にありアル・アサファル・アル・ディブ Al Athafar al Dhib として知られています。これらの星は多くのさまざまな名称があり、非常に多くの名前があるという事実は、この周極の星座の重要さを示しています。

## トゥバン

（りゅう座アルファ星、3・6等星、赤経：14ｈ04ｍ13.2ｓ、赤緯：南64度24分21秒、黄経：乙女座6度45分）

パラン表はこの星には必要ではありません。トゥバンは天秤座3度で天頂にあります。トゥバンは南緯25度と北緯25度のあいだのチャートの四つの点すべてで使用可能です。それより南では星が昇ることはなく、それより北では星が沈むことはないため、永遠に短縮した運行にあります。

### これまでの解釈

プトレマイオスはりゅう座の明るい星々を火星と土星の表現に結びつけました。ロブソンはりゅう座の主星の説明を省略していますがラスタバンは事故と関連しているとしています。エバーティンもトゥバンについて言及していません。リゴーもトゥバンを無視していますが、りゅう座の頭の星エルタミンは自己破壊と同時に知能、孤独を好むことに関連があるとしています。リゴーはラスタバンを考慮に入れていますがロブソンとちがってこの星を成功だけでなく不名誉ももたらす公的な事柄に結びつけています。

### トゥバンの意味

この星座の主要なテーマは女性性を守ることであるため、このアルファ星トゥバンやその姉妹にたいする別の可能なアプローチは、受動的な後見や保護に関連しているおおぐま座とは対照的に、積極的に守ったり保護したりする星として見ることです。

トゥバンは、ドイツのローゼンハイムに生まれたヘルマン・ゲーリングのチャートに現れています。水星が上昇するときにトゥバンが天頂にありました。彼はナチス占領下の国々から重要美術品を急襲したかげに、こうして自分の宝を集め、個人的な美術収集を守るという気持ちがありました。しかしゲーリングのチャートにあるドラゴンの暗い面であるように見えるこの同じ星はアイザック・ニュートンのチャートにもありました。ニュートンはイギリスのウールズソープで生まれ、誕生の日には月が沈みトゥバンが天頂にありました。月が関わっているため、ニュートンは自分が獲得したものに感情的な態度をとりました。興味深いことに彼はケチでアイデアや理論という自分の〝宝〟を用心深く守りました。

ニュートンは微積分学を発明しました、それはギリシャの幾何学のレベルを越えて現代数学をもたらす新しい強力な手段でしたが、彼はその理論を発表しませんでした。公表を恐れていたと考えられています。長年にわたってニュートンは孤独に引きこもり、後年微積分学の優先権を証明するための激しい感情的な闘いに入りました。宝を守りたいという強い欲求は、同時にそうした業績が認められるのを望み、微積分学の発明者としておおやけに称賛されたいという思いがあるため、結果的に激しい苦闘となりました。チャートにあるトゥバンは、ニュートンがそのような困難に直面するであろうことを示しました。

トゥバンはまたスペインのマラガで生まれたパブロ・ピカソの太陽とともに天頂にありました。ここに竜の異なった側面が見えます。太陽とむすびついて、彼のアイデンティティの一部です。ピカソは二十世紀の最も偉大な芸術家で、歴史上最も多作な芸術家のひとりとみなされています。二万点以上の作品を生み出し、作品のひとつひとつが生前でさえ価値がありました、これは世界にはかりしれないほど多くの宝をあふれさせるりゅう座の影響の一例です。ピカソの終わることのない創作欲は別として孤独の兆しはなくなり、貯蔵の本能は消えました。ピカソは宝物を創造しました。

トゥバンは用心深く守られた物理的な宝という人間の考えに堕落した神聖な物事にかんする場合もあれば、実りの多い、ゆたかな影響を与える場合もあります。

**トゥバンが出生図にある場合**

北半球生まれのほとんどの人にとってトゥバンは天頂にある位置で使用可能です。チャートにある場合、与えることと共有することにかんする問題を示しています。素晴らしい才能をもっているかもしれませんが、その才能を使えば枯渇するのではないかと恐れています。あなたがたの旅は宝が無限であることに気づき、宝をため込むという宿敵に抵抗し、ピカソのように宝を使用してずっと大きな宝が得られることを学ぶことです。

**トゥバンが誕生時に太陽の上昇と同時に昇る場合**

高緯度のためこの星は誕生時に太陽の上昇と同時に昇る星として使用されません。ただし、赤道地域での出生の場合、トゥバンはそのように使用可能です、その場合アイデンティティ意識が精神的または物質的に宝物を探したり、蓄えたり、つくったりすることに関連していることを示します。

## こうま座、小さな馬

ペガスス座のとなりに空のこの小さな馬がいます、子馬と見なされることもあります。ギリシャ人はセレリスと呼び、ペガススの兄弟でした。セレリスはマーキュリーからふたご座の双子のひとりカストールへの贈

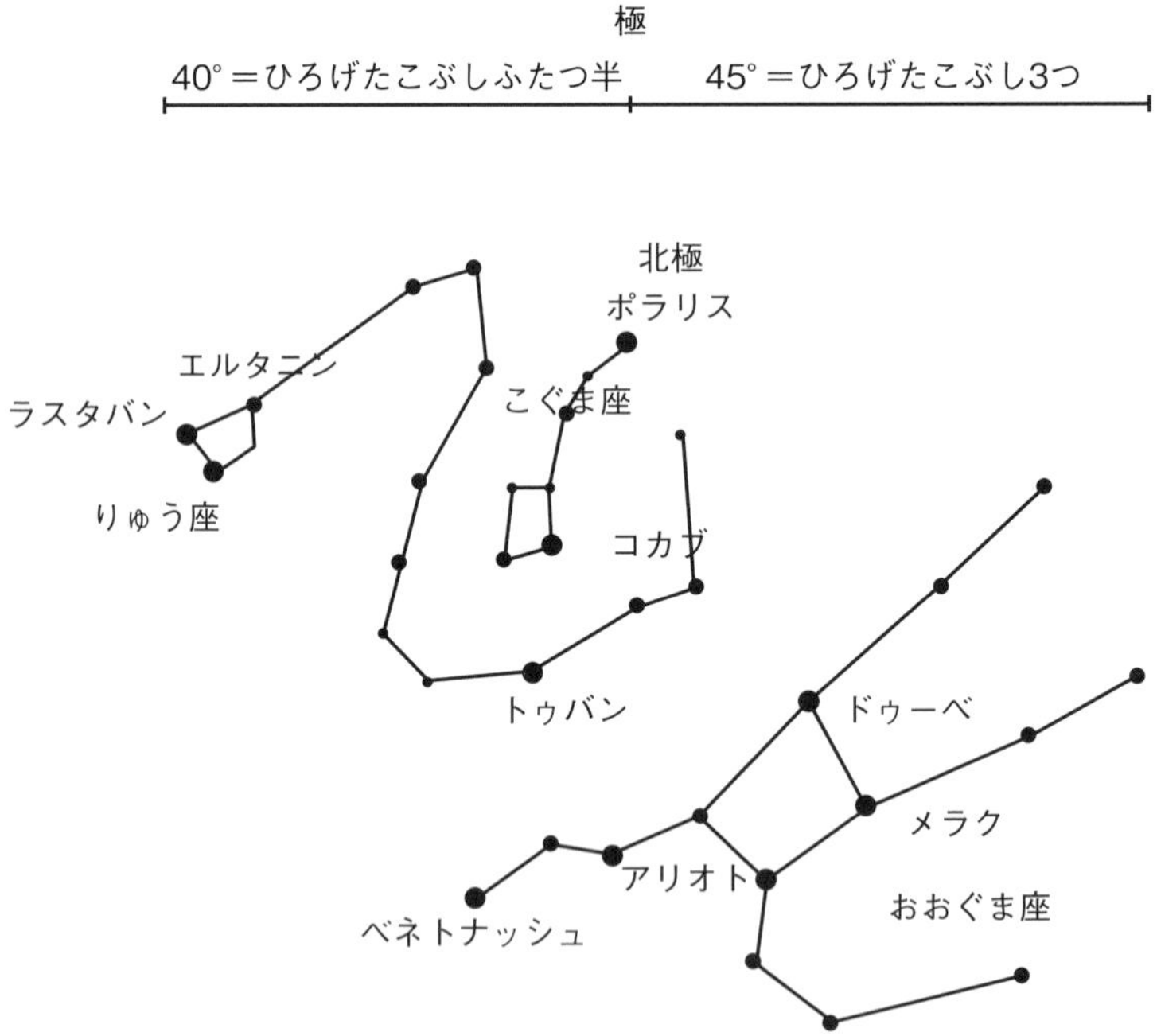


スター・マップ9. 女神とりゅう座

り物でした。[119] このこうま座は、ペガススよりも先に上昇するので単に〝最初の馬〟と呼ばれることもありました（スター・マップ15を参照）。

### こうま座の星

キタルファがこの星座で最も明るい星ですが、等級はわずか3・8であり、こうま座のどの星にも占星術的伝統がないように見えます。ロブソンはこの星座を親しげな軽やかさや楽しさを好む特徴に結びつけて言及しています。こうした意味はおそらく子馬の遊び好きな印象からきたのでしょう、それがこの星座と関連した一般的なイメージです。

## エリダヌス座、河

海の怪獣あるいはクジラのケートスの足元からオリオンの足元まで蛇行しながら流れ南極に向かってくだり、南の赤緯約60度で終わる河があります（スター・マップ10を参照）。ギリシャ人はアルゴ号の船乗りたちが黄金の羊毛を見つけた場所の近くの黒海にこの河が注いでいると信じていました。[120] 天空

119 Allen, *Star Names*, p. 213.
120 Allen, *Star Name*, p. 215.

の最長の星座です。
ホメロスは地球の周りを流れている海流と見ていましたが、それぞれの地域特有の河と見る文化が多くありました、ヨーロッパのライン河、スペインのエブロ河などです。しかしリチャード・アレンは、ナイル河はエリダヌス河のように北から南に流れているので、本当にこの星の河を反映していると言えるのはナイル河だけであると指摘しています。[121]
ギリシャ人はまたこの河を弟のパエトーンの死の際にヘーリアデスが流した涙と結びつけました、[122]ところでこの物語のほかのバージョンはすでに河はそこにあって、泣いている姉と母がポプラの木に変わったというものです。パエトーンはアポロンの息子でしたが、父親に会ったことがありませんでした。彼は母親と住んでおり、友人たちに自分の父がアポロン神であると話しました。友人たちはからかいあざ笑いましたがパエトーンが生まれたときアポロンは母親に息子が望む願いはなんでもかなえようと言っていました。受け継いだ約束を知っていることを頼りに、友人たちにアポロンの息子であることを証明しようと父親を訪問しに出かけました。父親を見つけるとパエトーンは父親に約束を思い出させ太陽の馬車を走らせてくれるよう頼みました。そうすれば友人たち全員が父の馬車をパエトーンが扱うところを見てアポロンが本当に父親であるとわかるだろうと。アポロンは息子が馬車の四頭の大きな馬

121 Allen, *Star Names*, p. 216.
122 Allen, *Star Names*, p. 216.

を扱うことができないことを知っていたので、空をわたる炎の旅に一緒に乗せてあげようと言いました。しかしパエトーンは馬車をひとりで扱うと言って聞きませんでした。少年は夜明けに出発

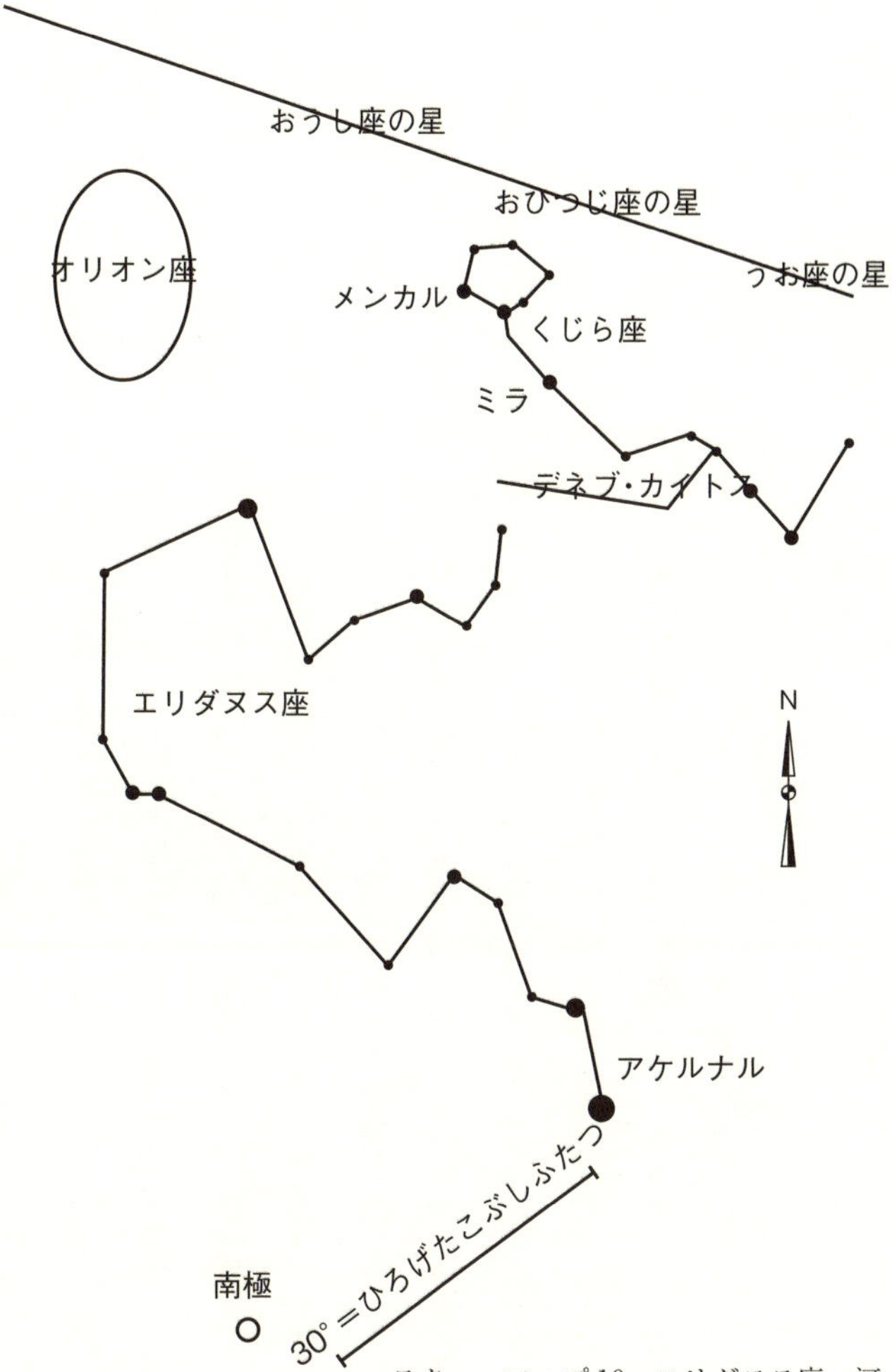


スター・マップ10. エリダヌス座、河

しましたが、コントロールできないのがすぐに明らかになりました。馬車は空を横切って疾走し、地を焦がし空に火を放ちました。地球を救うため、ゼウスは息子を馬車からたたき落とし、息子は墜死しま

した。アポロンをなだめるためにヘーリアデスが流した涙の河が〝河〟となって天空に位置しました。[123]

この物語は小さな少年の死よりずっと大きな意味合いをもっています。エリダヌス河はオリオンの足に触れて南側に蛇行し、この場所でリゲルに近づきます、テーブルが傾き、ひき臼が北極からはずれたとき大きな石臼が落ちた河であると信じられています。石臼であろうとパエトーンであろうと、この落下は私たちが歳差運動として知っている世界への影響である渦巻き（ザロスと呼ばれる）を引き起こしました。サンティジャーナとフォン・デチェンド[124]はこの神話を神話的な歴史として語っています。彼らはパエトーンの物語をひとつの世界の時代が滅び、別の世界の時代が始まるという偉大な物語のひとつであり、分点経線[125]が生命の河である天の河からエリダヌス座へ移行する（太陽が公転軌道からはずれて、ついに黄道上に位置すること）という歴史的記録であると考察しています。

こうしてエリダヌス河は天の河の重要な神話的、神学的な役割を負いました。今度エリダヌス河を見るときすべての星座の場合と同じように、生ける神話を見ていることに気づいてください。これは生命の河であり、すべての水の源であり、天の河が太陽に見捨てられたあと世界の中心を取り巻く帯と見なされるようになった河です。この河は空想の世界に通じる河、違った場所へ行く道、黄色いレンガの道でした。また、アルゴ座、とくに壮大な星カノープスでこの河に再会します。

123 Gueber, *The Myth of Greece and Rome*, p. 53.
124 De Santillana and von Dechend, *Hamlet's Mill*, p. 257.
125 〝分点経線〟は天球の極点と春分点、秋分点を通る大円です。至点経線は天球と黄道の極点両方と夏至、冬至の点を通り抜けます。

**エリダヌスの星**

エリダヌス座で唯一の明るい星があります。それがアケルナルで、南半球の河のまさに端に位置しています。ほかの名前のある星は等級の降順に、クルサ、ザウラクとアズィアです。

## アケルナル

（エリダヌス座アルファ星。主星の明るさ0・6等星、赤経：01h37m32.8s、赤緯：南57度15分33秒、黄経：魚座14度36分）パラン表20参照。パラン表の見方の例です。北緯22度の香港に生まれた場合、星は双子座の約10度で上昇しました。惑星が双子座か射手座の10度にある場合、惑星は星とともに上昇し下降しました。星はまた魚座19度で沈みました。そのため惑星が魚座か乙女座19度にある場合、惑星は星が沈むとき沈み上昇しました。星は牡羊座26度で天頂にあります、そのため惑星が牡羊座もしくは天秤座の26度にある場合、星が天頂にあるとき惑星は天頂か天底にありました。

北緯22度ではこの星は出現しているけれども隠れて見えない位相にあります。この時期はおよそ毎年三月十日（魚座19度の横にある日付ボックスの左側の列から読み取ります）から六月一日（双子座10度の横にある日付ボックスの左側の列から読み取ります）までです。そして本当に、あるいは宇宙的に太陽の上昇と同時に上昇するときはおよそ六月一日です（〝太陽と同時に上昇する〟欄の北緯22度で上昇している線の日付を読み取ります）。

アケルナルは北緯22度ではチャートの四つの点すべてで使用可能です。それより北では星が昇ることはなく、それより南では星が沈むことはないため、永遠に短縮した運行にあります。

## これまでの解釈

プトレマイオスによればこの星座の星は土星に似ているが一番下の明るい星は木星の性質をもっているとしています。[126] ロブソン、エバーティン、リゴーはいずれも現代の新しいアケルナルをプトレマイオス時代の最初の星と混同し、名誉や成功に関連させているように思えます。

## アケルナルの意味

赤道以南の国々や出来事のチャートを扱うと、この星は個人的な出生図の表現より自然災害、火事、洪水とよりかかわりがあるように思えます。出来事のチャートを扱うときこの星があると文字通りの火

126　プトレマイオスが意味している星が現代のアケルナルかどうかは明らかではありません。アケルナルは単に河の終わりを意味し、この星座はプトレマイオスの時代よりも範囲が広がりました。彼のアケルナルは、私たちが現在アカマーと呼んでいる三等星である星であったという可能性があります。プトレマイオスがこの星を一等星と記録したのちにこの星が暗くなったと考えられています。

事や洪水を意味する可能性があります。神話的な記憶ではこの星座は危機の結果を表します。一九二九年四月五日から八日に、タスマニア州のダービー（この場所はアルケナルが沈まない緯度にあります）は、タスマニア観測史上最悪な洪水に見舞われました。大量の雨が降りダムが決壊し、十四名が死亡しました。土星が沈みアケルナルが天頂に達しているときにこの災害が起こりました。このケースひとつで最終結論を正当化するものではありませんが、興味深いことにアケルナルはまたサイクロン・トレーシーのチャートに関与していました、それはオーストラリアの海岸を襲った過去最悪の温帯性低気圧であり一九七四年のクリスマスの日にダーウィン市のほとんどを壊滅させました。その日は太陽が天頂にあるときアケルナルが上昇していましたが、ずっと強力なアンタレス（さそり座）、フォーマルハウト（みなみのうお座）、アルデバラン（おうし座）の星々も深く関与していました。アケルナルは山火事や洪水の恐怖を経験した、オーストラリアのクライアントのチャートに関係している傾向にあることがわかっています。

### アケルナルが出生図にある場合

この星と関連する惑星が表す人生の一部は危機と関連する傾向にあるか危機的な状況でその人がどこに最も良く反応するかを示します。これは波乱の星です。ドラマや悲劇ではなく、火事や洪水などの急速に発生する出来事をもたらすため、迅速かつ効率的に対処する必要があります。

### アケルナルが誕生時に太陽の上昇と同時に昇る場合

現代のアケルナルは明白に太陽の上昇と同時に昇るのに十分明るいですが、南の赤緯の高さが意味するのは使用に制限があることです。しかしながら使用が可能である緯度に生まれた場合、危機に対処したり危機を経験したりすることが人生のパターンになります。こうしたことによって危機介入に優れ、あるいは不測の事態に常に対処できる人になる可能性があります。

## ヘルクレス座、怪人またはひざまずく者

アラトスはこの星座をすでに古びた、忘れられた星座として言及しています。

輪の軌道のすぐそこに、仕事に精を出す男のような怪人の形。
誰も知らない、そのしるしをはっきりと読む方法を、彼がどんな仕事に夢中になっているかを、しかし人はただ彼のことを呼ぶ〝ひざまずく者〟と。[127]

127 Mair, *Callimachus, Lycophron*, Aratus, p. 213.

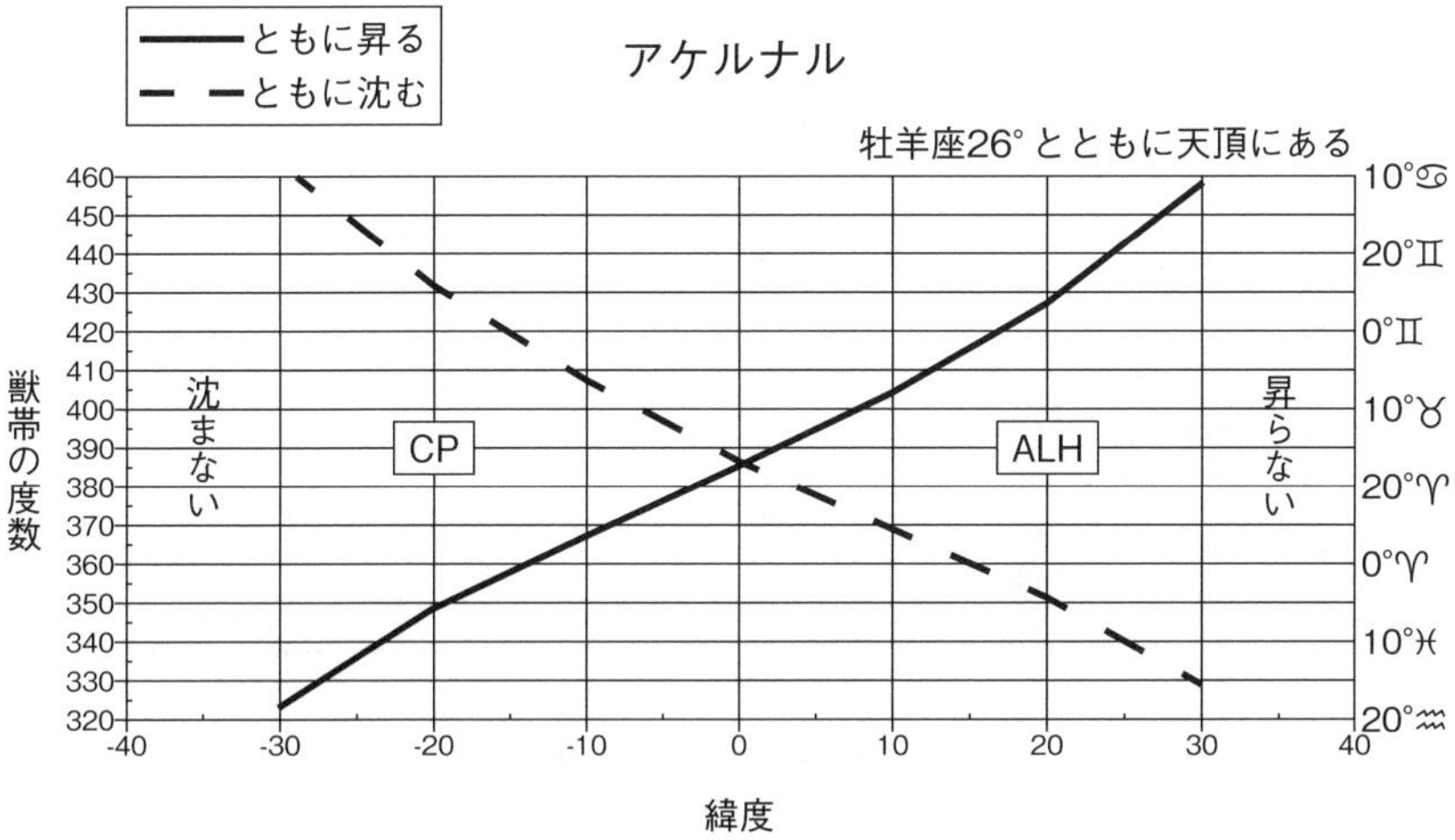


| ヒライアカル | |
|---|---|
| 上昇 | 下降 |
| 6月11日 | 12月12日 |
| 5月21日 | 11月22日 |
| 4月30日 | 11月2日 |
| 4月10日 | 10月13日 |
| 3月21日 | 9月23日 |
| 2月28日 | 9月2日 |
| 2月9日 | 8月13日 |
| 下降 | 上昇 |
| アクロニカル | |

パラン表20. アケルナル

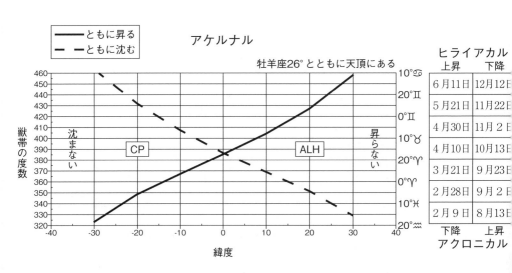

ヘルクレス座は最古の星座のひとつであり、有史よりずっとまえからおおぐま座やりゅう座と似た位置を占めていたように思えます（スター・マップ11を参照）。この星座が太陽の英雄を連想させるまえは、一般的にひざまずく人と名付けられていました。また、多くの文化の記述をとおして名前が変化するにもかかわらず、天空の竜の頭近くに左の足先がある、常にひざまずいている人の姿を保っていました。母系文化が消え失せ時間が測定されはじめるにつれて、この姿は異なった名前をもつようになりました。彼はギルガメッシュ[128]という偉大な太陽の英雄で、最初に渦巻きに出会い、不死のために奮闘したようです。フェニキア人は彼をハレクシュアルと呼びました。[129]ギリシャ人やローマ人にとっては彼はヘルクレスであり、その名前はいまでも残っています。彼らは竜の頭のそばにある彼の左足に注目しヘルクレスが竜を倒していると見なしました。なぜひざまずいているかは無視されています。キリスト教の伝承でもひざまずいている姿勢を都合良く忘れて、アダム、さらにはサムソンと呼び、[130]この怪人を主張しようと努めました。

ギリシャ人が男性とみなし、神聖な回転軸である北極の中心を回るこの怪人はだれでしょう？　その姿は、大いなる雌熊の女神や竜のまえでひざまずいています。この姿は戦没者墓地の無名の兵士のようなものです。すべての人間を代表するひとりの人間、個人名は永遠に失われたひとりの人間です。

128 Jobes, *Outer Space*, p. 185.
129 Jobes, *Outer Space*, p. 186.
130 Jobes, *Outer Space*, p. 187.

この怪人は〝無名〟としてしか知られていない、名前のない星座です。彼もしくは彼女は、礼拝や奉仕を意味するエジプトの象形文字に似たポーズでひざまずき、片腕を上に向けて曲げたまま片ひざをついています（図20を参照）。怪人は神聖さを残した空の場所で完全にこの姿勢を保っています。空が初期の人間社会のひな型であったころから、現代のひざまずいている〝ヘルクレス〟は生きとし生けるものの神聖な源である北極や女神を崇拝している人間である可能性が高く、両ひざをついて頭《こうべ》を垂

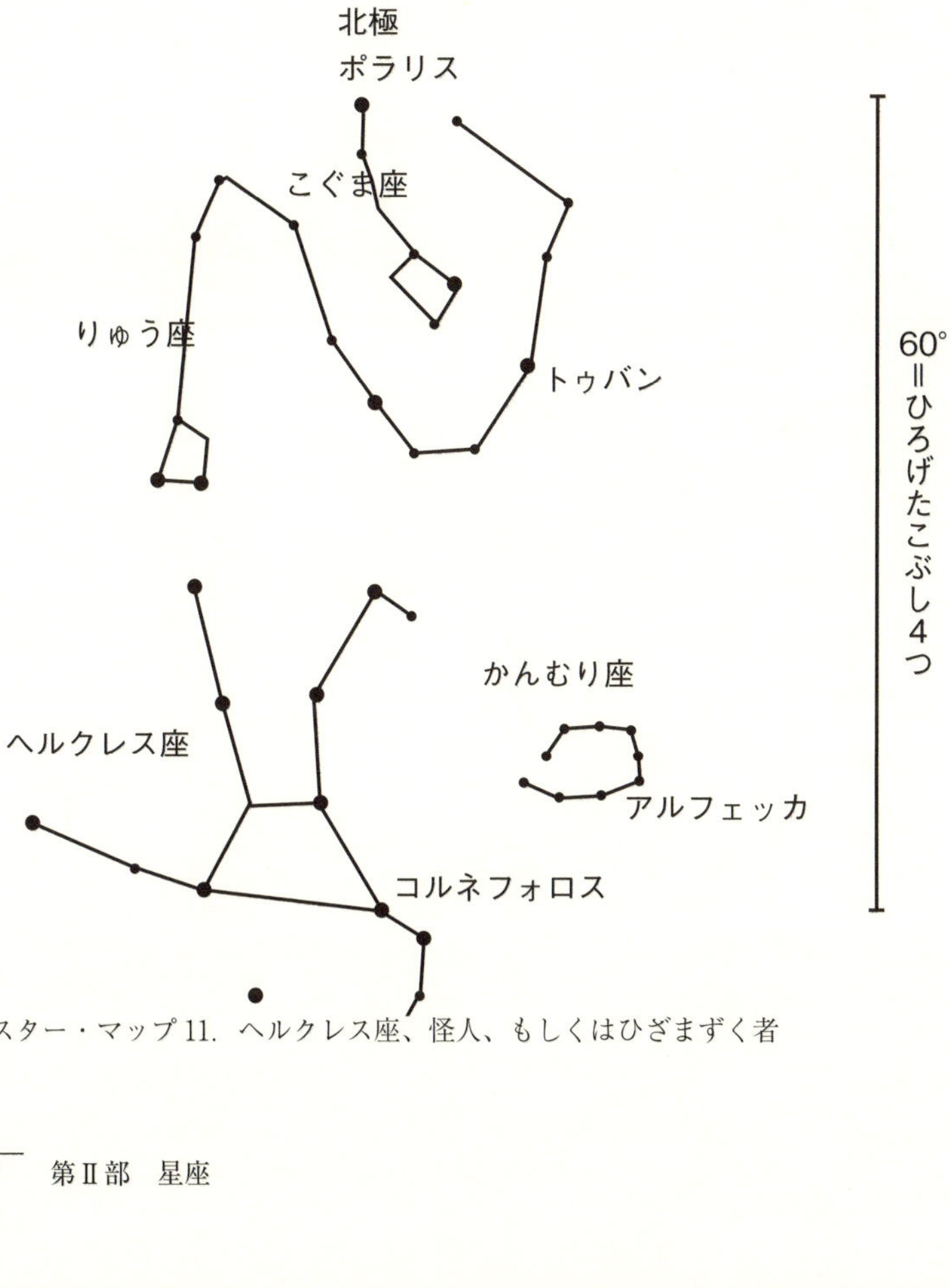

スター・マップ11. ヘルクレス座、怪人、もしくはひざまずく者

れる現代のキリスト教の姿勢ではなく、古代の祈りの姿勢で示されています。

### ヘルクレス座の星

最も明るい星はラス・アルゲティで怪人の頭部にあります。ほかに名前のある星は、等級の降順にコルネフォロスが肩に、マルファクがひじに、マシムが手首にあります。

## ラス・アルゲティ

（ヘルクレス座アルファ星、変光星、赤経：17h12m22s、赤緯：北14度26分45秒、黄経：射手座15度27分）パラン表21を参照。パラン表の読み方の例：北緯38度、サンフランシスコに生まれた場合、星は蠍座の約23度で上昇しました。惑星が蠍座か牡牛座の23度にある場合、惑星は星とともに上昇し沈みました。また、星は山羊座17度で沈みました。そのため惑星が山羊座か蟹座の17度にある場合、星が沈むとき惑星は沈み上昇しました。星は射手座21度で天頂にあります、そのため惑星が射手座もしくは双子座の21度にあ

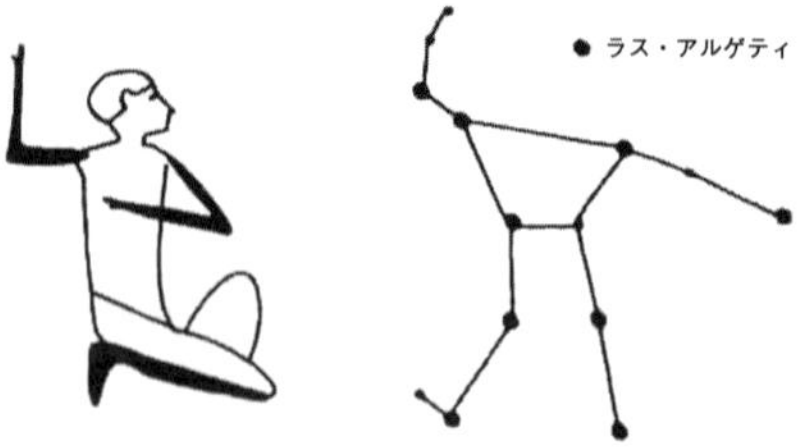


図20. ヘルクレスと〝礼拝し奉仕する〟を表すエジプトの象形文字

る場合は星が天頂にあるとき惑星は天頂か天底にありました。

この北緯38度では、星は短縮した運行の位相にあります。この時期は毎年およそ五月十七日（蠍座23度の横にある日付ボックスの右側の列から読み取ります）から七月九日（山羊座17度の横にある日付ボックスの右側の列から読み取ります）までです。そして本当に、あるいは宇宙的に太陽の上昇と同時に上昇するときはだいたい十一月十七日（〝太陽と同時に上昇する〟欄の北緯38度で上昇している線の日付を読み取ります）です。

ラス・アルゲティは南緯75度と北緯75度のあいだのチャートの四つの点すべてで使用可能です。それより南では星が昇ることはなく、それより北では星が沈むことはないため、永遠に短縮した運行にあります。

### これまでの解釈

プトレマイオスによればヘルクレス座の星々は水星のようであり、いわゆるギリシャの太陽の英雄と興味深いつながりがあるとしています。ロブソンはラス・アルゲティについて言及していません。エバーティンは女性との問題、女性に人気があること、あるいは権力を得ようと駆り立てられることに関連付けています。そしてリゴーによると、並外れた勇気、大胆さ、権力や名声をもたらすとしています、明らかにヘルクレスの象徴を当てはめています。

## ラス・アルゲティの意味

ヘルクレスのイメージを脇に置くと、この星を物事の自然な秩序、神や女神にたいする人間の自然で正しい畏敬の態度を意味していると見るのは興味深いことです。現代生活ではこれは自然にたいする敬意、地球を大切にすること、すべてのものを本来の場所にあらしめたいという願望、すなわち自然、生命、天の正しい秩序を意味する可能性があります。

マーティン・ルーサー・キングは金星が上昇しているときラス・アルゲティが天頂に達していました。この星だけでこの人の輝かしさを説明するものではありませんが、信念にたいする彼の献身をほのめかしています。彼は米国の公民権運動に生涯を捧げ、最後には彼の生命を与えました。キングはアメリカの黒人と白人の関係を見て、間違った、あるいはアンバランスなものであると見なしました。ラス・アルゲティとつながっている金星が示すのは、あらゆる種類の人間関係のなかにおける調和と秩序を求める努力、あるいは深い願望です。

ラス・アルゲティの異なった面はラジニーシ・ムーブメントをつくったグルである、バグワン・シュリ・ラジニーシのチャートに見ることができます。彼の太陽はラス・アルゲティと関連しています。彼の太陽はこの星とともに天頂にありましたので、彼のアイデンティティの全感覚とどのように他者に見られていたかがこの星の影響を受けています。バグワンは実際に多くの恒星が太陽と結びついていました。そのことは彼の太陽のような強さを説明します。しかしそうした恒星のなかにラス・アルゲティが含まれていることは、崇拝する人、あるいは〝崇拝の仕方〟の概念、崇拝への正しい道に関連している人を意味しています。肝心な点として、この星はローマ教皇のチャートには出てきません。

**ラス・アルゲティが出生図にある場合**

ラス・アルゲティは、関連している惑星をとおして、秩序や正確さの感覚やこうした秩序の探求を示します。自分自身よりも大きなものに従いたい、あるいは尊敬したいという自然な欲求があります。これは人生に目的意識を与える可能性があります。この影や表示が少ない場合、別の人間への憧れであり、崇拝者または信奉者になります。

**ラス・アルゲティが誕生時に太陽の上昇と同時に昇る場合**

ラス・アルゲティは伝統的には誕生時に太陽の上昇と同時に昇る星には使用しませんが、宇宙的に太陽の上昇と同時に昇るときに生まれたら強い目的意識が自分自身を定義する主要部分となります。これはリーダーシップを意味することもあれば、精神的生活に現れることもあります。

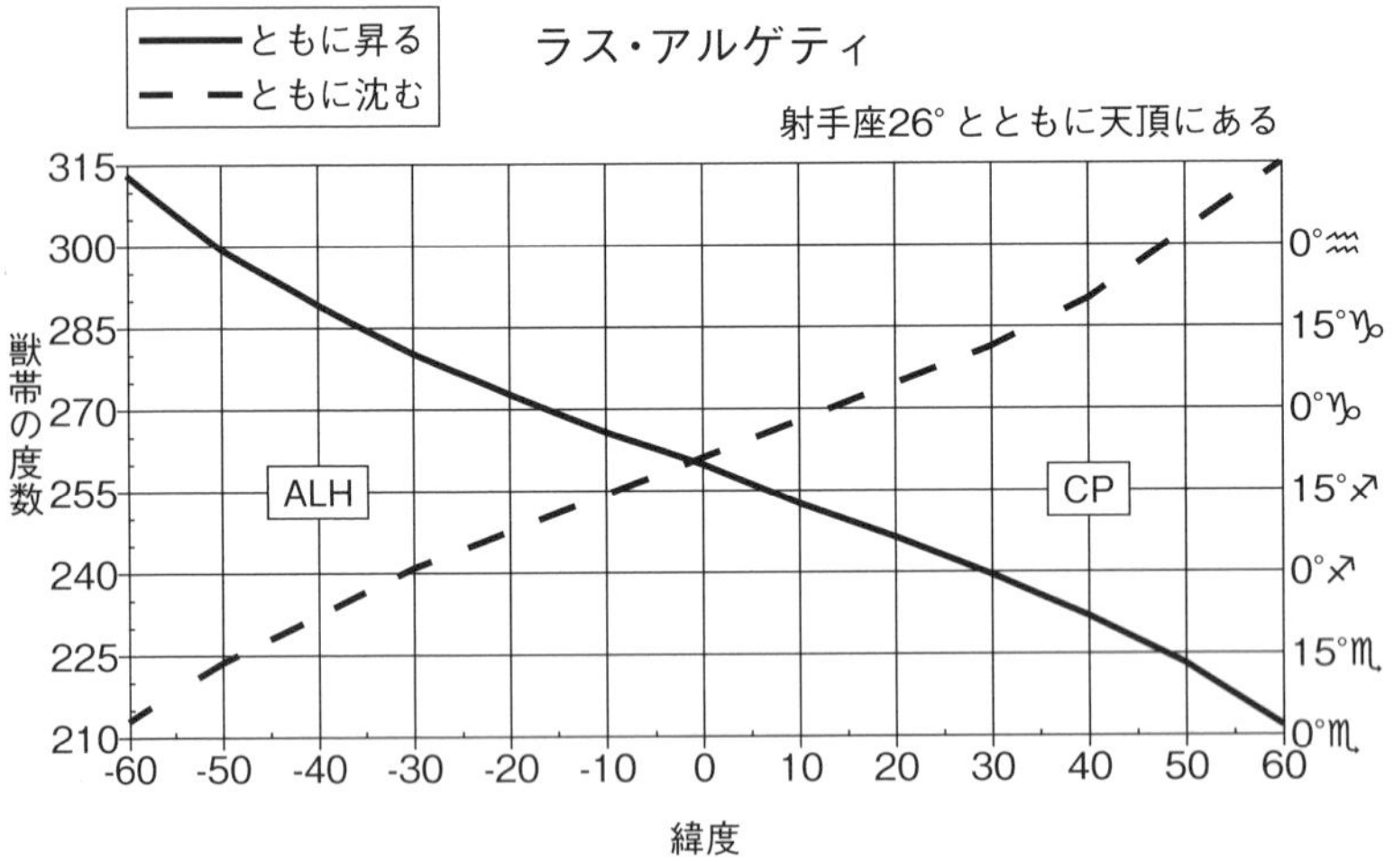


ヒライアカル

| 上昇 | 下降 |
|---|---|
| 1月20日 | 7月23日 |
| 1月5日 | 7月7日 |
| 12月22日 | 6月21日 |
| 12月7日 | 6月5日 |
| 11月22日 | 5月21日 |
| 11月7日 | 5月5日 |
| 10月23日 | 4月20日 |
| 下降 | 上昇 |

アクロニカル

パラン表21.　ラス・アルゲティ

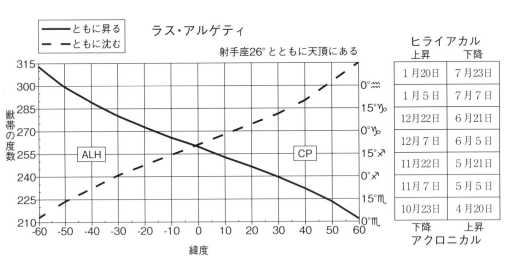

## うみへび座、ヘビ

ふたつの古代の星座であるうみへび座とへびつかい座がヘビや大蛇とかかわりがありました。三番目のヘビであるみずへび座は現代になって付け加えられました。古代のヘビは両方とも赤道を切り、そのひとつであるへびつかい座は、さそり座よりもしっかりと黄道上に位置しています。

うみへび座は天空で最大の星座であり、かに座からさそり座までほぼ95度にわたって天空に広がっています（スター・マップ12参照）。この星座はさまざまな名前が付けられてきましたが、ほとんどの文化でヘビ、大蛇、もしくは水ヘビのいずれかでした。アラトスは次のように言っています。「生き物のように遠くまでとぐろの形を巻く」[131]。ギリシャではアルゴ船を襲う生き物であると言われていました[132]。うみへび座はまた紀元前一二〇〇年ごろユーフラテス川流域の天体地図の石に記された星座と考えられており[133]、〝大いなる深遠〟や巨大竜ティアマトにつながる源であることを示しています[134]。この星座はまた、月が軌道に乗るまえにさまよう道と考えられていました。そのためアレンは、月のノードがドラゴンヘッドやドラゴンテイルと呼ばれると書いています[135]。

131 Mair, *Callimachus, Lycophron, Aratus*, p. 243.
132 Allen, *Star Names*, p. 248.
133 ウラルトゥ人は紀元前三〇〇〇年頃から黒海南東の山岳地域に住む民族の集団でしたが、紀元前七世紀の終わりにかけてアルメニア人に征服されました。
134 Allen, *Star Names*, p. 248.
135 Allen, *Star Names*, p. 249.

ほとんどの文化でヘビや大蛇はなんらかの形で創世神話に結びついています。ヒンドゥー教では神々を抱き、生命を与えたのは神アナンタです。彼女はまた、生命を与える性的エネルギーとして放つように人の骨盤に巻き付けたクンダリーニエネルギーでした。[136] 中国の神話では人々はみな死者の魂をお腹で受け止めて、新しい生命を与えた、マットチノイという大蛇の女神の子孫です。[137]

古代エーゲ文明の世界では女性は大蛇と一緒に崇拝されており、男性は牡牛の神の神官であれば関わることができました。しかし彼ら自身が〝大蛇〟と呼ばれるようになるまで女性神官に従属する存在でした。実際に神官という言葉はヘビ使いという意味がありました。[138] このような物語は旧約聖書のエデンの園の創世神話と生命の樹の大蛇など次々と文化を通り抜けます。[139]

うみへび座は原型のひとつである女神のエネルギーと関連し、何万年ものあいだおそらくそう考えられてきました。最も興味深いことに、最大の星座であるにもかかわらず、古代ギリシャ人からも天文学者からも分けられたり、ほかのグループに再区分されたりすることはありませんでした。

## うみへび座の星

136 Walker, *The Woman's Encyclopedia of Myths and Secrets*, p. 903.
137 Walker, *The Woman's Encyclopedia of Myths and Secrets*, p. 903.
138 Walker, *The Woman's Encyclopedia of Myths and Secrets*, p. 903.
139 Allen, *Star Names*, p. 191.

うみへび座の最も明るい星はアルファードで、ヘビの心臓としても知られています。ほかに名前のある星は等級の降順に、アル・シャラシフはろっ骨、アル・ミンリア・アル・シュジャ Al Minliar al Shuja はヘビの鼻、ウクダーが首の湾曲部にあります。

### アルファード

（うみへび座アルファ星、2・2等星、赤経：09h25m7.8s、赤緯：南8度26分27秒、黄経：獅子座26度35分）パラン表22を参照。パラン表の読み方の例：北緯34度、米国のアトランタに生まれた場合、星は乙女座の約0度で上昇しました。惑星が乙女座か魚座の0度にある場合、惑星は星とともに上昇し沈みます。また星は蟹座28度で沈みました。したがって惑星が蟹座か山羊座の28度にある場合、星が沈むとき惑星は沈み上昇しました。星は獅子座17度で天頂にあります、そのため惑星が獅子座もしくは水

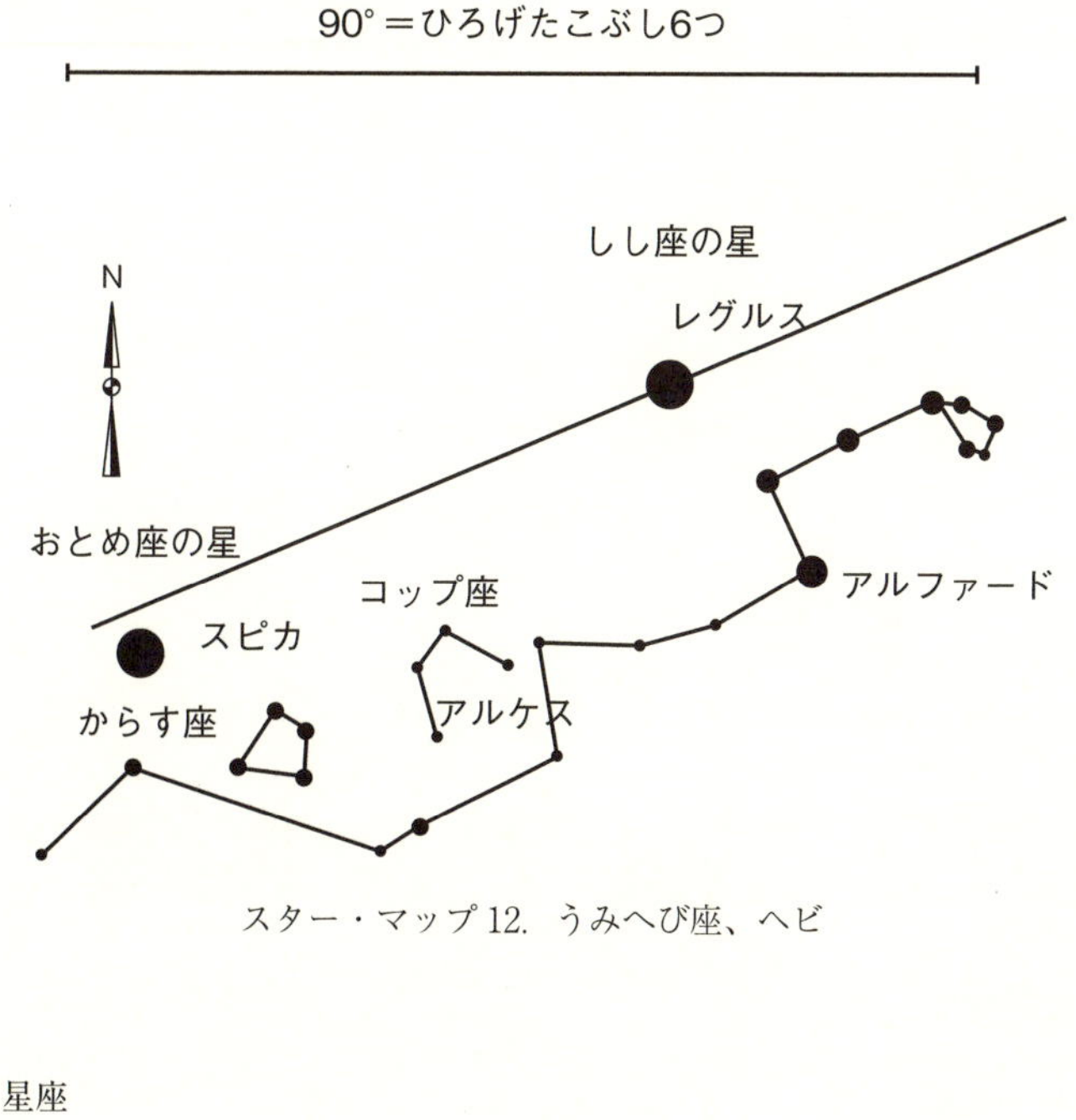

スター・マップ12. うみへび座、ヘビ

瓶座の17度にある場合、星が天頂にあるとき惑星は天頂か天底にありました。

この北緯34度では、星は出現しているけれども隠れて見えない位相にあります。この時期は毎年およそ七月二十日（蟹座28度の横にある日付ボックスの左側の列から読み取ります）から八月二十四日（乙女座0度の横にある日付ボックスの左側の列から読み取ります）までです。そして本当に、あるいは宇宙的に太陽と同時に上昇するのはだいたい八月二十四日です（〝太陽と同時に上昇する〟欄の北緯34度で上昇している線の日付を読み取ります）。

アルファードは南緯81度と北緯81度のあいだのチャートの四つの点すべてで使用可能です。それより北では星が昇ることはなく、それより南では星が沈むことはないため、永遠に短縮した運行にあります。

## これまでの解釈

プトレマイオスはこの星座の明るい星を土星や金星になぞらえています。ロブソンは敗血症、毒殺、ガス中毒死、毒をもつ生き物による咬傷、狂犬病、薬物乱用、女性の毒と憎悪などの中毒に結びつけています。そして同時に知恵と音楽や芸術の鑑賞眼をもたらすと言及しています。エバーティンはロブソンに同意しています。リゴーもロブソンに同意し、リストに〝不快な行為〟を加えています。

## アルファードの意味

アルファードは難しい星です。アルファード、とくにアルファードが火星と出生図で関連がある人々は、暴力犯罪の加害者か被害者になることがよくあります。このようにヘビの心臓は暴力的な、野生の、感情的な爆発として現れます。しかし、アルファードをこうした単に暴力的な意味で判断すると誤った方向に導くことになります。英国の詩人ウィリアム・ブレイクはその情熱を宗教的な詩作に焼き付けました。彼は木星が天底に触れているときにアルファードが上昇していました。ブレイクの陰影、情熱、そして宗教的あるいは神秘的な関心は、アルファードについてより調和のとれた洞察を与えてくれます。

非常に難しい性質をもった作家が有名なホラー小説家であるスティーヴン・キングです。キングはアルファードが土星とともに天頂にある日に生まれました。土星と関連のある星はその人が一生にわたって築き上げる一連の仕事に影響を与えます。天頂点が示唆しているのは人生の盛りの時期にこの星の影響が現れるということです。スティーヴン・キングは数多くの作品を作り上げ、世界を代表するホラー小説家のひとりになりました。そのいっぽうで、O・J・シンプソンはアルゴルが天頂にあるときに生まれ、同様に木星が天頂にあるときアルファードが沈んでいました。この配置は人生の終わりに向かって彼がほとんどアルファードの象徴（木星）になることを暗示しています。

### アルファードが出生図にある場合

ヘビやヘビの心臓は人間の精神にふたたび現れたばかりで、まだほとんど無意識に沈んでいますが、

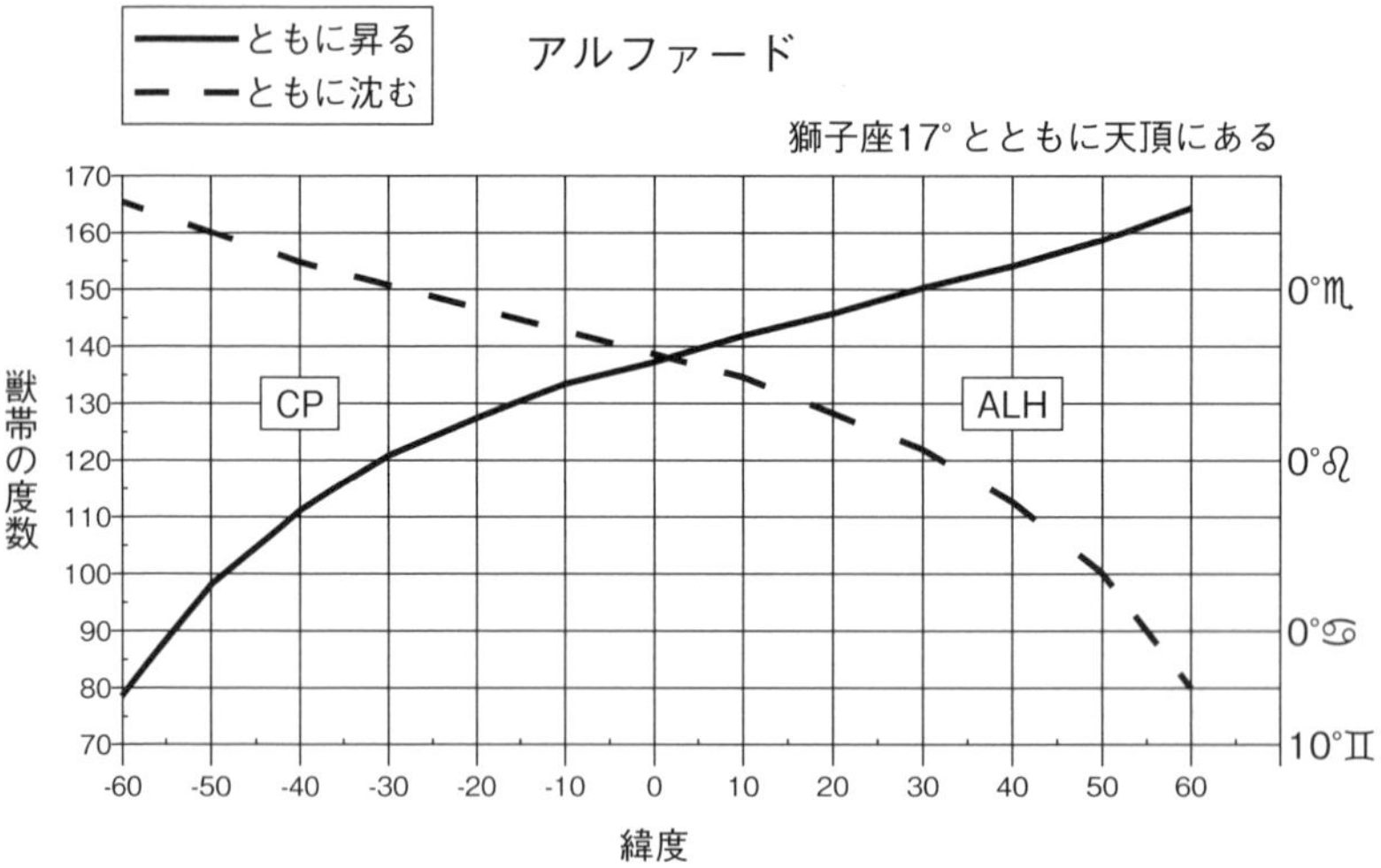


ヒライアカル

| 上昇 | 下降 |
|---|---|
| 9月3日 | 3月1日 |
| 8月24日 | 2月19日 |
| 8月13日 | 2月9日 |
| 8月3日 | 1月30日 |
| 7月23日 | 1月20日 |
| 7月13日 | 1月11日 |
| 7月2日 | 1月1日 |
| 6月22日 | 12月23日 |
| 6月12日 | 12月13日 |
| 該当なし | 該当なし |
| 下降 | 上昇 |

アクロニカル

パラン表22. アルファード

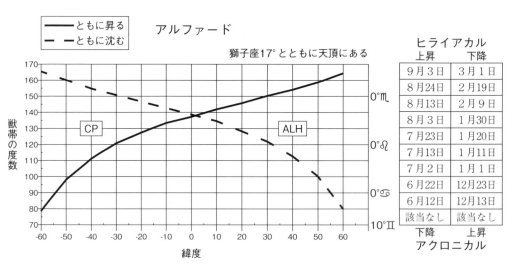

それが現れると殺意があり暴力的になる可能性があります。その好む表現は意識的な情熱です。その解釈はチャートにどう影響しているかで決まります。チャートにある場合、非常に強い感情を扱っており、怒りで反撃することに抵抗する必要があります。エネルギーの有効な使い方は、強さや決断力を捧げられるテーマや目的に集中することです。

**アルファードが誕生時に太陽の上昇と同時に昇る場合**

この星はプトレマイオスの星のひとつです、そのため宇宙的に太陽の上昇と同時に昇る場合と明白に太陽の上昇と同時に昇る場合の両方に使用できます、そして生まれた日の太陽を求めている場合、人生が大蛇とつながっていることに気づく必要があります。強烈で変化し、そして実際に人間の心のなかで意識されるようになったばかりのこの星は凶暴になる可能性があります。しかしこの星はまた、攻撃したいという欲求を抑えている人々に素晴らしい知恵を与えます。

## うさぎ座、ウサギ

オリオンの足の近く、おおいぬ座の隣に位置しています[140]（スター・マップ6を参照）。この星座は弱

140 Mair, *Callimachus, Lycophron, Aratus*, p. 233.

い光の星で構成され、長い期間をかけて多くのさまざまなものにたとえられてきました。アラビアではのどの乾いたラクダが天の河の水を飲もうとかがみこんでいると見られていました。[141] エジプトではオシリスの船とされ、中国では小屋と呼ばれました。[142]〝ウサギ〟はプトレマイオス以降付いた名前であり、さまざまな神話がたいていの場所でわし座が上昇するとうさぎ座が沈むという事実を中心にしてつくり上げられてきました。したがってウサギがワシから逃げます。

唯一名前がついている星はアルネブで、〝すべて〟を意味します[143]、占星術的に重要な星はないように思えます。プトレマイオスはこの星が土星と火星のようであると言及しています。ロブソンによれば、頭の回転の速さを与えるとのことです。しかし、この星座の星が占星術に貢献していないようにみえたとしても、西欧諸国の社会習慣に大きく貢献してきました。エジプトの神話では女神のために神聖な卵を守りあるいは集め、配ることが役割である神聖なウサギが存在します。卵は生命そのものを意味し、こうした能力でウサギは女神のための使者と考えられました。現代ではこの素晴らしい神聖なウサギを〝復活祭のウサギ〟になぞらえていますが[144]、それでもなお、彼または彼女は生命の卵で忙しいです。運命のかわいいいたずらで、うさぎ座はキリスト教の復活祭の時期を表すアクロニカルライジング（日没

141 Allen, *Star Names*, p. 265.
142 Allen, *Star Names*, p. 265.
143 Allen, *Star Names*, p. 268.
144 John Layard, *The Lady of the Hare* (Boston: Shambhala, 1988), p. 171.

時に上昇すること）の星座です。

## おおかみ座、オオカミ

おおかみ座、さいだん座、ケンタウルス座は崇拝と献身の物語に深く関わった三つの星座のグループです。オオカミはケンタウルスによって祭壇に捧げられたいけにえです（スター・マップ7を参照）。さそり座の南とうみへび座の終りにアラトスが野獣[145]、もしくは簡単に野生の動物と呼んだ星座があります（スター・マップ7を参照）。ほかにヒョウやライオンと呼ぶ文化もありました。亡き父の星、または死の野獣としても知られていました。[146]

**おおかみ座の星**

最も明るい星はメンです。赤経：14ｈ43ｍ、赤緯：南47度24分、2・6等星。ほかに名前のある唯一の星は、ケー・クワン（中国語）です。

145 Mair, *Callimachus, Lycophron,* Aratus, p. 241.
146 Allen, *Star Names,* p. 278.

### これまでの解釈

プトレマイオスによれば部分的に土星と部分的に火星のようであるとしています。ロブソンによれば、貪欲な、攻撃的で危険な性質といった実際の動物そのものの性質で生み出されたように思える特徴を挙げています。エバーティンとリゴーはこの星については言及していません。

### おおかみ座の意味

主要な星々ではありませんが、この星座は出生の天体と眼に見えるパランの関係を形成する場合考慮する価値があります。そのエネルギーのとっぴな例がジャック・ニコルソンのチャートに現れています。ジャック・ニコルソンはおおかみ座の星々が太陽の上昇と同時に沈む星々である日に生まれました。歳を重ねれば重ねるほど彼の演じる役柄は邪悪になり、最近では映画『ウルフ』の役で絶賛されました。そこでは人狼に変身する役を演じています。これは個々の星（スター、しゃれのつもりです）というよりは星座全体が人につながっている興味深い例です、というのは生まれた日に太陽の上昇と同時に沈む星座（日の出のときに沈む）だったからです。

## こと座、竪琴

この星座はさまざまな文化で多くの名前で呼ばれてきましたが、共通点は楽器というテーマです。ギリシャ人はオルフェウスの竪琴を想像しました。この竪琴は幼いマーキュリーが亀の甲羅でつくり、のちにアポロンがオルフェウスに与えました。[147] アラトスは小さな亀と呼び、ヘルメスがどのようにこの最初の竪琴をつくるのに動物を使用したかを説明しています。[148] プリニウスはこの星座を竪琴の星と呼びました。アングロサクソン人とケルト人はこの星座を竪琴と知っており、のちにアーサー王の竪琴、英雄の竪琴と見なしました。[149] キリスト教徒はダビデ王の竪琴と名付け、[150] のちには星座の伝統からすっかりはずれ、この星座を幼い救世主の飼い葉桶と同一視しました。[151]

インドではこのグループはハゲワシとも関連付けられ、空飛ぶ大ワシであるわし座と対照的に、アラビアの砂漠ではときには急降下する大ワシでした。[152] 数世紀前まではそれはくちばしに竪琴をくわえている、急降下するハゲワシとしても知られていました。竪琴を運ぶハゲワシの姿は三番目のステュムパーリデスの鳥でした[153]（スター・マップ2を参照）。

147 Room, *Dictionary of Astronomical Names*, p. 107.
148 Mair, *Callimachus, Lycophron*, Aratus, p. 229.
149 Jobes, *Outer Space*, p. 207.
150 Jobes, *Outer Space*, p. 206.
151 Jobes, *Outer Space*, p. 206.
152 Jobes, *Outer Space*, p. 206.
153 Jobes, *Outer Space*, p. 206.

**こと座の星**

最も明るい星はヴェガです。ほかに名前のある星は、等級の降順にシェリアクとユグムで楽器の弦にあります。

## ヴェガ

（こと座アルファ星、0・1等星、赤経：18h36m46.7s、赤緯：北20度33分10秒、黄経：山羊座14度37分）

パラン表23を参照。パラン表の読み方の例：北緯19度、メキシコシティに生まれた場合、星は射手座の約13度で上昇しました。惑星が射手座か双子座の13度にある場合、惑星は星とともに上昇し沈みました。また星は水瓶座0度で沈みました。したがって惑星が獅子座か水瓶座の0度にある場合、星が沈むとき惑星は沈み上昇しました。星は山羊座16度で天頂にあります、そのため惑星が山羊座もしくは蟹座の16度にある場合、星が天頂にあるとき惑星は天頂か天底にありました。

この北緯19度では、星は短縮した運行の位相にあります。この時期は毎年およそ六月五日（射手座13度の横にある日付ボックスの右側の列から読み取ります）から七月二十五日（水瓶座0度の横にある日付ボックスの右側の列から読み取ります）までです。そして本当に、あるいは宇宙的に太陽と同時に上昇するときはだいたい十二月六日です（〝太陽と同時に上昇する〟欄の北緯19度で上昇している線の日付を読み取ります）。

ヴェガは南緯51度と北緯51度のあいだのチャートの四つの点すべてで使用可能です。それより南では星が昇ることはなく、それより北では星が沈むことはないため、永遠に短縮した運行にあります。

### これまでの解釈

プトレマイオスによれば、こと座の星々は金星と水星のようであるとしています。ロブソンによれば、ヴェガは希望を与え、同時に〝人を重々しく、地味に、外見上大げさに、たいてい好色にする〟としています。エバーティンによれば、この星は演劇、音楽両方の芸術的才能を与え、場合によっては快楽に溺れた生活につながると見ていました。リゴーは芸術への影響は無視し、リーダーシップの能力や社会意識と関連させています。

### ヴェガの意味

ヴェガは紀元前一万二〇〇〇年から一万年ごろのあいだ北極星であり、そのときマートと呼ばれ、魂がひとつの生から別の生へ移行するのを助けるエジプトの偉大な女神と信じられていました。[154] 彼女の体重は羽根程度しかなく、魂の重さを自分と比べて測りました。もし魂がマートと同じ重さだったら、死後の世界に進むことができました。ロッキャーはヘロドトスが述べたティルスの神殿が紀元

154 Allen, *Star Names*, p. 286.

前四〇〇〇年から三〇〇〇年頃のあいだヴェガの上昇と整列していると信じていました。[155] ヴェガは一万一五〇〇年頃には再び北極星になります。

ヴェガは最も美しい明るい星で、オルフェウスとの関連から、魔術や神聖な呪文と結びついています。その影響を受けた者はカリスマ性にあふれ、異世界に触れられています。オルフェウスのギリシャ神話は最もどう猛な動物を音楽で手なずけられる音楽家についてであり、ヴェガが音楽の星である所以です。あらゆる時代のなかで最も優れた作曲家であると万人が認めるモーツァルトが生まれたときヴェガが上昇していたという事実はぴったりで当たり前のことのように思えます。音楽は魔法の呪文であり、音楽は人を魅了することができますから。中国ではこの星を、貧しいが高貴な若者がお金を使って奴隷から抜け出すところで、彼の妻になり、かつて見たことがないほど美しい絹の掛け布を織ることで助ける女神とみなしていました。中国ではこの星を芸術的なあらゆる物事を、とりわけ織物の分野におけることを表す星と見ています。[156] しかしヴェガの力は、魅力や魔力に満ちたこのカリスマ的な星はアドルフ・ヒトラーのチャートにも見ることができます。ヒトラーが生まれた日にヴェガが上昇し水星が沈んでいました。ここではヴェガの人を魅了する魔法は演説家としてのヒトラーのカリスマ的な能力に現れています。十八世紀の作家、下士官、スパイ、放蕩家のカサノバは、イアン・フレミングの登場人物ジェー

155 Lockyer, *Dawn of Astronomy*, p. 161.
156 Jobes, *Outer Space*, p. 378.

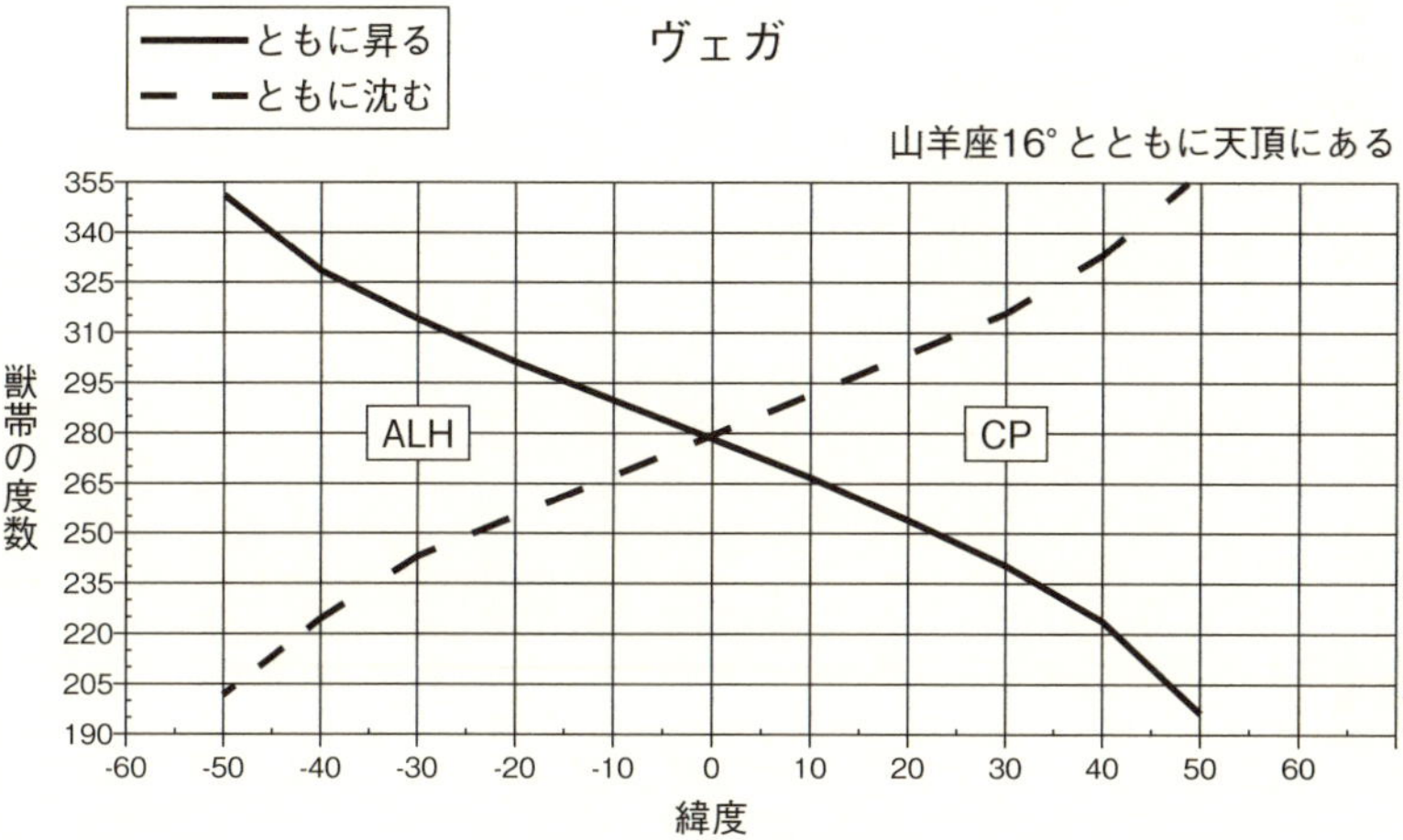


| ヒライアカル 上昇 | ヒライアカル 下降 |
|---|---|
| 2月28日 | 9月2日 |
| 2月14日 | 8月18日 |
| 1月30日 | 8月2日 |
| 1月15日 | 7月17日 |
| 12月31日 | 7月2日 |
| 12月17日 | 6月16日 |
| 12月2日 | 5月31日 |
| 11月17日 | 5月16日 |
| 11月2日 | 4月30日 |
| 10月18日 | 4月15日 |
| 10月3日 | 3月31日 |
| 下降 | 上昇 |
| アクロニカル | |

パラン表23. ヴェガ

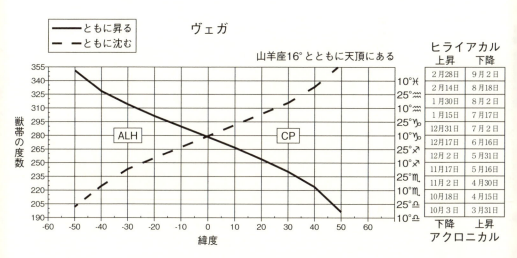

ムズ・ボンドのモデルであり、ヴェガが天頂にあり太陽が昇っているときに生まれました。

## ヴェガが出生図にある場合

ヴェガの表示はどの惑星に影響を与えているかだけでなくほかのどの恒星がチャートに影響を与えているかに大きく左右されることになります。それは芸術家あるいは犯罪者として使うことができる創造的で神秘的な才能をもたらします。美しい、魔術的な星で、ペルシアのロイヤルスターのひとつフォーマルハウトによく似ており、触れるものすべてにカリスマ的な性質を与えます。

## ヴェガが誕生時に太陽の上昇と同時に昇る場合

ヴェガは天空における非常に重要な星のひとつです。明白に太陽の上昇と同時に昇る場合と宇宙的に太陽の上昇と同時に昇る場合の両方に使用できます。ヴェガが太陽を強調し太陽の光とそのエネルギーを混ぜ合わせる日に生まれた場合、出生図の太陽、すなわち人生の旅や個々の神話はこの星と深くつながっています。この星は素晴らしいカリスマ性や素晴らしい芸術的才能をもたらすかもしれませんが、あなたの役割は、偽りなくこうした天分に気づき、地上に天の趣をもたらすことです。

## へびつかい座、ヘビ使いとへび座、大蛇

へびつかい座とへび座の星々はいまでは三つの星座に分かれています。へびつかい座、へび座の頭部とへび座の尾部、あとのふたつがへび座の部分でヘビ使いの両側にあります（スター・マップ13を参照）。さそり座がハサミをてんびん座によって失ったとき、さそり座は黄道との接点のほとんども失いました。へびつかい座は現代のさそり座よりも黄道の大きな範囲を切り取っています。太陽が十一月二十一日から十二月十六日まで旅する獣帯の区域は現在、さそり座よりもへびつかい座の星々のあいだに大部分が位置しています。

へびつかい座はギリシャ人にはアポロンの息子であるアスクレピオス神でもあるヘビ使いの治療家として知られていました。[157] 彼はケイロンから治療法を学びましたが、普通はヘビが巻き付いた杖を持っている姿で描かれています。このシンボルはいまや西洋医学の象徴として使用されています。アスクレピオスはアルゴ号の船医であり、非常に腕が立つようになったので患者を死から引き戻すことができました。この行為は即座に神々に禁止され、その治療の力で自分たちを凌駕することを恐れて最後には落雷で彼を打ちのめしました。そしてへびつかい座として天空に上げられました。[158]

のちにキリスト教の影響で、この星座はマルタ島のヘビを持った聖パウロ、荒野のなかで燃え上がる

157 Room, *Dictionary of Astronomical Names*, p. 123.
158 Grimal, *Classical Mythology*, p. 63.

ヘビをつかむモーゼ、最後にいばらのなかに立つベネディクトの修道会の創設者聖ベネディクトになりました。[159]

ヘビは分別、若返り、知恵、再生を表すため治療薬と見られました。これは古代の女神の癒やしの側面です。女神は生命を創造する能力をもっていたように、どのように治療できるかの知恵と知識、さらにはどのように破壊できるかの知識ももっていたからです。アスクレピオスはメデューサの血をその血管のなかに持っていると言われていました。メデューサの左側を流れる血が致死の毒をつくり、そのいっぽうで右側を流れる血は有益でした。[160]

へびつかい座は治療のあらゆる面とつながっています。薬や薬物、ベネディクト会修道士のつくるアルコールから西洋や東洋の医学における薬品やハーブの知識にまで及びます。メラニー・ラインハルトが講演で指摘しているように、十三番目の黄道星座としての位置は、太陰暦の十三ヶ月が既存の十二星座とぶつかっていることを反映している可能性があります。

### へびつかい座の星

最も明るい星はへびつかいの頭部のラス・アルハゲです。ヘビそのものにある星は、アルヤットでへ

159 Allen, *Star Names*, p. 299.
160 Grimal, *Classical Mythology*, p. 63.

ビの首にあります。

## ラス・アルハゲ

（へびつかい座アルファ星、２・１等星、赤経：17h34m42.5s、赤緯：北12度34分04秒、黄経：射手座21度45分）パラン表24を参照。パラン表の読み方の例：南緯35度、アルゼンチンのブエノスアイレスに生まれた場合、星は山羊座の約18度で上昇しました。惑星が山羊座もしくは蟹座の18度にある場合、惑星は星とともに上昇し沈みました。星はまた射手座2度で沈みました。したがって惑星が射手座か双子座の2度にある場合、星が沈むとき惑星は沈み上昇しました。星は射手座25度で天頂にあります、そのため惑星が射手座もしくは双子座の25度にある場合、星が天頂にあるとき惑星は天頂か天底にありました。

この南緯35度では、星は出現しているけれども隠れて見えない位相にあります。この時期は毎年およそ十一月二十二日（射手座2度の横にある日付ボックスの左側の列から読み取ります）から一月八日（山羊座18度の横にある日付ボックスの左側の列から読み取ります）までです。そして本当に、あるいは宇宙的に太陽の上昇と同時に上昇するときはだいたい一月八日です（〝太陽と同時に上昇する〟欄の南緯35度で上昇している線の日付を読み取ります）。

ラス・アルハゲは南緯77度と北緯77度のあいだのチャートの四つの点すべてで使用可能です。それより南では星が昇ることはなく、それより北では星が沈むことはないため、永遠に短縮した運行にあります。

**これまでの解釈**

プトレマイオスによれば、この星座の星々は土星と似て、金星と似たところもあるとのことです。ロブソンは、女性による不幸や倒錯した嗜好と関連付けています。エバーティンは、麻薬中毒者やドラッグのような薬物に溺れること、また咬傷や狂犬病の危険性と関連付けています。リゴーは同意せず、代わりに度量の広さ、人類愛、〝途方もない視覚化〟を語っています。

**ラス・アルハゲの意味**

ジョン・レノンは金星が天頂にあるときにこの星が上昇しており、世界を歌で癒そうとする人として知られるようになりましたが、そのいっぽうで麻薬文化を広めました。アブラハム・リンカーンは水星が天底にあるときこの星が上昇していて、生涯の大半を内戦と奴隷制から国家を救おうと努めることに

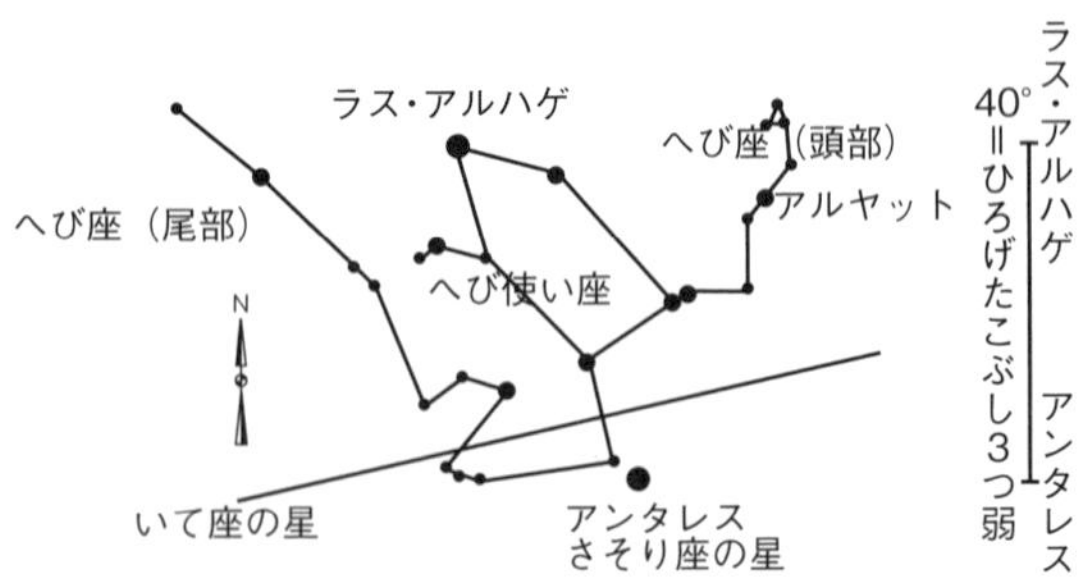


スター・マップ13. へびつかい座とへび座

費やしました。同様に十九世紀のロシアの神秘思想家、著述家で神智学協会の共同設立者であったブラヴァツキー夫人はラス・アルハゲが水星とつながっていますが、彼女の場合水星が沈むときにラス・アルハゲが天頂に達していました。ブラヴァツキー夫人は精神世界の著作で知られており、当時の科学では詐欺と見なされていましたが、その名前は精神世界の教師として生き続けています。フィンセント・ファン・ゴッホは太陽が天頂にあるときラス・アルハゲが沈んでいました。ゴッホは偉大な芸術家で、傷ついており治療を必要としていました。治療、教えることもしくは傷を負わせること、これらはこの星座のテーマであるように思えます。

### ラス・アルハゲが出生図にある場合

チャートに現れている場合、この星が示すのは治療に関する職業に引かれる、あるいはその分野で生まれつきの才能があることです。治療するために選んだものは、生き物だけでなく、生きた理想であるかもしれません。これは政治かほかの類する活動に導くこともあります。いずれにしてもこの原動力が損傷されたものを直し、治療することになります。

## ラス・アルハゲが誕生時に太陽の上昇と同時に昇る場合

ラス・アルハゲはプトレマイオスのリストにはありません、そのため明白に太陽の上昇と同時に昇る

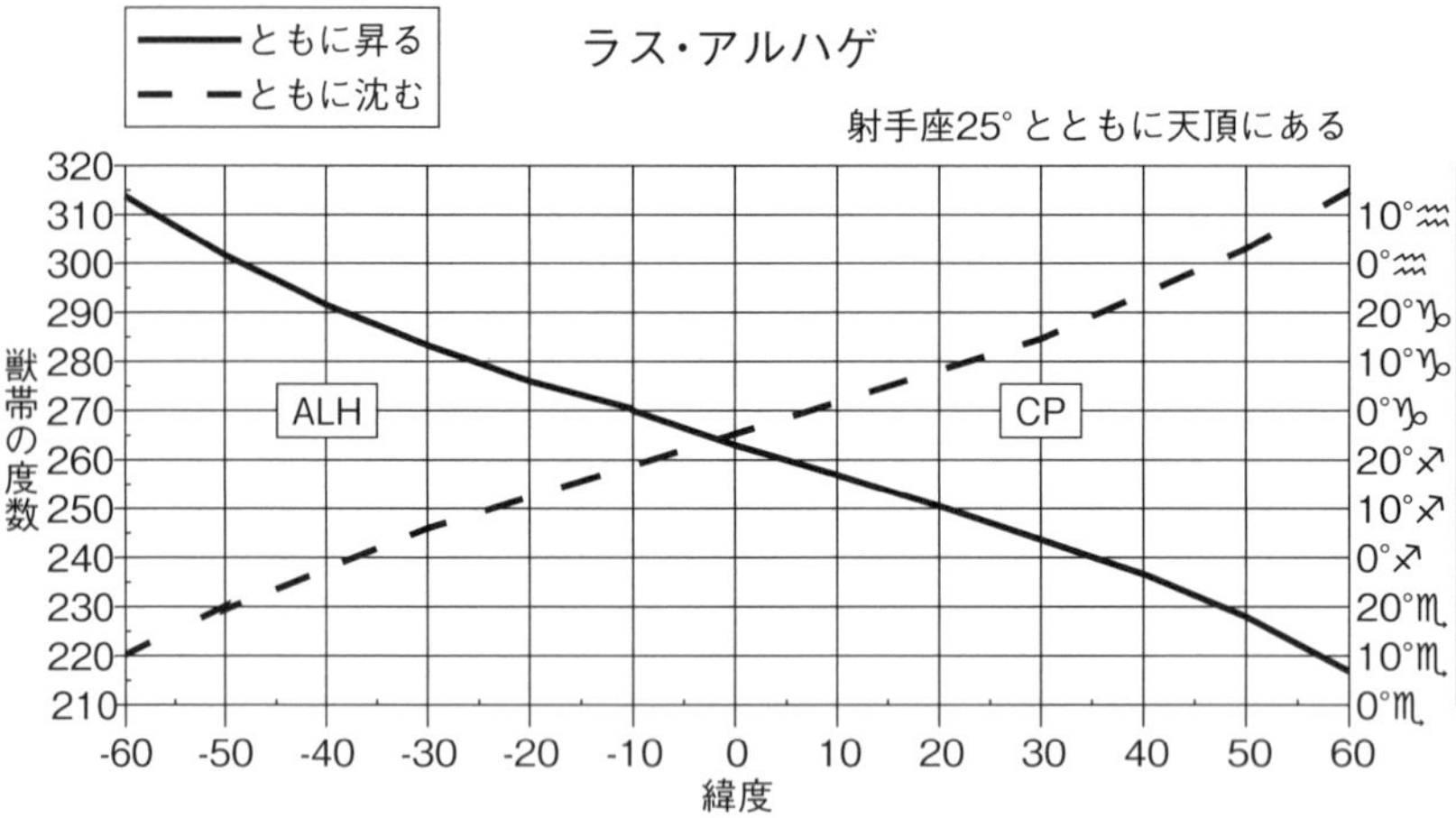


ヒライアカル

| 上昇 | 下降 |
|---|---|
| 1月30日 | 8月2日 |
| 1月20日 | 7月23日 |
| 1月10日 | 7月12日 |
| 12月31日 | 7月2日 |
| 12月22日 | 6月21日 |
| 12月12日 | 6月11日 |
| 12月2日 | 5月31日 |
| 11月22日 | 5月21日 |
| 11月12日 | 5月10日 |
| 11月2日 | 4月30日 |
| 10月23日 | 4月20日 |
| 下降 | 上昇 |

アクロニカル

パラン表24. ラス・アルハゲ

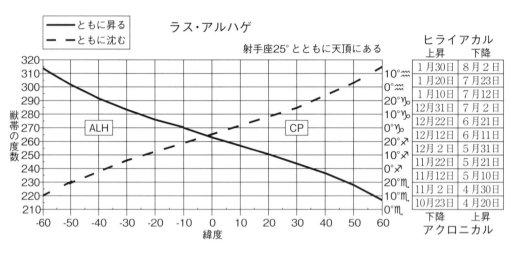

星として使用できませんが、生まれた日に宇宙的に太陽の上昇と同時に昇る星としてもっている場合、偉大な治療者とそのヘビの神話と意味、ひいては彼の知恵が人生の一部となるでしょう。この才能を使って治療者になるかもしれませんし、癒やされるために他者の知恵を必要とする人かもしれません。

## オリオン座、赤道上の神

私はあなたたちから飛び去る、おお人々よ、
私は地上のためではない、
私は空のためにある。
私は天国のように空へ舞い上がった。
私はハヤブサのように空にキスをした。
私は神の本質であり、神の子である。
見よ、誠実な愛すべきオシリスが
美しき者であるオリオン座の星としてやってきた。
私がきたのはオリオンをたたえるため。

私の魂は金の星であり、
彼とともにある。
私は永遠に空を駆ける。

――ピラミッドの文字[161]

紀元前六〇〇〇年ごろ、双子座の星が春分に昇るとき、エジプト人はほかのほとんどの文化と同様に、最も明るい星の上昇と下降によって一年を測り、星が太陽と同時に昇るときを暦に表しました。太陽の直前に昇る、太陽の上昇と同時に昇る星の重要性は星が日の出の到来を告げる働きをすることです。エジプト人は昇る太陽をイシスの腕に抱かれている幼いホルスと見ていました。神の帰還を表す太陽が昇るにつれて[162]、星をその光で一掃し、空を横切って運んでいくように見えました。こうして神はそのエネルギーを星のエネルギーと混ぜて、星は神によって照らされました。午後には太陽はもはや幼いホルスとして見られず、成人したホルスかラーでした。そして日没には、地下世界の神オシリスになりました。[163]

161 Quoted in Christopher Mann, prod., "The Great Pyramid" (documentary), BBC, 1994.
162 Lockyer, *Dawn of Astronomy*, p. 36.
163 Lockyer, p. 25. 星が上昇するときは若年期に、天頂にあるときは中年期に、沈むときは人生の終わりに影響を与えると言っているとき、興味深いことにこれは、三七九年の名前不詳の学者が書いているのと同じテーマです。

ロッキャーが示すのは紀元前六〇〇〇年から四〇〇〇年のあいだ農業循環の始まりに至点、春分点の重要性が確立されたことと[164]エジプト人が春分の重要な朝にオリオンが上昇するのを記録していたことです、春分はエジプトでは年ごとに起こるナイル河の氾濫と関連していました。[165]確かにオリオンの上昇と春分のこの関連はずっと早い時期にセラーズによって位置づけられていて、セラーズはオリオンの星が最後に春分の日に上昇していたのは紀元前六七〇〇年頃だったと指摘しています。[166]その頃、現在のように夜空の最も明るく、そして最も壮大な星座はオリオン座でした、夜明け前の光のなかにこの巨大な人間の姿をした星座が上昇し、太陽の燃えさかる船のなかにすくい取られるイメージは、控えめに言ってもきわめて印象的だったでしょう。

オリオン座／オシリスは神でした。[167]この星座は神の象徴ではなく神であり、神の物理的な居場所や神の顕現でした。同じようにおおいぬ座のシリウスはイシスの住む場所でした[168]（スター・マップ14を参照）。オリオンは春分の太陽とともに上昇し、世界時代 the world age の支配権を主張しました。エジプト人は彼がオシリスであり王（ファラオ）がオシリスから生まれたことを知っていました。ファラオはオシリスの物理的な肉体で、オシリスに戻されました。しかし何百年も経つにつれて彼らが気づいた

164 Locker, *Dawn of Astronomy*, p. 78.
165 Locker, *Dawn of Astronomy*, p. 85.
166 Sellers, *The Death of the Gods in Ancient Egypt* (London: Penguin, 1992), p. 43
167 Wallis E. A. Budge. *The Gods of the Egyptians*, vol. 1 (New York: Dover Books, 1969), p. 41.
168 Budge, *The Gods of the Egyptians*, vol. 2, p. 215.

のは、オリオン座が春分の朝の夜明け前に昇ることがだんだん少なくなってきたことでした。歳差運動の影響によって神は空からだんだん低くすべり落ちていきました。かつては日の出前に完全に上昇していましたが、春分点の日の出前に星座の一部分しか東の地平線上に昇らないときがきました。オリオン座はざっと二〇〇〇年間なんとか上昇していましたが、エジプト人は不死の神が渦巻きのなかに移動し、黄泉の世界にすべり落ちるとき水中を横切って旅していることを知っていました。

メアリー・セッテガストは、その著作『先史学者プラトン』のなかでオシリスの死が紀元前六〇〇〇年紀（オリオン座が春分点の位置からすべり落ちていた時期）に起きたと述べています。というのは王朝誕生前の上エジプトの陶器の普及やデザインに影響を与えたようにみえるからです。[169] このとき突然陶器がほかの地域に広まり、死んだ夫を探してイシスが旅する神話に反映されているとセッテガストは示唆しています。

こうした観察を説明するために、エジプト人は不死の神がこの世を去り、息子に王位を譲るという考えをつくり出しました。オリオン座の特徴のひとつはオリオンの右肩にベテルギウスという明るく赤い星があるということです。偶然に春分の夜明けを知らせる次の星座おうし座にもアルデバランという名前の明るく赤い星があります。オシリスが死に、おうし座の星々が取って代わるとき、生まれついての

169 Mary Settegast, *Plato Prehistory* (New York: Lindisfarne, 1990), p. 156.

太陽の王位〝継承者〟が現れました。[170]そのためこの星座はオシリスの息子ホルスとされました。オシリスは黄泉の国や死後の世界の神になり、息子ホルスは新しい世界秩序を支配しました。六〇〇〇年以上も続く宗教的哲学をもつエジプト人は、三つの星座が春分点からすべり落ちたため、三世代の神を考慮に入れた宗教をつくらざるを得ませんでした。

多くの現代の神学者／神話学者が、このオリオンの歳差運動はこの世を去る神が与える死後の世界という宗教的概念の源であることに同意しています。オシリス／オリオンは〝キリストの前の姿〟です。[171]神は不死です。しかし神もまた同じように死にます。死んだ神はいながらにして死後の世界を私たちに約束します。[172]ピラミッドに書いてある次の言葉がこのエジプト人の考えをうまく言い表しています。

目覚めるために眠り
生きるために死ぬ[173]

したがってオリオン座は神の元型です。私たち人間はおそらく八〇〇〇年以上もまえからこの星座を

170 Sellers, *The Death of the Gods in Ancient Egypt*, p. 33.
171 Sellers, *The Death of the Gods in Ancient Egypt*, p. 47.
172 Sellers, *The Death of the Gods in Ancient Egypt*, p. 122-123.
173 Pyramid Text, 1,975 BC, quoted in Sellers, p. 127.

もとにして男性の神をつくり上げてきました。これはけっして沈まない周極のおおぐま座とこぐま座の女神と対照的です。というのも女神は私たちの哲学では死なないからであり、女神は消えてゆくかもしれませんが不死です。おおぐま座は沈むことなく北極点を周回します。しかし、赤道上の男性神や黄道の神々は英雄の渦巻きの旅に支配されます。このひとつの星座はほかのどの星群よりも人類に最も深遠な影響を与えてきました。

四〇〇〇年くらいのちに、ギリシャ人はオリオンを巨人、アルテミスの歓迎されない崇拝者に変えました。アルテミスはここでは巨大なサソリをつくりオリオンの足を刺させ、オリオンを盲目にします。[174] しかしオリオンは太陽を見ることで視力を回復しました。この神話はおそらく北の空にさそり座が上昇するときオリオン座は沈んで逃げるように見えるという事実から生まれたのでしょう。この話のもうひとつのバージョンがアルテミスはオリオンの求愛をありがたく思うものの、だまされて誤って殺すというものでした。オリオンは海に泳ぎだし（星座が海にすべり込むことのたとえ）、アルテミスは彼を流木と間違え、射撃練習に使いました。[175] 彼は海で行方不明になりました。ギリシャの物語はエジプト神話を反映しています。彼らのオリオンの物語にはオリオンが死ぬか盲目になるか、そして太陽と関わることで再生するという共通の趣があるからです。

174 Grimal, *The Dictionary of Classical Mythology*, p. 330.
175 Bulfinch, *Myths of Greece and Rome*, p. 238.

### オリオン座の星

最も明るい星は主星として記されていませんがリゲルです、ほかの星は等級の降順にベテルギウスが脇の下にあります。ベラトリックスが左腕です。ミンタカがベルト、アルニラムがベルトの真ん中の星、さらにアルニタクがベルトの最も下にある星です。サイフが右ももに、タビトが右脚にあります。

## ベテルギウス

（オリオン座アルファ星、変光星、赤経：06h23m49s、赤緯：北07度24分22秒、黄経：双子座28度03分）パラン表25を参照。パラン表の読み方の例：北緯31度、エジプトのアレクサンドリアに生まれた場合、星は蟹座の約8度で上昇しました。惑星が蟹座もしくは山羊座8度にある場合、惑星は星とともに上昇し沈みました。また星は双子座20度で沈みました。したがって惑星が双子座か射手座の20度にある場合、星が沈むとき惑星は沈み上昇しました。星は双子座28度で天頂にあります、そのため惑星が双子座もしくは射手座の28度にある場合、星が天頂にあるとき惑星は天頂にあるか天底にありました。

この北緯31度では、星は出現しているけれども隠れて見えない位相にあります。この時期は毎年およそ六月十一日（双子座20度の横にある日付ボックスの左側の列から読み取ります）から六月三十日（蟹座8度の横にある日付ボックスの左側の列から読み取ります）までです。そして本当に、あるいは宇宙的に太陽と同時に上昇するのは六月三十日ごろです（〝太陽と同時に上昇する〟欄の北緯31度で上昇している線の日付を読み取ります）。

ベテルギウスは極地を除くすべての緯度のチャートで四点とも使用可能です。

### これまでの解釈

プトレマイオスによれば、オリオンの肩とその近くにある星々は、火星と水星のようであるとのことです。ロブソンは、武勲と関連させています。エバーティンによれば、幸運、成功やいつまでも続く名声としています。リゴーは同意し、無分別や変わりやすい性質を付け加えています。

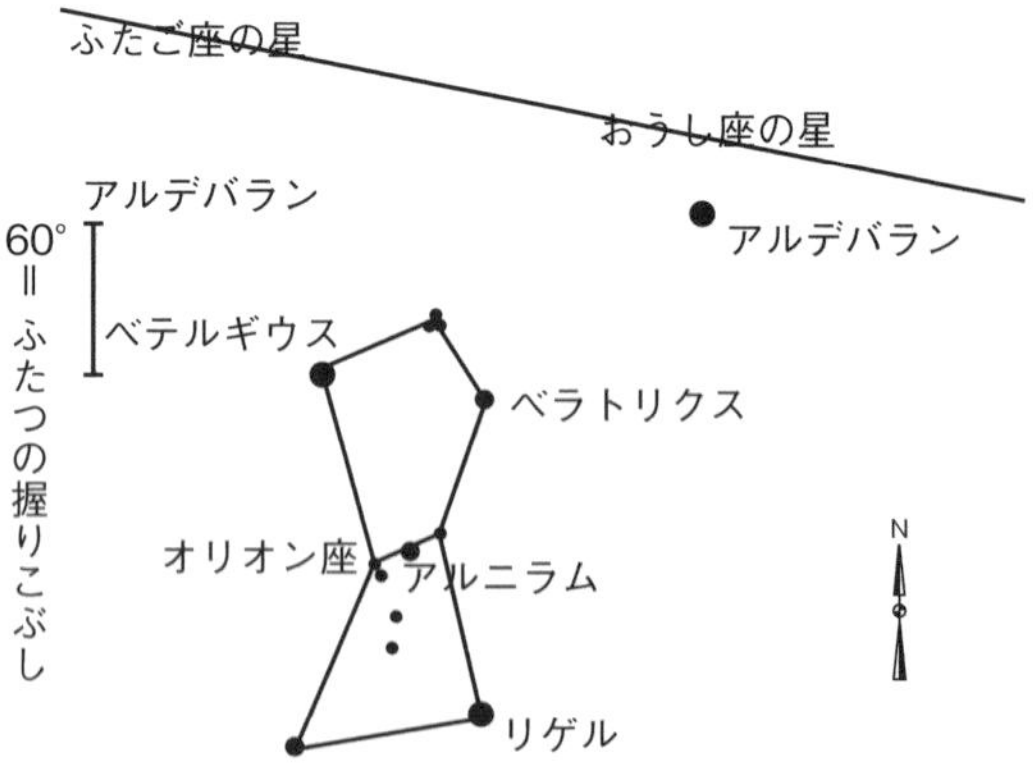

スター・マップ14.　オリオン座、赤道の神

### ベテルギウスの意味

ベテルギウスは空の最も偉大な星のひとつであり、その影響は複雑な問題を引き起こすことなく際限のない成功をもたらす可能性があります。それは神の右腕、脇の下や肩に位置し、そのためはっきりと

して強いものを表しています。ベテルギウスとこの星座の仲間の星々は、地域社会においてであれ国際社会においてであれ、名声や成功のチャートを表示するもののひとつです。その影響を受ける人は有能で才気にあふれ成功します。

ベテルギウスは非常に強い星でチャートのそれぞれのアングルに影響を与えるため、その表現の変化をはっきりと見ることのできる数少ない星のひとつです。

**ベテルギウスが天底にある場合**

天底にある星はその影響が老年期や死後にも明らかになるため、その影響が自明でないことを暗示しています。アブラハム・リンカーンとマーティン・ルーサー・キングはどちらもベテルギウスがこの位置にあります。リンカーンはベテルギウスが天底にあるとき木星が昇っており、生存中に成功しましたが（チャートに良い星がたくさんあるので）、この位置にあるベテルギウスは死後高まる名声を示唆しています。マーティン・ルーサー・キングは同様にベテルギウスが天底にあるとき月が昇っていました。彼は生存中成功を収めましたが、不滅になったのはようやく死にさいしてでした。

**ベテルギウスが上昇している場合**

星の上昇は人生の初期にエネルギーを与えます。それを支えるほかの星々があればそのエネルギーはのちも継続するかもしれません。ベテルギウスがこの場所にあると成功は早く訪れ、神童を生みさえするかもしれません。ジェームズ・ディーンは良い例です。彼はベテルギウスが木星とともに上昇し、自動車事故で亡くなるまえに俳優として一躍有名になりました。

マリリン・モンローはベテルギウスが上昇しているとき火星が天頂にありました。MC（人々に忘れられない物事）で火星とつながっていたので、とんとん拍子の大きな成功を収めました。それは金星が示す演技というより、火星が表すセックス・シンボルとしての成功でした。彼女は死後や中年期まで待つ必要がありませんでした。

**ベテルギウスが天頂にある場合**

この位置にある場合、成功は中年期に訪れ、この人物がどのように記憶にとどめられるかを決めます。ヴィクトリア朝時代の小説家チャールズ・ディケンズはベテルギウスが木星とともに天頂にありました。このことは彼のチャートにある唯一の恒星の組み合わせではありませんでしたが、ディケンズが生涯のあいだに大きな成功を収め、その作品が生き続けることを示しました。

**ベテルギウスが沈む場合**

この位置にあると星のエネルギーは人生の遅くに現れます。ウィリアム・ブレイクは太陽がベテルギ

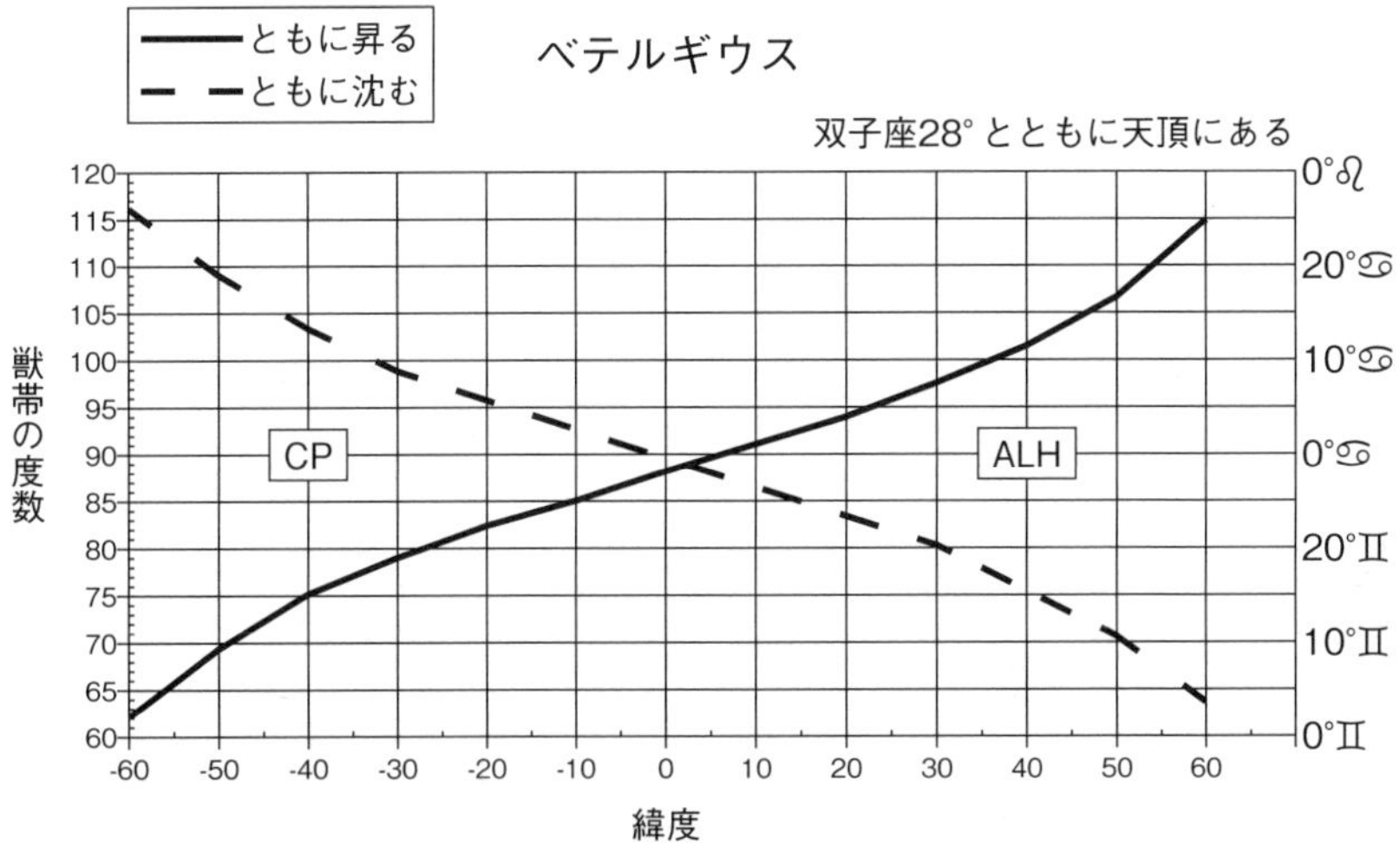


| ヒライアカル | |
|---|---|
| 上昇 | 下降 |
| 7月18日 | 1月16日 |
| 7月13日 | 1月11日 |
| 7月8日 | 1月6日 |
| 7月2日 | 1月1日 |
| 6月27日 | 12月27日 |
| 6月22日 | 12月22日 |
| 6月17日 | 12月17日 |
| 6月11日 | 12月13日 |
| 6月6日 | 12月8日 |
| 6月1日 | 12月3日 |
| 5月27日 | 11月28日 |
| 該当なし | 該当なし |
| 下降 | 上昇 |
| アクロニカル | |

パラン表25. ベテルギウス

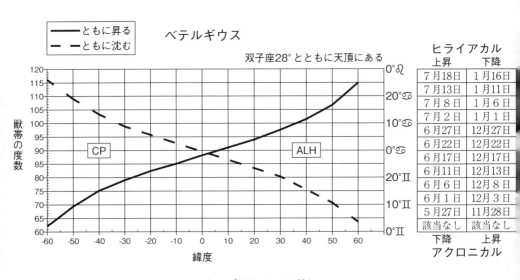

ウスとともに沈んでいました。彼は偉大な芸術家で詩人でしたが、生涯のあいだに銅版画をつくることで生計を立てなければなりませんでした。彼の名前は晩年や死後になってようやく大きく評価されました。この星は成功する能力や仕事が後生に残ることに関係します。ある意味でこの星は不朽となる機会を与えます。ベテルギウスをチャートにもつ人すべてが非常に有名になるというわけではありませんが、そうした名声の可能性に重要な要素です。この星の影響を受けた人は、魂の暗い旅路を経験する必要なく成功を経験することが可能です。

### ベテルギウスが出生図にある場合

ベテルギウスとつながりのある惑星は、その人がもっている才能や能力を表し、喜び、成功、あるいは名声にさえ使用できることがわかります。それは月や金星の関係と同じくらい単純かもしれません。ベテルギウスのつながりは生涯にわたる感情的な幸福を意味します。この星が触れるものはなんでもポジティブな結果を生み出します。

### ベテルギウスが誕生時に太陽の上昇と同時に昇る場合

明白に上昇する場合と宇宙的に上昇する場合のいずれでもベテルギウスは太陽とともに上昇している人に成功する能力を示す可能性があります。この個人的な野心と結びついて、自信からくる自然のカリスマ性があります。この生まれながらのカリスマ性は非常に成功した前向きな人生に導くかもしれません、あるいはチャートのほかの要素にもよりますが〝詐欺師〟を示すかもしれません。

### リゲル

（オリオン座ベータ星、0・3等星、赤経：05h14m17.6s、赤緯：南08度12分21秒、黄経：双子座16度08分）

パラン表26を参照。パラン表の読み方の例：南緯41度、ニュージーランドのウェリントンに生まれた場合、星は牡牛座の約25度で上昇しました。惑星が牡牛座もしくは蠍座の25度にある場合、惑星は星とともに上昇し沈みました。星はまた蟹座15度で沈みました。したがって惑星が蟹座か山羊座の15度にある場合、星が沈むとき惑星は沈み、上昇しました。星は双子座18度で天頂にあります、そのため惑星が双子座もしくは射手座の18度にある場合、惑星が天頂にあるとき星は天頂か天底にありました。

この南緯41度では、星は短縮した運行の位相にあります。この時期は毎年およそ十一月十七日（双子座25度の横にある日付ボックスの右側の列から読み取ります）から一月五日（蟹座15度の横にある日付ボックスの右側の列から読み取ります）までです。そして本当に、あるいは宇宙的に太陽と同時に上昇するときはだいたい五月十五日です（〝太陽と同時に上昇する〟欄の南緯41度で上昇している線の日付を読み取ります）

リゲルは極地を除くすべての緯度のチャートで四点とも使用可能です。

## これまでの解釈

プトレマイオスによれば、肩以外にあるオリオンの星は木星と土星に似ているということです。ロブソンによれば、裕福さや栄光、さらに機械に強いことをもたらすそうです。エバーティンは、素早く成功するが、地位を守るために長期戦を行う必要があると語っています。リゴーはロブソンの意見に同意していますが、リゲルは野心をもたらすと付け加えています。

## リゲルの意味

この星座の最も明るい星はオリオンの左足のつま先にあり、エリダヌス河に触れています。古代エジプトではファラオの足元にあることはオシリスの守護のもとにあることを象徴しました。オシリスは寛大でみずから征服したすべての地に教育や文明をもたらしました。オシリスの彫像は彼が片方の足をもう片方より前に出して（左から右へと変わります）立っているところを見せており、その足元にはオシリスのテーマを代弁する飛べなくなった鳥があります。飛べなくなった鳥は否定的なイメージではなく、オシリスが表す知恵や文明の保護を受け取る人々のひとりと考えられました。[176]

176 Richard H. Wilkinson, *Reading Egyptian Art* (London: Thames and Hudson, 1992), p. 87.

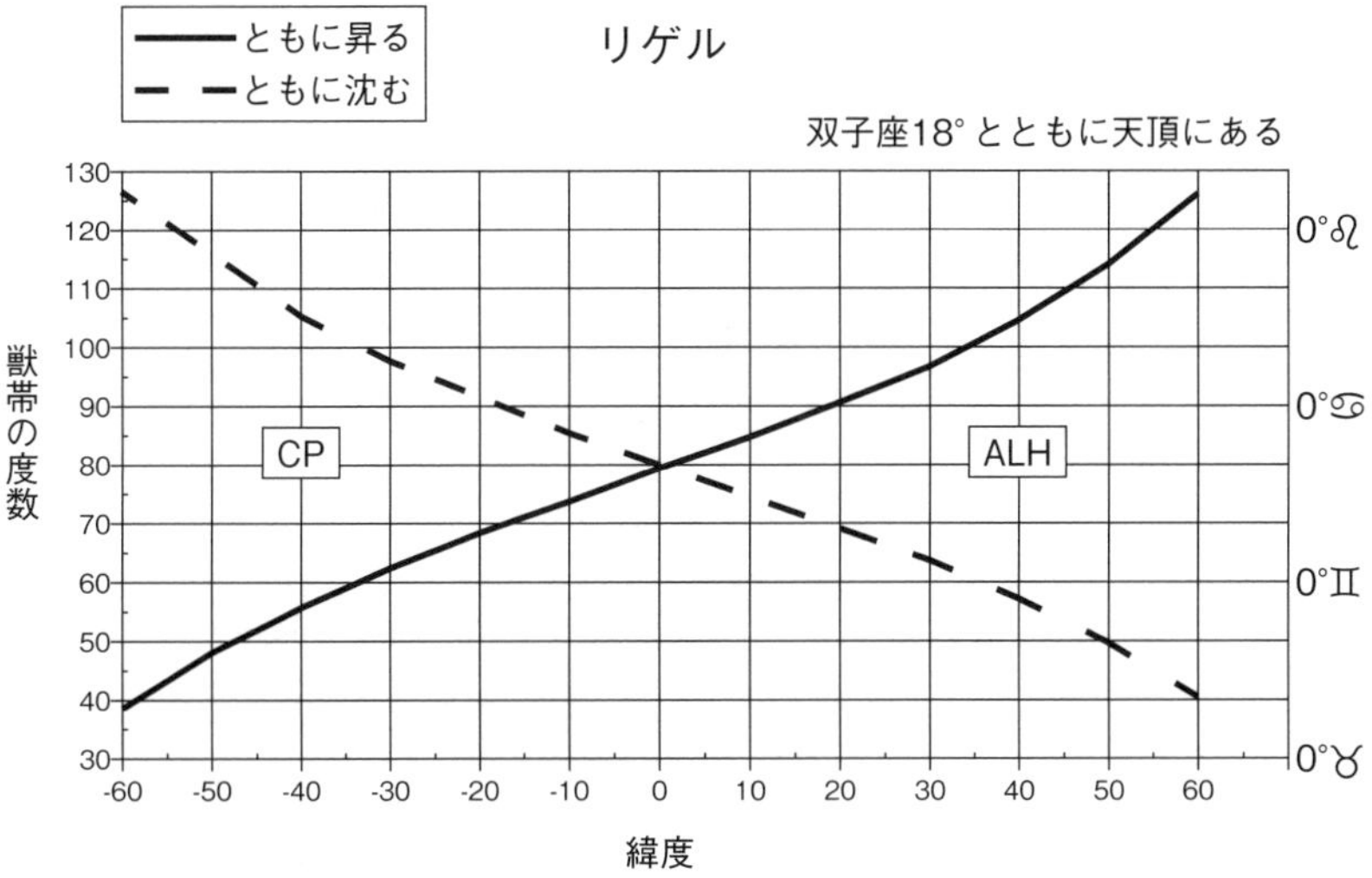


ヒライアカル

| 上昇 | 下降 |
|---|---|
| 7月23日 | 1月20日 |
| 7月12日 | 1月10日 |
| 7月2日 | 12月31日 |
| 6月21日 | 12月21日 |
| 6月11日 | 12月11日 |
| 5月31日 | 12月2日 |
| 5月21日 | 11月22日 |
| 5月10日 | 11月12日 |
| 4月30日 | 11月2日 |
| 該当なし | 該当なし |
| 下降 | 上昇 |

アクロニカル

パラン表26. リゲル

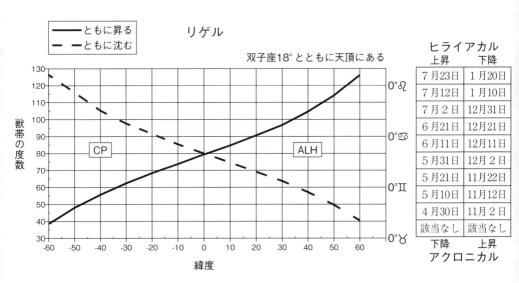

そのためリゲルはオリオン座の行動的な、教育する面であると考えることができます。この星はロブソンが思うように野心との関連だけで見るよりも、全体像を見るほうがおそらく簡単です。それは個人の利益のためだけでなく、より重要なことですが、多くの人々の利益のための前向きな発展という考えです。リゲルは特定の地域の学校、公営企業、あるいは知識のあらゆる分野における教育者を表します。ヨハネス・ケプラーはリゲルが天頂にあるときに木星が沈んでいました。ケプラーは惑星運動の法則で記憶されています。偉大な十八世紀の哲学者であるイマニュエル・カントは、リゲルが天底にあるときに生まれました。カントも思想や考えによって記憶にとどめられています。思想や発明で記憶に残っているもうひとりであるレオナルド・ダ・ヴィンチはリゲルが沈んでいるとき月が天底にありました。繰り返しになりますが、星が沈んでいる位置にある場合、高齢期や人生の終わりにこのように認められるようになることを示しています。

**リゲルが出生図にある場合**

リゲルがチャートに影響を及ぼす場合、あなたにとってなんの問題もありませんが、学びたい、教えたい、知識を他者に伝えたいという願望を示します。さまざまな意味によって人生に現れるかもしれませんし、どの惑星に星が触れているかに左右されます。

## リゲルが太陽の上昇と同時に昇る場合

明白に昇る場合と宇宙的に昇る場合のいずれかでこの星とともに生まれたならば、文明の構造や秩序と強いつながりがあります。他者の世界観を教えたり広げたりしたいという欲求あるいは確立した世界観を守りたいという欲求があり、これが好ましい、より良い生き方を意味すると信じています。こうした見方がその人のなかでは強く、ときには型にはまらない人たちの集団と衝突をする可能性があります。

## ベラトリックス

(オリオン座ガンマ星、1・7等星、赤経:05h24m51.6s、赤緯:南06度20分44秒、黄経:双子座20度15分)

パラン表27を参照。パラン表の読み方の例:北緯54度、英国のブラックプールに生まれた場合、星は蟹座の約15度で上昇しました。惑星が蟹座か山羊座の15度にある場合、惑星は星とともに上昇し沈みました。星はまた双子座3度で沈みました。したがって惑星が双子座か射手座の3度にある場合、星が沈むとき惑星は沈み上昇しました。星は双子座21度で天頂にあります、そのため惑星が双子座もしくは射手座の21度にある場合、星が天頂にあるとき惑星は天頂か天底にありました。

この北緯54度では、星は出現しているけれども隠れて見えない位相にあります。この時期は毎年およそ五月二十四日(双子座3度の横にある日付ボックスの左側の列から読み取ります)から七月七日(蟹座15度の横にある日付ボックスの左側の列から読み取ります）までです。そして本当に、あるいは宇宙的に太陽の上昇と同時に上昇するときはだいたい七月七日です（〝太陽と同時に上昇する〟欄の北緯54度で上昇している線の日付を読み取ります）。

ベラトリックスは極地を除くすべての緯度のチャートで四点とも使用可能です。

## これまでの解釈

プトレマイオスによれば、肩の星々は、火星と水星に似ているとしています。ロブソンは〝素早くやってくる、あるいは素早く破壊する〟と語っています。エバーティンは、闘志、勇気、組織化する能力などの資質を挙げていますが、しばしば無謀であるとしています。しかしリゴーは、男性には偉大な市民的名誉を強調していますが、女性にはおしゃべり、強引さを強調しています。

## ベラトリックスの意味

ベラトリックスは神の左肩に位置し、アマゾンの星または女性戦士、またあるときには征服者や大声で叫ぶ征服者として知られています。[177] ベラトリックスは右側の仲間ベテルギウスの成功をもたらしますが、それは陰を伴います。というのはベラトリックスが約束できる成功は代償を伴うからです。精神

177 Allen, *Star Names*, p. 313.

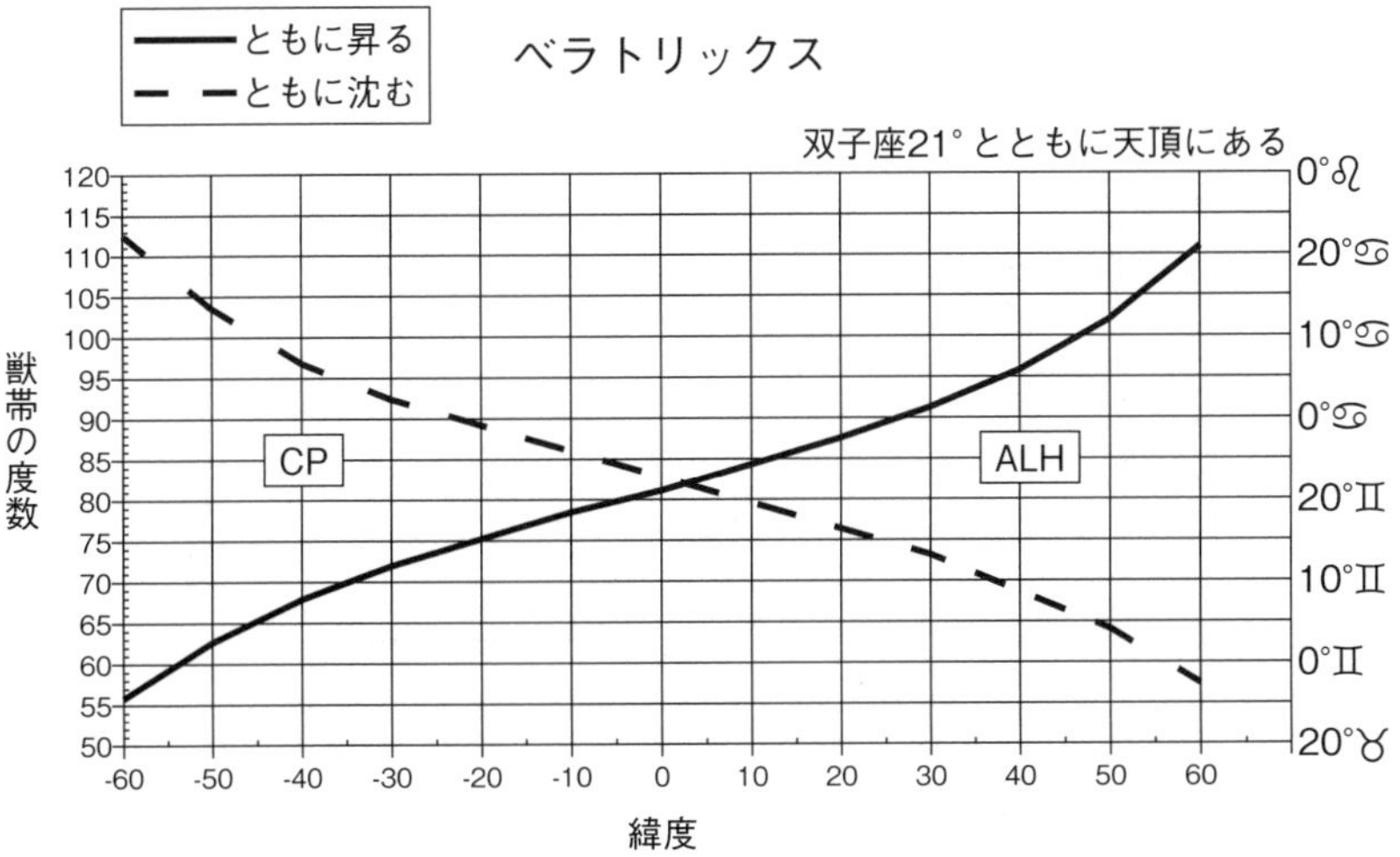


ヒライアカル

| 上昇 | 下降 |
|---|---|
| 7月13日 | 1月11日 |
| 7月2日 | 1月1日 |
| 6月22日 | 12月22日 |
| 6月11日 | 12月12日 |
| 6月1日 | 12月3日 |
| 5月22日 | 11月23日 |
| 該当なし | 該当なし |
| 下降 | 上昇 |

アクロニカル

パラン表27. ベラトリックス

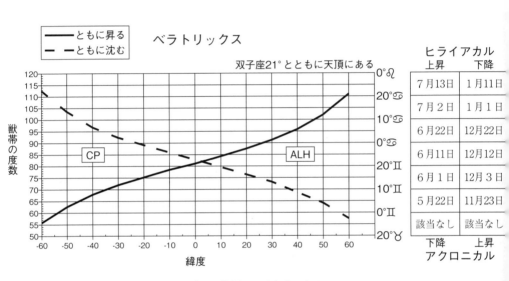

の困難な面を扱うという代償です。その成功への道のりはベテルギウスほど順調ではありません。ここで個人的な弱さがさらされます。偉大な神の左側、もしくはより陰のある面だからです。この星をもつ人々は成功への対価としてはるかに個人的な成長を経る必要があります。この成長やこうした洞察が無視される場合、ベラトリックスは身を滅ぼすことを意味する可能性があります。

マリリン・モンローはベラトリックスが太陽とともに沈む日に生まれました、そのため大いに成功しましたが、悲劇的な人物として記憶に残っています。フィンセント・ファン・ゴッホはベラトリックスの人であり、ベラトリックスが沈んでいるときに火星が天底にありました。みずからのなかの悪魔とたえず闘い続け、この偉大な芸術家は自殺しました。一九二八年にペニシリンを発見したスコットランドの細菌学者サー・アレクサンダー・フレミングはベラトリックスが上昇しているときに生まれました。フレミングは第一次世界大戦中軍医として従事しました。人間の細胞組織に無害の抗菌性物質を見つけたいという願望をあおったのは戦争体験だったのでしょうか。ここでも、ベラトリックスが示す成功の可能性は暗闇を旅したあとにしかもたらされません。

**ベラトリックスが出生図にある場合**

チャートにある興味深い星は、個人的な弱さを非常に真剣に見る必要性があること、成功すなわち本物の成功が精神的であれ物質的であれ、個人的な成長をとおしてしかもたらされないことを示しています。この星が出生図のアングルにある場合、こうした自己認識や個人の成長が必要とされる人生の時期を示します。

**ベラトリックスが誕生時に太陽の上昇と同時に昇る場合**

この星が明白にあるいは宇宙的に太陽と昇る場合に生まれたなら、成功が示されていますが常にみずからの悪魔と対峙する必要があります。これはライフスタイルとなり、セラピストやカウンセラーとして実践し、他者がみずからの個人的な問題に立ち向かうのを助けることになるかもしれません。あなたにとってカルマは瞬時のものです。速やかな結果を求めてネガティブな行動をしてもよいという思い込みは、現実によってすぐに払拭されるでしょう。

## アルニラム

（オリオン座イプシロン星、1・8等星、赤経：05ｈ33ｍ39ｓ、赤緯：南1度14分、黄経：双子座22度46分）

パラン表28を参照。パラン表の読み方の例：北緯45度、米国のミネアポリスに生まれた場合、星は蟹座の約17度で上昇します。惑星が蟹座もしくは山羊座17度にある場合、惑星は星とともに上昇し沈みました。星はまた双子座5度で沈みました。惑星が双子座か射手座の5度にある場合、星が沈むとき惑星は沈み上昇しました。星は双子座25度で天頂にあります、そのため惑星が双子座もしくは射手座の25度にある場合、星が天頂にあるとき惑星は天頂か天底にありました。

この北緯45度では、星は出現しているけれども隠れて見えない位相にあります。この時期は毎年およそ五月二十四日（双子座5度の横にある日付ボックスの左側の列から読み取ります）から七月八日（蟹座17度の横にある日付ボックスの左側の列から読み取ります）までです。そして本当に、あるいは宇宙的に太陽の上昇と同時に昇るときはだいたい七月八日です（〝太陽と同時に上昇する〟欄の北緯45度で上昇している線の日付を読み取ります）。

アルニラムは極地を除くすべての緯度のチャートで四点とも使用可能です。

## これまでの解釈

プトレマイオスによれば、オリオン座の肩以外の星々は土星と木星に似ているとのことです。ロブソンによれば、アルニラムはつかのまのおおやけの場での名誉を与えるとのことです。エバーティンはこの星について記述していません。リゴーはロブソンに同意しています。

## アルニラムの意味

プトレマイオスが言及した二十九の星のひとつですが、占星術的にこの星にかんしてなされた研究は

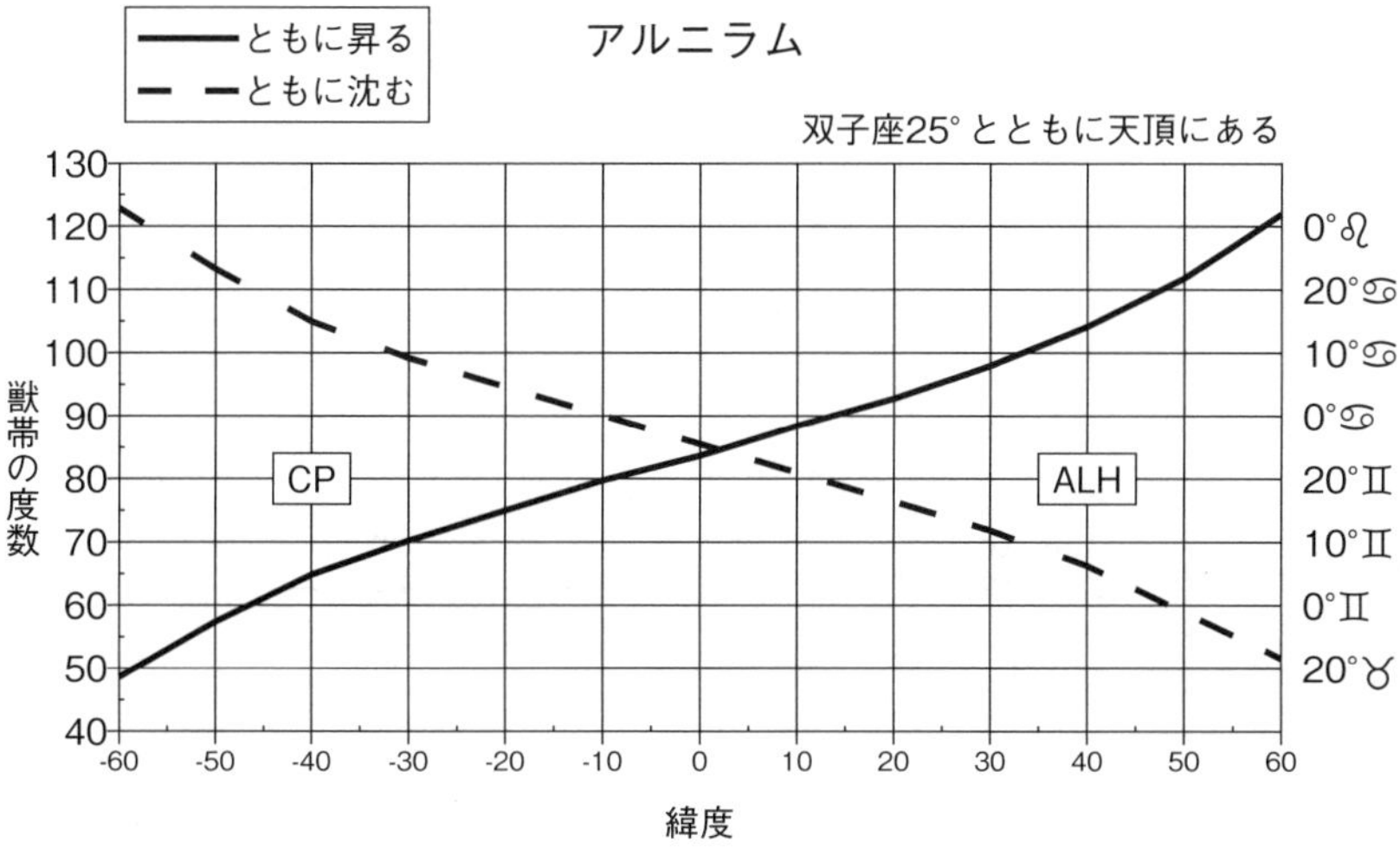


ヒライアカル

| 上昇 | 下降 |
|---|---|
| 7月23日 | 1月20日 |
| 7月12日 | 1月10日 |
| 7月2日 | 12月31日 |
| 6月21日 | 12月22日 |
| 6月11日 | 12月12日 |
| 5月31日 | 12月2日 |
| 5月21日 | 11月22日 |
| 5月10日 | 11月12日 |
| 下降 | 上昇 |

アクロニカル

パラン表28. アルニラム

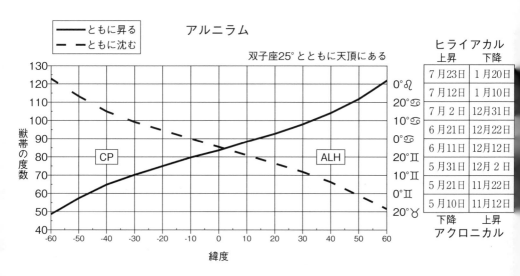

あまり多くありません。したがってその包括です。神の光り輝くベルトのバックルにある星であり、なんらかの意味があるとしたらこの象徴を考慮に入れる必要があるかもしれません。カール・ユングはアルニラムが明白に太陽の上昇と同時に昇るときに生まれましたが、対照的にベニート・ムッソリーニも同様でした。この星を扱うにあたって、まだ満足のゆく意味を発見していません。

## ペガスス座、翼のある馬

馬は狩猟採集（旧石器時代）から耕作（新石器時代）の村落へつながる変遷の一部であり、天空にその居場所を得ました。古くは紀元前一万二〇〇〇年からわずか百年前まで馬は多くの文化の中心的なテーマでした。[178] 人類が馬にかんする強迫観念を手放しはじめたのはようやく最近になってからです。

空にある馬の象徴の起源はほとんど知られていませんが、ケルト神話では馬は最も神聖な動物で女神にしか委ねられていませんでした。ケルト人は一種の手綱や馬車を開発し、馬車のスピードは人の価値を測るものさしでした。男性は馬や馬車で戦いましたが、女神は馬を守護し、支配しました。モリスダンスを踊る人たちの伝統的な馬の頭がついた棒もしくは棒馬は、白い馬に乗った女神――ゴダイヴァ夫

178 最近の考古学的な発見によると、馬は南西ヨーロッパで紀元前一万二〇〇〇年に初めて装具を付けられたことが判明しています。

人[179]としても知られる――を象徴し、二十世紀のケルトとイギリス社会でいまもなお目にすることのできる馬と女神の神話の痕跡を示すシンプルな例です。

ケルトの馬の女神リアノン[180]の物語は集団のなかにケルトの神話が息づいていることを気味悪く思い出させてくれます。リアノンは生まれたばかりの自分の子供を殺した罪に問われ、犬の血が彼女に不利な証拠として使われました。リアノンは無実であることを主張しましたが信じてもらえませんでした。そのため城の門にとどまり、通行人を背中に乗せてあげなければならないという罰を受けました。二十年間門にとどまり、常に無実を申し立てました。最後には彼女は無実を証明されました。この物語は、現代オーストラリアの砂漠で展開されました。馬の女神リアノンの物語が、生まれたばかりの子供を殺した罪に問われたリンジー・チェンバレンの人生で再現されたあと、ディンゴ（野生の犬）が連れ去ったと彼女は抗議しました。有罪判決と投獄のあと、新しい証拠で彼女が無実であるとわかりました。この事件は世界的なセンセーションを巻き起こしました。あたかも古代ケルト人の散らばった祖先たちが本能的にこの古代の神話に反応しているかのようです。

ペガススはアンドロメダの首の部分から現れています（スター・マップ15を参照）。半身しか空に現れていません。前足、翼（スピードを象徴するために）背中、胸です。四つの星が巨大な四辺形をつくっ

179 Walker, *The Woman's Encyclopedia of Myths and Secrets*, p. 411.
180 Caldecott, *Women in Celtic Myth*, p. 21.

ており、その四辺形は翼のある馬の胴体と頭部を形成しています。ギリシャ人はペガススをメデューサがペルセウスに殺害されたときその首から生まれているとして描写しました。[181] アラトスはこの星座を神聖なものと呼びました、実際先史時代の世界にとって、馬の家畜化は神からの贈り物のように思われていたにちがいありません。ペガススは空にある唯一の馬ではありません。その隣にはこうま座が位置しています。

しかしペガススには馬の家畜化のほかにも意味があるかもしれないという気がします、なぜならペガススは空に大きな四角形を形成し、世界も旅の途上の太陽の動き（ふたつの分点とふたつの至点）によって四つに分割されています。この四という数字は、大海に浮かんでいるテーブルとして、その上に北極星、下に南極があるという地球の光景に反映されていました。これは怒ったゼウスが拳でたたきつけ、傾けた台座です。[182] 太陽年のこうした四つの自然な地点から出現したのは、磁石の四つの方位と世界を四つに区分することでした。四角であることは、周極の女神信仰から生じて私たちの祖先が発展させてきたおそらく最古の宗教的、哲学的概念のひとつでしょう。[183] 女神が消え失せ神が現れるのにともない、正方形、あるいは四辺をもつ形がしだいに重要になりました。正方形や黄金分割は一年を表すためにニュー

181 Grimal, *The Dictionary of Classical Mythology*, p. 349.
182 De Santillana and von Dechend, *Hamlet's Mill*, p. 278.
183 すなわち夏至の日に太陽が通る弧の形状からつくられた長方形〝黄金分割〟は紀元前一万五〇〇〇年頃のフランスの洞窟壁画から発見されました。

グレンジを建造したケルト人が使っていました。[184] 正方形や長方形の実際の象徴はその集団が年にたいする知識があることを意味し、ニューグレンジのライトボックスの石に誇らしげに刻まれていました。おひつじ座に春分点が入る頃には、一神教は発展していくなかでみずからの神学をこの数字を中心につくり上げました。旧約聖書のヘブライ人の神と東方三博士とカバラの神、遍在する、行動と怒りに満ちた神はこの数字で知られています。占星術では四番目のハーモニクであるスクエアアスペクトは行動とスピードの表現を旧約聖書の神から受け継いでいます。

ペガススは〝I-iku〟または〝I-iku Star〟（訳注 Field、場、野原の意）としても知られています。これはバビロン神話の完全な、四角い箱（訳注 建造物の定礎のこと、バビロニアに起源する）をつくるの

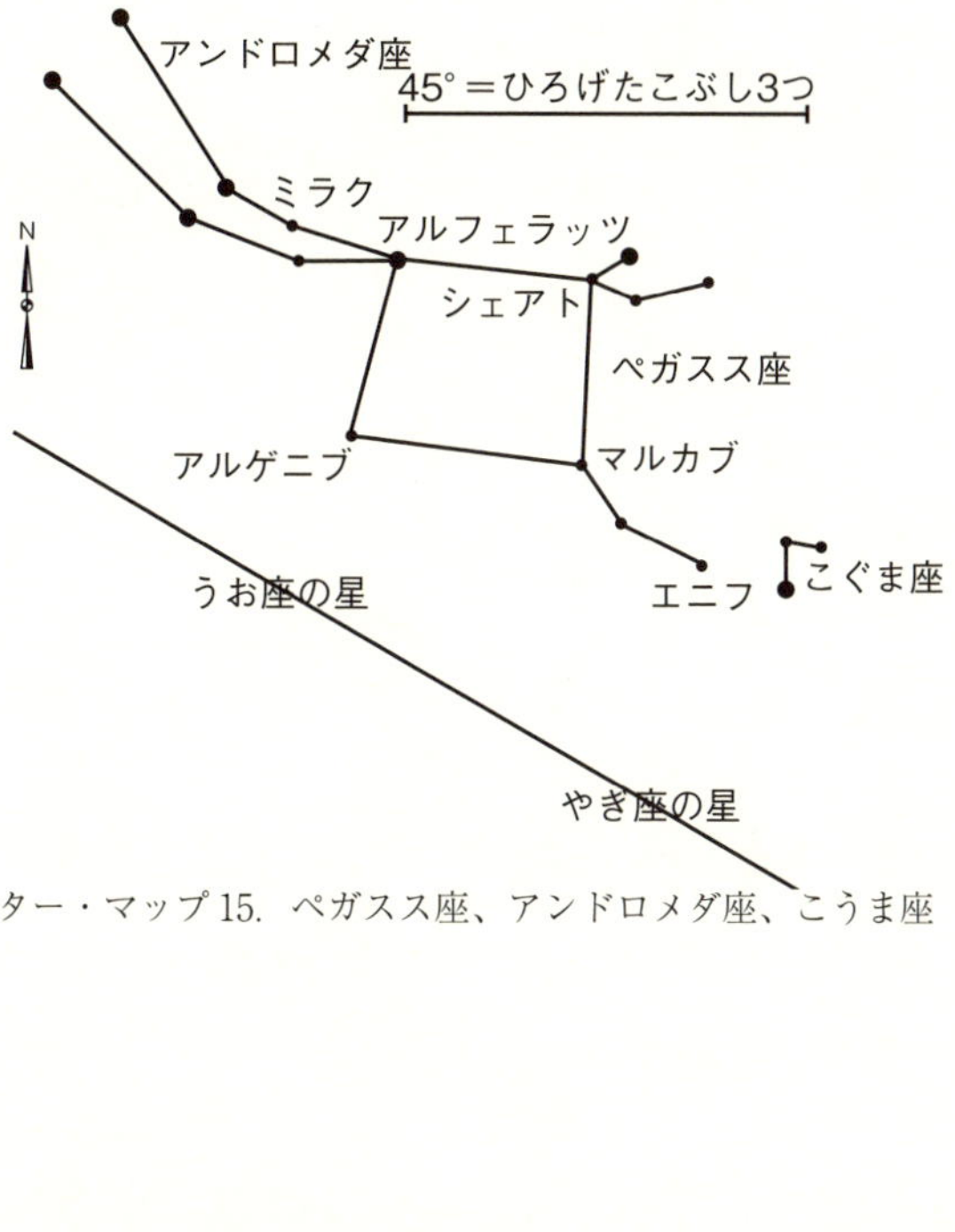


スター・マップ15. ペガスス座、アンドロメダ座、こうま座

184 ニューグレンジはアイルランドのボイン渓谷にあり、紀元前三〇〇〇年ごろにさかのぼる、現存する世界で最古の建造物とされています。一エーカーにわたって、大きな盛り土がされており、墓だと考えられてきましたが、最近では太陽光が射し込む見事な構造や石の彫刻によって、一種の暦や天文台である可能性が生じてきています。

に使用したはかりでした。[185]

ペガススは巨大な魔法の四角形と四の神話的、神学的考えと結びついている可能性があります。少なくとも集中した行動や能力に関連しています。そのいっぽうで知識や学習、たとえば科学の新しい世界観も示しています。

### ペガスス座の星

ペガスス座の最も明るい星はマルカブです。[186] ほかの主な星は、シェアトが肩に、アルジェニブが翼に、エニルが鼻にあります。

## マルカブ

（ペガスス座アルファ星、2・6等星、赤経：23h04m31.8s、赤緯：北15度10分46秒、黄経：魚座22度47分）パラン表29を参照。パラン表の読み方の例：南緯35度、オーストラリアのアデレードに生まれた場合、星は魚座の約27度で上昇しました。惑星が魚座もしくは乙女座の27度にある場合、惑星は星と

185 De Santillana and von Dechend, *Hamlet's Mill*, p. 297.

186 アルフェラッツは2・2等級で明るいですが、現代ではこの星はアンドロメダ座に位置しています。しかし、占星術的にはいまだなおペガスス座の一部と見なすべきであると示されています。

ともに上昇し沈みました。星はまた水瓶座25度で沈みました。したがって惑星が水瓶座か獅子座の25度にある場合、星が沈むとき惑星は沈み上昇しました。また星は水瓶座25度で天頂にあります。そのため惑星が水瓶座もしくは獅子座の25度にある場合、星が天頂にあるとき惑星は天頂か天底にありました。

この南緯35度では、星は出現しているけれども隠れて見えない位相にあります。この時期は毎年およそ二月十三日（水瓶座25度の横にある日付ボックスの左側の列から読み取ります）から三月十七日（魚座27度の横にある日付ボックスの左側の列から読み取ります）までです。そして本当に、あるいは宇宙的に太陽の上昇と同時に昇るときはだいたい三月十七日です（〝太陽と同時に上昇する〟欄の南緯35度で上昇している線の日付を読み取ります）。

マルカブは南緯74度と北緯74度のあいだのチャートの四つの点すべてで使用可能です。それより南では星が昇ることはなく、それより北では星が沈むことはないため、永遠に短縮した運行にあります。

### これまでの解釈

プトレマイオスによれば、この星は火星と水星の性質をもっているとしています。ロブソンによれば、名誉をもたらしますが、切断、殴打、熱病、刺し傷、暴力的な死の危険ももたらすとのことです。エバーティンは、この星を知的な注意力、精神的な力、数字に非常に強いことに結びつけています。リゴーは不名誉を被る幸運に結びつけています。ロブソンとリゴーは両者ともギリシャ・ローマ風のベレロポンの神話を参考にしているのが明らかです。ベレロポンはみずからの傲慢さで破壊された最も幸運で最も成功した若い男性の戦士ですが、神になれるかもしれないとペガススに乗って天に昇ろうとし、ゼウスにペガススの背からたたき落とされ、死にました。[187]

**マルカブの意味**

マルカブは〝鞍〟、すなわち乗ることができるもの、そこから移動できるアンカー・ポイント（固定金具）として考えられていました。動いているものの安定地点です。そのためこの星は人間の安定性と関連しています。これは、宇宙飛行士のニール・アームストロングのチャートにあてはまるように思えます。彼が生まれた日にマルカブが天頂にあり土星が沈んでいました、ニール・アームストロングはその安定した、芯の強い性格によって歴史的な月面探索のミッションに選ばれました。彼はいわば、全人類が月まで旅をし月面を歩くために座る鞍でした。土星とのかかわりが示しているのはこれが彼の一生の仕事であり、どのように歴史に名を残すかです。十七世紀のイギリスの数学者アイザック・ニュートンは——その業績がギリシャ思想を超えて数学の分野を進展させ、現代物理学と数学の土台を敷いたと考えられています——マルカブが天頂にあり太陽が沈むときに生まれました。そしてりゅう座のもとに説明されるトゥバンとの関連とこれを結びつけて、ニュートンが守っている（トゥバン）大きな宝物が

187 Grimal, *The Dictionary of Classical Mythology*, p. 75.

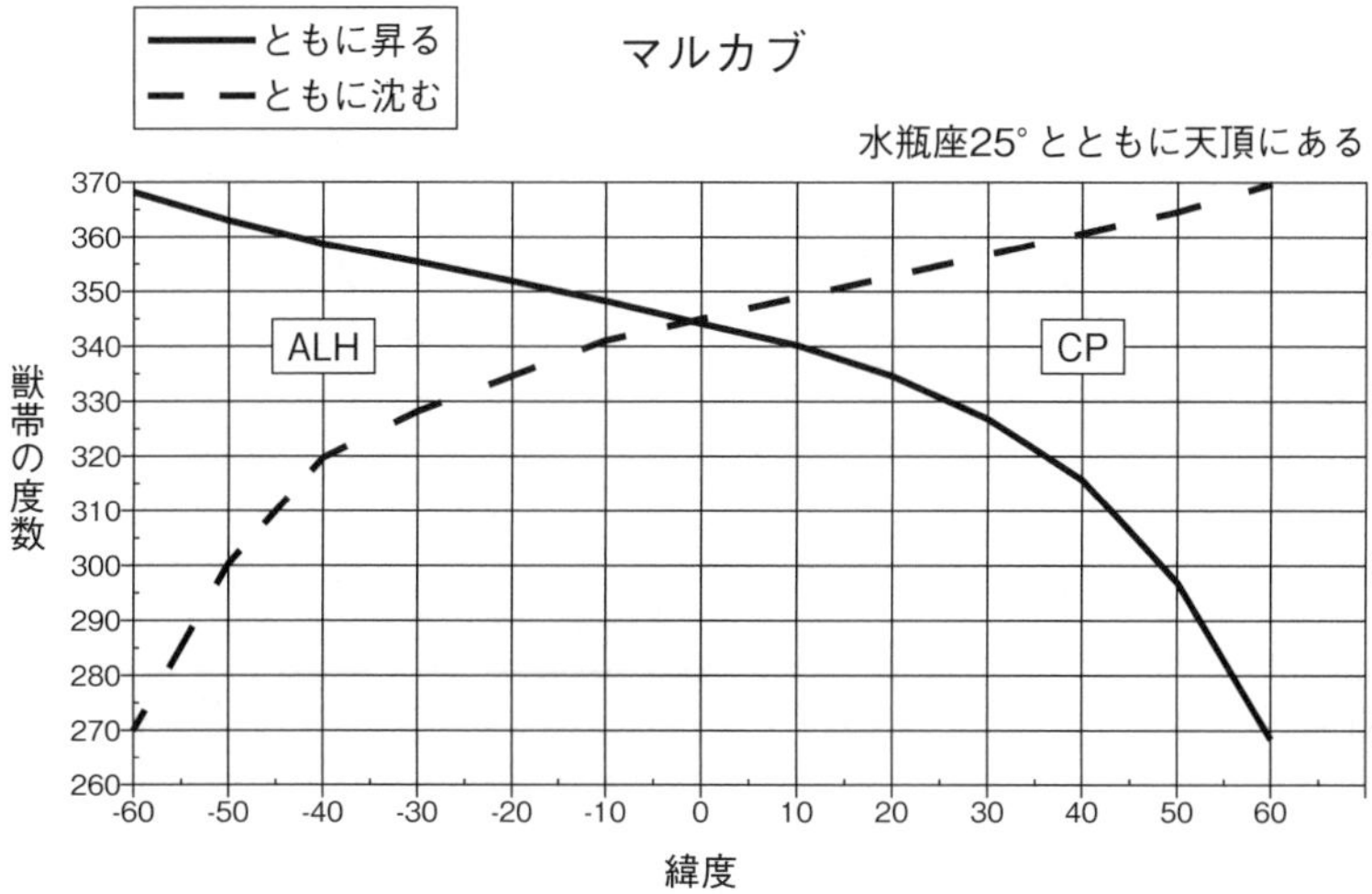


ヒライアカル

| 上昇 | 下降 |
|---|---|
| 3月21日 | 9月23日 |
| 3月11日 | 9月13日 |
| 3月1日 | 9月2日 |
| 2月18日 | 8月23日 |
| 2月9日 | 8月13日 |
| 1月30日 | 8月2日 |
| 1月20日 | 7月23日 |
| 1月10日 | 7月12日 |
| 1月1日 | 7月2日 |
| 12月22日 | 6月21日 |
| 該当なし | 該当なし |
| 下降 | 上昇 |

アクロニカル

パラン表29. マルカブ

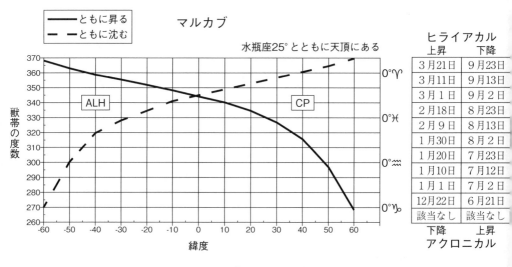

大きな物事の基礎（マルカブ）をなんらかの形で築くことが可能であると理解し始めることができます。

## マルカブが出生図にある場合

マルカブがチャートにあるとプレッシャーをかけられて安定性を維持する能力、堅実で具体的な能力を資質としてもっています。これは制限する力として作用する場合もあれば、大きな資産になる場合もあります。

## マルカブが誕生時に太陽の上昇と同時に昇る場合

マルカブはプトレマイオスのリストには入っていません。しかし、この星が生まれた日に宇宙的に太陽の上昇と同時に上昇していた場合、チャートに大きな堅実さと信頼性をもたらします。これは有益なつながりであり、リーダーシップの技術や危機に対処する能力を与えるかもしれません。あるいは、逆にねじ曲げ、ある種の頑固さやほかの意見を発展させたり考慮したりすることへの拒否という形で現れるかもしれません。マルカブはアブラハム・リンカーンの出生図で太陽の上昇と同時に上昇する星々のひとつでした。[188] 確かに彼の堅実さはアメリカ国民を固い団結に導きました。

188 アルフェラッツも関係していたので、両方の星がその名前を主張しました。

## シェアト

（ペガスス座ベータ星、2・6等星、赤経：23ｈ03ｍ33.2ｓ、赤緯：北28度03分22秒、黄経：魚座28度41分）

パラン表30を参照。パラン表の読み方の例：北緯41度、ニューヨークに生まれた場合、星は山羊座の約29度で上昇しました。惑星が山羊座もしくは蟹座の29度にある場合、惑星は星とともに上昇し沈みました。星はまた牡羊座13度で沈みました。したがって惑星が牡羊座か天秤座の13度にある場合、星が沈むとき惑星は沈み上昇しました。星は魚座15度で天頂にあります。したがって惑星が魚座もしくは乙女座の15度にある場合、星が天頂にあるとき惑星は天頂か天底にありました。

この北緯41度では、星は短縮した運行の位相にあります。この時期は毎年およそ七月二十一日（山羊座29度の横にある日付ボックスの右側の列から読み取ります）から十月六日（牡羊座13度の横にある日付ボックスの右側の列から読み取ります）までです。そして本当に、あるいは宇宙的に太陽の上昇と同時に昇るときはだいたい一月十八日です（〝太陽と同時に上昇する〟欄の北緯41度で上昇している線の日付を読み取ります）。

シェアトは南緯61度と北緯61度のあいだのチャートの四つの点すべてで使用可能です。それより南では星が昇ることはなく、それより北では星が沈むことはないため、永遠に短縮した運行にあります。

## これまでの解釈

プトレマイオスはこの星を火星や水星に結びつけています。ロブソンは極端な不運、殺人、自殺、溺死と関連づけています。エバーティンはその人を待ち受けている致命的な事故を克服することができれば、シェアトは知的な創造力のよどみない流れをもたらすと示唆しています。リゴーは混乱や予測のつかない性質、友人を急に失ったり得たりすること、空想にふけりがちであることを強調して、こうした意味を変えています。

## シェアトの意味

リゴーはベレロポンの特徴を説明しているように思えます。アルバート・アインシュタイン、アイザック・ニュートン、ヨハネス・ケプラーいずれも出生図でこの星とパランにあることに気づくとエバーティンの偉大な知的創造力という説明が的に近いように見えます。アインシュタインはこの星が天頂にあるときに生まれましたが、星にとっては非常に強力な配置です。彼のチャートがペルセウス座のアルゴルと関わっていることを考慮するとアインシュタインの原子力（アルゴルの情熱）にかんする独創的な発見を理解できるようになります。対照的に、ニュートンの太陽はこの星が天頂にあるとき沈んでおり、この同じ星座のマルカブ、そしてりゅう座のトゥバンとも結びついています。彼の天分が科学の礎石や数字の概念とかかわりがあるという仮説を最初に立てることが可能です。ケプラーが生まれた日にシェアトは水星とともに上昇していました。この星はまたカール・ユングに触れ、金星が天頂にあるとき沈んでおり、知的創造性を人間関係に向け、どのように私たちが世界と関わっているかを示しました。こうしてシェアトのなかに私たちは馬よりもむしろペガスス座の四角形を見ます。四角形が象徴しているのは知性、論理、思考です、いっぽう直感は円形です。シェアトは優れた知性の神髄を表しているかのようです。

**シェアトが出生図にある場合**

関わる惑星に応じてシェアトは知性への愛や論理の課題を意味しています。自主的に考えたいと思い、従来の思想や哲学を捨てる必要があることに問題を抱えているかもしれません。

**シェアトが誕生時に太陽の上昇と同時に昇る場合**

シェアトは宇宙的に太陽の上昇と同時に昇るときにかぎって使用するべきです。光が弱すぎて夜明けを告げることができないからです。シェアトがこの位置にある場合、才能や天才の呪いを示すことがあります。教育、知識、そしてこうした能力を使うことは自己同一性の重要な部分になります。

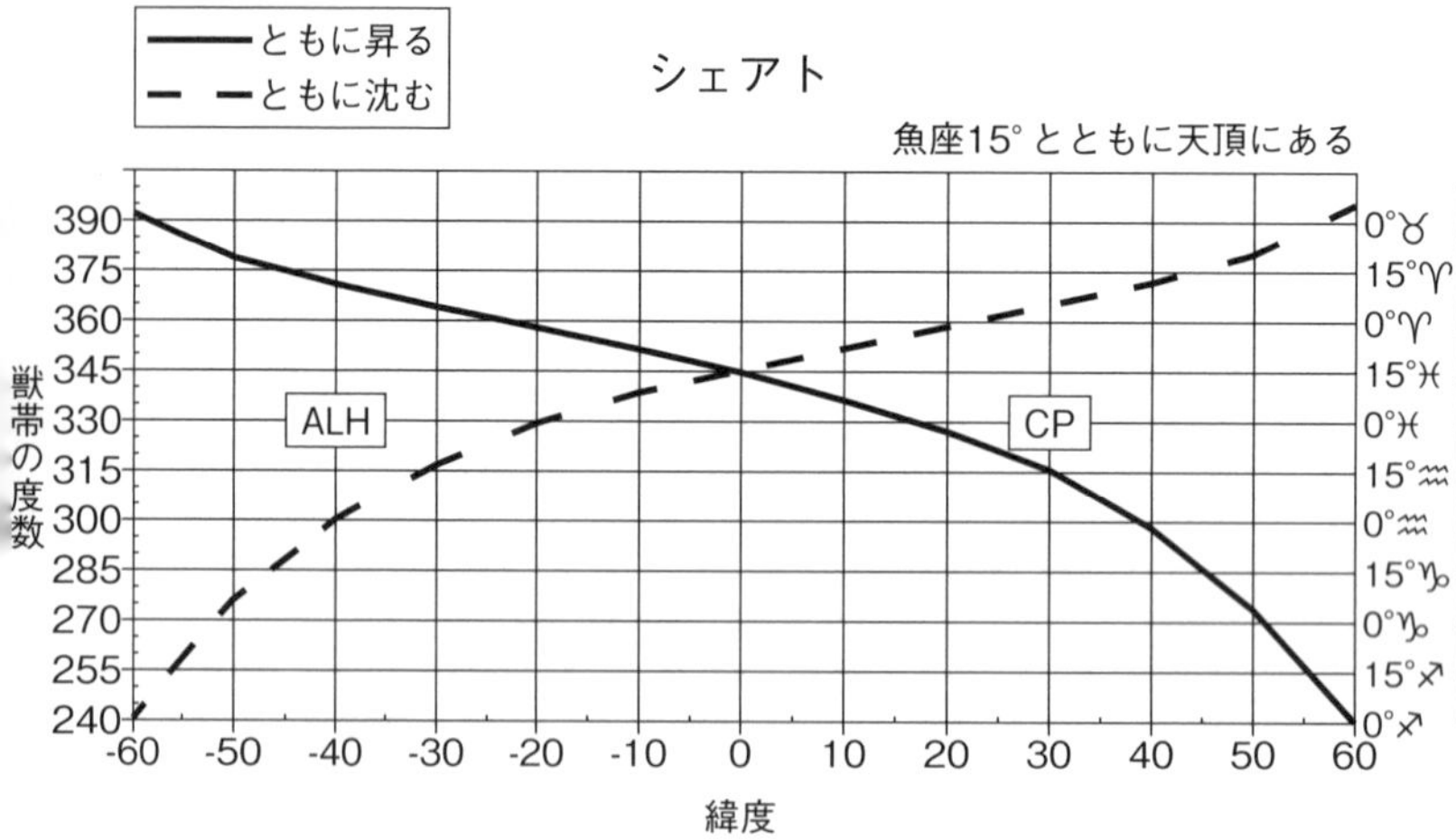


ヒライアカル

| 上昇 | 下降 |
|---|---|
| 4月20日 | 10月23日 |
| 4月5日 | 10月8日 |
| 3月20日 | 9月23日 |
| 3月5日 | 9月7日 |
| 2月19日 | 8月23日 |
| 2月4日 | 8月7日 |
| 1月20日 | 7月23日 |
| 1月5日 | 7月7日 |
| 12月22日 | 6月21日 |
| 12月7日 | 6月6日 |
| 11月22日 | 5月21日 |
| 下降 | 上昇 |

アクロニカル

パラン表30. シェアト

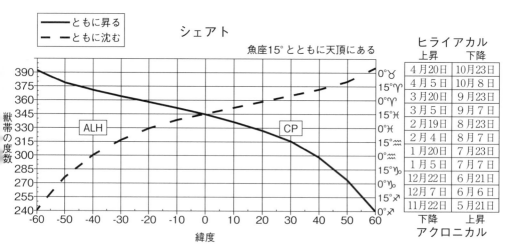

## ペルセウス座、王子

ペルセウスについてはアンドロメダ座との関連ですでに述べてきました、彼もまた北極のまわりを軌道する王家の一員です。ヘブライ人によれば馬に乗る人、パラシュとしても知られていて、ノアの息子であるハムと呼ばれることもありました[189]（スター・マップ1を参照）。エジプト人の宇宙論では王ケフェウスの若い黒人の息子、ケムです。

### ペルセウス座の星

ペルセウス座で最も明るい星は、ミルファクで、アルゲニブと呼ばれることもありました。ほかに名前が付いている星は、等級の降順にアルゴル、切断された頭。カプルス、剣にある星雲。これらの三つの星はすべて占星術で使用されています。それぞれが象徴するのは求婚者がその剣や戦利品によって男らしさを見せつけるさまざまな面です。

#### ミルファク

（ペルセウス座アルファ星、1・9等星、赤経：03h23m58.7s、赤緯：北49度50分25秒、黄経：双子

189　Jobes, *Outer Space*, p. 227.

1度23分）パラン表31を参照。パラン表の読み方の例：北緯30度、エジプトのカイロに生まれた場合、星は牡羊座の約10度で上昇しました。惑星が牡羊座もしくは天秤座の10度にある場合、惑星は星とともに上昇し沈みました。星はまた双子座20度で沈みました。したがって惑星が双子座か射手座の20度にある場合、星が沈むとき惑星は沈み上昇しました。星は牡牛座24度で天頂にあります。したがって惑星が牡牛座もしくは蠍座の24度にある場合、星が天頂にあるとき惑星は天頂か天底にありました。

この北緯30度では、星は短縮した運行の位相にあります。この時期は毎年およそ十月一日（牡羊座10度の横にある日付ボックスの右側の列から読み取ります）から十二月十二日（双子座20度の横にある日付ボックスの右側の列から読み取ります）までです。そして本当に、あるいは宇宙的に太陽の上昇と同時に昇るときはだいたい四月一日です（〝太陽と同時に上昇する〟欄の北緯30度で上昇している線の日付を読み取ります）。

ミルファクは南緯40度と北緯40度のあいだのチャートの四つの点すべてで使用可能です。それより南では星が昇ることはなく、それより北では星が沈むことはないため、永遠に短縮した運行にあります。

**これまでの解釈**

プトレマイオスはペルセウス座の星々を木星や土星にたとえています。ロブソン、エバーティン、リゴーはこの星について書いていません。

## ミルファクの意味

このペルセウス座の主星に意味をもたせるならば、自分の強さ、狩猟や戦闘の能力を誇りとする、すなわち戦利品を誇りとする若き戦士の概念と結びつける必要があります。

もとへビー級チャンピオンのプロボクサー、モハメド・アリはミルファクが土星とともに天頂にありました。アリは、スポーツ史上最も偉大なボクサーのひとりとして社会に認められています。ミルファクはまたヘンリー・フォードの火星が誕生日に上昇しているとき天頂にありました。ここに、くる人全員をすすんで迎え入れ、行動的であることを望む、熱中した、エネルギッシュな火星の影響がみえます。マーティン・ルーサー・キングは月がミルファクとともに昇っていました、そのため闘ったり挑んだり信じている理念を推し進めたりするための感情がみなぎっていました。また、そのチャートには行動的な別の星ラス・アルゲティ——自然の秩序や正しさを求めたいという願望を示す——も関連していたので[190]、この男性の人生の原動力や意欲を見ることができます。話は変わりますが、先のイギリス首相マーガレット・サッチャーはミルファクが天底にあるとき木星が上昇していました。サッチャーは非常に頑固で攻撃的な政治家として記憶に残っています。彼女のチャートでこの星が女性主権の星シェダルと強

190 ヘルクレス座のなかにあります。

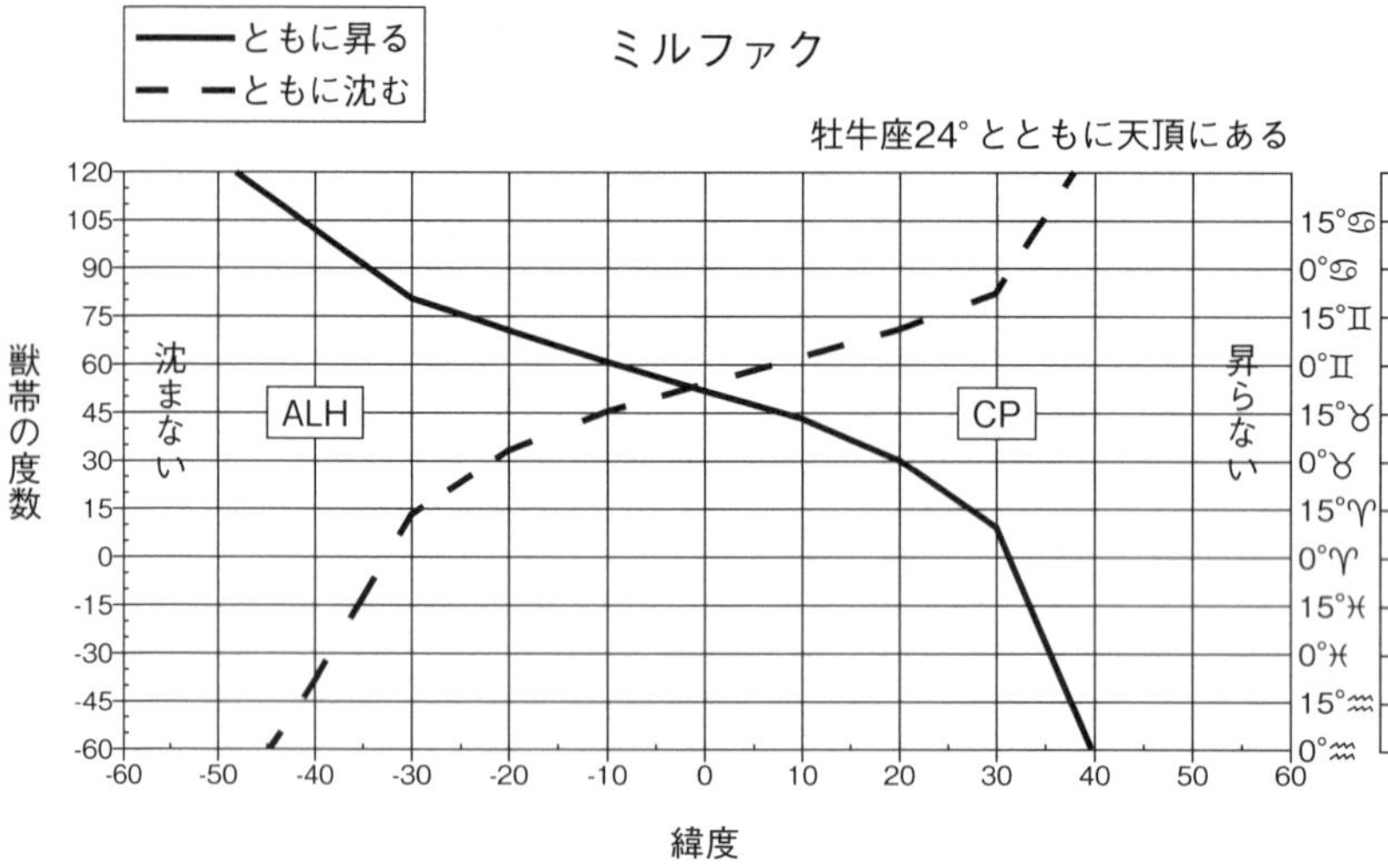


ヒライアカル

| 上昇 | 下降 |
|---|---|
| 7月7日 | 1月5日 |
| 6月21日 | 12月22日 |
| 6月5日 | 12月7日 |
| 5月21日 | 11月22日 |
| 5月5日 | 11月7日 |
| 4月20日 | 10月23日 |
| 4月5日 | 10月8日 |
| 3月20日 | 9月23日 |
| 3月5日 | 9月7日 |
| 2月19日 | 8月23日 |
| 2月4日 | 8月7日 |
| 1月20日 | 7月23日 |
| 下降 | 上昇 |

アクロニカル

パラン表31. ミルファク

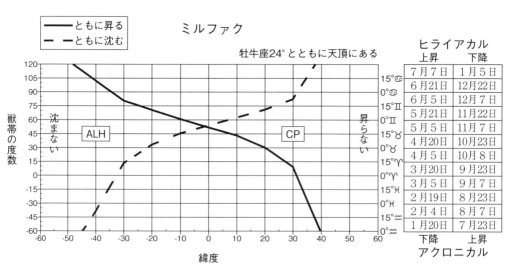

い結びつきを形成していたので、[191] その好戦的なエネルギーが個人的な力や評判に焦点をあてていたのは当然のことです。

### ミルファクが出生図にある場合

ミルファクは若い、男性のエネルギーを表しています。どのようにチャートに影響しているかしだいではほかの星のように表現が変わってきます。しかしながら知恵に耳を澄ましたり用心をしたりする領域ではありません。これは強みになる場合もあれば、身体能力あるいは知的能力を過大評価することにつながる場合もあります。

### ミルファクが誕生時に太陽の上昇と同時に昇る場合

ミルファクは明るさが1・9等星であるにもかかわらず、以前はこの位置で記録されませんでした。しかし、ミルファクが太陽とともに上昇しているときに生まれたら、この若い、強い、身体的なエネルギーとみずからを同一視します。このエネルギーをさまざまな方法で使用するかもしれません。身体的な活力という点から祝福になるかもしれません。あるいは潜在的な無謀さや軽率な行動を誘導することで障害になるかもしれません。

191 カシオペア座のなかにあります。

## アルゴル

（ペルセウス座ベータ星。変光星。赤経：03h07m51.4s、赤緯：北40度56分02秒、黄経：牡牛座25度28分）

パラン表32を参照。パラン表の読み方の例：南緯30度、南アフリカのダーバンに生まれた場合、星は双子座の約5度で上昇しました。惑星が双子座もしくは射手座5度にある場合、惑星は星とともに上昇し沈みました。星はまた牡羊座25度で沈みました。したがって惑星が牡羊座か天秤座の25度にある場合、星が沈むとき惑星は沈み上昇しました。星は牡牛座18度で天頂にあります。そのため惑星が牡牛座もしくは蠍座の18度にある場合、星が天頂にあるとき惑星は天頂か天底にありました。

この南緯30度では、星は出現しているけれども隠れて見えない位相にあります。この時期は毎年およそ四月十五日（牡羊座25度の横にある日付ボックスの左側の列から読み取ります）から五月二十六日（双子座5度の横にある日付ボックスの左側の列から読み取ります）までです。そして本当に、あるいは宇宙的に太陽の上昇と同時に昇るときはだいたい五月二十六日（〝太陽と同時に上昇する〟欄の南緯30度で上昇している線の日付を読み取ります）です。

アルゴルは南緯49度と北緯49度のあいだのチャートの四つの点すべてで使用可能です。それより南では星が昇ることはなく、それより北では星が沈むことはないため、永遠に短縮した運行にあります。

この星は連星系で、小さな星が大きな星の中心を回っています。二・八六日ごとにこの星を蝕しています。蝕となる長さは約十時間です、そのあいだアルゴルの明るさは2・3等級から3・5等級まで変化します。アルゴルは点滅するようにみえます。歴史的にアルゴルが暗いとき最悪の状態でした。

## これまでの解釈

すべての書き手は、これが天上で最も凶悪な星であり、絞首刑、首の切断による死、そのほか人類に降りかかるあらゆる汚らわしい、悪魔的な行為を引き起こすことに同意しています。

## アルゴルの意味

アルゴルをアラビア人からは悪魔の頭を意味するラス・アルゴルと呼び、この女性の魔物を悪魔の妻と考えていました。[192] プトレマイオスはこの星を〝ゴルゴンの頭にある星々の最も輝くもの〟と名付けました。[193] 中国人はこの星を積み重なった死体を意味するティシーと呼びました。[194] タルムード法によれば、彼女はアダムの最初の妻リリスであり、アダムの要求に従うことを拒んで去りました。[195] リリスは

192 Jobes, *Outer Space*, p. 297.
193 Ptolemy, *The Almagest*, Book 7, p. 239.
194 Allen, *Star Names*, p. 332.
195 Barbara Black Koltuv, *The Book of Lilith* (York Beach, ME: Nicolas-Hays, 1986), p. 19.

楽園に逃げ、風の悪霊となりました。性的な喜びを与え、男性の夢精の原因であるため、彼女は害悪の元凶と考えられました。これはしまいにはユダヤ教、イスラム教、キリスト教の文化において男性のあらゆる性的な喜びの抑圧につながり、さらには性的な女性の抑圧につながりました。アルゴルはこうして男性が女性性のなかに恐れていたすべてのことを具現化しました。彼女は母親の顔をした女神ではなく、むしろ情熱的な恋人か娼婦です。そして女性のクンダリーニエネルギーです。バーバラ・ブラック・コルトゥフ（訳注 The Book of Lilith の著者）の言葉によれば、

アダム自身の肋骨からつくられ、生きるすべての人々の母となる運命にあるイブは、アダムが夢を見ながら横たわっているときに夜行性の勃起で夜にしか会わないリリスほど強力でも原初的でもありませんでした。そして、そこにリリスの復讐に満ちた殺意ある怒りの罠があり、男性はこれを用心するに越したことはありません。[196]

アルゴルは言い換えれば、凶暴なあるいは単に邪悪と呼ばれてきた憤慨した女性の野蛮で粗野な恐るべき顔です。この星には、計り知れない女性の情熱や力があるようです。それは女性の力や母なる自然の潜在的な力であり、邪悪というより強いというべきものです。そして同様にペルセウス座にあり、こ

196 Koltuv, *The Book of Lilith*, p. 16.

うした怒りの男性版であるカプルス星雲と仲間の星です。

アルバート・アインシュタインは生まれた日にアルゴルが木星とともに天頂にあり、原子力を引き起こすという大きな業績で記憶されています。その力そのものは邪悪ではありませんが、日本に爆弾を落とすという形で現れたとき、アルゴルの破壊力を目の当たりにしました。ジョン・F・ケネディはそのチャートでアルゴルとともに火星が天頂にあり、頭部に銃弾を受け暗殺され、アルゴルの文字どおりの側面を見せました。米国のもとアメリカンフットボール選手で俳優のO・J・シンプソンはこの星が天頂にある瞬間に生まれ、同様にこの星の重い側面を見せています。シンプソンは妻の残忍な殺人のかどで告発され無罪判決を言い渡されたにもかかわらず、この犯罪に関係していたことで記憶されています。アドルフ・ヒトラーは太陽が天底にあるときにこの星が沈んでいました、そのためアルゴルの力は人生の後半に現れ、太陽に接触しているときヒトラーのまさに自意識に影響を与えました。対照的にヴォルフガング・アマデウス・モーツァルトは、水星がアルゴルとともに昇っていました、そのため若い頃から表現力、思考ひいては音楽がアルゴルの情熱と激しさでいっぱいでした。

**アルゴルが出生図にある場合**

アルゴルは怒りや憤激で貪り食う、強い燃えるような情熱を意味しています。復讐する無意識の衝動をもち、その情熱をさらに建設的な成果に集中させることができれば、アルゴルは天における最も強力な星のひとつです。チャートで影響を与える惑星がどれであっても強く烈しい性的なエネルギーがみなぎっています、それは素晴らしいものになる可能性もあれば、抑圧されると怒りや暴力につながる可能性もあります。

**アルゴルが太陽の上昇と同時に昇る場合**

アルゴルはプトレマイオスの記録した星々のひとつです、そのため宇宙的に、もしくは明白に太陽の上昇と同時に昇る星になることができます。アルゴルが太陽とともに上昇している日に生まれたら、存在そのものが情熱や激しさで熱くなります。少なくとも不正に我慢のならない人物になることを意味します。加えて、激しさを扱うことができるので、人生をとおしてこうした種類の状況に遭遇するでしょう。最悪のシナリオではこの配置にあるアルゴルは、血なまぐさい、冷酷な方法で破壊する、女性的な妖魔として現れるかもしれません。

## カプルス

(ペルセウス座星雲、4・4等星、赤経:02h18m42.4s、赤緯:北57度07分14秒、黄経:牡牛座23度30分)

パラン表33を参照。パラン表の読み方の例:北緯19度、インドのボンベイに生まれた場合、星は牡羊座の約0度で上昇しました。惑星が牡羊座か天秤座の0度にある場合、惑星は星とともに上昇し沈みました。星はまた双子座3度で沈みました。したがって惑星が双子座か射手座の3度にある場合、星が沈むとき惑星は沈み上昇しました。また星は牡牛座7度で天頂にあります。そのため惑星が牡牛座もしくは蠍座の7度にある場合、星が天頂にあるとき惑星は天頂か天底にありました。

この北緯19度では、星は短縮した運行の位相にあります。この時期は毎年およそ九月二十三日（牡羊座0度の横にある日付ボックスの右側の列から読み取ります）から十一月二十二日（双子座3度の横にある日付ボックスの右側の列から読み取ります）までです。そして本当に、宇宙的に太陽の上昇と同時に昇るときはだいたい三月二十日です（〝太陽と同時に上昇する〟欄の北緯19度で上昇している線の日付を読み取ります）。

カプルスは南緯32度と北緯32度のあいだのチャートの四つの点すべてで使用可能です。それより南では星が昇ることはなく、それより北では星が沈むことはないため、永遠に短縮した運行にあります。

**これまでの解釈**

プトレマイオスは土星と木星についての一般的な記述はさておき、この星を説明していません。ロブソンはこの星を盲目と結びつけています。エバーティンはこの星に言及していません。リゴーは盲目についての記述に同意し、動揺や強い感情を加えています。盲目との関連はカプルスが星雲であり、星雲

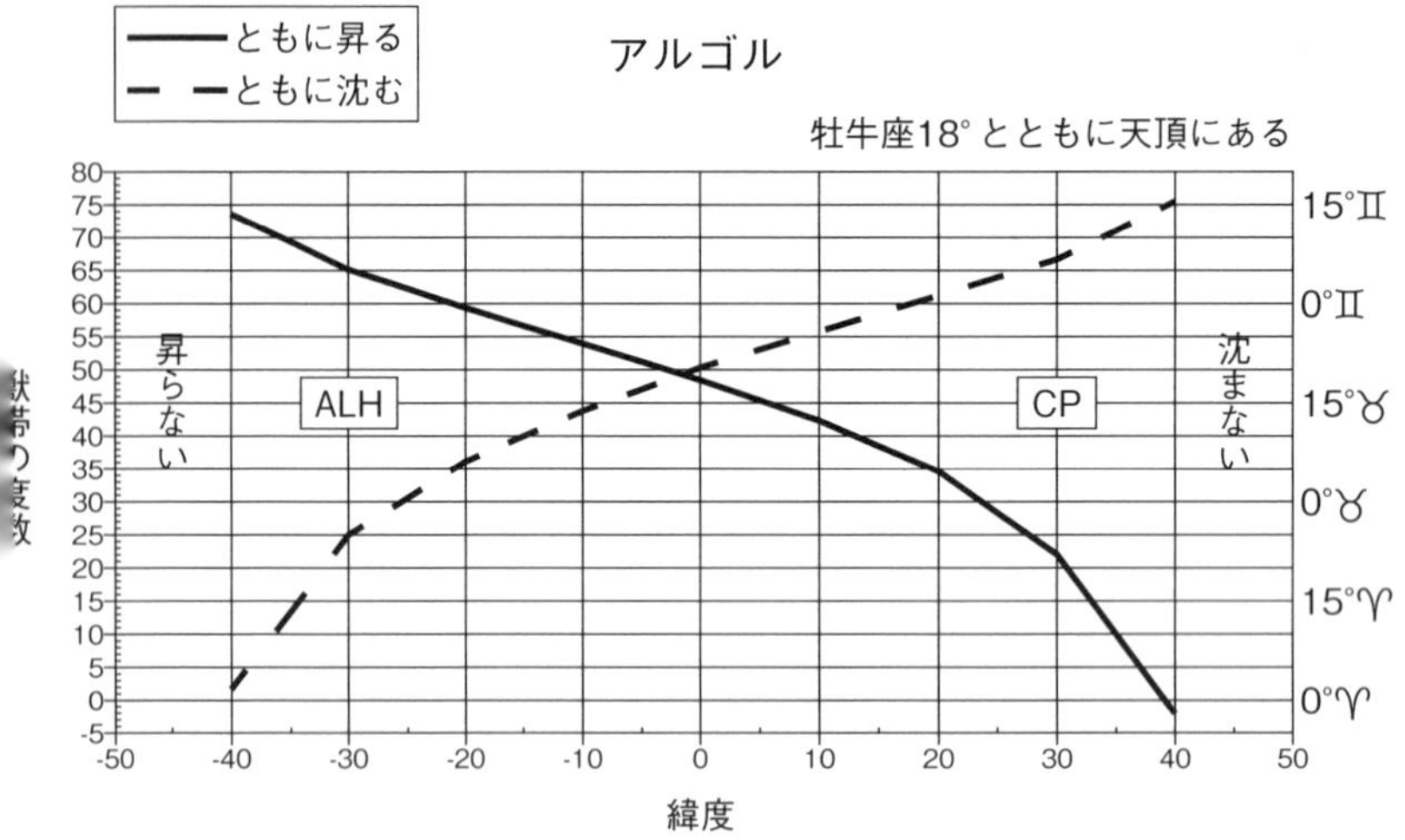


ヒライアカル

| 上昇 | 下降 |
|---|---|
| 6月1日 | 12月12日 |
| 5月22日 | 11月23日 |
| 5月11日 | 11月12日 |
| 5月1日 | 11月3日 |
| 4月21日 | 10月24日 |
| 4月10日 | 10月14日 |
| 3月31日 | 10月4日 |
| 3月21日 | 9月23日 |
| 下降 | 上昇 |

アクロニカル

パラン表32. アルゴル

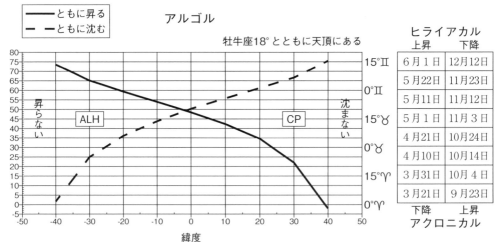

はローマ軍が視力検査に使ったという事実からきているかもしれません[197]。もし新兵が星雲のなかの別々の星を見ることができれば、視力が良いので射手になるか、歩兵より負担が少なく消耗しない職務を得る可能性があります。

## カプルスの意味

この星の意味は上記より正確には、男性の性的エネルギーである可能性があります。集中し、直接的な、突き刺すような行動、すなわちアルゴルを補完する男性です。集中した情熱的な、したがって、ときに野蛮で暴力的です。ジム・ジョーンズというカルトの指導者はメンバーの大量自殺を引き起こしましたが、火星が上昇しているときカプルスが天頂にありました。彼の行動はペルセウスの剣の冷酷な表現でした。大量殺人者で人食いであるエドワード・ゲインは、その犯罪や人物像が映画『サイコ』『悪魔のいけにえ』や『羊たちの沈黙』[198]の土台に使われましたが、水星が上昇するときカプルスが天頂にありました。ゲインの生涯で水星が表していた性質は不明ですが、その恐ろしい犯罪が結果的にのちの作家の登場人物のモデルになったという事実は興味深いことです。カプルスのこうした暗い性質と対照的なのが偉大な英国の詩人であり画家であるウィリアム・ブレイクです。ブレイクはカプルスが天頂にあ

197 筆者がアーチェリーに参加していた頃指導の教員から得た知識のほかは、これについての参考文献はありません。
198 Lois M. Rodden, *Profiles of Crime* (Yucaipa, CA: Data News Press, 1992), p. 63.

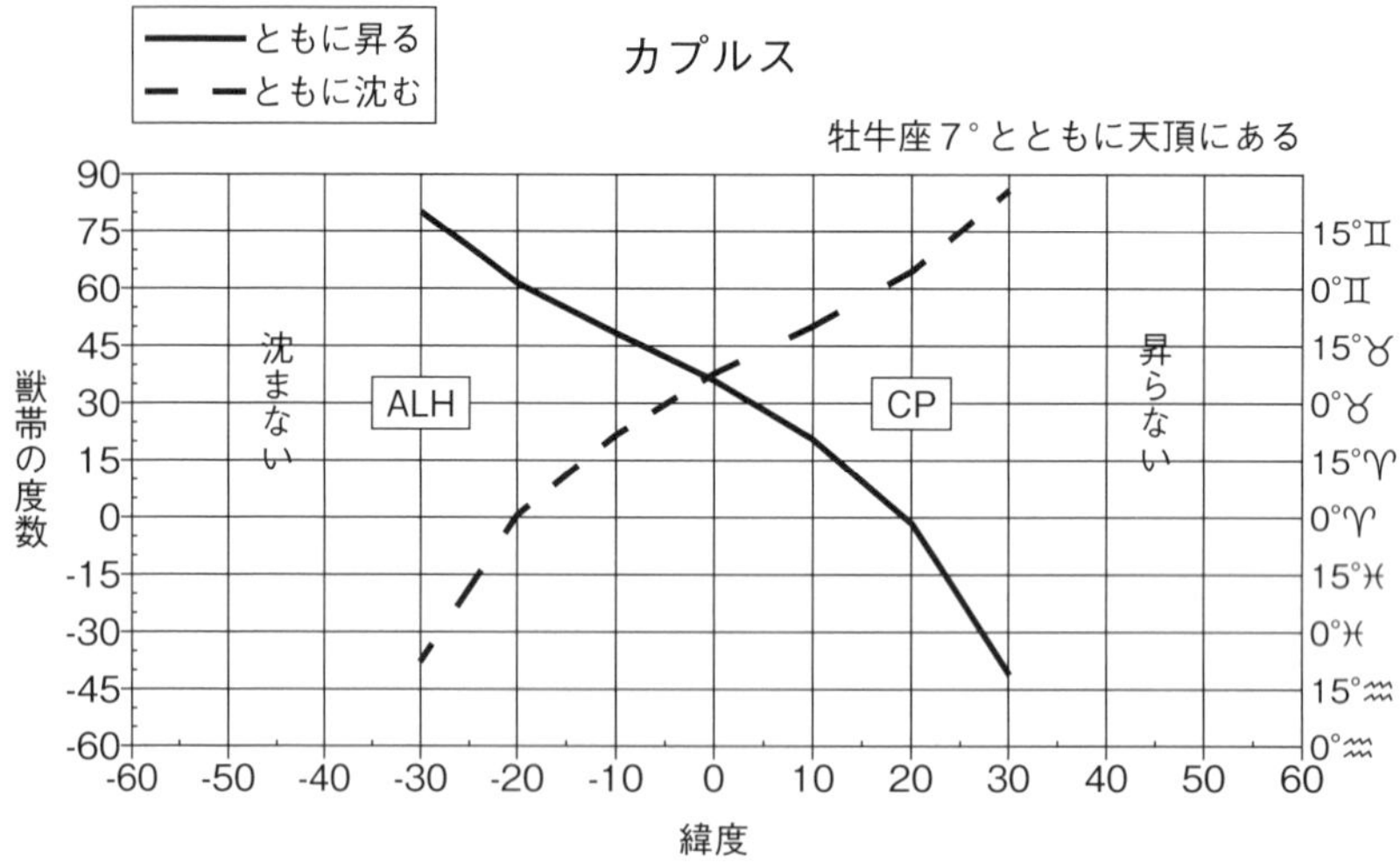


ヒライアカル

| 上昇 | 下降 |
|---|---|
| 6月5日 | 12月7日 |
| 5月21日 | 11月22日 |
| 5月5日 | 11月7日 |
| 4月20日 | 10月23日 |
| 4月5日 | 10月8日 |
| 3月20日 | 9月23日 |
| 3月5日 | 9月7日 |
| 2月19日 | 8月23日 |
| 2月4日 | 8月7日 |
| 1月20日 | 7月23日 |
| 下降 | 上昇 |

アクロニカル

パラン表33．カプルス

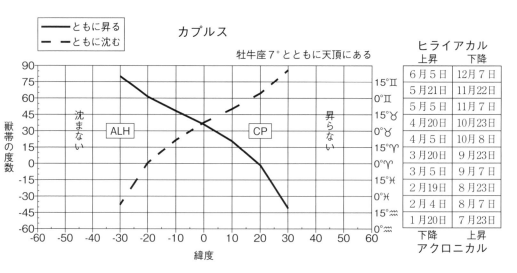

るとき火星が上昇していて、彼は真の純粋さは経験の辛さなしには得られないと信じていました。モーツァルトの音楽におけるアルゴルの表現と似た方法で、彼の作品に鋭さや情熱を加えたのが彼のチャートにあるカプルスです。

要約すれば、カプルスのエネルギーはクリアで決定的で集中しており、あるいは無慈悲でさえあります。「もし触れ、重さがあり、あるいは見ることが可能ならばそれは存在します」という精神性です。ペルセウスの剣は男性のクンダリーニエネルギーで、アルゴルのパートナーです。

**カプルスが出生図にある場合**

カプルスは無慈悲さと残忍さを表すことが可能なときもあれば、集中した、明らかな行動を示すことが可能なときもあります。強いカプルスをもっている場合、激しい怒りや性急な行動を抑えるように用心する必要があります、そうした行動は広範囲に及ぶ、否定的な影響をもつかもしれないからです。成熟さは、望んだ結果に自分を集中させることで最良の結果が得られることを教えてくれるはずです。しかし、こうした男性の性的エネルギーの強さと闘うことも十分あり得ます。

**カプルスが誕生時に太陽の上昇と同時に昇る場合**

カプルスは光がぼんやりしすぎて明白に太陽の上昇と同時に昇る星として使用することはできませ

ん。しかし、宇宙的に太陽の上昇と同時に昇る星としてチャートにある場合、この強力な、行動志向のエネルギーが個人的なアイデンティティや個人的な実現に向かう旅に結びついていることを示している可能性があります。これは、人生に活力を与え、あなたを強くて明確な人にすることで非常に肯定的な表現をする可能性があります。さもなければ性格に冷酷な、または破壊的な傾向をもたらす可能性があります。

## みなみのうお座、南の魚

アラトスが水と名付けた空のみずがめ座の近くに位置し、水瓶のつぼから流れてくる水を飲む魚がいます[199]（スター・マップ16を参照）。この流れる水を飲んでいる魚は生命と豊かさの初期の象徴です、というのも魚は卵を運び、精液あるいは生命の河の水を飲む者でした。これはケルト神話の魚も同様です、偉大な知恵をもち、指輪を飲み込み英雄が渦巻きのなかをとおって行う旅で遭遇する魚として多くの生まれ変わりを経験してきました。[200]主星のフォーマルハウトは星の多い空のこの位置で唯一の明るい星です。ギリシャ人はデメテルへの神殿をこの星の上昇とともに一列に並べた紀元前五〇〇年頃、太陽の

199 Allen, *Star Names*, p. 344.
200 Mirand J. Green, *Dictionary of Celtic Myths and Legend* (London: Thames and Hudson, 1992), 184.

上昇と同時に上昇するこの星を中心にさまざまな儀式を発展させ、あるいは継承しました。[201]

しかしペルシア人は紀元前三〇〇〇年ごろ、この星座を魚と見ず、むしろこの主星をロイヤルスターのひとつとして、[202]冬至を知らせるので南の見張り番と呼びました。[203]ペルシアの神話では、ゾロアスターもしくはザラスシュトラの時代に端を発する王家や神殿があります、ゾロアスターは伝説的なイランの予言者で、その信奉者は農作業を宗教的な教義として定めました。その名前はギリシャ語に翻訳するとアストロトーテス、つまり〝星の崇拝者〟を意味し、[204]その物語、神殿、および神々はペルシアの四つのロイヤルスターすべての意味をとらえているようです。この物語にはザルという登場人物がいます、ザルは赤ん坊の頃不思議な容貌のために父親サムに追いやられました、「(彼の)顔つきは太陽のように美しく、(彼の)髪は老人のようにまっしろでした」。[205]彼の白い髪の毛はおそらく冬至を指していたのでしょう。やがてザルは成人になり、「彼の胸は銀色の丘のようでした」。[206]サムは夢のなかで忘れていた息子を探すように言われました、サムは正式に息子を探し、両腕を広げて歓迎しました。ザルはついに美しく、別世界の住人であるルダベスと恋に落ちました、神話によるとルダベスは長い髪の房をほど

201 Jobes, *Outer Space*, p. 320.
202 フォーマルハウトがペルシアのロイヤルスターのひとつであることは確かではありません。しかし、南にある唯一の明るい星であり必要とされる位置や明るさの等級に適している可能性があります。
203 Allen, *Star Names*, p. 346.
204 Mary Settgast, *Plato Prehistorian* (New York: Lindisfarne, 1986), p. 211.
205 *New Larousse Encyclopedia of Mythology* (London: Hamlyn, 1968), p. 322.
206 *New Larousse Encyclopedia of Mythology*, p. 322.

き、幽閉されているそびえるほどの高い場所にザルが登れるようにしました。神話は続き、恋人たちがお互いに夢中になっており、その結果として両親に反対され、恋人たちは失望するが最終的には幸福になるという話に続きます。彼らは宮廷の占星術師の助言によって結婚しました。占星術師はザルが高貴で偉大な人物であり、ペルシアを統治する新しい生命を、新しい息子を誕生させるであろうと言い聞かせました。

冬至の象徴は概して新しい子供たちや新しい生命を生み出すことにもとづいた個々の物語をもっています、最良の例がキリストでクリスマスや私たちの冬至と結びついています。

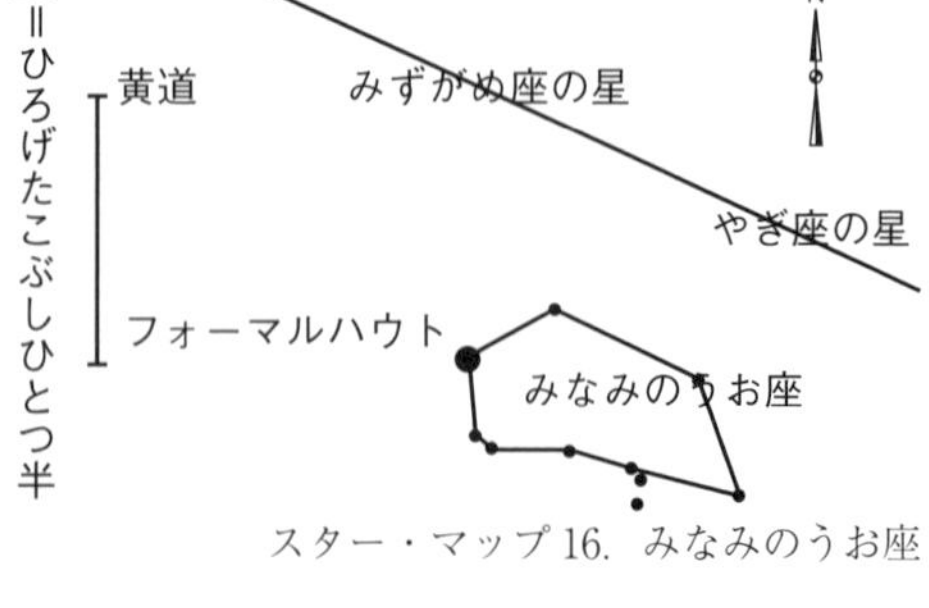

スター・マップ 16. みなみのうお座

**みなみのうお座の星**

みなみのうお座の最も明るい星はフォーマルハウトです。ほかに名前のある唯一の星もまた同じ名前を持っていました、フム・アル・フートで初期の天文学者のあいだで混乱につながりました。

## フォーマルハウト

（みなみのうお座アルファ星、1・3等星、赤経：22h57m23.5s、赤緯：南29度38分49秒、黄経：魚座3度09分）パラン表34を参照。パラン表の読み方の例：北緯33度、米国のダラスに生まれた場合、星は牡羊座の約8度で上昇しました。惑星が牡羊座もしくは天秤座の8度にある場合、惑星は星とともに上昇し沈みました。星はまた水瓶座28度で沈みました。したがって惑星が水瓶座か獅子座の28度にある場合、星が沈むとき惑星は沈み上昇しました。星は魚座13度で天頂にあります。そのため惑星が魚座もしくは乙女座の13度にある場合、星が天頂にあるとき惑星は天頂か天底にありました。

この北緯33度では、星は出現しているけれども隠れて見えない位相にあります。この時期は毎年およそ二月十七日（水瓶座28度の横にある日付ボックスの左側の列から読み取ります）から三月二十八日（牡羊座8度の横にある日付ボックスの左側の列から読み取ります）までです。そして本当に、あるいは宇宙的に太陽の上昇と同時に昇るときはだいたい三月二十八日です（〝太陽と同時に上昇する〟欄の北緯33度で上昇している線の日付を読み取ります）。

フォーマルハウトは南緯60度と北緯60度のあいだのチャートの四つの点すべてで使用可能です。それより北では星が昇ることはなく、それより南では星が沈むことはないため、永遠に短縮した運行にあります。

## これまでの解釈

プトレマイオスによれば、フォーマルハウトは金星や水星と同じ性質の星ということです。ロブソンは不滅の名声や大きな成功、そして高い精神性に関連付けています。エバーティンは非常に悪いか、非常に良いかのどちらかであり、出生図によるとし、そのため一種の増幅させるものとみています。リゴーは星がその影響を弱体化させ、理想主義や精神性となって現れると語っています。

## フォーマルハウト：ペルシアのロイヤルスターのひとつ

ペルシアのロイヤルスターは非常にユニークであると考えています。[207] というのはそれぞれの星が真の成功を達成するまえに個人が取り組まねばならない試練や誘惑を表しているように思えるからです。それらの星々は個人が神の恩寵を失う可能性のある多くの潜在的な落とし穴や場所のある岩だらけの道を形成します。それらはキリストが悪魔に誘惑される聖書の場面によってキリスト教の伝承のなかに表現されています。そして個人が打ち負かさなければならない宿敵です。

フォーマルハウトはペルシアのザルという人物に似ています。社会と調和せず、王国最大の宝である、美しいルダベスを得ようと努力し、恋人たちにほとんど勝算がないにもかかわらず、お互いにたいする夢中の、言葉にならない愛が勝利します。フォーマルハウトには神秘的な要素、魔術の感覚があり、高い理想や高尚な洞察力を吹き込みます。ロイヤルスターのひとつとしてカリスマ性を、特にフォーマル

207　ほかのロイヤルスターは、北の見張り番レグルス、東の見張り番アルデバラン、西の見張り番アンタレスです。

ハウトの場合、美しさ、もしくは完璧な調和を与えます。出生図でフォーマルハウトが強い場合、理想を実現するために主流の考えとぶつかり合わなければなりません。理想が崇高な目的である場合、集団の利益によって個人的な幸福や成功が見つかります。しかし思想あるいは夢がなんらかの形で腐敗している場合、完全な破滅です。フォーマルハウトの影響を強く受けている人々の試練は、理想や夢の純粋さを維持することです。

アブラハム・リンカーンはフォーマルハウトが水星とともに天頂にありました。彼の理想は奴隷制度を廃止することでした。主流の考えとぶつかり合わねばならず、そのために命を失いましたが、彼は成功しました。ガリレオ・ガリレイはフォーマルハウトが太陽とともに天頂にありました、彼の理想は物理学の法則と関係があり、カトリック教会と衝突し、実際に自分の家のなかに拘束されましたが、成功しました。アドルフ・ヒトラーは火星とともにフォーマルハウトが上昇していました。彼の思想はアーリア人種の優位性を求めることでした。彼は絶大な権力を得、それからすべてを失いました、そのなかには〝総統〟として自分に求めた名声や栄光を含みました。リンカーンは建国の父となり、ガリレオは、近代物理学の父となりました。ヒトラーは父親像として知られたかったのですが、結局歴史上の独裁者で終わりました。フォーマルハウトは理想を追求したいという願望を与え、こうした理想の成功を約束しさえしますが、それらが集団の利益のために追求する場合に限ります。まったく異なった例として、フォーマルハウトはジョン・レノンのチャートで活発でした。月が天頂にあるときにこの星が上昇して

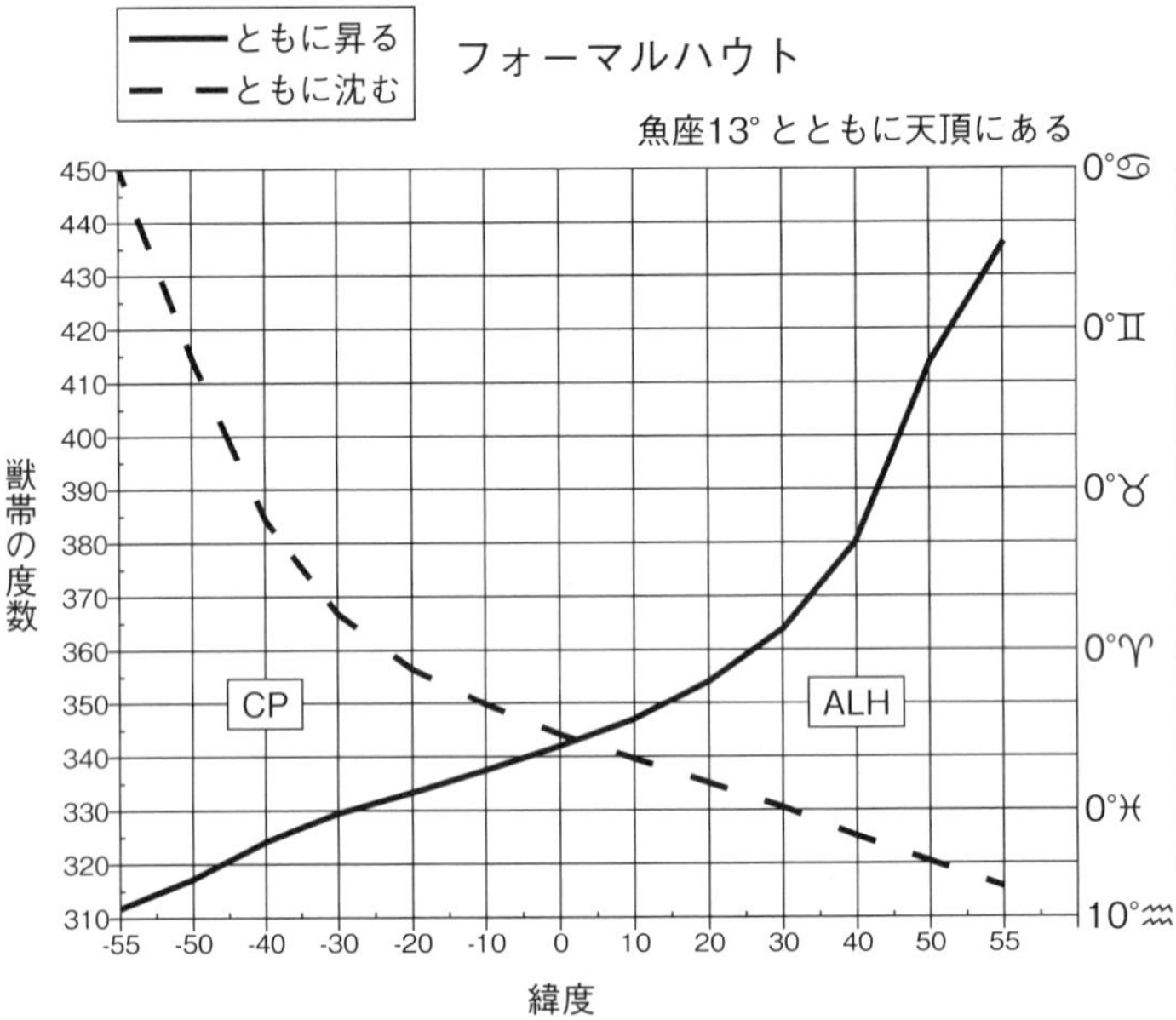


ヒライアカル

| 上昇 | 下降 |
|---|---|
| 6月11日 | 12月12日 |
| 5月31日 | 12月2日 |
| 5月21日 | 11月22日 |
| 5月11日 | 11月12日 |
| 4月30日 | 11月2日 |
| 4月20日 | 10月23日 |
| 4月10日 | 10月13日 |
| 4月10日 | 10月3日 |
| 3月31日 | 9月23日 |
| 3月21日 | 9月13日 |
| 3月11日 | 9月2日 |
| 2月18日 | 8月23日 |
| 2月9日 | 8月13日 |
| 下降 | 上昇 |

アクロニカル

パラン表34. フォーマルハウト

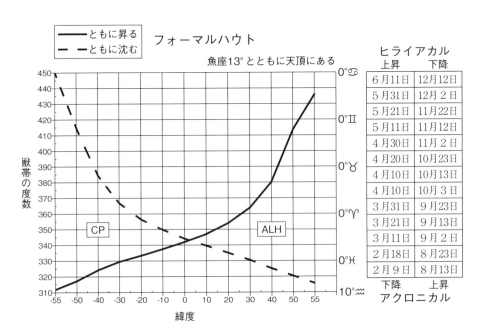

いたからです。彼の理想の追求が〝イマジン〟という曲に、そして二番目の妻オノ・ヨーコへの心酔に現れています。独自のやり方でレノンはザルによく似た性格でした。

**出生図にフォーマルハウトがある場合**

この偉大な星がパランとなってチャートに接している場合、目的を追求しようとする動機について自分自身に明確で正直である必要があります。結果を達成しはじめるとき、個人の栄光が主な原動力にならないことが不可欠です。認められればの話ですが、個人的な優越感に操られないことも重要です。この星の別の側面は物質界にとどまるよう挑戦を受けた詩的精神のほろ苦い狂気です、妖精に盗まれた子供は、人生からの甘い逃避を拒絶し、生と死と痛みのある人間の世界へ戻るために闘わねばなりません。フォーマルハウトは空の偉大な星のひとつです。チャートに影響する場合は、大きな衝撃を人生に与えます。

**フォーマルハウトが誕生時に太陽の上昇と同時に上昇する場合**

明白に太陽と同時に上昇する場合と宇宙的に太陽と同時に上昇する場合のいずれかで使用できるので、この偉大な星はこうしてチャートに接する場合、理想や神秘主義を人生に染みこませます。目標と夢に満ち、生命力にカリスマ性を加え、多くのことを約束します、個人的な栄光を意識的に求めたり計画したりしないかぎりは。偉大なシェイクスピア俳優ローレンス・オリヴィエはこの星が明白に太陽の上昇と同時に上昇するときに生まれ、その時代の最も偉大なシェイクスピア俳優と認められるようになるにつれてこの星の力が彼からあふれ出しました。

## や座、矢

かつては、わし座のかぎ爪につかまれていましたが、いまでは別の星座として分類されています。や座は一本の矢のように位置しています（スター・マップ2を参照）。ギリシャ人は彼らのあいだに静止していた恐ろしいステュムパーリデスの鳥に放たれた矢であるとしていました。ステュムパーリデスの鳥のうち二羽はわし座とはくちょう座でした。[208] ほかの神話では、その矢をヘルクレスがプロメテウスの肝臓を食べているゼウスのワシを殺すのに使った矢と結びつけています。[209] 穏やかなところでは、キューピットの矢のひとつとも信じられています。[210] キリスト教の伝承では、はりつけのくぎのひとつとされてきました。[211]

208 Allen, *Star Names*, p. 350.
209 Jobes, *Outer Space*, p. 235.
210 Jobes, *Outer Space*, p. 234.
211 Jobes, *Outer Space*, p. 235

や座の星

や座の星には名前がありません。しかしプトレマイオスはこの星座を金星が少し混ざった、土星のエネルギーと結びつけています。ロブソンによれば、抽象的な思考能力のある明晰な知性をもたらすとしていますが、身体への被害の危険性があることを加えています。

## さんかく座、三角形

天上には無生物の道具のイメージが数多くあります、それらのほとんどは新しい星座に属しています。しかし、南の三角形である、みなみのさんかく座は十六世紀になってやっと正式の名前が付けられたにもかかわらず、ふたつの古代の三角形は知られている最古の無生物の天体です。

さんかく座は小さく、弱い光の星座で、アンドロメダ座のちょうど南側に位置し、古代の人々から非常に尊重されていました。アラトスはデルトトンと呼び[212]、それをどのように直角三角形として描くべきか、見るべきかに言及しています。有名な星はありません、最も明るい星がやっと3・6等級であり、カプト・トリアングリと呼びます。エジプト人だけでなく、建物や構造物を扱うほかの文化にとって、

212 Mair, *Callimachus, Lycophron, Aratus*, p. 225.

この星座の重要性はこの星座が数学と幾何学を象徴していることでした。デザイナー、製図家、建築家、数学者のチャートを集めて、この星がなんらかの役割を果たしたかどうかを調べるのは興味深いでしょう。

## みなみのさんかく座、南の三角形

この星座は十六世紀にピーター・テオドールによって正式に命名されました。[213] アラビア人が認めた古い星座であったと考えられています。さいだん座の南側に位置し、この星座に占星術的に重要な星はありません。

## おおぐま座、大きな雌のクマ

おおぐま座は三つの星座の集まりのひとつで（ほかのふたつの星座はこぐま座とりゅう座）、それらの星座は女神と竜のイメージを築き上げました（スター・マップ9参照）。

北極の周りに位置し、満天の星が中心点の周りを移動することに最初に気づいて以来、こうした星々は神聖であると考えられました。先に説明したように、ここは人間精神の原型として使われるオンファロス（訳注　世界の中心）です。ここはほとんどの文化で、あらゆる生命が生じる神の場所、不死の世界への入り

213 Allen, *Star Names*, p. 417.

口である場所と考えられた、世界の静止地点あるいは回転の中心です。ヒンドゥー神話ではガンジス河の源[214]、そしてバビロニア人にとっては天の母親の場所と考えられていました。あらゆる文化にとって天空のこの場所からあふれ出している神話には圧倒されそうになります。

太古からすべての星の記録に登場するので、この星座はおそらく人類史上最古のひとつでしょう。アラトスは、幼いゼウスを育てたとして天上に置かれたクマについての古代の物語について語っています。[215]しかし、この星座は、人間生存の永劫にわたる多くの神話のなかに登場してきました。常に女性的な、この大きなクマは世界の回転の中心、静止地点である北極を周回します。ここには生命そのものの源がありました、そしてこの神聖な地点の隣におおぐま座の女神が位置していました。彼女が最初に歴史上の記録に登場したのは古代バビロニアの創世神話のなかですが、その段階ですでに古くからの存在でした。[216]インドではおおぐま座の七つの星を七頭のクマと呼んでいました。北アメリカでは白色人種が到来するずっとまえから、この星座はブラックフット族とイロコイ族の言語でいずれも〝クマ〟を意味するパウクウアワあるいはオクアリとして知られていました。[217]

ここには生きとし生けるものの母やあらゆる動物の保護者、原型のひとつとしての女神がありまし

214 De Santillana and von Dechend, *Hamlet's Mill*, p. 260.
215 Mair, *Callimachus, Lycophron, Aratus*, p. 209.
216 Jobes, *Outer Space*, p. 262.
217 Jobes, *Outer Space*, p. 264.

た。[218] しかし、ギリシャ時代には重要性が失われていき、ホメロスの時代にはゼウスに強姦され、アルテミスの怒りから身を守るためにクマの姿に変えられた森の妖精カリスタにすぎなくなりました。ゼウスの征服は非常に名誉なことなので、空のこの神聖な場所に上げられたという事実を一致させようと試み、ギリシャ人はこの星座がアルテミス、すなわちクマの女神であると提案しました。クマの女神はゼウスに屈服させられるまであらゆる星を支配してきたと言われていました。[219] これは言うまでもなく母系制社会から父系制社会への移行を反映しているようにみえます。興味深いことに、彼女はまた、トロイの英雄パリスを育てる雌のクマと関係がある可能性が大です。

キリストの時代には彼女はサクソン族のクマの女神のキリスト形である、聖ウルスラとなりました。[220] 神話上の聖ウルスラは一万一〇〇〇人の処女を従え、星に囲まれた月の女神と言われていました。彼女はローマ軍に反対する一万一〇〇〇人の乙女を率い、彼らのやりかたに抗議し、ローマ軍によって大量殺戮され殉教を成し遂げたと信じられていました。英国ではこの星座はアーサー王とその馬車と関連していました。ウェールズ語では Arth は〝クマ〟を意味し Uthyrs は〝素晴らしい〟を意味します。この星座はアーサー王のついのすみかで休息場所であり、そして円卓の起源とつながっていると考えられていました。

218 彼女は動物たちの女王としても知られていました。その最も初期の知られている表現は、大きな裸のクマのような女性が肩と玉座のまわりに動物を掛けて座っている土偶です。この像はチャタル・ヒュユク（中央アナトリア地方）のレベルⅡエリアで発見されました。紀元前六〇〇〇年頃にさかのぼり、その地域の陶芸の黎明期にこのようにつくられました。

219 Jobes, *Outer Space*, p. 259.

220 Walker, *The Woman's Encyclopedia of Myths and Secrets*, p. 1031.

ていました。その象徴は生きとし生けるものの源（聖杯）、北極星を回る大きなクマ（アーサー王）の革命でした。[221]

キリスト教の伝統に現存する、一五〇九年に設立されたウルスリンという修道会は、ほかの女性たちの教育に捧げた女性のグループでした。最初のグループの規模は月の位相の数の二十八であり、ローマ教皇カリストゥスによって〝魔女の温床〟と評されました。[222] 創設者のアンジェラは広い野原で月灯りのもと女性たちを教育するというビジョンを授かり、キリスト教会の儀式や習慣にとらわれずに職務を遂行することにこだわりました。彼女らはキリスト教徒というよりも、キリスト教の聖女を崇拝しているように見せかけて、アルテミスの信奉者として行動していたようです。

したがって、私たちはこの星座にかんして歴史を通じて物語がうすれつつある偉大な女神の姿を見ています。この星座が偉大な女神そのものか、男性の神を育てる母なる女神かどうかは、彼女が表している考えにほとんどちがいはありません。彼女はいまでも北極点を回り、いまでも生きとし生けるものの守護者を代表しています。大きな雌のクマはいまでも静止点の周りを回っています。

221　Jobes, *Outer Space*, p. 260.
222　Walker, *The Woman's Encyclopedia of Myths and Secrets*, p. 1031.

## おおぐま座の星

この星座には主要な星が七つあります、最も明るい星はクマの背中にあるドゥーベです。ほかの星々は等級の降順にメラク、ファシッド、メグレズ、アリオト、ミザール、ベネトナシュです。メラクは〝ロイン（腰）〟として知られ、アラトスの著作『ファイノメナ』に記載されていました。ドゥーベとメラクは、北極を指していることから〝ポインター〟としても知られていました。

## ドゥーベ

（おおぐま座アルファ星、2・0等星、赤経：11h03m21s、赤緯：北61度46分44秒、黄経：獅子座14度30分）パラン表はこの星には必要ありません。ドゥーベは乙女座24度で天頂にあります。

ドゥーベは南緯28度より北で観察可能であり、北緯28度より北では沈みません。ドゥーベはアラビア語の Thahr al Dubb al Akbar、大きなクマの背中の略語です。

ドゥーベは南緯28度と北緯28度のあいだのチャートの四つの点すべてにおいてのみ使用可能です。それより南では星が昇ることはなく、それより北では星が沈むことはないため、永遠に短縮した運行にあります。

## これまでの解釈

プトレマイオスは、ドゥーベは好戦的な性質であると記述しています。ロブソンはこの星について言及していません。エバーティンによれば、この星は〝悪辣〟で破壊的な火星によく似ているとしています。リゴーは少し肯定的な見方で、超能力や少なくとも敵を倒す力を与えると指摘しています。

## ドゥーベの意味

この偉大な古代の女神はそんなにも破壊的なのでしょうか？　あるいはリゴーの解釈を増強し、強い女性的な力という考え方、すなわち物理的な力より従来の本能の力という考え方をすることが可能です。おおぐま座は確かにあらゆる捕獲者を圧倒することができます、そのためおそらく洞察、粘り強さ、忍耐や受動的な力を扱っているのかもしれません。

大多数の誕生にとって、ドゥーベは天頂に位置しているときしか使用できませんが、チャートに影響を与えている場合、その強さはどんな行動より女性性にあることを示唆します。この星のこれまで見てきたなかで最良の例はダイアナ妃のチャートにあります。彼女の金星はドゥーベが天頂の位置に移っているときに沈んでいました。ダイアナ妃の強さや社会的地位は彼女が将来の王位継承者の母親であるという事実にあります。英国王室のあらゆる混乱を通り抜けて、彼女は一種の聖母マリア、神聖な姿として現れました。ここに女神の受動的で女性的な育むエネルギーが表現されています。しかし彼女の立場が問われるようなことがあれば、怒れる母親の力を見ることができたでしょう。

### ドゥーベが出生図にある場合

出生図にあるドゥーベは、あなたの最大の強みは、あなたがとる行動より保持している立場にあることを示しています。静かな強さ。

### ドゥーベが誕生時に太陽の上昇と同時に昇る場合

高緯度のため、この星はこのように使われませんでした。しかし赤道地域で誕生した場合、ドゥーベが上記のタイトルを明言し、自意識の感覚が静かな強さの概念と結びついていることを示すかもしれません。

## こぐま座、小さなクマ

アラトスにくま座のひとつとして言及されており、こぐま座として考えられていました。七つの主要な星で構成されているにもかかわらず、かなりぼんやりと見え、また天の小さな場所を占めているからです（スター・マップ9を参照）。この星座は犬としても知られ、エジプト人はセトのジャッカルと呼んでいました。[223] こうした意味では犬の尻尾と呼ばれてきました。こぐま座はおおぐま座と同じ象徴性をもっています、彼らは神聖な極を共有しているからです。こぐま座はまた紀元前六世紀の船乗りにとっ

223 Allen, *Star Names*, p.450.

て航海援助として重要でした、というのはりゅう座の星々とともに歴史のさまざまな時代に重要な極の位置を占めていたからです。ギリシャ人はこぐま座をカリスタやその子供とは別の森の妖精として、あるいはカリスタ自身として神話に取り入れました。

古代では、こぐま座は三方をりゅう座に囲まれていました。りゅう座の一番明るい星トゥバンが紀元前三〇〇〇年に北極星だった頃、こぐま座は竜の翼と考えられていました。現在の北極星はポラリスです。

## こぐま座の星

こぐま座には七つの主要な星があり、最も明るい星はポラリスで中世のアラビアではアルラキュバと呼ばれていました。ほかに名前のある星は等級の降順に、コカブ、フェルカド・メジャー、フェルカド・マイナー、イルドゥン、ファルカダインです。

### ポラリス

（こぐま座アルファ星、2・1等星、赤経：5h39m27.7s、赤緯：北89度14分14秒、黄経：双子座27度52分）

パラン表はこの星には必要ありません。ポラリスは静止点、天球の極に位置するので常に天頂にあります。

ポラリスという名は北極に最も近い星として現在の位置にちなんで付けられています。極は二一〇二年ごろ、ポラリスから月の直径の範囲内に移動します。赤道から北極の上のほうに見ることが可能です。北半球の出生の場合、この星はけっして沈まないため永遠に短縮した運行の位相にあります。しかし、南半球の出生の場合、けっして目に見えないため、どのチャートでも真に考慮に入れることができません。

## これまでの解釈

プトレマイオスは、こぐま座の明るい星々は金星の少し混じった土星に似ていると断言しました。ロブソンはポラリスを病気と不名誉に結びつけ、邪悪な星と見ました。エバーティンはこの星を、自分がどこに行きたいのかを知る、ガイダンスの感覚と結びつけています。リゴーはこの星を開拓者や先駆者であることとつなげています。

## ポラリスの意味

この星に起因する意味があるとすれば、北極星として数世紀にわたって海や砂漠の旅人がガイドとして使用してきた長い歴史に関連しているにちがいありません。さらに空のこの領域にあてはまる何層もの女神の神話があり、これをポラリスの中心と経路探索の可能性に組み合わせるとき、情操や育成の使命という考えに行き着きます。しかし、目に見えるパランを使用するときこの星を使用できる真の実際的な方法はありません。

## 新しい星座

十八世紀に南アフリカのケープタウンでニコラ・ラカーユが南天の星図を作成しました。しかし、南の空の主要な星はすでに古代から名前が付けられ、星座に位置していました。なぜならば、これらの星は、北から南十字星の南まで、約60度の赤緯で見ることができたからです。このことは、新しい星座は、もしあれば南極の星から、あるいは非常に暗い星で埋め尽くされた、空の名付けられていない部分から形成される可能性があることを意味しました。

アラトス（紀元前三一五―二四五年）が南の空について言及しています。

平均的な大きさで輝きが弱い、ほかの星々は、アルゴ船のかじとくじら座のあいだをまわり、灰色のウサギの側面のしたに名無しで配置されている。それらは整えられた人物の手足のようにセットされていないからである。[224]

さらにのちにこう付け加えています。

224 Mair, *Callimachus, Lycophron, Aratus*, p. 237.

いまではほかの星ははっきりとした形で群れになって明るく輝いているが、狩られたウサギのしたにある星はすべて霧におおわれ、名前がない。[225]

アラトスはすべての星の名前を知っている必要はないし、空のすべての部分が星座で埋まっている必要はないと説明しています。北半球と南半球の両方で、彼は空のからっぽの場所を見ます。彼の時代には星を占星術や気象目的に使用することが社会の主要機能だったことを記憶にとどめるべきです。したがって彼がほかの星座を追加することをためらっていたのも、こうした天体図の重要性にたいする信念を反映したものです。

アラトスはプトレマイオスの時代には四十八に増えた星座から四十四をリストアップしています。しかし、現代では八十八の星座があり、アラトスがリストアップした数の正確に二倍になります。これらは新しい星座もあれば、薄暗い星で構成されている星座もあれば、あるいは名前を付けないでおくほうが最良だとアラトスが言う領域にある星座もあります。古い星座を分解して形成された星座もあります。自称命名者によってつくられた星座も数多くありました。しかし、国際天文学協会は一九三〇年に現代の星座すべての境界をはっきりと定義し、八十八に決定しました。

225 Mair, *Callimachus, Lycophron, Aratus*, p. 237.

ラカーユのような近代の天文学者やひいては国際天文学協会は占星術的な含意をまったく気にかけず空の形象に名前をつけ、形を与えていたことを覚えておいたほうがよいでしょう。国際天文学協会は星の位置を簡単に決める必要性にたきつけられました、そしてラカーユは最もありそうなことですが、新しい世界に名前をつける必要性に駆られました。そのためこうした現代の星座すべてについて、主に動物や物体の性質にもとづいた占星術的な解釈をする著者がいますが、これらの解釈は話半分に聞くべきです。

完全を期すために、すべての新しい星座、名前を付けた人、それらにまつわる歴史を記載しました。ときおり、明るい星が古代の星座から新しいグループに移されることがありました。私はその星を新しいグループに入れたままにして、さらに古い起源によってそれを説明しました。とくに断りのないかぎり、アレンとジョブスはこうした星座を公式化するにあたっての情報源です。

## ポンプ座、真空ポンプ

この星座は、アルゴ船のほ座とうみへび座のあいだにあります。ラカーユによって一七六三年に形作られました。最も明るい星は6・7等星です。

## ふうちょう座、極楽鳥

正式にはバイエルによって十七世紀に紹介されました、しかし彼がつくったのではありません。中国では小さな不思議な鳥と呼ばれていました。南極からちょうど13度に位置し、重要な星は含みません。最も明るい星は3・9等星です。

## ちょうこくぐ座、彫刻刀

はと座とエリダヌス座のあいだにあります。ラカーユによって一七六三年に形作られました。最も明るい星は4等級です。

## きりん座、キリン

バルチウスが一六一四年に最初に星図を描き、リベカをイサクのもとに連れてきた動物と見て、らくだ座と名前をつけました。のちにラテン語化されてキリンを意味するきりん座となりました。北極星のポラリスからペルセウス座まで及びます。最も明るい星は4等級です。

## カメレオン座、カメレオン

バイエルが形作り、アルゴ船のりゅうこつ座の南に位置しています。最も明るい星は4・2等級です。

## コンパス座、コンパス

ラカーユが形作りました。ケンタウルス座の足の近くにあります。これは製図用コンパスであることから、じょうぎ座、曲尺と水準器 the Square and the Level と関連する意味があります。最も明るい星は3・5等級です。

## はと座、ノアの箱舟のハト

正式には一六七九年にロイヤーが発表しました。初期の著作物では、この星座の星をおおいぬ座の星のなかに配置していますが、ロイヤーはこの星座をふたつに分割し、おおいぬ座からふたつの星を取り、ノアのはと座アルファ星とベータ星に名前を変え、アルゴ船の星と混同することを避けました。ふたつの星はファクトとワズンです。

## ファクト

（はと座アルファ星、2・5等星、赤経：05h39m27.7s、赤緯：南34度04分25秒、黄経：双子座21度28分）

パラン表35を参照。パラン表の読み方の例：北緯42度、米国のボストンに生まれた場合、星は獅子座の約12度で上昇しました。惑星が獅子座もしくは水瓶座の12度にある場合、惑星は星とともに上昇し沈みました。星はまた牡牛座10度で沈みました。したがって惑星が牡牛座か蠍座の10度にある場合、星が沈むとき惑星は沈み上昇しました。星は双子座25度で天頂にあります、そのため惑星が双子座もしくは射手座の25度にある場合、星が天頂にあるとき惑星は天頂か天底にありました。

この北緯42度では、出現しているけれども隠れて見えない位相にあります。この時期は毎年およそ四月二十七日（牡牛座10度の横にある日付ボックスの左側の列から読み取ります）から八月三日（獅子座12度の横にある日付ボックスの左側の列から読み取ります）までです。そして本当に、あるいは宇宙的に太陽の上昇と同時に昇るときはだいたい八月三日です（〝太陽と同時に上昇する〟欄の北緯で上昇している線の日付を読み取ります）。

ファクトは南緯55度と北緯55度のあいだのチャートの四つの点すべてで使用可能です。それより北では星が昇ることはなく、それより南では星が沈むことはないため、永遠に短縮した運行にあります。

## これまでの解釈

プトレマイオスはこの星について言及していませんが、プトレマイオスの時代にはファクトを含んだアルゴ座の明るい星を木星と土星のようであると述べています。ロブソン、エバーティン、リゴーは全員この星の影響を受けた人物が芸術的才能をもち、非常に調和的であると指摘していますが、エバーティンは天才性や霊媒能力について語っています。

## ファクトの意味

ロブソン、エバーティン、リゴーがハトの象徴をもとに芸術的才能や調和の意味を導き出しているのは明らかです。しかしこの星はかつて船首にありアルゴ号の一部であり、未知の海域の波を突き破っていました。ここでの象徴性は十七世紀の平和なハトというよりも、古代の冒険への探求であるはずです。カール・ユングは月が天頂にあるときファクトが上昇していました。ユングは生涯をかけて人間精神という未知の海域を海図に記そうとしました。レオナルド・ダ・ヴィンチはファクトが上昇しているとき太陽が天頂にありました。これはレオナルドの芸術とはあまり関係がなく、飛行機、潜水艦や自転車の設計図に関係していました。

ファクトは、人類が何千年にもわたって空のその部分に向けてほかの象徴を投影してきたことをかえりみずに、星座にたいする現代的な変更が星の描写に組み込まれた多くの例のひとつです。

**ファクトが出生図にある場合**

ファクトがチャートにかかわっていると、探検の要素、未知のものを求める要素、そして未知の海域に進出する用意ができている要素を加えます。たとえば火星とつながっているならば大胆なリスクを取る発言になる可能性があります。いっぽう水星とつながっているならば知的追求の探検かもしれません。

**ファクトが誕生時に太陽の上昇と同時に昇る場合**

ファクトは伝統的にはこのように使われませんでしたが、チャートで宇宙的に太陽の上昇と同時に昇る場合、探求したいという願望がライフスタイルや個人の独自性の主な要素になることを認識してください。

## かじき座、金魚

ヨハン・バイエルが一六二四年に形作りました。かじき座は南極に近く、最も明るい星は3・1等級です。

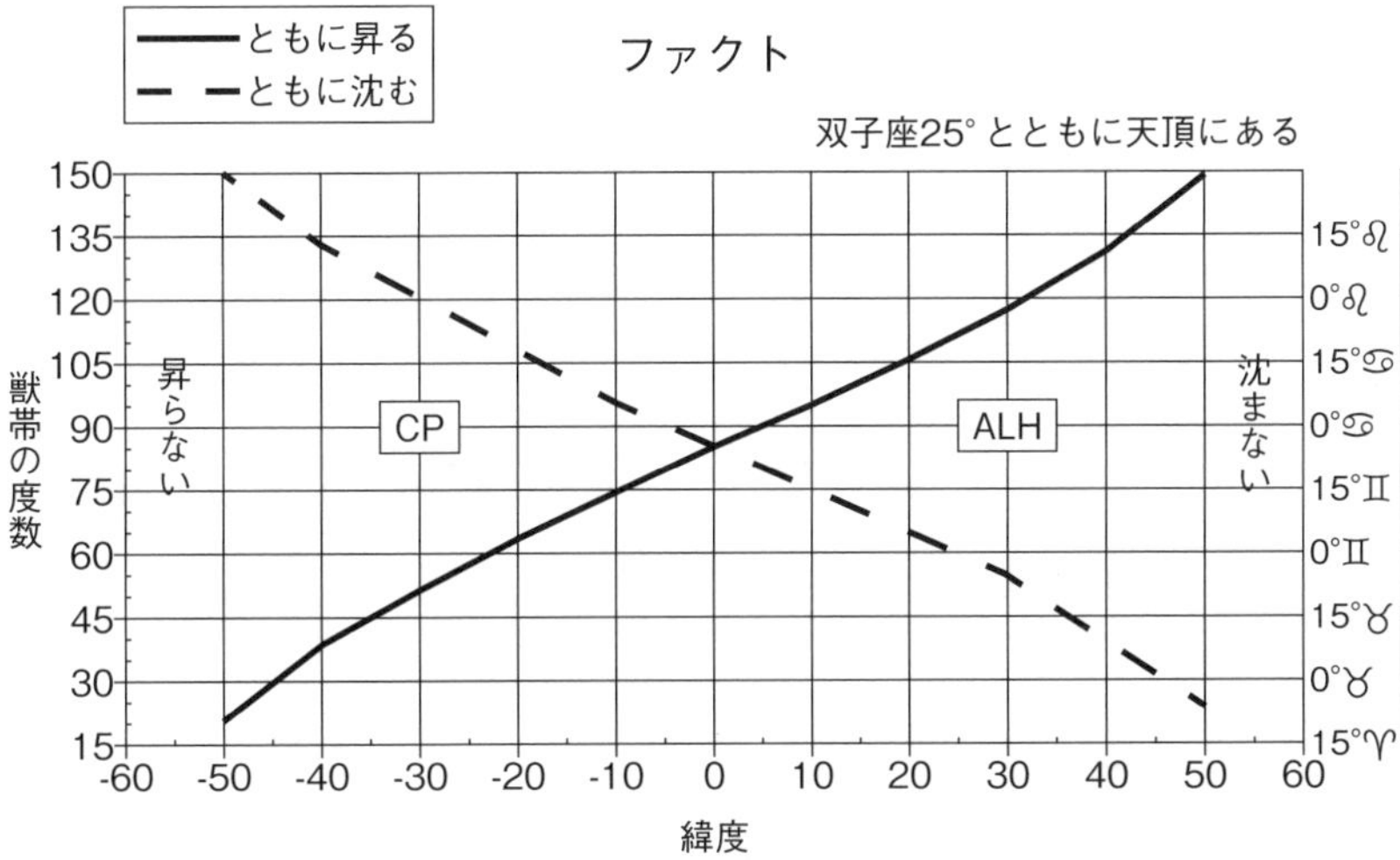


| ヒライアカル 上昇 | 下降 |
|---|---|
| 8月7日 | 2月4日 |
| 7月23日 | 1月20日 |
| 7月7日 | 1月5日 |
| 6月21日 | 12月22日 |
| 6月5日 | 12月7日 |
| 5月21日 | 11月22日 |
| 5月5日 | 11月7日 |
| 4月20日 | 10月23日 |
| 4月5日 | 10月8日 |
| 下降 | 上昇 アクロニカル |

パラン表35. ファクト

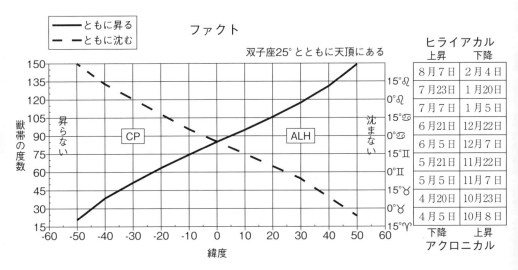

## ろ座、かまど

エリダヌス河の南の湾曲部にある星々からつくられた、ラカーユが形作った別の星座です。中国でもこの星のグループを記録し、天の一時的な穀倉、ティエン・ユーと称しました。その最も明るい星は3・6等級です。

## つる座、ツル

もとはみなみのうお座に属していた、この星座はバイエルが一六〇三年に形作りました。最も明るい星はアル・ナイル、〝魚の尾の輝くもの〟で2等星です。プトレマイオスはみなみのうお座の明るい星を金星と水星の性質をもっているとして語っています。ロブソンによれば、天文学への愛だけでなく、親切で注意深く、理想主義的な傾向を与えるということです。アル・ナイルを占星術に使用するならば、ペルシアのロイヤルスターのひとつフォーマルハウトをアルファ星とするみなみのうお座という、さらに古代の象徴にとどまるのがおそらく賢明でしょう。

## とけい座、振り子時計

エリダヌス河とアルゴ船の竜骨のあいだにあります。これはホロスコープとも呼ばれていました。最も明るい星は3・8等級です。

## みずへび座、牡のヘビ

これは最後に空に加えられたヘビであり、古代の片割れであるうみへび座と混乱しないようにする必要があります。この星座はバイエルが一六〇三年に考案し、[226]とけい座ときょしちょう座のあいだにあります。その頭部は南極を指しています。最も明るい星は2・7等級です。うみへび座の仲間とされていました。名前のある星は含まれていません。

## インディアン座、インディアン

バイエルによる別の星座です。ぼうえんきょう座の南側にあり、最も明るい星は3・1等級です。

226 Jobes, *Outer Space*, p. 192.

## とかげ座、トカゲ

はくちょう座とアンドロメダ座のあいだにある星からヘベリウス（一六一一―一六八七年）が形作り、とかげ座はかつて王の笏や正義の手として知られ、フランス王ルイ十四世と関連するよう意図されていました。最も明るい星は3・9等級です。

## こじし座、小ライオン

しし座とおおぐま座のあいだにある星からヘベリウスが形作りました。名前のある星はひとつあり、プラエキプアであり、4等星です。

## やまねこ座、ヤマネコ

ヘベリウスがおおぐま座の足元につくりました、最も明るい星は4・4等級です。ヘベリウス自身がこの星座を見るにはヤマネコの目が必要だと言っていました。

## テーブルさん座、テーブルマウンテン

天の南極と黄道の南極のあいだに形成されたラカーユの星座のひとつです。ラカーユはこの星座を、自分がすべての観測を行ったケープタウンのテーブルマウンテンの象徴としてとらえました。最も明るい星は5・3等級です。

## ぼうえんきょう座、望遠鏡

一七五二年にラカーユが形作った別の星座で、やぎ座の南、みなみのうお座の西にあります。最も明るい星は4・8等級です。

## いっかくじゅう座、一角獣

空の大きくあいた領域のなかで二匹の犬の星座のあいだに位置しており、一角獣エリアと命名したバルチウスが最初に星図を描いたと信じられています。しかし、馬のような生き物として十七世紀にはじめて観測されました。最も明るい星は3・6等級です。

## はえ座、ハエ

背景がぼやけているように見えますが、もうひとつのラカーユの星座です。はち座としても知られています。南十字星の南に位置しています。最も明るい星は2・9等級です。

## じょうぎ座、水準器と曲尺

さいだん座とおおかみ座のあいだのさそり座の針の近くに位置しており、もとはこれら三つの星座の一部でした。しかし、ラカーユが現在のグループに改めました。最も明るい星は4・6等級です。

## はちぶんぎ座、八分儀

ラカーユが一七五二年に発案しました。この星座は実際には5・8等級の星のひとつで南極天を示しているため、裸眼ではほとんど見ることができません。現在、天の南極から45分しか離れていません。最も明るい星は3・8等級です。

古代人は、南極が北極より星が密集していると信じ、南極を周回しているとされるくま座について権威をもって記しました。アラビア人は北極か南極をしばらくのあいだ見ていると癒やされると言って、南極に北極と同様の治癒力を与えました。

## くじゃく座、クジャク

バイエルにより形成され、南の赤緯60度と70度のあいだに位置しています。星は名前がありませんでした。しかし、今日では、そのアルファ星はクジャクという名前を与えられ、1・9等級あります。これをクジャクの古くからの言い伝えであるジュノーの聖なる鳥に結びつけたいと思う人もいますが、これは現代になってから付け加えられたものです。この星座は四〇〇年の歴史しかなく、アルファ星の名前は二十世紀に入ってから付けられました。しかしロブソンはそれでもくじゃく座に意味を与え、見せること、虚飾を好むと言い、明らかに実際の鳥そのものの象徴を引き合いに出しています。くじゃく座アルファ星を占星術に使用する場合、空のこの部分の初期の歴史があれば、それを見つけようとすることが重要です。

## ほうおう座、不死鳥

バイエルによって現代に加えられた星座のひとつで、みなみのうお座とエリダヌス座のあいだに位置しています。この星座の名前は古くからの伝統に非常にうまく溶け込んでいます。中国、エジプト、インド、ペルシアではいずれもこのグループの星をなんらかの循環する再生の形を象徴する鳥と結びつける神話があります。[227]

ネール・アル・ザウラル Nair al Zaural、船のなかの輝く者としても知られているアンカー[228]は、この星座で唯一名前のある星です、この星座は新しいものですが、はるかに古い伝統を正式に受け継いでいるようです。

## アンカー

（ほうおう座アルファ星、２・４等星、赤経：00ｈ27ｍ、赤緯：南42度18分、黄経：魚座14度47分）

パラン表23を参照。パラン表の読み方の例：南緯17度、オーストラリアのケアンズに生まれた場合、星は魚座の約20度で上昇しました。惑星が魚座もしくは乙女座の20度にある場合、惑星は星とともに上昇し沈みました。星はまた牡牛座２度で沈みました。そのため惑星が牡牛座か蠍座の２度にある場合、星

227 Allen, *Star Names*, p. 336.
228 Allen, *Star Names*, p. 336.

が沈むとき惑星は沈み上昇しました。星は牡羊座7度で天頂にあります、そのため惑星が牡羊座もしくは天秤座の7度にある場合、星が天頂にあるとき惑星は天頂か天底にありました。

この南緯17度では、星は短縮した運行の位相になっています。この時期は毎年およそ九月十二日（魚座20度の横にある日付ボックスの右側の列から読み取ります）から十月二十四日（牡牛座2度の横にある日付ボックスの右側の列から読み取ります）までです。そして本当に、あるいは宇宙的に太陽の上昇と同時に昇るときはだいたい三月十日です（〝太陽と同時に上昇する〟欄の南緯17度で上昇している線の日付を読み取ります）

アンカーは南緯47度と北緯47度のあいだのチャートの四つの点すべてで使用可能です。それより北では星が昇ることはなく、それより南では星が沈むことはないため、永遠に短縮した運行にあります。

**これまでの解釈**

ロブソンはこの星座を引用する唯一の著者であり、野望やことによると継続する名声をもたらすと記しています。

**アンカーの意味**

この星にかんしてあまり多くの研究はなされていませんが、変化や超越の意味をもたらすように思えてなりません。有名な神話学者で作家のジョーゼフ・キャンベルは、アンカーが太陽とともに天頂にあり、この星がキャンベルのライフワーク、職業、世界的名声とつながっていたことを示しています。ジョーゼフ・キャンベルは神話の重要性についての理解、教育、著作によって私たちの集合意識を高いレベルに引き上げました。この星は彼の太陽と関連しています、そのため彼の自意識の一部であり、彼が自分自身を定義づける方法であり、この星は天頂にあるので、私たちが彼を定義づける方法です。まったく反対に、富裕なアメリカ実業家の娘、パティ・ハーストのチャートにも関連しています。パティ・ハーストは姿を消し、SLA[229]テロリストとして再び姿を現しました。パティは月が天底にあるとき、アンカーが天頂にありました。彼女の星との接触はすべて月によるもので感情的で感覚です、そしてこうした感情によって過激に変容しました。

**アンカーが誕生時に太陽の上昇と同時に昇る場合**

アンカーは太陽の上昇と同時に昇る星として使われていませんでした。しかし誕生時に宇宙的に太陽の上昇と同時に昇る星であるならば、アンカーの影響は存在の中心である太陽に結びつくかもしれません。たぶん物事を変え、現状を改めようとするでしょう。この能力は自己の定義の一部となります。

229 シンバイオニーズ解放軍（Symbionese Liberation Army: SLA）。

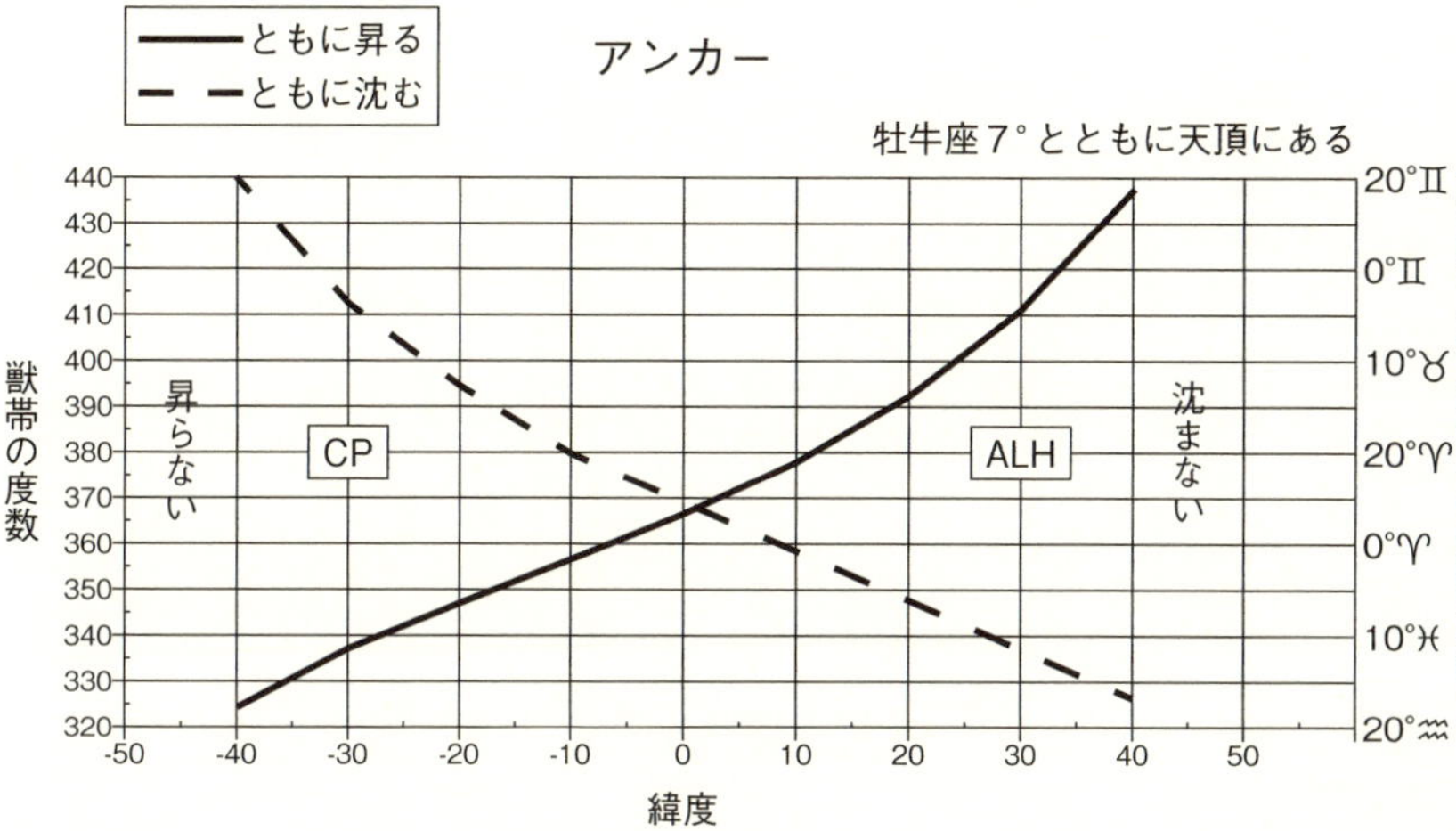


| ヒライアカル 上昇 | ヒライアカル 下降 |
|---|---|
| 5月21日 | 11月22日 |
| 4月30日 | 11月2日 |
| 4月10日 | 10月13日 |
| 3月21日 | 9月23日 |
| 2月28日 | 9月2日 |
| 2月9日 | 8月13日 |
| 下降 | 上昇 |
| アクロニカル | |

パラン表36. アンカー

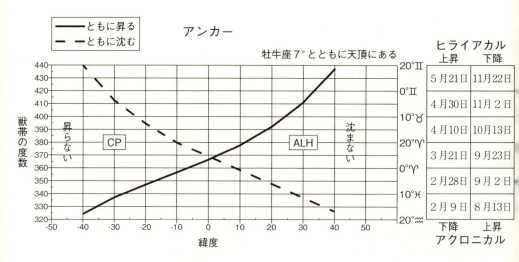

## がか座、画家

ラカーユにより形作られ、画家のパレットを意図しています。がか座ははと座のちょうど南にあります。最も明るい星は３・５等級です。

## レチクル座、レチクル

レチクル座は非常に小さな星座で、とけい座とアルゴ船のりゅうこつ座のあいだに位置しています。ラカーユが加えましたが、ストラスブールのイサーク・ハブレヒトが形作ったと考えられています。最も明るい星は３・３等級です。

## ちょうこくしつ座、彫刻家

ラカーユが形作りました。くじら座とほうおう座のあいだに位置しています。最も明るい星は４・２等級です。

## たて座、盾

うみへび座の端といて座の頭のあいだに位置しています。盾はポーランド王ジョン・ソビエスキが一六八三年オスマン帝国との戦いで勝利したことを祝して形作られました。最も明るい星は4等級です。

## ろくぶんぎ座、六分儀

ろくぶんぎ座はヘベリウスが一六五八年から一六七九年にかけて天体観測に使用していた六分儀を称えるために空に配置されました。うみへび座としし座のあいだにあり、うみへび座の背中にあります。最も明るい星は4・1等級です。

## ぼうえんきょう座、望遠鏡

ラカーユによって一七五二年に形作られました、みなみのかんむり座のちょうど南にあります。最も明るい星は3・5等級です。

## きょしちょう座、巨嘴鳥

バイエルの星座のひとつです。もとは英語の名前で知られていましたが、のちにラテン語に訳されました。南極の近くに位置し、尾はエリダヌス座のアルファ星アケルナルの近くにあります。名前の付いた星はありません。最も明るい星は2・8等級です。

## とびうお座、トビウオ

とびうお座はヨハン・バイエルによって一六二四年に命名されました。南極に近く、最も明るい星は3・9等級です。

## こぎつね座、キツネ

この星座はかつて〝キツネ〟と〝ガチョウ〟と呼ばれていました、ヘベリウスによって空に位置づけられ、や座とはくちょう座のあいだにあります。唯一名前があるようにみえる星がアンセルで、4・4等級です。

第Ⅲ部　黄道十二宮、生命の輪

Part3

THE ZODIAC, THE RING OF LIFE

## 黄道十二宮の星座

黄道帯は生命の巨大な輪です。それは太陽が移動する星座で構成され、世界に神の十二の顔や生命の十二の主成分や元型を見せています。これらは人類の生命にかんする解説としての物質的な面で読むことも、現代の占星術師に人間の精神の混合と融合を見せる精神的な面で読むことも可能です。しかし、実際には星の集まりである黄道帯の星座は、トロピカル式の黄道帯を構成する空の30度の区分とは異なり、それらふたつは混同すべきではありません。後者は季節との関係で太陽の位置を測り、前者は実際の恒星そのものに言及しています。

約二〇〇〇年前にこれら二通りの黄道帯は整列していましたが、トロピカル式の黄道帯では北半球の春分点から測定されました。プトレマイオスとウエッティウス・ウァレンスの時代にはトロピカル式の黄道十二宮は一年の季節から意味をとりました。私たちの個々の人生の〝季節〟とのちに――二十世紀における進化した人間集団という考えとして――人類文化が発展する〝季節〟から意味をとりました。牡羊座0度を春分点に結びつけてトロピカル式の黄道十二宮に固定した、こうした〝季節〟からトロピカル式の黄道十二星座の意味を発達させてきました。

占星術師は個人の出生図を調べることでこうした意味を明らかにし、あるいは探求しようと努めています。

このようにトロピカル式（訳注 西洋占星術の座標の設定法で、春分点を牡羊座0度として十二宮を黄道上に並べたものです。三六〇度の黄道を三〇度ずつ分割して十二星座を当てはめています。プトレマイオスの時代、二世紀には実際の星座と黄道の座標は一致していました。一九〇〇年ほど経過した現代では、歳差運動により二七度近く実際の星座と黄道座標がずれています。約七二年に一度ずれが生じています）の黄道十二星座の占星術的な意味は季節、すなわち生命の展開するリズムにたどることがおそらく可能です。黄道星座にある恒星が〝太陽サイン〟に与える影響はおそらく最小限でした。そのため黄道星座に含まれている物語や歴史はプトレマイオスの時代の頃西洋占星術から切り離され、そのとき以来停滞したままです、それらは〝太陽サイン〟にもはや意味をもたらしていませんが、太陽が年間に動く物理的な経路を示してくれます。

## おひつじ座

おひつじ座の星が春分の日に太陽の上昇と同時に昇るとき、こうして十二星座の先頭に位置し、黄道十二星座の概念もまた形になりました。そのためおひつじ座は黄道十二宮の先頭の星座となり、その呼び名はおひつじ座の星々がずっと前からこの先頭の役割を失ってしまい現在は魚座の星々に属しているにもかかわらず、変更されることはありませんでした。[1]

歴史が教えるのは春分点が新しい星座に移動したとき、新しい時代と新しい神が現れるということです。この神は集合無意識から湧き起こる古い神の息子か、新しい神が表す新しい概念かのいずれかです。春分点が牡牛座から牡羊座に移行したのは紀元前二〇〇〇年頃のことでした、その移動はエジプトの神聖な牡牛とホルス神（多くの姿がありましたが、そのひとつは牡牛でした）[2]から離れて、牡羊座的な性質の神へ移行しました。ユーフラテス川流域の人々にはこの新しい神はタンムーズ・ドゥムジ、すなわち生命の唯一の息子（〝唯一の〟という言葉が強調されています）として知られていました。カナンから出現したと考えられているイスラエル人は、彼らの神エルとともに現れ、モーゼがイスラエル人をエ

1　歳差運動によって春分点の太陽の場所は黄道上を逆に移動しているようにみえます。かつてキリストの時代の頃には太陽はおひつじ座の星々とともに昇っていました。いまはともに上昇する星々は初期のうお座の星々です。太陽がみずがめ座の星々のあいだに昇るときはいまから二十年から五〇〇年までのどこかです。見方にもよりますが、これはみずがめ座の時代として知られています。

2　Wallis E. A. Budge, *The Gods of the Egyptians*, vol. 1 (New York: Dover Books, 1969), p. 493.

ジプトから脱出させたときその名前はＹＨＷＨ（I am that I am. 私は私である）[3]に変わりました。こうした神々はＹＨＷＨ（ヤハウェ）と同じように唯一神という一神教的考えで、羊の血を使って印を付け神の怒りから人々を救いました。新しい牡羊座の神はほかの神々と栄光を分け合わない単独の生き物でした。

エジプト人は、新帝国の時代と呼ばれるものに移行するにつれて、その頃には三番目の神に移行していました。[4] その帝国は〝神々の王とふたつの国の王座の主〟[5]である神アメン-ラーで頂点に達していました。彼はエジプト人にとっては新しいタイプの神でした、彼もほかの神と栄光を分かち合わなかったからです。彼は最高位でした。[6] アメン-ラーは多くの姿をした神で、そのひとつは牡羊の角で〝頭部の主〟と呼ばれ、エジプト人は彼をおひつじ座の星々に結びつけました。[7] それ以来これらの星々は太陽の戦車に乗りました。[8] 彼は力強い男性で聖なる男根像でした。茂みのなかにいる牡羊座の物語や姿は性的なメタファーであると考える人もいました。[9] 旧約聖書における牡羊のイメージもヤハウェと関連していました。確かに、ヤハウェの命令で息子イサクを生贄にすることからアブラハムを救うのは、

3 Magnus Magnusson, *BC: The Archaeology of the Bible Lands* (London: British Broadcasting Corporation, 1977).
4 紀元前二〇〇〇年ごろです。
5 Wallis E.A. Budge, *The Gods of the Egyptians*, vol. 1 (New York: Dover Books, 1969), p. 174.
6 Budge, *The Gods of the Egyptians*, vol. 2, p. 5.
7 Jobes, *Outer Space*, p. 124.
8 おひつじ座の星は春分とともに上昇しています。
9 Barbara Walker, *The Woman's Encyclopedia of Myths and Secrets* (San Francisco: HarperSan Francisco, 1983), p. 841.

茂みのなかの牡羊のこうしたイメージです。

これは牡羊の男性の神がそれ以前の習慣であった人間のいけにえよりも動物のいけにえのほうを求めていることを示したように、新しい一神教にとって重要な物語でした。[10] イスラエル人にとって牡羊は神聖でした。彼らは『出エジプト記』13章2節のなかでヤハウェが本来求めた最初に生まれた男の子の原始的ないけにえの代わりに毎年過ぎ越しの祭りで神の仔羊をいけにえにしました。[11]

この時期に力を増大させていた古代ギリシャ人は、アメン-ラーを彼らのゼウスとして採り入れ、[12] イアソンと黄金の羊の物語を発展させました。牡羊はアタマスの子供たちであるプリクソスとヘレを継母イノの怒りから逃れるためにコルキス（コーカサス地方）の安全な場所へ運ぶ魔法の動物になりました、娘のヘレは獣の背中から落ちて死にましたが男の子のプリクソスは生き残りました。牡羊は感謝祭にいけにえにされ、そのイメージは天に上げられ、黄金の羊毛はアレスの天球に掛けられま

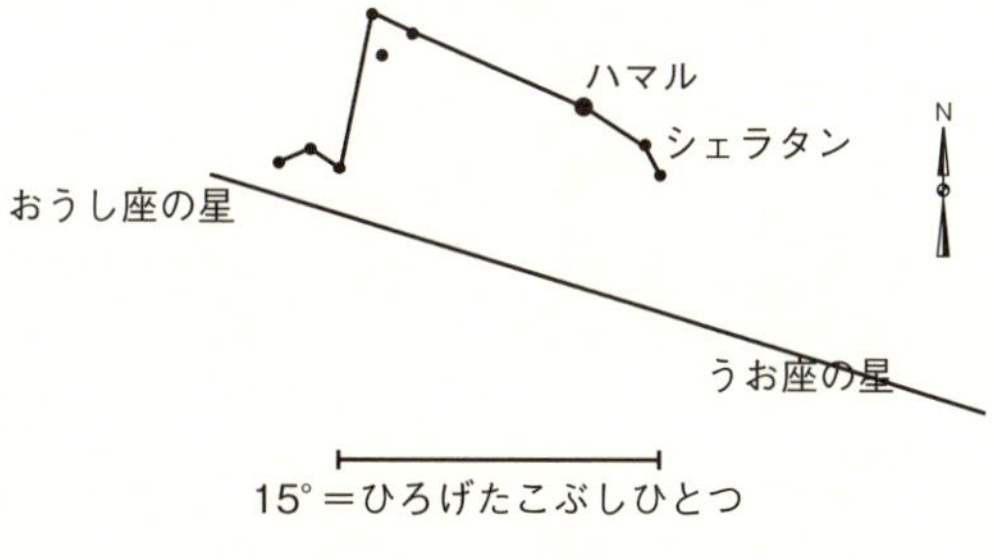


スター・マップ17. おひつじ座、牡羊

10 Walker, *The Woman's Encyclopedia of Myths and Secrets*, p. 841.
11 Walker, *The Woman's Encyclopedia of Myths and Secrets*, p. 526.
12 ゼウス崇拝は、考古学者によってザグレウス崇拝の死に瀕した最後の段階であると信じられており、おそらく紀元前七〇〇〇年紀に始まったと考えられています。

した。[13]

**おひつじ座の星**

おひつじ座で最も明るい星はハマルで、牡羊の東の角の根元です。ほかに名前のある星は等級の降順に、シャラタンとメサルティム、ふたつとも西の角にあります。

### ハマル

（おひつじ座アルファ星、２・２等星、赤経：02ｈ06ｍ54.3ｓ、赤緯：北23度26分18秒、黄経：牡牛座6度58分）パラン表37を参照。パラン表の読み方の例：南緯34度、南アフリカのケープタウンに生まれた場合、星は牡牛座の約10度で上昇しました。惑星が牡牛座もしくは蠍座の10度にある場合、惑星は星とともに上昇し沈みました。星はまた牡羊座22度で沈みました。したがって惑星が牡羊座か天秤座の22度にある場合、星が沈むとき惑星は沈み上昇しました。星は牡牛座12度で天頂にあります。したがって惑星が牡牛座もしくは蠍座の12度にある場合、星が天頂にあるとき惑星は天頂か天底にありました。

この南緯34度では、星は出現しているけれども隠れて見えない位相にあります。この時期は毎年およ

13 Grimal, *The Dictionary of Classical Mythology* (Cambridge: Blackwell Reference, 1986), p. 371.

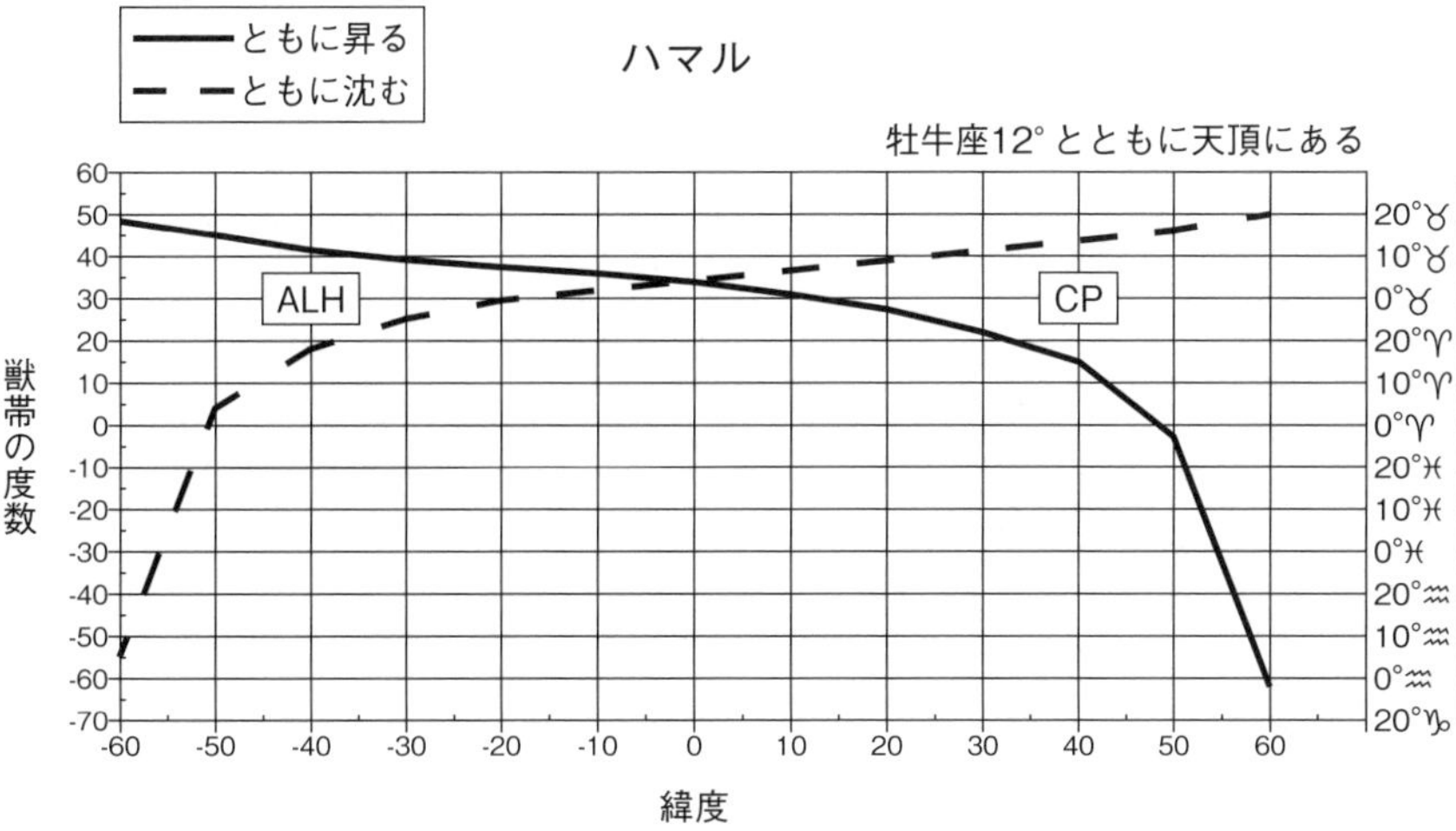


| ヒライアカル 上昇 | ヒライアカル 下降 |
|---|---|
| 5月11日 | 11月12日 |
| 4月30日 | 11月2日 |
| 4月20日 | 10月23日 |
| 4月10日 | 10月13日 |
| 3月31日 | 10月3日 |
| 3月21日 | 9月23日 |
| 3月10日 | 9月13日 |
| 2月28日 | 9月2日 |
| 2月19日 | 8月23日 |
| 2月9日 | 8月13日 |
| 1月30日 | 8月2日 |
| 1月20日 | 7月23日 |
| 1月10日 | 7月12日 |
| 下降 | 上昇 |

アクロニカル

パラン表37．ハマル

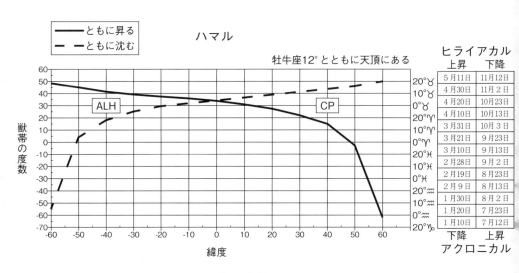

そ四月十二日（牡羊座22度の横にある日付ボックスの左側の列から読み取ります）から四月三十日（牡牛座10度の横にある日付ボックスの左側の列から読み取ります）までです。そして本当に、あるいは宇宙的に太陽の上昇と同時に昇るときはだいたい四月三十日です（〝太陽と同時に上昇する〟欄の南緯34度で上昇している線の日付を読み取ります）。

ハマルは南緯66度と北緯66度のあいだのチャートの四つの点すべてで使用可能です。それより南では星が昇ることはなく、それより北では星が沈むことはないため、永遠に短縮した運行にあります。

## これまでの解釈

プトレマイオスによれば、おひつじ座の頭部の星は火星と土星の性質をもっているということです。ロブソンは、残虐さや計画的な犯行に関連させています。エバーティンはハマルをエル・ナトとしてリストにし、危険を引き起こす困難な星としています。リゴーはそれをさらに一歩進めて、〝倒錯した〟趣味に関連付けています。

## ハマルの意味

新しい宗教が到来するとき、その信奉者たちは去って行くか、あるいは古い宗教をいかめしく中傷しようとします。おひつじ座と牡羊は宗教的な概念でした。確かにユダヤ教に残存しています。魚座の時代が生まれ、魚の神（訳注　キリスト教）、牡羊の息子が王位に就き、角のある牡羊の古い神は最も邪悪なもの、悪魔に分類されました。[14] ハマルの占星術的な意味も同様の検閲を受け、その結果、この星は悪と関連づけられるようになったのかもしれません。キリスト教の差別を剥ぎ取ると、ハマルは、十二星座の牡羊座の意味と少し似た、行動と独立の強力な星として見ることができます。邪悪で正道からはずれている代わりに、この星が関わるすべての惑星を独立の力で強化するように思えます。これは否定的あるいは肯定的な結果をもたらすかもしれません。

ジャンヌ・ダルクは水星が天頂にありハマルが上昇しているときに生まれました。こうしてハマルの自立した強力な影響は早い時期に（上昇している）彼女の水星に作用しました。若い農夫の娘としてフランスの王位継承者のもとに連れて行ってもらい、〝神の啓示〟であると彼女が信じていることに耳を傾けてほしいと主張しました。

ブラヴァツキー夫人は十九世紀のロシアの神秘思想家で執筆者であり神智学協会の共同設立者でしたが、ハマルが天頂にあるとき木星が沈んでいました。木星は星の性質を拡大する傾向があり、天頂にある星は中年期、あるいは人生の活発な壮年期に現れます。ブラヴァツキーの場合、ハマルは彼女の人生にその当時の主流となる考えにたいする非常に批判的な態度やさらには変わった考えや哲学を精力的に活発に宣伝するという形で現れました。実際に彼女は今日では主として神智学協会を設立したことで記

14　Walker, *The Woman's Encyclopedia of Myths and Secrets*, p. 841.

憶されています。

## ハマルが出生図にある場合

ハマルがチャートにあるならば、ある程度の独立心や意志の強さを示します。これは集中し直接的な単純であるものの役に立つ能力として現れるかもしれませんし、怒りや不満、そして家族のなかや仕事における権威のある人物と折り合いをつけられないという形で表現されるかもしれません。

## ハマルが誕生時に太陽の上昇と同時に昇る場合

ハマルは夜明けを告げるほど十分な明るさの等級をもっていませんが、宇宙的に太陽の上昇と同時に昇る星として使用可能です。ここでハマルは、アイデンティティそのものである太陽と結びつき、最強になります。非常に集中力があり、やる気に満ち、他者と一線を画すような行動や思考を好みます。外交力に欠けるため、強引なリーダーや暴君になるかもしれません。この素晴らしい例が『スタートレック』で宇宙船エンタープライズのジェームズ・T・カーク船長を演じたウィリアム・シャトナーです。彼は誕生地のカナダのモントリオールでハマルが宇宙的に太陽の上昇と同時に上昇しているときに生まれました。彼の伝説的な宇宙船の船長役は多くの人々の心をつかみ、人間の探究心の象徴となりました。

## おうし座

牡牛は天空における二番目の神の象徴です、最初の神の象徴はオリオンでした。春分点が紀元前四五〇〇年頃おうし座の星にすべり落ちてきたので牡牛の赤い目はホルス、[15]すなわち古代エジプトのオシリスの息子になりました。[16]オリオン座の星々からおうし座へ春分点がこうして移動するあいだ、牡牛とつながりがある、もしくは牡牛として生まれ変わった古代世界の神々が数多く現れました。フェニキア人の牡牛の神は人類の父と呼ばれ、〝牡牛〟を意味するエルという称号を得ましたが、英語では〝神〟という言葉に訳されています。[17]

エルはシリア中で崇拝され、ペルシア人は牡牛の目にある偉大な赤い星を東の見張り番と名付けました。[18]彼らにとって偉大な古代の信仰が浮上し、ミトラと呼ばれる姿[19]は第一級の無敵の武勇神であり、太陽の戦車に乗って空を駆け巡ると言われました。[20]彼はまたアフラ・マズダとしても知られたり、結びつけられたりしました。[21]アフラ・マズダはペルシアの救済主の姿で、擬人化した牡牛殺しとして知

15 ホルスは聖なるハヤブサと見なされていましたが、おうし座の星と関連しています。
16 Jane B. Sellers, *The Death of the Gods in Ancient Egypt* (London: Penguin, 1992), p. 112.
17 Walker, *The Woman's Encyclopedia of Myths and Secrets*, p. 125.
18 Richard Hinckley Allen, *Star Names: Their Lore and Meaning* (New York: Dover, 1963), p. 385.
19 この姿の最も初期の洞窟絵画は紀元前二万三〇〇〇年に遡ると考えられています。
20 *New Larousse Encyclopedia of Mythology* (London: Hamlyn, 1968), p. 311.
21 *New Larousse Encyclopedia of Mythology*, p. 314.

られ、野生の大きな牡牛の角をつかみ、疲れ果てるまで乗り続けたあとにその牡牛を殺しました。そしてその傷と流れた血から大地に生命を生み出しました。[22] その信仰は牡牛の血の洗礼を必要とし、新入者は穴のあいた台の下のくぼみに立ち、台の最上部で殺された犠牲の牡牛の血を浴びました。新入者はこの血を浴び、目、耳、口、そして肉体に触れたことを確認し、神聖な行為としてこれを飲みました。こうして新入者は牡牛の血で洗い清められ、罪を浄化したこの台から出てきました。[23]

エジプト人もまた毎年、王国の罪の償いとして聖なる牛を殺しました。[24] その考え方は神の血、あるいはそうした神の象徴が多くの人々の罪を清められるということでした。こうした儀式から、罪が許されるためには血が流されなければならないという信仰が生まれ、数千年後にキリストが血まみれの最期を遂げることになったのかもしれません。しかし、二〇〇〇年ほどして春分点がおうし座からおひつじ座にすべり落ち、もうひとつの新しい神の誕生を告げ、その神はこの時代のイスラエル人から現れました。彼らは自分たちと牡牛崇拝者たちを区別し、神聖な液体や象徴として仔羊の血液を用いました。モーゼは人々を仔羊の血をもって選ばれたとして新しい宗教に導きました。これは牡羊によって示された新世界の時代であり、こうして新しい神が必要とされました。新しい世界秩序の新しい法を携えてシナイ山から戻ったとき、モーゼは自分の選んだ人々が仔羊に目もくれずに牡牛（金の仔牛）を振り返ってい

22 Settegast, *Plato Prehistorian* (New York: Lindisfarne, 1986), p. 112.
23 Walker, *Encyclopedia* p.126.
24 Walker, *Encyclopedia* p.126.

ることに腹を立てました。[25]

ほかの神話でも牡牛が春分点からすべり落ちはじめ、牡羊に道を譲るにつれて牡牛はさらに否定的な意味をもつようになりました。たとえばギリシャ神話のイアソンの物語ではどう猛な牡牛を飼い慣らす必要がありましたが、それは黄金の牡羊の羊毛[26]（これからの神）を手に入れるという試練のひとつに通るためでした。もうひとつの例はミノス王の迷宮のなかにいたミノタウロスです。一部は牡牛、一部は人間です、ミノタウロスは迷宮から光のなかに出たテセウスに退治されるまで人肉のいけにえを常食としました。[27] これらの神話では牡牛は暗闇あるいは生命に反するものとみなされています、それは牡羊の神に道を譲る古い宗教の象徴になるからです。

牡牛はまたアイルランド文化に入り込み偉大な叙事詩や神話の精髄を生み出しました。*The Tain* はドン（編注　アイルランド神話ではゲール人の祖先であり、死者の神であったと信じられている）や茶色の牡牛が白い牡牛と決死の闘いをする、光対闇の物語です。

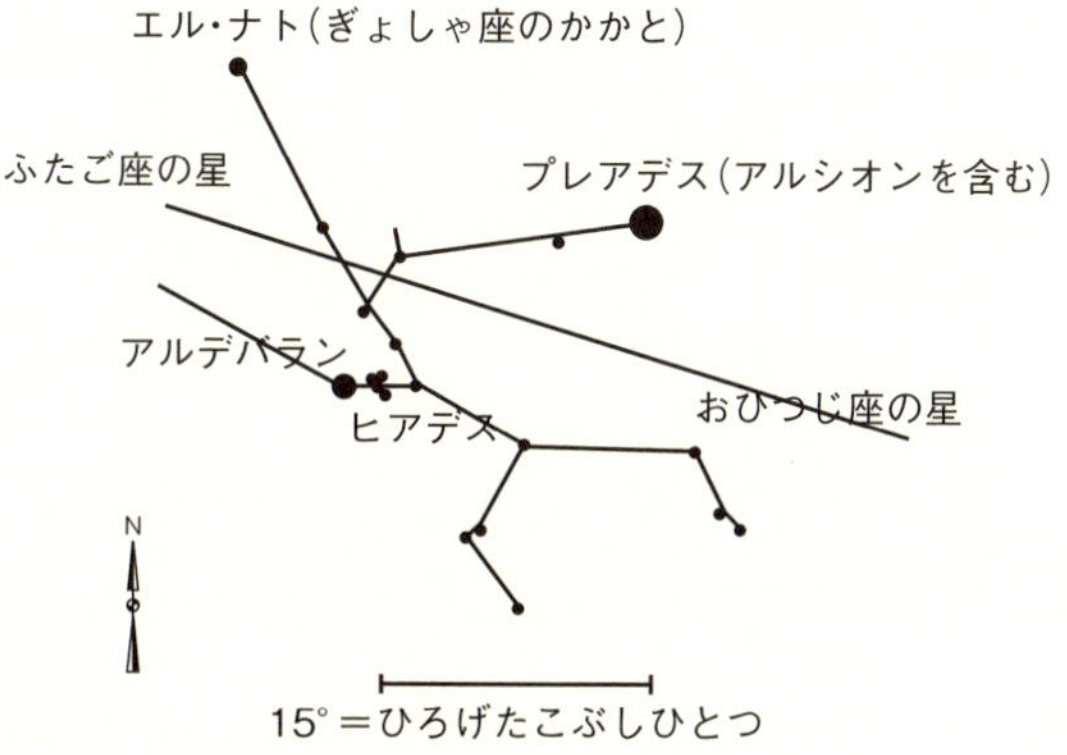


スター・マップ 18. おうし座、牡牛

25　G. de Santillana and Hertha von Dechend, *Hamlet's Mill* (Boston: Nonpareil Books, 1977) p. 60.
26　Bulfinch, *Myths of Greece and Rome* (New York: Penguin, 1979), p.153.
27　Bulfinch, *Myths of Greece and Rome*, p. 181.

神としての牡牛[28]はその力を失って長い時間が経ちました。紀元前二〇〇〇年ごろ春分点の位置からすべり降ちましたがその神話的な象徴は天体のイメージに強く刻み込まれています。

**おうし座の星**

おうし座の最も明るい星はアルデバランですが、この星座にはまたふたつの星団があります。プレアデス星団は牡牛の肩にある七つの星の星団です。ヒアデス星団は牡牛の額にある五つから七つの目に見える星の星団です。

## アルデバラン

（おうし座アルファ星、1・1等星、赤経：04ｈ35ｍ37.4ｓ、赤緯：北16度29分53秒、黄経：双子座9度05分）

パラン表38を参照。パラン表の読み方の例：北緯44度、カナダのトロントに生まれた場合、星は双子座の約17度で上昇しました。惑星が双子座もしくは射手座の17度にある場合、その惑星は星とともに上昇し沈みました。星はまた双子座6度で沈みました。したがって惑星が双子座か射手座の6度にある場合、星が沈むとき惑星は沈み上昇しました。星は双子座10度で天頂にあります、そのため惑星が双子座もし

28　Thomas Kinsella, trans., *The Tain* (Oxford: Oxford University Press, 1989).

くは射手座の10度にある場合、星が天頂にあるとき惑星は天頂か天底にありました。

この北緯44度では、星は出現しているけれども隠れて見えない位相にあります。この時期は毎年およそ五月二十七日（双子座6度の横にある日付ボックスの左側の列から読み取ります）から六月八日（双子座17度の横にある日付ボックスの左側の列から読み取ります）までです。そして本当に、あるいは宇宙的に太陽の上昇と同時に昇るときはだいたい四月八日です（〝太陽と同時に上昇する〟欄の北緯44度で上昇している線の日付を読み取ります）。

アルデバランは南緯74度と北緯74度のあいだのチャートの四つの点すべてで使用可能です。それより南では星が昇ることはなく、それより北では星が沈むことはないため、永遠に短縮した運行にあります。

## これまでの解釈

プトレマイオスによれば、アルデバランは火星の性質をもっているとのことです。ロブソンは、この星は大きな名誉を与える可能性があるがこの名誉は長続きするものではないとしています。エバーティンによれば、大量のエネルギーを与え、その影響を受けた人は多くの物事を実現できるが、敵をつくるとのことです。リゴーはロブソンに同意し、この人物が動揺したり安定性に欠けたりしがちであると付け加えています。

## アルデバランの意味

アルデバランは天空の偉大な星のひとつ、ペルシアのロイヤルスターのひとつであり、東の見張り番で、春分点を示す偉大な隅石でした。この能力からアルデバランはミトラ神、あるいはアフラ・マズダであり宇宙の牡牛殺しでした。ミトラは偉大な軍神であり、信奉者に勝利をもたらしましたが、それは彼らが信仰の最も厳格な手順に従った場合にかぎられていました。

この手順はペルシア（イラン）発祥の預言者ツァラトゥストラ（ゾロアスター）の著作物や崇拝にも反映されています、ツァラトゥストラはアフラ・マズダから知恵を学んだと言われていました。その名前は〝星の崇拝者〟を意味し、その教えは〝物質界の神聖さへの信頼を取り戻し、究極的には地球を本来の完全な状態に戻すよう〟意図されていました。[29] アルデバランがミトラかツァラトゥストラのいずれかに関連しているにせよ、あるいは両方であるにせよ、道徳や目的の高潔さと結びついた成功を強調する、こうした古代の信仰や習慣からアルデバランの三次元的な意味をさらに引き出すことが可能です。ミトラは軍人の王でしたが〝契約の主〟という称号ももっていました。[30] 彼はすべての取引を神聖なものとし、それゆえ信奉者の仕事を監督し、彼らに正直さや純粋さを強く求め、失敗すれば炎の試練が宣告されました。これはたいてい、疑いのある人物に炎のトンネルを通り抜けさせることで行われ、そこ

29 Settegast, *Plato Prehistorian*, p. 219.
30 Jason Cooper, *Mithras* (York Beach, M.E: Samuel Weiser, 1996), p. 3.

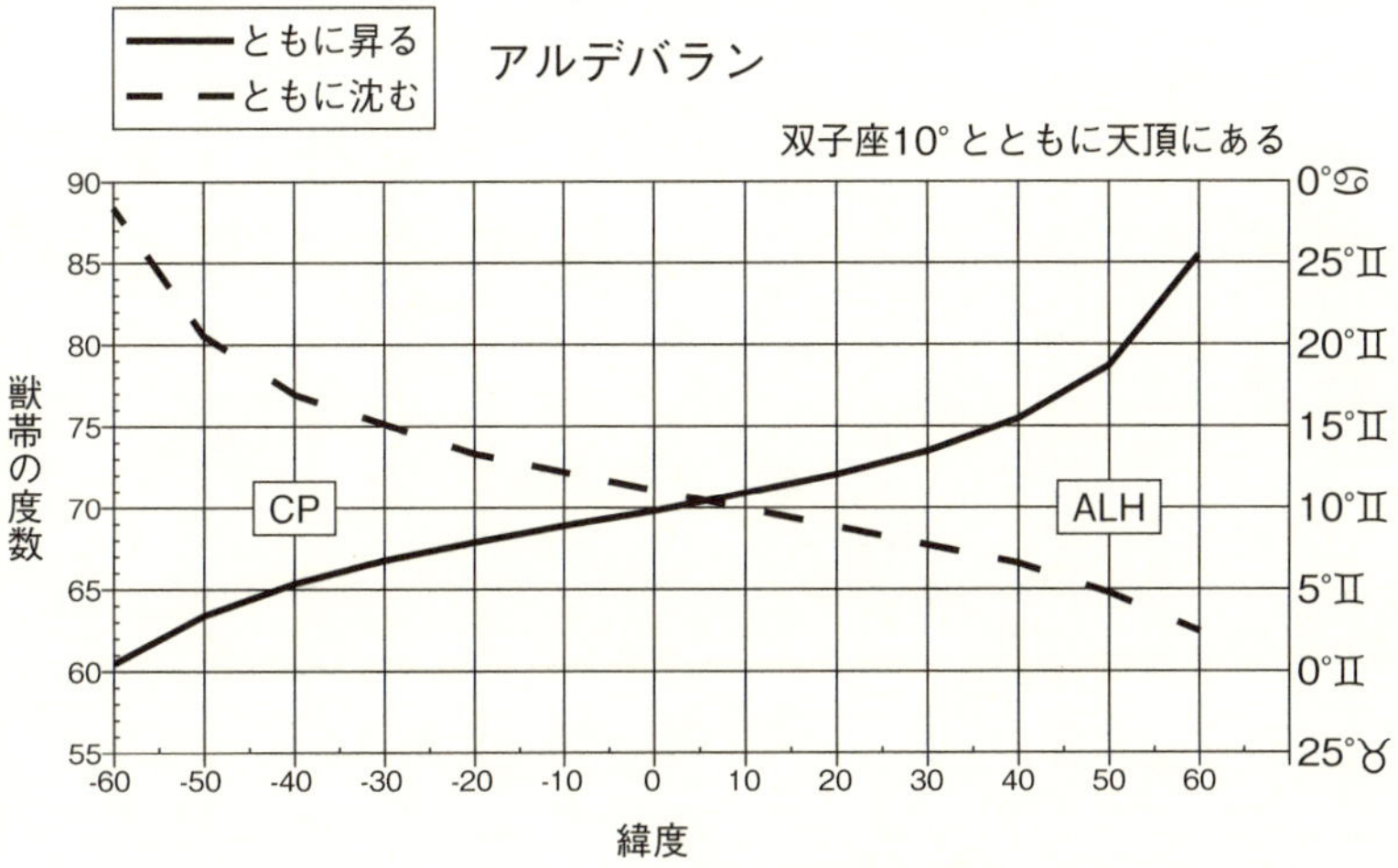


ヒライアカル

| 上昇 | 下降 |
|---|---|
| 6月16日 | 12月17日 |
| 6月11日 | 12月13日 |
| 6月6日 | 12月8日 |
| 6月1日 | 12月3日 |
| 5月26日 | 11月28日 |
| 5月22日 | 11月23日 |
| 5月16日 | 11月18日 |
| 下降 | 上昇 |

アクロニカル

パラン表38. アルデバラン

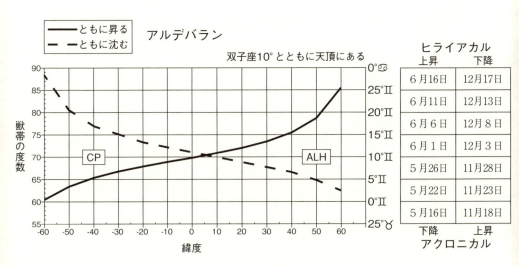

で生き残ったことが彼らの潔白を証明しました。

ペルシアの四つのロイヤルスターはすべて非常に強力な星であり、それぞれの星が栄光、成功あるいは幸福の可能性を提供しますが、特定の敵を克服できる場合にかぎられます。アルデバランの場合には、この試練は誠実さや名誉のひとつです。大きな業績を達成することができますが、個人の考えや取引における誠実さや純粋さが問われることになります。このテストに失敗すればすべてを失います。

英国王エドワード八世は、英国王位の継承者でありながら離婚した女性と恋に落ちました。英国の法律によってその女性と結婚した場合、君主制を維持することはできませんでした。最も理に適った選択はほかの王たちの足跡をたどり、その女性を愛人にすることでした。しかしながら彼はその選択肢を拒否し、愛する女性と結婚できるよう退位しました。誠実さの問題に直面して難局を乗り越えました。

ガリレオ・ガリレイもアルデバランと関連がありました。彼の火星は生まれた日にアルデバランとともに沈んでいました。ガリレオは人生の終盤で教会と対立し、地球が太陽の周りを回っていることを発表しました。逮捕され投獄されることがわかっていたうえでそうしたのです。幸いにも彼の場合、その理論をテストする火の試練を経験させられるのではなく、老齢のため自宅に監禁されました。これはこの（沈んでいる）星のエネルギーが人生の晩年期に現れた、良い例です。

アイルランドの偉大な劇作家にして執筆家のジョージ・バーナード・ショーは、誕生の瞬間にアルデバランが正確にチャートで上昇していました。彼は自分が信じる主義に従って人生を送りました。この小さな例は有名な菜食主義でした。[31] また絶対禁酒家で、最新の注意を払って、どんな料理の準備にもアルコールの使用を認めませんでした。彼は自分の行動規範や信念に従って生活し、誠実さが試されることを許そうとしませんでした、これはアルデバランのこうした側面を具現化していると言って良いでしょう。

アルデバランの軍事的な例はニコロ・マキャベリで、十五世紀の政治家、作家、政治思想家、ときとして軍の副官でした。マキャベリはアルデバランとふたつの関係があるときに生まれました。月がこの星とともに天頂にあり水星がこの星とともに上昇していました。ある意味で彼はアルデバランの失墜を表しています。マキャベリは十五世紀イタリアの外向力、軍事力そして行政力の基盤のなかで地位が向上しました。彼の協力者がメディチ家への力を失ったとき、彼は新しい政府にたいする謀略の罪に問われ、罪を認めるように拷問を受けました。しかしマキャベリは無実だったので自白を拒否し、最後には釈放されましたが、残りの人生を困窮のうちに送りました。裏切り者、スパイ、そして不道徳な人物のレッテルを貼られたにもかかわらず、歴史が伝えるのは、マキャベリはきわめて高い誠実さと信念をもった、まっすぐで正直な市民であったことです。[32] ここにアルデバランの名誉と栄光がありますが、失墜

31 アフラ・マズダの信者はまた非常に厳格な菜食主義者でした。
32 *The New Encyclopedia Britannica*, vol. 7 (Chicago, 1986), p. 629.

もあります。それはマキャベリが人生のどこかで誘惑に屈したことを示唆しています。

**アルデバランが出生図にある場合**

アルデバランがチャートにある場合、誠実さを試す道徳的ジレンマに直面しなければならないことを示します。成功は与えられますが、その旅の途上で地位を妥協し誠実さに逆らう誘惑にかられるでしょう。この星が関わっている場合、誠実さを妥協することは否定的な結果を生み、得られるものすべてが非常に速く失われる可能性があることに気をつけてください。

**アルデバランが誕生時に太陽の上昇と同時に昇る場合**

アルデバランは明白に太陽の上昇と同時に昇る場合と宇宙的に太陽の上昇と同時に昇る場合の両方である可能性があり、この位置にあると最強の状態です。強い信条、倫理感、強く感じる物事によって特徴付けられます。これらの信条は成功に不可欠な要素ですが、こうした信条の試練を受けることになります。自分が信じていることの純粋さを守るために闘う必要があります。少しでも誠実さがぐらつくとすぐに不利になるかもしれません。

## エル・ナト

（おうし座ベータ星、２・１等星、赤経：05ｈ22ｍ56ｓ、赤緯：北28度34分、黄経：双子座21度53分）

パラン表39を参照。パラン表の読み方の例：北緯33度、米国のダラスに生まれた場合、星は双子座の約18度で上昇しました。惑星が双子座か射手座の18度にある場合、惑星は星とともに上昇し沈みました。星はまた双子座27度で沈みました。したがって惑星が双子座か射手座の27度にある場合、星が沈んだとき惑星は沈み上昇しました。星は双子座22度で天頂にあります、そのため惑星が双子座か射手座の22度にある場合、星が天頂にあるとき惑星は天頂か天底にありました。

この北緯33度では、星は短縮した運行の位相にあります。この時期は毎年およそ十二月七日（双子座18度の横にある日付ボックスの右側の列から読み取ります）から十二月七日（双子座27度の横にある日付ボックスの右側の列から読み取ります）までです。そして本当に、あるいは宇宙的に太陽の上昇と同時に昇るときはだいたい六月五日です（〝太陽と同時に上昇する〟欄の北緯33度で上昇している線の日付を読み取ります）。

エル・ナトは南緯61度と北緯61度のあいだのチャートの四つの点すべてで使用可能です。それより南では星が昇ることはなく、それより北では星が沈むことはないため、永遠に短縮した運行にあります。

### これまでの解釈

プトレマイオスによれば、この星は土星と部分的に水星の性質をもっているということです。ロブソンは幸運をもたらすと言っています。エバーティンはこの星をリストに入れていませんが、エル・ナトという名前をおひつじ座の主星に使用しています。リゴーはこの星をリストにいれていません。

## エル・ナトの意味

エル・ナトは角の先端であり攻撃の箇所です。それは牡牛の力と見なされ、それによって水や生き物の血を支配する力をもっているため、偉大で恐ろしい武器、破壊したり生命を与えたりするために使用できる潜在的に破壊的な技術を象徴する場合があります。米国の政治家でベトナム戦争を終結させた功績でノーベル平和賞を受賞したヘンリー・キッシンジャーはエル・ナトが水星とともに上昇していました。ここでこの星は戦争の兵器と関連していますが、攻撃よりむしろ平和を求めて努力しています。これとはまったく対照的にマンデン占星術ではエル・ナトが一九四五年に日本の緯度で天王星とともに上昇していました。この国は、現代で最も致命的な兵器である原子爆弾を経験しています。

## エル・ナトが出生図にある場合

エル・ナトがチャートで接触しているならば、人生のあるレベルで武器の使用あるいは不使用の問題が生じるでしょう。こうした〝武器〟は格闘技への愛として、あるいはもっと簡単に言えば使用または

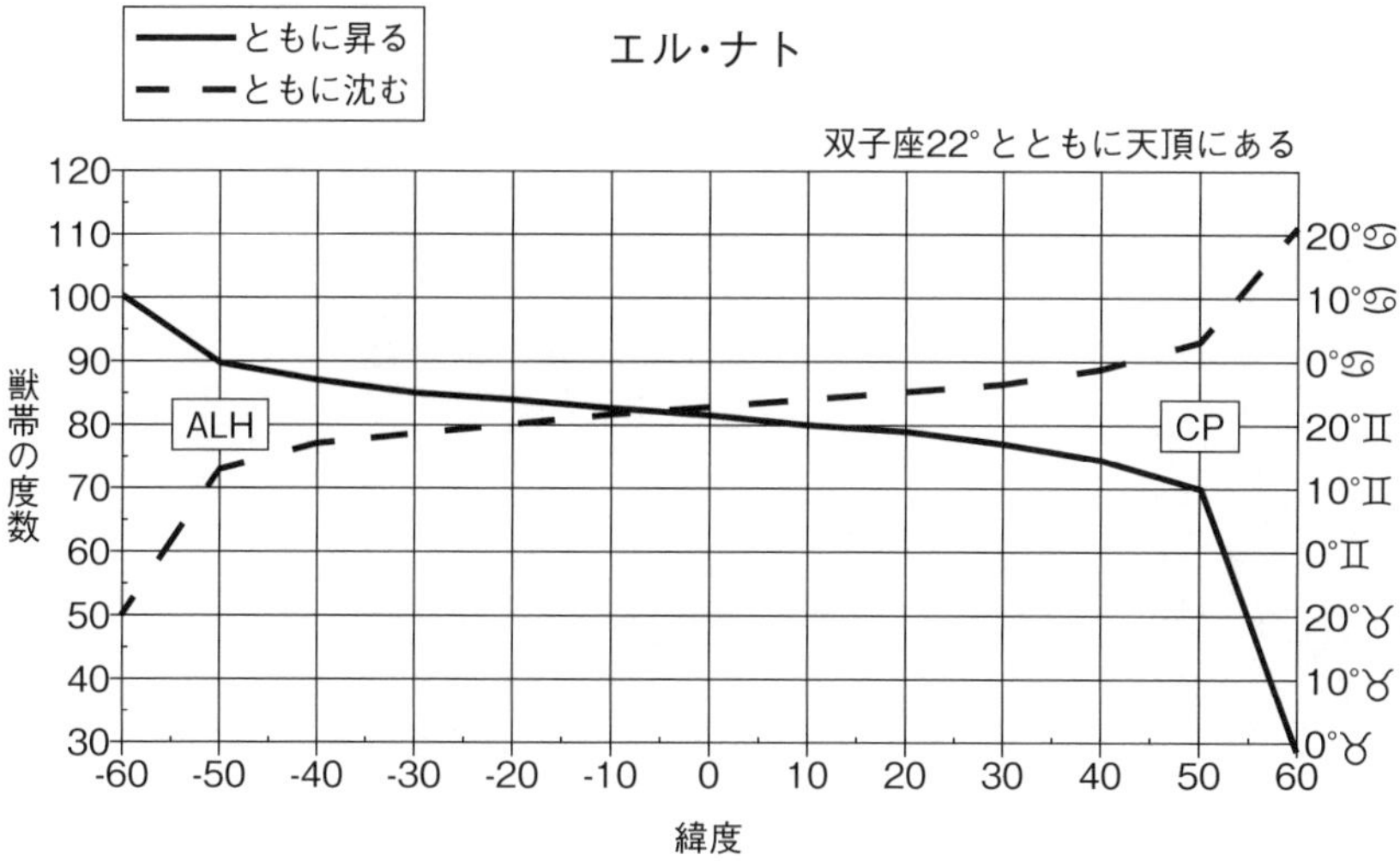


| ヒライアカル 上昇 | ヒライアカル 下降 |
|---|---|
| 7月12日 | 1月10日 |
| 7月2日 | 12月31日 |
| 6月21日 | 12月22日 |
| 6月11日 | 12月12日 |
| 5月31日 | 12月2日 |
| 5月21日 | 11月22日 |
| 5月10日 | 11月12日 |
| 4月30日 | 11月2日 |
| 4月20日 | 10月23日 |
| 下降 アクロニカル | 上昇 アクロニカル |

パラン表39. エル・ナト

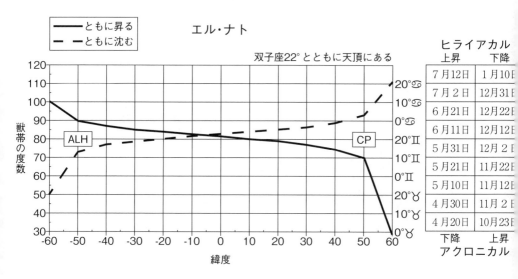

抑制することを学ぶ鋭く辛辣な舌として現れるかもしれません。

### エル・ナトが誕生時に太陽の上昇と同時に昇る場合

プトレマイオスはエル・ナトが夜明けを告げることができると信じていませんでした。そのため、宇宙的に太陽の上昇と同時に昇る星としてしか使用すべきでありません。この場所にあるとほかの星と同様に最強の状態にあるため、武器、戦争、平和の問題全体が個人的なアイデンティティの感覚に結びつくようになります。これは必ずしも否定的な表現である必要はありません、平和のために精力的に活動をするかもしれないからです。

## プレアデス

プレアデスは、空で一度にも満たない、指一本の幅ほどの小さな星団です。それにもかかわらず、ほかのどの星座よりも多くの詩作、科学的著作、記録および神話を生み出してきたことは間違いありません。プレアデスについて表現されたテーマはマニリウス[33]が描写した〝うっそうと連なる女性星雲〟a

33 Allen, *Star Names*, p. 391.

Narrow Cloudy Train of Female Starsから中国の〝勤勉な七姉妹〟[34]、アトラスの子供たち、あるいは幼いゼウス[35]に神々の食べ物を運ぶ七羽のハト、プレイオネの七人の娘[36]、さらにはニワトリとメンドリ[37]などさまざまです。プレアデスはまた主要な暦の中心であり、太陽の上昇と同時に昇るときと太陽の上昇と同時に沈むときは季節の正式な始まりであり、後者は終わりでした。バビロニアではこの星団が太陽の上昇と同時に昇るときは新年の始まりを知らせました[38]。この星の一群はまたケルトでは運命と結びついているように思えます、古い言い伝えではプレアデスが太陽の上昇と同時に昇るときやアクロニカル（日没のあとに東に昇る最初の星）ライジングのいずれかの時期に女性たちが縫い物をすることを禁じていました、それは万が一彼女たちが糸を断ち切って、あやまって人類の生命の糸を切ってしまわないようにということでした。

ケルト人はまたプレアデスのアクロニカルライジングを亡くなった友人を弔う月を示すために使いました。死者への祈りは私たちが現在知っている十一月の最初の日と言われていました。この習慣は今日でも繰り返されており、ハロウィーン（十月三十一日）、諸聖人の祝日（十一月一日）、諸死者の記念日（十一

34 Allen, *Star Names*, p. 393.
35 Gertrude and James Jobs, *Outer Space: Myths, Name Meanings, Calendars* (New York: Scarecrow Press, 1964), p. 337.
36 Jobes, *Outer Space*, p. 338.
37 Allen, *Star Names*, p. 399.
38 Walker, *The Woman's Encyclopedia of Myths and Secrets*, p. 803.

月二日）があり、いまでも死者の記念日として執り行われ、第一次世界大戦の死者を追悼する特定の日である十一月十一日戦勝記念日（アメリカの復員軍人の日）にも反映されています。[39]

ヴェーダ以前のインドではプレアデスは男性を裁き、ときには月形のかみそりで傷つける七人の母親でした。エジプトでは死者が出会い、裁きを受けなければならない七人の女神でした。[40] ギリシャではプレアデスは七人の娘を産み、娘たちをプレアデスの七つの星になるハトの群れに変えたアフロディテの初期の信仰の一部でした。こうしたハトのリーダーはハトの女神アルシオンであり、植物を植える季節に良い天候をもたらすと言われました。[41] プレアデスの七つの目に見える星は、七つの星をもつ偉大なクマの女神おおぐま座の小さなバージョンとしても見られました。[42]

プレアデスの主な星はアルシオンです、ほかに名前のある星はマイア、エレクトラ、メロペ、タイゲテ、セラエノ、ステロペです。

## アルシオン

39 Jobes, *Outer Space*, p. 338.
40 Walker, *The Woman's Encyclopedia of Myths and Secrets*, p. 803.
41 Walker, *The Woman's Encyclopedia of Myths and Secrets*, p. 804.
42 Jobes, *Outer Space*, p. 337.

（おうし座イータ星、3・0等星、赤経：03h37m10.9s、赤緯：北24度05分17秒、黄経：牡牛座29度18分）

パラン表40を参照。パラン表の読み方の例：北緯48度、フランスのブレストに生まれた場合、星は牡牛座の約18度で上昇しました。惑星が牡牛座もしくは蠍座の18度にある場合、惑星は星とともに上昇し沈みました。星はまた双子座4度で沈みました。したがって惑星が双子座か射手座の4度にある場合、星が沈むとき惑星は沈み上昇しました。星は双子座3度で天頂にあります。そのため惑星が双子座もしくは射手座の3度にある場合、星が天頂にあるとき惑星は天頂か天底にありました。

この北緯48度では、星は短縮した運行の位相にあります。この時期は毎年およそ十一月九日（牡牛座18度の横にある日付ボックスの右側の列から読み取ります）から十一月二十六日（双子座4度の横にある日付ボックスの右側の列から読み取ります）までです。そして本当に、あるいは宇宙的に太陽の上昇と同時に昇るときはだいたい五月五日です（〝太陽と同時に上昇する〟欄の北緯48度で上昇している線の日付を読み取ります）。

アルシオンは南緯66度と北緯66度のあいだのチャートの四つの点すべてで使用可能です。それより南では星が昇ることはなく、それより北では星が沈むことはないため、永遠に短縮した運行にあります。

**これまでの解釈**

プトレマイオスによれば、プレアデスの星の性質は月や火星と似通っているとのことです。ロブソン

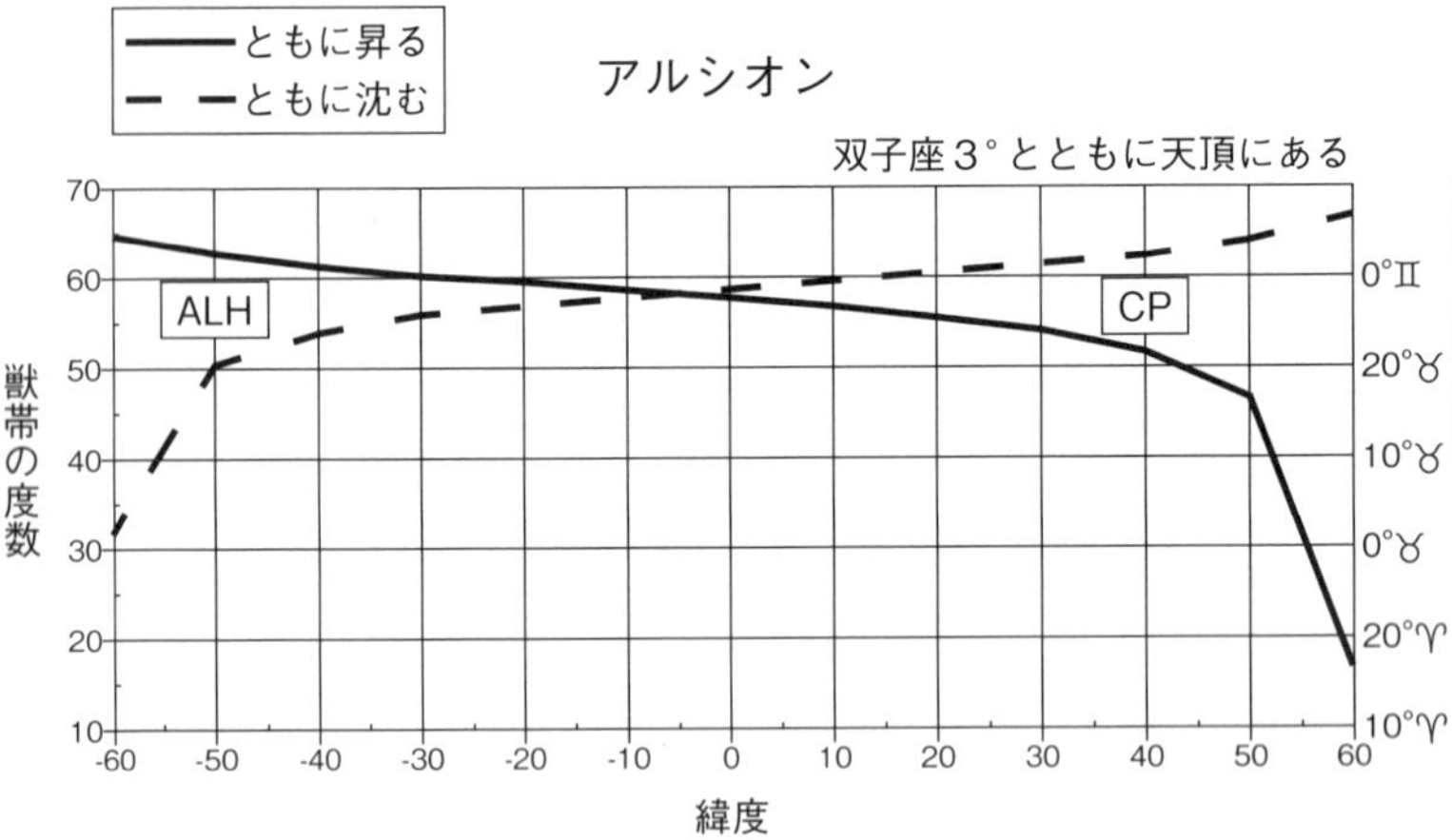


ヒライアカル

| 上昇 | 下降 |
|---|---|
| 5月21日 | 11月22日 |
| 5月10日 | 11月12日 |
| 4月30日 | 11月2日 |
| 4月20日 | 10月23日 |
| 4月10日 | 10月13日 |
| 3月31日 | 10月3日 |
| 下降 | 上昇 |

アクロニカル

パラン表40. アルシオン

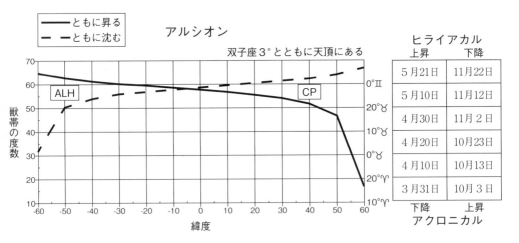

はこの星々を好意的に見ておらず、無慈悲で野心的で、混乱を引き起こすと見ており、盲目と関連していると示唆しています。エバーティンは名誉と栄光について言及していますが、視力の問題、場合によっては失明についても非常に強く警告しています。リゴーは基本的にロブソンとエバーティンに同意しています。

## アルシオンの概念

占星術ではあらゆる星団が伝統的に眼の疾患や失明を引き起こします。『クリスチャン・アストロロジー』において、リリーはチャートの特定の部分が異なった星雲に関連しているならば目が影響を受けると述べ、プレアデス星団や射手座のファーシーズを原因として挙げています。[43] しかし歴史的には正反対を意味する可能性も十分にあります。ファーシーズは射手の顔あるいは射手の眼と名付けられ、[44] こうした種類の星団は射手の視力検査としてよく使用されました。視力が良くない人が星雲をぼやけた毛羽立ちとしてしか見ることができなかったためでした。星雲はまた文字どおりの盲目ではなく、内なる視力あるいは第三の目を探すことにも関連している可能性があります。私の経験ではチャート内の星雲の配置から視力の問題を予測することに十分な裏付けがあると感じたことはありません。しかし、こ

43 William Lilly, *Christian Astrology* (London: Regulus Publishing, 1985), p. 581.
44 Allen, *Star Names*, p. 359.

うした配置をもつクライアントが内なる知識を探究したいという強い欲求をもっていることがわかりました。そして、実際に第三の目の概念について話すケースもありました。

アルシオンの物理的または神秘的なビジョンとの関連に付け加えて、運命の三女神や死者の裁きにも強い関連があり、必要条件を満たしていない人たちに対処するとき冷酷さ、または裁きの怒りの可能性をもたらします。したがってこの星を扱うさいには、ギリシャ人のハトを無視してください。

ジグムント・フロイトはアルシオンが水星とともに天頂にある日に生まれました。洞察力があるもののときに批判しがちなアルシオンのエネルギーがフロイトの思想や著作に結びつき、選んだテーマにすぐれた洞察力があることを示しています。この星が天頂にあるのはこうした内なるビジョンや洞察力が壮年期や最盛期に表現されたことを意味しています。

## アルシオンが出生図にある場合

出生図にアルシオンが接触しているならば、それが関与する惑星を介してビジョンや洞察の感覚があります、軽率な判断をしたり、明白なことに気づかなくなるほど視野が狭くなったりしないように注意を払ってください。真の洞察力や理解する力がありますので、これを利用して厳しい判断をしないことが重要です。

### アルシオンが誕生時に太陽の上昇と同時に昇る場合

アルシオンはこの配置では最も強力な状態で表れ、強い霊的な、ものを見通す能力がチャートに関連していることを示します。これが自分のチャートの要素である場合、個人的な自意識の感覚そのものがこうした芸術的、洞察的でありながら批判的な性格とより合わさっていることを示唆します。アルシオンはプトレマイオスによって明白に太陽の上昇と同時に昇る星として挙げられていませんが、歴史はこの役割を実際に果たしたことを教えています。この配置にあるアルシオンの対照的な例がふたつあります。最初はジム・ジョーンズであり、霊的な指導者で五〇〇名を超える信者をガイアナでの集団自殺に追い込みました。彼はアルシオンが宇宙的に太陽の上昇と同時に昇る日に生まれました。これは霊的な洞察が批判的で冷酷になった例です。二番目の例はレオナルド・ダ・ヴィンチです、アルシオンが明白に太陽の上昇と同時に昇るとき生まれ、その発明や芸術のなかにこの星のもつ先見性を感じます。

## ヒアデス星団

ヒアデス星団は六個から七個の、眼に見える星の小さな集まりで、牡牛の額を覆っているように見えます。アルデバランの非常に近くに位置しているためこのロイヤルスターと同じ度数で上昇したり沈んだりしているのがほとんどです。この理由でヒアデスの個別のパラン表はありません。星に占星術的な重要性があるようには見えません。しかし、全体としての星雲はかなりの数の神話をもっています。主な星はエル・ナト、突く者です。[45] 北の角の付け根に位置し、エル・ナトと異なった星は先に述べたように角の先端に位置しています。古代の文献によく登場するこの星団はホメロスが言及した数少ない恒星天体のひとつです。ヒアデスは雨、水、嵐と関係しているように思われます。これはおそらく、古代ギリシャ・ローマ時代にヒアデスが太陽の上昇と同時に昇るのが冬の始まりである十一月下旬か十二月初旬に生じたためです。[46] ヒアデスはギリシャ語では雨か水に対応するギリシャ語のひとつです。ギリシャ人はまたヒアデスをアトラスの娘やゼウスの継承者である幼いディオニュソスの教師であり、感謝の気持ちを込めて天に上げられたと考えていました。[47] 中国では雨季はヒアデスの上昇と一致していませんでしたが、ユー・シという雨を司る者として崇拝されました。[48] ヒアデスは水に関連するすべての物事の概念を体現しています、これは古代世界をとおして不変の象徴であるためです。

しかし、バビロニア人はこの星団を牡牛の顎と呼んでいました、というのは創世叙事詩にはマルドゥク神が天の怪物を倒すブーメランのように顎の骨を使用したと表されていたからです。[49] プレアデスは

45 Allen, *Star Names*, p. 390.
46 Allen, *Star Names*, p. 387.
47 Jobes, *Outer Space*, p. 323.
48 Jobes, *Outer Space* p. 325.
49 De Santillana and von Dechend, *Hamlet's Mill*, p. 166.

怪物や敵を捕まえられる網と考えられていました。[50] ヒアデスは怪物を殺すために使う神のすぐれた武器でした。バビロニアのマルドゥクの物語を作り直して聖書に出てくる人物であるサムソンはペリシテ人を殺すためにヒアデスの武器を使いました。[51]

アルデバランはヒアデス星団の最も明るい星もしくは明るい星と考えられています。[52] ヒアデスがチャートのなかで上昇しまたは天頂にあるならば軍事的な名誉を意味するというリリーの主張[53]は、おそらく著者あるいはリリーの情報源であった初期の著者による、軍事的人物と強いつながりのあるロイヤルスターのアルデバランと実際の星雲自体とのあいだの混同です。

## ふたご座

最古の文献でふたご座として知られる、これらふたつの仲間の星とその結果としての星座は、人間精神にとって双子の不思議を具現化しています。

ディランとリューという闇と光の双子の力は星の車輪のケルトの女神アリアンロッドから生まれまし

50 ヘーパイストスが網でヴィーナスとマルスをつかまえ、ふざけてほかの神々に見せたという話は、火星と金星がプレアデスで合になったという神話史である可能性が高いです。
51 De Santillana and von Dechend, *Hamlet's Mill*, p. 166.
52 Jobes, *Outer Space*, p. 323.
53 Lilly, *Christian Astrology*, p. 620.

た。[54]アフラ・マズダ[55]とアーリマンは神と悪魔で、同時にズルバンの子宮から生まれました。[56]聖書では双子はカインとアベルです。エジプト人にとっては明けの明星と光の神がホルス、闇を表す宵の明星の神が邪悪な兄弟のセトでした。[57]セトはまた沈むことのない周極の星と関連しており、エジプト人は雌のカバであるセトの妻の領域であると考えていました、その星座はいまでも私たちが知っているおおぐま座、こぐま座、りゅう座です。[58]したがって、古代エジプトのホルス／オシリスとセトの対立は女神に打ち勝つ神の闘い、あるいは周極星の光を消す夜明けという暗闇に打ち勝つ光の闘いと見ることができます。[59]

またギリシャでは朝と夕方の概念を双子のカストールとポルックスに当てはめました。カストールは明けの明星と関連し馬術家でした。ポルックスは拳闘家で宵の明星と関連し、盗みや暗闇と関係がありました。[60]カストールが光で、ポルックスは闇です。

双子は両極性の概念を表します。光があるところに闇があります。前進するために後退しなければならない歩みもあります。好ましい効果が大きいほど、対処しなければならない影が大きくなります。ユ

54 Green, *Dictionary of Celtic Myth and Legend* (London: Thames and Hudson, 1992), p. 34.
55 アフラ・マズダはおうし座の箇所で説明されています。この神はオルマズダ Ormazd としても知られていました。
56 *New Larousse Encyclopedia of Mythology*, p. 315.
57 Budge, *The Gods of the Egyptians*, vol. 2, p. 243.
58 Lockyer, *The Dawn of Astronomy* (Kila, MT: Kessinger, 1992), p. 146.
59 Lockyer, p. 151.
60 Jobes, *Outer Space*, p. 179.

ング派の分析家ロバート・ジョンソンは次のように言っています。

私たちはみな、完全に生まれ、完全に死ぬことを願っています。しかし、どこか早い段階で知恵の木の素晴らしい実のひとつを口にし、物事が善と悪に分かれます。[61]

人間は行動パターンのバランスで成り立っており、ジョンソンが言うところの〝文明〟と呼ぶ側に位置している人もあれば、みずからの暗い側面である〝影〟に位置している人もあります。どんな特質も捨て去ることはできません。ジョンソンは指摘します、もし文明化した側面をほしいままにするならば、そのとき左側の影もまた表現を必要とします。これが意味するのは人生に成功や前進があれば影を調節してバランスをとる必要があることです。これを別の人に投影し、その人物を邪悪であるとか憎たらしいと見るかもしれません、あるいは自分のなかの個人的なセトやカイン、ポルックスと対処していることに気づくかもしれません。みずからの影の双子を理解する能力は、完全になったり神聖になったりする能力と直接つながっています。

明けの明星はまたルシファー（光を運ぶ者）として知られ、宵の明星はヴェスパー（夕べ）[62]です。ル

61　Robert A. Johnson, *Owning Your Own Shadow* (San Francisco: HarperSanF rancisco, 1993), p. 4.
62　*The New Encyclopedia Britannica*, vol. 7, p. 542.

シファーが天国から渦巻きへと追放されたのは、カストールが南の赤緯にすべり落ちたという神話のおそらく改作でしょう。

天空には対になった星が数多くあります、それぞれのセットが暗示しているのは文明と影のふたつに分けられた全体性です。しかしふたご座は最も有名な天空のペアです。

**ふたご座の星**

カストールとポルックスがふたつの最も明るい星です。光の双子であるカストールは主星です。スター・マップ19を参照してください。ほかに名前のある星は明るさの降順に、アルヘナ、ポルックスのかかとにあります。ワサト、黄道に非常に近い星座の真ん中にあります。メブスタはカストールの膝に、テジャトはプロプスとしても知られていますが、カストールの左足のつまさきか左足の前面にあります。

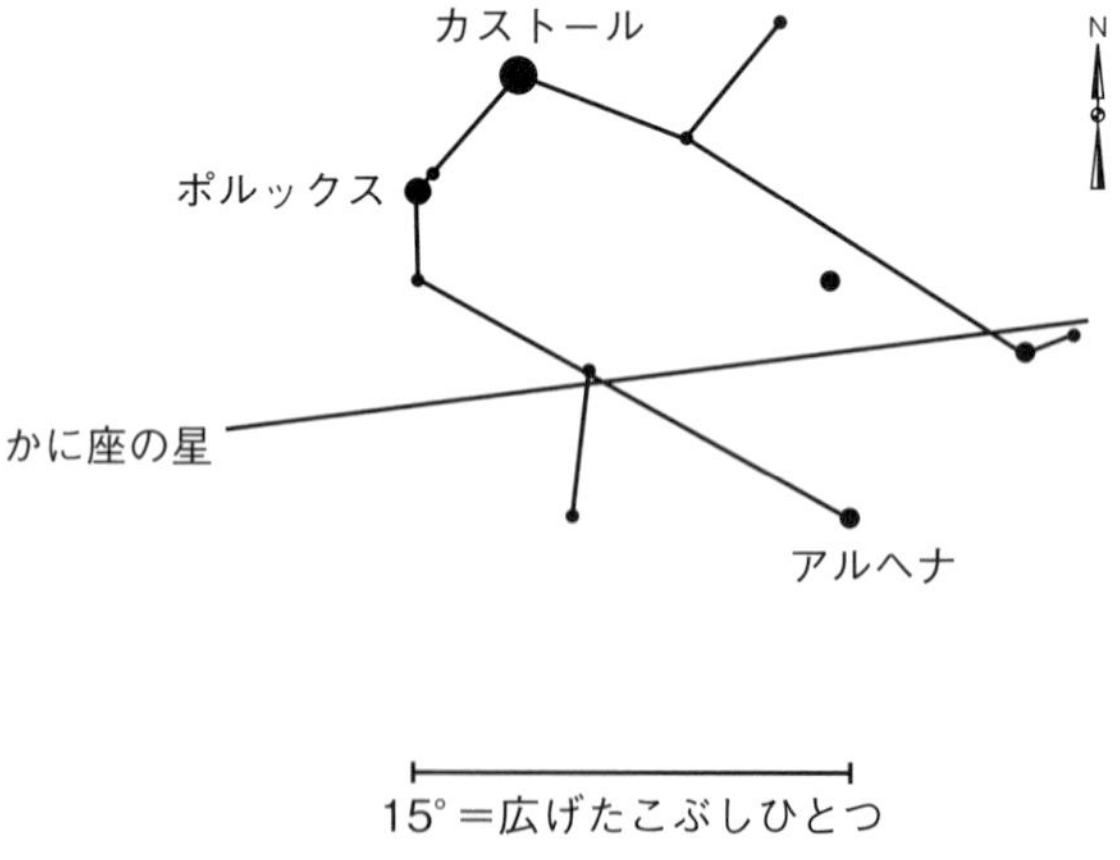


スター・マップ19. ふたご座、双子

## カストール

（ふたご座アルファ星、1・6等星、赤経：07h34m15.8s、赤緯：北31度53分52秒、黄経：蟹座19度33分）。

パラン表41を参照。パラン表の読み方の例：北緯51度、ロンドンに生まれた場合、星は沈みません。蟹座21度で天頂にあります、そのため惑星が蟹座もしくは山羊座の21度にある場合、星が天頂にあるとき惑星は天頂か天底にありました。しかし、これはカストールをこの緯度で使用できる唯一の方法でしょう。

カストールは南緯58度と北緯58度のあいだのチャートの四つの点すべてで使用可能です。それより南では星が昇ることはなく、それより北では星が沈むことはないため、永遠に短縮した運行にあります。

## ポルックス

（ふたご座ベータ星、1・2等星、赤経：07h44m59.6s、赤緯：北28度02分14秒、黄経：蟹座19度33分）

パラン表42を参照。パラン表の読み方の例：北緯51度、ロンドンに生まれた場合、星は蟹座の約12度で上昇しました。惑星が蟹座もしくは山羊座の12度にある場合、惑星は星とともに上昇し沈みました。星はまた獅子座9度で沈みました。したがって惑星が獅子座か水瓶座の9度にある場合、星が沈むとき惑星は沈み上昇しました。星は蟹座23度で天頂にあります。したがって惑星が蟹座もしくは山羊座の23度にある場合、星が天頂にあるとき惑星は天頂か天底にありました。

この北緯51度では、星は短縮した運行の位相にあります。この時期は毎年およそ一月二日（蟹座12度の横にある日付ボックスの右側の列から読み取ります）から二月八日（獅子座9度の横にある日付ボックスの右側の列から読み取ります）までです。そして本当に、あるいは宇宙的に太陽の上昇と同時に昇るときはだいたい七月四日です（〝太陽と同時に上昇する〟欄の北緯51度で上昇している線の日付を読み取ります）。

ポルックスは南緯72度と北緯72度のあいだのチャートの四つの点すべてで使用可能です。それより南では星が昇ることはなく、それより北では星が沈むことはないため、永遠に短縮した運行にあります。

## これまでの解釈

プトレマイオスによれば、アポロ（カストール）と呼ばれる星は水星に似ており、ヘルクレス（ポルックス）と呼ばれる星は火星に似た性質をもっているということです。ロブソンによれば、カストールは鋭い知性や法律と出版における成功と結びついているということですが、暴力になりやすいと警告しています。いっぽうでポルックスは狡猾で、元気で、性急で、毒物と関連があるとしています。エバーティンによれば、カストールは、行儀の良さ、洗練、このうえない高潔さが備わっているとのことです。いっぽうポルックスは〝邪悪なきょうだい〟で野蛮で暴力的で残酷であるとのことです。リゴーによれば、

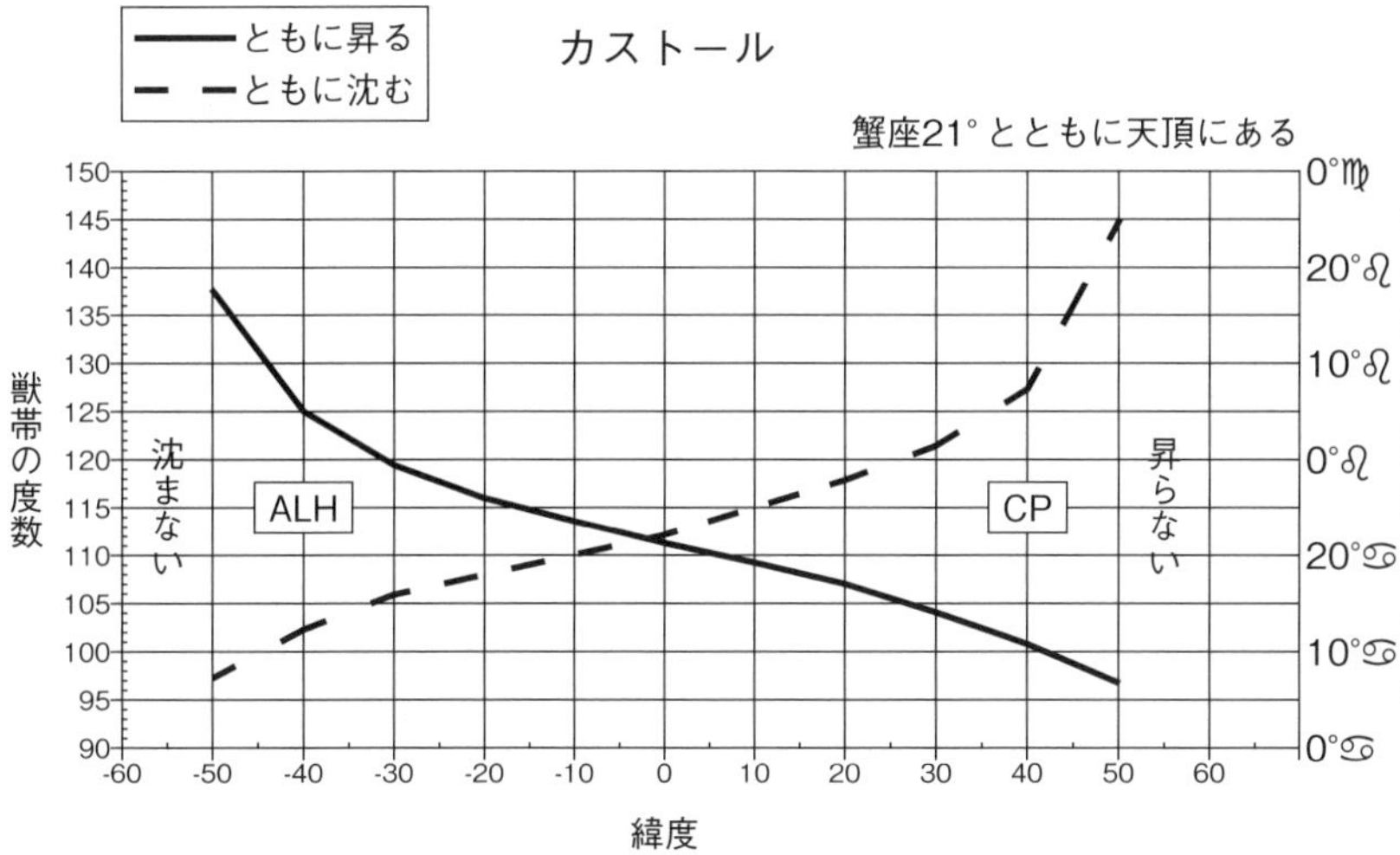


ヒライアカル

| 上昇 | 下降 |
|---|---|
| 8月13日 | 2月9日 |
| 8月7日 | 2月4日 |
| 8月2日 | 1月30日 |
| 7月28日 | 1月25日 |
| 7月23日 | 1月20日 |
| 7月17日 | 1月15日 |
| 7月12日 | 1月10日 |
| 7月7日 | 1月5日 |
| 7月2日 | 12月31日 |
| 6月27日 | 12月27日 |
| 下降 | 上昇 |

アクロニカル

パラン表41. カストール

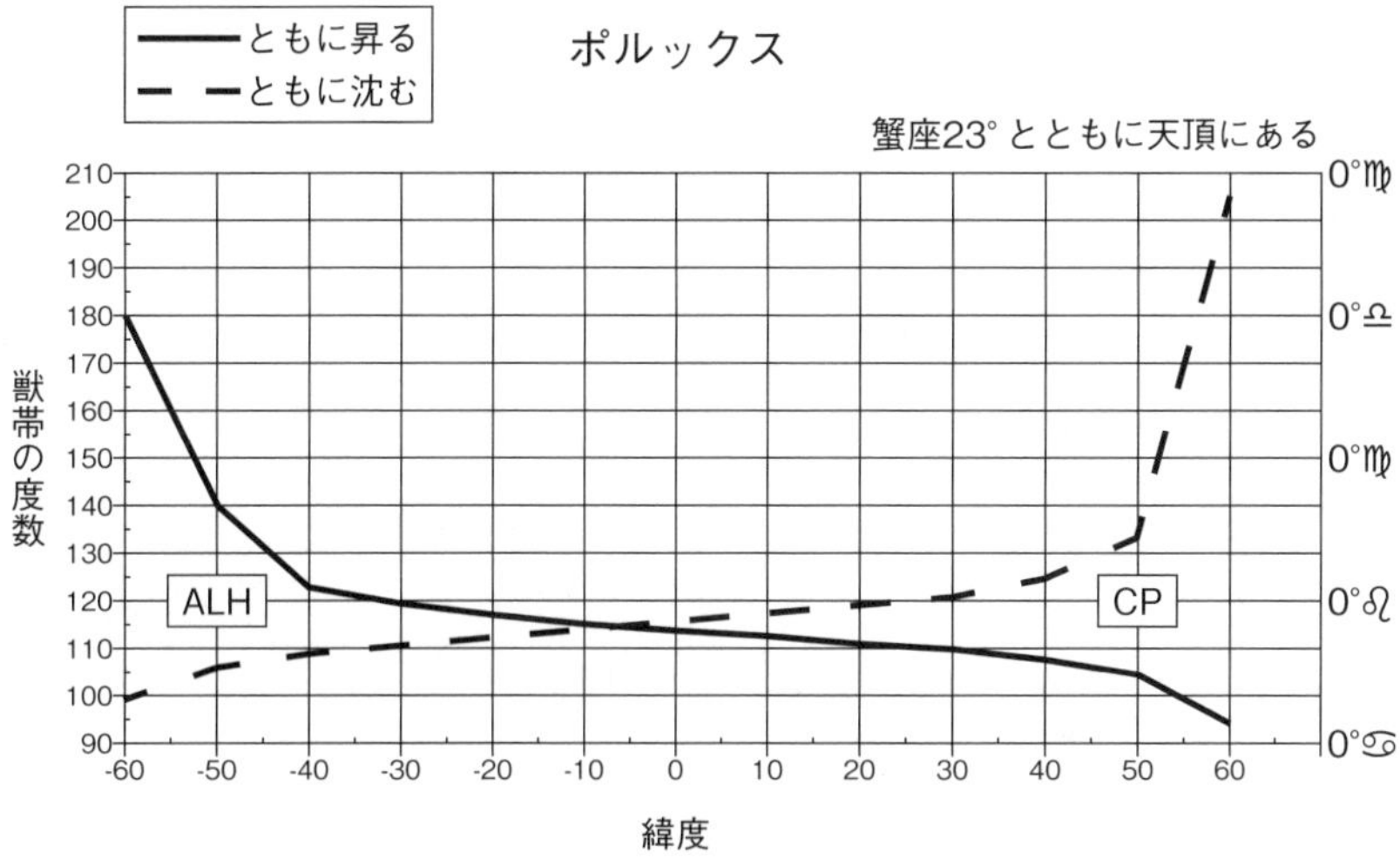


ヒライアカル

| 上昇 | 下降 |
|---|---|
| 10月13日 | 4月10日 |
| 10月3日 | 3月31日 |
| 9月23日 | 3月21日 |
| 9月13日 | 3月11日 |
| 9月2日 | 3月1日 |
| 8月23日 | 2月18日 |
| 8月13日 | 2月9日 |
| 8月2日 | 1月30日 |
| 7月23日 | 1月20日 |
| 7月12日 | 1月10日 |
| 7月2日 | 12月31日 |
| 該当なし | 該当なし |
| 下降 | 上昇 |

アクロニカル

パラン表42. ポルックス

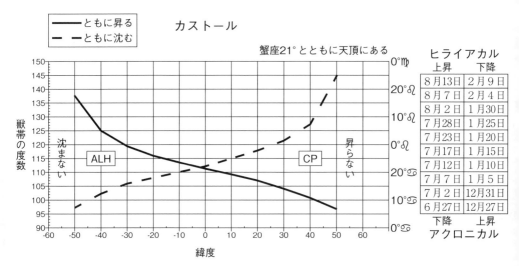

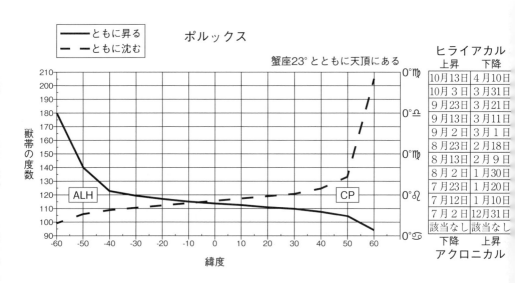

カストールは暴力的でいたずら好きなのにたいしてポルックスはスポーツ好きをもたらし、勇気があるもののことによると軽率で残酷であるということです。

## カストールとポルックスの意味

これらのふたつの星は双子で、善人のカストールと悪人のポルックスに分けたほうがよいのかもしれませんが、より有用な見方はそうした影響が極性の作用を伴うというものです。ウィリアム・ブレイクはカストールが沈んでいるとき土星が上昇していました、ブレイクは自分自身の両面を調和させることについて言及し、これを仕事で表現しました。ロバート・ジョンソンは〝われわれは形を求めて天国に、そしてエネルギーを求めて地獄に行かなければならない、そしてふたつを結合しなければならない〟と言ってブレイクを引用しています。[63]

付け加えると、カストールとポルックスは両極性と闘いながら作家を生み出しているようです。詩人で芸術家のウィリアム・ブレイクは別として、出生図でカストールかポルックスのいずれかが活発な作家は非常にたくさんいます。ほんの数例をあげれば小説家のジェイムズ・ジョイス、作詞・作曲家のジョン・レノン、詩人のウィリアム・ワーズワース、小説家のルイス・キャロル、小説家のジョージ・エリオット、詩人のアルフレッド・テニソン卿、小説家のチャールズ・ディケンズです。

63　Johnson, *Owning Your Own Shadow*, p. 38.

カストールとポルックスは書くこと自体や書くことへの衝動に関連するものではなく、善と悪を混ぜ合わせ、両方が変化し全体になるまで重ね合わせる知識をもつ人による物語の話術のうまさに関連するものでしょう。こうしたことができる書き手は成功します。繰り返しになりますがカストールとポルックスは正反対を混ぜ合わせること、正反対を認識すること、両方のあいだに橋を架けることに関連しています。

カストールとポルックスは真のふたご座の伝統のなかにあり、同時に空の役立つ物差しを与えてくれます。ふたつの星は正確に四・五度離れているので、船員が角度を測定するガイドとして使い、天体観測者が手と指の幅を調整するために使用できます（付録Aを参照）。

## カストールとポルックスが出生図にある場合

出生図にペアの片方しかない場合、上述の考えすべてを意味しますが、特定の極性に傾いています。カストールが活発な星ならば、物語や状況の明るい面を探します。極性に気づいていながらもテーマの明るい面からです。しかしポルックスがある場合、正反対や極性への認識が同じであっても、状況の痛みや不安がたえず目の前にあるように見え、問題の暗い面に巻き込まれているのに気づくでしょう。問題のある側面から問題に取り組んでいるようです。

### カストールとポルックスが誕生時に太陽の上昇と同時に昇る場合

両方の星は宇宙的にだけでなく明白に太陽の上昇と同時に昇る星として使用することが可能です。こうして太陽とつながっているならば、ライフスタイルや人生の意味が両極の谷を旅するように、アイデンティティを形成することになります。情報や出来事を探しだし、信念のパターンに融合させる必要性が高まるでしょう。両極性を探求するよう駆り立てられます。

## アルヘナ

（ふたご座ガンマ星、1・9等星、赤経：06h34m48s、赤緯：北16度27分、黄経：蟹座8度24分）。パラン表43を参照。パラン表の読み方の例：北緯43度、カナダのナイアガラフォールズに生まれた場合、星は蟹座の約14度で上昇しました。惑星が蟹座もしくは山羊座の14度にある場合、惑星は星とともに上昇し沈みました。星はまた蟹座2度で沈みました。したがって惑星が蟹座もしくは山羊座の2度にある場合、星が沈むとき惑星は沈み上昇しました。星は蟹座13度で天頂にあります。そのため惑星が蟹座もしくは山羊座の13度にある場合、星が天頂にあるとき惑星は天頂か天底にありました。

この北緯43度では、星は出現しているけれども隠れて見えない位相にあります。この時期は毎年およそ六月二十三日（蟹座2度の横にある日付ボックスの左側の列から読み取ります）から七月六日（蟹座

14度の横にある日付ボックスの左側の列から読み取ります）までです。そして本当に、あるいは宇宙的に太陽の上昇と同時に昇るときはだいたい七月六日です（〝太陽と同時に上昇する〟欄の北緯43度で上昇している線の日付を読み取ります）。

アルヘナは極地を除くすべての緯度のチャートで四点とも使用可能です。

**これまでの解釈**

プトレマイオスによれば、双子の足元にある星は水星といくらか金星の性質をもっているとのことです。ロブソンは芸術的な傾向があるが、足にケガをする危険性があると述べています。エバーティンはこの星を芸術的あるいは科学的な影響に加えて霊的な影響があると見ています。リゴーはこの星について言及していません。

**アルヘナの意味**

記録されているこの星の最初のあるいは最古の名前はアラビア人によるもので、[64]〝誇り高く行進する者〟です。彼らはまたラクダのわき腹や首筋にある焼き印を意味する「マーク」または「ブランド」と

64 Allen, *Star Names*, p. 234.

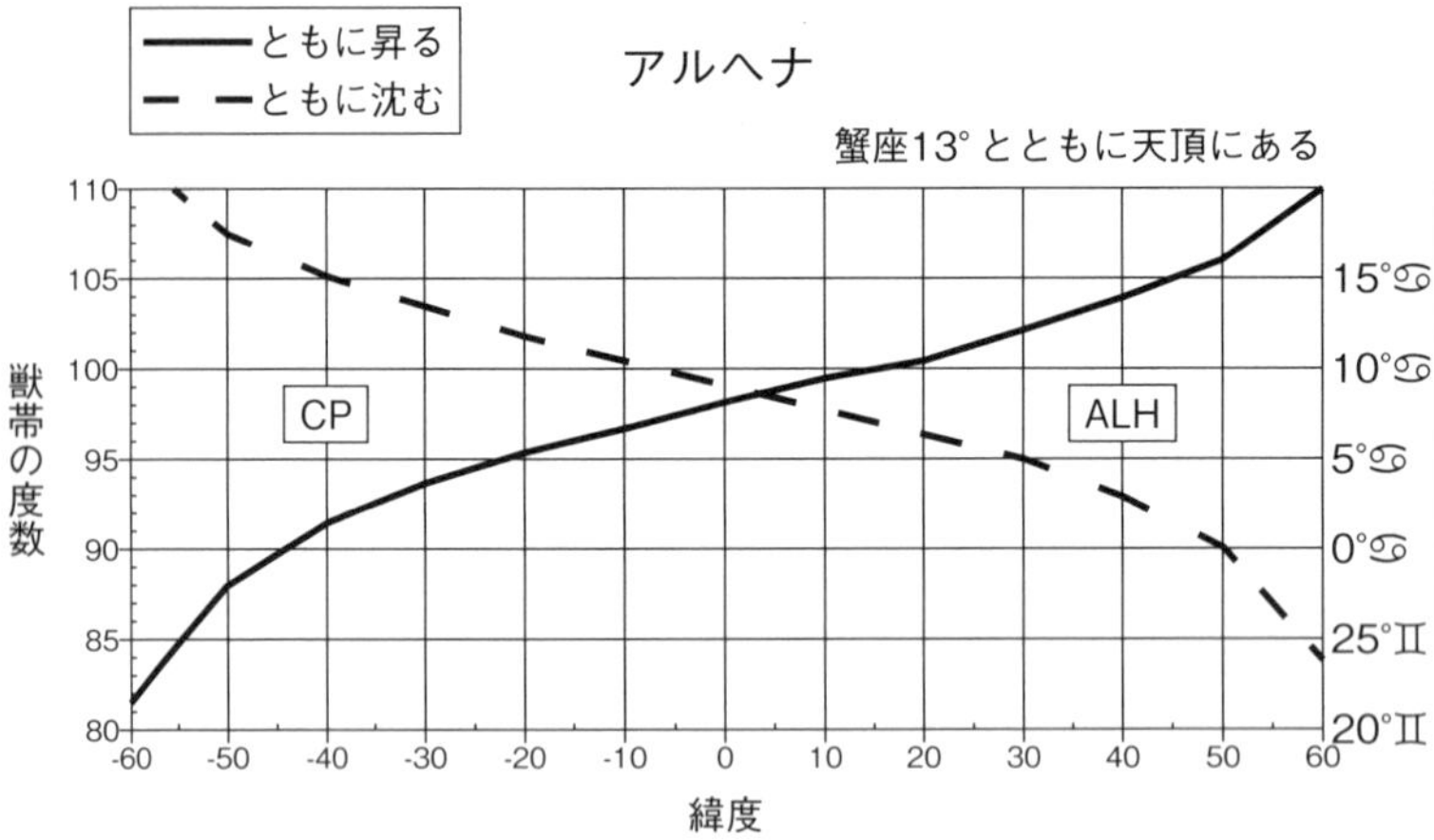


ヒライアカル

| 上昇 | 下降 |
|---|---|
| 7月7日 | 1月5日 |
| 7月2日 | 12月31日 |
| 6月26日 | 12月27日 |
| 6月21日 | 12月22日 |
| 6月16日 | 12月17日 |
| 6月11日 | 12月12日 |
| 下降 | 上昇 |

アクロニカル

パラン表43. アルヘナ

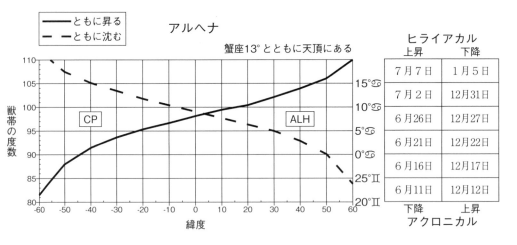

呼んでいました。[65]

踵に傷を負った神の伝説はエジプトの信仰からきているように思えます、それは至点や分点のさいに太陽神が地球に触れ、地上に休息することでみずからを物質界につなげているというものです。しかし、物質界は不純なものと考えられているので、[66]神はその過程で踵に傷を負いました。そのためアルヘナは地上に触れる不死の者や聖なる者の踵を象徴しています。〝誇り高く行進する者〟という名前は動きと決断の星であるアルヘナにしっくりきます。別の意味で、カインの印と結びつくことも可能です。カインは制度に逆らって生きることを許された者です。カインは神に逆らい完璧で従順な弟を殺しました、しかし神の罰はカインを世に送りだし繁殖させることでした、カインはだれからも傷つけられないように印を付けられました。カインは、とても重要な〝家畜〟の一員になり、旧約聖書によれば私たちはみなカインの末裔です。[67]

ネルソン・マンデラが生まれた日と場所にアルヘナが天頂にあり火星が上昇していました。マンデラはアパルトヘイト時代の南アフリカに生まれ、何年間も南アフリカの黒人の権利のために闘いました、多くの年月のあいだ獄中生活を送ったにもかかわらず使命を忘れることはありませんでした。一九九五年ついに彼は反アパルトヘイト憲法のもと最初の南アフリカの大統領に任命されました。アルヘナがマ

65 Jobes, *Outer Space*, p. 297.
66 Jobes, *Outer Space*, p. 239.
67 創世記４：17－26.

ンデラの出生図で活発な唯一の星ではありませんが、アルヘナが彼の火星に与えているのは揺るぎない決意と誇りであり、大きな逆境をとおして徐々に培うことのできる種類の誇りです。

ジェームズ・クックは有名な英国の海軍大佐、航海者、探検家であり、アルヘナが沈み火星が上昇しているときに生まれました。この星は沈んでいますので星の表現は人生の後半に見られるか、ライフワークとして見られるはずです。クックはカナダ沿岸から南極圏の氷原まで未知の領域を海図に記すだけでなく新世界を切り開いたことで知られていました。クックは太平洋と大西洋のあいだの見つけにくい北東の航路を探そうとしているときに、ハワイ島で殺害されました。彼は決して満足することのない探検家で船乗りがどのように扱われるべきかにとても強い考えをもっていて、彼の壊血病予防にかんする論文は英国の王立協会から大きな名誉を授かりました。クックはまた、船舶操縦術、地図製作、先住民と付き合う方法にかんして新しい基準を打ち立てました。〝クックは歴史上のだれよりも平和的に世界の地図を変えた〟と言われています。[68]

### アルヘナが出生図にある場合

アルヘナをあなたのチャートにもっているということは、従うべき理由や進むべき信念をもっているということです。こうして進んで行くことはときとしてあなたを傷つけるかもしれませんが、引き起こ

68 *The New Encyclopedia Britannica*, vol. 3, p. 597.

される困難さは達成しようとしている目標の見返りとしては小さなものとみなされます。こうした目標は形をとって現れるかもしれませんし、知的な考えに関連しているかもしれませんし、アルヘナがチャートに関わる方法によります。

### アルヘナが誕生時に太陽の上昇と同時に昇る場合

この星は夜明けを告げる可能性があるとしてプトレマイオスが取り上げた星々のひとつではありません。しかし、宇宙的に太陽の上昇と同時に昇る星として引き続き使用することができます。チャートにこの配置があれば、個人的なアイデンティティが誇りや決断のエネルギーに関係しています。これが示しているのは非常に集中力があり、非常に意欲的であり、達成できるはずであるということです。傲慢さがこうした能力に影を差すかもしれませんが、状況を修正したり改めたりする神聖な権利をもっていると感じるかもしれません。

## かに座

紀元前四〇〇〇年頃、夏至の太陽と同時に上昇する星はまだしし座の星々で、この夏のサインの支配星には太陽が与えられていました。（訳注　獅子座の支配星が太陽であるという占星術的な意味による）しかし、紀元前二〇〇〇年ごろにはかに座の星々がこの役割を引き受けました、それらはかすかでぼんやりしていましたが、認められるべき重要なグループでした。地平線上に昇る最南端の地点に達した太陽が、その経路を変え北への旅を始めるのはここでした。太陽がこの星に接触する動きによって、この星座を正式にカニと結びつけたのはカルデア人でした、どうやら太陽がこの星座に入るときの太陽のこの横方向の動きのためでした。[69] スター・マップ20参照。

しかしエジプト人はこの星座を不死の象徴であるスカラベの甲虫が死からよみがえり（図21を参照）、太陽神が再生する場所である〝ラーの船のからっぽの王座に〟座ることに結びつけました。[70] これは、この星のグループがすべての生命の源であり、人間の魂が地球の物質領域に入る扉であり場所であるとのちに信じられるようになった源かもしれません。対照的に冬至であるやぎ座の星は、旅立ちや死の場所と見られていました。[71]

のちのギリシャ神話ではディオニソスは太陽の熱で気が狂い、二匹のロバによって沼地を運ばれまし

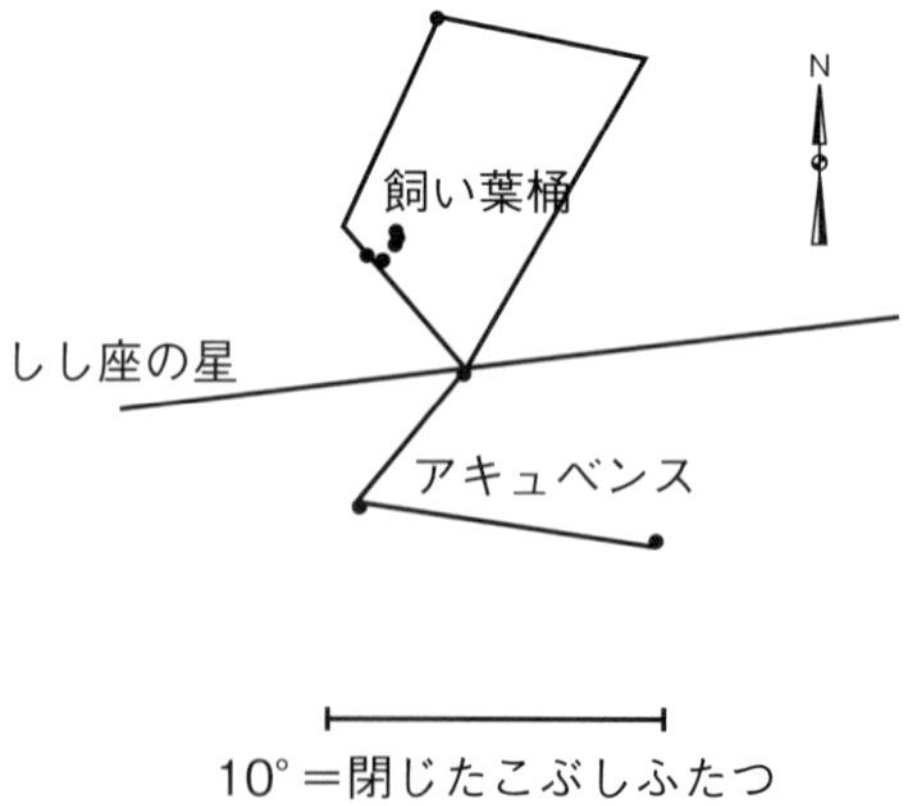


スター・マップ 20. かに座、カニ

69 Jobes, *Outer Space*, p. 131.

70 Budge, *The Gods of the Egyptians*, vol. 1. p. 356. エジプト人の精神では、太陽が春分点で特定の星座とともに上昇するとき、それはラーの船のなかにあると表現されました。からっぽの王座への言及は、時代が変わり、新しい神またはエネルギーが到来し天を支配することを示しています。

71 De Santillana and von Dechend, *Hamlet's Mill*, p. 242.

た。ディオニソスはそのお礼に二匹のロバをこの星座の星群として配置しました。何年も経ってこの同じテーマはキリスト者によって繰り返されました。彼らはこの星座をキリスト教伝承のキリスト降誕の場面を象徴する、飼い葉桶と二匹のロバと呼びました。[72]

時が過ぎ、このおぼろげな星座はもはや夏至を告げることなく、カニとその神話の重要性は消え失せました。魂の重要な出入り口、あらゆる生命の与え手としての役割から、ヘルクレスとの死闘にあるヒドラを助けるためにヘラが送りだしたとギリシャ人が言うカニになりました。[73] ヘルクレスはカニを潰し、ヘラはカニの献身に報いて空に上げました。こんな神聖な場所にカニを割り当てたことは、ギリシャ神話がはるかに偉大なカニやスカラベの甲虫の物語の痕跡だったことを意味しています。ギリシャ神話、そして聖なる飼い葉桶にかんするキリスト教の上張りを取り除くと、生命と再生の象徴であるスカラベの甲虫の概念に戻ります。エジプト人にとってこれは、創世神話では原始の水ヌー Nu とあらゆる生命の源から生じる力であるケペラとして知られる、太陽神ラーの三番目の形態でした。[74] そのためかに座の星々は生命の概念

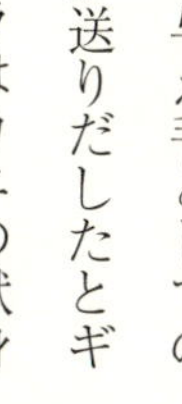

図 21. スカラベの甲虫、再生と生命を意味するエジプトの象形文字

72 Allen, *Star Names*, p. 109.
73 Grimal, *Classical Mythology*, p. 197.
74 Budge, *The Gods of the Egyptians*, vol. 1. p. 355.

と関連しています。人は死によって旅をするかもしれませんがこうしたおぼろげですが重要な星をとおって再生します。こうした意味でかに座の星々は真に生命のゆりかごです。

### かに座の星

かに座の最も明るい星はハサミにあるアキュベンスです、ほかに名前のある星はアセルス・ボレアリス、アセルス・アウストラリスで北と南のロバです。飼い葉桶はビーハイブ（蜂の巣）あるいはプレセペと呼ばれることがあり、カニの頭部にある星雲です。テグミンは甲羅の基底部にあります。

## アキュベンス

（かに座アルファ星、4・4等星、赤経：08ｈ59ｍ、赤緯：北11度51分、黄経：獅子座12度57分）パラン表44を参照。パラン表の読み方の例：北緯47度、ハンガリーのブダペストに生まれた場合、星は獅子座の約17度で上昇しました。惑星が獅子座もしくは水瓶座の17度にある場合、惑星は星とともに上昇し沈みました。星はまた獅子座4度で沈みました。したがって惑星が獅子座か水瓶座の4度にある場合、星が沈むとき惑星は沈み上昇しました。星は獅子座12度で天頂にあります。そのため惑星が獅子座もしくは水瓶座の12度にある場合、星が天頂にあるとき惑星は天頂か天底にありました。

この北緯47度では、星は出現しているけれども隠れて見えない位相にあります。この時期は毎年およそ七月二十六日（獅子座4度の横にある日付ボックスの左側の列から読み取ります）から八月九日（獅子座17度の横にある日付ボックスの左側の列から読み取ります）までです。そして本当に、あるいは宇宙的に太陽の上昇と同時に昇るときはだいたい八月九日です（〝太陽と同時に上昇する〟欄の北緯47度で上昇している線の日付を読み取ります）。

アキュベンスは極地を除くすべての緯度のチャートで四点とも使用可能です。

## これまでの解釈

プトレマイオスによれば、カニのハサミの星々は土星と水星の性質をもっています。ロブソンはこの星が嘘つきや犯罪者に関係すると示しています。エバーティンはこの星を取り上げていません。リゴーはより肯定的な観点で土星と水星の組み合わせを読み取り、アキュベンスを論理的な知性、強さ、忍耐力や良い組織と関連させています。

## アキュベンスの意味

アキュベンスはかに座の主星なので、エジプトのスカラベの甲虫の象徴をもち、この星を困難な状況を切り抜ける能力と結びつける可能性があります。復活が鍵となる概念で、それはプトレマイオスの水星と土星の組み合わせと衝突しないある種の忍耐力につながるかもしれません。しかしこの星は単なる忍耐をはるかに超えています。この星は生命を与えるエネルギー、生命の出入り口とつながっています。

ローマ教皇ヨハネ・パウロ二世はアキュベンスが木星とともに天頂にあります、それはヨハネ・パウロ二世のライフワークが生命の法則、復活を教える法則を扱う必要があることを表しています。この星に関わった教皇は彼だけではありません。しかし、この復活の考えにたいするもうひとつの顔がミケランジェロのチャートに存在します。彼はアキュベンスとポルックス（ふたご座のベータ星で創造性を示しますが影の多いまたはつらい道を通ります）が両方とも沈んでいるとき海王星が天頂にありました。一般的にこのような表明は個人的なものでなく、世代的なものであり、集団に属しますが、システィナ礼拝堂と『最後の審判』、ひいてはあらゆる魂の復活は、集団を代表してミケランジェロが行った主要な芸術的声明でした。ここではアキュベンスとポルックスの両方のエネルギーが組み合わされ、復活の感覚や知識が創造的な衝動と結びついています。これと際立って対照的なのがカルトの指導者ジム・ジョーンズです、彼は信者たちすべてにより良い生活を望んで自殺することを納得させました。彼はアキュベンスが火星とともに上昇し、同時にカプルス（ペルセウスの剣にある星雲、男性的な攻撃や暴力）が天頂にありました。彼の行動の暴力的な性質を示すのはカプルスと火星です。しかしこの暴力性に〝天国〟でのより良い生活を望んで人々を死に導くという復活の宗教的なゆがみを与えるのはアキュベンスの存在です。

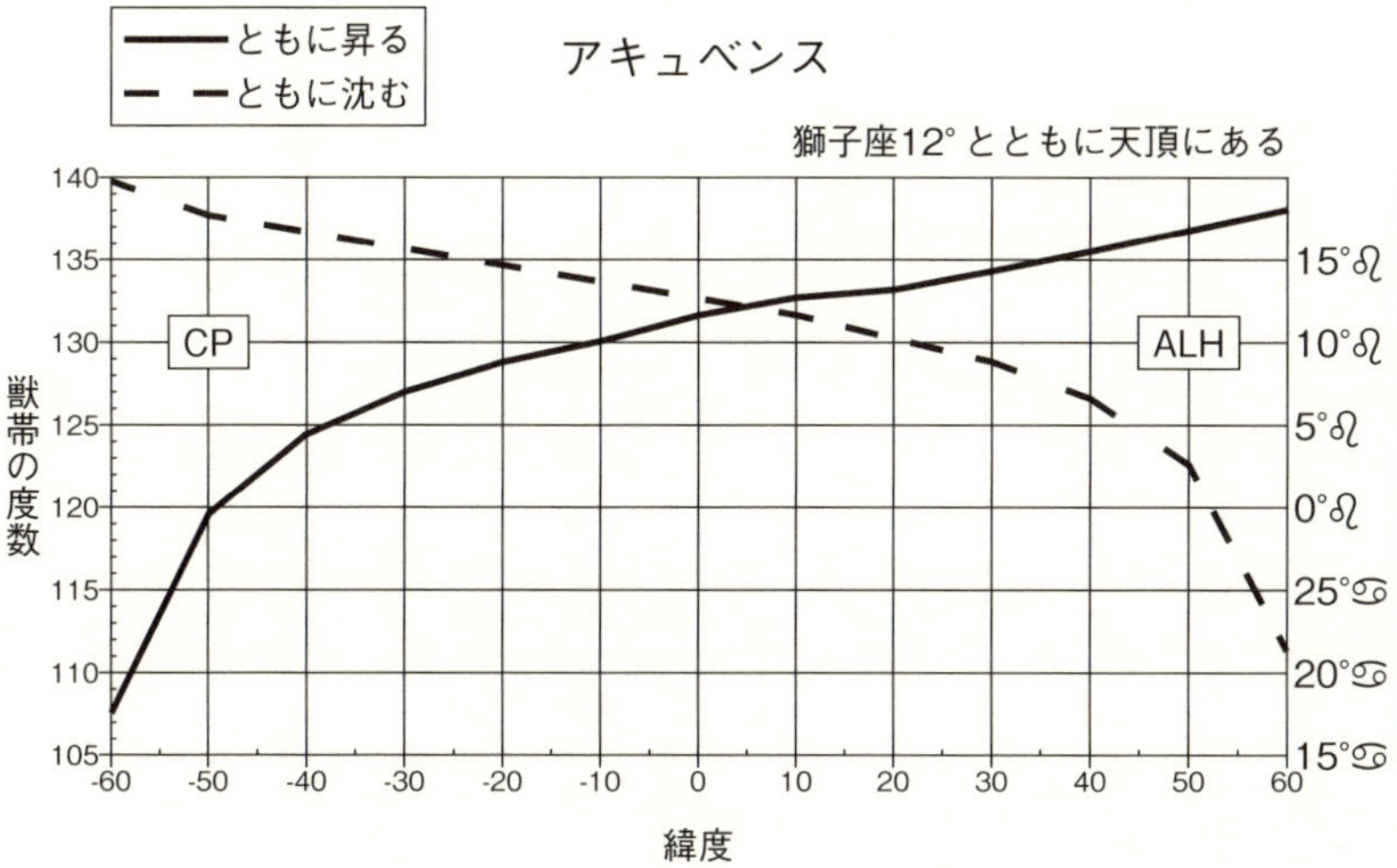


| ヒライアカル 上昇 | ヒライアカル 下降 |
|---|---|
| 8月7日 | 2月4日 |
| 8月2日 | 1月30日 |
| 7月28日 | 1月25日 |
| 7月23日 | 1月20日 |
| 7月17日 | 1月15日 |
| 7月12日 | 1月10日 |
| 7月7日 | 1月5日 |
| アクロニカル 下降 | アクロニカル 上昇 |

パラン表44. アキュベンス

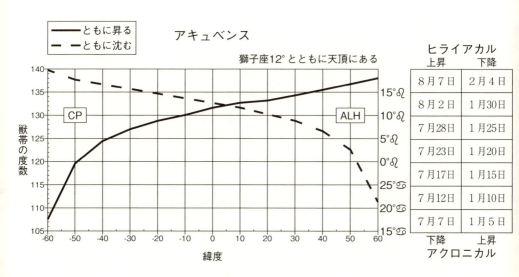

## アキュベンスが出生図にある場合

アキュベンスは単独で強力な存在感をもった星ではありません。この星はチャートに静かに座り、霊的な態度の一部を形成し、宗教的にあるいは人生にたいする楽観的な見方の形で、復活の考えにおける感覚や信仰をもたらすかもしれません。どんな犠牲を払っても生き残るために。新しい生命をもたらすこと、あるいは死の過程を助けることに関係するかもしれません。その表示はこの星がチャートでどのように存在するかによって大きく左右されます。

## アキュベンスが誕生時に太陽の上昇と同時に昇る場合

アキュベンスはあまりに光がぼんやりしすぎて夜明けを知らせることができません、しかし宇宙的に太陽の上昇と同時に昇る星として使用することは可能でしょう。アキュベンスがこの位置にある場合、星はまさに自意識、自分自身をどう見るか、自分自身をどう定義するかにつながることになります。そのため精神的なあるいは生物学的なレベルで生命への愛と生命への敬意が信念のなかで強い位置を占め、人生の主要な原動力になる可能性があります。

### 飼い葉桶（プレセペ星団）

（赤経：08h41m、赤緯：北19度39分）

これは弱い光の星雲で、古代には生命のゆりかご、生命が出現する地点だと見られていました。ベビーベッドとも呼ばれていました。[75] しかしアラトスはそれを雨の予報と結びつけ、空で薄暗いとき嵐が近づいていることを示していると言っています。[76] ほとんどの恒星にはなんらかの形の気象予測が関連付けられています。その理由は明らかで、特定の場所での恒星の位置が季節と関連して固定されているためです。一九五三年二月一日、オランダは一四二一年以来最悪の嵐と洪水に見舞われました。この時期のこの緯度で冥王星がアキュベンス（したがって飼い葉桶も一緒に）とともに上昇しており、アケルナル（エリダヌス座の主要な星）が天頂にありました。アケルナルは火事と洪水に関連しています。冥王星の上昇を介して、アキュベンスと飼い葉桶とのその結びつきは、オランダに五〇〇年以来最悪の洪水をもたらしました。

### しし座

紀元前六〇〇〇年から三〇〇〇年頃、しし座の星々は夏至に太陽の上昇と同時に上昇する星々であり、

75　Allen, *Star Names*, p. 113.

76　A. W. and G. R. Mair, *Callimachus, Lycophron, Aratus* (Cambridge: Harvard University Press, 1989), P. 277.

この星座は暑い夏や最も日の長い日に結びついていました。この関連は文書の黎明期に生じ、永遠にしし座を太陽と結びつけました。ペルシア人、シリア人、バビロニア人、エジプト人、それからのちにトルコ人とユダヤ人によってライオンと認識され、[77] この星座は農耕や文明の始まりからライオンとして見られてきたようです。スター・マップ21参照。

ライオンを象徴として使った最古の例は、エジプト神話のバスト＝ハトホルの姉妹形であるセクメットのようです。彼女は怒りに満ちた破壊を象徴するスフィンクスの雌ライオンであり、父親の敵にたいする積極的な攻撃者でした。彼女はラーのそばに座わり、敵を焦がして焼き尽くす燃える炎を噴き出すか、遠くから火の矢を使って敵を攻撃しました。[78] 常にエジプトの神話でライオンは、多くの肩書きや名前で知られている攻撃的、積極的な女神と結びついています。例を挙げれば〝炎の貴婦人〟あるいは〝偉大な貴婦人、聖なる者、力ある者〟です。[79] このライオンの女神の階級や地位は古代エジプトの『死者の書』一六四章の寸描に表されています。

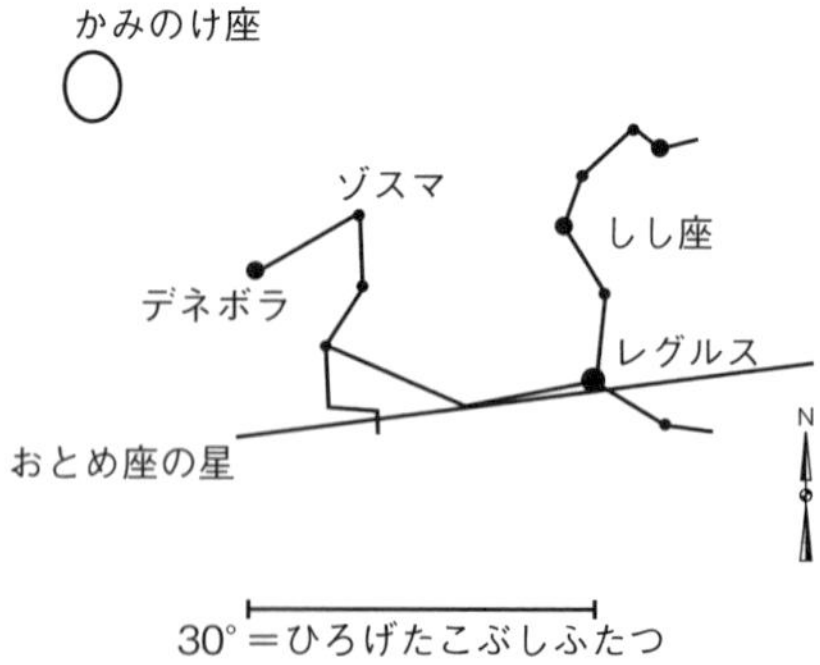

スター・マップ21. しし座、ライオン

77 Allen, *Star Names*, p. 253.
78 Budge, *The Gods of the Egyptians*, vol. 1. p. 515.
79 Budge, *The Gods of the Egyptians*, vol. 1. p. 517.

……なんじ赤い衣服の貴婦人、南と北の王冠の女王、ただひとりの者、父の主権者、神々がなれない優れた者、何百万年の船に乗った魔法（力の言葉）の強力なる者……[80]

ナイル河はしし座が太陽の上昇と同時に上昇する時期に氾濫し、生命を与えるナイルの水もまた偉大な火の女神とつながっていました。そのため女神はその父親のために闘ったのと同じように大切な水を守るために招かれました。女神のライオンの頭はナイルの水を田畑に入れるために開けた灌漑の門に彫刻されることがよくありました。[81] こうしてエジプト人はライオンを水の守護者とみなしました、その信仰はライオンの頭を注ぎ口として使う噴水にいまも反映されています。

しかしながら、しし座が夏至の位置から移動し、エジプト文化が衰退するにつれて、名声からすべり落ちたとき蟹座と同じようにその重要性を失いだしました。紀元前二四三年にはライオンは尻尾の房を失い、この星々の群れは、エジプトとギリシャの両方の文化がこの出来事の作成を主張して、かみのけ座として再定義されました。[82]

しし座の星はいまや夏至の重要な位置を求めなくなり、ギリシャ人とローマ人はこの星座をヘルクレ

80 Budge, *The Gods of the Egyptians*, vol. 1. p. 518.
81 Jobes, *Outer Space*, p.194.
82 Jobes, *Outer Space*, p.195.

スが殺したネメアのライオンに結びつけました。ネメアのライオンは普通の獣ではなく、母なる大地ガイアの孫で、破壊的な月の女神の子供でした[83]（エジプトの破壊的な太陽の女神の名残、しかしこの時期には太陽ではなく、月が女神と関連していました）。彼は巨大な魔法のライオンであり、その毛は剣や槍の勇ましい武器が突き通せないものでした。ギリシャ神話ではこのライオンはネメアの町周辺の田園地帯を荒廃させていました。ヘルクレスの功業のひとつがこのライオンを殺すことでした。自分の武器が役に立たないことがわかったあと、動物を追い詰め背中の周りに両腕を巻き付け押しつぶしてライオンを死に至らせました[84]。

ネメアのライオン（ガイアの孫）を母系文化の代表と考えることは可能です、そしてネメアの町を中心とした活動が女神崇拝あるいはゼウスを中心としない宗教行為がその地域ではまだ活発だったことを意味しています。古い宗教の象徴をすべて破壊することが主な任務であるようにみえたヘルクレスは、こうした〝異教徒〟を根絶やしにするために送り込まれました。同じように中世のキリスト教会は主に田園地方で九〇〇万人の男女を殺しました、なぜならこうした人たちは古い宗教を信じているはずだったからです。

のちに、ローマ人は英国にライオンの象徴を持ち込みました。そこでは女性に連れられたライオンと

83　Walker, *The Woman's Encyclopedia of Myths and Secrets*, p. 721.
84　Grimal, *The Dictionary of Classical Mythology*, p. 197.

して硬貨のうえに描かれ、古いエジプトの雌ライオンと女神の象徴をふたたび反映させました。そしておとめ座としし座は物理的にだけでなく神話学的にもともに結びつけられたふたつの星座とみなされました。彼女は英国では〝ライオンを導いた貴婦人〟として知られ、初期の神性の象徴になりました。暗黒時代の終わりにライオンは英国統治権の象徴として使用されていました。そして十二世紀にはノルマン人の英国支配時代の盾に示された唯一の動物でした。[85] キリスト者にとってこの星座はダニエルが洞穴で直面したライオンでした。

## レグルス

（しし座アルファ星、1・3等星、赤経：10h08m05s、赤緯：北11度59分、黄経：獅子座29度08分）

パラン表45を参照。パラン表の読み方の例：南緯25度、ブラジルのコロンボに生まれた場合、星は獅子座の約29度で上昇しました。惑星が獅子座もしくは水瓶座29度にある場合、惑星は星とともに上昇し沈みました。星はまた乙女座0度で沈みます。したがって惑星が乙女座もしくは魚座の0度にある場合、星が沈むとき惑星は沈み上昇しました。星は獅子座28度で天頂にあります。そのため惑星が獅子座もしくは水瓶座の28度にある場合、星が天頂にあるとき惑星は天頂か天底にありました。

85 Allen, *Star Names*, p. 254.

レグルスは黄道上に位置しているので、星の上昇と下降がおよそ黄道上の同じ度数になっています。位相はありません。言い換えるなら、極緯度以外のすべての地域で毎日上昇して沈み、上昇も下降もしないように見えることはありません。太陽の上昇と同時に昇るときはおよそ八月二十二日です、アクロニカルライジングは六か月後の二月十八日です、これは太陽が沈むときに上昇することです。

レグルスは極地を除くすべての緯度のチャートに四点とも使用可能です。

## これまでの解釈

プトレマイオスはライオンの心臓にあるこの星は火星と木星のようだと述べています。ロブソンはこの星は名誉を与えるかもしれないが長続きしないと言って暴力や破壊に結びつけています。エバーティンはこの星を王室の財産や高貴な精神、率直さや勇気に結びつけています。リゴーはロブソンに同意し、この星は指揮する能力や成功する能力を与えるがどんな偉大さも〝蝕〟の影響を被るとしています。

## レグルスの意味

ペルシアのロイヤルスターのひとつとして、空の偉大で歴史的な星々のひとつです。ペルシアでは、これを北の見張り番と見て、かつて彼らの神話で知られていた世界全体を支配した伝説上の王フェリドンと結びつけました。彼は善良で偉大な王でその起源はゼウスと似通っていました。ゼウスのように家族から離れて育てられ、聖なる牛の乳を飲んで大きくなり、成人してからは大きな戦いによって王座を獲得しました。彼はエジプト神話のオシリスにも——教えること、平和や文明をもたらすこと、人々に法を授けることで——よく似た印象です。老齢になって彼は偉大な王国をその三人の息子に分けることを決断しました。ふたりの兄たちが一番末の弟を襲い殺し、その国土を奪いました。この行為はフェリドンを非常に嘆かせ、ふたりの息子に復讐しました。結果として生じた戦いは王国の終わりでフェリドンの黄金時代の終わりでした。[86]

この物語の重要さは、レグルスの軍事的名誉と成功の裏側にある神話を私たちに見せてくれるところです。ほかの三つのロイヤルスターと同様にこの星がチャートに影響を与える人は、特定の敵に直面することによってのみ、大きな成功を得ることができます。レグルスにとってこの敵は復讐です。選んだ領域で大きな成功を得るかもしれませんが、復讐するほど品位を落とすと集団における力、地位、評判を失います。

レグルスは力と成功を示します、そして、成功した人々のチャートでも活発です。しかし、この星が人を高みに連れて行けば行くほどさらに復讐に注意をしなければなりません。フェリドンの物語を映した現代の指導者はオーストラリアの長期にわたる労働党の首相ボブ・ホークでした。彼はレグルスが水星とともに沈んでいました。多年にわたる公務のあと彼は退任を強いられました。財務省の若い男性ポー

86 *New Larousse Encyclopedia of Mythology*, p. 323.

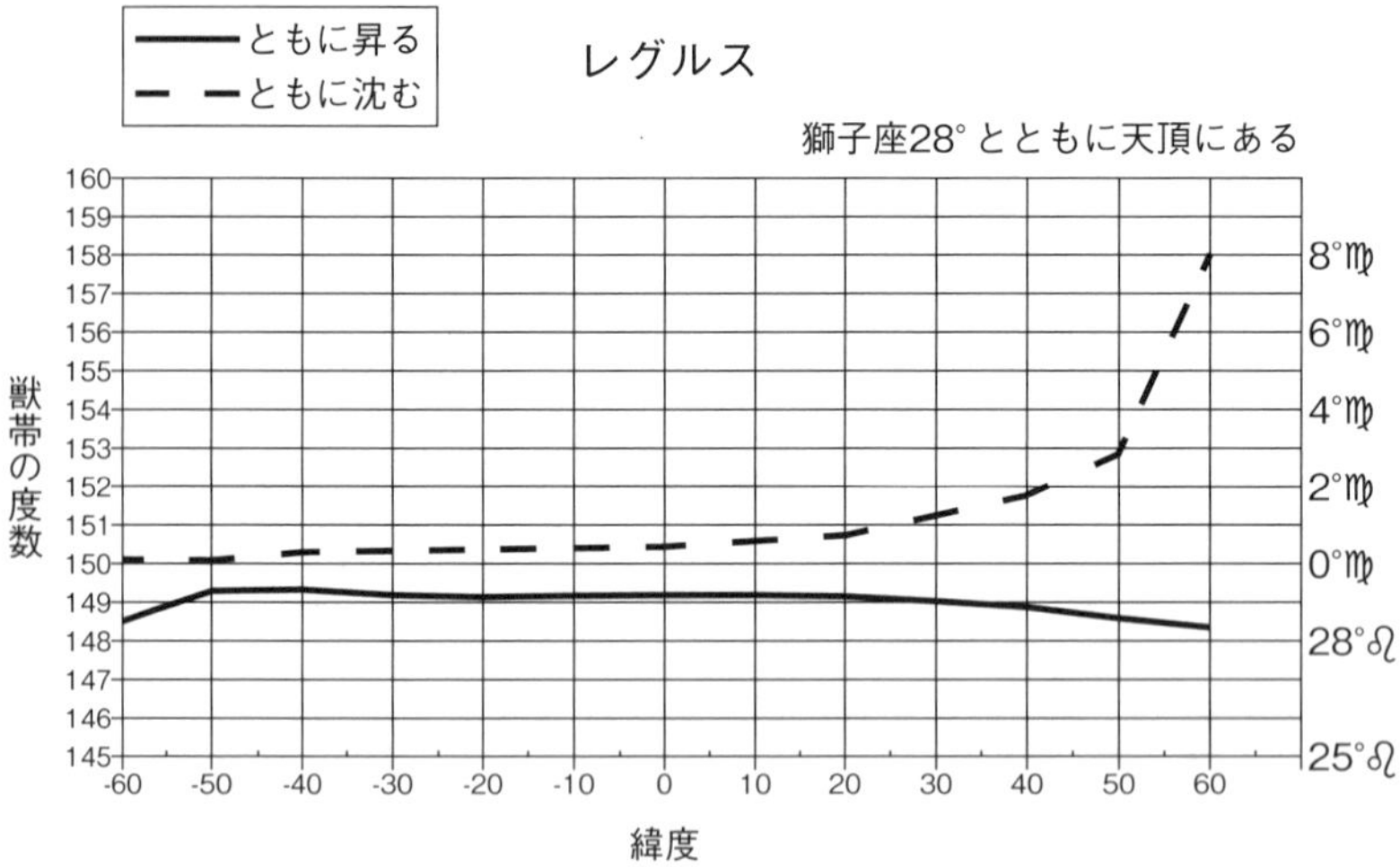


ヒライアカル

| 上昇 | 下降 |
|---|---|
| 該当なし | 該当なし |
| 8月30日 | 2月26日 |
| 8月28日 | 2月24日 |
| 8月26日 | 2月22日 |
| 8月24日 | 2月20日 |
| 8月22日 | 2月18日 |
| 8月20日 | 2月16日 |
| 8月18日 | 2月14日 |
| 下降 | 上昇 |

アクロニカル

パラン表45. レグルス

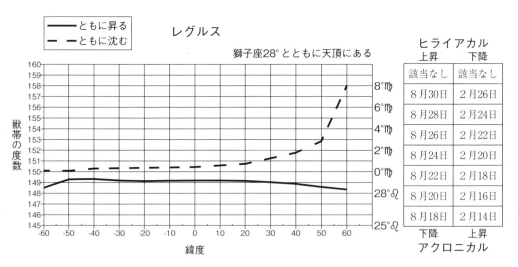

ル・キーティングと〝彼の王国を分割する〟ことを前に約束していたからです。強制的な退任にさいして、彼は回顧録を書き、そのなかでみずからの政党の仲間に復讐をしました。この復讐によって彼は失脚し、かつて政党のなかで偉大な人物のひとりとして見られる権利がありましたが、現在は弱体化した人物と見なされています。出生図の水星とレグルスとのつながり、そして沈んでいる配置にあることは、彼が老齢期に話し言葉または書き言葉を介して復讐したいという欲求を感じるだろうと告げています、しかし、この欲求に屈するならばすべての力を失うという警告でもあります。

## レグルスが出生図にある場合

常に強くて熱い性質なので、この星はチャートでその存在感を感じさせます。チャートにどのように関わっているかに大きく左右されますが、その意味は成功への努力や野心を実現する可能性に関係しています。しかし、同時に常に人を誘惑し試す復讐の問題を示唆するでしょう。もし怒りや苦痛から復讐をするならば、そのときすべてのロイヤルスターに約束されているように失脚があります。こうした誘惑はチャートでレグルスが活発化するアングル[87]が示す人生の時期に起きることになります。もし復讐したら得られてきたものの損失があります。この損失は公的なものかもしれませんし、私的なものかもしれません。

87　アセンダントは人生の初期、ＭＣは中年期、ディセンダントは老年期を意味します。

## レグルスが誕生時に太陽の上昇と同時に昇る場合

ロイヤルスターのひとつとともにこの位置に生まれることは、チャートのほかの部分に大きな負担をかけます、というのは人生で成功したり輝いたり前進したりするように強いられるからです。これはチャートのほかの部分とうまく調和するかもしれません、その場合には成功はあなたのものなので踏み出したほうがよいでしょう。しかし、ほかの欲求と矛盾するかもしれません、その場合には小さな物事に誇りをもつことでレグルスがあなたに強いる星を輝かせるという深い圧迫を和らげることができます。レグルスがチャートのこの位置にあると高い目標をもつべきですが、復讐の危険性を認識してください。レグルスは明白に太陽の上昇と同時に昇る場合と宇宙的に太陽の上昇と同時に昇る場合の両方の星として使用することができます。

## デネボラ

（しし座ベータ星、2・2等星、赤経：11h48m46.8s、赤緯：北14度36分10秒、黄経：乙女座20度55分）

パラン表46を参照。パラン表の読み方の例：北緯46度、イタリアのベニスに生まれた場合、星は乙女座の約15度で上昇しました。惑星が乙女座もしくは魚座の15度にある場合、惑星は星とともに上昇し沈みました。星はまた天秤座28度で沈みました。したがって惑星が天秤座もしくは牡羊座の28度にある場合、星が沈むとき惑星は沈み上昇しました。星は天秤座0度で天頂にあります。そのため惑星が天秤座もしくは牡羊座の0度にある場合、星が天頂にあるとき惑星は天頂か天底にありました。

この北緯46度では、星は短縮した運行の位相にあります。この時期は毎年おおそ三月五日（乙女座15度の横にある日付ボックスの右側の列から読み取ります）から四月十五日（天秤座28度の横にある日付ボックスの右側の列から読み取ります）までです。そして本当に、あるいは宇宙的に太陽の上昇と同時に昇るときはだいたい九月七日です（〝太陽と同時に上昇する〟欄の北緯46度で上昇している線の日付を読み取ります）。

デネボラは南緯75度と北緯75度のあいだのチャートの四つの点すべてで使用可能です。それより南では星が昇ることはなく、それより北では星が沈むことはないため、永遠に短縮した運行にあります。

## これまでの解釈

プトレマイオスによれば、獅子座の尻尾にある星々は土星と金星に似ているということです。ロブソンはデボネラを絶望や後悔につながる素早い判断と結びつけていますが、高貴さ、大胆さ、自制心とも結びつけています。エバーティンによれば、この星はマンデン図では重要な大惨事を示し、出生図では否定的にも肯定的にもなりうる刺激的な出来事を示すとしています。リゴーはほとんど一語一句変わらずロブソンに同意しています。

## デネボラの意味

デネボラはネメアのライオンの象徴を受け継いでいるようです、というのはネメアのライオンが、地方でいまも行われている女神崇拝の象徴であった可能性があるように、この星は、ある程度〝ずれていること〟や主流の考えからはずれていること、周辺で暮らすことで順応していないことを示しているからです。

デネボラが天頂にあり太陽が上昇している日にジョージ・エリオットが生まれました。彼女は十九世紀の英国の小説家で作品に男性のペンネームを使い、あらゆる因習に反して何年も既婚の男性と一緒に暮らしていました。レオナルド・ダ・ヴィンチは水星が上昇するときデネボラが沈んでいました。レオナルドはライト兄弟より四〇〇年もまえに飛行器具の図案を製作し、当時のかなり先を行ったアイデア（水星）の人として歴史上（デネボラがチャートで沈んでいる）知られています。別の例が有名な十九世紀フランスの画家、アンリ・ド・トゥルーズ＝ロートレックです。ロートレックはデネボラが上昇するとき火星が天頂にありました。この場合、星のエネルギーがロートレックの若い時期に火星の媒介をとおして表現されました。子供時代にロートレックは二度別々の事故に遭い、左と右の大腿骨それぞれを骨折しました。こうした事故によって両足が不自由になり、人生を芸術に捧げ、パリ社交界を観察して描いた絵画で有名になりました。子供時代の怪我のために、当時の裕福できらびやかな人々をのぞき見る外部者の役を演じました。

**デネボラが出生図にある場合**

デネボラはどこかしら世界を異なった視点で見る、不調和の要素をもたらします。これは大きな成功につながる非常に良い結果をもたらすかもしれませんが、概してこの成功は秩序の境界にあり主要な見方と調和していないでしょう。あるいは、非常に否定的になる可能性もあり、集団の考えに開かれておらず、尊大な態度につながることを示唆しています。もっと単純に言えば、他者と異なった意見をもっていることがわかり、それがフラストレーションを引き起こすかもしれません。これを認識しほかの意見に耳を傾けることは、必ずしも自分の考えを変えるためではなく、ただほかの視点を理解できるようにするために有益です。

**デネボラが誕生時に太陽の上昇と同時に昇る場合**

プトレマイオスのリストにある星々のひとつとしてデネボラは明白に太陽の上昇と同時に上昇する星としてさらに宇宙的に太陽の上昇と同時に上昇する星としていずれも使用可能です。どちらの位置にあっても世界を他者とは違った視点で見ていることを強調し、特に自分の考えが他者を混乱させるかも

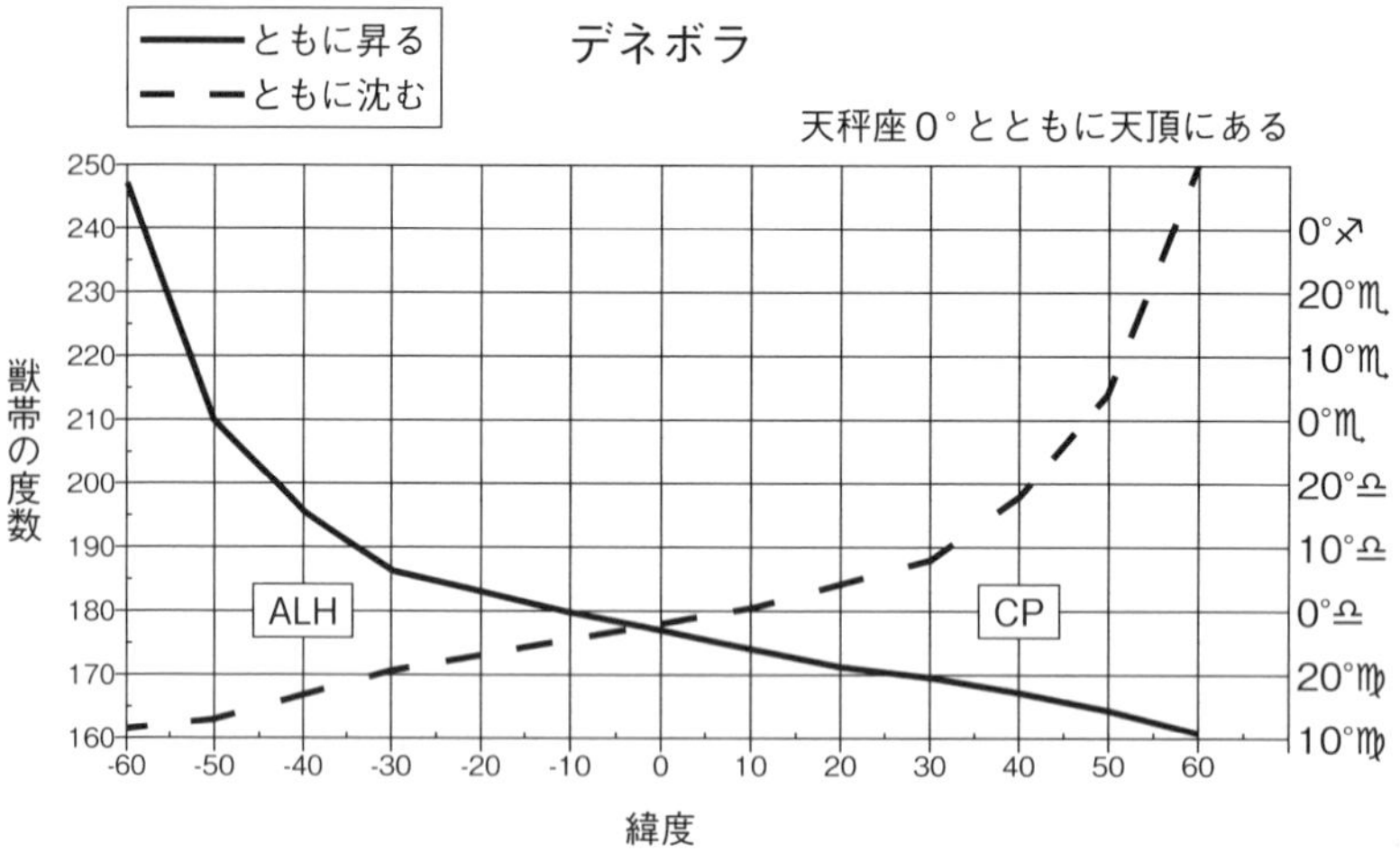


ヒライアカル

| 上昇 | 下降 |
|---|---|
| 11月22日 | 5月12日 |
| 11月12日 | 5月10日 |
| 11月2日 | 4月30日 |
| 10月23日 | 4月20日 |
| 10月13日 | 4月10日 |
| 10月3日 | 3月30日 |
| 9月23日 | 3月21日 |
| 9月13日 | 3月10日 |
| 9月2日 | 2月28日 |
| 下降 | 上昇 |

アクロニカル

パラン表46. デネボラ

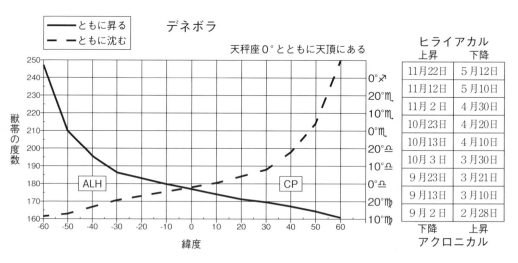

しれない場合、相手の意見に耳を傾けることが賢明でしょう。しかし、デネボラは発見したり発明したりする能力を示すこともあります。世界を異なったレンズをとおして見るからです。

## ゾスマ

（獅子座デルタ星、2・6等星、赤経：11h13m48.9s、赤緯：北20度33分10秒、黄経：乙女座10度37分）

パラン表47を参照。パラン表の読み方の例：北緯32度、バーミューダ諸島のセント・ジョージに生まれた場合、星は乙女座の約9度で上昇しました。惑星が乙女座もしくは魚座の9度にある場合、惑星は星とともに上昇し沈みました。星はまた天秤座5度で沈みました。したがって惑星が天秤座か牡羊座の5度にある場合、星が沈むとき惑星は沈み上昇しました。星は乙女座20度で天頂にあります。そのため惑星が乙女座もしくは魚座の20度にある場合、星が天頂にあるとき惑星は天頂か天底にありました。

この北緯32度では、星は短縮した運行の位相にあります。この時期は毎年およそ二月二十六日（乙女座9度の横にある日付ボックスの右側の列から読み取ります）から三月二十五日（天秤座5度の横にある日付ボックスの右側の列から読み取ります）までです。そして本当に、あるいは宇宙的に太陽の上昇と同時に昇るときはだいたい九月一日です（〝太陽と同時に上昇する〟欄の北緯32度で上昇している線の日付を読み取ります）。

ゾスマは南緯69度と北緯69度のあいだのチャートの四つの点すべてで使用可能です。それより南では星が昇ることはなく、それより北では星が沈むことはないため、永遠に短縮した運行にあります。

**これまでの解釈**

プトレマイオスによれば獅子座の星々は土星と金星の性質をもっているとしています。ロブソンはゾスマの影響が注意深い精神だけでなく不幸や毒物への恐怖をもたらすと言っています。エバーティンはロブソンに同意し、憂鬱や病気を加えています。リゴーは上記の意見に同意しながらも人生への愛を付け加えています。

**ゾスマの意味**

ゾスマは最後にヘルクレスに打ち負かされるネメアのライオンの背中に位置しています。この神話はギリシャ、ローマ神話での象徴では、被支配者側の考えや信念が消滅させられる地点を象徴しています。その意味は偉大なケルトのマッハの神話（ぎょしゃ座との関連で言及しています）と似ています。それは女性から男性へ、ひとつの生活様式からもういっぽうへの力の移行におけるケルトの歴史の里程標です。ゾスマそのものは女性的というよりむしろ権威が直接的にしろ間接的にしろ、無力にする人々に属しています。概して金持ちや有名人のチャートに属しません、彼らが犠牲にならないかぎりは。それは犠牲者の、支配体制に虐げられる人々のチャートに表れています。〝邪悪〟な星ではありませんが、この星の存在は、この星と結びついた特定の惑星がなんらかのかたちで悪用されるおそれがあることを意味します。

ジョン・F・ケネディはゾスマが月とともに天頂にありました。天頂にあることは星のエネルギーが人生の中年期、絶頂期に現れます。恒星にとって最も敏感なポイントのひとつであると考えられている月とのつながりは[88]、最初に私生活において、次にアメリカ合衆国の大統領だったため国民に、この星を感情的な生活と結びつけています。この星は社会の犠牲者を助けることにケネディが取り組む結果となっていたかもしれませんが、彼の暗殺は彼自身が犠牲者になったことを示しています。

一九九六年七月十七日、運命的なトランス・ワールド航空便がニューヨークを離陸直後に爆発しました、その日その緯度にたいして土星が上昇しゾスマが沈みファーシーズ（射手座の顔にある星雲で天空の最も暴力を引き起こす星々のひとつ）が天頂にありました。ゾスマ、ファーシーズおよび土星の組み合わせは、偶然か意図的かにかかわらず、罪のない人々（ゾスマ）にたいする暴力行為（ファーシーズ）がもたらす永続的な結果（土星）を意味しています。

ロシアのアナスタシア皇女もゾスマに関連していました。火星とゾスマが一緒に天頂にありました。ロシア革命のさなか皇帝一族の一員として殺されたにせよ、それとも生き残って認められるために闘い

88 Anonymous of 379, *The Treatise on the Bright Fixed Stars*, trans. Robert Schmidt (Berkeley Springs, WV: Golden Hind Press, 1994), p. 1.

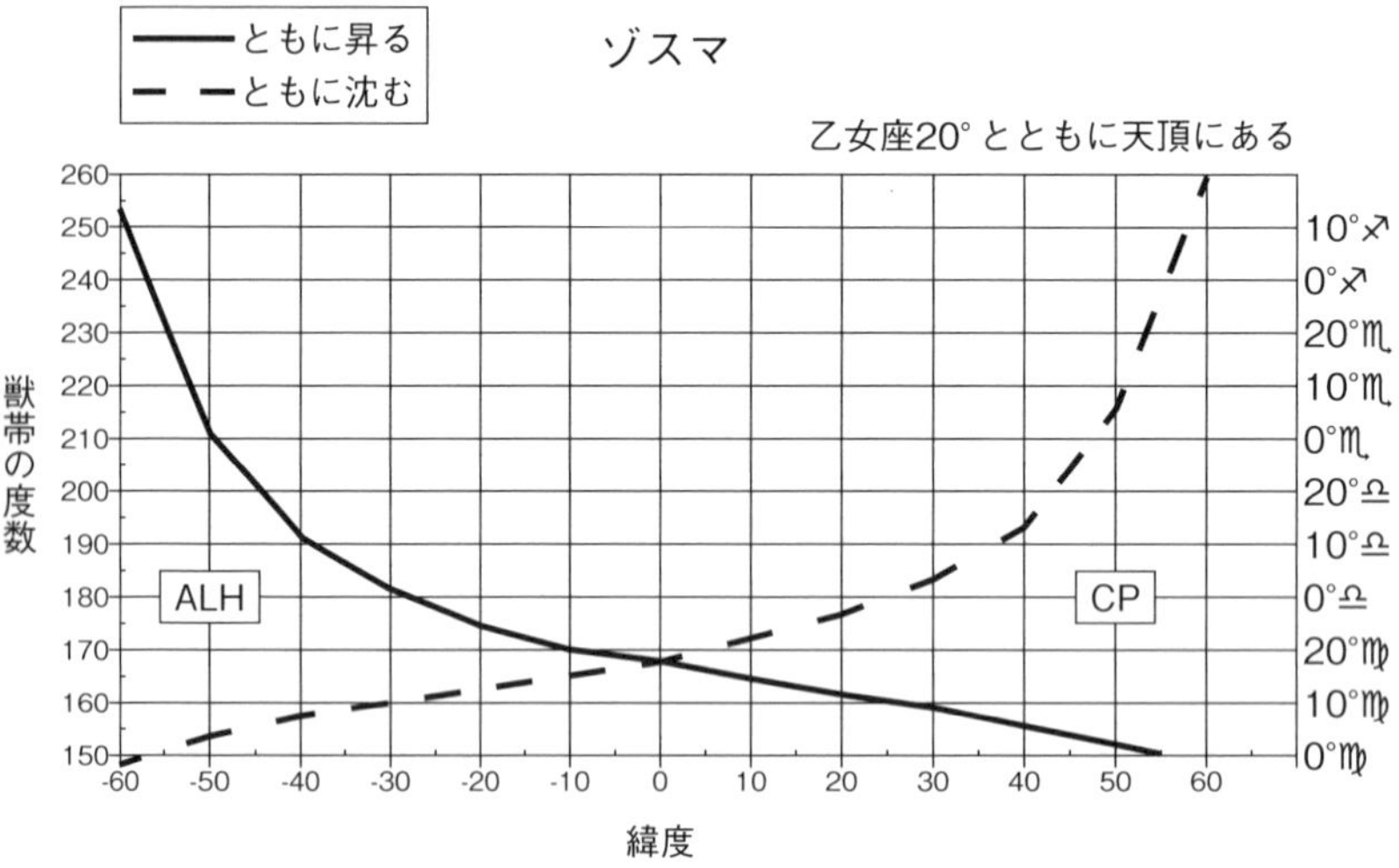


ヒライアカル

| 上昇 | 下降 |
|---|---|
| 12月２日 | ５月31日 |
| 11月22日 | ５月21日 |
| 11月12日 | ５月11日 |
| 11月２日 | ４月30日 |
| 10月23日 | ４月20日 |
| 10月13日 | ４月10日 |
| 10月３日 | ３月31日 |
| ９月23日 | ３月20日 |
| ９月13日 | ３月10日 |
| ９月２日 | ２月28日 |
| ８月23日 | ２月19日 |
| 下降 | 上昇 |

アクロニカル

パラン表47. ゾスマ

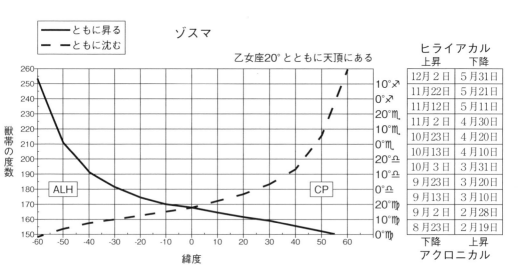

続けたのかにせよ、社会の犠牲者としてのアナスタシアの生涯はゾスマによって完全に決められたものでした。

### ゾスマが出生図にある場合

ゾスマと関わる惑星は、おそらくその人の純粋さがもたらす被害的な状況に導かれることによって、あるいはおそらくソーシャルワーカーや介護士として働くことによって、苦しみを伴う可能性があります。これは栄光と名声の星ではなく、自分自身または他者のなかにある犠牲者に対処するという目に見えない仕事の星です。アザリア・チェンバレンはオーストラリアの砂漠で野犬に連れ去られた幼児で、その母親であるリンジー・チェンバレンはアザリアを殺した罪に問われました。彼女は生まれたときにゾスマが上昇していました。アザリアの短い一生と死後に起こった出来事はこの星に支配されていました。

### ゾスマが誕生時に太陽の上昇と同時に昇る場合

ゾスマは宇宙的に太陽の上昇と同時に昇る星としてしか使用できません。これは難しい配置です、人生が少数派の要求か社会の犠牲者の問題と絡み合うことになります。個人的に支配体制に虐待されることから身を守らなくてはならないかもしれません。あるいは信念や生活様式で不利な状況に置かれ、人生の教訓のひとつになるかもしれません。マザー・テレサはゾスマが宇宙的に太陽の上昇と同時に昇るときに生まれ、実際に社会の犠牲者を救うことに人生を捧げました。

## おとめ座

太古に失われ、神話的にしし座とつながっていた、古代の天空の女神は、おそらく最初の六つの黄道星座の一部であり、[89]一部の天文学者によって、人間の認識では一万五〇〇〇年以上前にあったと考えられています[90]（この星座で春分が生じた頃でした）。スター・マップ22参照。おとめ座の最古の表現は、紀元前二九〇〇年頃エジプトのスフィンクスの建設で夏と収穫の時期に太陽が通過するふたつの黄道星座を祝い、崇拝したと考えられていました。スフィンクスは大いなる収穫の女神の頭部とライオンの体を持っていました。[91]しかし、ロッキャーは十九世紀末にスフィンクスはこの年代よりずっと古いかもしれないと示唆しました。[92]

エジプト人はおとめ座をデンデラの天球図に描きました。現在よりも大きく、翼はありませんが、明らかに女神です。彼らは彼女を千の名前を持ち、死んだオシリスの妻であり、ホルス神の母親である女

89 Norman J. Lockyer, *The Dawn of Astronomy* (Kila, MT: Kessinger, 1992), p. 404.
90 Jobes, *Outer Space*, p. 272.
91 Jobes, *Outer Space*, p. 274.
92 Lockyer, *Dawn of Astronomy*, p. 83.

神イシスと考えました。[93]彼女は手に麦束を持っているように見え、それを落として天の河をつくりました。そして人類の時間が始まった紀元前五〇〇〇年ごろ夏至を支配しました。[94]この女神がもはや夏至を治めなくなったとき黄金期が終わってしまったと言われました。というのもエジプト人は夏至の星座のこうした移動を危機と見ていたからであり、彼女は銀の時代における人間の行動を知って悲嘆にくれ地上を去り天に戻ったと人々は信じていました。女神が手にした麦の束から麦がこぼれ落ちて形作られた天の河は、人間が歳差運動を発見する以前には太陽の燃え尽きた通り道だったという太古の信仰を反映した神話の一部です。[95]この段階では、春分の歳差運動の道は黄道によって定義されていると推測する理由はありませんでした。

いにしえのアラビア人は彼女をアル・アドラ・アル・ナティファ、無垢な乙女と呼んでいました。純粋な処女としても知られ、中国では冷淡な乙女として知られていましたが、これは中国語からの不親切な直訳のようです。ギリシャ人にとって、彼女は豊饒の女神デメテルであり、プルートに自分の娘をさ

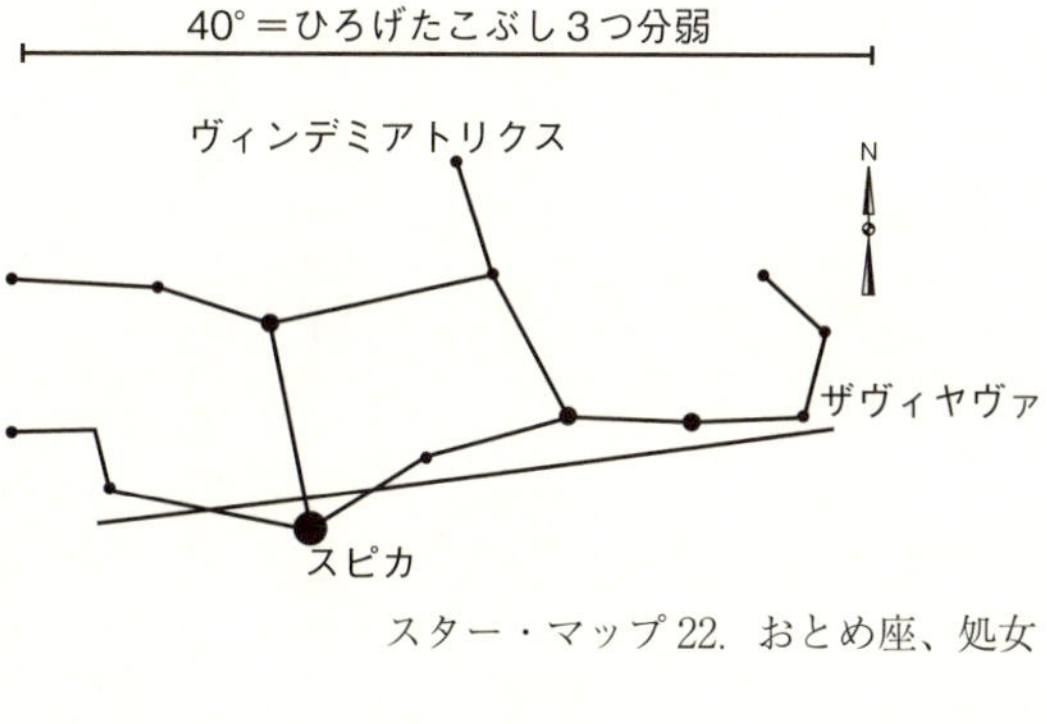

スター・マップ22. おとめ座、処女

93 Allen, *Star Names*, p. 462.
94 De Santillana and von Dechend, *Hamlet's Mill*, p. 59.
95 De Santillana and von Dechend, *Hamlet's Mill*, p. 245.

らわれたとき自分自身とその季節を地球から引き離しました。デメテルはエリゴーヌとも言われ、人間の振る舞いを知って非常に嘆き首つり自殺をしました。キリスト教の頃には子供を抱くマリアとなりました。[96]

時代や文化を超えてどのイメージが選ばれようと、おとめ座に含まれているのは、収穫をもたらす女神の元型であり、男性性から独立しています。四季をもたらす、肥沃な地球の源です。収穫の時期に重点を置くことは、より世俗的な商業や貿易の追求ではなく、収穫の贈り物と地球のサイクルに彼女を結びつけました。彼女の純粋さは処女性の概念のなかに反映されています。しかし、この女神の最古の形態は現代的な言葉の意味での〝処女〟ではありません。処女の古い意味は、女性は自分の体を所有しており、そのため望む人を自由に愛することができるというものでした。おとめ座は実り豊かな、豊穣の女神であり、汚れない無垢な若人ではありません。[97]

## おとめ座の星

おとめ座の最も明るい星はスピカです、ほかに名前のある星は光度の降順にザヴィヤヴァ、翼の最上

96　Allen, *Star Names*, p. 464.

97　おとめ座は、アル・シマックとして知られている十二番目の月のマンション（訳注　宿曜道の月宿）も含んでおり、もともとスピカを含んでいました（Allen, p. 467）。この明るい星のために、このマンションは不毛と見なされ、のちに占星術でこの概念が黄道の星座全体に反映されました。しかし、おとめ座は常に豊穣と結びつけられてきました。

部を示します、ヴィンデミアトリクス、腕にあります。

## スピカ

（おとめ座アルファ星、1・2等星、赤経：20h39m25s、赤緯：南11度08分、黄経：天秤座23度09分）

パラン表48を参照。パラン表の読み方の例：北緯35度、日本の富士市に生まれた場合、星は天秤座の約24度で上昇しました。惑星が天秤座もしくは牡羊座24度にある場合、惑星は星とともに上昇し沈みました。星はまた天秤座22度で沈みました。したがって惑星が天秤座もしくは牡羊座の22度にある場合、星が沈むとき惑星は沈み上昇しました。星は天秤座25度で天頂にあります。そのため惑星が天秤座もしくは牡羊座の25度にある場合、星が天頂にあるとき惑星は天頂か天底にありました。

この北緯35度では、星は出現しているけれども隠れて見えない位相にあります。この時期は毎年およそ十月十四日（天秤座22度の横にある日付ボックスの左側の列から読み取ります）から十月十七日（天秤座24度の横にある日付ボックスの左側の列から読み取ります）までです。そして本当に、あるいは宇宙的に太陽の上昇と同時に昇るときはだいたい十月十七日です（〝太陽と同時に上昇する〟欄の北緯35度で上昇している線の日付を読み取ります）。

スピカは極地を除くすべての緯度のチャートで四地点とも使用可能です。

## これまでの解釈

プトレマイオスはスピカが金星に似ており、さらに火星にも少し似ていると述べています。ロブソンはこの星が名誉や名声を与えるとし、この星を科学者、作家、画家や音楽家に結びつけています。エバーティンはロブソンに同意していますが、この星が実を結ばず、無実の人に不当さや不当な結果をもたらすこともあると付け加えています。しかしリゴーは、この星をすべて肯定的にとらえています。

## スピカの意味

女神が手にした麦の束と見られていたので、スピカは人類に対する贈り物の象徴と考えられていました。こうした贈り物は、もともと収穫物や報奨金でした。したがって、麦の束は女神からの贈り物である農耕にかんする人間の知識を象徴していました。現在ではこの種の知識は尊重されていません。もしおとめ座が二十世紀につくられたなら彼女はシリコンチップを手にしているかもしれません。スピカは麦の束で、尊敬される知識と洞察の象徴です。そのためスピカは特定の分野あるいは職業と関連しているのではなく、チャートで触れるものすべてを輝かせる可能性を示しています。

アイザック・ニュートン卿は偉大な物理学者で微積分学の発見者ですが、スピカが上昇するときに生まれました。この位置ではスピカの輝きはチャート全体と全生涯に影響しています。それは自分がどのように見られているかを表すものであり、自分自身を定義する一部です。エジプト人は、彼はスピカに属しており、スピカを体現していると言ったでしょう。多くの人々がこの星がそうした位置にあるとき生まれていますが、明らかに彼ら全員がアイザック・ニュートンの科学的な考え方をもっているわけではありません。そうした位置に星があったとしても成功を保証するわけではありませんが可能性を強く示しています。

ヴォルフガング・アマデウス・モーツァルトはスピカが木星とともに天頂にあり、彼の太陽が沈むときスピカが天底にありました。この例では木星とともに天頂にあることはスピカの拡大を、すなわち人生の盛りの時期における輝かしさを示しています。

モーツァルトは単なる作曲家ではなく、史上最高の音楽の天才のひとりと言われています。スピカが太陽とともに天底にあるという組み合わせは死後も彼の作品が生き続けることを確かなものにしました。天底にある星は人がその死後どのように記憶に残っているかを表し、太陽に接したスピカは彼が素晴らしい作曲家として見られることを示しています。

### スピカが出生図にある場合

スピカは輝かしい天分、隠れている、あるいは明白な才能、技能や能力が並外れていることを表します。〝天与の才能がある〟という言葉はスピカの強い人々に当てはまり、この星が触れるものはなんであれ、

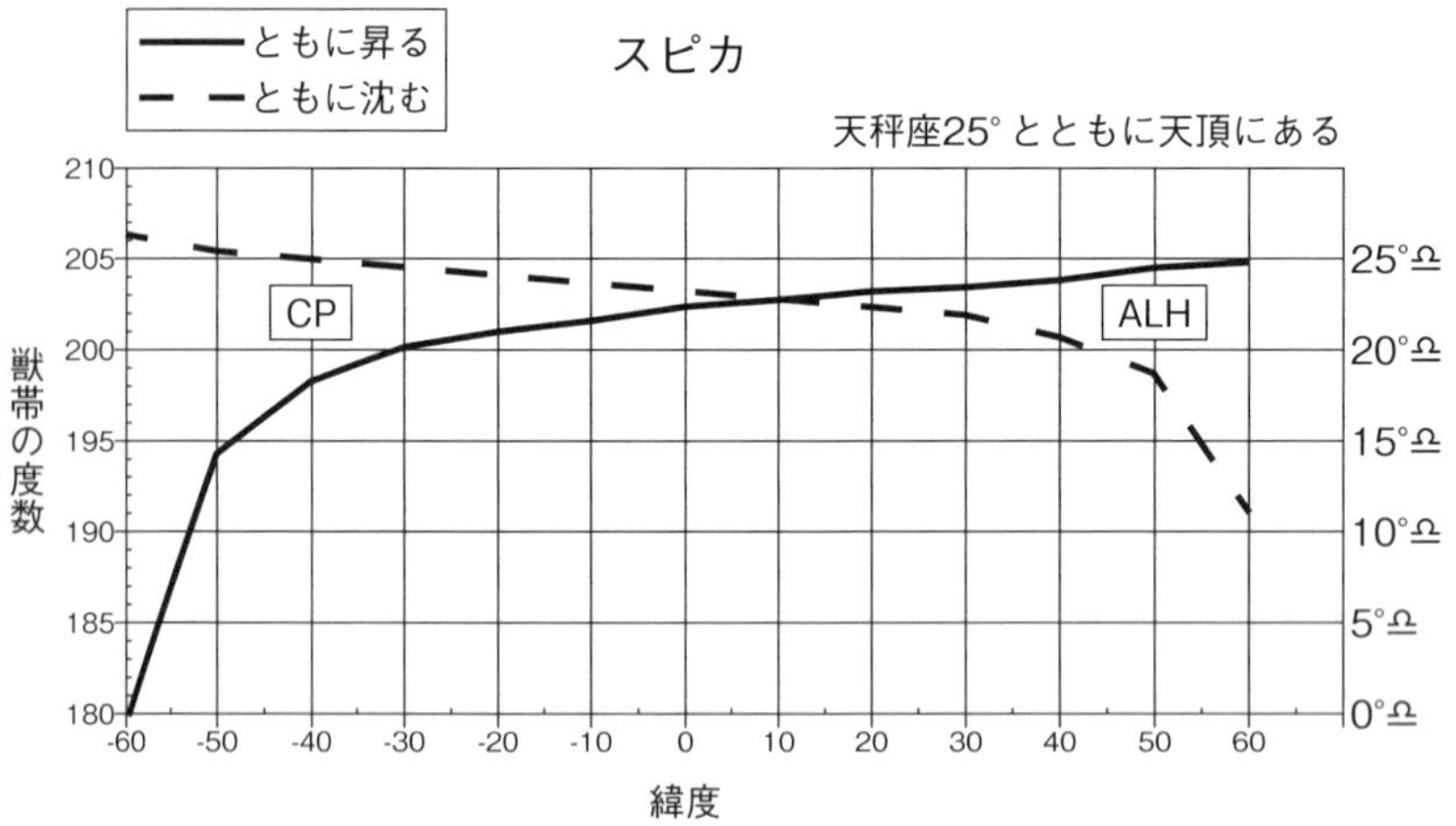


ヒライアカル

| 上昇 | 下降 |
|---|---|
| 10月18日 | 4月15日 |
| 10月13日 | 4月10日 |
| 10月8日 | 4月5日 |
| 10月3日 | 3月31日 |
| 9月28日 | 3月25日 |
| 9月23日 | 3月21日 |
| 下降 | 上昇 |

アクロニカル

パラン表48. スピカ

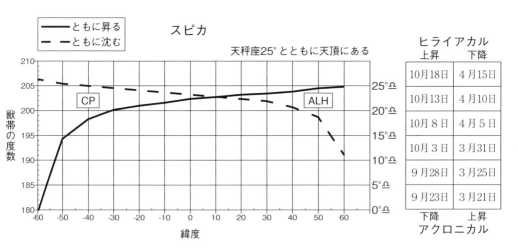

なんらかの形で照らします。チャートにスピカがあれば、スピカが関係している惑星だけでなく、スピカが触れているアングルを考慮しましょう。アングルはタイミングを与え、惑星はスピカがチャートでもっている輝きや才能の種類を示します。

### スピカが誕生時に太陽の上昇と同時に昇る場合

スピカは明白に太陽の上昇と同時に昇る場合と宇宙的に太陽の上昇と同時に昇る場合の両方で使用可能です。この位置にあると、本当に世界に貢献するなにかをもっている才能ある人物の印となる可能性があります。スピカがほかの強い成功する恒星に支えられている場合、その人は名声と場合によっては栄光さえも見ています。太陽がスピカとともに上昇している場合、自己の能力をさらに広げることができますし、そうするべきです、スピカがきわめて特別な才能や洞察力をもっていることを示しているからです。

## ヴィンデミアトリクス

（おとめ座イプシロン星、3・3等星、赤経：12h59m40s、赤緯：北11度14分、黄経：天秤座9度15分）

パラン表49を参照。パラン表の読み方の例：南緯30度、南アフリカのダーバンに生まれた場合、星は蠍の約0度で上昇しました。惑星が蠍座もしくは牡牛座の0度にある場合、惑星は星とともに上昇し沈みました。星はまた天秤座8度で沈みました。したがって惑星が天秤座もしくは牡羊座の8度にある場合、星が沈むとき惑星は沈み上昇しました。星は天秤座17度で天頂にあります。そのため天秤座、牡羊座の17度に惑星がある場合、星が天頂にあるとき惑星はともに天頂か天底にありました。

この南緯30度では、星は出現しているけれども隠れて見えない位相にあります。この時期は毎年およそ九月三十日（天秤座8度の横にある日付ボックスの左側の列から読み取ります）から十月二十三日（蠍座0度の横にある日付ボックスの左側の列から読み取ります）までです。そして本当に、宇宙的に太陽の上昇と同時に昇るときはだいたい十月二十三日です（〝太陽と同時に上昇する〟欄の南緯30度で上昇している線の日付を読み取ります）。

ヴィンデミアトリクスは極地を除くすべての緯度のチャートで四点とも使用可能です。

### これまでの解釈

プトレマイオスはこの星が土星と水星のようであると述べています。ロブソンによれば、この星はとめ座ではなく、てんびん座に属し、最も〝邪悪な〟星であり、不名誉、盗み、みだらな愚行を引き起こし、しばしばこの人が男やもめになる原因となるとしています。エバーティンは、精神の集中と結びつけ、建築家やビジネスマンに良いと言っています。リゴーはロブソンに同意しています。

## ヴィンデミアトリクスの意味

ヴィンデミアトリクスという名前はブドウを収穫する人を意味しています、なぜならこの星が太陽の上昇と同時に上昇する時期がブドウの収穫期を示すと言われていたからです。そして、歳差運動によってヴィンデミアトリクスがこの重要な暦の日付からはずされても、ギリシャ人とローマ人はブドウ摘みの星とみなし続けました。この星は現在では弱い光ですが、古代の文人からは主要な星とされ、おそらく獣帯の形成以前から認識され、名前がつけられていたようです。[98] アラトスはヴィンデミアトリクスについて次のように言及しています。

彼女の右翼の両肩のうえには星が廻っている、
その名はブドウ摘み。その大きさと明るさは、
おおぐまの尾のしたに輝く星と同じくらいである。[99]

ロブソンとリゴーがこの星に邪悪な性質を結びつける発言は、歴史的な裏付けがないように思えます。

98　Allen, *Star Names*, p. 471.
99　Mair, *Callimachus, Lycophron, Aratus*, p. 217.

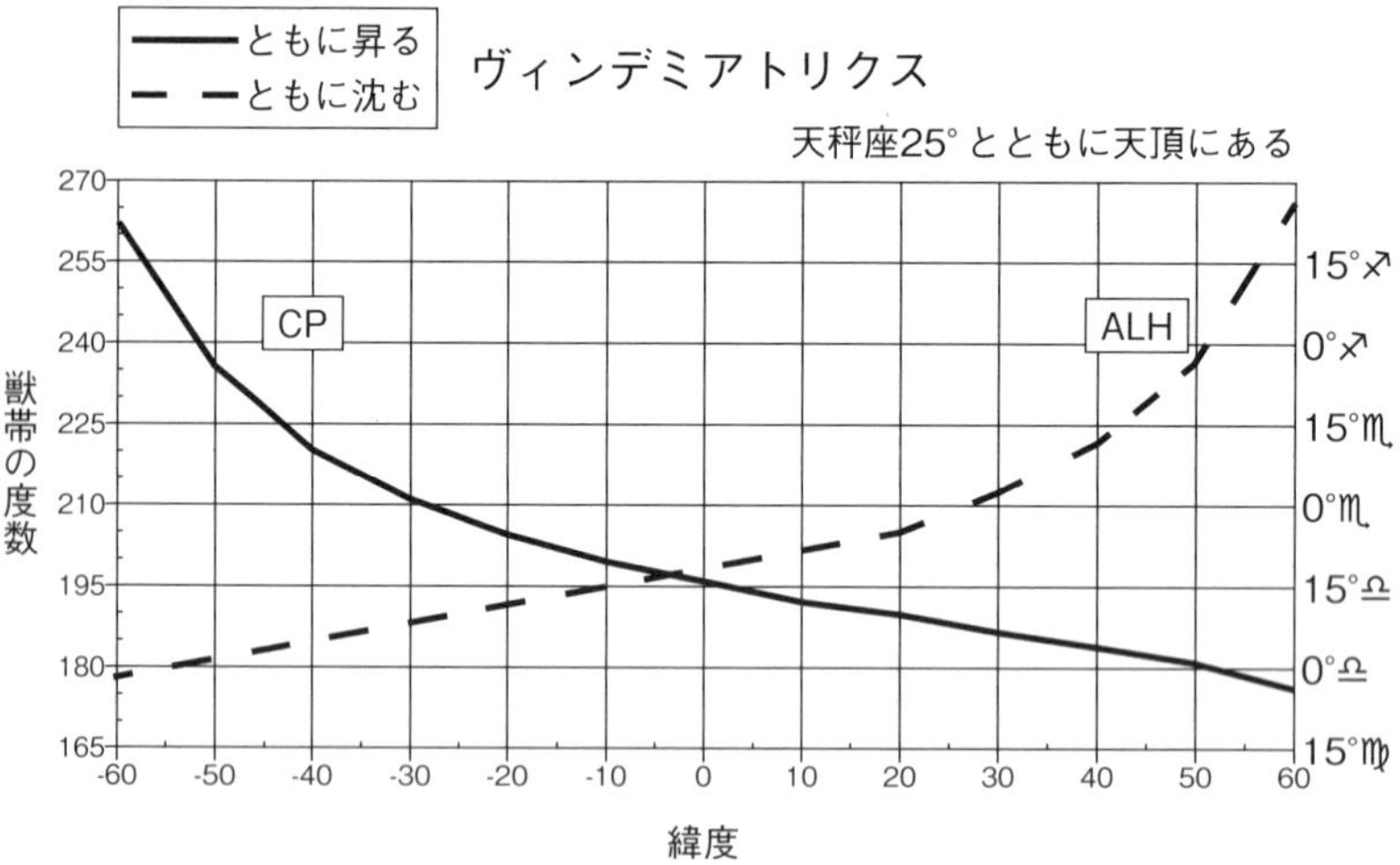


ヒライアカル

| 上昇 | 下降 |
|---|---|
| 12月7日 | 6月5日 |
| 11月22日 | 5月21日 |
| 11月7日 | 5月5日 |
| 10月23日 | 4月20日 |
| 10月8日 | 4月5日 |
| 9月23日 | 3月20日 |
| 9月7日 | 3月5日 |
| 下降 | 上昇 |

アクロニカル

パラン表49. ヴィンデミアトリクス

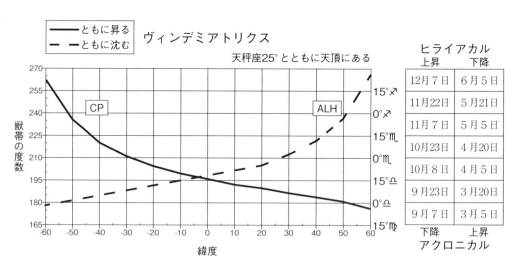

ヴィンデミアトリクスは現代ではもはや強さや力を保持していないようです。というのも光度だけではなく、効果も弱まっているからです。ヴィンデミアトリクスは収穫の時期と関連していました。したがって行動の時期、蒔いたものを摘み取る時期を意味しています。マリー・キュリーはポーランド生まれのフランスの物理学者ですが、夫のピエールとともに新元素のラジウムを発見し、何百トンもの瀝青ウラン鉱からなんとかして小標本を抽出しました。マリー・キュリーは火星、土星ならびに水星が合になってヴィンデミアトリクスとともに沈んでいるときに生まれました。彼女は一般に新元素の並外れた〝収穫〟で知られています。

**ヴィンデミアトリクスが出生図にある場合**

この星は偉大なスピカやロイヤルスターのひとつのように、人生に痕跡を押しつけることはありません。しかし、収集家や物を集める人を示します。牡羊座－火星の方法ではなく、穏やかな方法で行動志向になり、時間をかけて植えたものを収穫し、好きなものや必要なものを辛抱強く集めることに集中します。美術品収集家、切手収集家、事実や物事を集める人々がこの星によって表現されたものです。

**ヴィンデミアトリクスが誕生時に太陽の上昇と同時に昇る場合**

プトレマイオスが夜明けを知らせる星として言及していませんが、歴史的にこの星は明白に、そして宇宙的に太陽の上昇と同時に昇る星として両方で使用可能です。チャートでこの位置にあると目標を達成するために必要な物、事実または人を本能的に集めて収集するため、資源を最大限に生かすことができます。集めることが人生の主要なテーマとなります。

## てんびん座

サソリのハサミは、ギリシャやローマ帝国初期の頃に天秤として知られるようになりました。アラトスはこの星座をサソリのハサミと呼び、〝強大なハサミ……、光に乏しい〟[100]と称しました。しかし、アラトスの時代のずっと前から、空のこの場所はアッシリアのビール神を表す光やランプとも結びつけられていました。ビールは父として知られ、こうした星々のなかにあると信じられていた火や大きな光の神でした。[101]ほかのイメージではサソリが持つランプとしてこの星々を描いています。これは、『易経』の陰と陽の象徴に似た光と闇の象徴の一種です。

ローマ人は自分たちがこの星座を加え、黄道の星座の数を十二にしたと主張しました。[102]しかし、覚えていなくてはならないのは少なくとも紀元前二〇〇〇年から十二サインが存在し、ひとつのさそり座は、さそり座とサソリのハサミのふたつの部分に分かれていたことです。ローマ人はてんびん座を正義

100 Mair, *Callimachus, Lycophron, Aratus*, p. 215.
101 Jobes, *Outer Space*, p. 200.
102 Allen, *Star Names*, p. 270.

の象徴で女神アストライア（おとめ座）が司っていると見ていました、彼女は天秤を手にしています。[103]
アストライアは今日でもなお使用され法と法廷を表しています。スター・マップ23を参照。
てんびん座の天秤と正義との結びつきの起源として考えられるのは、バビロニアとエジプトの神学である可能性があります。そこでは死者の魂が大きな秤で測られます。さそり座は死後の世界への入り口と見なされ、そのあとに審判のてんびん座が続きました。正義、死、最後の審判、これが空のこの場所の本質です。

## てんびん座の星

てんびん座の最も明るい星は、ズベン・エルゲヌビで南側の秤です。ほかに名前のある星は輝度の降順に、ズベン・エシャマリが北側の秤です。ズベン・ハクラビ、グラフィアスと呼ばれることもありますが北の秤の先端にあります。

### ズベン・エルゲヌビ

（てんびん座アルファ星、2・9等星、赤経：14h50m35.3s、赤緯：南16度01分09秒、黄経：蠍座14

103 Allen, *Star Names*, p. 270.

度23分）パラン表50を参照。パラン表の読み方の例：北緯15度、フィリピンのアンティポロに生まれた場合、星は蠍座の約14度で上昇しました。惑星が蠍座もしくは牡牛座の14度にある場合、惑星は星とともに上昇し沈みました。星はまた蠍座16度で沈みました。したがって惑星が蠍座もしくは牡牛座の16度にある場合、星が沈むとき惑星は沈み上昇しました。星は蠍座15度で天頂にあります、そのため惑星が蠍座もしくは牡牛座の15度にある場合、星が天頂にあるとき惑星は天頂か天底にありました。

ズベン・エルゲヌビは黄道上に位置し、黄道帯とほぼ同じ度数で昇降するため、位相がありません。言い換えれば、極地を除くすべての緯度で毎日昇ったり沈んだりし、夜空から完全に消えることはありません。本当に太陽の上昇と同時に昇るときはおよそ十一月六日で、アクロニカルライジング（太陽が沈むときに上昇する）は六か月後の五月四日頃です。

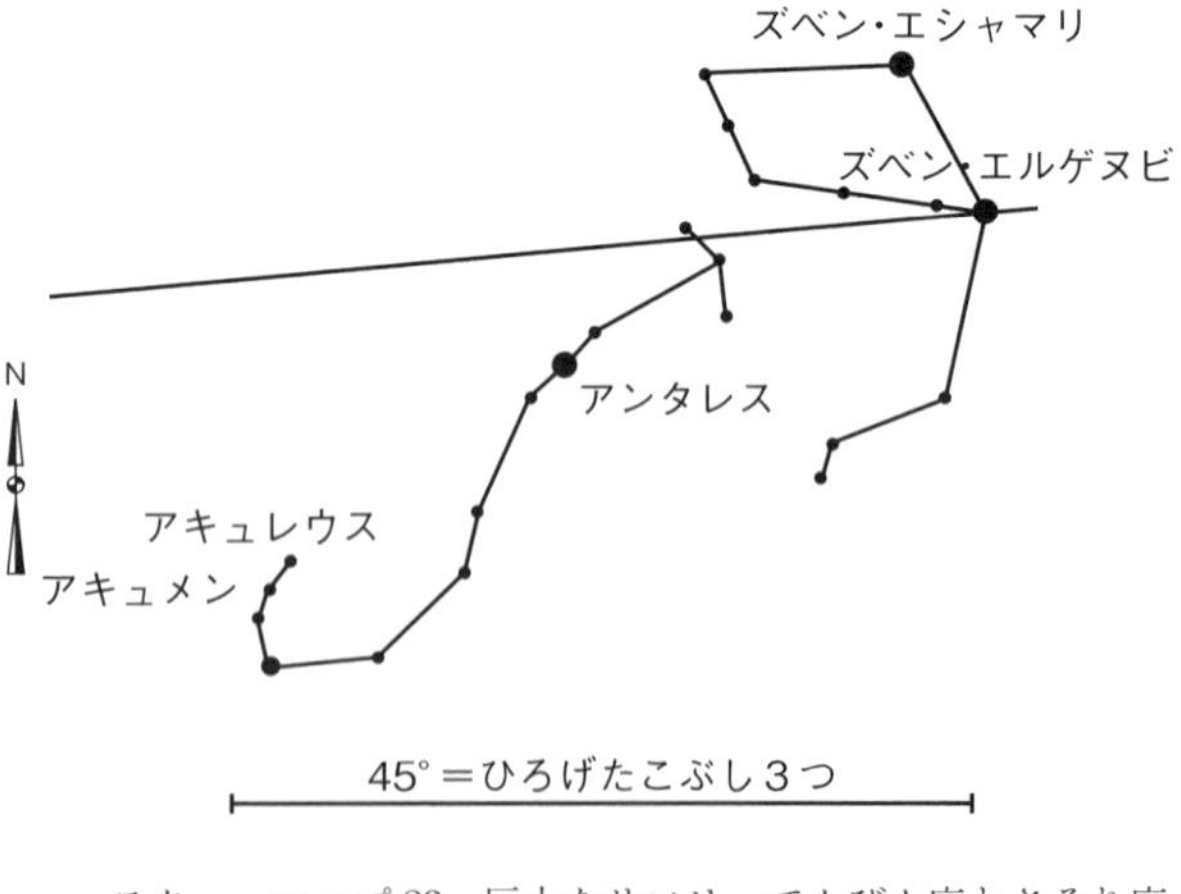

スター・マップ23. 巨大なサソリ、てんびん座とさそり座

ズベン・エルゲヌビは南緯74度と北緯74度のあいだのチャートの四つの点すべてで使用可能です。それより南では星が昇ることはなく、それより北では星が沈むことはないため、永遠に短縮した運行にあ

ります。

**これまでの解釈**

プトレマイオスは〝ハサミの中心にある〟星々は土星やある程度火星に似ていると記しています。ロブソンはズベン・エルゲヌビを悪意、暴力、病気、嘘をつくこと、そして（とりわけ）毒物による危険を引き起こすと考えています。エバーティンはこの星を特に夜生まれの場合は否定的な星と見て、不健康をもたらすが、北のパートナーとともに不朽の名声をもたらすと言っています。リゴーはロブソンに一語一語同意しています。

## ズベン・エシャマリ

（てんびん座ベータ星、2・7等星、赤経：15h16m43.4s、赤緯：南09度21分44秒、黄経：蠍座18度40分）

パラン表51を参照。パラン表の読み方の例：北緯43度、フランスのマルセイユで生まれた場合、星は蠍座の約14度で上昇しました。惑星が蠍座14度もしくは牡牛座14度にある場合、惑星は星とともに上昇し沈みました。星はまた射手座5度で沈みました。したがって惑星が射手座もしくは双子座の5度にある場合、星が沈むとき惑星は沈み上昇しました。蠍座21度で天頂にあります、そのため惑星が蠍座もしくは牡牛座の21度にある場合、星が天頂にあるとき惑星は天頂か天底にありました。

この北緯43度では、星は短縮した運行の位相にあります。この時期は毎年およそ5月3日（蠍座14度の横にある日付ボックスの右側の列から読み取ります）から5月26日（射手座5度の横にある日付ボックスの右側の列から読み取ります）までです。そして本当に、または宇宙的に太陽の上昇と同時に昇るときはだいたい11月5日です（〝太陽と同時に上昇する〟欄の北緯43度で上昇している線の日付を読み取ります）。

ズベン・エシャマリは極地を除くすべての緯度のチャートで四点とも使用可能です。

### これまでの解釈

プトレマイオスによれば〝ハサミの先〟にある星々は木星と水星に似ているとのことです。ロブソンはこれらの星々を名誉、名声や野心と関連させています。エバーティンはロブソンに同意し、北の秤を肯定的に見て、星座全体をふたご座の一形態として、両極性の研究の一種としてとらえ、ズベン・エシャマリは名誉と名声をもたらすとしています。リゴーはそのリストに〝心霊的なことを好む〟を付け加えています。

## ズベン・エルゲヌビとズベン・エシャマリの意味

これらの星々は対であるためいっぽうの星が光の明るい面を見せ、もういっぽうの星はより暗い面を見せるという共通のテーマをもちます。これらの星は、社会改革あるいは社会正義に強く関わっています。南の秤、ズベン・エルゲヌビは否定的な星に分類されていますが、私自身の調査や研究によると、この星は北のパートナーより高い理想を与えるように思えます。ズベン・エルゲヌビはマーティン・ルーサー・キングのチャートにおいて活発で太陽が上昇するとき天頂にありました。ジョン・レノンは土星と木星が天頂にあるときこの星が天底にありました。アブラハム・リンカーンはこの星が沈んでいるとき月が天頂にありました、そしてカール・マルクスは太陽が上昇するときこの星が沈んでいました。

いっぽうで恵まれているとされる北の秤は社会改革への関心を表しているにもかかわらず、より直接的でときには否定的な兆候を示しているようです。毛沢東は火星とともにこの星が沈み、ベニート・ムッソリーニは太陽が天底にあるときこの星が沈んでいました。ズベン・エシャマリは否定的な星ではありませんが、社会改革や社会正義のより暗い、より物質的な面を示します。

ズベン・エルベヌビは主な動機が個人的利益ではないという点でそのパートナーと異なるようです。これは問題の明るい側面であり、この星がある人物は改革に関わり、個人的な利益や権力への誘惑に抵抗できる人です。ズベン・エシャマリは共同体のなかで同じように効果を上げることができますが、強い個人的な利益や権力欲に結びつけられます。自分の地域社会を助けようとするが議員としての地位も望んでいる地方議員は、ズベン・エシャマリの肯定的な例です。しかし、汚職をするためにその地位を

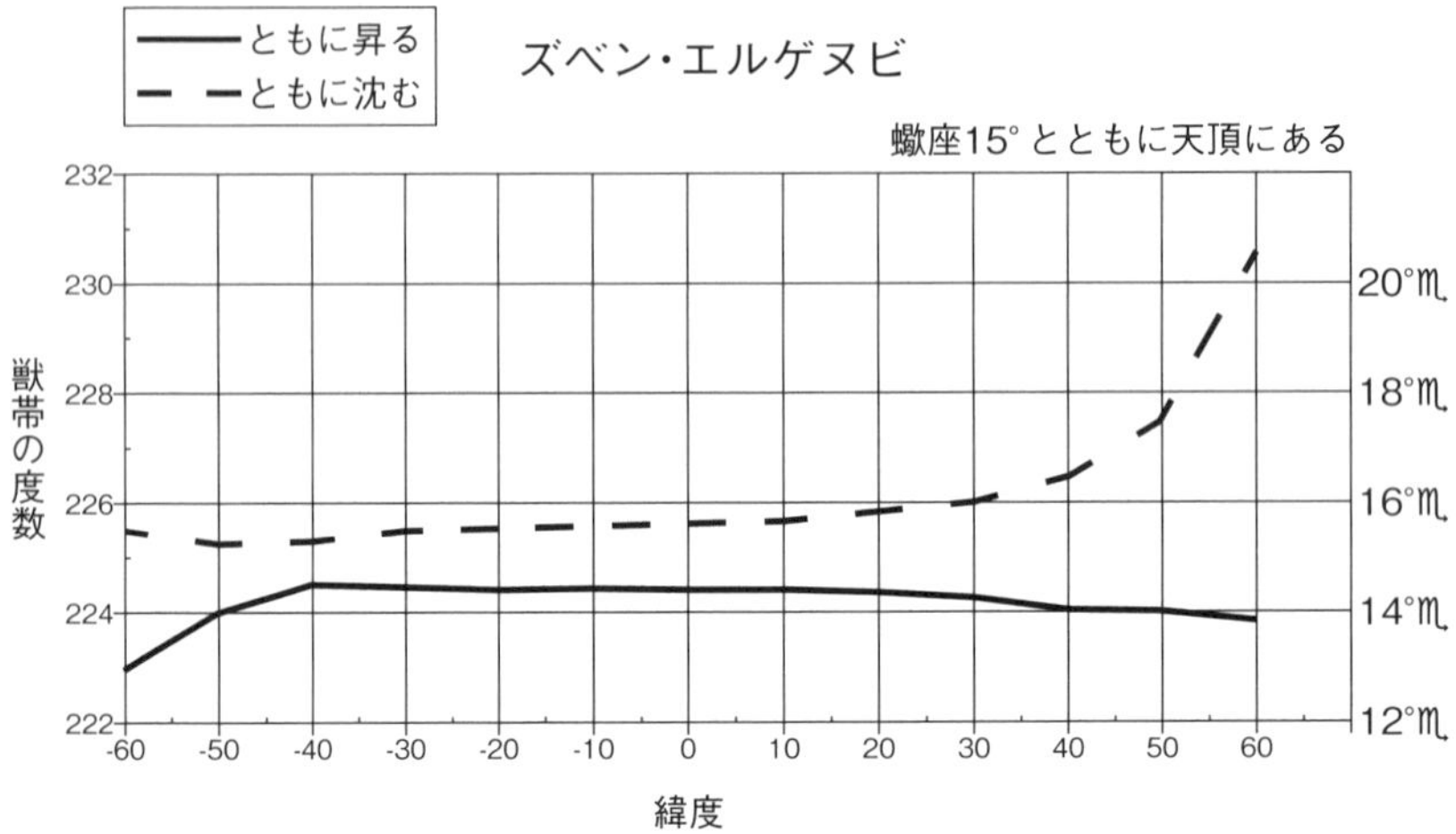


| ヒライアカル 上昇 | ヒライアカル 下降 |
|---|---|
| 11月12日 | 5月10日 |
| 11月10日 | 5月8日 |
| 11月8日 | 5月6日 |
| 11月6日 | 5月4日 |
| 11月4日 | 5月2日 |
| 下降 アクロニカル | 上昇 アクロニカル |

パラン表50. ズベン・エルゲヌビ

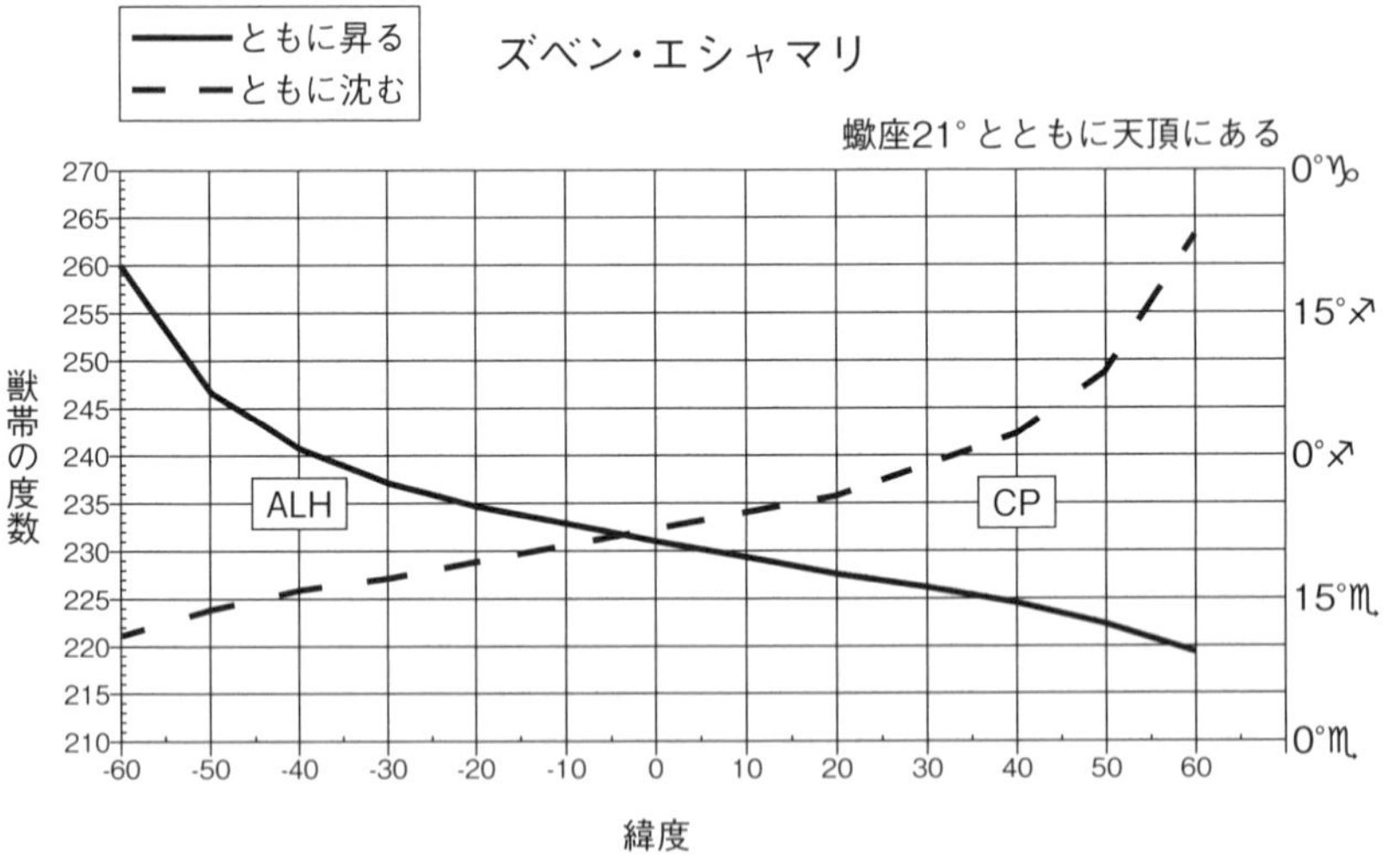


| ヒライアカル 上昇 | ヒライアカル 下降 |
|---|---|
| 12月7日 | 6月5日 |
| 12月2日 | 5月31日 |
| 11月27日 | 5月26日 |
| 11月22日 | 5月21日 |
| 11月17日 | 5月16日 |
| 11月12日 | 5月10日 |
| 11月7日 | 5月5日 |
| 11月2日 | 4月30日 |
| 下降 アクロニカル | 上昇 アクロニカル |

パラン表51. ズベン・エシャマリ

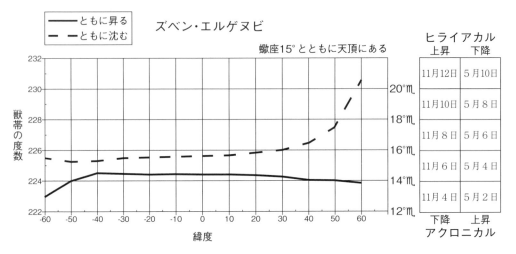

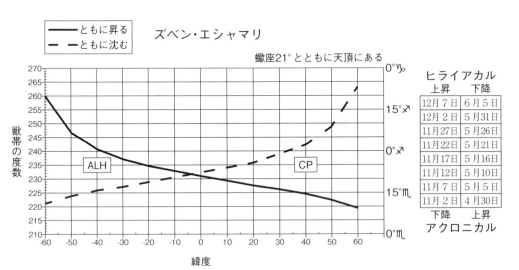

欲している議員はこの星の否定的な表現です。

**ズベン・エルゲヌビ、ズベン・エシャマリが出生図にある場合**

いずれかの星は出生図に社会的な志向を与え、国家の改革、政治、法律、あるいは単に趣味や社会的なグループなど集団に参加したいことを示します。星が位置しているアングルは、人生のなかで深くかかわりをもつようになる時期を示し、出生時の惑星はこのかかわり方のスタイルや性質を示しています。作家、神話学者のロバート・グレーヴスは、ズベン・エルゲヌビが天頂にあるとき水星が沈んでいました。これは人生の全盛期になんらかの方法で水星を使って、多くの文化の神話を探求することで社会を支援することを示しています。

**ズベン・エルゲヌビ、ズベン・エシャマリが誕生時に太陽の上昇と同時に昇る場合**

両方の星が明白に太陽の上昇と同時に昇る場合にも宇宙的に太陽の上昇と同時に昇る場合にも使用することが可能です。ここでは、改革者として事業や集団に関わりたいという欲求が非常に強くなります。この星がズベン・エルベヌビの場合、こうした行動はなんらかの犠牲を伴い、与える喜びのために為されますが、ズベン・エシャマリの場合、事業との報酬目当ての関係を築き、あなたは事業を助け、事業はあなたを助けます。

## さそり座

サソリはさそり座として占星術師に知られており、十二星座のなかで最も南に位置しています。かつてはサソリのハサミとして知られるてんびん座の星々が含まれていましたが、さそり座がハサミを失ってから、黄道との接触は極端に少なくなりました。スター・マップ23を参照。太陽はさそり座の星々のあいだで九日間しか過ごさず、残りの二十一日はへびつかい座の星々のあいだです。しかしさそり座は黄道上の物理的な場所を失ったかもしれませんが、古代から生命の輪を主張していたために、人間の想像力に及ぼす影響力は失っていません。

紀元前五〇〇〇年から約一〇〇〇年まで北半球では、太陽は秋分点のあいだ大いなるサソリであるさそり座と、てんびん座の星々のなかに位置していました。秋分の星座のひとつとしてそれは来生への四つの門のひとつであり、暗闇をもたらすものとみなされていました。太陽はこの星座に入るにつれて南半球に移動し、一年の暗い時期が始まりました。ロッキャー[104]はこの星座を光の神マルドゥクが闇の水の怪物ティアマットを打ち負かそうと奮闘するバビロニアの神話に結びつけ、この神話が星座のどれほど古くからあるかを見せていると示唆しています。エジプトの神話では太陽はホルス／オシリスでした。サソリがオシリスを殺し、真冬の死に送り込んだあと、ふたたびホルスとして生まれ変わるという神話

104 Lockyer, *Dawn of Astronomy*, p. 397.

は太陽が星座を巡る一年の旅を描いた神話です。こうしてさそり座は遅くとも紀元前四〇〇〇年頃に黄道帯に確立し、[105]闇と死に関連付けられるようになりました。こうした起源から、ギリシャ人はサソリがオリオンという巨人（エジプトではオシリスおよび／または息子のホルス）を殺したという神話を発展させ、[106]北半球の秋の空にオリオン座が沈むあいださそり座が昇るという視覚的な証拠によっても裏付けられました。[107]したがってオリオン座はさそり座から逃げているように見えました。

エジプト人にとって赤く光る心臓をもったサソリは、生と死の大いなる象徴のひとつであり、死のない生はあり得ないため、黄泉の国に降りる道を示したのがさそり座でした。さそり座は暦の四つの重要な点のひとつでした、みずがめ座が冬至、おうし座が春分、しし座が夏至、さそり座が秋分でした。これは四つの活動点[108]であり、それらの象徴は多くの場合、墓所の四つの枢要点、すなわち東西南北に置かれていました。キリスト者はのちに四つの点を黙示録の四人の天使として採り入れ、マギはそれらを四人の大天使と考えました。西を守るサソリは、最終的に大天使ガブリエルとなりました。そのエレメントは水です。[109]

105 Lockyer, *Dawn of Astronomy*, p. 407.
106 Grimal, *The Dictionary of Classical Mythology*, p. 330.
107 南半球では状況は正反対です。春になると、オリオン座が昇るとさそり座は沈みます。
108 獣帯の牡羊座、蟹座、天秤座、山羊座の現代の活動サインは、太陽が赤道を横切るか、北または南の最大の赤緯に達するときの黄道上の太陽の動きによって定義されるため、そのように考えられています。
109 Aleister Crowley, *777 and Other Qabalistic Writings of Aleister Crowley* (York Beach, ME: Samuel Weiser, 1977), p. 16.

ケルト人は太陽がこうした星々に入っていくことをサウィン祭として祝いました[110]。夏の終わりを祝うためにタラに多くの人が集まります。しかし、サウィンの前日は漆黒の夜に死者の魂が地上を彷徨うとされ、ケルト人はその夜にあの世と生者の世界とのあいだの出入り口が開くと信じていました。

ケルトにはサソリとカエルの古い寓話があります。サソリはカエルに自分を背中に乗せて河をわたらせてくれないかと頼みました。カエルは驚いてサソリの針が刺すかもしれないから怖いと言いました。サソリはそんな馬鹿なことはしない、もし河をわたるときに自分が刺したら両方とも死んでしまうからと請け合いました。カエルは理屈がわかってサソリを運ぶことに同意しました。河を半分わたったところでカエルはサソリが刺したことに気づき、沈み始めるやいなや、断末魔の苦しみのなかで叫びました、「なぜやったんだ? 両方とも死んでしまうだろう」サソリの返事は簡単でした、「そうせずにはいられなかった、私の性分なんだ」

ペルシア人、シリア人、ギリシャ人はすべてこの星座を暗く恐ろしい星座として見ていました。サソリはプトレマイオスの時代の頃にてんびん座にハサミを奪われました。しかし、プトレマイオスはその著書『テトラビブロス』のなかで〝さそり座のハサミ〟という名前をまだ使っていました。

### さそり座の星

110 Green, *Dictionary of Celtic Myth and Legend*, p. 187.

最も明るい星はアンタレスです、ほかに名前のある星は輝度の降順にグラフィアスが頭部にあります。ジュバも頭部にあります。ふたつの目に見える星シュアラとレサトのある星雲は、それぞれアキュメンとアキュレウスとしても知られ、サソリの針の部分にあります。

## アンタレス

（さそり座アルファ星、1・2等星、赤経：16h29m5s、赤緯：南26度25分12秒、黄経：射手座9度04分）

パラン表52を参照。パラン表の読み方の例：北緯31度、パキスタンのファイサラーバードに生まれた場合、星は射手座の約11度で上昇しました。惑星が射手座もしくは双子座の11度にある場合、惑星は星とともに上昇し沈みました。星はまた射手座6度で沈みました。したがって惑星が射手座もしくは双子座の6度にある場合、星が沈むとき惑星は沈み上昇しました。星は射手座9度で天頂にあります、そのため惑星が射手座もしくは双子座の9度にある場合、星が天頂にあるとき惑星は天頂か天底にありました。

この北緯31度では、星は出現しているけれども隠れて見えない位相にあります。この時期は毎年およそ十一月二十九日（射手座6度の横にある日付ボックスの左側の列から読み取ります）から十二月二日（射手座11度の横にある日付ボックスの左側の列から読み取ります）までです。そして本当に、あるいは宇宙的に太陽の上昇と同時に昇るときはおよそ十二月二日です（〝太陽と同時に上昇する〟欄の北緯

31度で上昇している線の日付を読み取ります）。

アンタレスは南緯73度と北緯73度のあいだのチャートの四つの点すべてで使用可能です。それより北では星が昇ることはなく、それより南では星が沈むことはないため、永遠に短縮した運行にあります。

**これまでの解釈**

プトレマイオスによればアンタレスは火星と木星に似ているとのことです。ロブソンは最も否定的な星と見ており、破壊性、邪悪さ、そして〝災害の危険〟を挙げています。エバーティンは人々を頑丈で好戦的にするだけでなく、軍隊経歴にも適していると言っています。リゴーは鋭い精神性や勇気を加えていますが自己破壊についても警告しています。

**アンタレスの意味**

この星はさそり座の心臓[111]で、天空で最も偉大な星々のひとつです。ペルシアのロイヤルスターであり、西の番人として知られていました。ペルシア人にとってこの星は死の神イマでした。エジプト人にとって西はまた死後の世界です、太陽が西に沈み、光はそこで死ぬからです。エジプトの『死者の書』では、魂が西へ旅立つことで死後への旅をはじめます。

111 Jobes, *Outer Space*, p. 304.

ロイヤルスターとしてアンタレスは、世俗的にせよそうでないにせよ、大きな成功をもたらします。しかしケルトの寓話でカエルの背中に乗ったサソリのようにみずから破滅を引き起こすかもしれません。生と死の浄化を経験することで成功を生み出したいというこの星の自然な欲求は必要でないときでさえ、人にこの激しさを求めるようにさせることができます。

ジャンヌ・ダルクはアンタレスの表現の良い例です。彼女は生まれたときに火星が上昇し、天底にアンタレスがありました。アンタレスと火星とのつながりにより、彼女は十九歳という若さで大きな成功を収めました。しかし、火星は破滅でもありました。王子の戴冠は、わずか十四歳のときに神から与えられた聖なる使命であったにもかかわらず、王太子が戴冠したあと、軍隊とフランスの征服を手放すことを拒否しました。活動を続けた結果、最後には英国軍に捕らえられて処刑されました。アンタレスが天底を介して火星とつながっていることから、私たちは彼女を聖なるあるいは神の戦士として記憶しています。

アンタレスが水星と結びついているふたつの例が推理小説家アガサ・クリスティと南アフリカ首相のネルソン・マンデラです。ふたりのチャートではいずれも水星が天頂にあるときアンタレスが上昇していました。前者はアンタレスのエネルギーを殺人と強迫的な捜査の世界を描くことで表現しました。いっぽう後者は、このエネルギーを使用して、途方もない逆境に直面しながらも南アフリカ全土の自由という目標を持ち続けました。

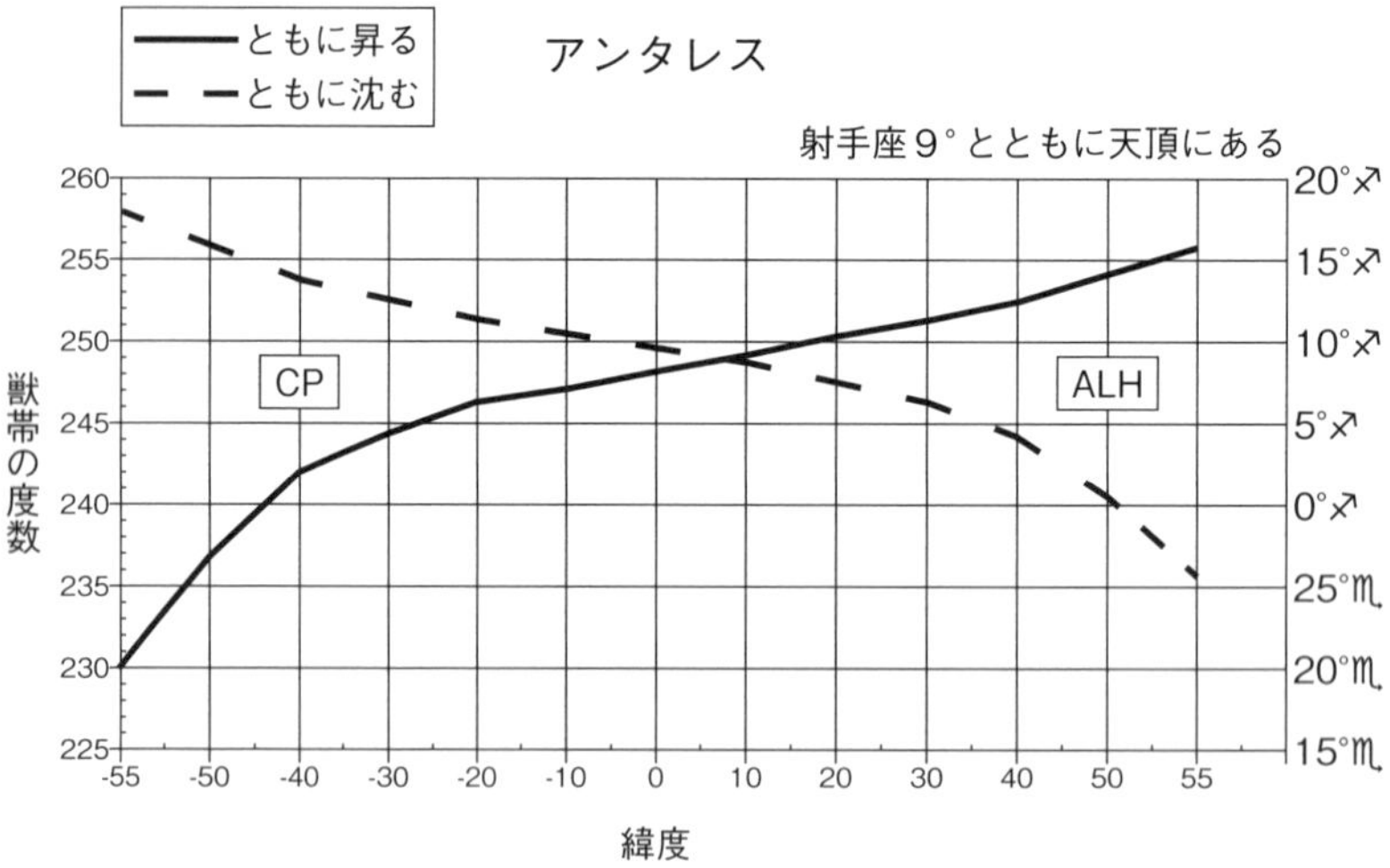


ヒライアカル

| 上昇 | 下降 |
|---|---|
| 該当なし | 該当なし |
| 12月3日 | 6月1日 |
| 11月28日 | 5月27日 |
| 11月23日 | 5月22日 |
| 11月18日 | 5月16日 |
| 11月13日 | 5月11日 |
| 該当なし | 該当なし |
| 下降 | 上昇 |

アクロニカル

パラン表52. アンタレス

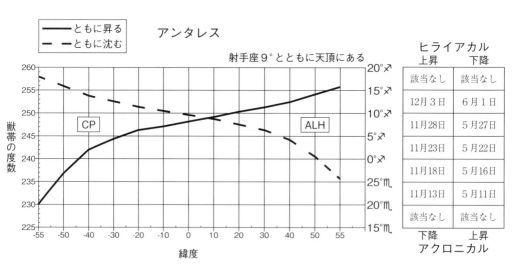

## アンタレスが出生図にある場合

力強いこの星がチャートにある場合、意図的であれ無意識であれ、極端に行くことを暗示しています。ロイヤルスターのひとつなので成功はもたらされますが、努力を継続的に試し、経験の火によって磨きをかけることによってのみ可能です。アンタレスと関連のある惑星はこのエネルギーが人生でどのように表現されるかを示します。危険なのはただスリルのためにドラマを求めることです。もしそうしたことが起きたら、得てきたものをすべて失うことにつながるかもしれません。

## アンタレスが誕生時に太陽の上昇と同時に昇る場合

アンタレスはこの位置では不快であるか冷酷である可能性があり、他者が自分ほど衝動的ではないことを認識しながらみずからが強迫的であると認める必要があります。アンタレスの本質は最初に創造することです、それから人間ドラマを砥石として使用することが問題になる可能性があります。その砥石に気を散らされると、創造したものが破壊されます。アンタレスは明白に太陽の上昇と同時に昇る場合と宇宙的に太陽の上昇と同時に昇る場合の両方で使用可能です。

## アキュレウス

（さそり座Ｍ６星雲、５・３等星、赤経：17ｈ36ｍ48ｓ、赤緯：南32度11分、黄経：射手座25度02分）

パラン表53を参照。

## アキュメン

（さそり座Ｍ７星雲、３・２等星、赤経：17ｈ50ｍ44ｓ、赤緯：南34度48分、黄経：射手座28度03分）

パラン表54を参照。パラン表の読み方の例：北緯38度、ギリシャのアテネに生まれた場合、星は山羊座の約５度で上昇しました。惑星が山羊座もしくは蟹座の５度にある場合、惑星は星とともに上昇し沈みました。星はまた射手座21度で沈みました。したがって惑星が射手座もしくは双子座の21度にある場合、星が沈むとき惑星は沈み上昇しました。星は山羊座０度で天頂にあります、そのため惑星が山羊座もしくは蟹座の０度にある場合、星が天頂にあるとき惑星は天頂か天底にありました。

この北緯38度では、星は出現しているけれども隠れて見えない位相にあります。この時期は毎年およそ十二月十二日（射手座21度の横にある日付ボックスの左側の列から読み取ります）から十二月二十七日（山羊座５度の横にある日付ボックスの左側の列から読み取ります）までです。そして本当に、あるいは宇宙的に太陽の上昇と同時に昇るときはだいたい十二月二十七日です（〝太陽と同時に上昇する〟欄の北緯38度で上昇している線の日付を読み取ります）。

アキュレウスは南緯58度と北緯58度のあいだのチャートの四つの点すべてで使用可能です。それより北では星が昇ることはなく、それより南では星が沈むことはないため、永遠に短縮した運行にあります。アキュメンは南緯55度から北緯55度のあいだのチャートの四つの点すべてで使用可能です。それより北では星が昇ることはなく、それより南では星が沈むことはありません、したがって天頂にあるときにしか使用できません。

### これまでの解釈

プトレマイオスによれば、サソリの針にある星雲の星々は火星と月のようだということです。ロブソンは太陽と関連がある場合、盲目について語っています。エバーティンはこの星々をリストに入れていません。リゴーはふたつの星を分け、アキュレウスは視力の問題をもたらすが指導能力も与え、いっぽうアキュメンは視力の問題、病気、そして極端な嫌悪をもたらすと言っています。

### アキュレウス、アキュメンの意味

繰り返しますがこれは星雲であり、したがって伝統的に盲目と結びついています。しかし、先に述べたように視力にかんする言及は洞察力や内なるビジョンにかんする見解として隠喩的に読むことができます。対としてのこれらの星々は釣り針としても知られてきました。[112] そしてほかの対になった星々の

112 Allen, *Star Names*, p. 370.

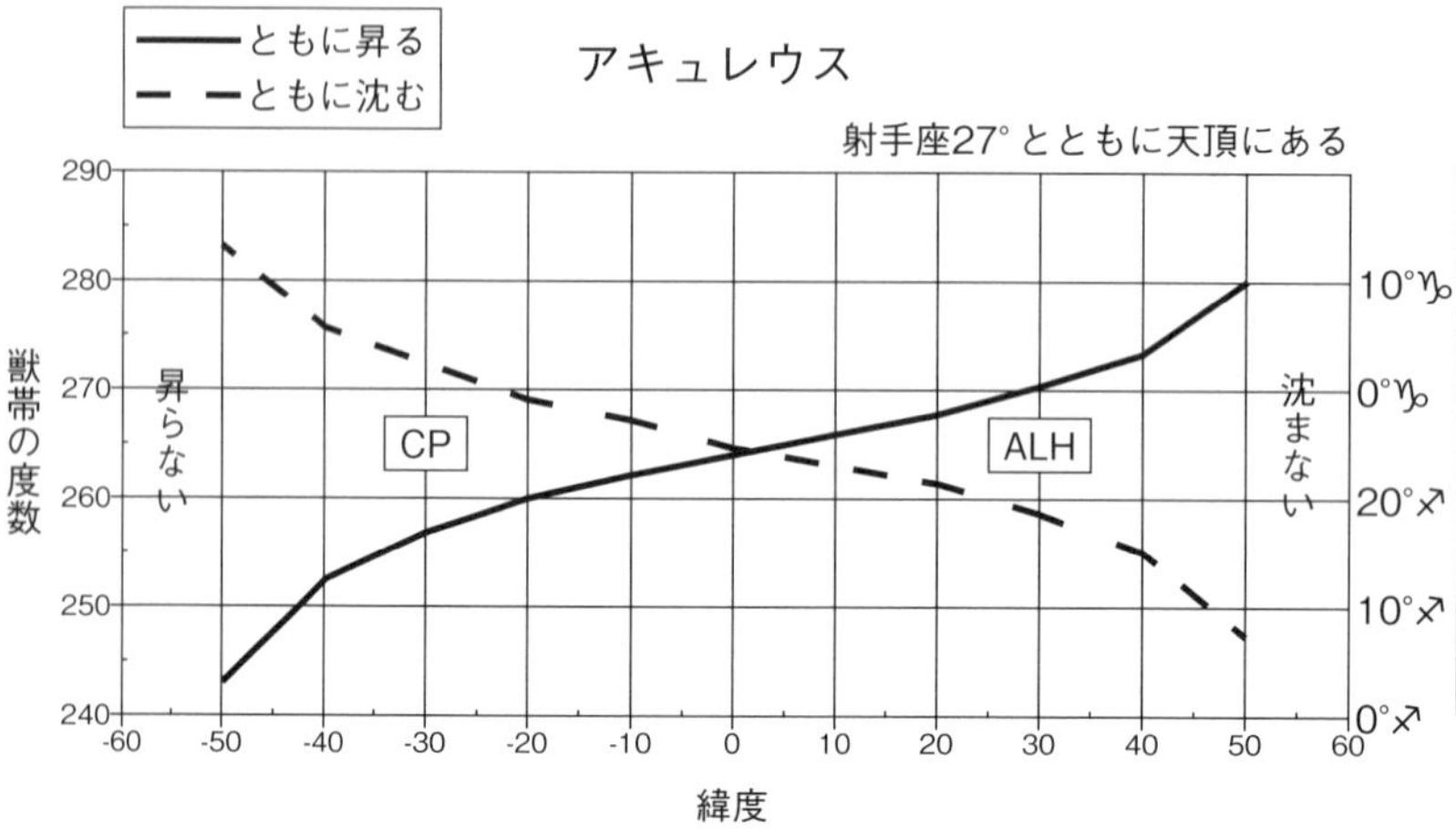


ヒライアカル

| 上昇 | 下降 |
|---|---|
| 12月31日 | 7月2日 |
| 12月22日 | 6月21日 |
| 12月12日 | 6月11日 |
| 12月2日 | 5月31日 |
| 11月22日 | 5月21日 |
| 下降 | 上昇 |

アクロニカル

パラン表53. アキュレウス

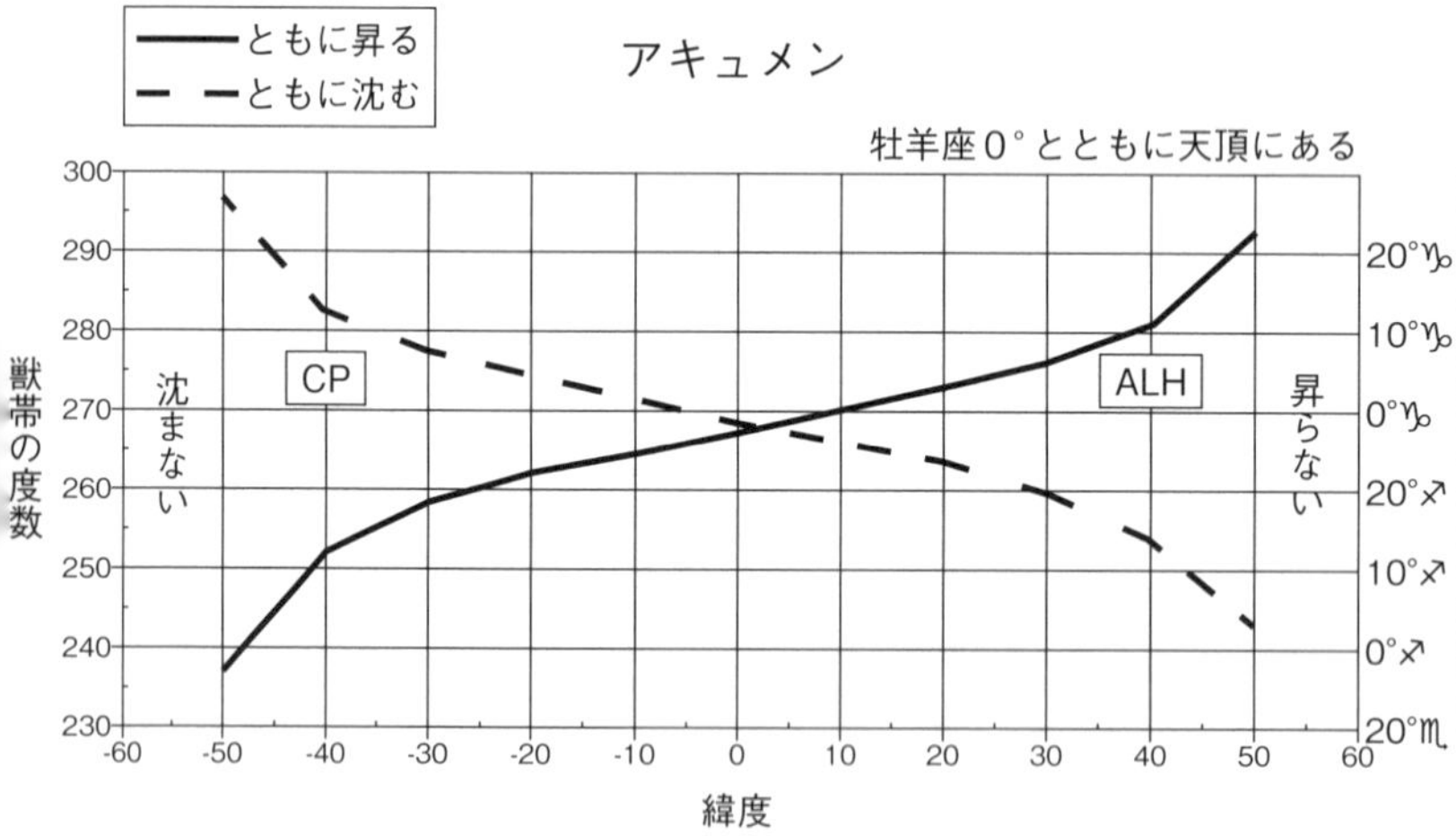


ヒライアカル

| 上昇 | 下降 |
|---|---|
| 1月10日 | 8月2日 |
| 12月31日 | 7月12日 |
| 12月22日 | 6月21日 |
| 12月12日 | 6月11日 |
| 12月2日 | 5月31日 |
| 11月22日 | 5月21日 |
| 11月12日 | 5月10日 |
| 下降 | 上昇 |

アクロニカル

パラン表54. アキュメン

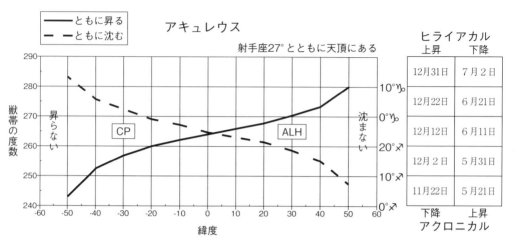

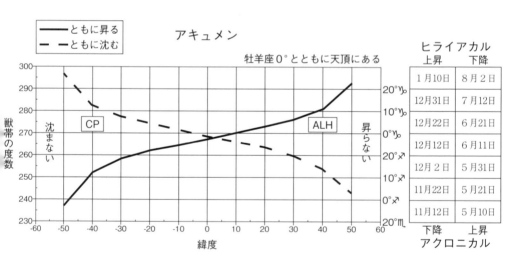

ようにそれらは光と闇のニュアンスで表現されたひとつの考えを表します。私がこうしたふたつの星を扱ってきた研究結果では、星座の性質に合わせて、アキュレウスとアキュメンは、必ずしも物理的なものではなく、精神的、言語的、あるいは霊的な攻撃に関連する傾向があります。

アキュメンは否定的な、もしくは陰の部分をになっているので、弱らせる攻撃、最終的にその人にダメージを与えるような攻撃と関係があります。フィンセント・ファン・ゴッホ、マリリン・モンロー、モーツァルト、これらはほんの一部の例にすぎません。アキュレウスは個人が耐えて、自分自身を堅牢にしたり強化したりするために使用できるような、破壊性の少ない攻撃スタイルの傾向があります。マーガレット・サッチャーと英国のエドワード八世はアキュレウスが出生図にありました。

**アキュレウスとアキュメンが出生図にある場合**

これらの星のいずれかが出生図に存在する場合、自分が挑発されているか、腐食的または破壊的なゴシップにさらされていることに気づくでしょう。健康への脅威として現れる可能性さえあります。この影響はサソリの針を意味し、攻撃したり怒ったりすると、みずからにダメージを与える可能性があります。ゴシップを無視し、昼の明るい光のなかで常に正面から問題に向き合うことが進むべき道です。

**アキュレウスとアキュメンが誕生時に太陽の上昇と同時に昇る場合**

これらのふたつの星は光がぼんやりしすぎて夜明けを知らせる働きをすることができないためこの配置で使われませんでした。しかし宇宙的に上昇する星として使用可能です、したがって出生図に位置している場合、存在意識に影響を与えます。人生の道には尽きることのない攻撃がばらまかれています。さらに大切なことは、自分自身あるいは他者のどちらかがそこに置いた障害物を乗り越えることを学ぶ必要があります。

## いて座

いて座は射手として知られており、実際それがこの星座の主な強調点です。スター・マップ24参照。ユーフラテス河流域のくさび形文字板は、この星座を〝強き者〟または〝戦いの巨大な王〟と呼び、弓を射る戦《いくさ》の神としています。[113] ペルシア人にとってはカマン、トルコ人にとってはヤイ、シリアではケルトコでした、すべての名前は弓あるいは弓矢を表しています。エジプト人は矢を持っている手と見ていました。[114] アラトスは〝弓を操る者〟と呼びました。[115]

この星座の動物の部分は、古典期に追加され、サテュロス（野獣、半人半獣）と呼ばれ、常に非常に脅迫的な姿として表わされました。これは偉大な神話叙事詩のなかでギルガメシュを倒すために送りだ

113 Jobes, *Outer Space*, p. 235.
114 Allen, *Star Names*, p. 352.
115 Mair, *Callimachus, Lycophron, Aratus*, p. 231.

されたサテュロスでもありました。[116] 時間が経つにつれて、矢はもはや以前ほど恐るべき武器と見られなくなったので、いて座はより親しみやすく、野獣はケンタウルスに変化し、武器の代わりに的になりました。現代では忘れ去られてしまったようですが、ギリシャ神話のゼウスが天にケイロンを置きたいと思ったとき、いて座の残酷な野獣であるクロトスを追い出せなかったため、ケイロンをはるか南のケンタウルス座に置かざるを得ませんでした。[117] したがっていて座は最新の攻撃兵器を運ぶ、現代の戦闘兵に相当し、温厚で教育的で癒し手であるケイロンはケンタウルス座に属しています。

射手は古代では剣で対面するより遠くから戦うことができる、恐れられた強力な戦士でした。鋭い視力と安定した姿勢、そして強さで選ばれた彼は、分隊の〝グリーンベレー〟であり、戦争というゲームのなかで最も重要で最も強力な構成員でした。中世では負けた軍の射手は臆病者で自分たちが殺した男たちに立ち向かっていないという口実でしばしば剣にかけられました。しかし現実には敵はこうした強力な武器を破壊したいと望んでいました。[118] このようにいて座の兵士は残酷で、荒々しく、野蛮で恐れられていました。これは星のいくつかに反映されています。

## いて座の星

116 Jobes, *Outer Space*, p. 236.
117 Jobes, *Outer Space*, p. 146.
118 *Medieval Archery Research Project*, University of Arkansas Web site http://comp.urark.edu.

いて座の一番明るい星はルクバトです。ほかに名前のある星は光度の降順にアルカブが足を踵につなげています。アルナスル、またの名をヌシャバは矢の先端にあります。カウス・メリディオナリスは矢の中心にあります。カウス・アウストラリスは弓の南側にあります。アスケラは脇にあります。カウス・ボレアリスは弓の北側です。ファーシーズという星雲は射手の顔にあります。

こうした名前のある星すべてのなかで、ふたつしか占星術に使用されてないように思えます。主星のルクバトと非常にぼんやりしてほとんど見えない星雲のファーシーズです。

## ルクバト

（いて座アルファ星、4・1等星、赤経：19h23m33s、赤緯：南40度37分32秒、黄経：山羊座15度56分）

パラン表55を参照。パラン表の読み方の例：南緯20度、チリのピカに生まれた場合、星は山羊座の約10度で上昇しました。惑星が山羊座もしくは蟹座の10度にある場合、惑星は星とともに上昇し沈みました。星はまた水瓶座0度で沈みました。したがって惑星が水瓶座もしくは獅子座の0度にある場合、星が沈むとき惑星は沈み上昇しました。星は山羊座24度で天頂にあります、そのため惑星が山羊座もしくは蟹座の24度にある場合、星が天頂にあるとき惑星は天頂か天底にありました。

この南緯20度では、星は短縮した運行にあります。この時期は毎年およそ七月二日（山羊座10度の横にある日付ボックスの右側の列から読み取ります）から七月二十三日（水瓶座０度の横にある日付ボックスの右側の列から読み取ります）までです。そして本当に、あるいは宇宙的に太陽の上昇と同時に昇るときはだいたい十二月三十一日です（〝太陽と同時に上昇する〟欄の南緯20度で上昇している線の日付を読み取ります）。

ルクバトは南緯49度と北緯49度のあいだのチャートの四つの点すべてで使用可能です。それより北では星が昇ることはなく、それより南では星が沈むことはないため、永遠に短縮した運行にあります。

**これまでの解釈**

プトレマイオスは足の星々は木星と土星の性質をもっていると述べています。ロブソン、エバーティン、そしてリゴーはこの星をリストに入れていません。しかし、ロブソンは矢の柄にある小さな星ペラグスを使用し、この星が誠実さをもたらすとしています。アスケラは幸運や幸福をもたらし、マヌブリウムは星雲ファーシーズの一部です。エバーティンは、〝射手の弓〟を使っており、正義感と精神的な刺激を与えると言っています。リゴーはカウス・ボレアリスを使用し、エバーティンとほぼ同じ言葉を使っています。

**ルクバトの意味**

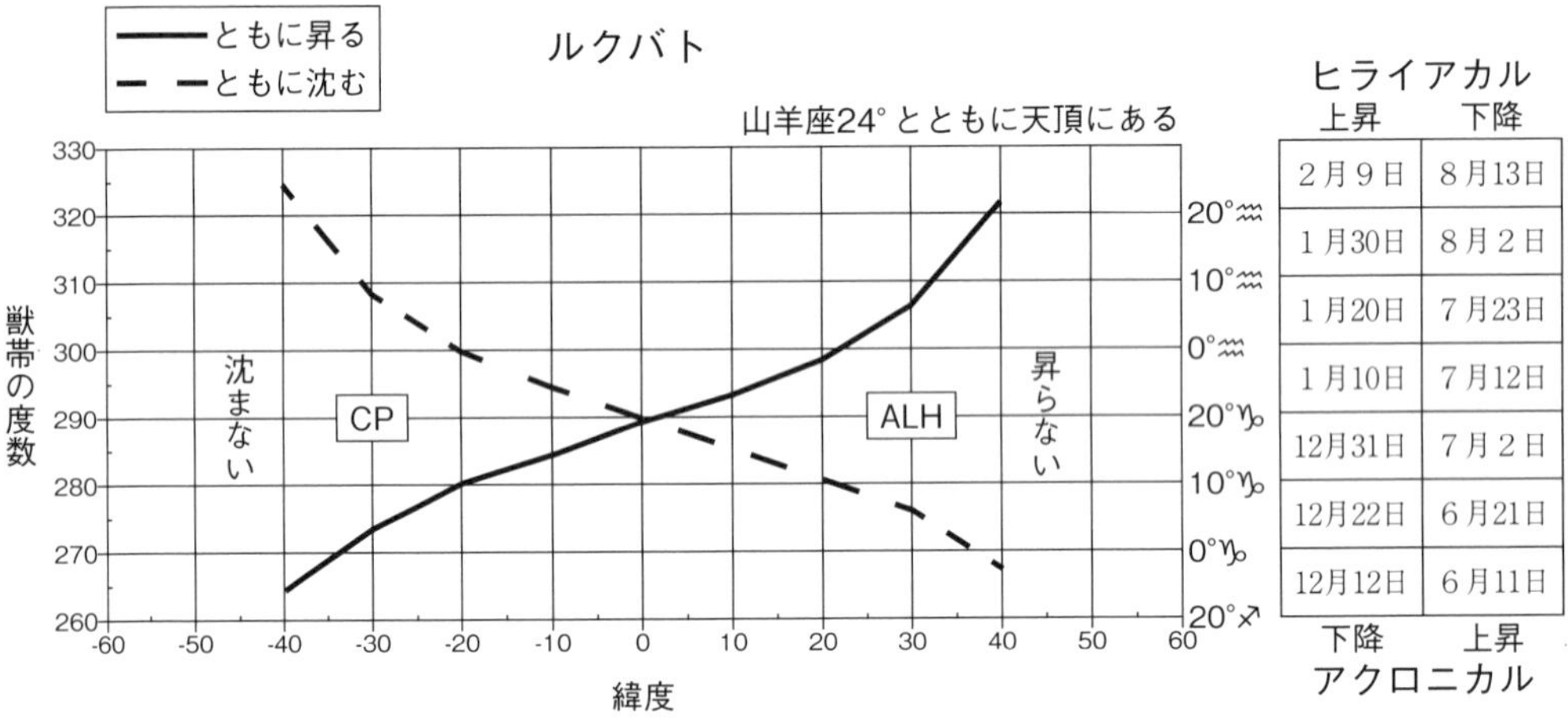
ともに昇る
ともに沈む
ルクバト
山羊座24°とともに天頂にある
ヒライアカル
上昇
下降
2月9日
8月13日
1月30日
8月2日
1月20日
7月23日
1月10日
7月12日
12月31日
7月2日
12月22日
6月21日
12月12日
6月11日
下降
上昇
アクロニカル
獣帯の度数
沈まない
昇らない
CP
ALH
緯度

パラン表55. ルクバト

もしこれらの星を使用するのであれば、それらをもとの象徴と関連させることが適切かもしれません。ルクバトはおそらく射手の構えである、安定性の象徴であり、脇にあるアスケラはおそらく強さの象徴です。弓の星は干渉や力と関連しています。ルクバトはこれらの星のなかで私が使用してきた唯一の星で、着実さや固さを暗示していると思えます。

興味深い例はムハマド・アリです。彼はルクバトが上昇しているとき火星が天頂にあります。火星と天頂にある位置は、私たちが彼をどのように見ているかを示します。戦士、ボクサー、実際にスポーツ史上最も偉大なボクサーのひとりでした。ルクバトは若い頃から彼がこうした職業の必要条件である、精神的、（最も重要なことですが）肉体的両方において着実で安定していたことを示しています。ムハマド・アリとは対照的な人物がローレンス・オリヴィエです。非常に似通った組み合わせをもっていました。火星がルクバトとともに天頂にある日に生まれました。ローレンス・オリヴィエはボクサーではなく、演技における一貫性や堅実さは彼の偉大さのひとつでした。火星の影響が人生の悲劇に巻き込まれる王や戦士を演じる、シェイクスピアの専門家であることの背景にあったと仮定してよいかもしれません。

ムハメド・アリとローレンス・オリヴィエの例は、星を単にキーワードとしてとらえるのではなく、星の概念を深く見て、その人物がそのエネルギーをどのように使っているかを確認する方法の素晴らしい実例です。

## ルクバトが出生図にある場合

ルクバトがチャートにある場合、安定性と一貫性を付け加えます。これは頑固さに変わることもありますが、概してエネルギーを使ってみずからに強さを与えられることを意味します。近道を探すよりも長期の目標を目指して努力する準備をしましょう。これはチャートでは障害でなく、スキルを表しています。

## ルクバトが誕生時に太陽の上昇と同時に昇る場合

ルクバトは明白に太陽の上昇と同時に上昇する場合と宇宙的に上昇する場合の両方に使用可能です。どちらの位置にあっても、ルクバトは〝ジブラルタルの岩〟を意味し、物理的にも哲学的にも、自分の構えを維持する能力である一貫性と安定性の性質を表しています。

## ファーシーズ

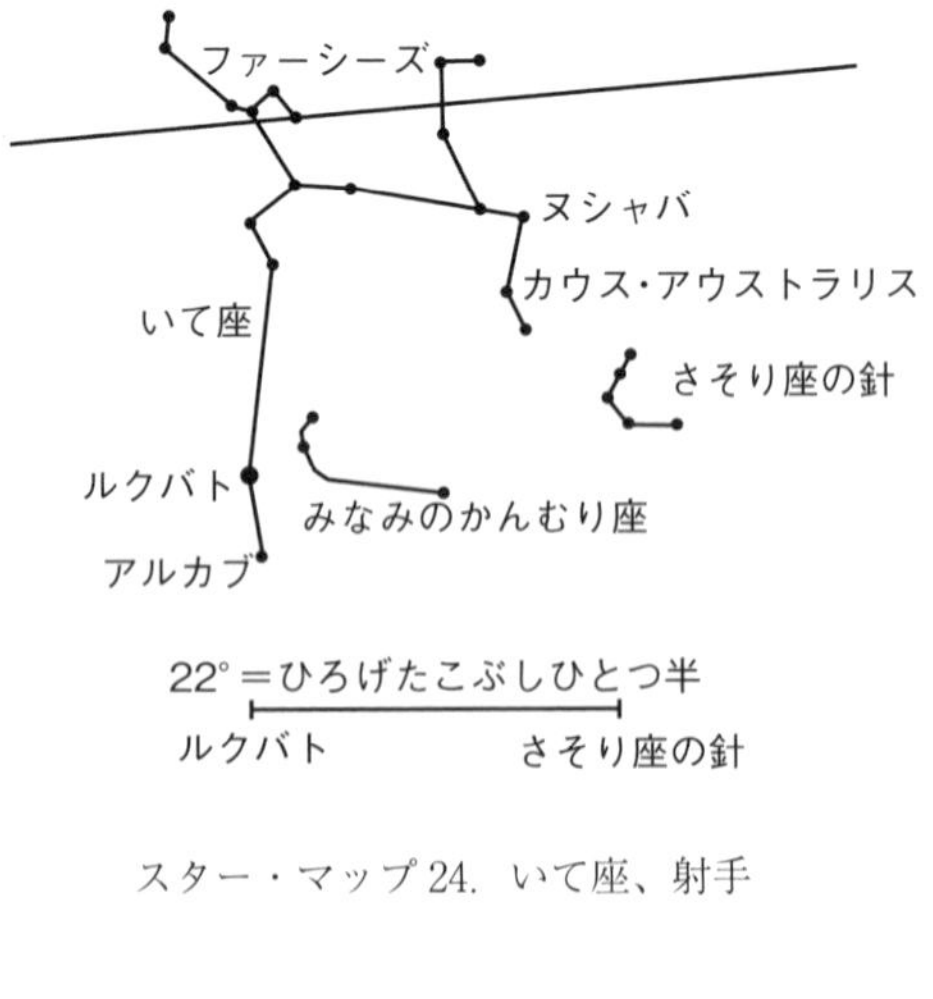


スター・マップ 24. いて座、射手

（いて座M22星雲、5・9等星、赤経：18h36m03s、赤緯：南23度55分38秒、黄経：山羊座7度36分）

パラン表56を参照。パラン表の読み方の例：北緯52度、オランダのアムステルダムに生まれた場合、星は山羊座の約6度30分で上昇しました。惑星が山羊座もしくは蟹座の6度30分にある場合、惑星は星とともに上昇し沈みました。星はまた山羊座8度で沈みました。したがって惑星が山羊座もしくは蟹座の8度にある場合、星が沈むとき惑星は沈み上昇しました。星は山羊座15度で天頂にあります、そのため惑星が山羊座もしくは蟹座の15度にある場合、星が天頂にあるとき惑星は天頂か天底にありました。

ファーシーズは黄道上に位置し、黄道帯とほぼ同じ度数で昇降するため、位相がありません。言い換えれば、極地を除くすべての緯度で毎日昇ったり沈んだりし、上昇も下降もしないように見える期間を経ることはありません。太陽の上昇と同時に昇るときはおよそ十二月二十八日です、アクロニカルライジング（太陽が沈むときに上昇する）は六か月後の六月二十七日です。

ファーシーズは南緯66度と北緯66度のあいだのチャートの四つの点すべてで使用可能です。それより北では星が昇ることはなく、それより南では星が沈むことはないため、永遠に短縮した運行にあります。

**これまでの解釈**

プトレマイオスは射手の顔の星には太陽と火星の性質があると述べています。ロブソンは盲目や突然死のことを話しています。エバーティンは、ファーシーズを非常にスピリチュアルな星と見ていますが視力の弱さとも関連させています。リゴーはこの星を暴力、視覚の問題、そして指導者としてのスキルと結びつけています。

## ファーシーズの意味

すでにおうし座のプレアデス星団で説明してきたように、占星術における星雲はすべて盲目を表しています。しかし、この十把ひとからげの言い方は現代の占星術者の相談室では適切でありません。加えて視覚の鋭さは射手の身体的特徴であるため、射手の顔にあるこの星雲が良好な視力や視覚の鋭さに関連していることは理にかなっています。古代の射手の視力は武器の質を表し、近眼の射手はけっしていませんでした。ファーシーズは致命的な武器である鋭い凝視を表しています。天上で最も扱いにくく、おそらく最も暴力的な対象のひとつです。他者を顧みない行動を貫徹するので、偉大な指導者や独裁者になることができます。ファーシーズのほかの面は個人が射手の凝視の犠牲になるかもしれないことです。

ジョン・レノンはファーシーズが天頂にあるときに生まれました。彼は射手の視線によって倒されました。この場合、暴力的な死についての古代の警告が現実のものとなりました。英国の元首相マーガレット・サッチャーはファーシーズの人です。彼女はファーシーズが天頂にあるとき太陽が沈んでいました。フォークランド紛争は彼女にあるファーシーズの痕跡を見せました。サッチャーの最初で最後の反応は

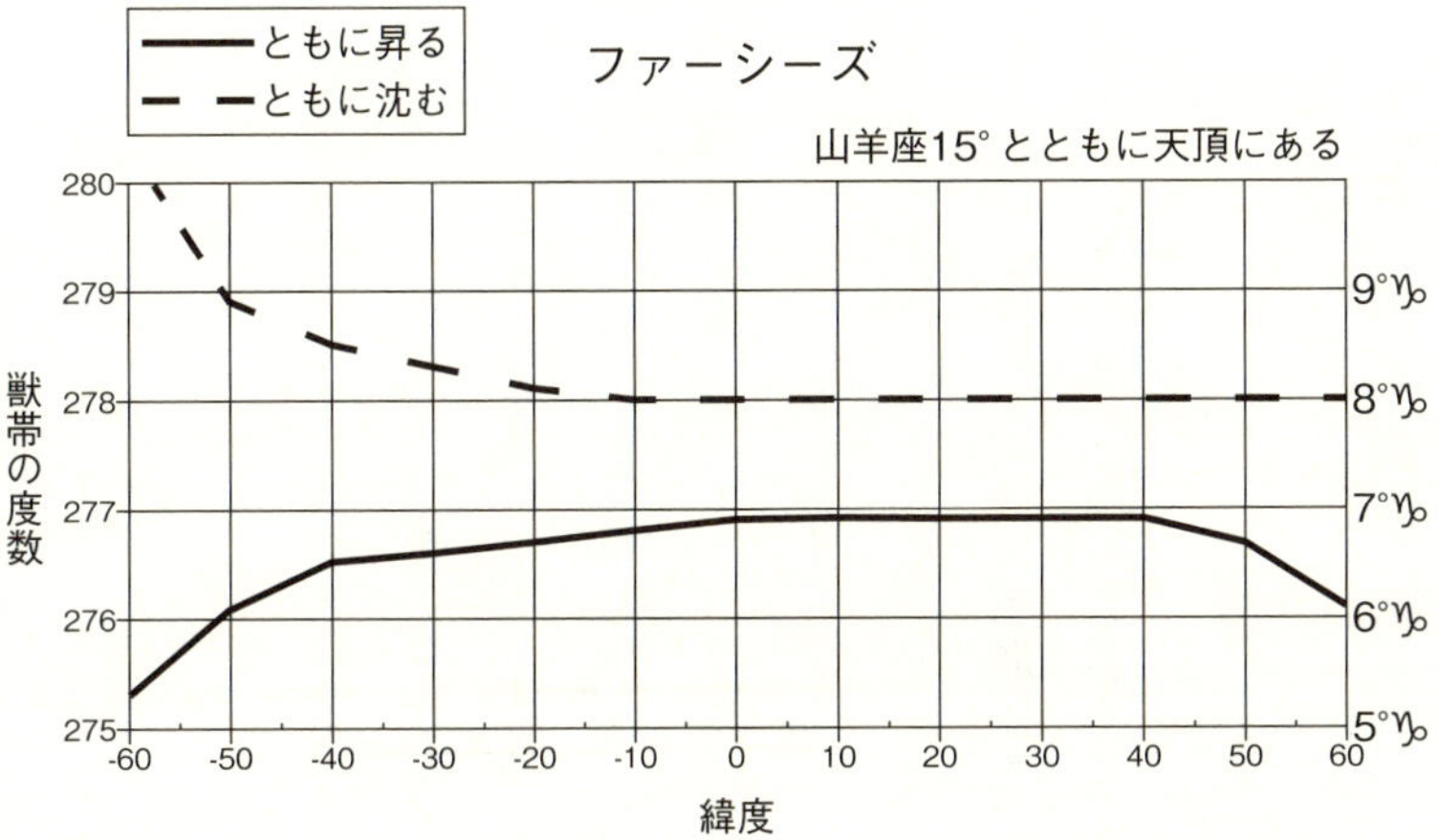


ヒライアカル

| 上昇 | 下降 |
|---|---|
| 12月31日 | 6月30日 |
| 12月30日 | 6月29日 |
| 12月29日 | 6月28日 |
| 12月28日 | 6月27日 |
| 12月27日 | 6月26日 |
| 下降 | 上昇 |

アクロニカル

パラン表56. ファーシーズ

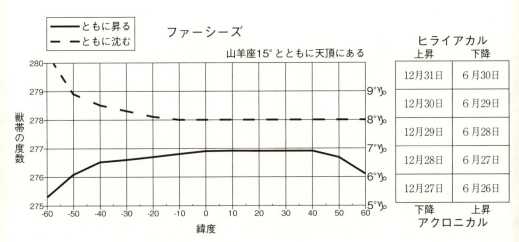

攻撃することでした。アドルフ・ヒトラーはファーシーズが月と木星と組み合わさっていました。彼は軍事機構の完全な残酷さをまざまざと見せつけました。ファーシーズは残酷で無慈悲になりえます、その最も暗い影は戦争の邪悪さです。しかし非常に強い集中力をもつこともあり、バランスが取れていれば、外交的ではないが目的を達成する人物を意味する可能性があります。

## ファーシーズが出生図にある場合

ファーシーズがチャートにある場合、それが接する惑星は非常に集中力があり、意欲的であることを示します、そして目標や目的を達成するためのひと押しが無慈悲なものになるかもしれないことに気づく必要があります。ファーシーズが出生図で唯一の困難な星であるならば、集中していることを示しています。しかしほかにもむずかしい星があるなら、無慈悲さ、さらには残酷さが問題になる可能性があります。

## ファーシーズが誕生時に太陽と同時に上昇する場合

5・9等級ということは、ファーシーズは肉眼ではほとんど見えないことを意味します。そのため伝統的には明白に太陽の上昇と同時に上昇する星としては使用されません。しかし宇宙的に太陽の上昇と同時に昇る星としてまだ使用することが可能です。この位置では、自意識に大きな焦点と力強ささえ与えます。

## やぎ座

アラトスはこの星座を角のあるヤギと呼び、授乳するヤギを抱いたぎょしゃ座と区別しました。ペルシア、アラビア、シリアではやぎ座としても知られ、ときにはヤギ足の牧羊神としても知られていました。冬至がこれらの星のなかで生じた、紀元前三〇〇〇年から二〇〇〇年頃まで、やぎ座は太陽の南の門として知られていました。スター・マップ25参照。

早くも紀元前一〇〇〇年にヤギは魚の尾を身につけたようです。バビロニアの星座早見表には、このように描かれています。海‐ヤギあるいはヤギ‐魚は、初期のバビロニア時代には広い知性と聖なる目の主であるエア神として知られていました。[119] エアは人々の守護者であり、空の彼の場所から大河が流れ、生命を与えました。周期的に、彼はこうした河から現れ、人間の姿をまとい人々に文明化に必要な知識を伝授しました。彼は、もうひとりのオシリスのような神であり、世話をし、教育し、文明を発展させました。彼は、自分の子供たちが創造した人類を滅ぼしたいと考えていた冷酷で抑圧的な両親の手によって彼とともに苦しんできた兄弟たちからこの使命を任されました。エアは父親アプスを去勢し、腱を切断し、肉片を土でつくった牢獄に入れました。それからエアは地球の支配者になり、水の領域からそれ

119 *New Larousse Encyclopedia of Mythology*, p.51.

を管理しました。神話はつづき、どのように人間がエアを失望させるようになり、どのように最後に兄弟のベルに倒されたかを語っています。人類に不満を抱いていたベルは、人口を一掃し、新しい世界秩序を開始するために大洪水――分点によるサインの歳差運動――を起こしました。しかしエアは人類に箱舟の建造を促し、もう一度人類を救いました。[120] エアはそのため人類の安全管理者であり、ケルブという称号が与えられ、それはのちにチェルブとなりました。水からきた彼はしばしば魚として、ときにはヘビとして表され、最後にはエデンの園で生命の樹のヘビになり、至福の無知ではなく、学びや知識を奨励しました。[121]

エアが地球を歩き回るときはいつでもヤギの格好をし、最終的には現在彼が保持している天の一部を支配する権利を獲得しました。エアは〝光の父〟とされ、[122] 紀元前一万五〇〇〇年にさかのぼる祝祭は、ヤギの皮を被って行われました。[123]

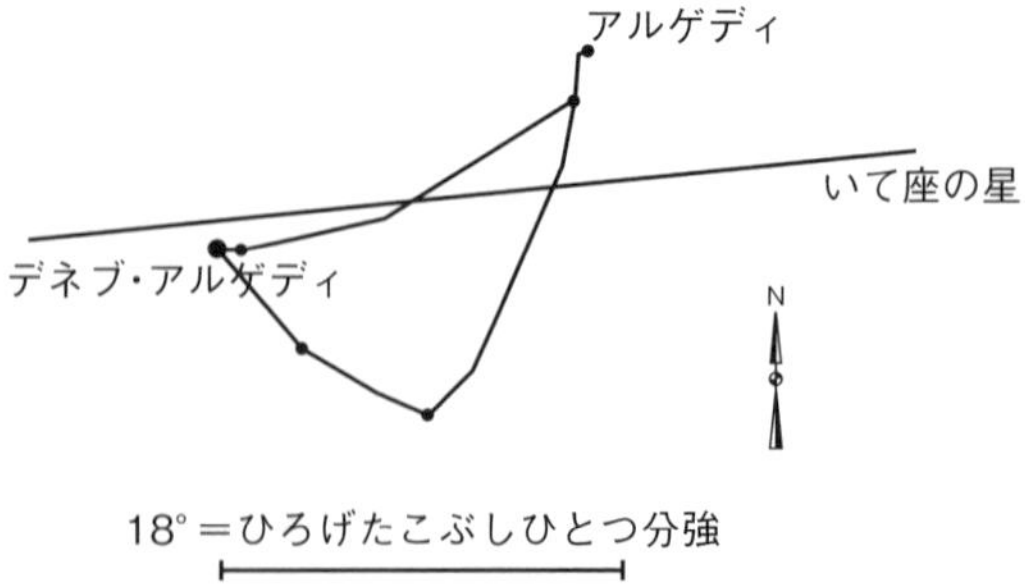


スター・マップ25. やぎ座、ヤギ

120 Jobes, *Outer Space*, p. 138.
121 Jobes, *Outer Space*, p. 138.
122 彼の兄弟ベルはこの称号を伝えたことでも知られていました。
123 Jobes, *Outer Space*, p. 139.

ギリシャ人はやぎ座を幼いゼウスを養い育てる海のヤギと見ていましたが、ぎょしゃ座でゼウスを養うヤギの問題を解決できませんでした。そして北半球ではやぎ座が冬と関連するために、やぎ座の星々を寒さや嵐と結びつけました。彼らはまた、この太古の神を取り入れて牧羊神を創造し、どのように偉大な牧羊神が水に飛び込み魚の尾を発達させたかという伝説を伝えています。[124]

明らかに、この星座には古代の強力な神が含まれており、その神による去勢と箱舟建造の神話はのちの文化の神話に反映されています。その神は人類にとってはじめての救世主として表舞台に立っているようで、ユダヤ人の時代、あるいは春分点がおひつじ座に歳差運動をした一神教の始まりにおいて依然としてこの役割を果たしていました。初期のユダヤ教徒はヤギを神聖なものとして救い主とみなしました。毎年、人々の罪はそのあと殺されるか捕獲されるかするヤギの頭に置かれました。ヤギの犠牲は罪を免除される方法と見られ、この慣習からスケープゴートという概念が生まれています。[125] しかし、スケープゴートはエア、太古の光の父であり、洪水から人々を救い、人類の罪が免除されるよう人類のために苦しんで人類を守ることに捧げています。

キリスト教の時代にはうお座の新しい神が人類の罪を背負ってエアあるいはスケープゴートのように振る舞っても、ヘビと〝角のある者〟は以前の宗教を表しているため、悪の本質と考えられていました。

124 Allen, *Star Names*, p. 136.
125 Jobes, *Outer Space*, p. 139.

### やぎ座の星々

やぎ座の主星はギエディですが、アルゲディとも呼ばれ、ヤギの角にあります。ほかに名前のある星々は輝度の降順にダビー、実際には角の根元を示すふたつの星です。ナシラはアラビア語で〝吉報をもたらす者〟を意味し、尾にあります。デネブ・アルゲディも尾にあります。

やぎ座の星々はきわめてぼんやりしています、主星のギエディはわずか3・2等級です。占星術で使用されている星はデネブ・アルゲディだけのようです。

## デネブ・アルゲディ

（やぎ座デルタ星、3・1等星、赤経：21ｈ44ｍ16ｓ、赤緯：南16度21分、黄経：水瓶座22度50分）

パラン表57を参照。パラン表の読み方の例：南緯32度、南アフリカのグッドホープに生まれた場合、星は水瓶座の約22度で上昇しました。惑星が水瓶座もしくは獅子座の22度にある場合、惑星は星とともに上昇し沈みました。星はまた水瓶座27度で沈みました。したがって惑星が水瓶座もしくは獅子座27度にある場合、星が沈むとき惑星は沈み上昇しました。星は水瓶座25度で天頂にあります、したがって惑星が水瓶座もしくは獅子座の25度にある場合、星が天頂にあるとき惑星は天頂か天底にありました。

この南緯32度では、星は短縮した運行の位相にあります。この時期は毎年およそ八月十五日（水瓶座22度の横にある日付ボックスの右側の列から読み取ります）から八月二十一日（水瓶座27度の横にある日付ボックスの右側の列から読み取ります）までです。そして本当に、あるいは宇宙的に太陽の上昇と同時に昇るときはだいたい二月十一日（〝太陽と同時に上昇する〟欄の南緯32度で上昇している線の日付を読み取ります）です。

デネブ・アルゲディは南緯73度と北緯73度のあいだのチャートの四つの点すべてで使用可能です。それより北では星が昇ることはなく、それより南では星が沈むことはないため、永遠に短縮した運行にあります。

**これまでの解釈**

プトレマイオスは、ヤギの尻尾の星々は、土星と木星のようであると言っています。ロブソンは、デネブ・アルゲディは悲しみと幸福、生と死、恩恵と破壊を引き起こすと言っています。エバーティンは、デネブ・アルゲディはかつてナシラと呼ばれていたと言っています。しかしこれらはヤギの尻尾にあるふたつの異なった星なのでどちらの星のことを言っているのか定かでありません。しかし彼は続けてこの星を知恵や誠実さと結びつけ、その影響を受ける人物が法律顧問や法律のカウンセラーになると付け加えています。リゴーはロブソンに同意しています。

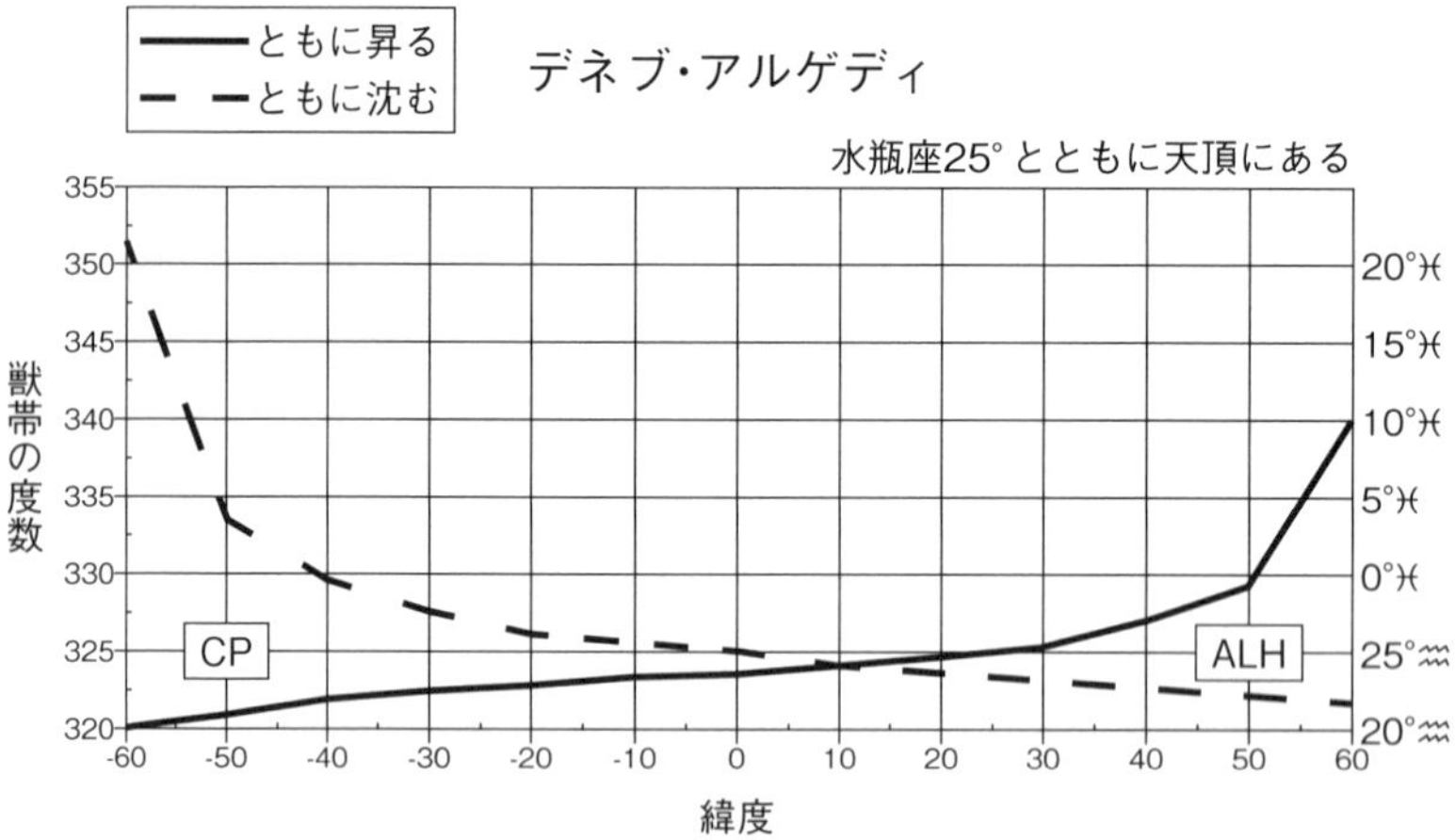


ヒライアカル

| 上昇 | 下降 |
|---|---|
| 3月10日 | 9月13日 |
| 3月5日 | 9月7日 |
| 2月28日 | 9月2日 |
| 2月23日 | 8月28日 |
| 2月19日 | 8月23日 |
| 2月14日 | 8月18日 |
| 2月9日 | 8月13日 |
| 下降 | 上昇 |

アクロニカル

パラン表57. デネブ・アルゲディ

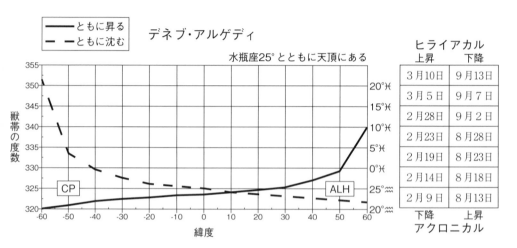

## デネブ・アルゲディの意味

この星が占星術に使用されるのならば、法を与え、正義を重んじ、人々を文明化しようとする神の象徴がこの星にアプローチする最良の手段でしょう。なぜならこれがこの星の長い歴史を反映するからです。この星は、周囲の人々を守り、助けるために知恵や知識を使用しようとする慈悲深い支配者である人の星です。インドのマザー・テレサはデネブ・アルゲディとふたつの惑星がつながっていました。月が上昇するときこの星が天頂にあり、太陽が天頂にあるときこの星が上昇していました。そのため古代からの守り神というこうした概念が彼女の太陽と月両方とつながっています。

## デネブ・アルゲディが出生図にある場合

デネブ・アルゲディは正義感、〝救済者〟になりたいという意識を与えます。これ自体では強い星ではなく、重視するにはてんびん座（社会改革）あるいはロイヤルスター（力）のいずれかの星と結びついている必要があります。しかし、奉仕することではなく、導くことによって助けたいという望みを示唆しています。

## デネブ・アルゲディが誕生時に太陽と同時に上昇する星になる場合

わずか3・1等級しかないので、この星は夜明けを告げるには実に薄暗いです。しかし宇宙的に太陽の上昇と同時に昇る星としてならば、生まれつきの正義感や助けたいという望みが自意識の一部になります。

## みずがめ座

紀元前四〇〇〇年ごろ、みずがめ座は獣帯の四つの主要点のひとつで、冬至の位置にありました。スター・マップ26参照。遅くともその時代から、この星座は天空に水を注ぐ巨大なかめと認識されていました。数千年ものちに、アラトスは空のこの部分を〝水〟と呼びました。[126] みずがめ座は、うお座、くじら座、やぎ座、いるか座、エリダヌス座、みなみのうお座、うみへび座を含む巨大な宇宙の海を支配していると見られていました。

バビロニア人は、みずがめ座の星々を〝流れる水の座〟と呼び、[127] 彼らの創世神話の大洪水を引き起こした雨の源と見ていました。このテーマに沿って、冬至の星座であるという事実と関連させて、〝嵐の神〟とも呼ばれました。

126 Mair, *Callimachus, Lycophron, Aratus*, p. 239.
127 Allen, *Star Names*, p. 47.

降雨量の少ないエジプトではナイル河があらゆる水の源であり、そのため生きとし生けるものの源でした。ナイル河は、世界でも最も予測可能な、頼りになる河です。毎年七月から十月まで氾濫し、生命をもたらす水を注ぎナイルの谷底を沈泥で塞ぎます。このためナイル河は神もしくは女神、そして最も神聖な生命をもたらす存在と見られていました。洪水の時期に、みずがめ座は太陽の上昇と同時に沈む星座でした。これは太陽が昇るとき、みずがめ座は西の地平線に沈んでいたことを意味しています。この視覚的な事実から、エジプト人はみずがめ座を水運び人がナイル河につぼを浸して水を変位させ洪水を引き起こしたと、あるいはもっと簡単に彼がかがみ込んでナイル河に水を注いだと見ていました。

みずがめ座の通常のイメージは、ナイル河の上昇水位を測定するための棒、すなわちノルマ・ニロチカ norma nilotica（訳注 水量計）を持ちながら、つぼの中身をナイル河に注ぐ水神というエジプト人のこうした概念に由来しています。[128] 中世には水神は洗礼者ヨハネと考えられました。[129] それは古代バビロニアの水を注いでタオルを持った男性のイメージと合致しています。[130] 河を測る棒からタオルへのこの単純な変化でみずがめ座は水神から浴場の係員に格下げされます。ギリシャ人は、ゼウスの酌人であるガニメデに結びつける以外に、この偉大で古くからある星座に神話を託すことはありませんでした。[131]

128 Allen, *Star Names*, p. 49.
129 Jobes, *Outer Space*, p. 115.
130 Allen, *Star Names*, p. 45.
131 Jobes, *Outer Space*, p. 114.

彼の名前がなんであれ、彼は生命を与える洪水や雨、または生命を奪う嵐や洪水というように、水と関係してきました。ギリシャの占星術師ウァレンス（二世紀）はエリダヌス座をみずがめ座の一部としてリストにし、つぼを空にして河をつくる強力な水運搬人と見ていました。現在エリダヌス座はくじら座の足から現れるのが見えます。みずがめ座はつぼの水をみなみのうお座の口に注いでいます。

**みずがめ座の星々**

最も明るい星は、右肩にあるサダルメルクです。ほかに名前のある星は輝度の降順にサダルスード、左の肩にあります。サダクビアがつぼの内側の縁に、スカトが足に、アンカは腰にあります。

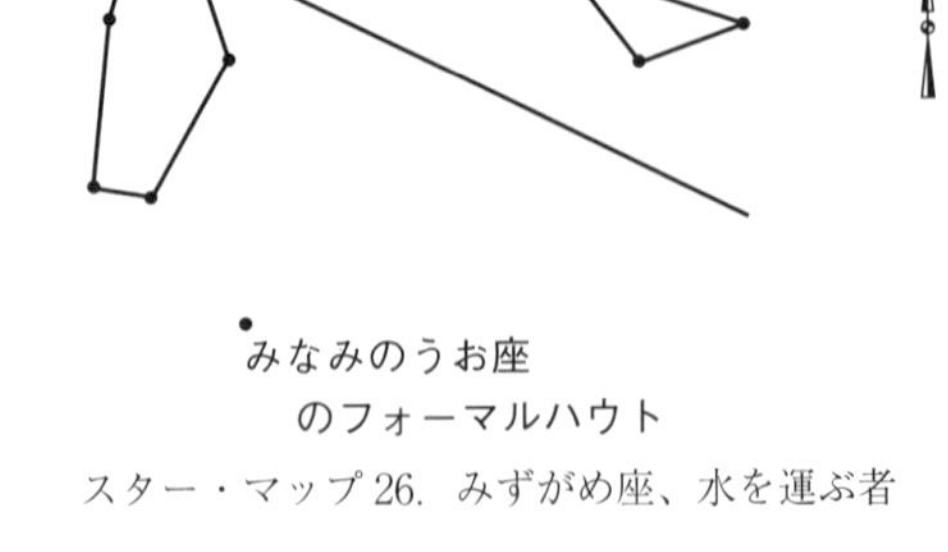

スター・マップ26. みずがめ座、水を運ぶ者

## サダルメルク

（みずがめ座アルファ星、3・2等星、赤経：22h03m12s、赤緯：北0度34分、黄経：魚座3度04分）

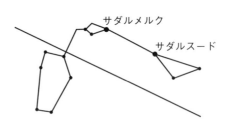

パラン表58を参照。

サダルメルクは、すべての緯度のチャートで四点とも使用可能です。

**これまでの解釈**

プトレマイオスはみずがめ座の肩にある星は土星と水星のようであると述べています。ロブソンは迫害、訴訟、突然の破壊、そして死刑について話しています。エバーティンはみずがめ座の星をリストに入れていません。リゴーはロブソンに同意しています。

## サダルスード

（みずがめ座ベータ星、3・1等星、赤経：21ｈ28ｍ56ｓ、赤緯：南5度48分、黄経：水瓶座22度42分）

パラン表59を参照。パラン表の読み方の例：北緯23度、インドのカルカッタに生まれた場合、星は水瓶座の約16度で上昇しました。惑星が水瓶座もしくは獅子座の16度にある場合、惑星は星とともに上昇し沈みました。星はまた水瓶座25度で沈みました。したがって惑星が水瓶座もしくは獅子座の25度にある場合、星が沈むとき惑星は沈み上昇しました。星は水瓶座26度で天頂にあります、そのため惑星が水瓶座もしくは獅子座の26度にある場合、星が天頂にあるとき惑星は天頂か天底にありました。

この北緯23度では、星は短縮した運行の位相にあります。この時期は毎年およそ八月六日（水瓶座16度の横にある日付ボックスの右側の列から読み取ります）から八月十八日（水瓶座16度の横にある日付ボックスの右側の列から読み取ります）までです。そして本当に、あるいは宇宙的に太陽の上昇と同時に昇るときはだいたい二月五日です（〝太陽と同時に上昇する〟欄の南緯23度で上昇している線の日付を読み取ります）。

サダルスードは極地を除くすべての緯度のチャートで四点とも使用可能です。

## これまでの解釈

プトレマイオスによれば、サダルメルク同様サダルスードは土星と水星に似ているとのことです。ロブソンは単にトラブルや不名誉を引き起こすと言っています。エバーティンはこの星をリストに入れていません。リゴーはおそらくスキャンダラスであると同時に、幻想的で独創的な奇妙な出来事のことを言っています。

## サダルメルクとサダルスードの意味

サダルメルクとサダルスードはどちらもアラビアの命名者から幸運をもたらすとされています。確かにそれらの名前は幸運の形に言及しており、サダルメルクは〝王の幸運な者〟、サダルスードは〝幸運のなかの幸運〞を意味しています。[132] これらの意味は生命を与える水または雨を運ぶ者としてみずがめ座の象徴とつながっているので、こうしたふたつの星は文献で示されている死や破壊よりも、良い出来事や知らせを運ぶ者を示唆していると見るほうがおそらく賢明です。これらは一対の星なので、やはりその意味は両極性で表されます。

### サダルメルクかサダルスードが出生図にある場合

非常に強い影響はありませんが、惑星と角度の関係に応じて、これらふたつの星は示された領域で物事を流れさせるはずです。生命を与える水が渇いた状況に注がれます。そのような能力を幸運と呼ぶ人もいるかもしれませんが、実際には勝ち抜く方法、幸福を見つける方法を知っていることです。これは、輝かしい、あるいは悲劇的な経歴を意味する星の対ではありませんが、チャートにある場合、特に太陽や月または木星と関連している場合、その人は人生でときには幸運だったり運が良かったりします。そして宝くじ当選者のチャートで見るかもしれませんが、この星々は金運ではなく、人生で幸福を見つける運に関係があるようです。

### サダルメルクかサダルスードが誕生時に太陽の上昇と同時に昇る場合

132 Allen, *Star Names*, p. 51.

それぞれおよそ3・2と3・1等級のこれらふたつの星は朝を知らせる星として使用されることはありませんでした。しかし宇宙的に太陽の上昇と同時に昇る星としてそれらの存在は、偉大な水の与え手がそのエネルギーを太陽の活力と混ぜ合わせているので、強い生命力を意味している可能性があります。アラビア人はその人物を単に幸運であると定義するでしょう。

## うお座

うお座が〝生命の輪〟の主要な地位に移動したのは、約二〇〇〇年前、春分の太陽の上昇と同時に昇る星座がおひつじ座からうお座にすべり落ちたときです。ふたつの星座のあいだにはっきりとした区別はありませんでした。うお座は非常に大きいので、空に伸びる二匹の魚は実際にはおひつじ座の星々を覆っています。スター・マップ27参照。

新しい世界秩序である、うお座時代の到来は待ち望まれ、紀元前六年に土星と木星が魚座で三度合になったことで告げられていました。ウェルギリウスは『牧歌』第四歌でそれは黄金時代の再来であると知らせていました。[133] この惑星の合は当時の天文学的なハイライトで、待望され観察され、のちにキリスト教の伝承でベツレヘムの星と名付けられました。[134]

133 De Santillana and von Dechend, *Hamlet's Mill*, p. 244.
134 この関連性は歴史的な事実に真の根拠があるというよりは、キリストを新しい時代の先駆者として主張するキリスト教による試みというところが大きいです。

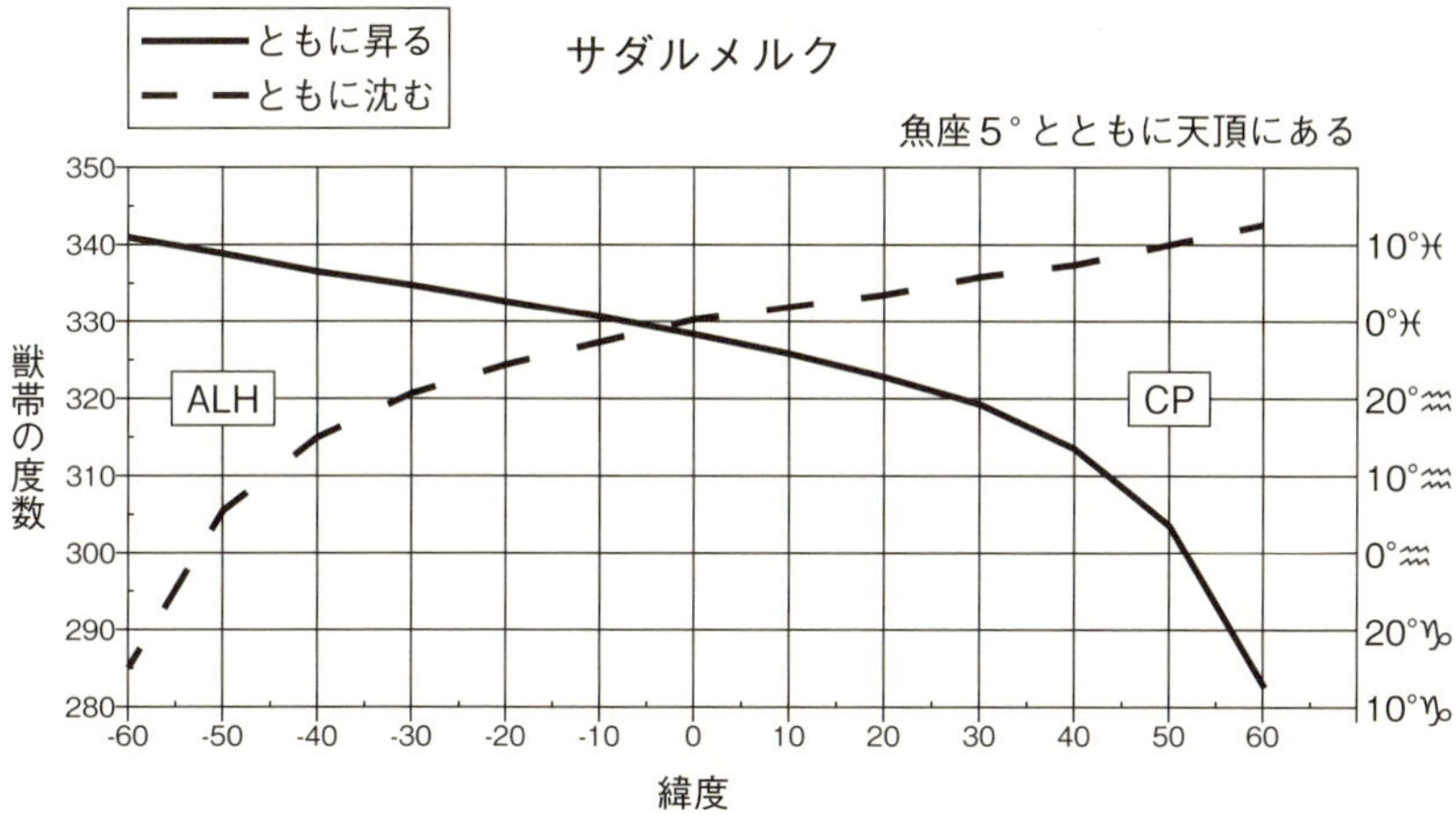


ヒライアカル

| 上昇 | 下降 |
|---|---|
| 2月28日 | 9月2日 |
| 2月19日 | 8月23日 |
| 2月9日 | 8月13日 |
| 1月30日 | 8月2日 |
| 1月20日 | 7月23日 |
| 1月10日 | 7月12日 |
| 12月31日 | 7月2日 |
| 下降 | 上昇 |

アクロニカル

パラン表58. サダルメルク

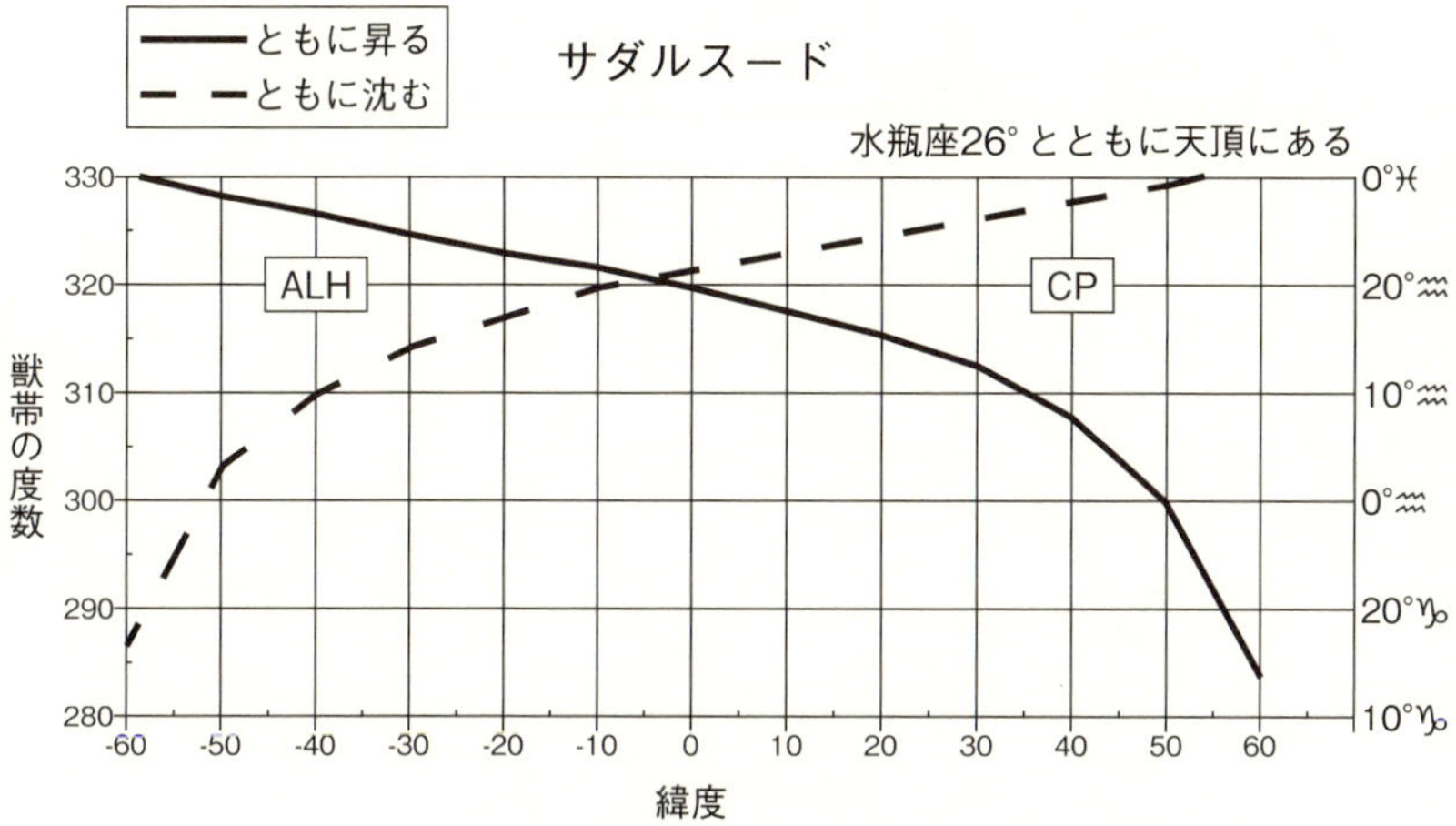


ヒライアカル

| 上昇 | 下降 |
|---|---|
| 2月19日 | 9月2日 |
| 2月9日 | 8月13日 |
| 1月30日 | 8月2日 |
| 1月20日 | 7月23日 |
| 1月10日 | 7月12日 |
| 12月31日 | 7月2日 |
| 下降 | 上昇 |

アクロニカル

パラン表59. サダルスード

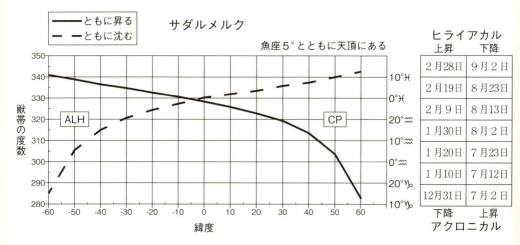

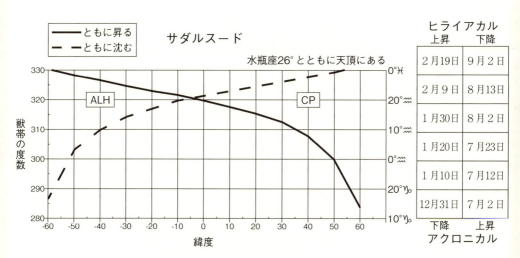

しかし、魚は新しい神によって取り入れられるずっと前から古代の象徴であり、知恵を表し女性サインとして認識されていました。魚の象徴はヨニからきていました。中国の大いなる母で、クワン・イン（訳注 観音菩薩）、ヨニスのヨニと呼ばれ、魚の女神としてしばしば姿を現しました。[135] ケルト人は魚を食べることは子宮のなかに新しい生命を取り込むことと考えていました。[136] 彼らの英雄チュアンは魚に食べられ、次に魚はアイルランドの女王に食べられ、機が熟して彼を産み出しました。このためサケを食べることは知恵を育てることでもありました。

ギリシャ人は、アフロディテ・サラキアという魚の女神としての形で、アフロディテを通じて魚を聖なる象徴として取り入れました。[137] 魚の女神は子供を育てる恵みゆたかな母親として描かれました、その神殿には常に魚の池が備わっていました。信者たちは聖なる日である金曜日に魚を食べました。彼らは魚を食べる人として知られていて、この習慣は肉食禁止とみなされている金曜日に魚を食べることが信者たちに求められる聖なる行為であると定めたカトリック教会

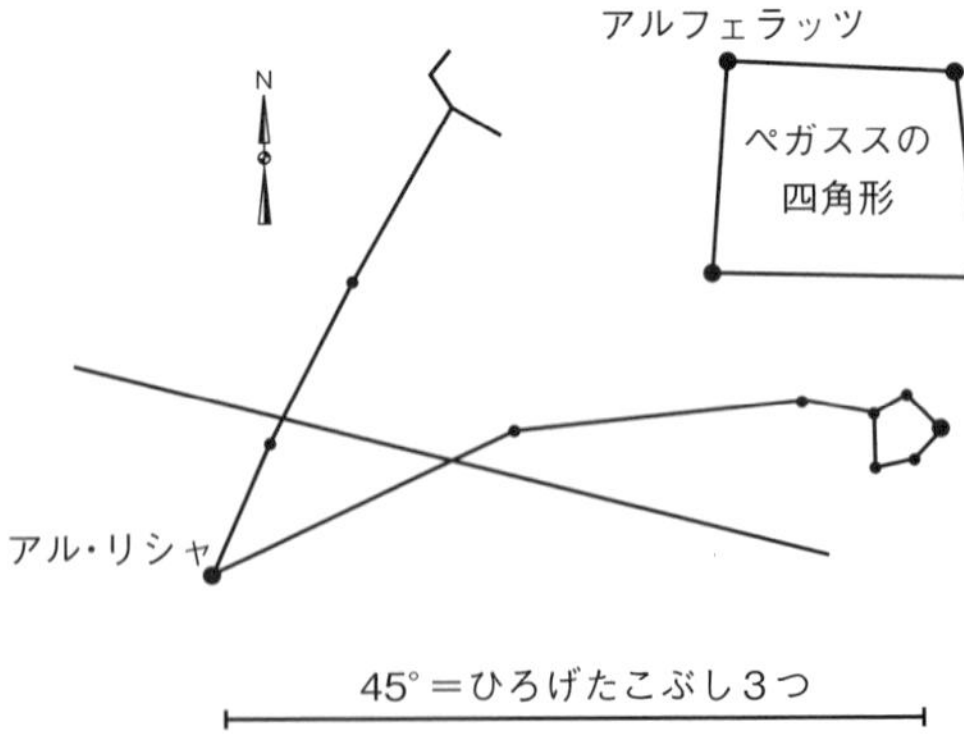


スター・マップ 27. うお座、魚

135 Walker, *The Woman's Encyclopedia of Myths and Secrets*, p. 313.
136 Green, *Dictionary of Celtic Myth and Legend*, p. 184.
137 De Santillana and von Dechend, *Hamlet's Mill*, p. 341.

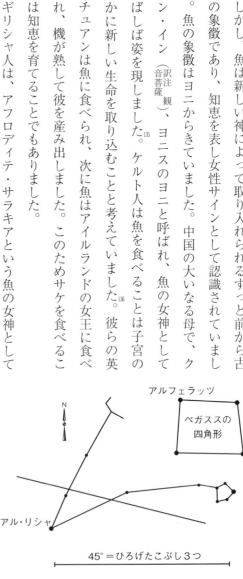

によって取り入れられました。

春分点がうお座に移動したとき、牡羊の神は世界を救うために息子のキリストを送り出し、彼は魚の神になりました。彼は人の魂を釣り上げる漁師でした。その弟子は漁師たちで彼が神であると証明する奇跡のひとつがパンと魚の奇跡で、ほんのわずかな魚と少しのパンを五〇〇〇人の人々に食べさせました。新しい宗教は、その象徴として魚の印を取り入れました。十字架は異教徒に属し、六世紀のちまでキリスト教の象徴に組み込まれなかったのでした。[138]

新しい時代の到来は、単に神の交替を告げるのにとどまりません。それは人間が世界を見る方法が変化したことを表しているからです。うお座の新しい世界秩序の特徴のひとつは時間の概念や周期性が集団思考に変化したことでした。新しい神はいまや永遠を支配したため、すべてのことが彼の受肉前か後かで測られました。しかし、牡牛（おうし座）と牡羊（おひつじ座）の神話の一部であった、すべての王位に後継者がいるという周期の概念はうお座で終わりました。というのもキリストは子供がなく、歳差運動がつくる渦巻きを認める唯一の方法は、表向きはみずがめ座の新しい神となる再来について話すことだったからです。キリスト以降の数世紀のあいだ、キリスト教徒はキリストの再来が内在的なものであると信じ、その周期が数千年間の長さであることを忘れていました。周期の秩序は崩壊しつつありました、なぜかというと新しい神が永遠を支配したからです。前に述べたように、偉大な牧羊神は死ん

138 Walker, *The Woman's Encyclopedia of Myths and Secrets*, p. 188.

だと発表され、プルタークは紀元六十年頃に神託が答えをもたらさなくなったと考えました。[139] 新しい神のもとでは、私たちの論理はもはや周期的ではありませんでした。そのため神託はもはや予言することはできなかったのです。ユークリッド幾何学、論理学、線形時間、そして科学の分離主義がすでに始まっていました。

### うお座の星々

うお座には明るい星はありません、主星アル・リシャは唯一の名前のある星であるように思えます、そして二匹の魚を結んでいるひもにある結び目を示しています。

## アル・リシャ

(うお座アルファ星、4・0等星、赤経：01h59m28s、赤緯：北2度31分、黄経：牡羊座28度41分)

パラン表60を参照。パラン表の読み方の例：北緯41度、ポルトガルのメダに生まれた場合、星は牡牛座の約14度で上昇しました。惑星が牡牛座もしくは蠍座の14度にある場合、惑星は星とともに上昇し沈みました。星はまた牡羊座27度で沈みました。したがって惑星が牡羊座もしくは天秤座の27度にある場合、

139 De Santillana and von Dechend, *Hamlet's Mill*, p. 341.

星が沈むとき惑星は沈み上昇しました。星は牡牛座3度で天頂にあります、そのため惑星が牡牛座もしくは蠍座の3度にある場合、星が天頂にあるとき惑星は天頂か天底にありました。

この北緯41度では、星は出現しているけれども隠れて見えない位相にあります。この時期は毎年およそ四月十八日（牡羊座27度の横にある日付ボックスの左側の列から読み取ります）から五月五日（牡牛座14度の横にある日付ボックスの左側の列から読み取ります）までです。そして本当に、あるいは宇宙的に太陽の上昇と同時に昇るときはだいたい五月五日です（〝太陽と同時に上昇する〟欄の北緯41度で上昇している線の日付を読み取ります）。

アル・リシャはすべての緯度のチャートで四点とも使用可能です。

**これまでの解釈**

プトレマイオスはアル・リシャを〝結び目にある明るい星〟と呼びました。そのためアル・リシャはその時代より光が弱くなってしまったかのように思えます。

彼はこの星が火星の性質をもち、適度に水星のようであると言っていました。ロブソン、エバーティン、リゴーはこの星をリストに入れていません。

## アル・リシャの意味

アル・リシャは、二匹の太古の魚の接点である結び目の考えからその主要な象徴を取り入れているようです。そのためふたつの知識の接点、異なる考えを結び合わせて知恵と理解を生み出すことを意味しています。ジョン・アディーは英国の占星術師でハーモニクスと西洋占星術を結びつけましたが、アル・リシャは彼の太陽とつながっていました。彼の太陽はアル・リシャが天底にあるとき沈んでいました。それは彼の業績が生き続けることを意味しています。カール・ユングもまた出生図でアル・リシャが活発でした。木星が上昇するときアル・リシャは沈んでいました。ユングは神話、儀式、象徴を人間の心の構造に関連付けました。そのため、アル・リシャはふたつの物事を一緒にし、ふたつの概念を結びつけ、深い理解を創造することに関連しています。

**アル・リシャが出生図にある場合**

アル・リシャは優しい星で、さまざまなつながりを求め、ちがう角度から物事を見て、別々の考えをまとめて大きな理解を得ることを示唆しています。この星の影響を受けている惑星はこうした結合を求める人生の領域を示し、この星が接するアングルは人生におけるこうした結合のタイミングを示唆します。

**アル・リシャが誕生時に太陽の上昇と同時に昇る場合**

アル・リシャは4等級しかないため光が暗すぎて夜明けの目に見える前触れとして使用できませんが、宇宙的に太陽の上昇と同時に昇る星である場合、世界、心、魂がどのように機能するかを探して普通ではない結びつきを見つける必要性が人生の主要なテーマになります。

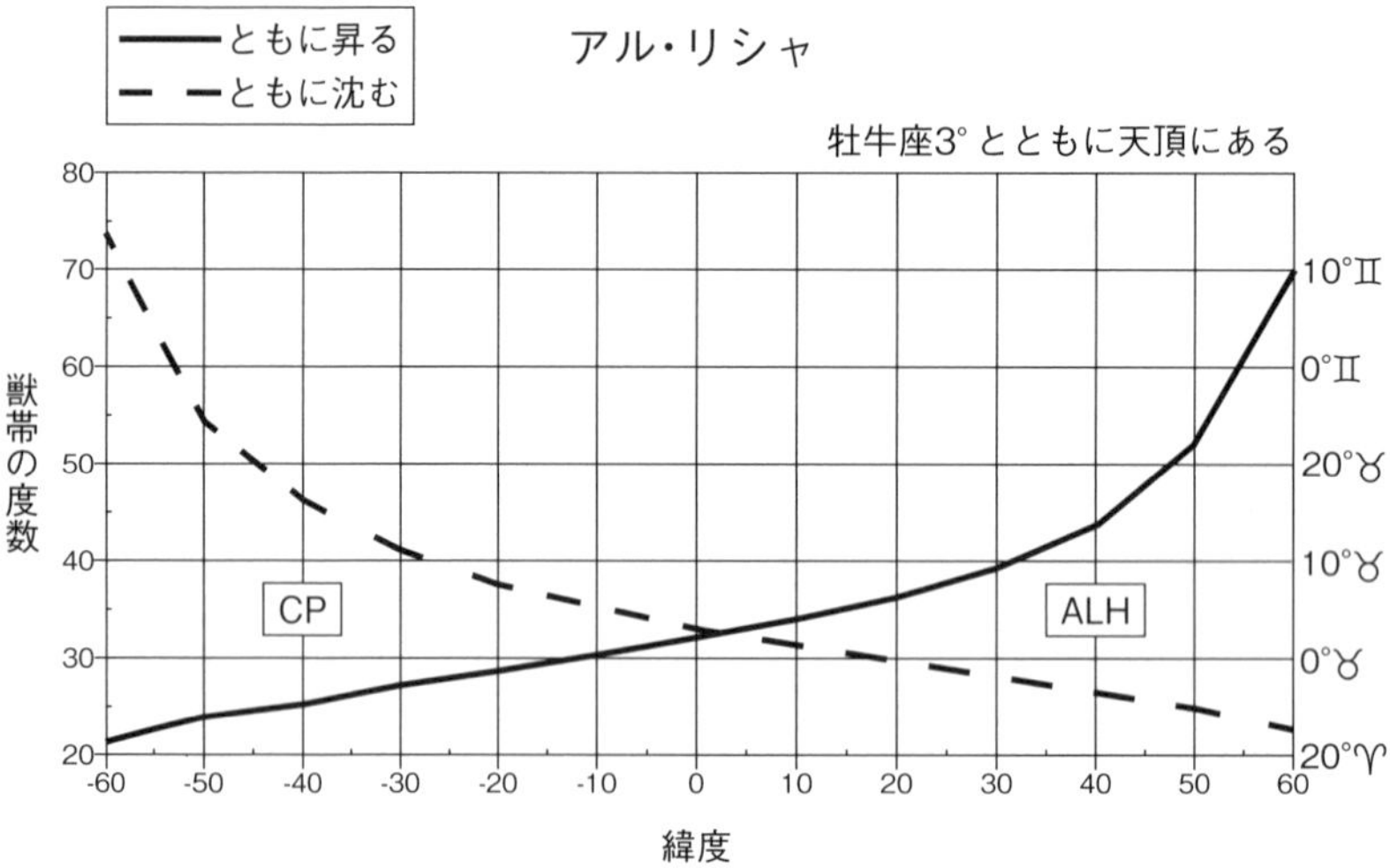


| ヒライアカル 上昇 / アクロニカル 下降 | ヒライアカル 下降 / アクロニカル 上昇 |
|---|---|
| 5月31日 | 12月2日 |
| 5月21日 | 11月22日 |
| 5月10日 | 11月12日 |
| 4月30日 | 11月2日 |
| 4月20日 | 10月23日 |
| 4月10日 | 10月13日 |

パラン表60. アル・リシャ

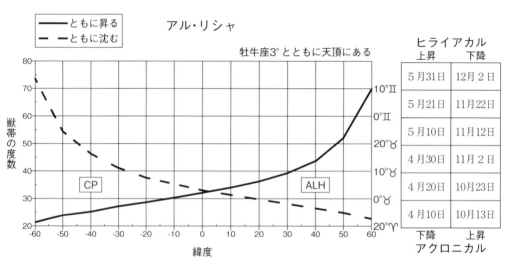

# 第Ⅳ部　星の位相

Part4 ★ STAR PHASES

## 太陽と星々

星の位相（フェーズ）はおよそ二〇〇〇年のあいだ占星術で使用されてきませんでした。しかしこの技法は、恒星が占星術師の生活の中心にあったときに使用された主な方法でした。[1] 私たちが空から切り離されるようになるにつれて星の位相の重要性は色褪せました。不完全な技法のためというよりは、

1 Robert Hand, introduction to Ptolemy's *The Phases of the Fixed Stars*, vol. 3, trans. Robert Schmidt (Berkeley Springs, WV: Golden Hind Press, 1994), p. iii.

視覚に基づいたシステムだったからです。星の〝位相〟は——すなわち特定の暦の日付で太陽とともに上昇することであり、夜空に見える時期と夜空に現れず見えない時期とがありました。——暦、季節や天候を定義する主要な手段のひとつでした。[2] 付け加えると、星が夜空から消えていた時期とその後戻ってくることは、エジプト人が最高の形で表現する神話と宗教的慣習両方の基盤となりました。[3]

星の位相は三つの要素の組み合わせの結果です。一番目は星が黄道上に位置せず、したがって黄道から異なった度数、一定の緯度でともに上昇しともに沈む場合です。二番目は、黄道を定義する太陽が特定の日に黄道の同じ度数で上昇し沈む場合です（訳注　黄道は太陽の通り道です）。そして三番目の最も明白な要素は、星々は太陽が地平線の下にあるときしか見ることができない場合です。

## 星の位相を決める

星の位相は、特定の場所における星の見え方の現状を表しています。星が移動する位相周期には二種類があります。ひとつ目は、短縮した運行（ＣＰ）という期間を含みます。もうひとつは、出現しているけれども隠れて見えない（ＡＬＨ）という期間を含んでいます。星が通過する位相はふたつの点しだいです。星が赤緯の北側にあるのか、南側にあるのか、そして観測者が北半球にいるのか、南半球にいい

2　Prolemy, *The Phases of the Fixed Stars*, p. 10.

3　See Norman J. Lockyer, *The Dawn of Astronomy* (Kila, MT: Kessinger, 1992).

るのかです。南半球で観察される南方赤緯の星は短縮した運行を含む位相を通過します。北半球で観察される北方赤緯の星も同様に短縮した運行を含む位相を通過します。

**短縮した運行を決めるためのルール**

もし星が同じ半球（北緯か南緯）の赤緯（北側か南側）で観察されたとしたら、短縮した運行の時期を移動しているように見えます。

これは星が日没時に夜空に現れるときで、夜のあいだは沈みません。このため地上に接するように見えず、短縮した運行の位相にあると言われます。したがって周極星は永遠に短縮した運行の状態にある星です。いっぽう、もし南の赤緯に位置する星が北の緯度で観測される場合、それは出現しているけれども隠れて見えない位相にあります、それは北の南緯に位置する星が南半球で観測されるのと同様になります。

**出現しているけれども隠れて見えない位相を決めるルール**

赤緯（北か南）と反対側の半球（北緯か南緯）から星を観察すると、星は出現しては隠れているという時期を経て移動しているように見えます。

これは星が、太陽がまだ地平線上にあるあいだ上昇したり沈んだりする場合です。したがって夜にはこの星は空に見えません。そのため出現しているけれども隠れて見えないと言われます。上昇はしているのですが日中の太陽の光に隠れているのです。

## 出現しているけれども隠れて見えない時期を含む星の位相

シリウスは、南の赤緯16度42分25秒、北緯40度で観察されるため、出現しているけれども隠れて見えない位相を通過することになると考えてください。

北緯40度のシリウスのパラン表を見ると（図22［147頁］を参照）、シリウスは獅子座の約9度とともに上昇することを示しています。しかし双子座10度とともに沈みます。同様に北緯20度でシリウスは蟹座23度とともに上昇し、双子座27度とともに沈みます。緯度に応じてシリウスはほかの星と同様に、ともに沈むときとは異なった黄道の度数でともに上昇します。これは星が太陽とは異なった弧を描いて空を横切っているからです。

## アクロニカルセッティング（日没と同時に沈む）：見えないことの始まり

北緯40度において、現在の太陽が双子座0度であるとき、太陽はシリウスよりも先に上昇し、獅子座9度でともに上昇します。しかし、太陽がその日双子座の約0度で沈むとき、双子座10度とともに沈むシリウスは、夕方早くの光のなかで見えるようになり、西に低くちょうど沈もうとしています。この時

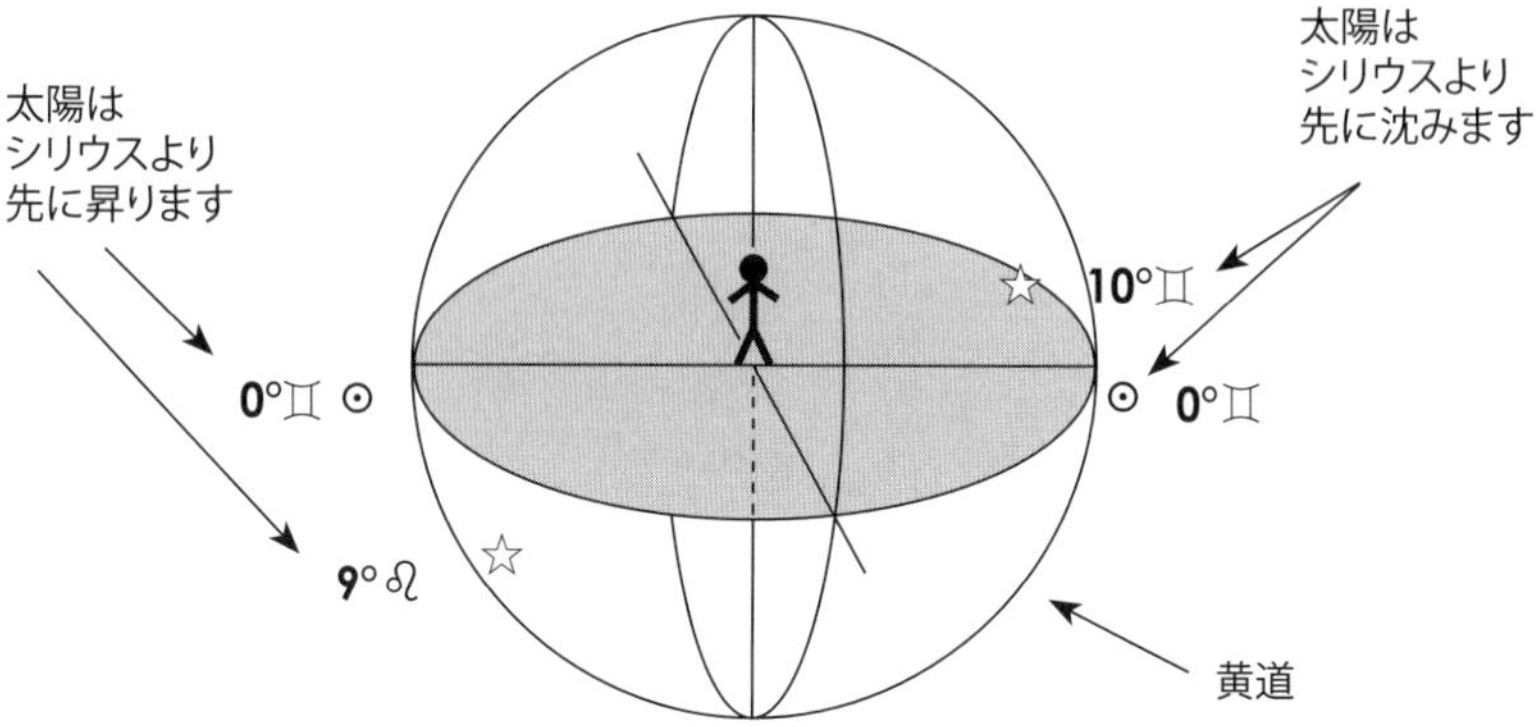


図 23.　シリウスのアクロニカルセッティング、北緯 40 度

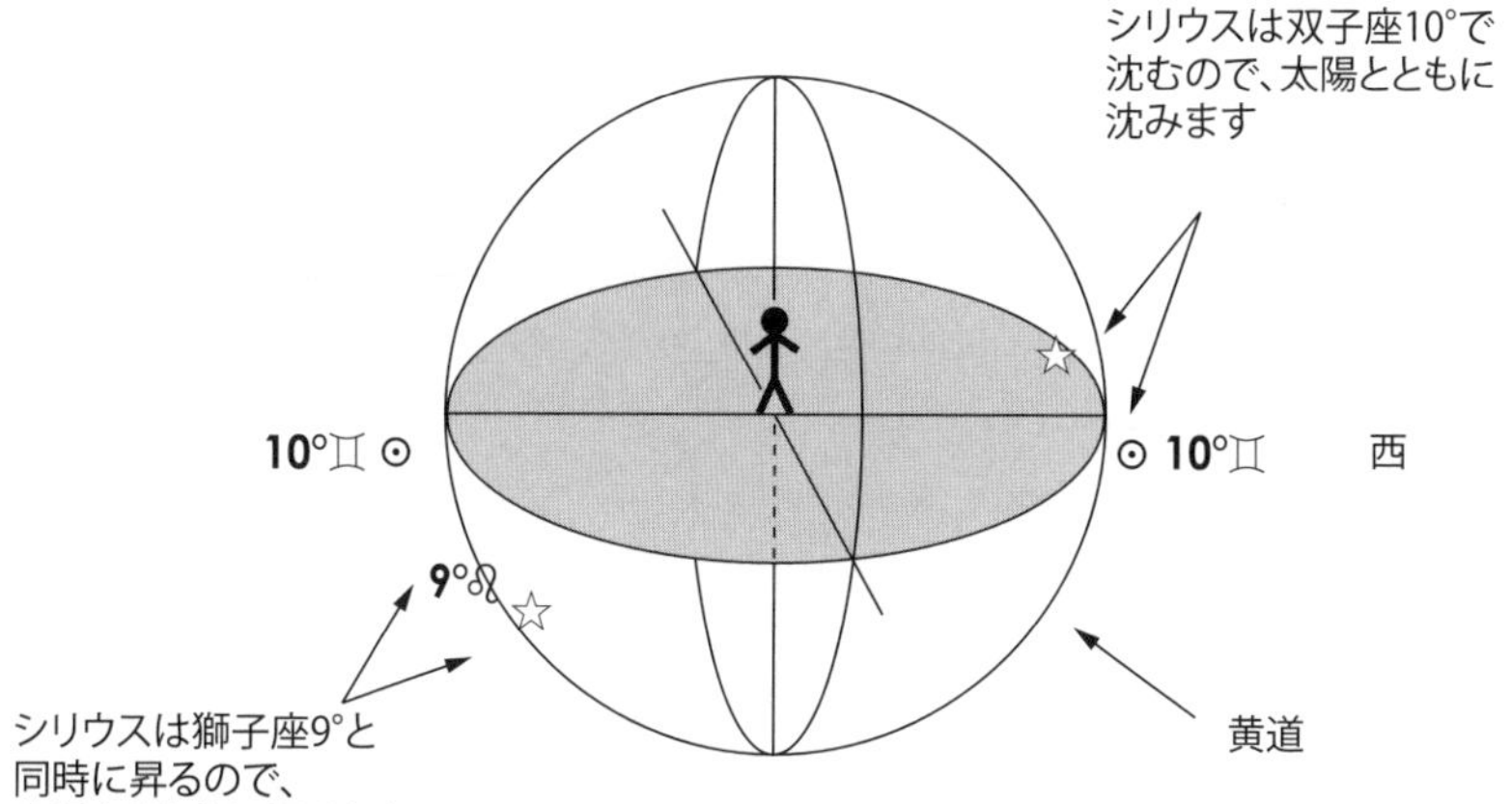


図 24.　シリウスの本当のアクロニカルセッティング、北緯 40 度、双子座 10 度の太陽

期がアクロニカルセッティングと呼ばれ、日没時に星も沈み、出現しているが隠れている位相の始まりを示しています。図23を参照。

**本当のアクロニカルセッティング**

10日後、トランシットの太陽が双子座10度にあるとき、太陽は獅子座9度とともに上昇するシリウスよりも先に上昇します。しかし、太陽は双子座10度で沈み、それはシリウスの下降する度数です（図24を参照）。このためシリウスは太陽とともに沈み、その結果目に見えません。これを本当のアクロニカルセッティングと呼び、出現しているが隠れている時期の正確な始まりです。太陽はシリウスより先に昇り、シリウスとともに沈みます。したがって、シリウスが地平線上にあるあいだはずっと日中であり、星は見えません。

約三十五日後、太陽は蟹座15度にあります。ふたたび太陽はシリウスより先に上昇し、シリウスは獅子座9度がアセンダント（上昇宮）になるまで昇りません。シリウスが双子座10度で沈んだあと、太陽も蟹座15度で沈みます。したがってシリウスは太陽が地平線上にあるあいだ上昇したり沈んだりします（図25参照）。それは目に見えず、出現しているが隠れているとされます。実際に太陽が双子座10度と獅子座9度のあいだのどの位置でも同じ結果

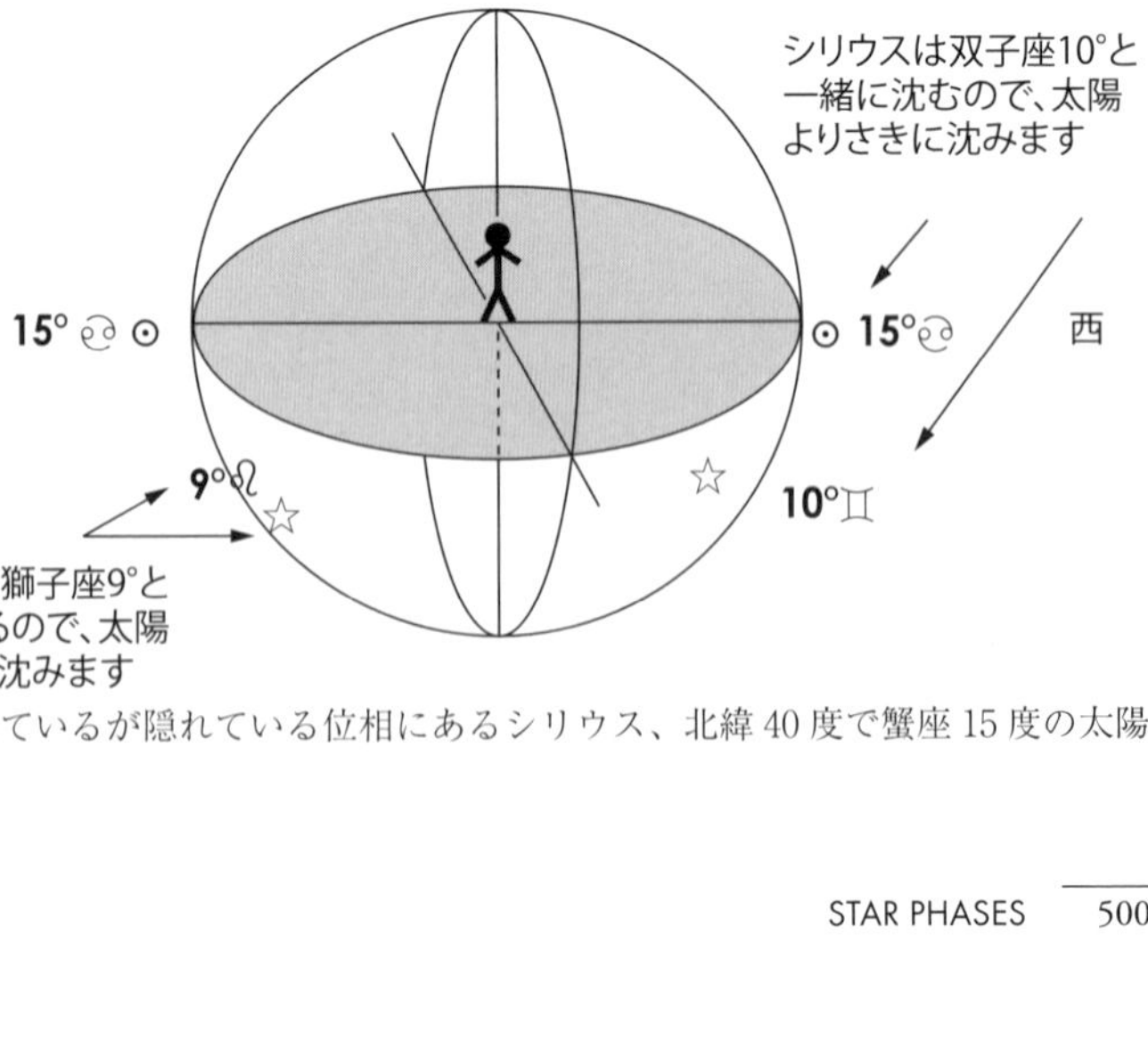

図25. 出現しているが隠れている位相にあるシリウス、北緯40度で蟹座15度の太陽

をもたらします。

**本当に太陽の上昇と同時に昇る：目に見えないことの終わり**

さらに二十五日経つと、太陽は獅子座9度にあり、今度はシリウスとともに上昇しています。これを本当に太陽の上昇と同時に昇る（ヒライアカルライジング）と呼び、太陽とともに昇り、出現しているが隠れている時期の正確な終わりを意味します。

エジプト人はまたこれをコズミックライジングと呼びました、星が光を太陽と混ぜるのが見られたからです。さきに双子座10度とともに沈んだシリウスよりあとに太陽が獅子座9度で沈みます（図26参照）。

**太陽の上昇と同時に昇る（ヒライアカルライジング）のが目に見える**

さらに十日かそこらすると、太陽は獅子座20度になります。シリウスは太陽より先に上昇し、獅子座9度とともに上昇し、太陽が沈むまえに沈みます。しかし、シリウスは、日の出の前の短い時間、早朝の空で見ることができます。これは目に見える太陽の上昇と同時に昇る位相として知られ、シリウスが明白に太陽の上昇と同時に昇る（ヒライアカルライジング）位相とも呼ばれ、出現しているが隠れている期間の目に見える終わりを示しています（図27参照）。

シリウスのような主要な星が太陽の上昇と同時に昇る星としてふたたび現れるとき、盛大なお祝いの時期でした。これは星が生者の世界に戻ってきたこと、暗闇や目に見えない期間の終了を意味したからです。星は黄泉の国に入ると考えられており、星が太陽の上昇と同時に昇ることは再生であり、惑星にそのエネルギーを戻すことでした。重要な星々が太陽の上昇と同時に昇る日付はしっかりと記録され、もし太陽の上昇と同時に昇る日にその星がさすらいの星や惑星とともに上昇したら、それは印か前兆になります。こ

図 26. シリウスが本当に太陽の上昇と同時に昇る、北緯 40 度で獅子座 9 度の太陽

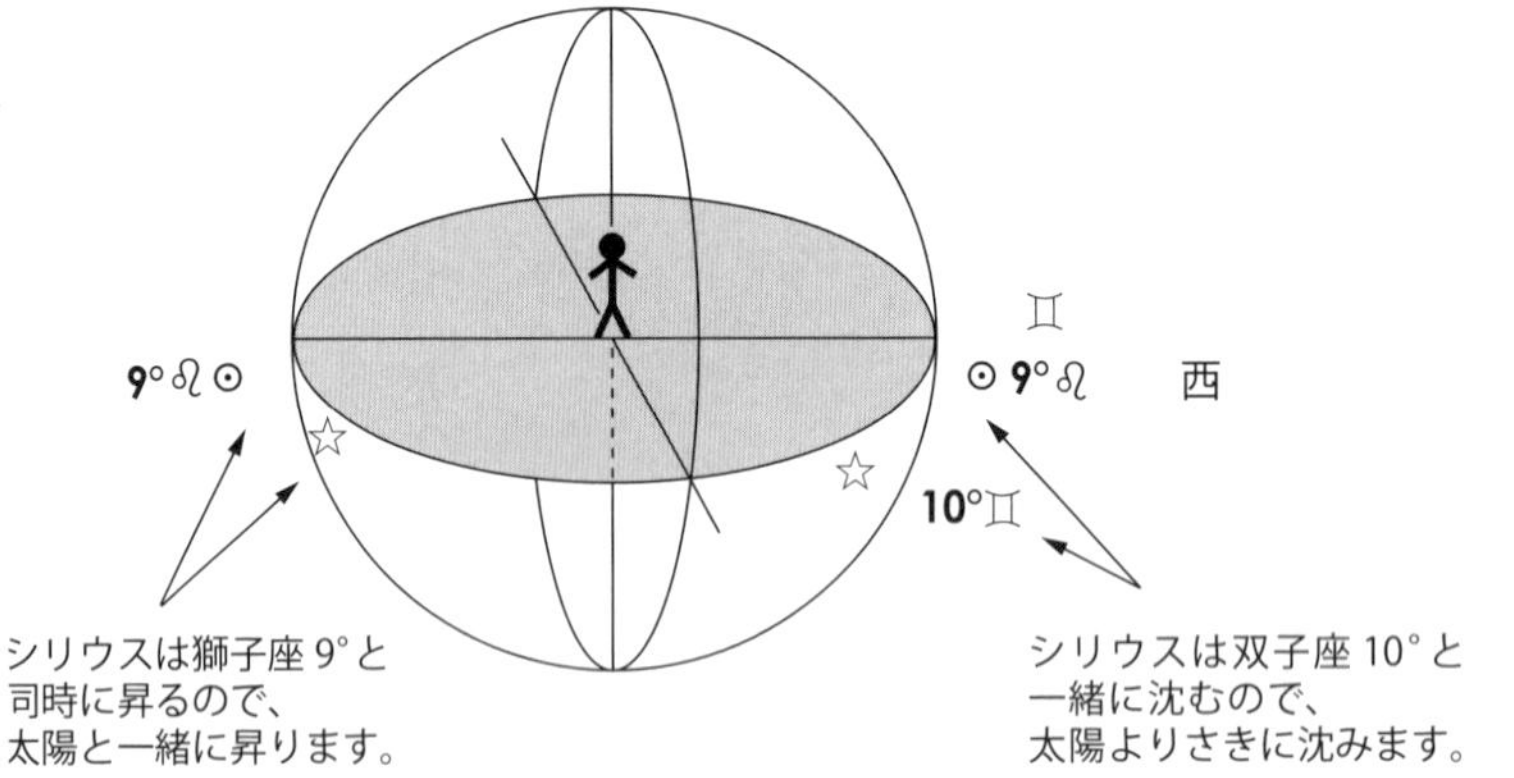


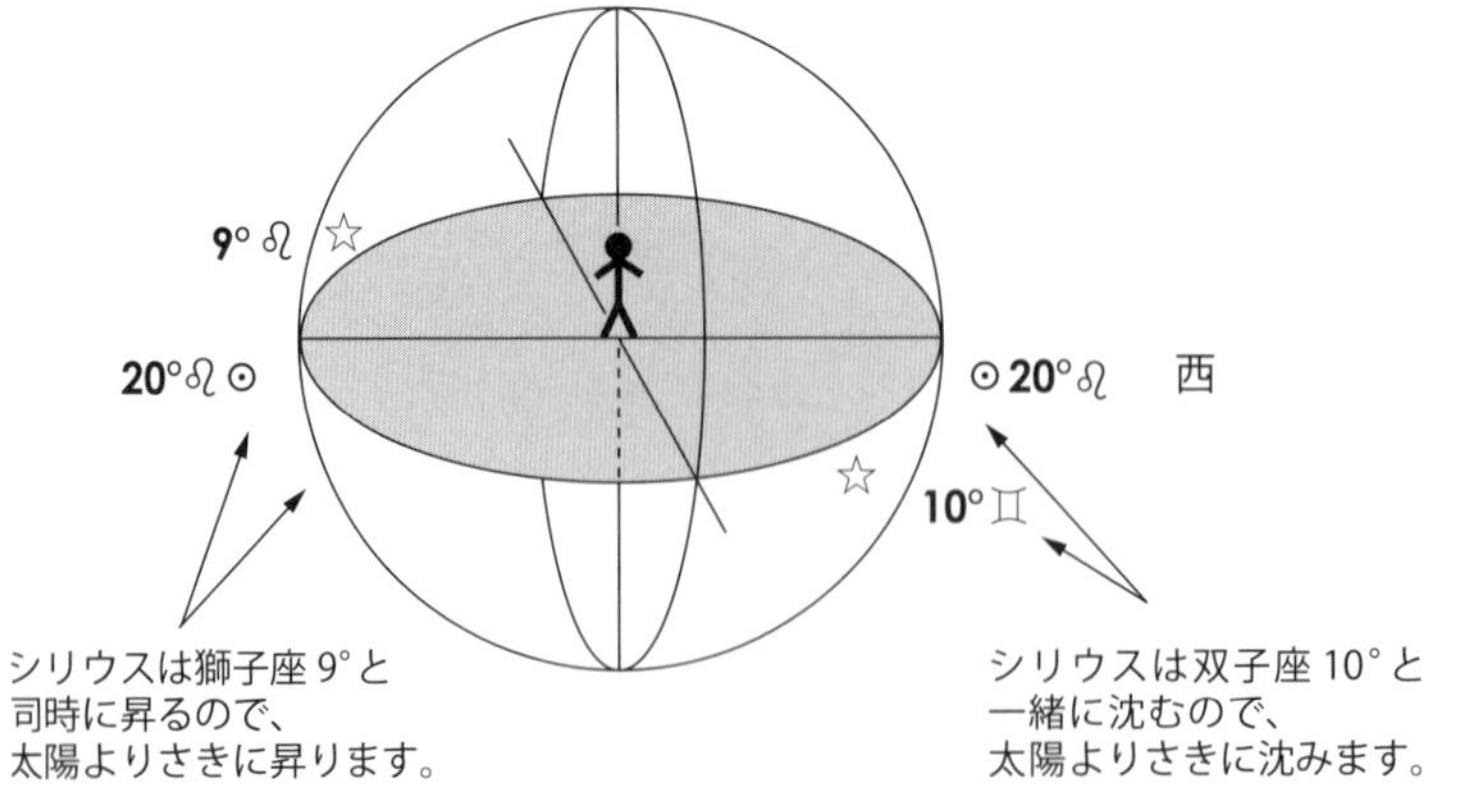


図 27. シリウスが太陽の上昇と同時に昇るのが目に見える、北緯 40 度で獅子座 20 度の太陽

れは恒星を現代にあてはめて使用するさい覚えておくべき重要な点です。のちほど説明します。

## 運行の時期

これはシリウスが夜空で見える期間であり、夜のある時刻に昇ったり沈んだりします。この星は地平線と通過、すなわち接触しているように見えます。この時期は太陽の上昇と同時に昇る時期から太陽の下降と同時に沈む時期まで続きます。

要約すると、太陽が双子座10度から獅子座9度まで移動するのに要する時間のあいだ、北緯40度ではシリウスは目に見えず、夜空に現れません。もしくは北緯20度の場合、太陽が双子座27度から蟹座23度へ移動するのに要する時間のあいだ目に見えません。この目に見えないときの期間は、パラン表の該当箇所に〝出現しているが隠れている（ＡＬＨ）〟として示されています（図22参照）。

## 出現しているが隠れている期間の長さを見つける

北緯40度でのシリウスのパラン図をふたたび見ます（図22参照）。図の下降線と上昇線のあいだに含まれている領域はシリウスが目に見えない時間の長さを表しています。ＡＬＨという文字で示されているように、観測者が赤道（緯度０度）に近づくほど、この領域が小さくなり、そのため星が目に見えない期間が短くなるのがわかります。

最初にシリウスの下降の太陽の上昇と同時に昇る表の日付を読み取り、同じ表からシリウスの上昇の日付を読み取ると、次のことが得られます。北緯40度。シリウスの下降線は六月一日（ヒライアカルライジングの表の日付）に対応しています、いっぽう上昇線はおよそ8月1日に対応しています。

このため、北緯40度ではシリウスは、出現しているが隠れ

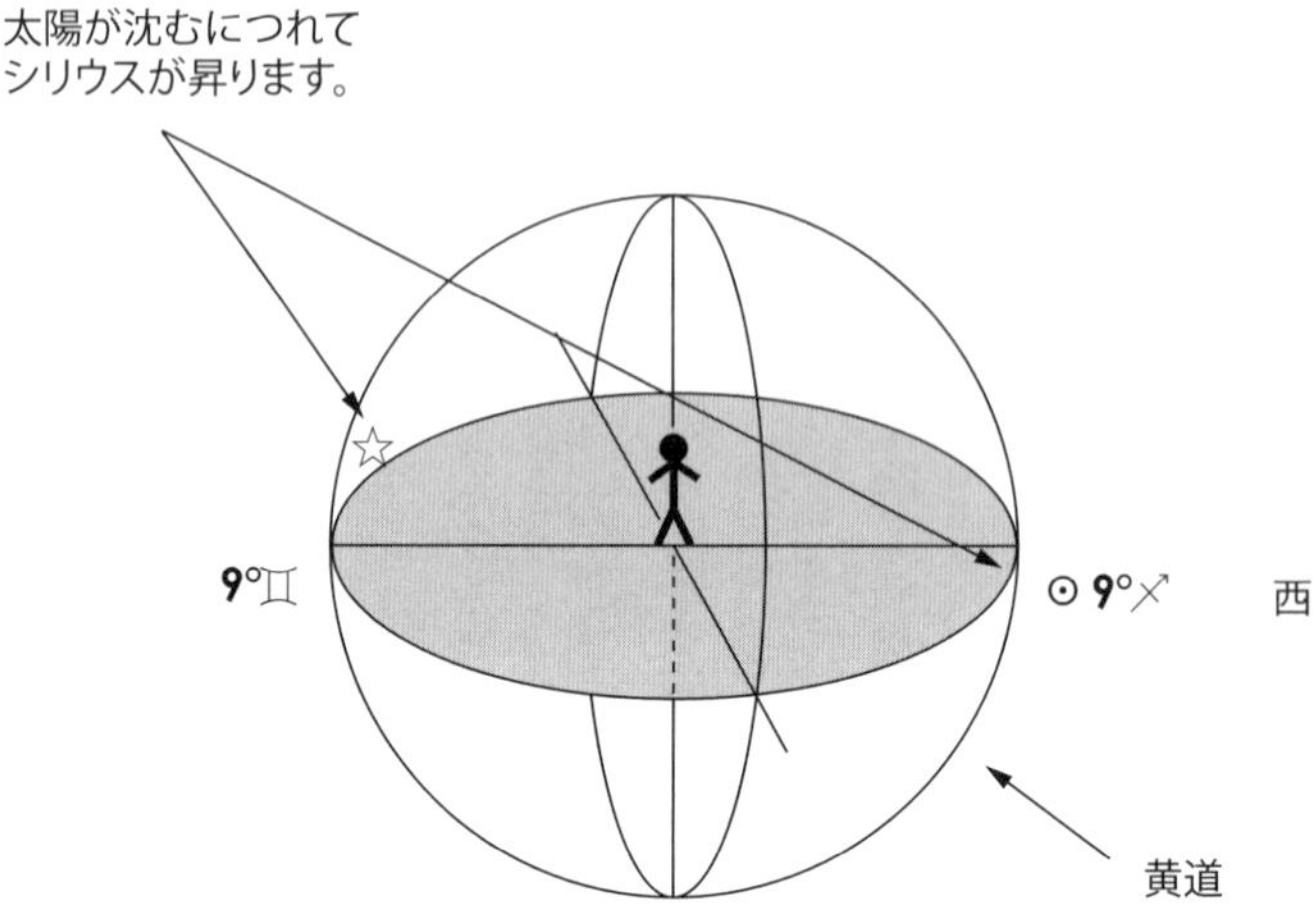


図28．シリウスのアクロニカルライジング、南緯40度

図29．南緯40度におけるシリウスの短縮した運行

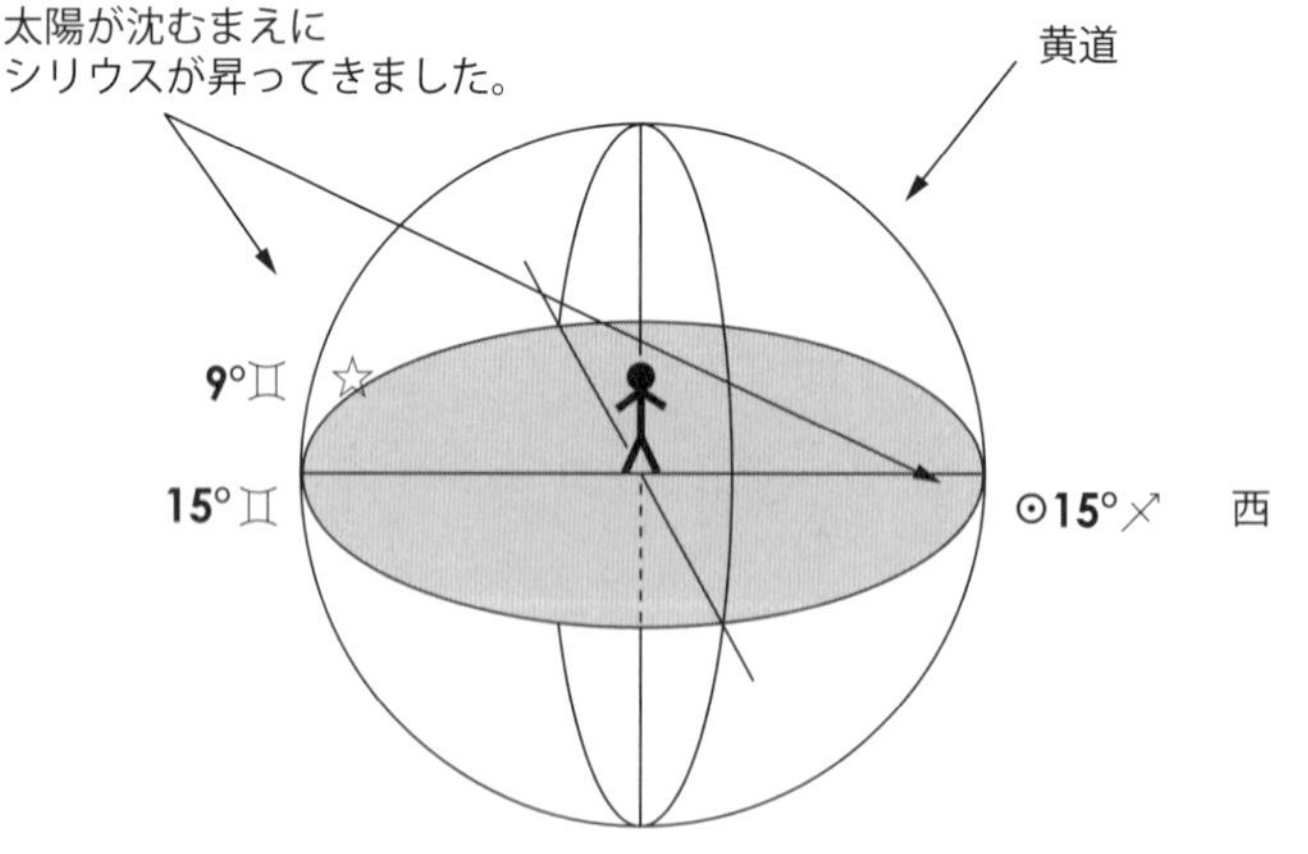

ている期間が六月一日から八月一日までです。北緯20度では、下降線が六月二十日頃に、上昇線が七月十五日頃に対応していますので北緯20度の場合、シリウスは六月二十日から七月十五日まで夜空に見えません。

しかし、南緯40度を見るとしたらどうでしょう。私たちは南半球の南の赤緯の星を見ていることになりますので、出現しているが隠れている期間がありません。シリウスは一年のうち毎晩見えますが夜じゅう上昇したり沈んだりしないようにみえる期間があります。その代わりに日没の夜空にあり、夜明けの夜空でも見えます。この期間を短縮した運行と呼びます。

**短縮した運行の期間を含む星の位相**

ふたたびシリウスを使います。南緯40度のパラン図によると、シリウスは双子座9度とともに上昇し、獅子座10度とともに沈みます。これは北半球の例の正反対というより鏡像です。図22参照［147頁］。

**アクロニカルライジング：短縮した運行の始まり**

アクロニカルライジングは日没時に星が上昇するときであり、短縮した運行の期間の始まりを示しています。南緯40度におけるシリウスの場合、太陽が沈み、双子座9度が上昇するときです。言い換えれば太陽が射手座9度で沈むとき、シリウスが昇ってくるように見えます。図28参照。

## 短縮した運行

カレンダーを先に進めると、太陽が射手座15度にあるとき沈むと、双子座15度が上昇し、双子座9度とともに上昇するシリウスはすでに上昇しているはずです。そのため空が暗くなり星が現れると、シリウスはすでに見えています。図29参照。

翌朝の日の出では、太陽は射手座のおよそ16度で上昇します、これは双子座16度が沈むことを意味します（図30参照）。しかしシリウスは獅子座10度とともに沈みますが、空でまだ見えるでしょう。そのため、シリウスがすでに上昇し、夜空に見える状態で太陽が沈み、シリウスが沈むまえに太陽が昇ります。したがって一晩中シリウスは昇りも沈みもせず、夜のあいだずっと見ることができます。これを短縮した運行と呼び、パラン図にはCPと記されています。

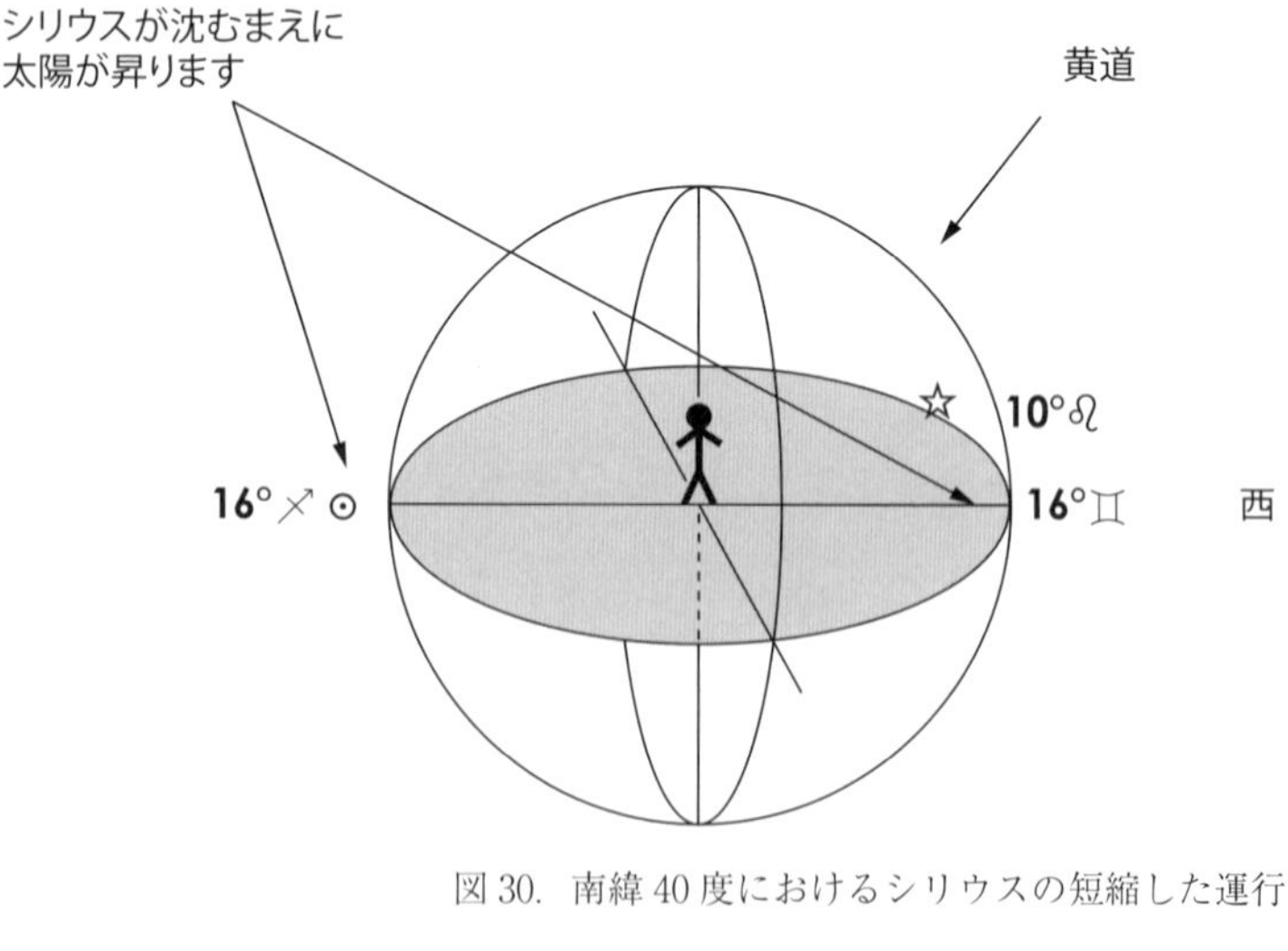


図30．南緯40度におけるシリウスの短縮した運行

### 太陽の上昇と同時に沈む：短縮した運行の期間の終り

太陽が水瓶座10度になるまでカレンダーを進めます、太陽が水瓶座10度で沈むと、獅子座10度が上昇し、双子座9度で上昇したシリウスが夜空に浮かびます。太陽は翌日水瓶座の約10度で上昇するとき、獅子座10度が沈みます。このためシリウスは沈み（ヒライアカルセッティング）、これは短縮した運行の期間の終わりです（図31を参照）。シリウスは太陽が上昇するときに沈みはじめるので、ちょうど地平線に触れはじめます。

### 運行時間

運行時間はシリウスが夜空に見える時間で、夜間に上昇したり沈んだりする時間です。星は地平線を〝通過〟、すなわち接触しているように見えます。この期間は星が太陽の上昇と同時に沈む時期から太陽の下降と同時に昇る時期まで続きます。上記の例では、南緯40度で観察されたシリウスの通過時間は、太陽が水瓶座10度から射手座9度に達するまでの時間になります。そのため、太陽が射手座9度から水瓶座10度に移動するあいだ、短縮した運行の期間が続きます。

### 星が短縮した運行の期間にある時間の長さを決定する

どの星も短縮した運行の期間は、パラン図の太陽の上昇と同時に沈む表を読み取ることで決定できます（図22）。南緯40度の上昇線からはじめて、対応する日付は十二月一日頃になります。南緯40度の下降線を使用すると対応する日付は一月三十日です。そのため南緯40度では、シリウスの短縮した運行の期間は十二月一日から一月三十日までです。いっぽう南緯20度の場合、シリウスの短縮した運行の期間は十二月十五日頃から一月十五日頃までです。

星が短縮した運行の位相にあるとき、目に見える形で地上に接触することはありません。すなわち地平線に接しているように見えません。この位相の意味について書かれたものはほとんどありませんが、星が一時的に不死の周極星の領域に移動し、沈むことはないように見えるため、星の影響は地球の出来事とあまり関係していないという仮説を立てることができます。したがって、人間の営みを超えています。

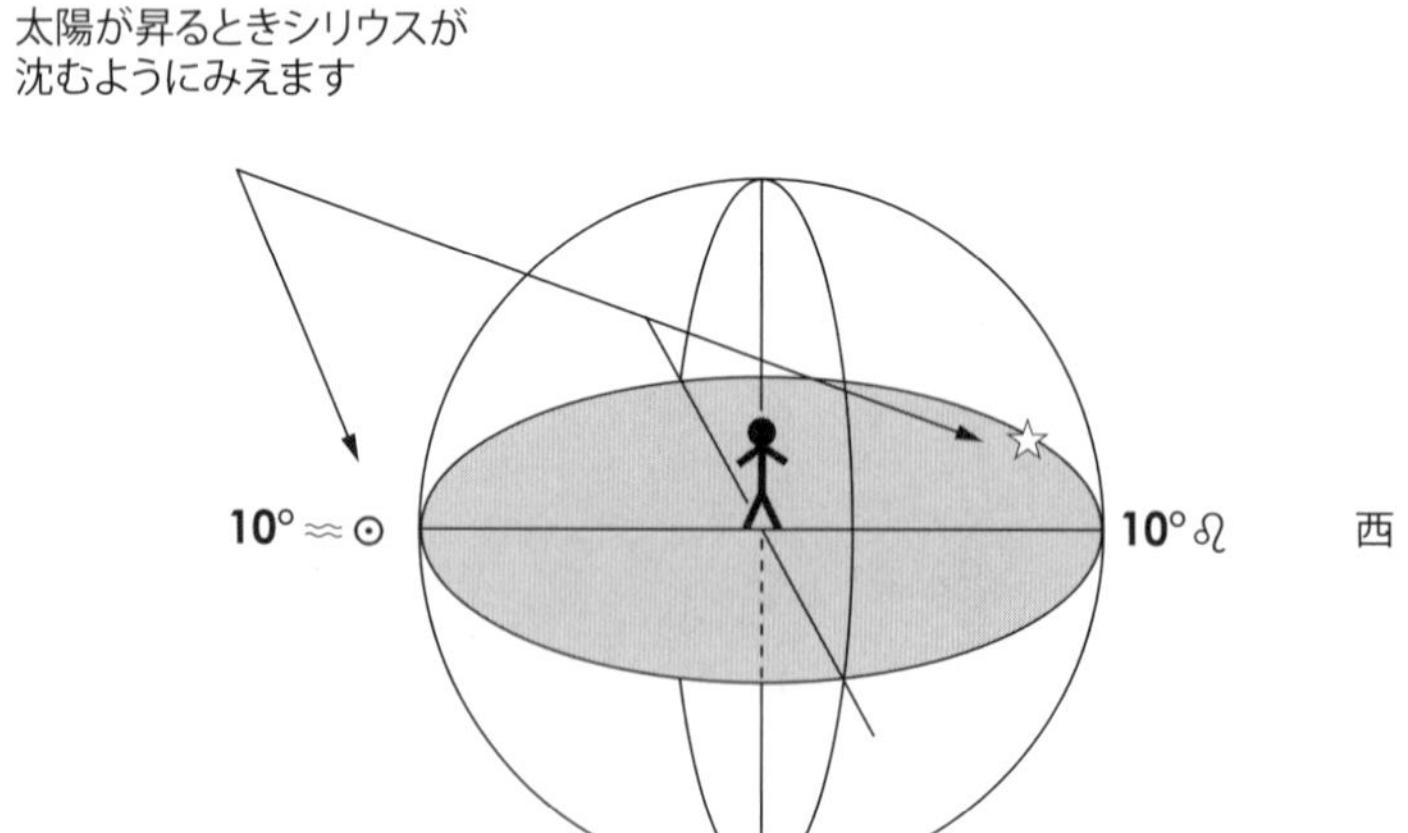


図31. 南緯40度でシリウスが太陽の上昇と同時に沈む

## 本当の、あるいは明白な位相

星の位相では、目で見える、または明白な位相もしくは本当の位相もしくはエジプト人がコズミックライジングと呼ぶものを使用することが可能です。たとえば星が明白に太陽の上昇と同時に昇るのは、太陽のまえにちょうど視覚的に上昇していることです。星そのものは昇る太陽のまえで8度から11度の範囲にある可能性があります。同様に、明白に太陽の上昇と同時に沈むのは、夜明けの光が空に広がるちょうどまえに沈む星であり、太陽と真向かいの7度から10度まえになります。明白な位相は目で見えるという事実にもとづいています。

いっぽう本当の位相は、目で見えるという概念でなく、数学的な概念にもとづいています。星の本当のあるいは宇宙的な上昇（コズミックライジング）は、太陽が地平線上にあるとき正確に星が上昇する日です。[4] エジプト人は〝ヒライアカル〟という用語を目で見えるライジング（上昇）とセッティング（下降）にのみ使用しました、いっぽうで〝コズミック〟という用語は本当の上昇に使用されました。[5] しかし、プトレマイオスの時代には太陽との上昇は両方ともヒライアカルと定義され、ひとつは本当の、もうひとつは明白な上昇でした。[6] 両形式のライジング（上昇）は最古の時代から使われていました。

4　太陽の球体の大きさについては考慮されてなかったように思われます。
5　Lockyer, *The Dawn of Astronomy*, pp. 121, 160
6　Ptolemy, *The Phases of the Fixed Stars*, p. 4.

この本にある星の図はすべて本当の位相です。明白な位相は日付を適切に調整することで計算可能です。プトレマイオスの時代にはこの調整は以下の通りでした。一等星の場合には、星のヒライアカルライジングとセッティングには、星と太陽が同じ地平線上にあるならば11度の差が通常使われます。星と太陽が地平線の反対側にあるならば、7度の伏角が使用されました。[7] 二等星の場合には値はそれぞれ14度と8.5度です。[8] 一等星は次のとおりです。

・明白に太陽の上昇と同時に昇る場合は星が太陽より約11度まえに上昇するときです。太陽と星はいずれも地平線の東側（上昇している）にあります。

・明白に太陽の下降と同時に沈む場合は星が太陽より約11度あとに沈むときです。太陽と星はいずれも西側（沈んでいる）の地平線にあります。

・明白に太陽の上昇と同時に沈む場合は太陽が上昇するとき星が沈むまで約7度の位置にあるときです。太陽（東）と星（西）はそれぞれ地平線の正反対にあります。

・明白に太陽の下降と同時に上昇する場合は太陽が沈むとき星が約7度上昇したときです。太陽（西）と星（東）はそれぞれ地平線の正反対にあります。

7 正確なオポジションの前後の度数。
8 Lockyer, *The Dawn of Astronomy*, p. 121.

どの位相を使用するかについてのジレンマは未解決の問題でした。プトレマイオスによれば下記の通りです。

現れるということは、(地平線上の)明確な形象と明白な形象が同時に現れることであり、定められた形象のうち、本当のものは時間そのものを不明瞭にするが、明白なものは太陽の場所を不明瞭にするからである。[9]

言い換えると、本当の位相では、星が地平線にある場合正確にはわかりません、太陽の光のなかで失われるためです。明白な位相では、太陽が昇っていないため、太陽の正確な位置が同様に不確かです。

## 星が本当に太陽の上昇と同時に昇る期間あるいは沈む期間を決める

各パラン表を使用して、任意の緯度における星の本当の位相を見つけることができます。図22〔147頁〕はシリウスの表です。北緯40度の上昇線は、シリウスが獅子座の約9度でその緯度に上昇することを示します。ヒライアカルライジングの表の列に移動すると、その日付は八月三日です。しかし、この図が

9　Ptolemy, *The Phases of the Fixed Stars*, p. 4.

示す地点は八月三日の線の少し下にあるので、もっと正確に読めば八月一日になります。したがって北緯40度でシリウスが本当に太陽の上昇と同時に昇るのは八月一日に発生します。

下降線を見て、ヒライアカルセッティングの表に移動してみましょう。その日付は十二月三日です。したがって北緯40度でシリウスが太陽の上昇と同時に沈むのは十二月三日に発生します。

## 星が本当に太陽の下降と同時に昇る期間あるいは沈む期間を決める

表のアクロニカルの見出しを使用すると、北緯40度でシリウスは双子座10度で沈みます、アクロニカルセッティングの表によると、日付は六月一日です。したがって北緯40度でシリウスが本当に太陽の下降と同時に下降するのは六月一日に発生します。

今度はシリウスの上昇線を見て、アクロニカルライジングの列を横切ります。該当する日付は一月三十日です。またしても図の交差する地点はこれより少し下になります、そのため一月二十八日とします。したがって北緯40度でシリウスが本当に太陽の下降と同時に上昇するのは一月二十八日に発生します。

### 特定の日に太陽の上昇と同時に昇る星を決めるのに使用する星

どの星が太陽の上昇と同時に昇る、あるいは沈むのかを設定することで特定の日の性質を決定するに

| 1等星 | 2等星 |
|---|---|
| ペラ（ぎょしゃ座） | アルゴル（ペルセウス座）* |
| ヴェガ（こと座） | メンカリナン（ぎょしゃ座）+ |
| アルクトゥルス（うしかい座） | デネブ（はくちょう座） |
| レグルス（しし座） | アルフェッカ（かんむり座） |
| デネボラ（しし座） | カストール（ふたご座） |
| アルデバラン（おうし座） | ポルックス（ふたご座） |
| プロキオン（こいぬ座） | アルフェラッツ（アンドロメダ座） |
| ベテルギウス（オリオン座） | アルタイル（わし座） |
| スピカ（おとめ座） | ベラトリックス（オリオン座） |
| リゲル（オリオン座） | アルファード（うみへび座） |
| シリウス（おおいぬ座） | ズベン・エシャマリ（てんびん座） |
| フォーマルハウト（みなみのうお座） | ズベン・エルゲヌビ（てんびん座） |
| アケルナル（エリダヌス座）** | アルニラム（オリオン座） |
| カノープス（りゅうこつ座） | アンタレス（さそり座） |
| リゲル・ケンタウルス（ケンタウルス座）++ | ルクバト（射手座） |

表1 プトレマイオスの星

* プトレマイオスは単に〝ペルセウス座の明るい星〟と言っています。最も明るい星はミルファクですが、一般的な意見はプトレマイオスがアルゴルに言及していたということです。
+ この星は、カペラやエル・ナトもぎょしゃ座に属するので、本文に含まれていません。
** プトレマイオスは〝エリダヌス座の最後の星〟と言及しています。その時代にはこの星はアカマーでした。しかし、この星は3等級しかなく、したがって1等星のリストに入れたことは奇妙です。現代ではこの星座は広げられ、0.4等級の星アケルナルで終わっています。この星は非常に明るい星なので、プトレマイオスが言及していた星であると結論付けることができます。
++ トリマンとも呼ばれます。

さいして、当然の疑問が生じます。どの星を使用すればいいのでしょうか？　八〇〇〇の目に見える星々があります。この質問にはプトレマイオスが最良の解答をしています。

次のとおりです。

古代人が名付けた星のうち暗いものを入れていないことについて……質問が重大でなければ、このような小さな星のとりわけ最後の位相と最初の位相は区別しにくく、なんとも考慮しにくいので、まったくの幻であることを認めなければならない……そして、この最初の出版物は、定められた理由で一等星と二等星の恒星までしか提出されていないので……きわめて明らかである。[10]

プトレマイオスはほかの暗い星は明るい星とぶつかるだけであると説明を続け、明るい星が太陽の上昇と同時に昇るとき、暗い星が同時に昇るとするのは誤りであると指摘しています。

表1はプトレマイオスの一等星と二等星のリストであり、どの星が誕生した日に太陽の上昇と同時に昇る星となりうるかを決めるためのガイドとして使用する必要があります。付録CとDには、占星術師が日付と場所にかんするこの情報を見つけるのに役立つように、主要な星すべてのヒライアカルライジング（太陽の上昇と同時に昇る）とアクロニカルセッティング（太陽の下降と同時に沈む）のパラン表

10　Ptolemy, *The Phases of the Fixed Stars*, p. 9.

も含まれています。

限られた数の恒星しか使用しなかったことをさらに裏付けるのが、バビロニア人の主要な星のリストに示されてあり、全部で二十八個あります。[11] この数はエジプトの星が上昇する暦や月のマンション（月の宿曜）の数においても重要です。

## 定義の要約

二種類の星の位相があります。

11 Lockyer, *The Dawn of Astronomy*, p. 408.

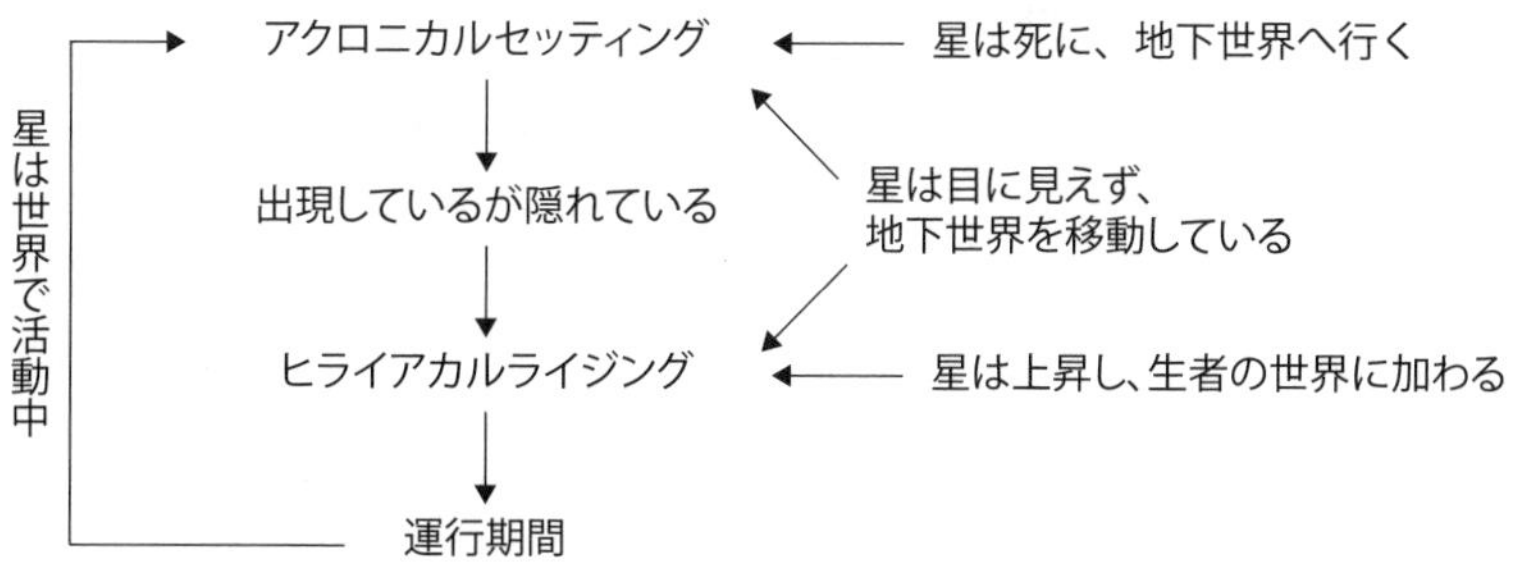


図 32.　出現しているが隠れている位相の段階

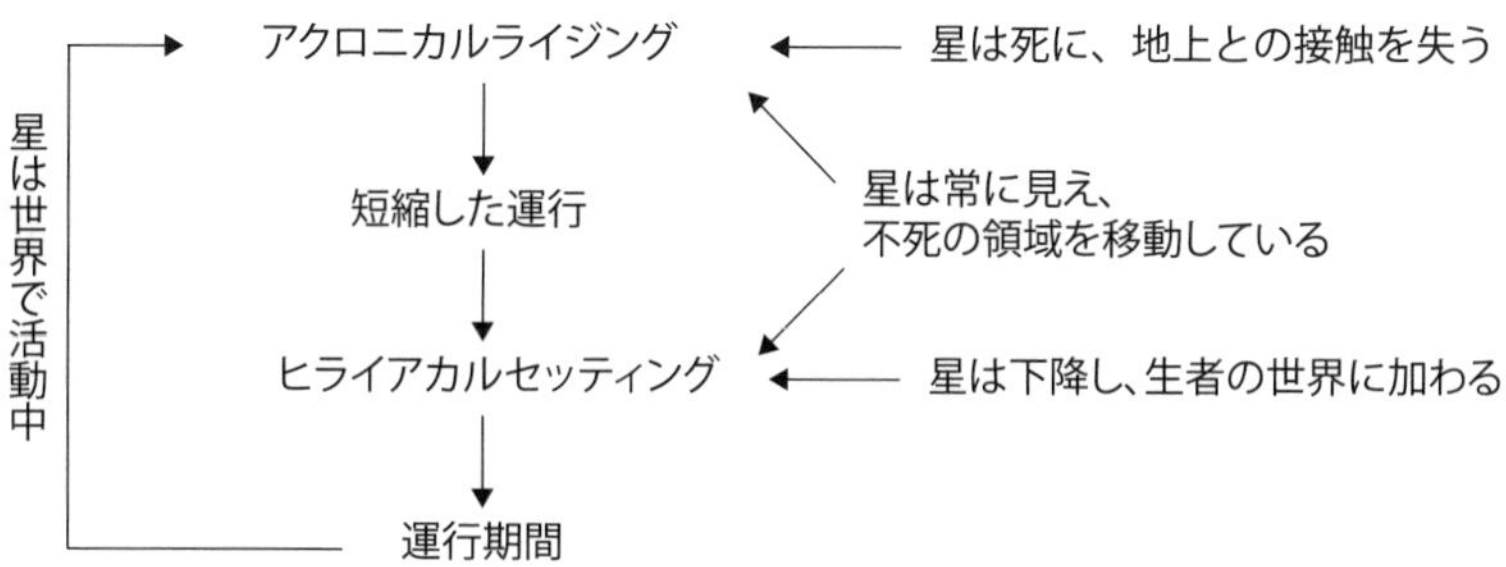


図 33.　短縮した運行の位相の段階

・出現しているが隠れている

赤緯とは反対側の半球にある緯度から星が観察されるときに発生します。

・短縮した運行

赤緯と同じ半球にある緯度から星が観察されるときに発生します。

## 星の位相の期間

**太陽の上昇と同時に昇る**（**ヒライアカルライジング**）

星が太陽とともに上昇すること。出現しているが隠れている時期の終わりを示します。サイクルのなかで最も重要な期間であり、夜空から離れていた星がふたたび現れることを示します。

**太陽の上昇と同時に沈む**（**ヒライアカルセッティング**）

太陽が昇るときに星が沈んでいること。短縮した運行期間の終わりを示し、星が地上に触れることができる期間の始まりを示します。

**運行期間**

星が夜間に上昇したり沈んだりするカレンダーの時間。したがって、地上に触れ、人間と関わっているように見えます。

**アクロニカルセッティング（日没と同時に星が沈む）**

星が太陽とともに沈んでいます。これは出現しているが隠れている期間の始まりを示します。

**アクロニカルライジング（日没と同時に星が上昇する）**

太陽が沈むときに星が昇ります。これは短縮した運行の時期の始まりを示します。

**出現しているが隠れている**

星が夜空から消えている期間。星は日の出後に上昇し、日没まえに沈みます。

**短縮した運行**

星が永続的に夜空にある期間、日没前に上昇し、夜明けのあとまで沈みません。

二種類の位相は次のように表すことができます。
出現しているが隠れている位相：赤緯の反対側の半球から観察される星。図32参照。
短縮した運行の位相：赤緯と同じ半球から観察される星。図33参照。

## 出生およびマンデン占星術における星の位相

星の位相の現象によって、夜空からしばらく姿を消す星があり、その星が現れる最初のきざしは、もし出現しているが隠れている場合、夜明けの直前に上昇することになります。エジプト人にとって、上昇する天体はすべてホルスに属しており、ホルスの表現でした。[12] そのため、太陽の上昇と同時に昇る星はそうした神の帰還であるので見守り、祝う必要がありました。明らかに、特定の星は歳差運動の影響はさておき、ある年から次の年の暦の同じ期間、常に夜明け前に上昇し、実際にエジプトの暦はこうした上昇にもとづいていました。[13] しかし、こうした上昇もホルスに結びついていたので、暦は宗教的な慣習の布地のなかに織り込まれていました。大きな神殿は特定の星が太陽の上昇と同時に昇るのに合わせて建設されました。アヌは紀元前五〇〇〇年頃カペラに合わせて、タイルは紀元前三〇〇〇年ごろ

12　Lockyer, *The Dawn of Astronomy*, p. 149.
13　エジプトの暦は次の三種類の年が含まれているため混乱します。三六五日の〝曖昧年〟。シリウスの昇る日にもとづく〝聖年〟。ナイル河の水位上昇にもとづく〝真の年〟。〝聖年〟は、偶然にもユリウス暦とまったく同じ長さでした。

ヴェガに合わせて、[14] セティ二世として知られる神殿はカルナックに建てられ、[15] 紀元前一三〇〇年ごろのあいだカノープスの上昇に合わせて建てられました。これらは一部の例です。星の光は、磨かれた石と金の助けを借りて神や女神の暗くなった彫像を照らし、[16] 不死が世界に戻ってきており、単なる人間が触れることができる時代の始まりを意味しました。しかし、星の上昇のアジマス（訳注 地平線の点）[17] は歳差運動に非常に敏感で、神殿がこの機能を果たすのは数百年のあいだです。これに対応するためにエジプト人は、古い神殿のとなりに新しい神殿を建てるが、配置を数度だけ変えるか、古い神殿を新しい配置に移動させました。初期の考古学者たちがエジプト人を対称忌避すなわち左右対称であることを好まないと考えたのはこのためでした。彼らの神殿は互いに隣り合って立っていましたが、角度が少しちがっていて、細部がフランス人と英国人の目には不快に見えたからです。しかし、太陽の上昇と同時に昇る星に合わせることは、エジプト人にとっては対称性を好む人間の自然な気持ちよりはるかに重要なことと考えられていました。

神殿を星に合わせる習慣は同様にギリシャ文化に引き継がれました。ギリシャの神殿の多くは重要な星と並んでいることが発見されてきました。たとえばスピカの上昇は紀元前七一五年頃エフェソスでア

14 Lockyer, *The Dawn of Astronomy*, p. 161.
15 Lockyer, *The Dawn of Astronomy*, p. 184.
16 上昇する光に合わせて配置された神殿は女神に捧げられ、いっぽう西の、あるいは死にゆく光は神々の領域でした。
17 通常、コンパスの方位として表される地平線上の点。

ルテミスの神殿を整列させていたことで知られていました。アクロポリスの神殿のうちふたつは、プレアデス星団の上昇に並んでいました[18]。

位相に意味をもたらす占星術的な著作を見つけるのは困難ですが、エジプトの建築だけでなく神学から明らかなことに星が世界と関わる時代は、すなわち星が通過するとき、人間はそのエネルギーと接触することができる期間と考えられていました。付け加えると、早朝の光が空を満たすまえに昇る最後の星（太陽の上昇と同時に昇る星）は、その期間の主たる影響を与える星または神／女神だとされました。上昇する星は数多くありますが、暦の日または期間を求めると言われる数はエジプト人によって二十四の星に減らされ、プトレマイオスの頃には二十八から三十に増えました。これらの星はすべて一等星か二等星であり、したがってちょうど夜明け前に見えるのに十分な光の強さがあり、その数により、一般的にはおよそ二週間支配すると考えられていました。太陽の上昇と同時に昇る星は次の太陽の上昇と同時に昇る星が見えるようになるまでその期間を支配します。

星の位相ととりわけ太陽の上昇と同時に昇ることにかんするこの情報は、（この主題の歴史のなかで最古の占星術の技法ではないとしても最も古いもののひとつですが）非常に長いあいだなおざりにされてきたため、その意味のほとんどが忘れられてきたことに私たちが気づきさえすれば、現代占星術での恒星の使用に暫定的に再適用できます。したがって私たちは非常に古い基盤にもとづいた技術を構築し

18　Lockyer, *The Dawn of Astronomy*, p. 424.

ています。これらの技術は歴史的にしっかりしているものの、いまなお不確かなパラメーターをもっています。

## 出生図占星術における星の位相

すでに論じたように、エジプトの伝統では星が運行している期間は、すなわち夜空で上昇したり沈んだりするのが目に見えるとき、人間の世界に最も大きな影響を与える期間であることを意味しています。この期間のあいだ星の表現の極みは星が明白に太陽の上昇と同時に昇る星になるときです。生きてこの世界と取り組み、出生図によって表される私たち自身のような人間にとって、この期間は星と対話でき、星のエネルギーを成長し、発展する、運命論的でない方法で使用できる期間です。これは星とより身近に接することのできる時間です。

これが現代占星術で意味するのは星が通過するときに星の描写により心理的なアプローチをとることができるということです。

### 星が短縮した運行か、出現しているが隠れているとき

星が短縮した運行の期間、または出現しているが隠れている期間にある星については、視覚的に地平線に接しないため、地球との接触が不足しています。この状況では、星はより宿命的に現れる傾向があり、

当人は星のテーマに影響を与えることができません。こうした星の意味は白黒がよりはっきりしたもので、まさしく古い種類の恒星使用法です。したがってこの星は当人を高みに引き上げると同時に、失敗の岩の上にたたきつけるかもしれません。軌道のない星にはその位相のためか、その緯度で周極であるためか、人間のコントロールはほとんど及びません。いずれにせよ、地平線に触れていない星を扱うのはより困難です。

## 誕生の日にちと場所による明白に太陽の上昇と同時に昇る星

星の位相が星の表現を調節できることに付け加えて、誕生の日にちと時間による明白な太陽の上昇と同時に昇る星もまた考慮に入れることができます。明白な、あるいは本当の太陽の上昇と同時に昇る星にしたがってだれもが一日を支配する特定の星とともに生まれているからです。実際には、これは日の出のチャートを使って作業し、10度から14度までのオーブを使い、日の出まえに昇る最後の明るい星を探します。ちょうど上昇した(明白な)あるいはちょうど昇っている(本当の)明るい星を探しているので実際使用されているオーブは関係ありません。生まれた時間帯を〝支配した〟星を探しています。

たとえばアルバート・アインシュタインは、一八七九年三月十四日、北緯48度30分、東経10度00分、ドイツのウルムに生まれました。[19] 525ページのチャート2を見てください。アインシュタインの誕生の朝、

19 Blackwell's Data Set, Astrolabe.

その日の本当に太陽の上昇と同時に昇る星はおひつじ座の主星ハマルでした。ハマルは毎年三月十二日から十七日頃まで北緯48度30分では本当に太陽の上昇と同時に昇る星です。ハマルがその緯度で太陽とともに上昇する同じときに、ベテルギウスが〝運行する〟位相にあるあいだ天頂にあります。毎年三月の中旬には、その緯度でハマルは太陽とともに昇り、ベテルギウスが天頂にあります。そのためアルバート・アインシュタインはこれらの星の位相によってハマルとベテルギウスが混じり合っていました。

ハマルの意味は、自分で考えられること、集団のひとりではなく独立していること、あえて人とちがうことをすることです。ベテルギウスは天空で最も偉大な星のひとつで大きな成功を意味します。運行するので、この成功は個人的なものであり、人生でコントロールできます。

さて気づくべき重要な点は、毎年三月十四日にドイツの都市ウルムでアインシュタインの誕生から約一〇〇年前後のあいだ、これは本当でしょう、明らかにこの暦の日に生まれた偉大な天才はほかにいないことです。アインシュタインを特別にしているのは、偉大さと独立のこのエネルギーが彼のチャートのとくに強いアスペクトと結びついていることでした。アインシュタインの出生図で興味深い特徴のひとつは水星が土星と合になり、この合がこの時期の太陽の上昇と同時に昇る星と結びついていたことです。土星と水星の合がハマルとともに上昇していました（図34を参照）。つまり両方の星がアインシュタインに触れていました。そして生まれた日の太陽の上昇と同時に昇る状況と個人的に接触しています。ハマルもベテルギウスも水星と土星をとおして彼のチャートに焦点を当てています。アインシュタインの合と同じ緯度で同じ日に生まれた子供たちもおそらくほかにいました。なぜ彼が影響を受け、ほかの人たちはそうでなかったのかは、占星術の答えられない大きな疑問のひとつです。

ここに示されている技法はとても古く、基本的には誕生時の太陽の上昇と同時に昇る星の重要性を認めたものです。第一にほかの主要な星が日の出時にアングルに位置している場合、この星は出生図に印があり、この印を拡大させるという仮説を立てることができます。第二に、そして最も大切なことに星が通過している惑星や出生時の惑星と接触するのを解釈することで、この星のエネルギーを個人化します。アインシュタインのチャートでは、土星と水星の合は第10ハウスにあることに注意してください、しかし、このことに関心をもっていません。何が日の出時にアングルにあったかを見ています。

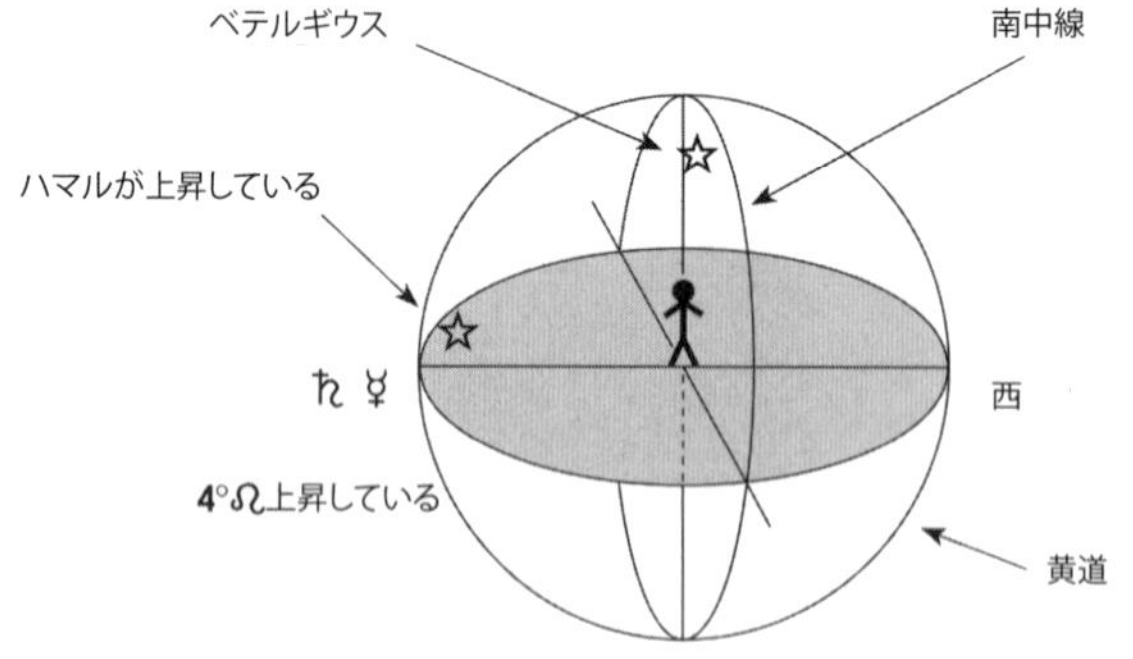

図34. ベテルギウスが天頂にあるときハマルが上昇している。1879年3月14日、ドイツのウルム、北緯48度24分。

別の例としてはニール・アームストロングの出生日であり、一九三〇年八月五日、北緯40度31分で生

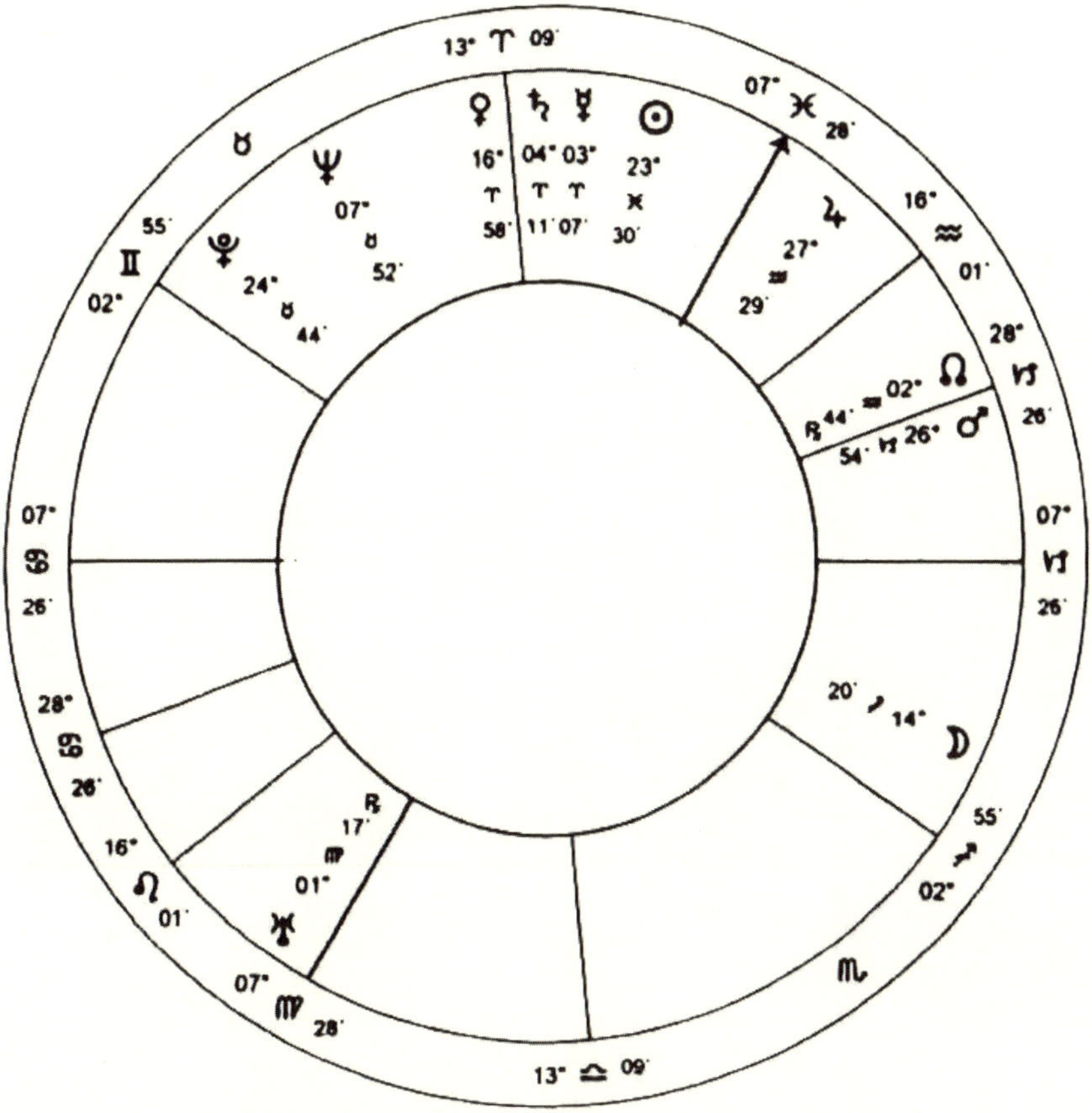

チャート 2. アルバート・アインシュタインの出生チャート

1879 年 3 月 14 日生まれ。11:30 地方平均時（10:50 万国標準時）、ドイツのウルム。北緯 48 度 24 分、東経 10 度 00 分。ジオセントリック、トロピカル、レギオモンタナス・ハウス、トゥルー・ノード、ブラックウェルからのデータ。出典：住民登録簿まれました。この緯度ではシリウスが太陽の上昇と同時に昇るのが七月下旬から八月初旬に生じます。この緯度で太陽の上昇と同時に昇るあいだアルフェラッツもまた天頂にあります。このときアルフェラッツはちょうど短縮した運行期間に入っています。

シリウスは天空で最も明るい星であり、個人にとってほとんど破壊的なくらいに強力です。シリウスでは、個人は重要ではありません。それは個人の向上や損失に関係なく、変容させるものであり、触れるものすべてを神聖にします。アルフェラッツは、もとの星座ペガスス座の天馬を想起することができます。それはスピード、動き、だれよりも速く、遠くへ進むことを表しています。アルフェラッツが短縮した運行期間に入っているという事実は、その意味を強調し、その表現をもっと極端にする可能性があります。これらふたつの星は少なくとも二〇〇〇年間この緯度で一緒になってきました。しかし、ニール・アームストロングの生まれたこの特定の日には太陽がシリウスとともに昇り、アルフェラッツは天頂に達し、トランジットのトゥルー・ノース・ノードもまた天頂にありました、それによって彼のチャートをこれらふたつの星が定めた可能性に結びつけました。繰り返しになりますが、このパターンへの結びつきをもって生まれた人たちはほかにもいたでしょう、しかしそのことはほかのだれよりも遠くそして速く旅した最初の人物がこの太陽の上昇と同時に昇る組み合わせのもとに生まれたという事実を損なうものではありません。シリウスの存在は、ニール・アームストロングを月面に降り立たせたのは何千人もの人々の仕事でしたが、彼がこの人類の偉業の象徴になるために選ばれた人物であったことを示しています。彼は肉体を持って月面を歩いたひとりであり、ペガススの背に乗った人物でした。

マーガレット・サッチャーは英国の首相になった最初の女性で、それ以来女性男爵となりました。彼女は一九二五年十月十三日、北緯52度55分で生まれました。この日にこの位置で明白に太陽の上昇と同時に昇る星はアルフェッカです。本当に太陽の上昇と同時に昇るのは十日ほど早く生じましたが、ほかの明るい星が太陽とともにまだ上昇してなかったので、この時期はアルフェッカが引き続き支配しました。アルフェッカの意味はごく簡単に言えば王冠を授与されることです。賞を受け取ることです。マーガレット・サッチャーのチャートには彼女が得た地位を示す活発なほかの恒星が多くあります。しかし、アルフェッカが太陽の上昇と同時に昇るときに生まれると高貴さの探求を意味します。

要約すると、生まれたときに太陽の上昇と同時に昇る星はあなたの人生についての声明です。それはペルソナと求める結果や目標に影響を与えます。もし特定の場所で、ほかの明るい星もまた日の出の時間にアングル上にあるならば、こうした星は太陽の上昇と同時に昇る星にみずからを混ぜ合わせます。付け加えると、通過している惑星あるいは太陽や月もまた同時にアングルにある場合、運命はこうした星と結びついています。

## マンデン占星術における位相

これは占星術における非常に早くからの実践のひとつでした。エジプト人は、星が太陽の上昇と同時に昇ることを、とくにほかの星や惑星が関わっている場合、物事が起こる前兆として非常に重要視しました。星は国家を支配し、国家に影響を与えると考えられました。国家がその国とつながっている恒星の表現を修正できると考えたいものですが、これらの星は非常に強力です。

## マンデン占星術で太陽の上昇と同時に昇る星を使用する

歳差運動の効果を無視すれば、星は特定の緯度線の特定の暦日で上昇し、ときにはほかの主要な星が同時に天頂に達したり沈んだりします。任意の緯度または黄道帯の度数で星が太陽の上昇と同時に昇る表は、付録**C**およびDを参照してください。たとえば、北緯35度でシリウスが上昇するときにアケルナルが天頂にあります。アケルナルはギリシャ人がアポロンの息子と見なした星であり、地球と空に火をつけていたため空から投げ出され死んだ息子です。この星は文字通り、あるいは比喩的に破壊的な火や水と非常にかかわりがあります。シリウスは古代世界では最も重要な星で、天空で最も明るい星でした。この星は、エジプト年や宗教的祝祭を決め、〝焦がす者〟と呼ばれました。触れるものすべてを変容させ、輝きや神聖さにまで高める力があります。

シリウスが北緯35度で本当にシリウスの太陽の上昇と同時に昇るのは7月28日です。毎年この日のこの緯度でシリウスが太陽とともに上昇するときアケルナルは天頂にあります。この星の組み合わせは最高に良いときでも非常に激しく、毎年生じますが、ゆっくりと動くトランジットの惑星がパランを介してこのふたつの星に関与するようになったときはじめて噴出します。

一九四三年から一九四七年のあいだ冥王星がこの緯度でシリウスが太陽の上昇と同時に昇るときに関わりました。冥王星は獅子座の若い度数にあり、太陽が七月下旬から八月の初旬に昇るとき星と惑星の組み合わせはシリウス、アケルナル、冥王星でした。一九四五年の八月六日、この緯度の都市、広島は核攻撃で破壊されました。三日以内の八月九日に長崎もまた破壊されました、緯度は少し低いにもかかわらず、この都市もまたそのときに同じ星々の影響を受けていました。ほかの年でない一九四五年になぜこのことが起きたかについての占星術的な理由は、武器と関連する星エル・ナトと関係があります。一九四五年に天王星もまた同じ緯度でエル・ナトとともに上昇していました。しかし、この緯度のほかの場所でなく、なぜ広島と長崎が攻撃されたのかは明らかではありません。それは測地学（地理）の占星術で答えられるかもしれません。

すでに述べたように、星は特定の緯度の特定の日付で上昇します。したがって、シリウスが八月の初旬に昇るのは北緯およそ35度にかぎられています。しかし、測地学的方法は経度を重要視します。測地学の占星術では地球の表面がもつ地点は牡羊座0度を表します。いったんこれが決まると黄道の360度の残りは東方向に移動する赤道上に配置することが可能です。一般的に地球を基準としたこうした獣帯が本初子午線であり、経度0度の線が英国のグリニッジ天文台を通ります。したがって惑星が牡羊座10度を通過する場合、世界地図の位置ではその惑星は東経10度を通過します。このように、占星術のこれらふたつの分野（測地学と恒星）の融合により、いっぽうは緯度をもういっぽうは経度を示すため、最終的には正確な位置を示すシステムを得ることができるかもしれません。実際にこの時期、本初子午線グリニッジを0度として使用する場合、測地学の原理によって牡羊座は日本上空を通過している冥王星を配置します。このため恒星の計算によると一九四三年から一九四七年までの八月、北緯35度で冥王星、シリウス、アケルナルが強調されています。測地学的な占星術では一九四三年から一九四七年までの八月初旬におよそ東経130度で冥王星が強調されています。広島の座標は北緯34度30分、東経132度30分です。

この例は、通過している冥王星がこれらの星々と関わっていたときを検証しますが、明白に北緯35度線は八月の初旬ごろ非常に敏感で、ゆっくりと動く惑星または実際に獅子座の若い度数を通過する難しい天体の組み合わせがある場合はなおさらです。

イラクの首都バクダッドは、北緯33度20分に位置し、同じように毎年八月の初旬にシリウスとアケルナルの影響のもとにあります。一九九〇年、シリウスが太陽の上昇と同時に昇る星であるとき火星－冥王星のオポジションがありました。このオポジションはメンカルが天頂にある度数で起こりました。メンカルは集合的無意識を表す、おそらく天空の最も難しい星のひとつです。一九九〇年八月二日、サダム・フセインはクウェート侵攻を開始しました。彼はシリウスが太陽の上昇と同時に昇りアケルナルが天頂にあるときに戦争を始め、自国に悲惨な結果をもたらしました。

この緯度はほかの時期にも影響を受けます。毎年四月の中旬、牡羊座の主星ハマルが太陽の上昇と同時に昇るあいだ、ファーシーズという名前の最も扱いにくい星もまた天頂にあります。ファーシーズは射手の顔です。それは兵器、戦闘兵、軍人を表し、無慈悲で、最悪の場合は非常に暴力的です。およそ四月九日から二十三日までハマルは最初に本当に太陽の上昇と同時に昇る星、のちに明白に太陽の上昇と同時に昇る星であり、太陽を名乗る明るい星はほかにありません。毎年四月十七日から十九日ごろまでファーシーズはハマルが支配する日の出とともに天頂にあります。

北緯35度のこの期間は、ハマルの頑固なエネルギーとファーシーズの潜在的な冷酷さが組み合わさった敏感な時期でもあります。一九九五年この緯度のこの敏感な時期には通過中の火星、海王星と天王星がすべてメンカルとパランの関係に移っていました。繰り返しになりますがメンカルはその醜い頭をもたげました。一九九五年四月十九日にオクラホマシティで連邦政府ビルの爆破が起きました。オクラホマシティは北緯35度30分にあります。

もうひとつの例としては北緯37度35分のサンフランシスコ市があります。この都市は緯度の度数が少し高くなりますが、ハマルが太陽の上昇と同時に昇るときファーシーズが天頂にあるというこの同じ組み合わせをもっています。ハマルは四月九日に本当に太陽の上昇と同時に昇る星で、(オクラホマシティのように) この位置を約二週間続けます。オクラホマシティと同様に四月十七日から十九日までの数日間はファーシーズが天頂にあるため、非常に敏感になります。一九〇六年に通過中の天王星と海王星のあいだに一度以内の正確なオポジションが形成されました。このオポジションが生じた黄道の度数はファーシーズが天頂にあるのと天底にあるのと同じ度数でした。一九〇六年四月十八日、巨大地震がこのオポジションとともにファーシーズが天頂にあるまさにそのとき起こりました。古代の占星術師がこのときこの都市に住んでいたら、地震が起きるまえに可能性のある年や日にちの見当をつけたかもしれません。

北緯およそ33度から38度までのこのおおまかな調査では、八月の初旬と四月の中旬が歴史的に強調されています。八月初旬の広島、長崎、そしてクウェート侵攻、四月中旬のサンフランシスコ地震、オクラホマの爆破。こうした例は劇的で激しいですが、すべての恒星がこうした結果を生むわけではありません。ただ歴史は良いニュースよりも戦争や災害を記録するというだけのことです。出生図や歴史的出来事のこうした例が意味するのは、恒星を使用するこの最古の方法が、いまなお現代世界においてかなり適用できることです。

付録CとDには、この世紀の任意の日付の太陽の上昇と同時に昇る星を決めることができる図表があります。

## 星の位相を使うにあたっての要約

・太陽の上昇と同時に昇る星はその日、ひいては出生図に影響を与えます。

・そのときアングルにあるほかの星は、太陽の上昇と同時に昇る星とそのエネルギーを混ぜ合わせます。

・これらの星とパランを介して関わる惑星や太陽および月は出生図やマンデン図のなかに星のエネルギーを具現化します。

・目に見えるパランを介してほかの惑星や太陽および月と結びついている星は、短縮した運行（ＣＰ）や出現しているが隠れている（ＡＬＨ）位相にあるならばもっとも困難な宿命的な影響を及ぼします。

・パランを介してほかの惑星や太陽、月と結びついている星は、運行の位相にあるならば宿命的な影響より心理的な影響を及ぼします。

星の位相は、恒星を使用するための最古のシステムであると同時に最新のシステムでもありますので、その鍵は実験や文書化です。

第Ⅴ部　恒星と出生図

Part5

FIXED STARS AND THE NATAL CHART

## 恒星を使用する

恒星は出生図に別の要素を付け加えます。出生時刻と出生地の星のリストや星図は、ホロスコープと非常に異なっていますが、個人にかんする多くの情報を含んでいます。また、そうした星のリストは、誕生の正確な瞬間のアングルにある星だけに焦点を当てていないかぎり、正確な出生時間に完全に依存するわけではありません。

恒星を使用する最初のステップは、どの星がチャートにおいてパランの関係を形成しているかを決定することです。このリストはそれぞれの星に与えられたパラン表を使用して、あるいはこのリストを生成する適切なソフトウエアを使用して作ることが可能です（編注　現在では、ASTRO.COM→Horoscope Drawing & Data→Extended Chart Selection→Special へとたどり、Chart type からスクロールすると Parans according to Bernadette Brady. PDF からあなたのパランを探すことができます）。いったんこのリストを手にしたら、上昇している星、天頂にある星、沈んでいる星、天底にある星に分類し、人生を四つの時期に分けていく必要があります。最初の三つは一生のあいだ有効です、最後は生涯の仕事の総計です。ここで上昇期では人生の最初の二十五年間を若年期（上昇している）、二十代後半からおよそ六十歳までを中年期（天頂にある）、六十代前半以降（沈んでいる）を晩年期と見ることができます。[1]

このリストを作成したら、付録Cにある図を使って誕生時に活発な、太陽の上昇と同時に昇る星をみつける必要があります。同様にリストにあるそれぞれの星のパラン表をチェックして個々の星が運行しているかいないかを決める必要があります。運行していない、すなわち出現しているが隠れているか、短縮した運行の位相にある星はずっと強力で、白黒はっきりとしたかたちで描くべきです。また、星がある場所でけっして上昇しない場合、まったく使用できないことも覚えていてください。

次は出生の星のリストの例です。最初の例は有名な人々で、特定の人生におけるさまざまな星の働きを簡単に見ることができるようにするためです。後者の例は、占星術師に相談し、必ずしも世界を支配しようとしているとはかぎらない、普通の人々の例です。これらのあとの星の例は私自身の顧客ファイルからのものです。

1　これらの期間はあくまで目安ですが、早くに亡くなった場合、その人の短い人生は三つの期間に分けられるのではなく、上昇する星を越えて進んでいないとみられます。

## アドルフ・ヒトラー

現代社会ではヒトラーは邪悪さとファシズムの顔を代表します、そんなわけではじめるには良い例です、なぜならそのチャートに困難な星があると予想されるからです。ヒトラーは一八八九年四月二十日グリニッジ標準時午後五時三十七分、オーストリアのブラウナウ・アム・インに生まれました。北緯48度15分、東経13度02分です。[2] 次は彼の恒星のパランでオーブ0度30分を使用しています。本文では六十四の恒星リストが説明されています。このパランは天王星、海王星、冥王星、あるいはノードは適用していません。

### 太陽の上昇と同時に昇る星

ハマル、[3] 牡羊座の星でアルバート・アインシュタインの誕生と似ています。この場所のハマルの意味は非常に独立心のある人物に関連しており、集団志向の人物ではありません。この個人は大きなエネルギーを計画に注ぎ込みます。しかし、必ずしも外交的な方法ではないでしょう。

2　Blackwell's Data Set, Astrolabe.

3　プトレマイオスによれば、ハマルは夜明けを告げるにはあまりに光が弱いが、おひつじ座のアルファ星の存在は注目に値するようであるということです。

**上昇している**（星がアセンダントで上昇しているとき惑星が同じか別のアングルに位置している）

ヴェガ（こと座）水星が沈んでいるときに上昇している。短縮した運行。

フォーマルハウト（みなみのうお座）火星とともに上昇している。出現しているが隠れている。

アルクトゥルス（うしかい座）木星が天底にあるときに上昇している。短縮した運行。

**天頂にある**（星が天頂にあるとき惑星が同じか別のアングルに位置している）

ファーシーズ（いて座）月とともに天頂にある。常に運行している。

メンカル（くじら座）火星とともに天頂にある。運行している。

**沈んでいる**（星が沈んでいるとき惑星が同じか別のアングルに位置している）

アルゴル（ペルセウス座）太陽が天底にあるときに沈んでいる。永遠の短縮した運行。

デネボラ（しし座）水星が上昇するときに沈んでいる。短縮した運行。

ファクト（はと座）水星が沈んでいるときに沈んでいる。出現しているが隠れている。

デネボラ（しし座）金星が昇るときに沈んでいる。短縮した運行。

**天底にある**（星がICにあるとき惑星が同じか別のアングルに位置している）

アルデバラン（牡牛座）土星が沈むときに天底にある。運行している。

この星のリストを見ると、注目すべき最初の点は存在する強力な星の数です。フォーマルハウトとアルデバランはペルシアのロイヤルスターのふたつです。そしてヴェガはオルフェウスの竪琴の大いなる星です。そしてこうした力のすべてに結びついているのが空の最も困難な三つの星です。アルゴル、ゴルゴンの頭。ファーシーズ、射手の残忍な顔、メンカル、意識の世界に解き放つ集合無意識の恐ろしいエネルギーの表出。チャートがこれらの星のいずれかとの関係をもつことは珍しいことではありませんが、これら三つがロイヤルスターの力を与える可能性と合わさって、非常にまれで、潜在的に手ごわい組み合わせを作り上げます。

**〈ヒトラーの青年時代〉上昇している星**

上昇している星の象徴は幼年期や若年期に現れ、その人物のまさに下地の部分を形成します。ヒトラーの水星はヴェガが上昇したときに沈みました。ヴェガは魔術的、カリスマ的な星で水星と結びつくと話したり書いたりする言葉で語り、魅了し、カリスマ性をもたらす能力だけでなく魔術的な考えや幻想を暗示しています。この技術はヒトラーの幼少期から備わっていたのでしょう。したがって生まれながらにして熟練したカリスマ的な雄弁家であり、催眠術的で魅了するその声でオルフェウスの音楽の魔法を生み出す可能性をもっていました。これは星が短縮した運行であることでいっそう強調されています。この星は地上に触れることが少ないため、人生の経験によって極端さを増すか、あるいはたやすく変えられることはありません。

この魅力に加えて、フォーマルハウトが火星とともに上昇していました。フォーマルハウトは理想主義と高尚な動機に関係するロイヤルスターです。ロイヤルスターはすべてその人が実現したがっている、あるいは大義を追い求めたがっている行動に関連しています。もし、強いフォーマルハウトがあるとしたら夢、崇高な理想やビジョンを追求して社会に逆らう覚悟ができています。ロイヤルスターであるため、道のりは狭くとも大きな成功をおさめる可能性があります。克服すべき道の狭さ、あるいは宿敵は、こうした高い理想や計画への道のりで堕落し、理想が現実との接触を失わせる傾向があることです。このようにフォーマルハウトは理想の純粋さを求めますが、それらを地に足が着いたものにしておかなければなりません。しかし、この星は出現しているが隠れている位相にあるので、こうした理想が人間生活の現実から切り離される可能性が非常に高まります。この場合火星との結びつきが示唆するのは若いヒトラーが政治的信念に従って行動を起こすきっかけになったことです。こうした信念の基礎は彼の子供時代からきており、のちにこうした思想は大人になって具体化しました。この星はロイヤルスターですから安楽椅子の哲学者ではなく、むしろ行動的に夢の表現を探す人物になろうとしました。

三番目の上昇する星はアルクトゥルスであり、木星が天底にあるときに上昇していました。アルクトゥルスはうしかい座の主星で、耕作者に代わった狩猟採集民です。この星は、なにか新しいことを試す準備ができている、すすんで危険を冒し新しい生き方を創造する人物を表しています。木星は単に関わる星を拡大させます。この組み合わせは新しい道、新しいやりかたや新しいライフスタイルを求めている人のことを語っています。この星は短縮した運行の期間にあるので彼が人々を導く旅は必ずしもこの世の実用性にもとづいたものではありません。

これら三つの星が表しているのは、ヒトラーが他者に自分の理想と夢の大きさや崇高さを語り説得し実行に移す能力です。彼は新しい時代の、新しい生き方の指導者と見なされました。これらは幼い頃からもっていたスキルや理想でした。アルフェラッツのエネルギーである魅惑と力は、より良い人生を創造するための人間の元型あるいは原動力です。

**〈ヒトラーの人生の最盛期〉天頂にある星**

これらの星の象徴は人生の最盛期に表現され、生きる目的、経歴を表しています。

ファーシーズが月とともに天頂にあり、絶えず運行しており、黄道の非常に近くにあります。ファーシーズは最も困難な星で冷酷な暴力の被害者か加害者のどちらかを定義します。月と関連していることから、私たちは単にヒトラーの人生の最盛期における強い感情的喪失を見ているのかもしれません。しかし、このチャートで上昇している星々と結びつくと、カリスマ的な指導者を暗示し、射手が狙いを定める犠牲者として暗殺されると考えてもよいでしょう。しかし、歴史が語っているのは彼を強く動かした思想や計画は人種の純粋性と関係していること、ほかの人種や文化を犠牲にして政治的理想を追求することを意味していました。これはヒトラーの感情的な動機であり、月との関連が示すのはこれが自分に最大の幸福をもたらすと彼が強く信じていたことでした。

メンカルが火星とともに天頂にあることもまた彼のチャートで活発なほかの星の光のなかで見ると警戒すべきです。メンカルは運行していますが、非常に多くのほかの困難な星々と同じグループになるので実のところ助けになりません。ここには集合無意識からの獣性を表す星があります。火星と関連することで集合的な感情を意識の世界に噴出させる媒体として、犠牲者か加害者のいずれかとして行動する人物を表します。

これら二つの星は天頂にあります。そのためヒトラーの人生の最盛期、彼が求めること、彼が達成したいことは、若い頃のカリスマ的で理想主義的な星と結びついている、これら二つの最も暴力的な星によって表現されています。これは彼に力を、夢を現実のものとする力と成功する能力を与えます。しかし、こうした夢は理想主義に溢れ、政治家ではなく、芸術家の領分です。フォーマルハウトの崇高な理想は単に彼あるいは彼女の個人的な目標でなく、すべての人々を代表する必要のある政治家に必要な要素でないからです。恒星が示しているのは犠牲者としてあるいは攻撃者としてのいずれかで、こうした夢を実現するための暴力的な道を探すことです。彼は最盛期に切り倒される高貴な人物か立ちはだかる他者を切り倒す高貴な人物のいずれかになります。

**〈ヒトラーの人生の後半〉沈んでいる星**

こうした星々の象徴は人生の後半、老年期あるいは人生の終わりに表現されます。一生の仕事の総決算あるいは結果です。私たちが知っているように、ヒトラーは戦後を生きず、五十代半ばに亡くなったので、沈んでいる星の表現に近づいただけだったでしょう。

アルゴルは短縮した運行にあり、太陽が天底にあるときに沈みました。これはゴーゴンの頭部であり、多くの占星術師が空の最も邪悪な星としており、太陽と結びついています。ヒトラーは邪悪、またはゴーゴン、獣、恐れるべき存在と一体になっているとみなされています。彼の水星と金星は獅子の尻尾にある星デネボラと結びついています。デネボラは社会にさからうこと、調和していないことを表し、短縮した運行の位相にあるのでその意味が強調されます。戦争が終結するにつれて、ヒトラーは権力を失いはじめていました。彼の追随者はその理想と夢を間違っている、または〝調和していない〟と認識しはじめ、演説の魔法の呪文は解けていきました。

**〈ヒトラーのライフワーク〉天底にある星**

天底にある星の意味は、人生の後半や死後に表されるという点において、沈んでいる星と非常に似ています。それはその人がどのように記憶されているか、一生の仕事の集大成や結果を表します。

一般的に、ＭＣやＩＣにある惑星と天頂にある関係を形成している星は天底でこの同じ関係を形成します。ヒトラーは火星がメンカルとともに天頂にありました。約十二時間後、火星は天底にあり、メンカルも同様でした。したがってこれらのパランの関係は最初に天頂にある星とともに次に天底にある星とともに、二重になります。必要に応じて、両方の場所で読むことも、ひとつの位置だけを読むことを選択することもできます。私は天頂にある星とともに読みがちですが、自由に試してみてください。私は惑星が昇ったり沈んだりするときに天底にある星だけしか見ません。

アルデバランは運行しており、ヒトラーの土星が沈んでいるときに天底にありました。土星がどの星とともにあるかは、その星で何を構築できるか、それをどのように使用すると見られるかに関連しています。アルデバランはペルシアのロイヤルスターのひとつでおうし座の牡牛の目です。これは偉大な星で誠実さと公正さが基盤になっています。アルデバランは運行していますから、ヒトラーは生涯を通じて、公正さと配慮をもって行動する機会をたくさん与えられていたはずです。この星はビジネスや政治だけでなく、あらゆる分野で他者とやりとりする正しい方法を説明しているからです。これが危うくなるとほかのロイヤルスターと同様にこの星は失墜を示唆します。ヒトラーのライフワークが実現しなかったのは、政治的理想にもとづくその仕事がアルデバランの目から見れば欠陥があったからです。この政治的なカリスマ性のある人物はあらゆる公共の利益のために働くか、大事にしているすべてのものを完全に失うことに苦しむ必要があると知らせるのはアルデバランと土星のこの組み合わせです。アルデバランはアフラ・マズダ神と関連があり、その掟を破る者の運命は火の試練でした。意外な展開でヒトラーは独裁者の道の危険性を示す教訓として役立ちました。それはアルデバランからの教訓です。

結論として、もし若き日のヒトラーがあなたのもとにきて、自分の恒星を見たとしたら、あなたは青年時代の構想や理想を賞賛したでしょうが、彼がすべての人に公平に行動しなければライフワークが無に帰することを強調したでしょう。中年期の暴力性に気づいて、彼をおおやけの場から遠ざけようとし、文章を書くか絵を描き、政治の舞台を避けるよう促したかもしれません。しかし、そこに暴力があることに気づいているので、こうした不穏な星のエネルギーを巧みに扱うことを期待して、犠牲にされている社会の階層について書いたり絵で描いたりするよう助言することができたでしょう。それは難しい相談だったでしょう。長年こうして恒星を使用していますが、ヒトラーの星の組み合わせはこれまで見たなかで最も暗いものです。

困難な恒星が単独であまりに多くの問題を引き起こすわけではないことを覚えておくのは重要ですが、主な焦点を当てるのは星の組み合わせです。もしヒトラーがフォーマルハウトとヴェガのすべての力とカリスマ性をそれぞれ彼の火星と水星に集中させていなかったとしたら、他者を自分の考え方へ揺さぶる能力はなかったでしょう。それなしでは中年期における暴力的な星は非常に異なる表現をしていたでしょう。

## パブロ・ピカソ

ヒトラーとはまったく異なる人物ですが、同じように情熱的で強烈な人物がパブロ・ピカソです。ピカソは世界で最も偉大な芸術家のひとりとして認められて亡くなりました。彼は炎に包まれることなく、栄光のうちに亡くなりました。ピカソは一八八一年十月二十五日、グリニッジ標準時午後十一時三十三分、北緯36度45分、西経04度26分のスペインのマラガで誕生しました。[4] 天王星、海王星、冥王星およびノードは使用していません。

**〈太陽の上昇と同時に昇る星〉ピカソの人生の星、本質**

アルフェッカ（かんむり座）、同じ時期にスピカ（おとめ座）。スピカのほうが明るい星なので、この時期を主張していた可能性が高いです。

4　Lois Rodden, Astro Data II (Tempe, AZ: AFA, 1988). これは正しくないデータです。ただし、アセンダントとともに上昇するシリウスを除けば、出生時間の変更はほかの恒星には影響しません。パランを介した星は位置には非常に敏感ですが、時間にはそれほどでもありません。ピカソの出生地が正しいことはわかっています。

**上昇している**（青年時代）

アルフェラッツ（ペガスス座）月が天頂にあるときに上昇している。運行している。

レグルス（しし座）水星が天底にあるときに上昇している。常に運行している。

シェアト（ペガスス座）木星が天底にあるときに上昇している。運行している。

シリウス（おおいぬ座）アセンダントが上昇するときに上昇しているので、誕生の瞬間に上昇している。運行している。

**天頂にある**（人生の最盛期と中年期）

トゥバン（りゅう座）太陽が天頂にあるときに天頂にある（トゥバンは常に短縮した運行の位相にある）。

ハマル（おひつじ座）太陽が天底にあるときに天頂にある。短縮した運行にある。

カノープス（りゅうこつ座）金星が上昇しているときに天頂にある。運行している。

アルクトゥルス（うしかい座）火星が沈んでいるときに天頂にある。運行している。

**下降している**（人生の後期）

ズベン・エルゲヌビ（てんびん座）土星が昇るときに沈んでいる。常に運行している。

メンカル（くじら座）土星が沈むときに沈んでいる。運行している。

**天底にある**（ライフワーク）

ムルジム（おおいぬ座）金星が沈むときに天底にある。運行している。

注意：ほとんどのピカソの星は運行していますが、ほとんどのヒトラーの星はそうではありませんでした。運行している星は使用可能で修正可能です。星の表現とかかわりのある、はるかに大きな人間的な要素があるためです。

**〈太陽の上昇と同時に昇る星〉人生の星、本質**

偉大な才能や資質を表すスピカが明白に太陽の上昇と同時に昇るときに生まれたことが示すのはピカソがこうした才能をもって生まれたことです。この緯度、この時期には毎年スピカが太陽の上昇と同時に昇る星です。したがって単独でこうした才能を表現したい衝動や欲求を与えますが、ほかの星の支えがなければ苦労するだけであり、必ずしも現れるわけではありません。ピカソにはスピカをサポートするためのほかの強力な星があります。それでピカソの人生にスピカの輝きを見ることができます。

## 〈ピカソの青年期〉上昇している星々

これは最も強力な星の組み合わせです。シリウスが上昇しているときに生まれた場合、シリウスはピカソのチャートにおける主要な星々のひとつです。シリウスは空の最も明るい星で彼が生まれたときに通過しています。シリウスは偉大さを示しますが、それはその力に完全に身を委ねた場合にかぎられます。それは人間の肉体を焼きつくす〝焦がす者〟であり、不死を与えます。人間の肉体を焼き尽くすというのは非常に困難な経験になるはずです。しかしピカソにとってシリウスは運行していますから、〝燃きつくす〟傾向が大きく減少します。シリウスの上昇とともに生まれる人々はたくさんいますが、すべての人々がそのような旅を経験するとはかぎりません。しかし、もし情熱を満たそうと努め、人生を目標に捧げるならば、シリウスは成功をもたらしますが、みずからの個人生活を犠牲にします。この星が潜在的に暗示しているのは若いピカソが偉大な才能や資質をもっていること、そしてそれを使いはじめたら人生をこの技能や才能のために犠牲にしなければならないことです。

レグルス（常に軌道にあります）は、彼の水星が天底にあるときに上昇していました。これはロイヤルスターのひとつでしし座のライオンの心臓です。それは強力で、行動を求め、復讐をしないかぎり成功を約束します。水星と関連しているので、この成功は著作か、なにかのコミュニケーションをとおしてくることを暗示しています。ロイヤルスターの存在は常に行動と偉大さや成功の可能性を示唆しています。

シェアトは知性と思考の星で、ペガスス座にある星です。増幅器として働く木星との組み合わせで、これが意味するのは若いピカソが明るく鋭い知性をもつことです。それは通過しているので、彼の輝かしい知性は世界とのつながりを保ちます。彼は観察して、学びます。

アルフェラッツが月とともに上昇していました。アルフェラッツはペガススのへそですが、現代の天文学者はそれをアンドロメダ座に配置しています。この星は、自由への愛、動きへの愛、表現への愛をもたらし、月と結びついているので独立したいというピカソの感情的な欲求を示します。しかし、この星は軌道にあるので、一匹狼になる必要なく、この独立への愛を見つけることができます。

こうした四つの星、特にシリウス、レグルス、シェアトはすべて彼のチャートで上昇しており、これは才能や能力があり認められてきた非常に輝かしい少年を物語っています。このように、ピカソは若いときから評価を得てきて、才能の性質が中年期ではなく、生まれた直後から現れはじめました。記録によれば十歳には最初の絵を創造し、十五歳で芸術的な天分があると称賛されていたということです。

**〈ピカソの人生の最盛期〉天頂にある星**

トゥバン（常に短縮した運行）はりゅう座にあり、太陽、彼のアイデンティティと結びついています。この星は周極の星であるため、天頂にあることだけが彼のチャートとのつながりです。トゥバンは宝箱、宝の守護者あるいは創造者です。それは貯蔵、備蓄、収集などを表しています。この星は芸術や才能にすら関連がありませんが、すでに述べた上昇している星を考えると、ピカソの作品は非常に価値があるか、多作になるでしょう。確かにこれらの意見は両方とも正確です。ピカソは二万点以上の芸術作品を生み出し、その創作物はそれぞれ、生前でさえ大きな価値がありました。ピカソは存命中にその作品がルーブル美術館に展示されたただ一人の芸術家です。

この創造の原動力は、彼のカノープスと金星の組み合わせのなかにもあふれています。カノープスは南の大いなる明るい星で、ピカソの出生地に短期間しか上昇せず、通過していました。カノープスは先駆者であり、新しい道の鍛冶工であり、アルゴ号の水先案内人です。この星は金星と結びついているので、そのエネルギーは芸術だけでなく人間関係にも注がれます。

彼が芸術家であることを知ると、彼が新しいスタイルの芸術を創造することがわかります。キュビズムはそのひとつですが、彼は彫刻、版画やコラージュにも道を切り開きました。カノープスが通過しているので、ピカソは他者が追随できる道をつくりました。短縮した運行の位相にあり、同様に彼の太陽と結びついたハマルが加わり、こうした新しい形式やテーマを生み出すのに必要としていたであろう、自由な発想、独立した、おそらく頑固な人物を示しています。ここには通過しない星、自由な発想の地下の星がありますが、ほかの非常に多くの地上に触れた星々と結びついているので困難を引き起こすというよりは芸術の既成概念から抜け出す手助けをしてくれます。実際に通過しているアルクトゥルスはハマルを補強します、それは同じ概念に関連しているからです。そして火星と結びついて、彼が新しい領域、新しいやり方に進むよう働きかけます。

若い頃の才能で築き上げた中年期は、最初に新しい分野に進出し、以前に使ってこなかった方法で自分の才能を使うことに関連しています（ハマル、カノープス、アルクトゥルスすべてがこれを示します）、そして次に多数の作品あるいは大きな価値のある作品をまとめる能力に関連しています（太陽とトゥバン）。

さてもしピカソには上昇している（彼の才能）これらの星がなく、天頂にある星しかなかっとしたら、それでも成功していたでしょうが、貴重な物の収集家かキュレーターとしてだったかもしれません。そしてなお自分の仕事に独創的な考えや独立した行動を持ち込んだでしょう。しかし、私たちの知っている偉大な芸術家ではなかったかもしれません。彼の中年期のこれらの星は芸術ではなく、意欲に関連しています。

## 〈ピカソの人生の後半〉沈んでいる星

ズベン・エルゲヌビは運行しており、実際的な社会改革や社会とのかかわりを表し、前向きな結果のために、あるいはそうした結果を求めるためにグループのために働きます。六十三歳のときにピカソは最初の政党である共産党に加入していました、彼のリトグラフ『鳩』（一九四九年）は世界平和会議のシンボルとして採用されました。ズベン・エルゲヌビは土星と結びつき、世界平和の鳩のイメージは生き続けています。土星は、ヒトラーのチャートで遭遇した、無意識の獣であるくじら座のメンカルという星にもつながっています。この場合、メンカルはほかの暴力的な星と結びついておらず、運行しています。したがって、メンカルは集団を代表する芸術家として現れる可能性があります。偉大な芸術家たちは集団と関係を築きます。そうでなければ彼らの作品は認められません。ピカソの作品がルーブル美術館に展示されたのは彼の九十歳の誕生日でした。社会は彼を現存する世界で最も偉大な芸術家で、二十世紀で最も偉大な芸術家だと主張していました。

この位置にある星は晩年に新しいテーマを創造したり、新しいアイデアを始めたりすることがないことを暗示しています。これはすべて彼の若い時期と最盛期になされました。確かにピカソが彫刻と版画を続けるだけでなく、偉大な巨匠たちをもとにした作品を描くことに専念したのは晩年になってからでした。

もし昇っている星が代わりに沈んでいるようにチャートを変えたら、彼の偉大な才能は晩年に発揮されたでしょう。もし天頂にある星を沈んでいる位置に動かしたら彼の偉大な一連の作品と新しいスタイルやテーマは晩年まで現れなかったでしょう。人物の恒星を使用する場合、重要なことは人生のどの時期に星が表現しはじめるかです。これが説明の主要な部分です。

〈ピカソのライフワーク〉天底にある星

この位置にはただひとつの星があります。この星はムルジムで通過していて、彼の金星と結びついています。彼の芸術は彼の人生です。これは簡単なメッセージです。ムルジムはおおいぬ座にありアナウンサーと呼ばれ、何か言いたいことを意味します。この星はピカソのライフワークが生き続けることを告げています。彼は芸術を通して発する表現をもっていて、私たちは死後も彼のメッセージを聞き続けています。ほかに偉大な星がチャートになかったら、このシンプルな声明はほんの少ししか意味を成さなかったかもしれませんが、偉大な人生の終わりにきているので、記憶に残り、作品が生き続けることを意味しています。

## チャーリー・チャップリン

チャーリー・チャップリンは英国の偉大な映画監督、俳優、プロデューサー、そして作曲家であり、サイレント映画の最も愛されたキャラクター〝リトル・トランプ〟で世界的に有名でした。彼は一八八九年四月十六日グリニッジ標準時午後八：〇〇に北緯51度31分西経00度06分（00度30分のオーブを使用）、英国のロンドンで生まれました。[5] 天王星、海王星、冥王星、ノードは使用されていません。

〈太陽の上昇と同時に昇る星〉人生の星、本質

5　Lois Rodden, Astro Data II AFA, 1988.

なし

**上昇している**（青年期）

ミラク（アンドロメダ座）金星が天底にあるときに上昇している。永続的な短縮した運行。

ファーシーズ（いて座）火星が天底にあるときに上昇している。常に運行している。

ファーシーズ（いて座）木星が上昇するときに上昇している。常に運行している。

アルデバラン（おうし座）土星が天底にあるときに上昇している。運行している。

**天頂にある**（最盛期と中年期）

メンカル（くじら座）金星が天頂にあるときに天頂にある。運行している。

ゾスマ（しし座）金星が沈むときに天頂にある。短縮した運行。

ズベン・エルゲヌビ（てんびん座）火星が天底にあるときに天頂にある。常に短縮した運行。

ズベン・エルゲヌビ（てんびん座）木星が天頂にあるときに天頂にある。常に短縮した運行。

**沈んでいる**（人生の後期）

アキュメン（さそり座）月が沈むときに沈んでいる。永続的な短縮した運行。

ハマル（おひつじ座）火星が沈むときに沈んでいる。運行している。

**天底にある**（ライフワーク）

スアロキン（いるか座）太陽が沈むときに天底にある。運行している。

シリウス（おおいぬ座）水星が沈むときに天底にある。運行している。

シリウス（おおいぬ座）金星が沈むときに天底にある。運行している。

**〈チャップリンの青年期〉上昇している星**

チャーリー・チャップリンの子供時代と青年期は次の星によって表現されています。射手の冷酷な顔のファーシーズ。ペルシアの偉大なロイヤルスターのアルデバラン、正直で誠実でなければ成功しないと語っています。そしてアンドロメダ座のベータ星ミラク、調和と受容性に関係しています。一八九六年七歳のときに、チャーリーの母親は無理矢理救貧院に送り込まれ、その後精神障害になり、ケインヒル精神病院に送られました。チャーリーと兄は極貧児童のための孤児院に送られました。これはチャーリーにとって楽な時期ではなく、火星と木星両方に関連したファーシーズの存在が暴力的で困難な子供時代を示しています。チャップリンは自伝のなかでこうしたことを非常に不幸な時代だったと語っています。

ミラクもまた青年時代に関わっています。これは永続的な短縮した運行の位相にありますので、表現が強くなりますが金星とつながっていました。金星のように受容的で、調和を求め、出来事の流れに心を開き、リズムを与えます。これは俳優としての才能や登場人物や状況と親密になる能力を強調し暗示しているようです。十五歳のときにチャーリーは俳優の移動劇団と一緒に巡業に出ていて、すでにこの分野で才能を見せていました。

アルデバランが通過していて、土星とともにあることで力強いがシンプルな声明がなされます。正直さを保ち、おそらく子供時代にそうした行為にさらされていた可能性が高い犯罪行為に手を染めないことができるならば、こうした経験から成長し、そうしたライフスタイルからくる洞察力や知識を使って大きな成功をおさめることができます。

星が運行していて、この星を容易に働かせるのでこれを可能にする非常に強いチャンスがあります。数年後貧しくホームレスであるけれども高潔なトランプ（放浪者）の性格描写が世界中の人々の心をとらえました。子供時代のアルデバランの存在は彼の予期していた下層階級、あるいは犯罪者階級のロンドンっ子の運命を乗り越える機会を示唆しています。

**〈チャップリンの人生の最盛期〉天頂にある星**

メンカルは軌道にあり、集団無意識の獣を表しています。この星は、短縮した運行の位相にあり、へルクレスが破壊した獅子の背中のポイントを表しているしし座の星であるゾスマと組み合わされています。それは犠牲者であること、またはなんらかの形で犠牲者に関連していることを表し、この星は地平線に触れていないため、チャップリンのチャートでは非常に強力です。これらふたつの星は両方とも金星とつながっています。彼の私生活はしばしば嵐のようでした。彼は四回結婚し、離婚はメディアでセンセーショナルに取り上げられました。しかし、これらふたつの星の象徴は彼の演技にも現れています、彼の最大の役は社会の犠牲者を描いたものでしたから。

ズベン・エルゲヌビは常に軌道にあり、てんびん座の秤の星のひとつです。それは、高貴な方法で、または個人の利益を求めずに、社会問題に関与することを表しています。この星は作品をとおして政治的発言をしようとする意欲がある火星とこれを増幅する木星の両方と組み合わされています。第二次世界大戦が勃発するちょうどまえに、ヒトラーとその政治的考えを風刺した『独裁者』という映画の脚本をチャップリンは書き製作し監督しました。のちに彼はさらにもう一歩踏み込んでヒトラーとの戦いでロシア人を支援するよう合衆国に要請しましたが、アメリカ政府は彼が共産主義者であると恐れたため、この考えによって国事罪で告発されました。メンカルとゾスマの象徴は彼がアメリカ社会によって裏切り者の烙印を押されたとき活発だったことにも注意してください。

## 〈チャップリンの人生の後半〉沈んでいる星

チャーリー・チャップリンにはチャートに関わる沈んでいる星はふたつしかありません。さそり座の尾にある星のひとつアキュメンはサソリの針です。そしておひつじ座の主星ハマルです。注目すべき最初の点は、チャーリー・チャップリンのチャートでは上昇している、天頂にある、または天底にある星は沈んでいる星よりもはるかに強力であり、チャーリーの青年期、全盛期、そして実際に彼の人生がどのように見られているかにおいてさえ、人生の後半よりも成功していることを示している点です。この時期は彼にとって否定的な時期ではありませんでしたが、主要ななにかを成し遂げた時期ではありませんでした。

アキュメンはサソリの針です、それはゆっくりと弱らせます、チャップリンのチャートでは短縮した運行にあるので、その針は非常に強力です。それは月に結びつき、告発され無罪であると証明された政治的嫌疑は事実より感情にもとづいていたことをほのめかしています。しかし短縮した運行のアキュメンによって、潔白でありながら、アメリカから強制退去させられました。もし、アキュメンのパートナーの星であるアキュレウスが影響を与えていたとしたら攻撃はチャーリーを強くし、無実を証明したあとで映画を通じて社会的な意見を述べるようになったかもしれません。火星と関連したハマルは、こうした攻撃による苦痛に対処する強さをもたらし、この段階では非常に裕福な人だったので、決めたように自分の人生を送ることが可能でした。しかし、晩年には創造的な仕事はほとんどしませんでした。

**〈チャップリンのライフワーク〉天底にある星**

この時期、人生の終わり、死後どのように見られるかがふたつの星に象徴されています。シリウスはおおいぬ座の主星で空の最も明るい星であり、スアロキンはいるか座の主星で遊び心や素朴さだけでなく霊媒能力と関連があります。いずれの星も軌道にあるので穏やかに表現します。チャーリー・チャップリンはまさしく人生の黄昏の時期に賞を授与しはじめました。一九七一年、八十二歳のときに彼は合衆国に戻ることを許可され、アカデミー賞を受賞しました。またカンヌ映画祭でレジオンドヌール勲章を受賞しました。

シリウスが水星と金星に触れていることは彼が演技や著作で記憶され、名誉を与えられることを暗示しています。シリウスは焦がす者であり不死性をもたらし、しばしば個人を犠牲にします。加えて太陽と結びついたスアロキンは、彼の最も有名なキャラクターである、無垢で素朴で遊び心のある〝トランプ（放浪者）〟で記憶されています。

チャーリー・チャップリンの星は非常に困難な子供時代を意味していますが、誠実さを維持できれば、創造の源として使えることを示しています。それらは彼が社会の貧困層の窮状と自らの政治的な意見に関与したり、世界に表明したりするかぎり、中年期の偉大な活動と成功を記録し続けています。それらの星は人生の後半はそれほど成功せず、生産的ではないことを示しています。しかし彼のライフワークは名誉を与えられ、記憶に残ります。

## 一般のクライアント

概して占星術師のクライアントは裕福でお金持ちで有名な人ではなく、毎日の生活を送る一般の人々であり、なかには成功している人もいます。次の例は私自身のファイルからのものであり、相談室の日常的な状況のなかで恒星を説明する方法に洞察を与えるのに役立ちます。

### クライアント1　五十代初めの男性

この男性は三十五歳まで製造業に従事し、その後他者を助けるために自分の人生を使うことを決心しました。会社を退職し、ホームレスの人々や社会の貧しい人々のために働きました。現在は典礼を企画し会議を開き、さまざまな教区の顧問を務めることで自分の宗教のために働くことに人生を捧げています。

彼は生まれたときにアルタイルが天底にありました。これはわし座の主星で、行動の大胆さに関連しています。同時に、この大胆さは人間の権利と人間関係に結びついています。誕生時にクライアントの天底にあるこの星は軌道にあり、クライアントが自分のやり方で物事を行い、人類への愛や思いやりを動機としてこうしてある程度の成功を成し遂げた人物として家族や地域社会からあるいは世界的に記憶されることを示しています。

**〈太陽の上昇と同時に昇る星〉人生の星、本質**

なし。

**上昇している**（青年期）

惑星とともに上昇しているどの星もなし。

**天頂にある**（全盛期と中年期）

ディアデム（かみのけ座）水星が上昇するとき天頂にある。運行している。

ルクバト（いて座）火星が天底にあるときに天頂にある。短縮した運行。

**沈んでいる**（人生の後半）

アルフェッカ（かんむり座）木星が沈むときに沈んでいる。運行している。

**天底にある**（ライフワーク）

ミラク（アンドロメダ座）水星が上昇するときに天底にある。運行している。

## 〈クライアントの青年期〉上昇している星

分析できるものはなし。

## 〈クライアントの人生の全盛期〉天頂にある星

いまは五十代のはじめで、クライアントは中年期にありますが、人生の後半期に向かっていると見ることができます。ディアデムはかみのけ座の主星であり、それは静かな犠牲を象徴します。それは運行しているので、この犠牲は厳しい、あるいは苦痛に満ちたものではありません。

クライアントが、製造業の高給取りの職を辞した理由は、他者を助け相談にのり話をして、さらには彼らのことを書くためでした。というのも彼は路上の人々と行っていた仕事の例を用いて神学にかんする多くの本を共著で出版していたからです。射手の足であるルクバトが加わると、着実さや落ち着きを表し、火星とつながっているので大きな安定性を加えます。私のクライアントは平静を保ち、衝突を無視し、まわりの人々にゆるぎない影響をもたらす能力で知られています。確かに彼の主要な仕事のひとつはトラブルを解決したり人々をまとめたりすることです。しかし、短縮した運行の位相にある星と彼の着実さは無為に変わる可能性があり、決断したり、関与したりすることを拒否し、ときどき問題を引き起こしました。

**〈クライアントの人生の後半〉沈んでいる星**

彼が生まれた日に惑星とともに沈んでいる星はひとつしかなく、これはアルフェッカで、木星と同時に沈み、運行しています。アルフェッカはかんむり座の主要な星であり、達成の王冠ですが控えめな方法によるものです。進歩と成功がありますが他人への愛がもとになっています。この場合木星と関連し、その象徴を拡大します。

クライアントのこれまでを考えると、人生の後半には人々を純粋に助けたい、あるいは世の中を変えたいという夢のいくつかを実現することが予測できます。彼は執筆や仕事を通じてこれを行うかもしれません。しかし、この達成は真に世間からの評価を求めず、静かに行われます。彼が静かに求める成功を手にするのは晩年です。

**〈クライアントのライフワーク〉天底にある星**

惑星がほかのアングルにあるとき、ミラクが天底にある唯一の星でした。水星が上昇するとき天底を占め、運行しています。ミラクはアンドロメダ座のベータ星で、調和と受容性の象徴であり、チャーリー・チャップリンの出生図では活発でした。クライアントの水星と結びついていることが意味するのは人生の後半に彼が書く重要な作品によって記憶に残るか、あるいは他者の考えに常に耳を傾け、できるかぎり助け相談に乗る静かで思いやりのある男性として家族にシンプルに記憶されることです。

要約すると私のクライアントの恒星リストが占星術師である私に告げるのは、彼が通常の生活を送り、中年期までに彼の運命あるいは家族の期待を実現するということです。そのとき助けること、世話をすること、犠牲というテーマが主要な焦点になります。この同様のテーマは彼の人生を要約したり完成させたりするだけでなく人生の後半に繰り返されます。付け加えると恒星は、彼が執筆や仕事を続けたほうがよいことを示唆しています、なぜなら後年になって成功が静かに彼のもとへやってくるようにみえるからです。

### クライアント2　二十代半ばの男性

このクライアントは二十代半ばの若い男性で、彼の野心は作家になることです。彼は大学の入学許可を得ることに失敗し、荷物をまとめて新しい都市へ出発し作家として生活を始めました。そしてコーヒーショップで給料が良いモデルのエージェンシーにスカウトされたあとモデルの仕事をして生計を立てました。大きなチャンスをつかむために数年間奮闘したあと、もっと良い仕事を見つけなければならないと気づきましたが、書く情熱を手放したくありませんでした。

**〈太陽の上昇と同時に昇る星〉人生の星、本質**

彼はレグルスが宇宙的に太陽の上昇と同時に昇るとき生まれました（太陽とレグルスが一緒に昇りました）。カストール（ふたご座）もまた明白に太陽の上昇と同時に昇る星でした。両方の星が彼の人生にとって重要です。

**上昇している**（青年期）
ズベン・エルゲヌビ（てんびん座）月が天底にあるときに上昇している。常に運行している。
プロキオン（こいぬ座）金星が上昇するときに上昇している。運行している。

**天頂にある**（全盛期と中年期）
レグルス（しし座）太陽とともに天頂にある。常に運行している。
アルフェッカ（かんむり座）太陽が沈むときに天頂にある。運行している。
アキュメン（さそり座）木星とともに天頂にある。運行している。
ベテルギウス（オリオン座）木星が天底にあるときに天頂にある。運行している。
リゲル（オリオン座）土星とともに天頂にある。運行している。

**沈んでいる**（人生の後半）

スアロキン（いるか座）金星が上昇するときに沈んでいる。運行している。

**天底にある**（ライフワーク）

天底には星はなし。

**〈太陽の上昇と同時に昇る星〉クライアントの人生の星、本質**

この若い男性は非常に縁起の良いときに生まれました。レグルスは彼に生家よりはるかな高みに到達できる力と可能性をもたらします。加えて、カストールが主張し示しているのは彼には作家あるいは伝達者になる見込みがあることです。彼の生まれた日、場所で生まれたすべての子供がこれら二つの星をチャートにもっています。この力を個人化するのは惑星の残りがどのようにほかの星々と結びついているかです。

彼の星がすべて軌道にあるので、それらはすべて、よりやわらかく、より〝使い勝手の良い〟方法で描かれるべきです。

**〈クライアントの青年期〉上昇している星**

ズベン・エルゲヌビはてんびん座の秤のひとつであり、社会改革や社会関与に結びつています。この若い男性の月に結びついているので、それは多くの若い人々のように政治理念に感情的に動かされることを暗示しているように思えます。月のかかわりがあるので、これもまた彼の母親と彼が子供時代に母親から学んでいることを語っています。彼の母親は非常に行動的な人物で社会改革に非常に強い信念をもち少数派に自分の時間を惜しみなく与えています。しかし、金星とともに上昇しているプロキオンがずっと興味深いです。プロキオンは犬の星である大いなるシリウスよりさきに上昇する星です。これは早い成功であるものの長続きしない機会を象徴しています。というのはこの明るい上昇している光は、シリウスの上昇によってすぐに負かされるからです。プロキオンは彼の金星やコーヒーショップで国際的なモデルエージェンシーに見出されたことに関係しています。彼はこの星の表現である、彼らが求めている容姿をしていました。しかし、このモデルとしての機会は長続きしないかキャリアにつながらないでしょう。なぜならプロキオンによって象徴されているからです。もしシリウスやペルシアのロイヤルスターのひとつで象徴されていたならばこれは成功する金星タイプの長期の経歴の表示だったでしょう。

**〈クライアントの人生の全盛期〉天頂にある星**

彼はまだ人生のこの時期に達していませんが、人生で最も成功し、実りあるものになるはずです。レグルスとアルフェッカの両方が太陽と関連しているのは大きな成功（レグルス）をおさめるでしょうが、名声や成功（アルフェッカ）を求めるよりも自分の仕事に専念した場合にかぎられます。

レグルスで彼は認められますが、同時にある段階で復讐したくなります。サソリの針の星のひとつであるアキュメンが木星とつながっていますので、成功とともに攻撃がやってきます、この攻撃で打ちのめされ反撃し、復讐（レグルス）をしたくなります。しかし、これに踏み出すと得たものすべてを失うことになります。

ベテルギウスもまた天頂にあり彼の木星とつながっています。これは彼が勝利することを示しており、とても大きな夢や野望に照準を向けることが可能です。オリオン座の足にあるリゲル――教育者、教師、教える人――は土星とつながっているので、著作や仕事をとおして学んだ知恵や教訓を非常に実際的な方法で使用できることを示しています。

こうした中年期は彼が最も成功する時期であり、彼の人生で最も多くのものを得ることができる時期であるため、この時期に一生懸命働くようにアドバイスを受けました。

**〈クライアントの人生の後半〉沈んでいる星**

沈んでいる星はひとつしかなく、これはチャーリー・チャップリンのところで述べた、いるか座の主星スアロキンです。この場合、金星と関わっています。人生のこの時期に偉大な星が欠けていることは、彼の全盛期の成功は老齢期に持ち越されないことを示唆しています。当時の政治だけでなく発声映画の技術の両方によって無力にされたチャーリー・チャップリンのように、このクライアントは人生の後半に大きな仕事や成果を生み出さないでしょう。彼はそのことで不幸でないでしょう、スアロキンはいるかの遊びごころを表し金星と結びついているので、成功するための原動力なしでなにか新しい創造的なメディアを探究することを意味しています。しかし、二十五歳から六十代の初めまでを最大限に活用することが重要です。

**〈クライアントのライフワーク〉天底にある星**

天底には星はありません。私の調査のこの段階では、天底に関連している星がないからといって、彼が少しも記憶されることはないとか、彼のライフワークが家族内でも世界的にもなんの役にも立たないとかは言いません。確かに、この若い男性は作家として有名になる可能性があると思っています。彼のチャートで天頂にある多くの星もまた同じ惑星とともに天底にあります。たとえば太陽はレグルスとともに天頂にあります、それはまたレグルスとともに天底にありますので、これが彼のライフワークと関係しているかもしれません。

＊＊＊

要約すると、個人の恒星のパランリストを見る場合、占星術師は出生時の情報を得るだけでなく、時間制限のある情報、したがっていつ星が影響を与えるかの知識を入手します。たとえばこの若い男性の場合、モデルの仕事が正しいキャリアでなく長続きしないことがわかります。また中年期に大きな可能性があることがわかりますので、執筆や彼を駆り立てていることすべてに熱心に取り組むよう励ますことができます。その時期に攻撃を受け、なんとしてでも避ける必要のある復讐や報復を求めたくなることも見えます。人生の後期に大きな仕事や新しい成果はありませんが、新しいメディアやアイデアを楽しむ穏やかな種類の満足感があります。

## 恒星を予測の方法として使用します

特定のアングルにある星の位置は、扱っているエネルギーや象徴するものごとの種類だけでなく、アングルを介して人生で星の影響を経験する時期を伝えるため、占星術師は星を使って予測することが可能です。予測の性質はすぐまえの例（若い作家）で示した方法です。人生を三つの区分（青年期、中年期、老年期）で見てこうした時期における星の働きを記録することによって広い展望を形作ることができます。すぐまえの例では、若い野心のある作家が著作で成功するかどうかわかりませんが、彼がなんらかで成功し、さらにその成功は老齢期まで持ち越さないことを知っています。

このタイプの予測の作業は新しい領域を開きます。ソーラーリターンは太陽が生まれたときに黄道にある位置に戻る瞬間のチャートです。この黄道帯は星そのもの（サイデリアル）をもとにしているものか、赤道（トロピカル）にたいする太陽の位置をもとにしているものであるかもしれません。こうしたリターンは伝統的にひとつの誕生日から翌年の誕生日までの期間の予測を与えます。したがってわずか十二か月しか有効でありません。そのためリターン図のアングルは年の初期（上昇している）、年の中期（天頂にある）、年末（沈んでいる）、および年の振り返り（天底）となります。

これを当てはめる簡単な例は、ジョン・F・ケネディが暗殺された年のジャッキー・ケネディのソーラーリターンを見ることです。ジャッキー・ケネディは一九二九年七月二十八日、午後二：三〇（東部夏時間）にニューヨーク、サウサンプトン北緯40度53分、西経72度23分で誕生しました。[6] そのため彼女のどのソーラーリターンも七月二十八日から翌年までの期間を含みます。一九六三年にその当時彼女が住んでいたワシントンにおけるソーラーリターン[7]で恒星パランを見ると次のことがわかります。

6　Lois Rodden, Astro Data II (Tempe, AZ: AFA, 1988).

7　このリターンは通常のトロピカルで行われました。トロピカルとサイデリアルの唯一の違いは時間です。したがってアングルは変わりますが、星と惑星とのつながりは変わりません。

**太陽の上昇と同時に昇る星**

ソーラーリターンにおいては太陽の上昇と同時に昇る星のコンセプトは使用しません。なぜならその人物が大きく移動しないかぎり同じ星が毎年太陽の上昇と同時に昇る星になるからです。

**上昇している**（誕生日後の最初の四ヶ月、七月二十八日から十一月末まで）

アルフェッカ（かんむり座）金星が天頂にあるとき上昇している。運行している。

ディアデム（かみのけ座）火星とともに上昇している。運行している。

アンタレス（さそり座）火星が天頂にあるときに上昇している。運行している。

ポルックス（ふたご座）火星が天底にある時に上昇している。短縮した運行。

火星が次の星々と関わることで強調されています。ディアデム、犠牲を払う。アンタレス、ペルシアのロイヤルスターのひとつ、サソリの心臓、激しさ、ドラマ、再生と強迫観念、運行があるにせよないにせよ。ポルックス、通常は執筆やコミュニケーションの星ですが、常に苦痛を伴う旅と関連しています。ポルックスの苦痛を伴う旅はジャッキーにとって強調されています、この星は短縮した運行の位相にある（訳注　沈まない）ためです。同時に、彼女の金星はアルフェッカと関連しています、アルフェッカはゆたかさや静かな成功を意味しています。このソーラーリターンのはじめに、彼女は妊娠しており、夫は合衆国の大統領として政権の座にありました。この四ヶ月間の終わりに彼女の子供は生後数日で亡くなり、夫は暗殺されました。

**天頂にある**（これは二番目の四ヶ月間、一九六三年十一月末から一九六四年三月の終わりまで）

アンタレス（さそり座）水星が沈むときに天頂にある。運行している。

アンタレス（さそり座）土星が上昇するときに天頂にある。運行している。

シェダル（カシオペア座）金星が上昇するときに天頂にある。永遠に短縮した運行（訳注 沈むことがない）にある。

彼女のソーラーリターンで天頂にある星はこれらだけではありませんが、これらは最も重要なものです。偉大なサソリの心臓が天頂にあり、水星と土星両方と触れています。これは悲しみにとりつかれていることを示しており、過去四ヶ月の悲劇的な衝撃に心がすっかり占められています。星のシェダルは短縮した運行にあり、この世のものとは思えなくなり女王としての表現力が強まり、非常に威厳をもって尊敬を求めたり得たりする星です。ここに悲しみに対処しようと努める彼女にたいするアメリカの人々の愛と尊敬があります。彼女は威厳と尊敬の神聖な存在に変えられました。

**沈んでいる**（これは最後の四ヶ月、一九六四年三月末から一九六四年七月の誕生日まで）

メンカル（くじら座）月が昇るときに沈んでいる。運行している。

アキュレウスとアキュメン（さそり座）水星が天底にあるときに沈んでいる。両方とも運行している。

アルゴル（ペルセウス座）火星が天頂にあるときに沈んでいる。永遠に短縮した運行にある。

メンカルは無意識の巨大な怪物です。ジャッキーは集合無意識的行動の犠牲者だけでなく、国家の悲しみの著名人として見られてもいました。アキュレウスとアキュメンはサソリの針で、ジャッキーの水星と関連し、彼女の苦痛と精神状態を象徴しています。アルゴルの存在は火星と関わり、短縮した運行であり、この時期の醜さを加え、彼女がこのときに感じたにちがいない怒りと憤懣を示しています。

**天底にある**（彼女にとってのこの年の要約）

金星が沈むときにアルゴルが天底にある。永遠に短縮した運行。

これはこの年を振り返った一年の要約です。アルゴルは女性性の暗く、苦痛を伴った怒りを表し、ジャッキーの金星と関連しているので、この年が苦痛、怒り、関係の喪失であることを示しています。彼女はまた世間から悲劇の未亡人として見られています。星が短縮した運行にあるので、人間としてのジャッキー・ケネディはこの大きな概念のなかに埋もれています。彼女は国家を嘆く人となり、自分自身のアイデンティティは失われました。

このようなソーラーリターンは困難で重い星が多数あるために際立っています。しかし、どんなソーラーリターンもこの方法で調べることが可能です。覚えていてほしいのはひとつの困難な星が悲劇を引き起こすわけではないことです。恒星を使用するさいの常として考慮する必要があるのは個々の意味だけでなく星の組み合わせです。

# 恒星占星術をもっとわかりやすく

さくらいともみ



## 1　恒星占星術とは

ヒライアカルライジング、ヒライアカルセッティング
恒星パラン
ホロスコープのアングルにある星
使用するのは星座ではなく、64個の星のなかから（ブレイディ方式）

上記が恒星占星術を構成している主たる要素です。恒星を占星術に取り入れるには出生日時にプラスして出生場所（緯度）が重要となります。

場所によって観測できる星が異なるからです。

ヒライアカルライジング、ヒライアカルセッティング

日の出の際、太陽の直前に上昇してくる恒星がヒライアカルライジング、日の出の直前に沈む恒星がヒライアカルセッティングです。「太陽の上昇と同時に上る星」と「太陽の上昇と同時に沈む星」です。

ヒライアカルライジングは東の空に見える星、セッティングの星は西の空に見える星です。

ヒライアカルライジングの星は太陽と一緒に上昇してきます。そのため、すぐに太陽の光で隠れます。同様にヒライアカルセッティングの星も朝の光によって見えなくなります。

ヒライアカルライジングの星は最も重要です。この星は個人の性質、感覚、使命、能力、才能を表しています。一言で言えばキャラクターを表す星です。ヒライアカルライジングの星はチャートの基礎、背景、種や土壌となります。

いっぽう、西の空のヒライアカルセッティングの星は、ヒライアカルライジングの星による内面のプレッシャーと闘っているとき、人生の浮き沈みがある時期に援助します。セッティングの星は救済の星です。困った時に助けてくれる星、視点を変えてくれる星とも言えるでしょう。

すべての出生日にヒライアカルライジング、セッティングの星があります。

一日の始まりは夜明けで計算するため、日の出前に生まれた人は前日のチャートになります。出生時間が分からない場合は約75％の確率ということになります。出生時間不明の場合は、前日のチャートも念のため見比べたほうがよいかと思います。

ヒライアカルライジング、セッティングの恒星は季節と出生地の場所（緯度）によって左右されます。それらの星はほぼ毎年変化せず、生まれ時間には左右されません。

誕生日と生まれた場所の緯度によってこれらの恒星が決まるので、多くの人が同じ星と関連することになります。一般的な占星術のワク組みよりも大きな範囲の人々に関係し、ひとつのグループが同じ恒星の影響を受けることになるのです。

## 恒星パラン

パランとは惑星と恒星の関係、組み合わせです。地平線、子午線上に恒星があるときに同時に惑星がある時にパランとなります。アスペクトと似ていますが、少々異なります。

地平線に惑星があり、同時に子午線上に恒星がある、これがパランですが、もともと角度とは関係がありません。地平線に同時にある場合もパランです。角度にすれば0度、90度、180度がパランとなります。

パランとは「パラナッテロンタ」という古代の技法が元になっています。もともとはパラン＝同時に昇るという意味です。恒星のエネルギーが惑星に影響を与えている状態です。

惑星ごとの恒星パランは惑星の位置の変化に応じてさまざまな種類があります。そのため細かいリーディングに向いています。出生地の緯度が少し変化しただけで恒星と惑星のパラン関係は変化します。

パランとは惑星が恒星のエネルギーの受け皿になるということです。出生図のなかであまり自覚できない惑星がある場合は、どんな恒星とパランにあるのかを調べてみるのも良いでしょう。惑星の意味を広げることができると思います。恒星が惑星の邪魔をしたり、締め付けることはありません。アスペクトや品位が弱い惑星でも恒星によって広がりが出てきます。

ホロスコープのアングルにある星

アセンダント、ディセンダント、MC、ICに位置する恒星は具体的に出生図に影響を与えます。これは出生時間がはっきりしている場合のみ使用可能です。出生時間によって恒星が位置していたり位置していなかったりするからです。

---

## 2　恒星占星術における解釈

ブレイディ方式では全部で64個の星を使用します。易経と同じ数です。

そのうち4つがペルシアのロイヤルスターであり、フォーマルハウト、レグルス、アンタレス、アルデバランです。それぞれ両義的な意味を持ち、成功と栄光、チャンスがありますが、隠れた敵に勝った場合の成功が約束されています。

たとえば、ペルセウス座からはミルファク、アルゴル、カプルスの３つの星があり、それぞれが異なった意味を持っています。ミルファクは行動すること、アルゴルは強い情熱、カプルスは鋭い攻撃を意味しています。

64 個の星が、ロイヤルスターと栄光の星、困難と闘う星、神秘の星、知恵と勉強の星、使命と職業の星、威厳と尊厳の星、犠牲者に寄り添う星、信頼と安定感の星、冒険の星、権力と現実世界の星、喜びと幸運の星の 11 グループに分けられます。

困難な星は単に不運な星ではなく、苦境や困難と闘う力があるとみなします。犠牲の星は犠牲者に寄り添い、彼らのために闘うことを意味しています。星のエネルギーに良い悪いはありません。出来るかぎり二元論にならないように解釈したほうがいいでしょう。

ブレイディの解釈は約７割がギリシア・ローマ的です、それにプラスしてメソポタミア、エジプト、インド、アイルランド神話から星の意味を付加しています。例えばオリオン座はギリシア神話では一介の猟師ですが、エジプトでは大いなるファラオであり、神とされました。地域によって星の解釈は異なります。

恒星のエネルギーは説明不能で、言葉にはできないとも言われています。色々な星の神話を調べたうえで自分なりの実感を伴う解釈を探っていくのが理想的だと思います。

---

## 3　従来の占星術との比較

西洋占星術では出生図のホロスコープのつくり方が２種類あります。

ジオセントリック（通常のもの）とヘリオセントリックです。

ヘリオセントリックは太陽中心のホロスコープであり、天動説ホロスコープとも言われます。魂のホロスコープとも言われており、現実的な生活よりも精神的なことを占う時に使用します。通常のホロスコープのちょうど反対側に太陽が位置することになります。

ヘリオセントリックでは惑星と恒星の黄道度数が合になった場合、惑星に恒星の影響があると見なします。オーブは７度ほど大きくとってもいいでしょう。恒星とホロスコープ上の惑星を結び付けることが可能です。

ジオセントリックのホロスコープと恒星の黄道度数の合を古典占星術では使用していました。アルデバラン、レグルスなどと惑星の合の際に特別な解釈がなされています。しかし古典的な星の解釈は偏っており、使用しにくいケースが多いため、恒星は近代の西欧占星術で徐々に使用されなくなりました。

恒星パランはジオセントリックとヘリオセントリックのあいだにある、比較的地上的な恒星と惑星の関わり合いです。ヘリオセントリックよりは具体的です。生まれた場所に左右されるということはローカル性がある技法と言えるでしょう。

恒星パランとヒライアカルライジングの概念は、地上に立って夜空を見た時の恒星の状態を占星術に取り入れることです。古代人が夜空を見た時の思い、畏敬の念がそのまま表れています。そして、21 世紀のコンピュータのお陰で正確な天文データを使用できる現代だからこそ復活した技法です。古代の素朴な技法と現代のテクノロジーによって成り立っている興味深い占術です。

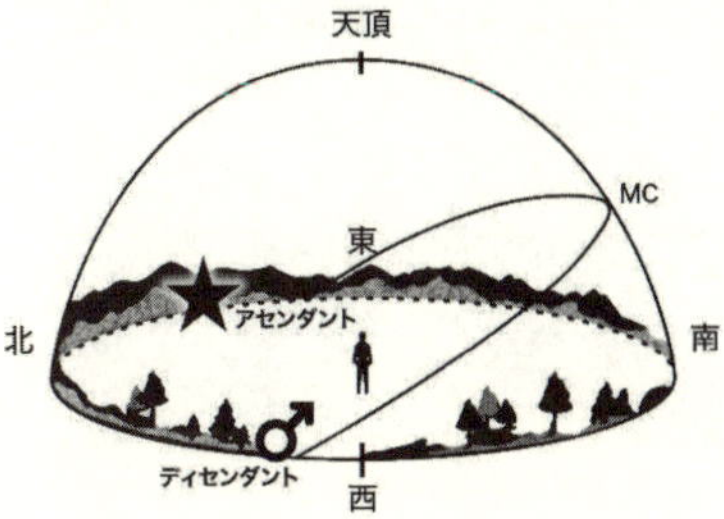


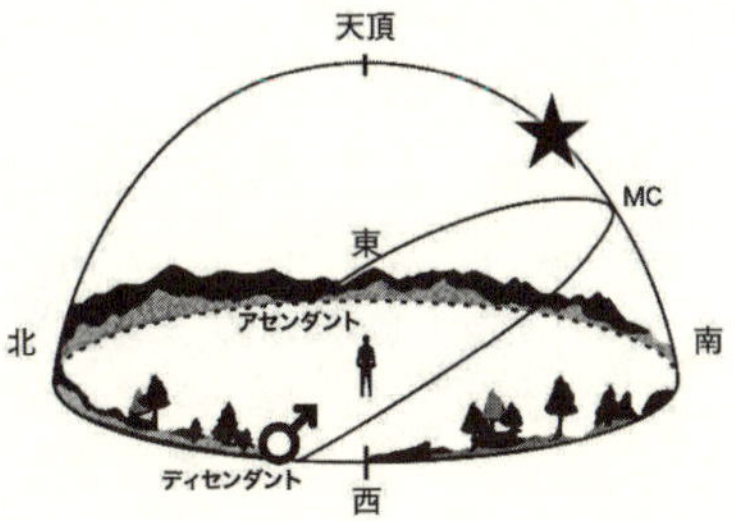

## 付記：恒星のグループ分け

| | |
|---|---|
| 冒険の星 | アルフェラッツ、アルタイル、アルクトゥルス、ファクト、カノープス、カペラ、ハマル |
| 物質界における力の星 | アクルックス、エル・ナト、ミルファク、プロキオン、トゥバン、ズベン・エシャマリ |
| 困難と闘う星 | アキュメン、アキュレウス、アルゴル、アルファード、アケルナル、メンカル、カプルス、ファーシーズ |
| 神秘主義、内観の星 | アルシオン、ヴェガ、フォーマルハウト（ロイヤルスター）、アル・リシャ、アンカー、デネブ・アディジェ |
| 使命、職業の星 | アルヘナ、アゲナ、アルケス、デネボラ、ムルジム、ポラリス、スベン・エルゲヌビ |
| 信頼性、安定性の星 | マルカブ、ルクバト、アルニラム |
| 尊厳、威厳の星 | シェダル、アルデラミン、ドゥーベ、ラス・アルハゲ |
| 知恵、勉強の星 | デネブ・アルゲディ、ラス・アルゲティ、リゲル、シェアト、スピカ、ヴィンデミアトリクス、カストール、ポルックス、トリマン |
| 喜び、幸運の星 | アキュベンス、スアロキン、ミラク、サダルスード、サダルメルク |
| 犠牲、犠牲者に寄り添う星 | ゾスマ、アルフェッカ、ディアデム |
| 名声、成功、機会の星 | ベテルギウス、ベラトリックス、シリウス、アルデバラン（ロイヤルスター）、アンタレス（ロイヤルスター）、レグルス（ロイヤルスター） |

# 星の位置を決め、測定し、名前を付ける

地球上に都市や場所が位置しているのと同様に、星は天球上に位置しています（図35を参照）。地球上の位置には経度があるように、星の位置にも赤経があります。赤経は時間か度数のいずれかで計測され、三月の春分点において黄道と赤道の交点から始まります。赤経は時間ごとに15度に相当し、東に移動するにつれて時間や度数が増します。したがって赤経は最大二十四時間あるいは360度あります。本書では星に赤経を与える場合、時間で表されます。

赤緯は地球の緯度と同じであるため、赤道の北あるいは南の度および分で測定されます。もし星が都市の緯度と同じ赤緯にある場合、その星は一日のうちに都市の真上を通過します。たとえばロンドンは北緯51度31分です。北の赤緯51度か52度の星はすべて二十四時間のうちにロンドンの真上を通過します。

**自分のいる場所で星が上昇し沈むかどうかを知る**

自分のいる場所の緯度を知っていれば、星の赤緯を知ることで星が上昇し沈むかどうかを確かめることができます。自分のいる場所の緯度を90度から引きます、星の赤緯が計算結果よりも大きければその

場所では見えないか、沈まないでしょう。

たとえばロンドンの緯度は北緯51度31分です。これを52度として90度から引きます。答えは38度です。南の赤緯38度の星はすべてロンドンでは見ることができません。付け加えると北の赤緯38度の星はすべて沈みません。したがってロンドンでは昇ったり沈んだりすることができる星は南の38度と北の38度のあいだに赤緯があります。これは経験則であり、海抜高度に応じて常にある程度の疑いがあります。また、その土地の地形によって、その土地の地平線をかすめるだけの星を見ることができるかも変わってきます（詳細は付録Bを参照）。

## 星の等級

星の明るさはさまざまであり、これを説明するために古代の天文学者ヒッパルコスは二〇〇〇年前に最も明るい星が最も重要な星であるというシステムを考案しました。こうした最も明るい星には一等級とつけられました。より暗い星は重要度を減らして二等、三等、四等、五等、そして六等級に分類されました。六等星は人間の目ではほとんど見えません。この体系は現代になって改良されましたが、天文学ではいまでもこの基本的な体系が使用されています。一等星は二等星よりもずっと明るく、一等星は二等星の2・51倍の明るさです。同様に二等星は三等星よりも2・51倍の明るさです。非常に明るい星や太陽と月の機嫌をとるために輝度の小さな星々も紹介されてきました。シリウスと太陽が天空で最も明るいふたつの星です。シリウスの等級はマイナス1・46ですが、太陽はマイナス26・85等星です。

## 星の名前の付け方

多くの星には適切な名前がありますが、それらもまた最初はそれらの星が属している星座で名付けられ、二番目に同じ星座のほかの星と比較した相対的な明るさによって名付けられています。最も明るい星がアルファ（$\alpha$）に分類され、二番目に明るい星はベータ（$\beta$）と呼ばれ、それ以降もギリシャ文字になります。アルファベットの文字数よりも星の数が多ければ、残りの星に番号が付けられます。

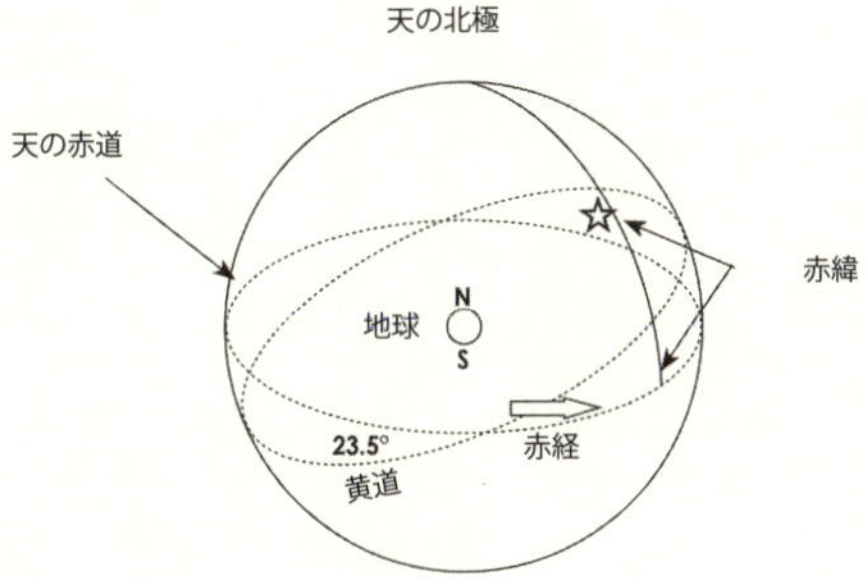


図35.　天球

## パラン表に記載されている星の情報

それぞれの星に一連の情報があります。たとえばアルフェラッツを見てみましょう。

### アルフェラッツ

アンドロメダ座アルファ星。２・２等星。赤経：00ｈ08ｍ09ｓ、赤緯：北29度03分50秒、黄経：牡羊座13度37分。

・最も一般的に受け入れられている固有名を最初に記載し、その星座名が続きます。アンドロメダ座アルファ星は、この場合アンドロメダ座にある星でアンドロメダ座のなかで最も明るい星であることを意味しています。

・２・２等星は非常に明るい星ではありませんが、人間の目でまだ容易に見られます。

・赤経00ｈ08ｍ09ｓは、時間、分、秒で表され、この星が春分点（黄道と赤道の交点）の少し東に位置していることを示しています。

・赤緯29Ｎ03分50秒は、この星が赤道から29度北にあることを意味しています。

・黄経：牡羊座13度37秒とは西暦二〇〇〇年の場合、この星が赤道の極から経線または赤経を介して投影するとき、[1]この投影が黄道を切る点が牡羊座13度37分にあることを言っています。

## 占星術師としての知識を活かして星の位置を決めます

赤経と赤緯は星空の夜に外に立って星を見分けようとする一般の人にはあまり役に立ちません。

1　黄道の極を使用した投影度数のリストについては付録Eを参照してください。

星空と向かい合う最初の一歩は極の位置を決めることです、もし北半球にいるのなら、これは北極になります、南半球ならもちろん南極になります。占星術師としてあなたは現在地の緯度を知っていると思います。この緯度は地平線の上の極の高度になります。たとえばロンドン郊外の北緯51度にいる場合、北を向いて手を使って（閉じたこぶしで4度、開いたこぶしで親指と小指を伸ばして15度）、地平線から上に51度を測定します。手による測定はこぐま座の星で終わるはずです。

南半球にいる場合、南を向いて地平線からの現在地の緯度数を測定しましょう。空の何もない場所を見ていることに注意してください。しかし、周辺を偵察して、南十字星を見つけられるかどうか確かめてください。

極を見つけたら、各星座に与えられている星図を見て、周極星座の位置を確認します。一度にひとつの星座を選べば目が慣れるでしょう。これらの星座に気づくようになってください。手でそれらを測り、星図を使用することで個々の星の名前に慣れ親しんでください。

次の段階は自分から見て東と西にある点を決めることです。南極を向いている場合、その左側の場所の正方形が東になります。いっぽう北半球にいるとしたら北極を向いている場合、東が右側です。黄道は東から西へ弧を描きます。しかし、それが頭上を直接通過することはまずないでしょう。それは動いている弧ですが常におよそ東から西へ移動しています。

占星術の知識を活用して、どの黄道星座が見えるはずなのかを決めてください。たとえば太陽がおうし座にある場合、[2] 夜にはさそり座とその両側の星座が地平線上に現れます。役に立つ星図を使って黄道の弧にあるこうした星座を探しましょう。

## 重要な指針

なかには非常に明るくはっきりしているため光の弱い星座を探す手助けとなることが可能な星座があります。さそり座は最も明るい星座であり、太陽がうお座、おひつじ座、おうし座、ふたご座、かに座、しし座を移動しているとき夜空に広がっています。その中心は赤い星のアンタレスで、素人目には火星のように見えます。一度大いなるさそり座を見たことがあれば、その場所をいつでも見つけられるでしょう。

さそり座の反対側はおうし座です。この星座には、牡牛の目である、大きな赤い星アルデバランがあり、肩にはプレアデス星団があります。太陽が十二月に射手座を移動するとき、アルデバランは日没時に上昇します（アクロニカルライジング）。そしておよそ十二月から六月まで夜空で見ることができます。

おうし座の隣はふたご座で、カストールとポルックスの明るい星があり、正確に四度三十分離れています。手と指を測定器として測ります。それらのすぐ南には、赤い星ベテルギウスを含む、非常に視覚的に明らかなオリオン座があります。

これらの二、三の非常に見やすい星座に気づく方法を学べば、自分の手と星図を使って、天のほかの

2　これは、太陽が牡羊座の星のなかにあることを意味している、トロピカル式の獣帯です。

部分を探究できるようになります。夜空を回る方法を見つけるには一晩以上かかりますが、一度にひとつかふたつの星座に集中すれば、夜空を見上げて、すぐに星座と個別の星を認識できるようになります。一度始めればさまざまなプラネタリウムのソフトウエアパッケージのひとつやコンパスなど、いくつかの簡単なツールに投資したくなるかもしれません。

# 特定の緯度で昇ったり沈んだりする星

どの緯度でも、上昇しない星はたくさんあります、けっして沈まない星もあれば、上昇し沈むようにみえる星もあります。自分のいる場所で星が上昇しないとしたら、その星をチャートの作業から除外したくなるかもしれません。付け加えると自分のいる場所で上昇し沈む星は位相があり、地球と相互関係があるとされています。ひとつの星が上昇するか下降するかを判断する簡単な方法を付録Aに示しています。しかし、次の主要な星のリストとその星がけっして上昇も下降もしない緯度を見れば、上昇も下降もしないすべての星が一目瞭然です。

表1の使用法の例です。北緯42度のニューヨーク市から空を観察している場合、〝沈まない〟欄を使って、北緯42度未満の最後の緯度が見つかるまで下を見てください。それはミルファクで、北緯40度で沈まない星です。ミルファクから表の一番上のデネブ・アディジェまでのすべての星はこの位置では沈みません。〝上昇しない〟欄を使って、北緯42度未満のリストにある星が見つかるまで下を見てください。この星はカノープスです。カノープスは北緯37度では上昇しません、リストにあるカノープスからアクルックスまでのすべての星はニューヨークの緯度では上昇しません。ミルファクからアンカーまでのあ

いだのすべての星はニューヨークでは上昇し、沈みます。

別の例は南半球の位置を使っています。南緯35度のオーストラリア南部のアデレードから空を観察している場合、〝沈まない〟欄を使って、南緯35度未満の緯度が見つかるまで探します。南緯32度で沈まないのはアケルナルです。アケルナルから表の下あるいはアクルックスまでのすべての星がこの位置では沈みません。〝上昇しない〟欄を使用して35度未満でリストにある星が見つかるまで探します。この星はシェダルです。シェダルは南緯33度では上昇しません、リストにあるシェダルからデネブ・アディジェまでのすべての星はアデレードの緯度では上昇しません。アデレードではシェダルからアケルナルまでのあいだのすべての星が上昇し沈みます。

表1：昇ることも沈むこともない星※

| 北極<br>沈まない | 南極<br>上昇しない | 星 | 星座 |
|---|---|---|---|
| 北緯 32 度 | 南緯 32 度 | デネブ・アディジェ | はくちょう座 |
| 北緯 32 度 | 南緯 32 度 | カプルス | ペルセウス座 |
| 北緯 33 度 | 南緯 33 度 | シェダル | カシオペア座 |
| 北緯 40 度 | 南緯 40 度 | ミルファク | ペルセウス座 |
| 北緯 43 度 | 南緯 43 度 | カペラ | ぎょしゃ座 |
| 北緯 49 度 | 南緯 49 度 | アルゴル | ペルセウス座 |
| 北緯 51 度 | 南緯 51 度 | ヴェガ | こと座 |
| 北緯 54 度 | 南緯 54 度 | ミラク | アンドロメダ座 |
| 北緯 58 度 | 南緯 58 度 | カストール | ふたご座 |
| 北緯 60 度 | 南緯 60 度 | アルフェラッツ | アンドロメダ座 |
| 北緯 61 度 | 南緯 61 度 | シェアト | ペガスス座 |
| 北緯 61 度 | 南緯 61 度 | エル・ナト | おうし座 |
| 北緯 63 度 | 南緯 63 度 | アルフェッカ | かんむり座 |
| 北緯 66 度 | 南緯 66 度 | ハマル | おひつじ座 |
| 北緯 66 度 | 南緯 66 度 | アルシオン | おうし座 |
| 北緯 69 度 | 南緯 69 度 | ゾスマ | しし座 |
| 北緯 70 度 | 南緯 70 度 | アルクトゥルス | うしかい座 |
| 北緯 72 度 | 南緯 72 度 | ディアデム | かみのけ座 |
| 北緯 72 度 | 南緯 72 度 | ポルックス | ふたご座 |
| 北緯 74 度 | 南緯 74 度 | マルカブ | ペガスス座 |
| 北緯 74 度 | 南緯 74 度 | アルヘナ | ふたご座 |
| 北緯 74 度 | 南緯 74 度 | アルデバラン | おうし座 |
| 北緯 74 度 | 南緯 74 度 | スアロキン | いるか座 |
| 北緯 75 度 | 南緯 75 度 | ラス・アルゲティ | ヘルクレス座 |
| 北緯 75 度 | 南緯 75 度 | デネボラ | しし座 |
| 北緯 77 度 | 南緯 77 度 | ラス・アルハゲ | へびつかい座 |
| 北緯 79 度 | 南緯 79 度 | レグルス | しし座 |
| 北緯 79 度 | 南緯 79 度 | スピカ | おとめ座 |
| 北緯 79 度 | 南緯 79 度 | ヴィンデミアトリクス | おとめ座 |

| | | | |
|---|---|---|---|
| 北緯 81 度 | 南緯 81 度 | アルタイル | わし座 |
| 北緯 81 度 | 南緯 81 度 | アキュベンス | かに座 |
| 北緯 82 度 | 南緯 82 度 | ベテルギウス | オリオン座 |
| 北緯 86 度 | 南緯 86 度 | メンカル | くじら座 |
| 北緯 87 度 | 南緯 87 度 | アル・リシャ | うお座 |
| 北緯 89 度 | 南緯 89 度 | サダルメルク | みずがめ座 |
| 南緯 88 度 | 北緯 88 度 | アルニラム | オリオン座 |
| 南緯 85 度 | 北緯 85 度 | プロキオン | こいぬ座 |
| 南緯 84 度 | 北緯 84 度 | サダルスード | みずがめ座 |
| 南緯 83 度 | 北緯 83 度 | ベラトリックス | オリオン座 |
| 南緯 82 度 | 北緯 82 度 | リゲル | オリオン座 |
| 南緯 81 度 | 北緯 81 度 | アルファード | うみへび座 |
| 南緯 81 度 | 北緯 81 度 | ズベン・エシャマリ | てんびん座 |
| 南緯 74 度 | 北緯 74 度 | ズベン・エルベヌビ | てんびん座 |
| 南緯 73 度 | 北緯 73 度 | シリウス | おおいぬ座 |
| 南緯 73 度 | 北緯 73 度 | アンタレス | さそり座 |
| 南緯 73 度 | 北緯 73 度 | デネブ・アルゲディ | やぎ座 |
| 南緯 72 度 | 北緯 72 度 | ムルジム | おおいぬ座 |
| 南緯 71 度 | 北緯 71 度 | アルケス | コップ座 |
| 南緯 66 度 | 北緯 66 度 | ファーシーズ | いて座 |
| 南緯 60 度 | 北緯 60 度 | フォーマルハウト | みなみのうお座 |
| 南緯 58 度 | 北緯 58 度 | アキュレウス | さそり座 |
| 南緯 55 度 | 北緯 55 度 | アキュメン | さそり座 |
| 南緯 55 度 | 北緯 55 度 | ファクト | はと座 |
| 南緯 49 度 | 北緯 49 度 | ルクバト | いて座 |
| 南緯 47 度 | 北緯 47 度 | アンカー | ほうおう座 |
| 南緯 37 度 | 北緯 37 度 | カノープス | りゅうこつ座 |
| 南緯 32 度 | 北緯 32 度 | アケルナル | エリダヌス座 |
| 南緯 29 度 | 北緯 29 度 | トリマン | ケンタウルス座 |
| 南緯 29 度 | 北緯 29 度 | アゲナ | ケンタウルス座 |
| 南緯 26 度 | 北緯 26 度 | アクルックス | みなみじゅうじ座 |

* 〝沈まない〟欄は北極から始まり、南極に移動し、〝上昇しない〟欄は南極から始まり、北極に移動します。

付録C

# 太陽の上昇と同時に昇る星と太陽の下降と同時に沈む星の十二星座マップ

次は十二星座の太陽の位置に対応する本当のまたは明白な太陽の上昇と同時に昇る星と太陽の下降と同時に沈む星を決めるためのパラン表です。これらのグラフはこのテキストで述べたすべての星に対応しています。一等星だけを使用したい場合は付録Dを見てください。

グラフは生まれたときの太陽の位置にもとづいており、もちろんカレンダーの日付に変換できます。グラフは次の例のように使用されています。

**太陽の上昇と同時に昇る星を見つける**

例A：太陽が牡羊座15度で、北緯35度に生まれた人物

牡羊座のグラフを使用して、生まれたときの緯度に対応する太陽の度数を探します。これは図36のグラフに記されています。

牡羊座15度、北緯35度の地点はフォーマルハウトとアルゴルのちょうど上に見ることができます。太陽の上昇と同時に昇る星を見つけるには緯線のほうに視線を下げてください。目にする最初の星の線がその時期その場所で太陽の上昇と同時に昇る星です。この例ではふたつの星フォーマルハウトとアルゴルです。グラフが伝えていることは牡羊座のおよそ10度05分、太陽のおよそ4度まえにフォーマルハウトとアルゴルがともに上昇したことです。これらふたつの星のまえにある星を見つけるには魚座のグラフへ移って、この緯度で最初の星が何であるかを探したほうがいいでしょう。そのグラフを見れば、これらがしばらくのあいだ上昇した最初のふたつの明るい星であることがわかります。

さて、同じ人物が北緯でなく南緯35度で生まれた場合、牡羊座15度の線はそのまま使用されますが、今度はマイナス35度未満です(図36)。グラフを下げると目にする星の線はシェアトなので、太陽の上昇と同時に昇る星はシェアトです。シェアトは牡羊座7度とともに上昇し、したがって上昇する太陽の8度まえであり、夜明けの光が空一面に広がるまえに上昇している明るい星です。

牡牛座、双子座、蟹座の場合、こうした星座には非常に多くの明るい星が同時に昇っているため、各星座にふたつのグラフがあります。両方のグラフを使って太陽のまえにある度数からみて最も適した星を選びましょう。

## 太陽が沈むときに沈んでいる星を見つける

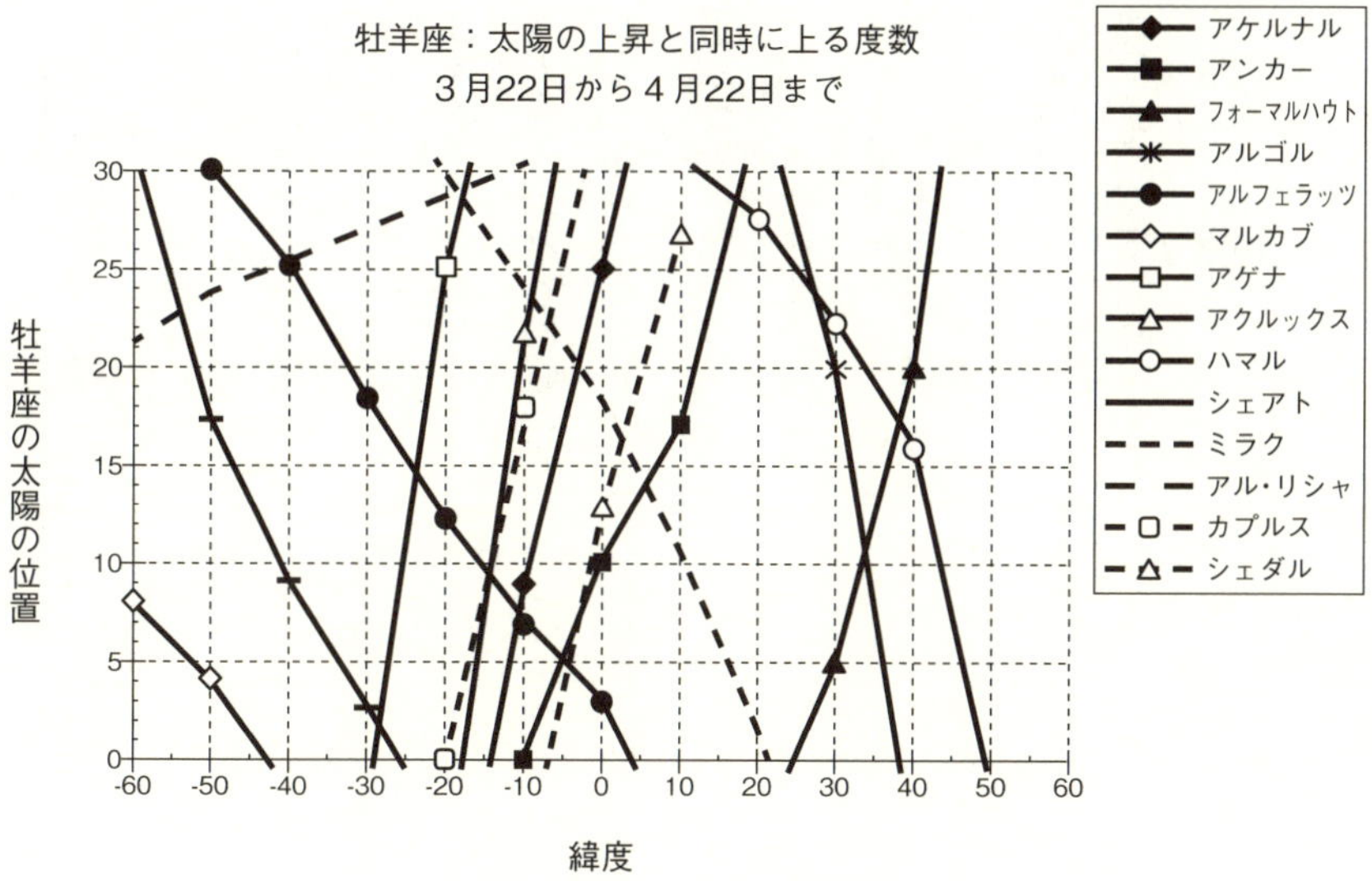


図 36. 夜明けに上昇している牡羊座の度数

## 例：太陽が牡羊座15度、北緯35度に生まれた人物

以前と同じ例を使用して太陽が沈むのと同時に沈んでいる星を決めることが可能です。この星は太陽がちょうど沈んだあとに沈んでいる星です。太陽が沈むのと同時に沈んでいる牡羊座のグラフを使用します。

太陽の上昇と同時に昇るグラフと同じ方法で、牡羊座15度の線を使用して、表37の北緯35度の欄に移ってください。この位置を決めたら星が見つかるまでグラフの上部まで目線を上げるか指を上げるかする必要があります。この例で見つかった星はアルフェラッツです。太陽は牡羊座15度で沈みますがアルフェラッツは牡羊座の約22度で同時に沈むため、ちょうど日没後に沈みます。

今度は南緯35度を見ます、太陽の上昇と同時に昇るグラフと同じ方法で表37の南緯35度の欄に移ってください。この位置を決めたら星が見つかるまでグラフの上部へ視線を上げるか指を上げるかする必要があります。本当に太陽の下降と同時に沈んでいる星はフォーマルハウトとアルゴルのふたつであり、牡羊座15度で同時に沈んでいます。明白な太陽の下降と同時に沈んでいる星はハマルであり、牡羊座の約23度で同時に沈んでいるため、太陽のあとに沈んでいます。

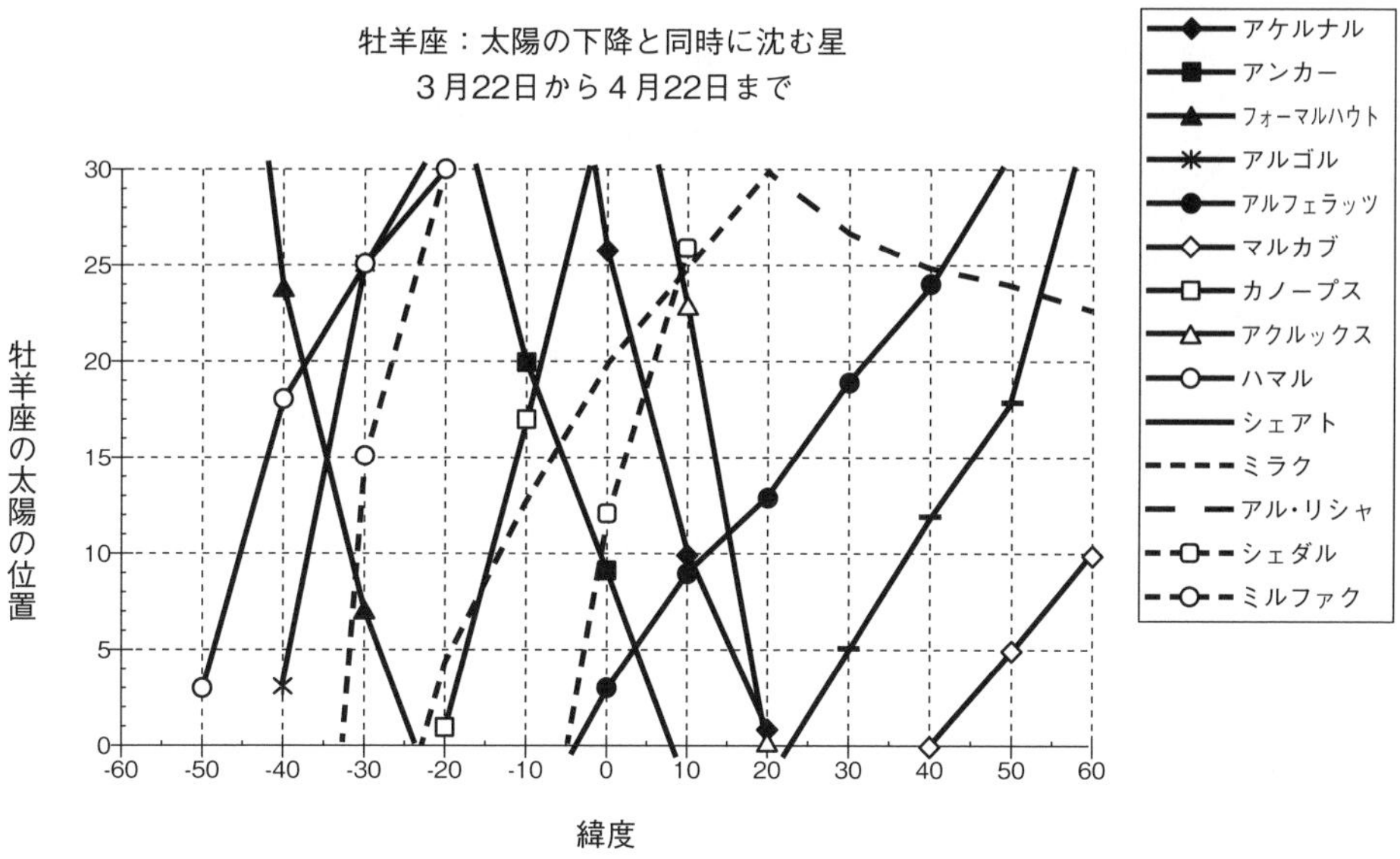


図 37. 太陽とともに沈んでいる牡羊座の度数

# あなたの太陽の上昇と同時に昇る星、太陽の下降と同時に沈んでいる星を見つける

続いてはこの本で説明したすべての星が太陽の上昇と同時に昇るときと太陽の下降と同時に沈むときのグラフです。この付録の最初に書いた方法に従って、任意の日付と場所にたいする太陽の上昇と同時に昇る星と太陽の下降と同時に沈む星を決めることができます。

これらの地図は二〇〇〇年度を基準に作成され、歳差運動が精度に影響を与えますが、ある意味では簡単には考慮できません。しかし、太陽の上昇と同時に昇る、あるいは太陽の下降と同時に沈む星は太陽のまえやうしろにかなりの度数があるので、宇宙的な本当の上昇の場合、スパンがおよそ一九〇〇年から二一〇〇年までになることを理解しているかぎり、これらの地図を一五〇〇年から二五〇〇年までのスパンで自信を持って使用できます。

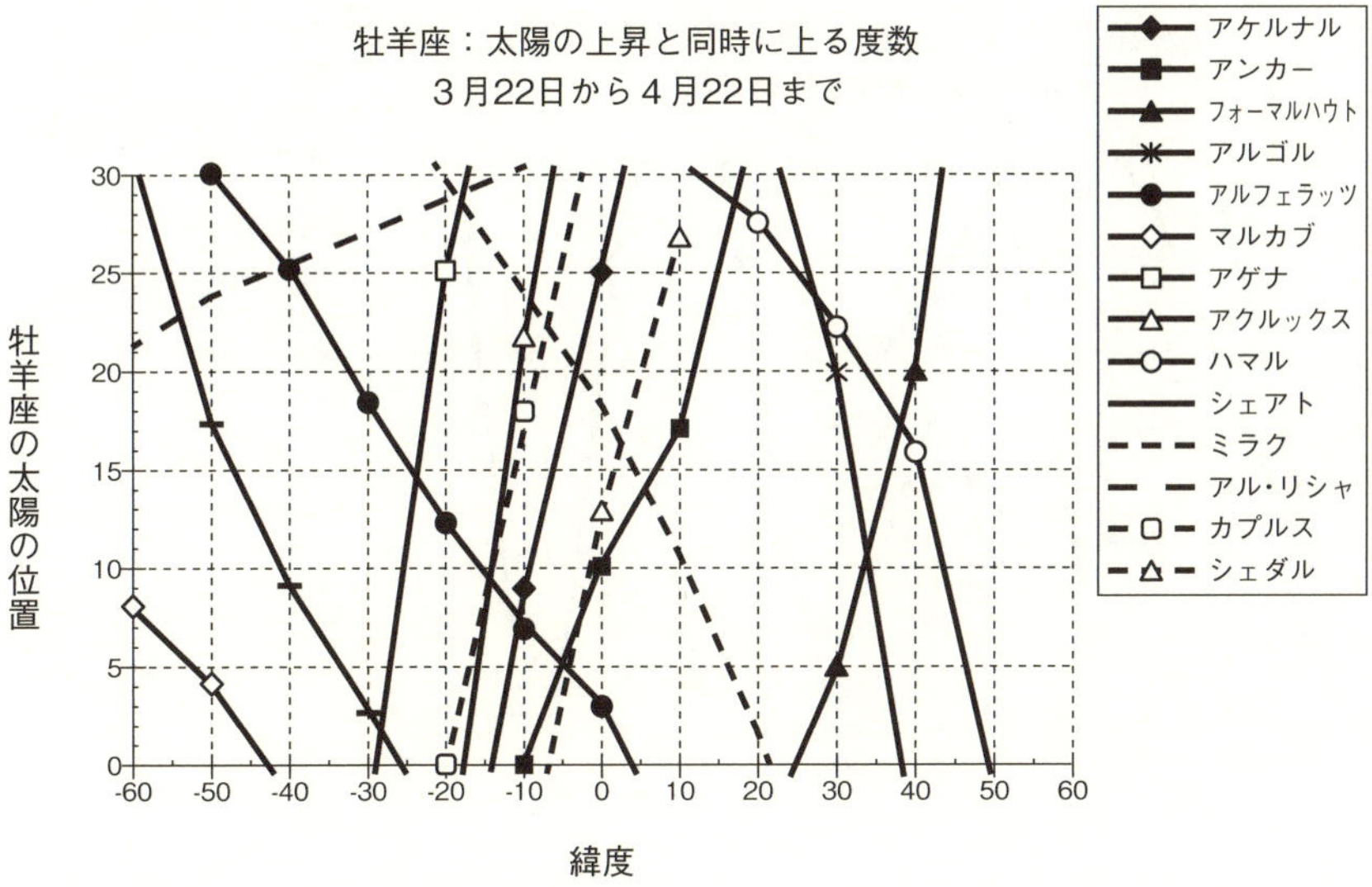
牡羊座：太陽の上昇と同時に上る度数
3月22日から4月22日まで
牡羊座の太陽の位置
緯度
30
25
20
15
10
5
0
-60
-50
-40
-30
-20
-10
0
10
20
30
40
50
60
アケルナル
アンカー
フォーマルハウト
アルゴル
アルフェラッツ
マルカブ
アゲナ
アクルックス
ハマル
シェアト
ミラク
アル・リシャ
カプルス
シェダル

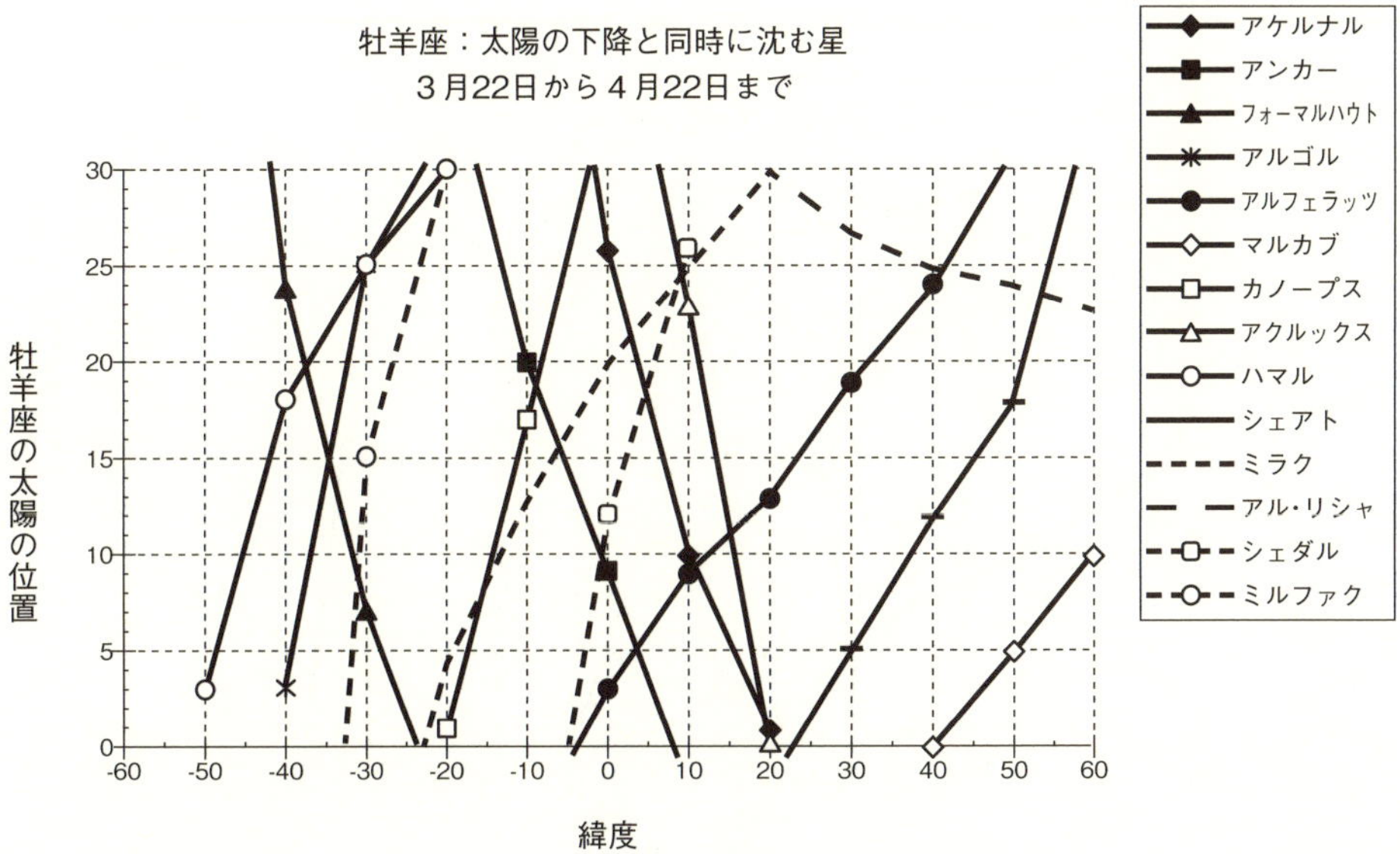
牡羊座：太陽の下降と同時に沈む星
3月22日から4月22日まで
牡羊座の太陽の位置
緯度
30
25
20
15
10
5
0
-60
-50
-40
-30
-20
-10
0
10
20
30
40
50
60
アケルナル
アンカー
フォーマルハウト
アルゴル
アルフェラッツ
マルカブ
カノープス
アクルックス
ハマル
シェアト
ミラク
アル・リシャ
シェダル
ミルファク

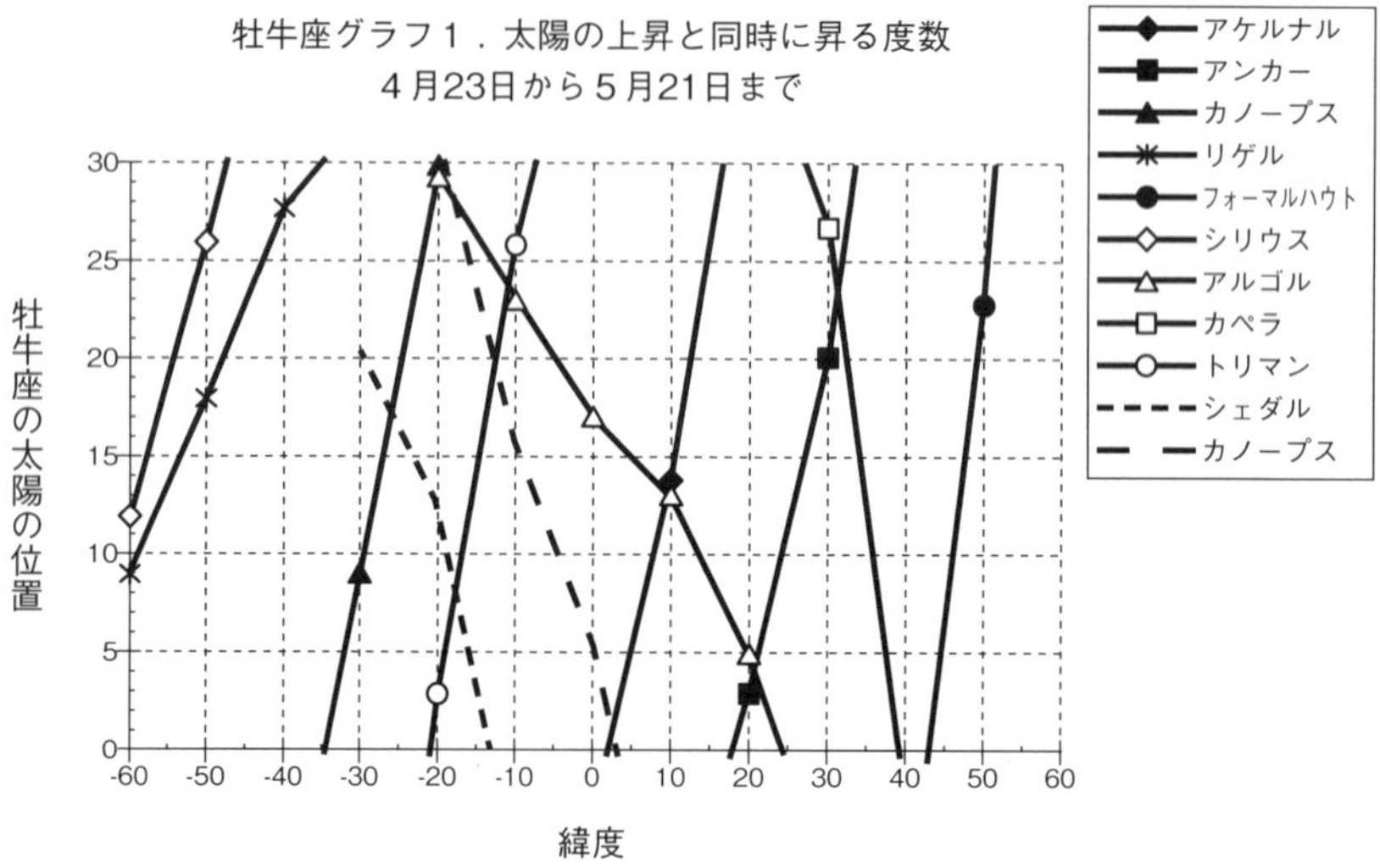

牡牛座グラフ１．太陽の上昇と同時に昇る度数
４月23日から５月21日まで
アケルナル
アンカー
カノープス
リゲル
フォーマルハウト
シリウス
アルゴル
カペラ
トリマン
シェダル
カノープス
牡牛座の太陽の位置
緯度


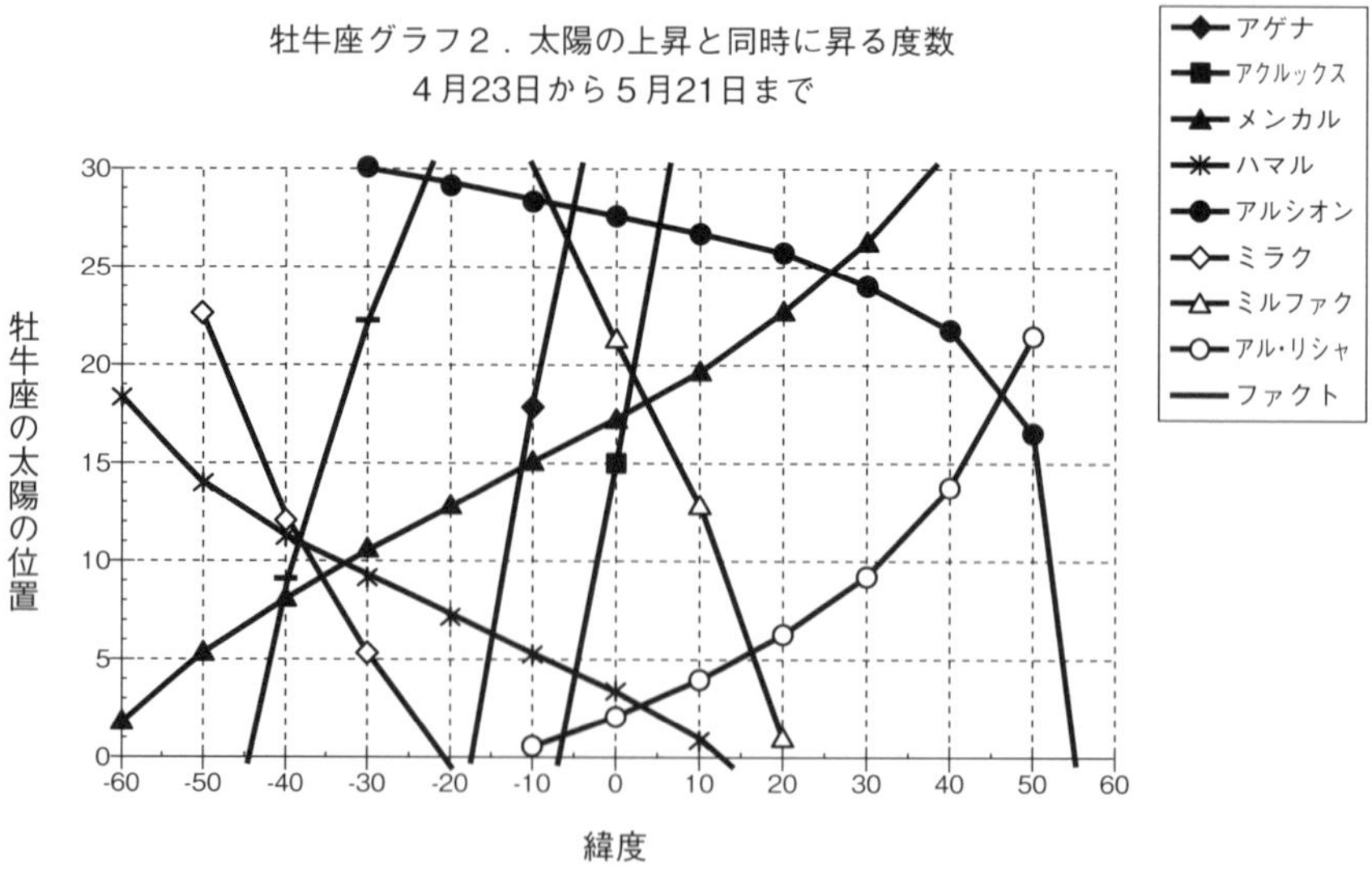

牡牛座グラフ２．太陽の上昇と同時に昇る度数
４月23日から５月21日まで
アゲナ
アクルックス
メンカル
ハマル
アルシオン
ミラク
ミルファク
アル・リシャ
ファクト
牡牛座の太陽の位置
緯度

牡牛座グラフ1．太陽の下降と同時に沈む度数
4月23日から5月21日まで

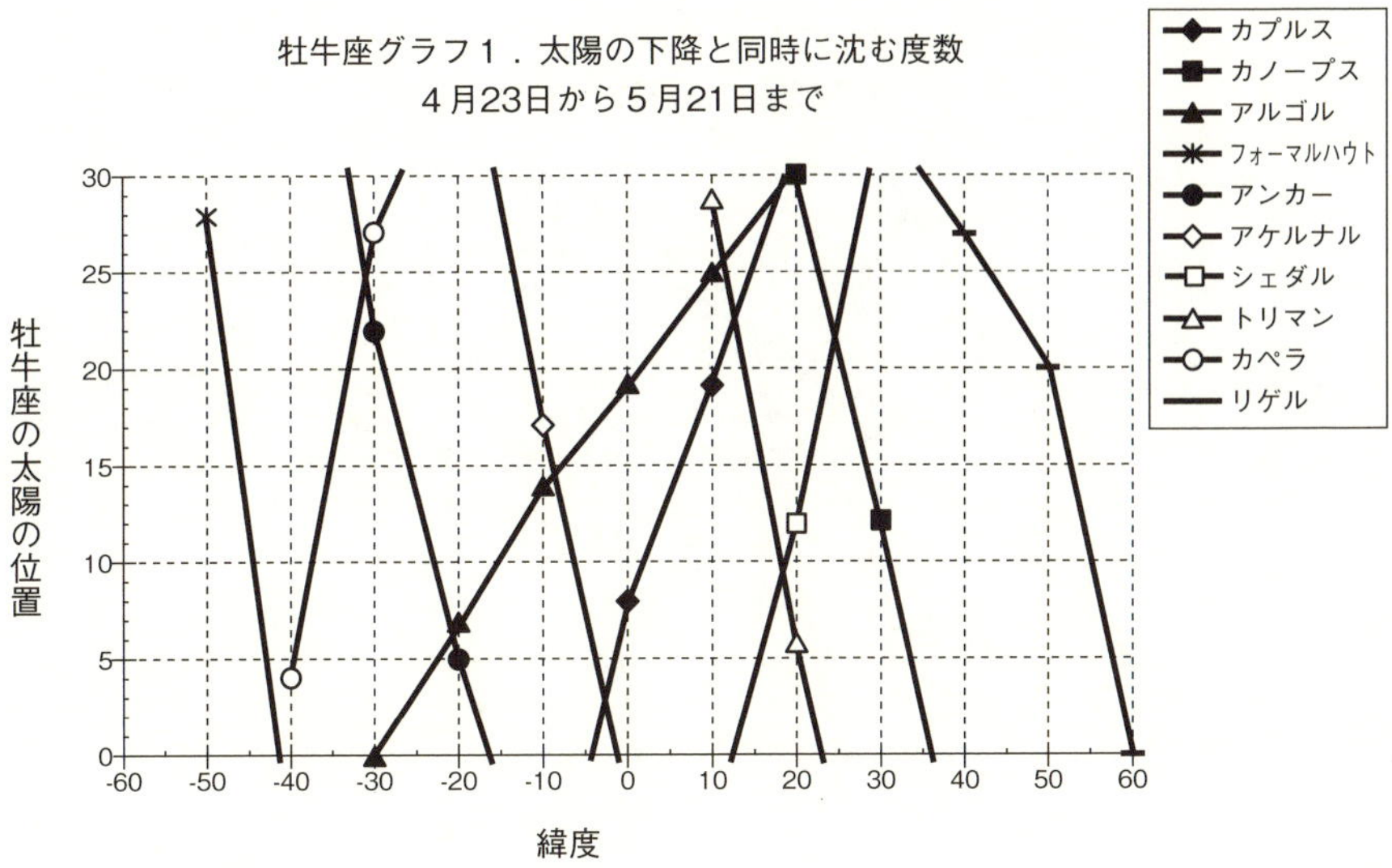


牡牛座グラフ2．太陽の下降と同時に沈む度数
4月23日から5月21日まで

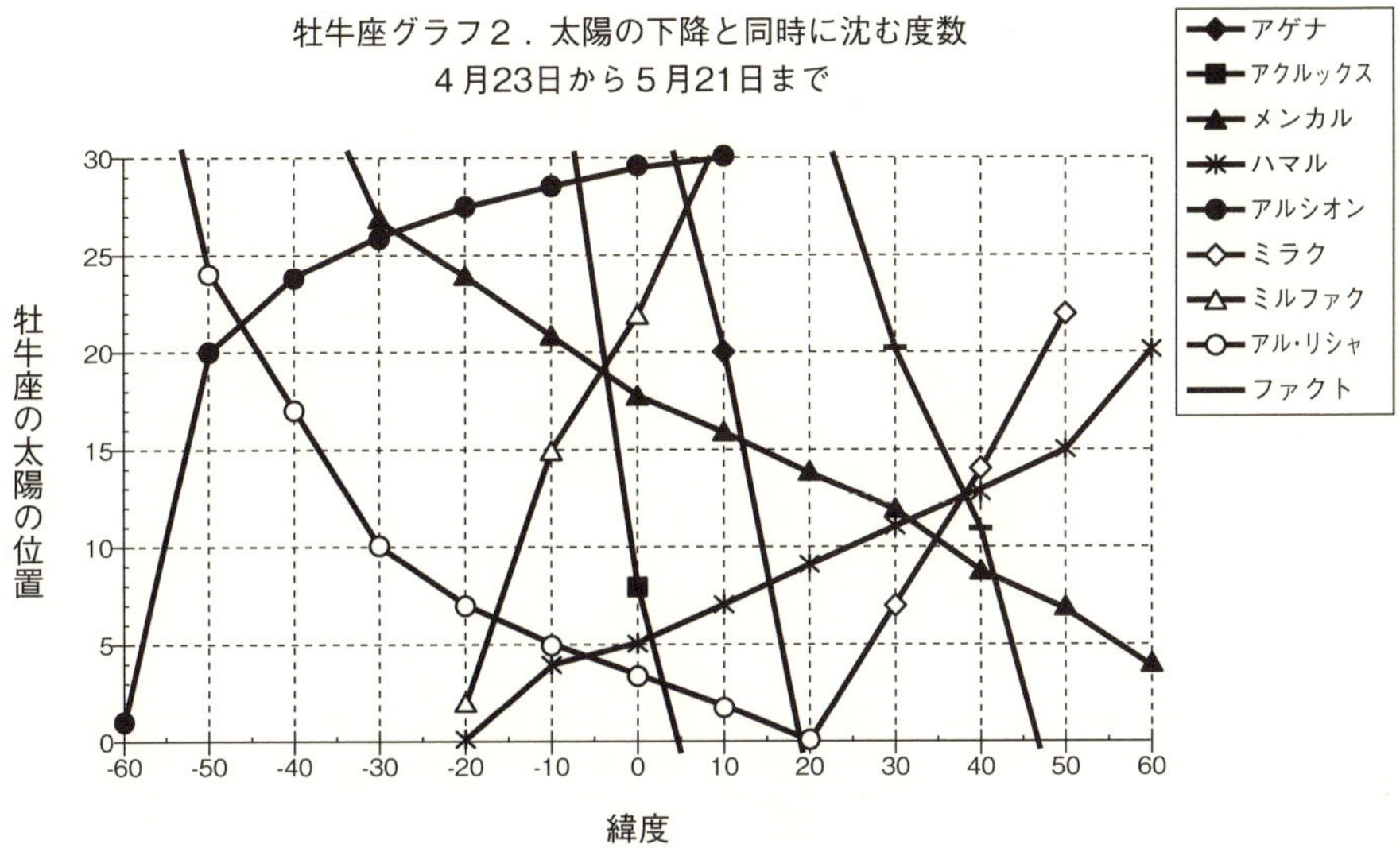

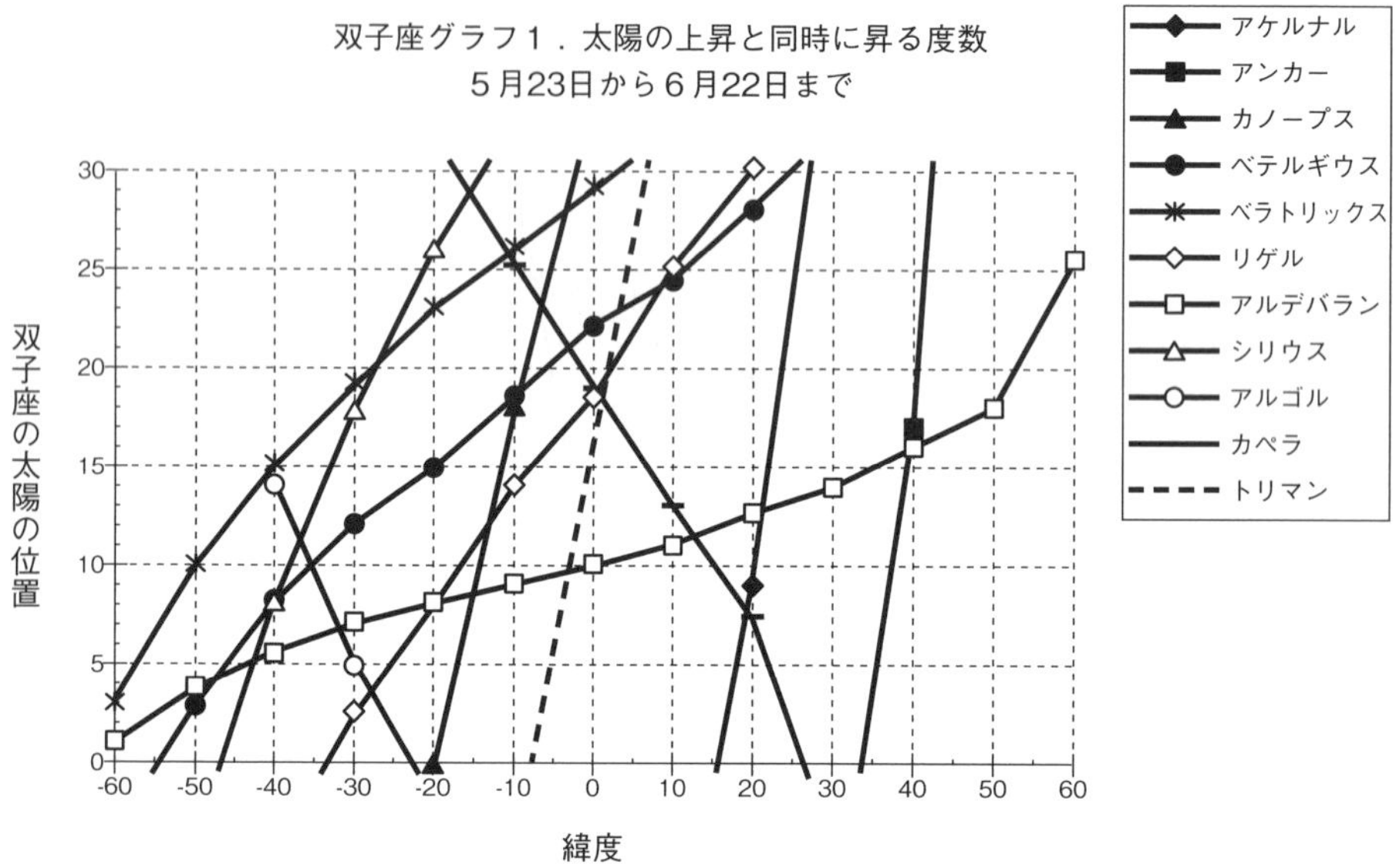
双子座グラフ1．太陽の上昇と同時に昇る度数
5月23日から6月22日まで
双子座の太陽の位置
緯度
0
5
10
15
20
25
30
-60
-50
-40
-30
-20
-10
0
10
20
30
40
50
60
アケルナル
アンカー
カノープス
ベテルギウス
ベラトリックス
リゲル
アルデバラン
シリウス
アルゴル
カペラ
トリマン

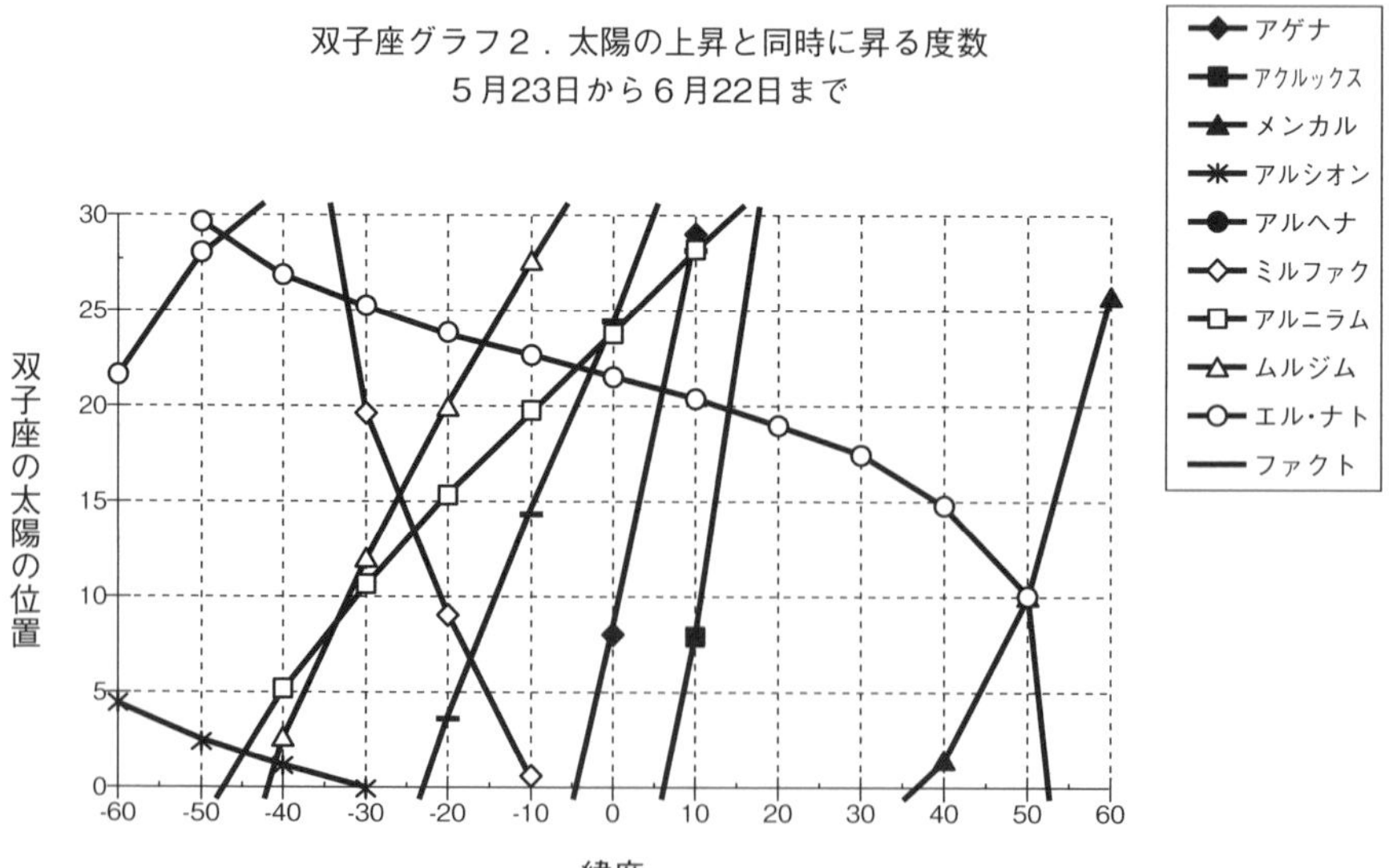
双子座グラフ2．太陽の上昇と同時に昇る度数
5月23日から6月22日まで
双子座の太陽の位置
緯度
0
5
10
15
20
25
30
-60
-50
-40
-30
-20
-10
0
10
20
30
40
50
60
アゲナ
アクルックス
メンカル
アルシオン
アルヘナ
ミルファク
アルニラム
ムルジム
エル・ナト
ファクト

双子座グラフ1．太陽の下降と同時に沈む度数
5月23日から6月22日まで

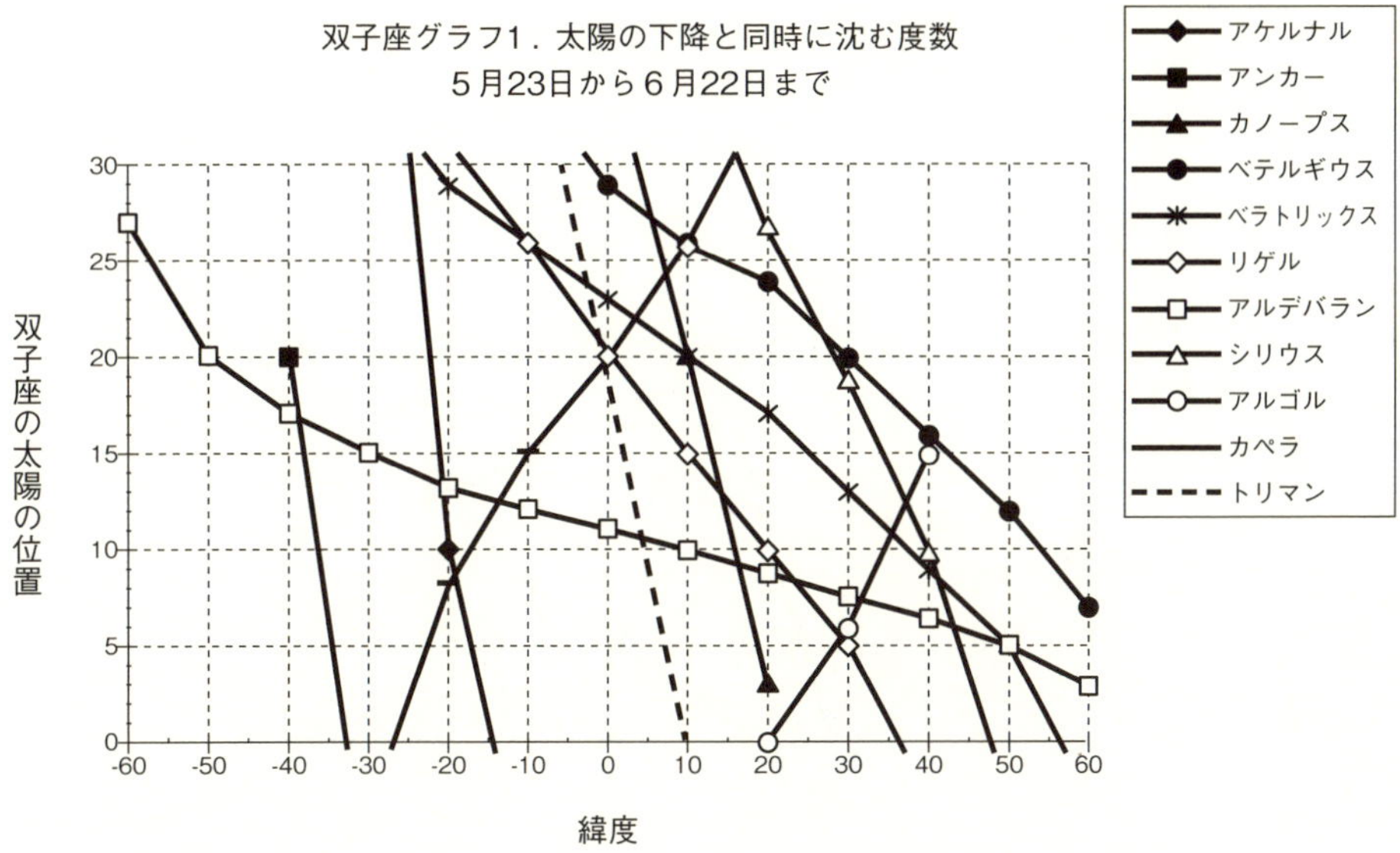


双子座グラフ2．太陽の下降と同時に沈む度数
5月23日から6月22日まで

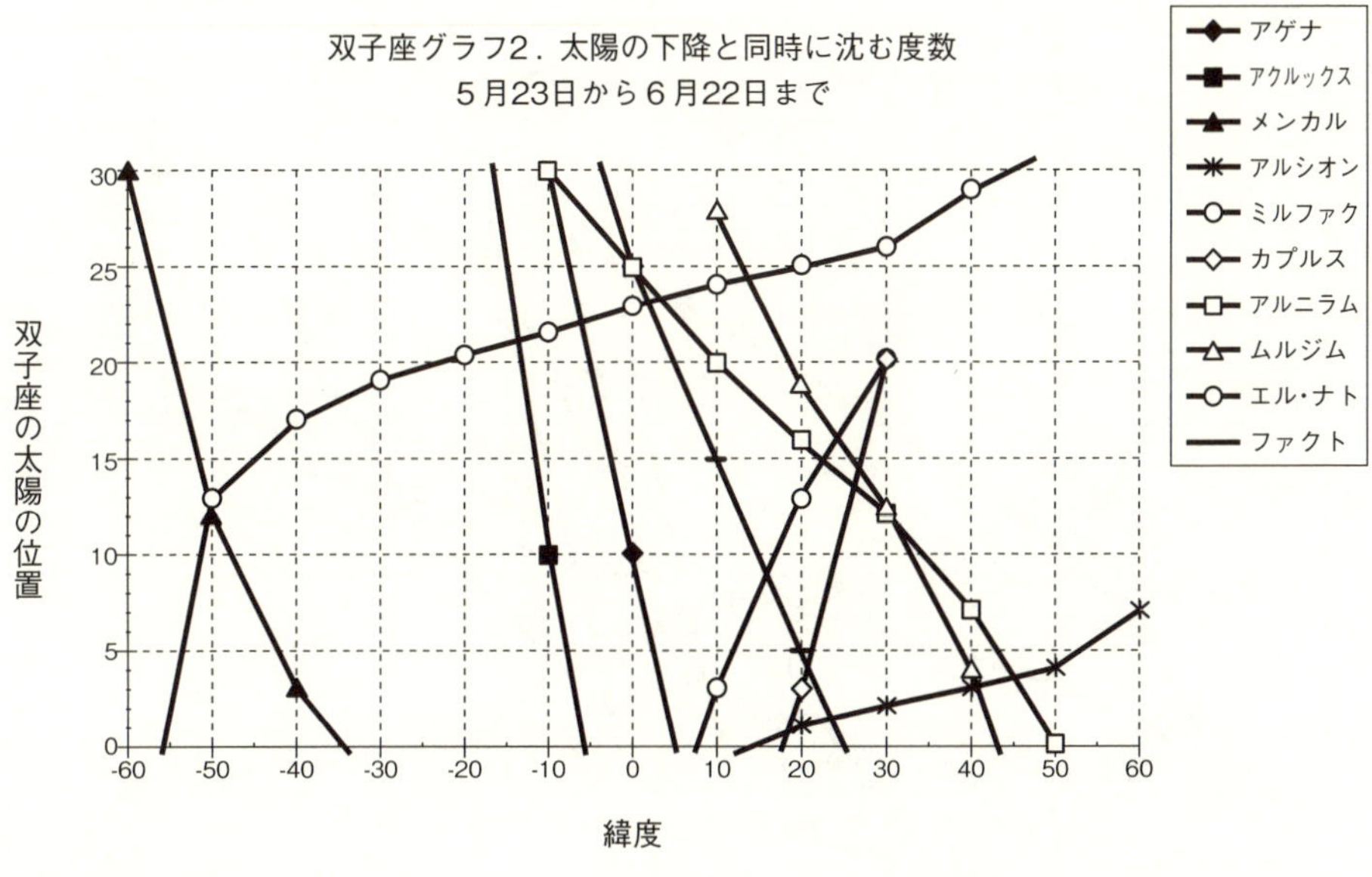

蟹座グラフ1. 太陽の上昇と同時に昇る度数
6月23日から7月23日まで

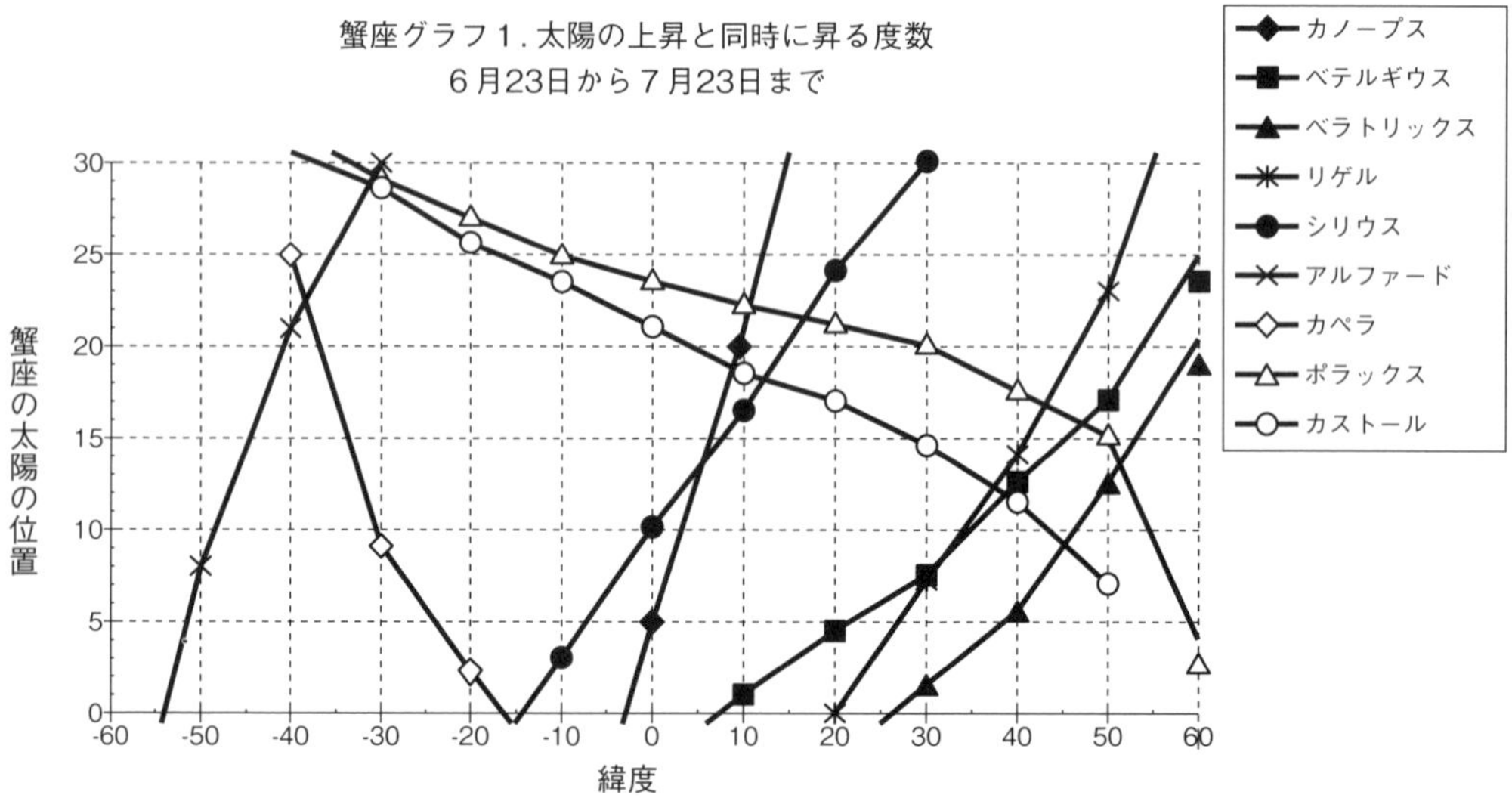


蟹座グラフ2. 太陽の上昇と同時に昇る度数
6月23日から7月23日まで

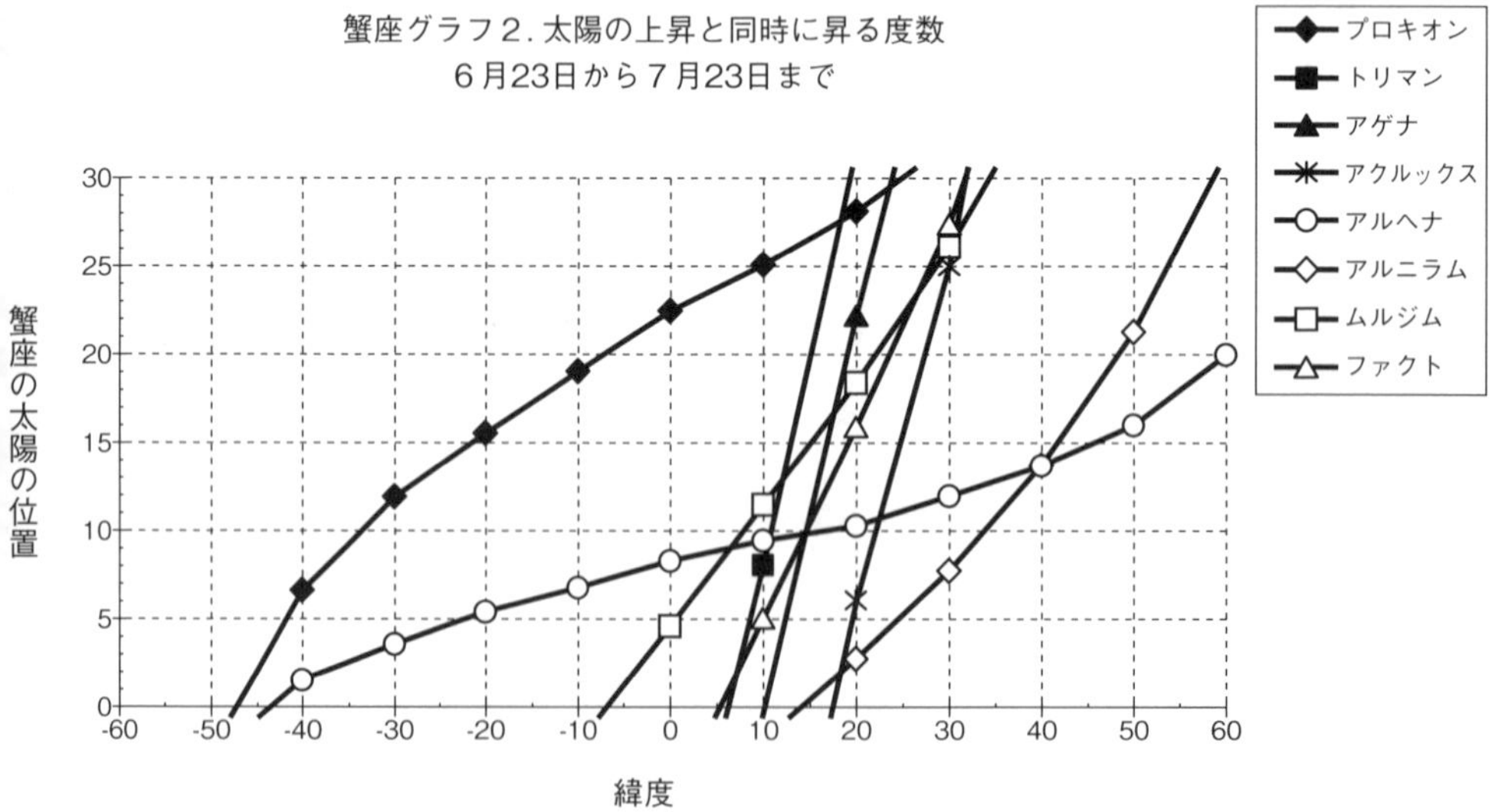

蟹座グラフ1．太陽の下降と同時に沈む度数
6月23日から7月23日まで

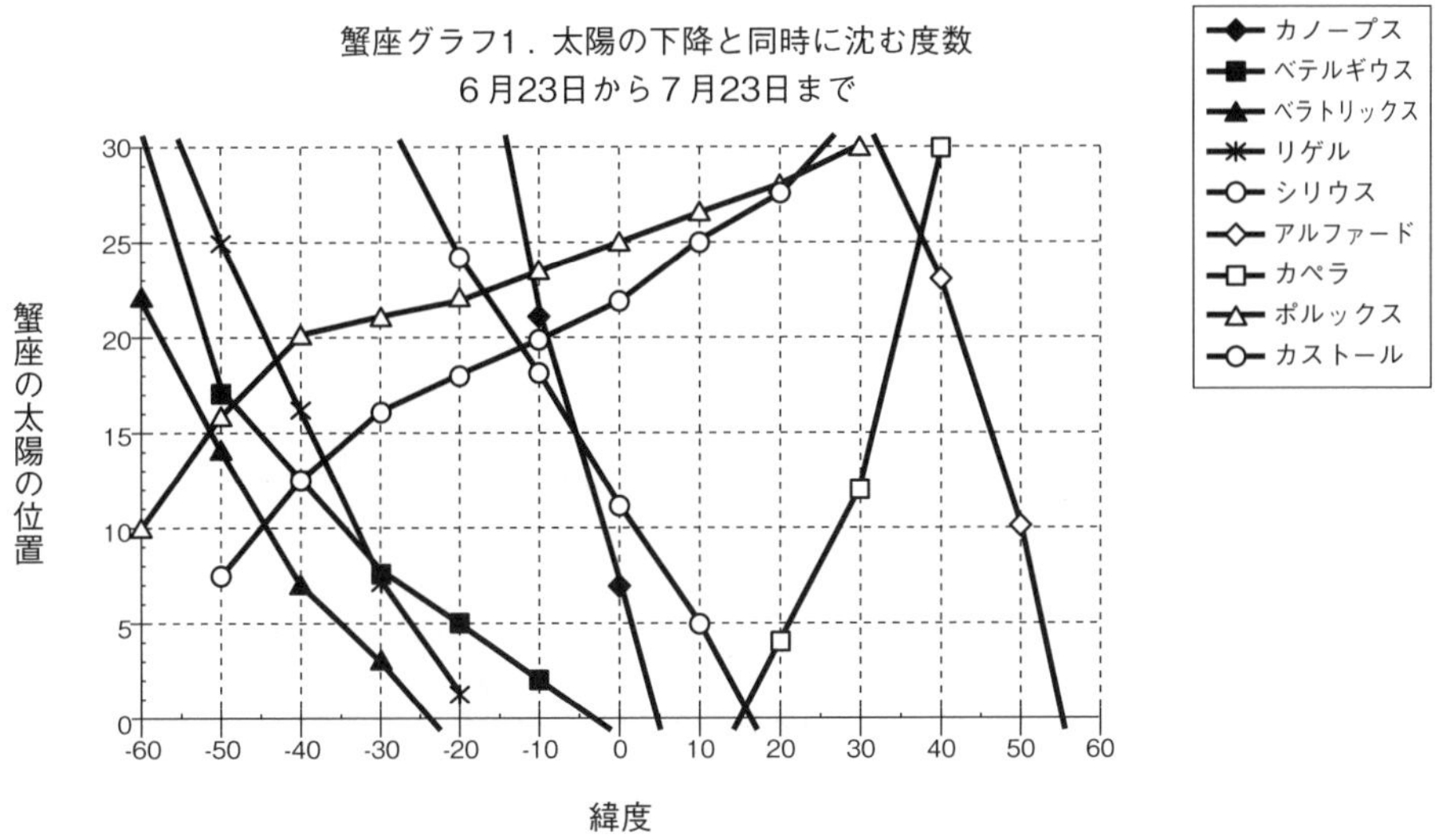


蟹座グラフ2．太陽の下降と同時に沈む度数
6月23日から7月23日まで

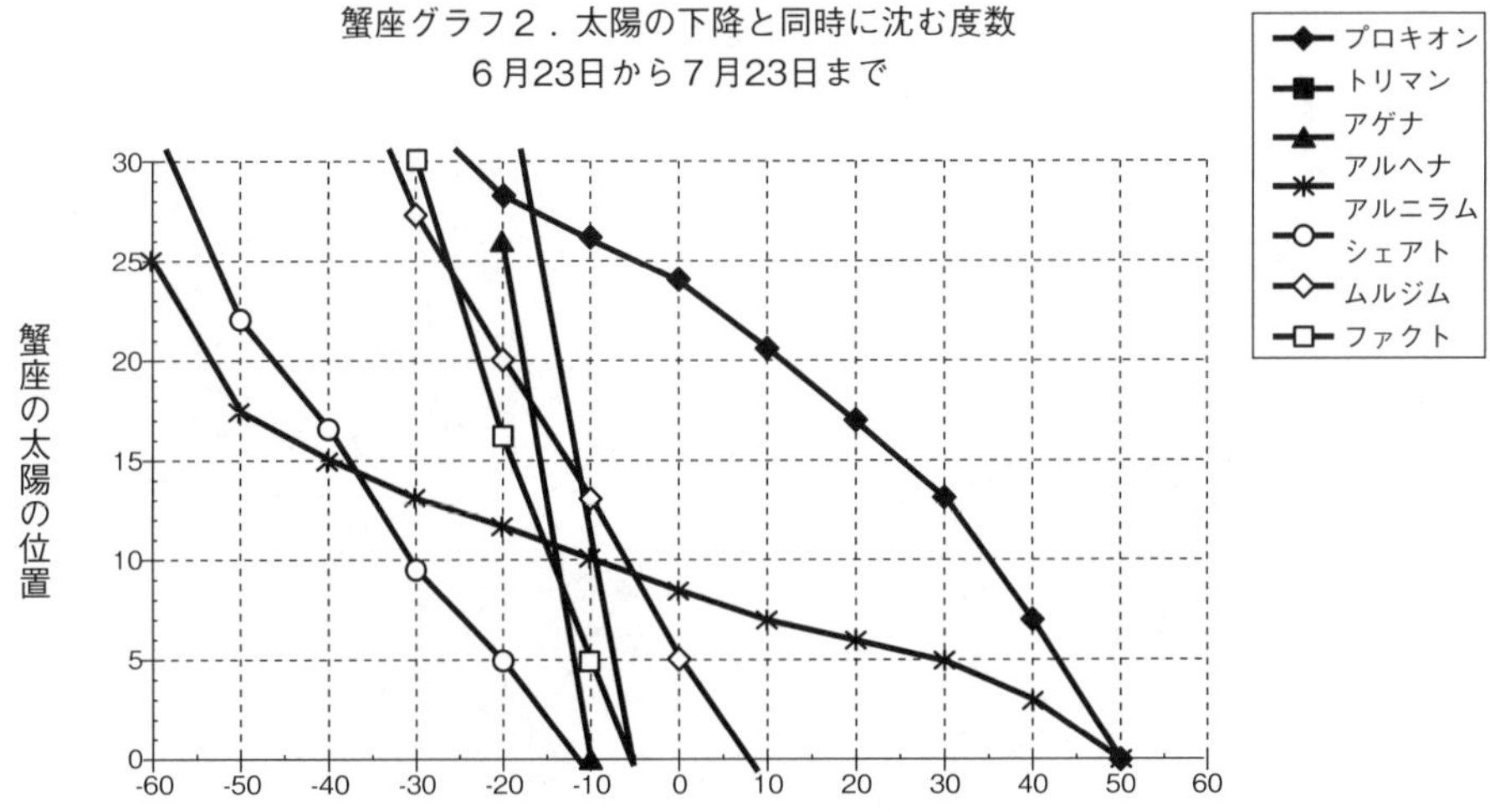

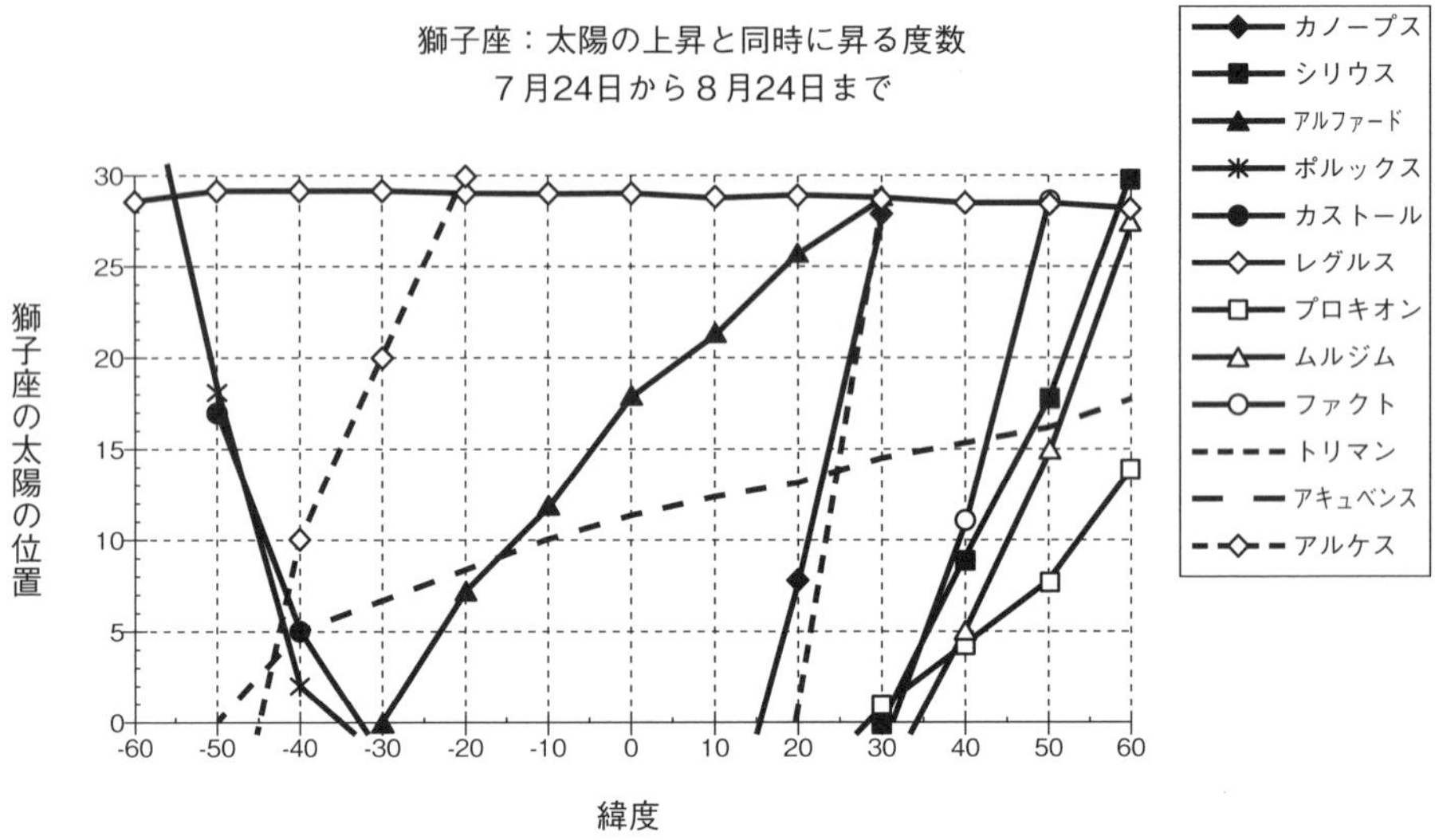
獅子座：太陽の上昇と同時に昇る度数
7月24日から8月24日まで
カノープス
シリウス
アルファード
ポルックス
カストール
レグルス
プロキオン
ムルジム
ファクト
トリマン
アキュベンス
アルケス
獅子座の太陽の位置
緯度
30
25
20
15
10
5
0
-60
-50
-40
-30
-20
-10
0
10
20
30
40
50
60

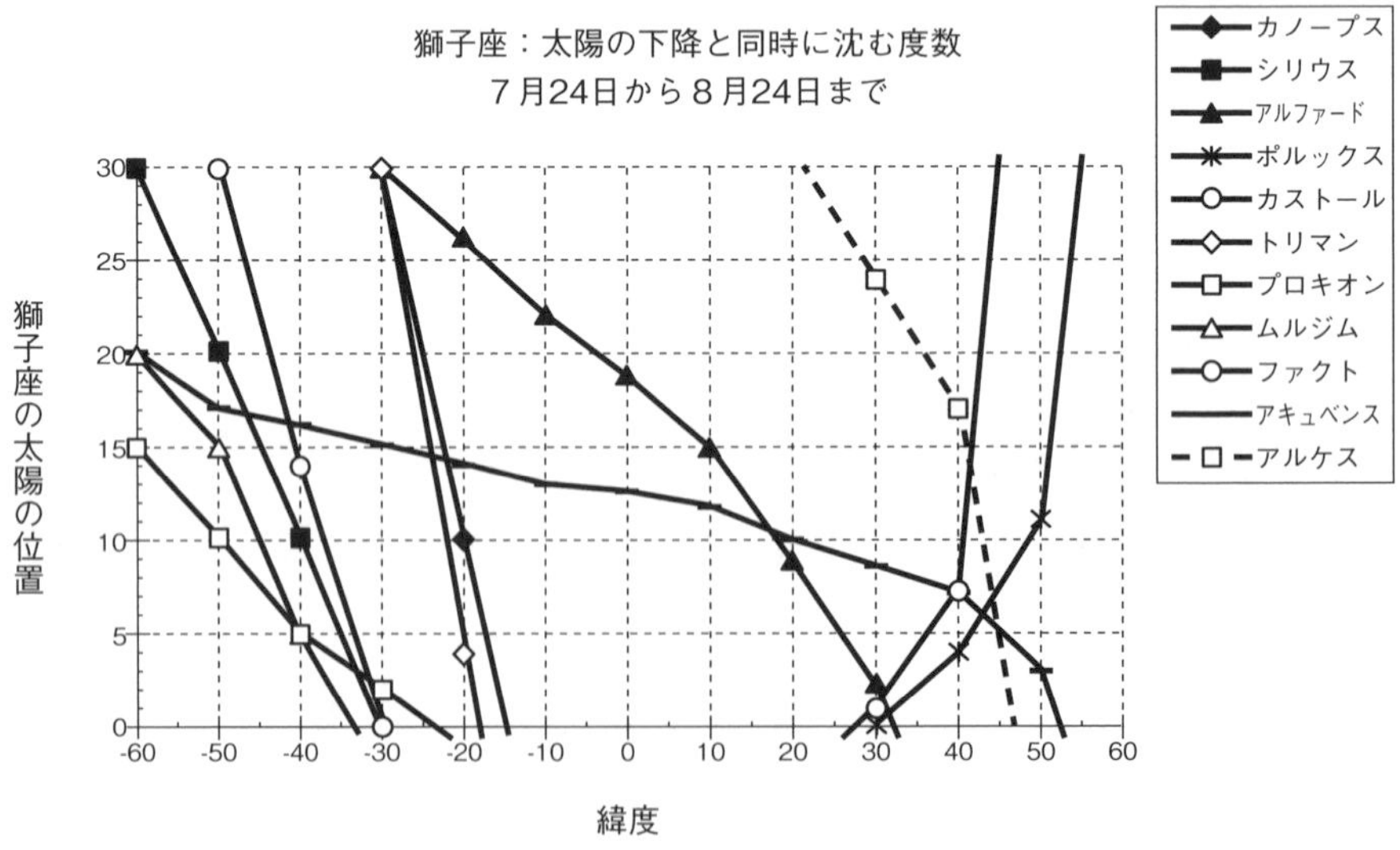
獅子座：太陽の下降と同時に沈む度数
7月24日から8月24日まで
カノープス
シリウス
アルファード
ポルックス
カストール
トリマン
プロキオン
ムルジム
ファクト
アキュベンス
アルケス
獅子座の太陽の位置
緯度
30
25
20
15
10
5
0
-60
-50
-40
-30
-20
-10
0
10
20
30
40
50
60

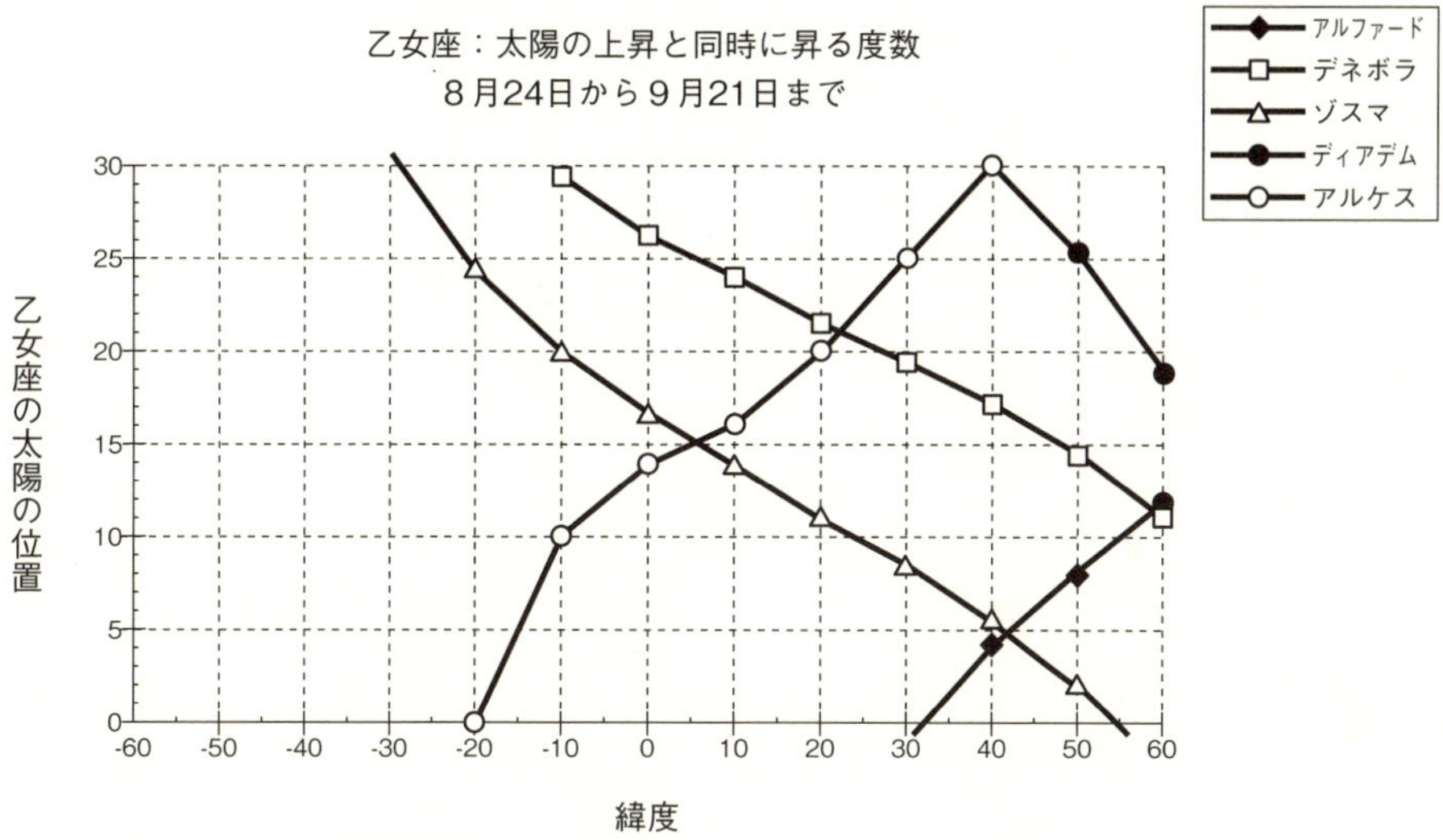
乙女座：太陽の上昇と同時に昇る度数
8月24日から9月21日まで
アルファード
デネボラ
ゾスマ
ディアデム
アルケス
乙女座の太陽の位置
緯度
30
25
20
15
10
5
0
-60
-50
-40
-30
-20
-10
0
10
20
30
40
50
60

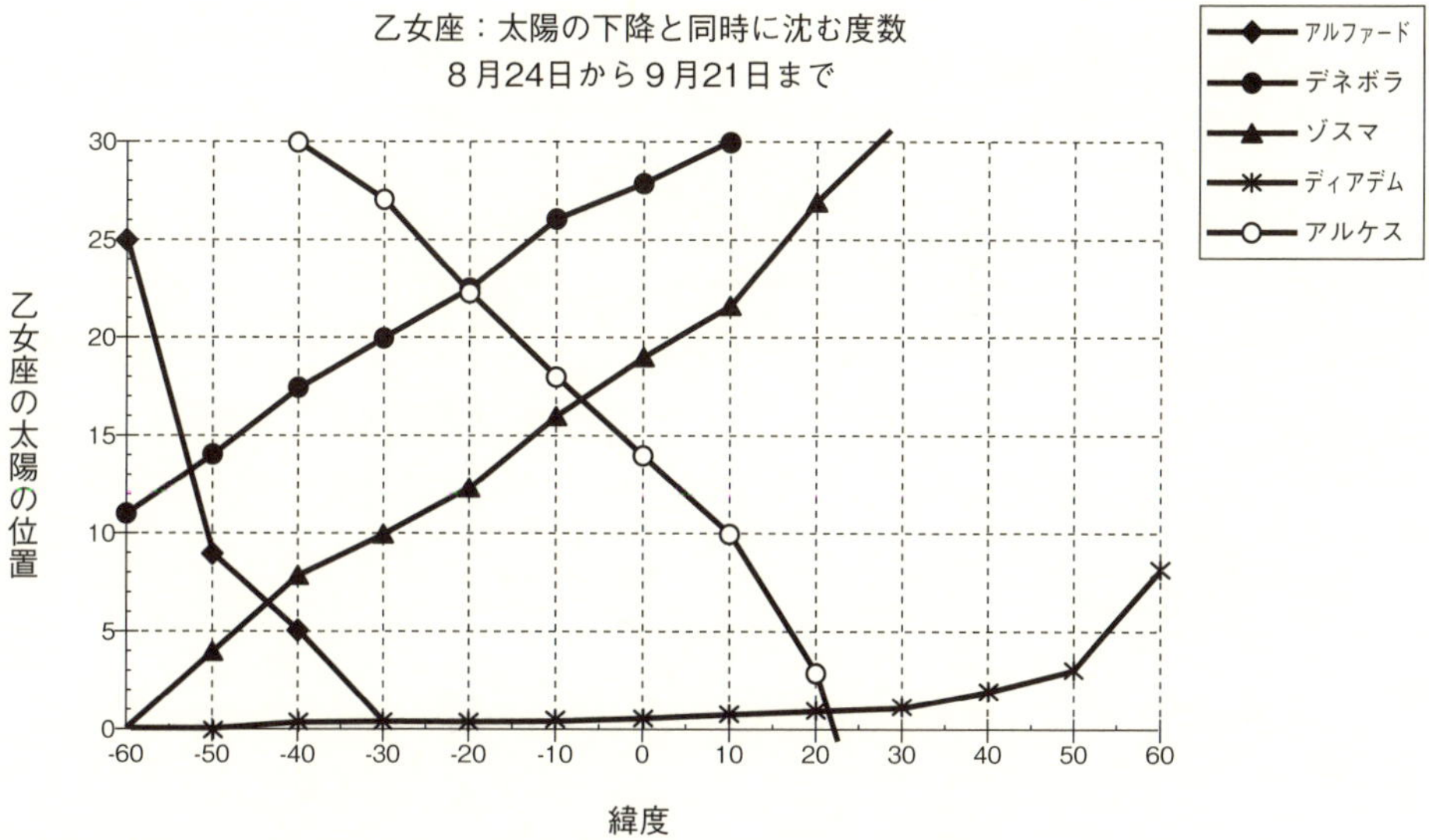
乙女座：太陽の下降と同時に沈む度数
8月24日から9月21日まで
アルファード
デネボラ
ゾスマ
ディアデム
アルケス
乙女座の太陽の位置
緯度
30
25
20
15
10
5
0
-60
-50
-40
-30
-20
-10
0
10
20
30
40
50
60

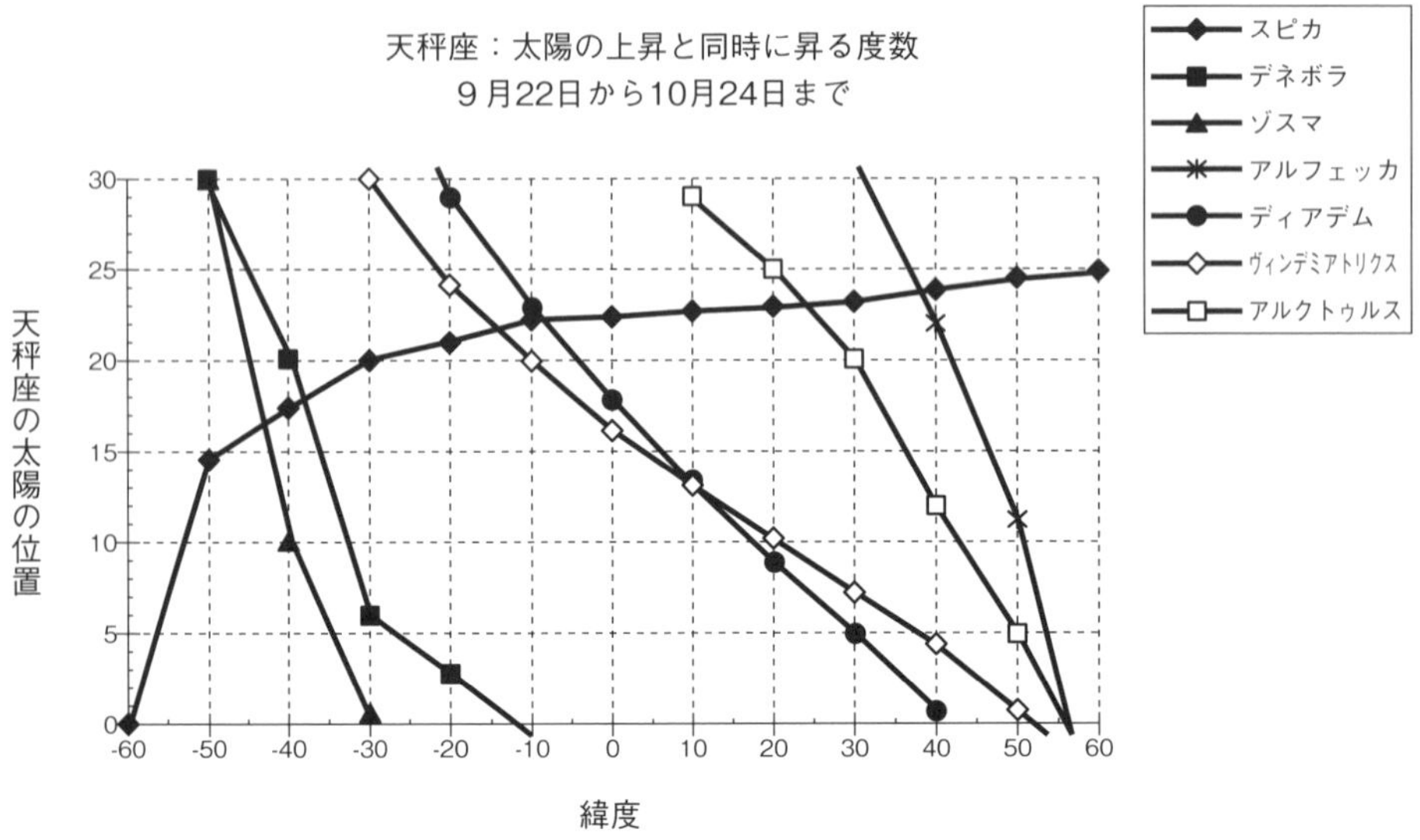
天秤座：太陽の上昇と同時に昇る度数
9月22日から10月24日まで
天秤座の太陽の位置
緯度
30
25
20
15
10
5
0
-60
-50
-40
-30
-20
-10
0
10
20
30
40
50
60
スピカ
デネボラ
ゾスマ
アルフェッカ
ディアデム
ヴィンデミアトリクス
アルクトゥルス

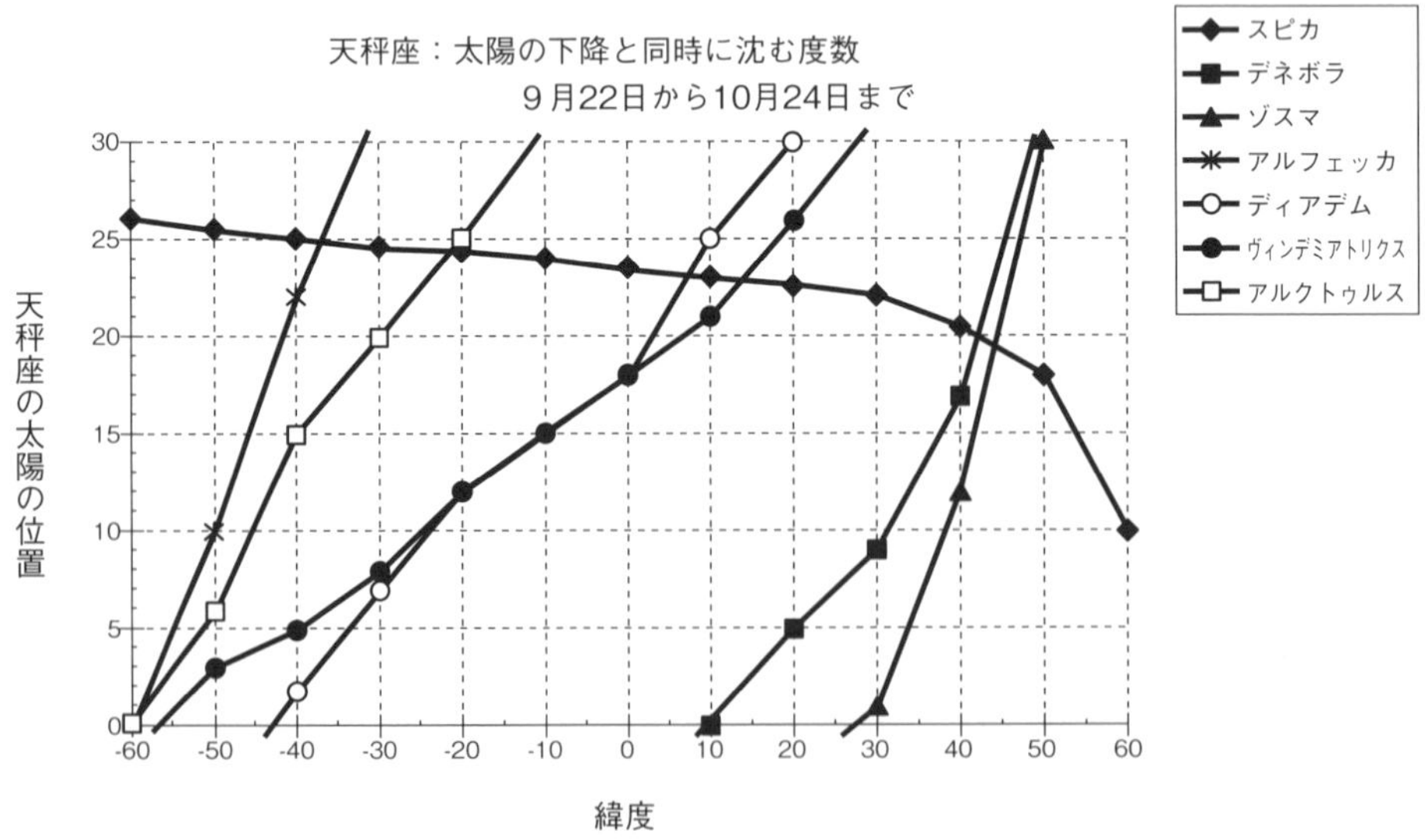
天秤座：太陽の下降と同時に沈む度数
9月22日から10月24日まで
天秤座の太陽の位置
緯度
30
25
20
15
10
5
0
-60
-50
-40
-30
-20
-10
0
10
20
30
40
50
60
スピカ
デネボラ
ゾスマ
アルフェッカ
ディアデム
ヴィンデミアトリクス
アルクトゥルス

蠍座：太陽の上昇と同時に昇る度数
10月25日から11月22日まで

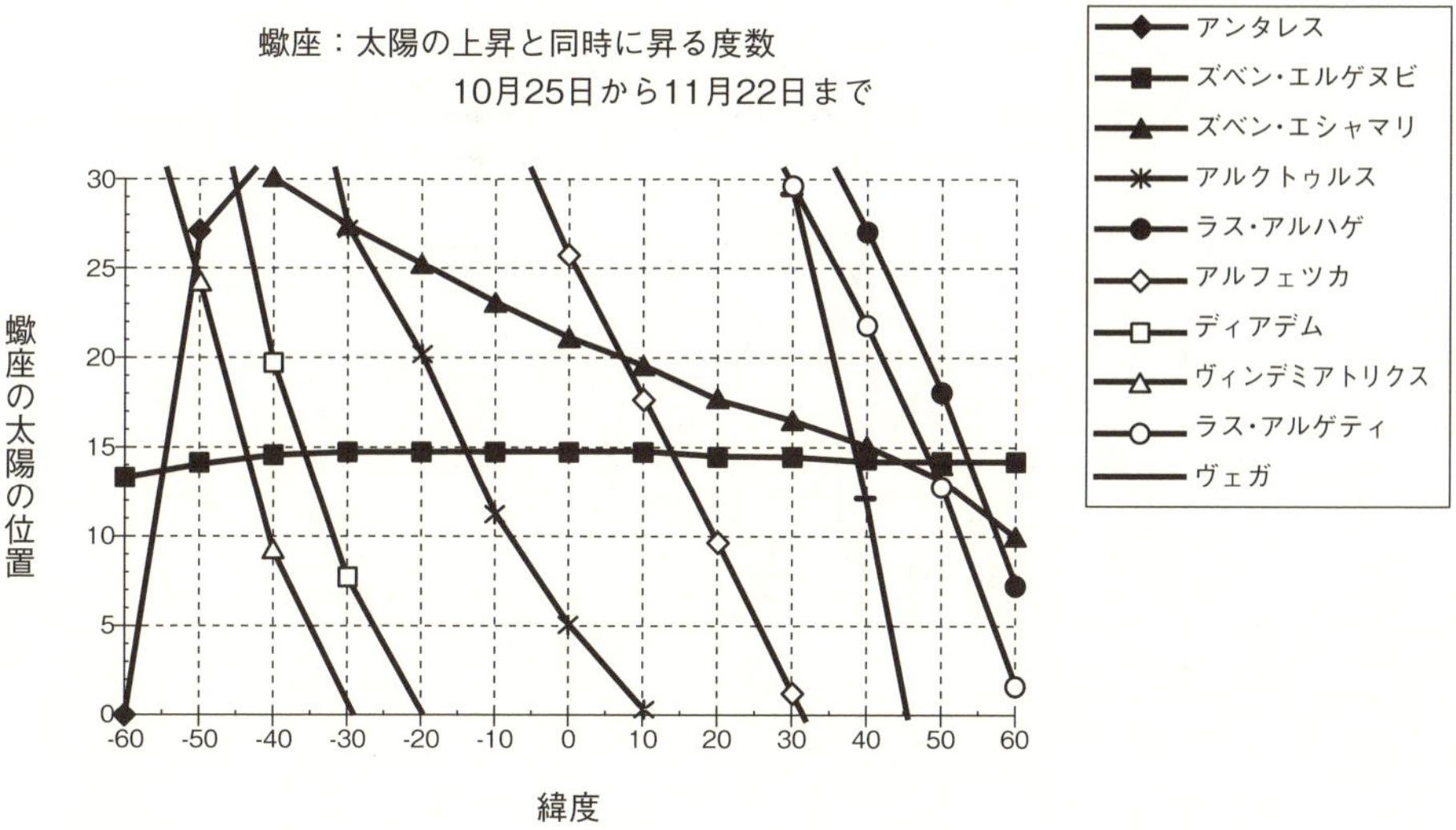


蠍座：太陽の下降と同時に沈む度数
10月25日から11月22日まで

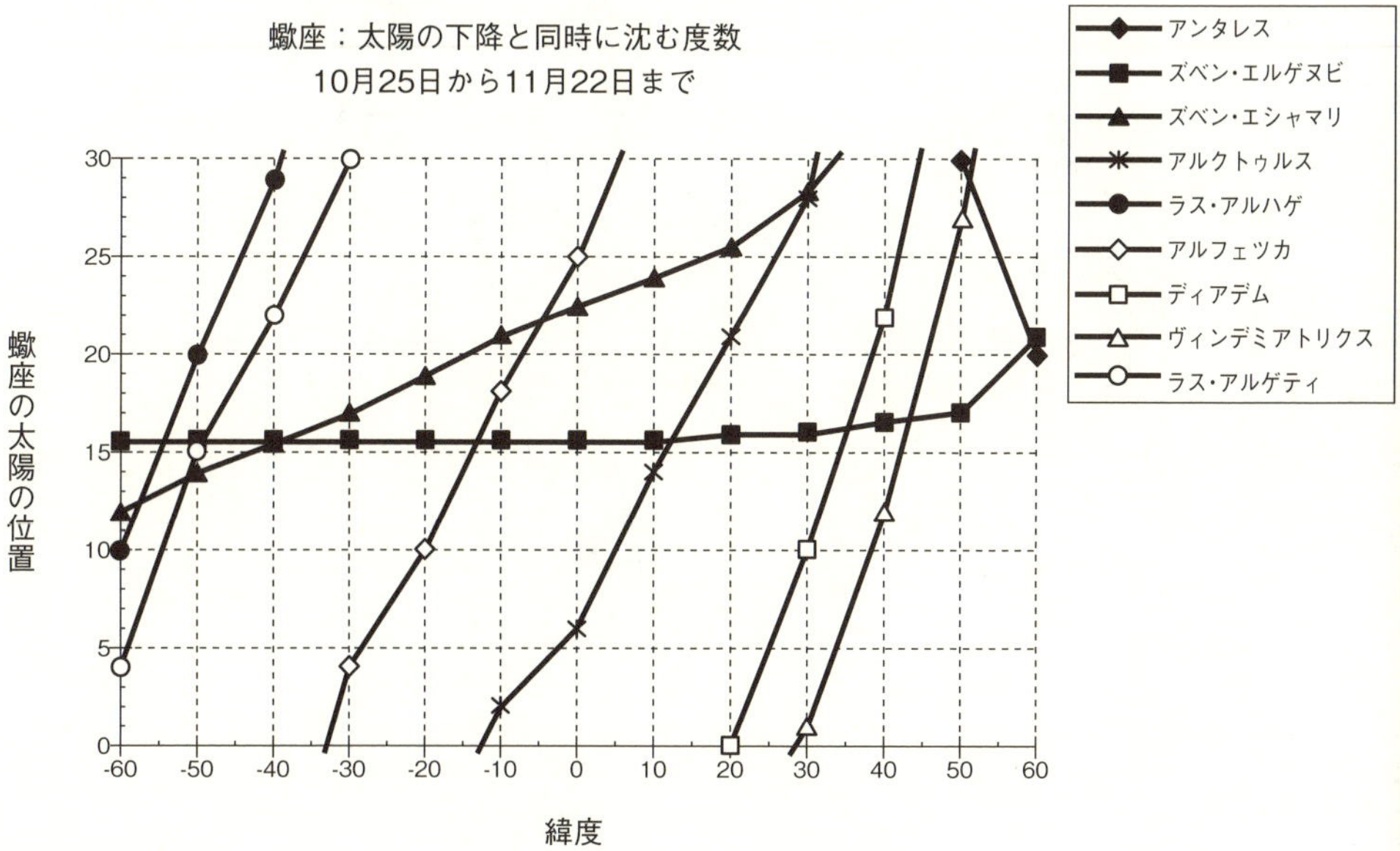

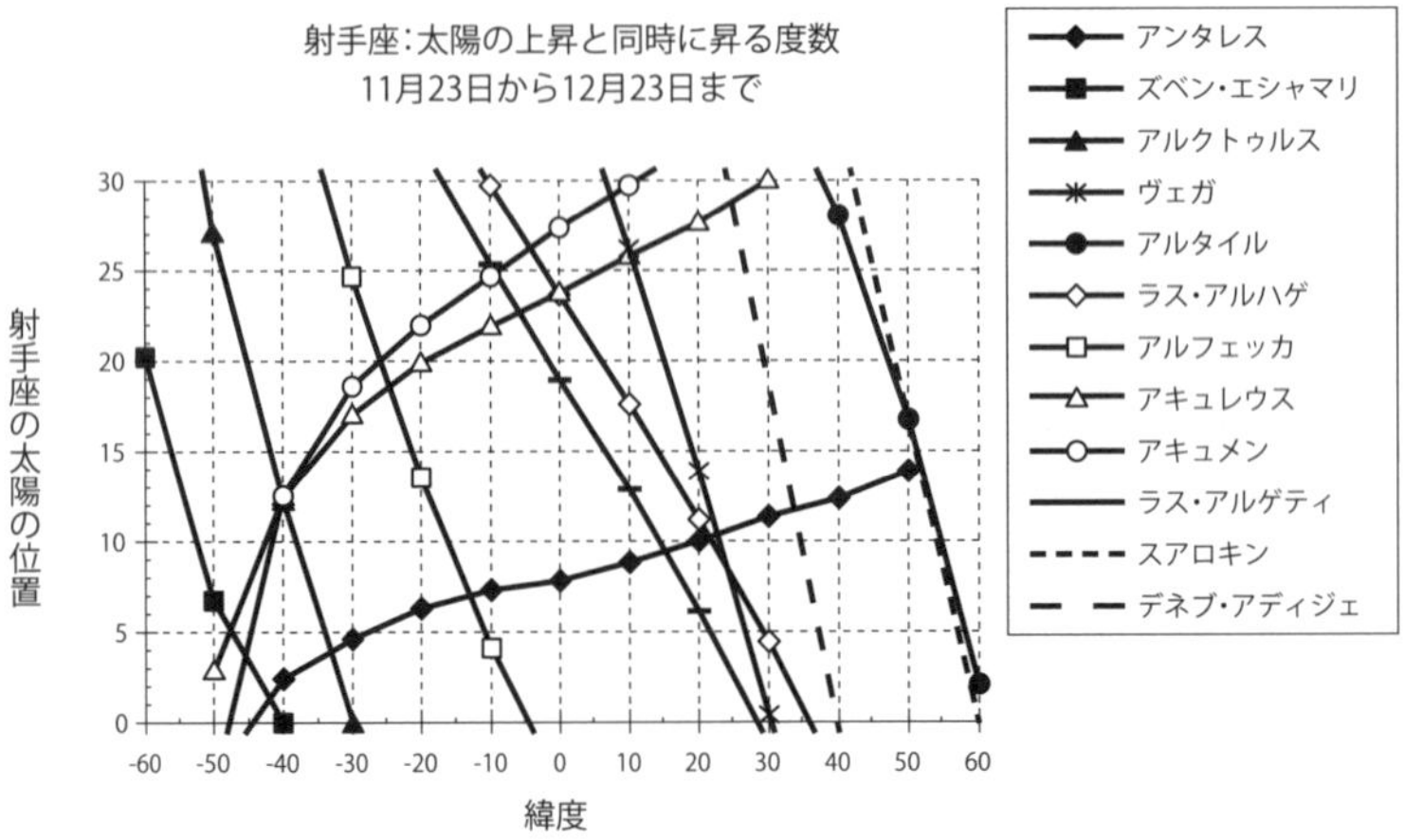
射手座:太陽の上昇と同時に昇る度数
11月23日から12月23日まで
射手座の太陽の位置
緯度
30
25
20
15
10
5
0
-60
-50
-40
-30
-20
-10
0
10
20
30
40
50
60
アンタレス
ズベン・エシャマリ
アルクトゥルス
ヴェガ
アルタイル
ラス・アルハゲ
アルフェッカ
アキュレウス
アキュメン
ラス・アルゲティ
スアロキン
デネブ・アディジェ

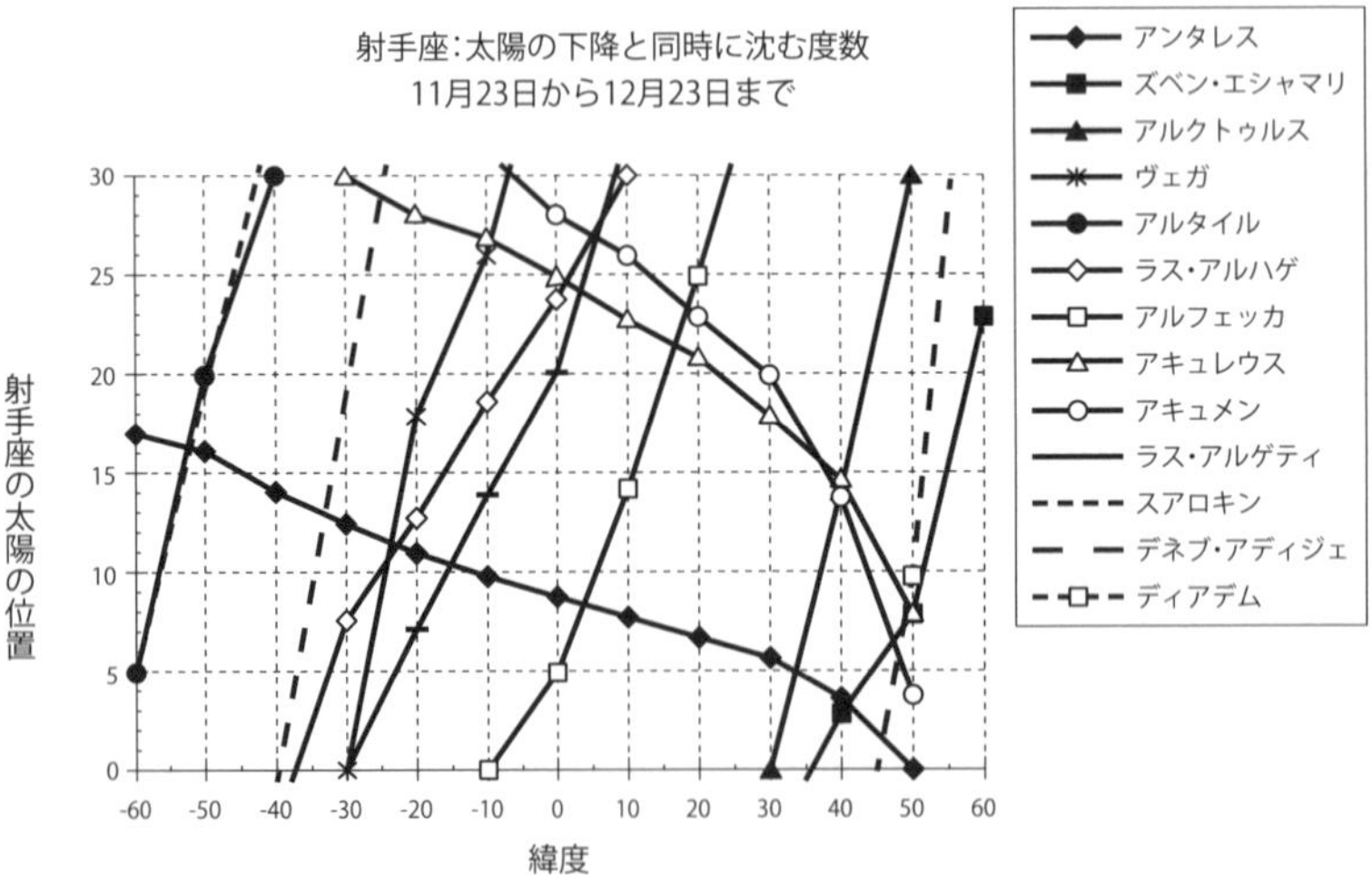
射手座:太陽の下降と同時に沈む度数
11月23日から12月23日まで
射手座の太陽の位置
緯度
30
25
20
15
10
5
0
-60
-50
-40
-30
-20
-10
0
10
20
30
40
50
60
アンタレス
ズベン・エシャマリ
アルクトゥルス
ヴェガ
アルタイル
ラス・アルハゲ
アルフェッカ
アキュレウス
アキュメン
ラス・アルゲティ
スアロキン
デネブ・アディジェ
ディアデム

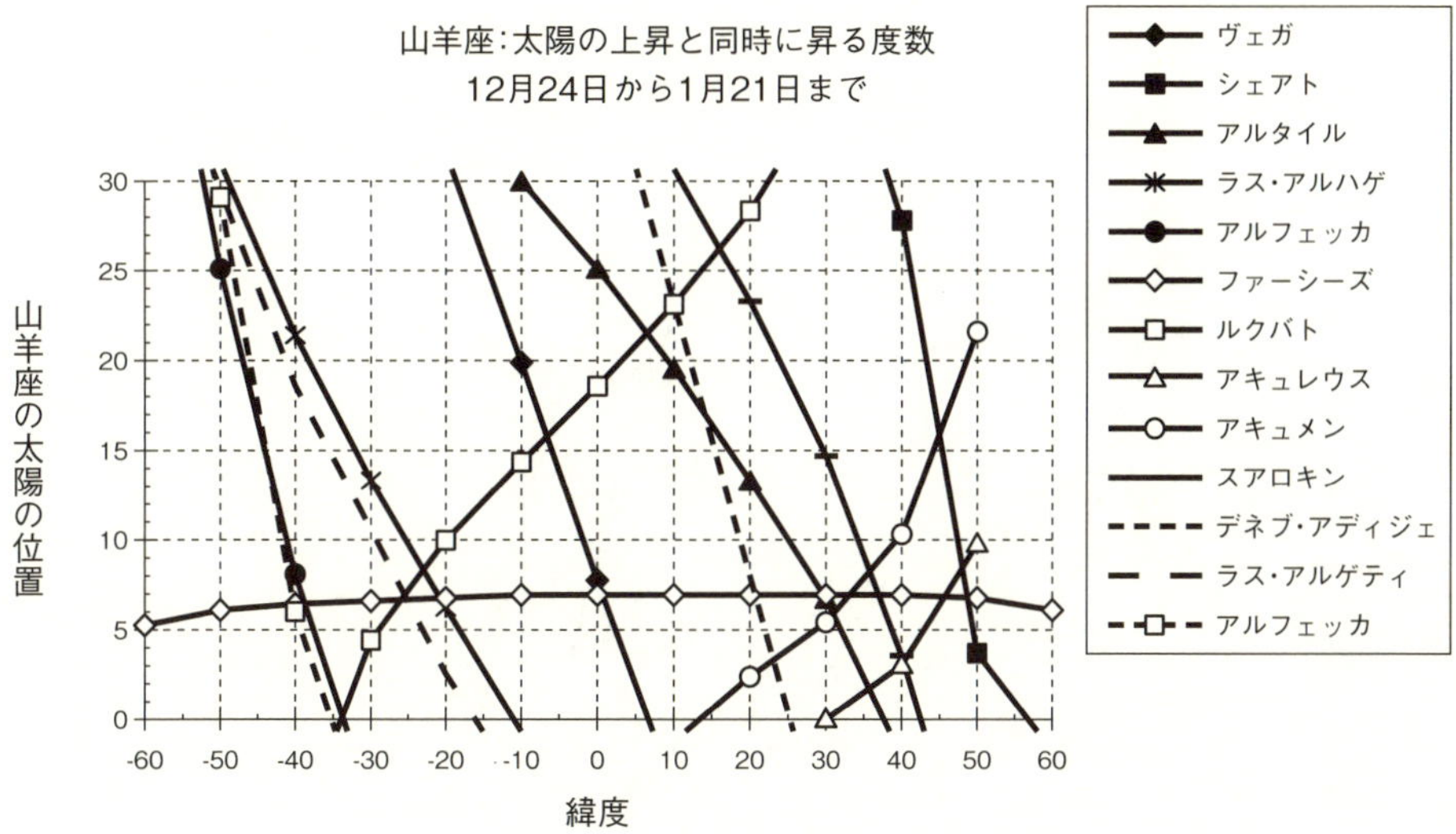
山羊座：太陽の上昇と同時に昇る度数
12月24日から1月21日まで
山羊座の太陽の位置
緯度
ヴェガ
シェアト
アルタイル
ラス・アルハゲ
アルフェッカ
ファーシーズ
ルクバト
アキュレウス
アキュメン
スアロキン
デネブ・アディジェ
ラス・アルゲティ
アルフェッカ

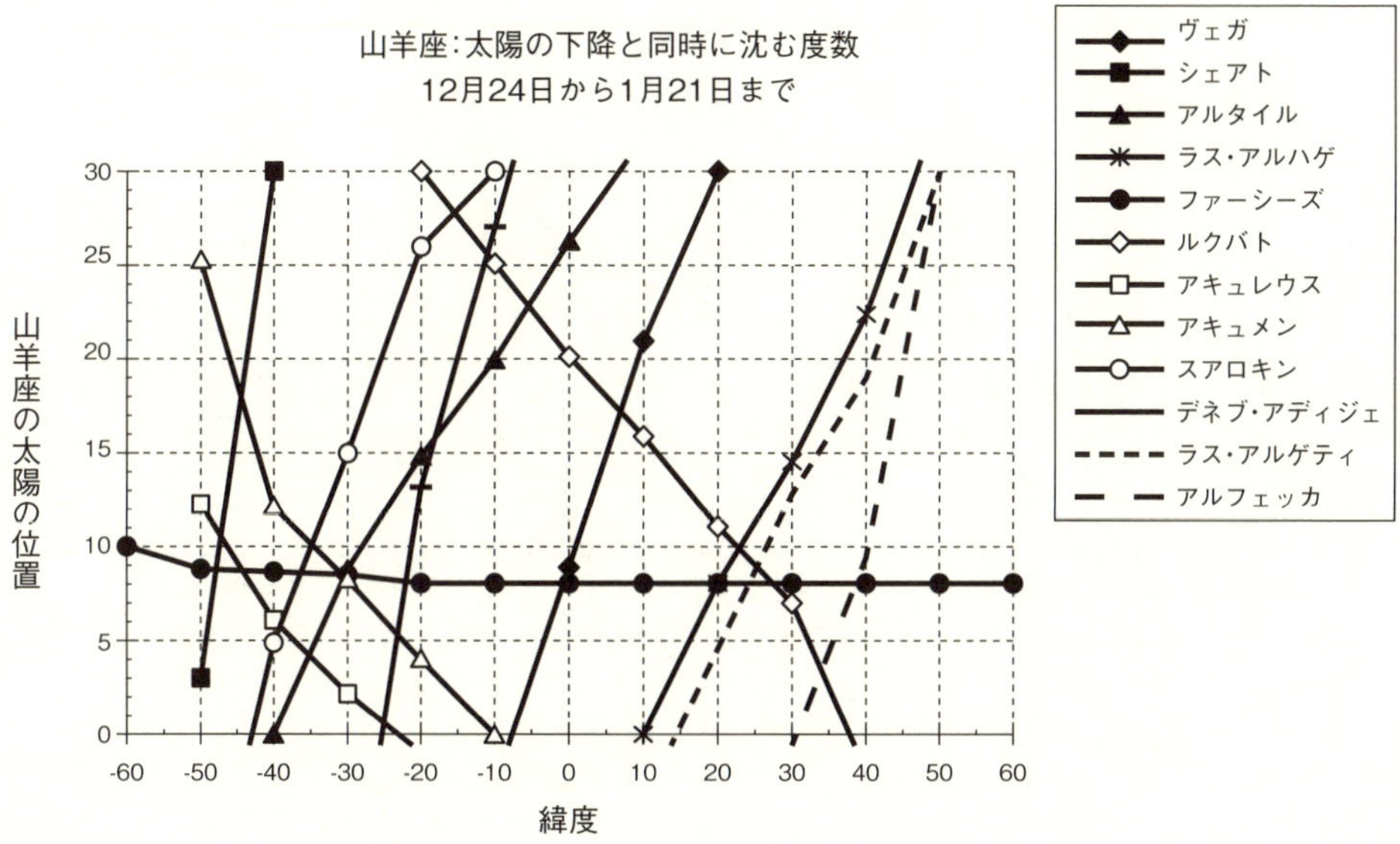
山羊座：太陽の下降と同時に沈む度数
12月24日から1月21日まで
山羊座の太陽の位置
緯度
ヴェガ
シェアト
アルタイル
ラス・アルハゲ
ファーシーズ
ルクバト
アキュレウス
アキュメン
スアロキン
デネブ・アディジェ
ラス・アルゲティ
アルフェッカ

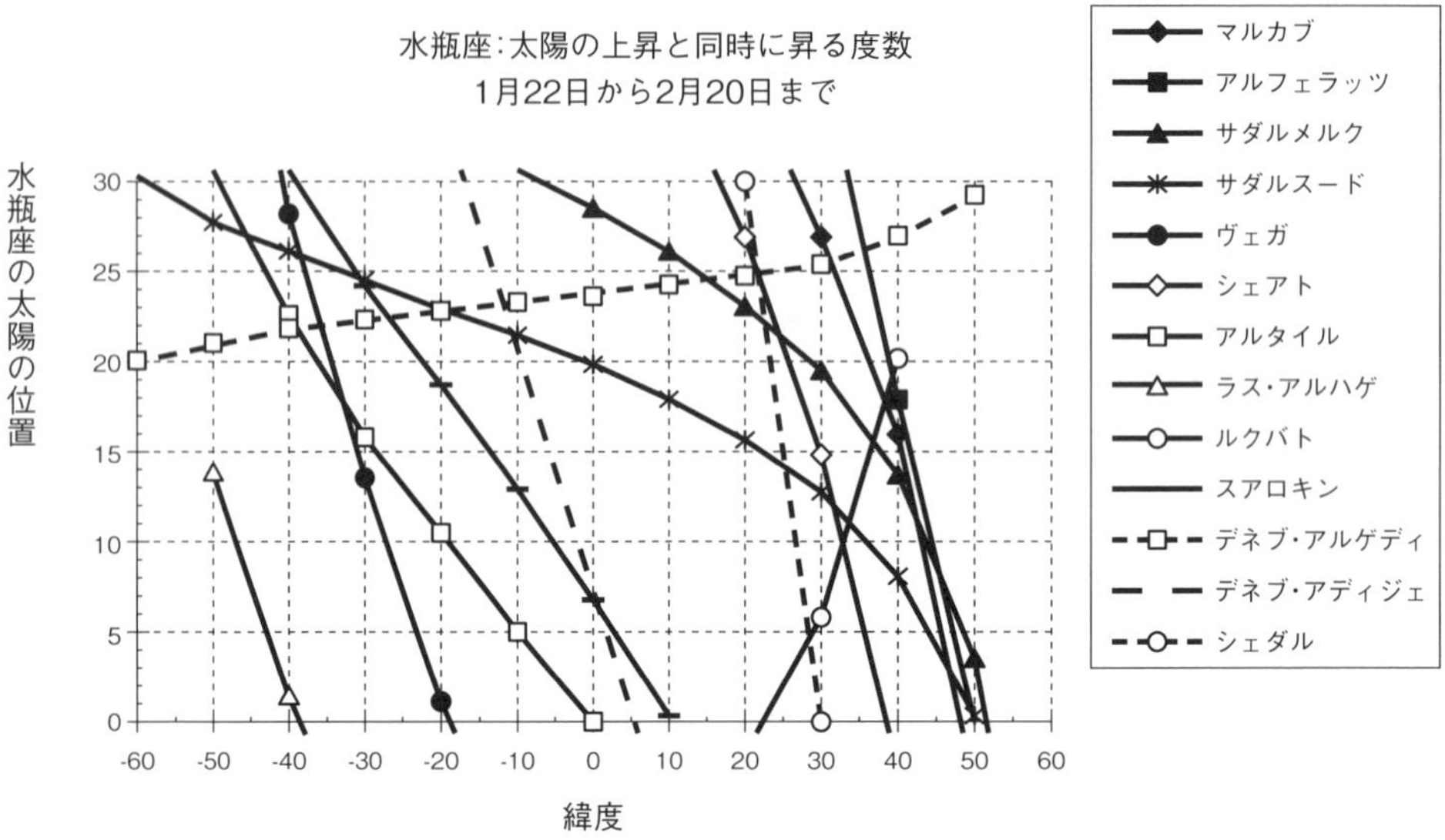
水瓶座:太陽の上昇と同時に昇る度数
1月22日から2月20日まで
水瓶座の太陽の位置
緯度
30
25
20
15
10
5
0
-60
-50
-40
-30
-20
-10
0
10
20
30
40
50
60
マルカブ
アルフェラッツ
サダルメルク
サダルスード
ヴェガ
シェアト
アルタイル
ラス・アルハゲ
ルクバト
スアロキン
デネブ・アルゲディ
デネブ・アディジェ
シェダル

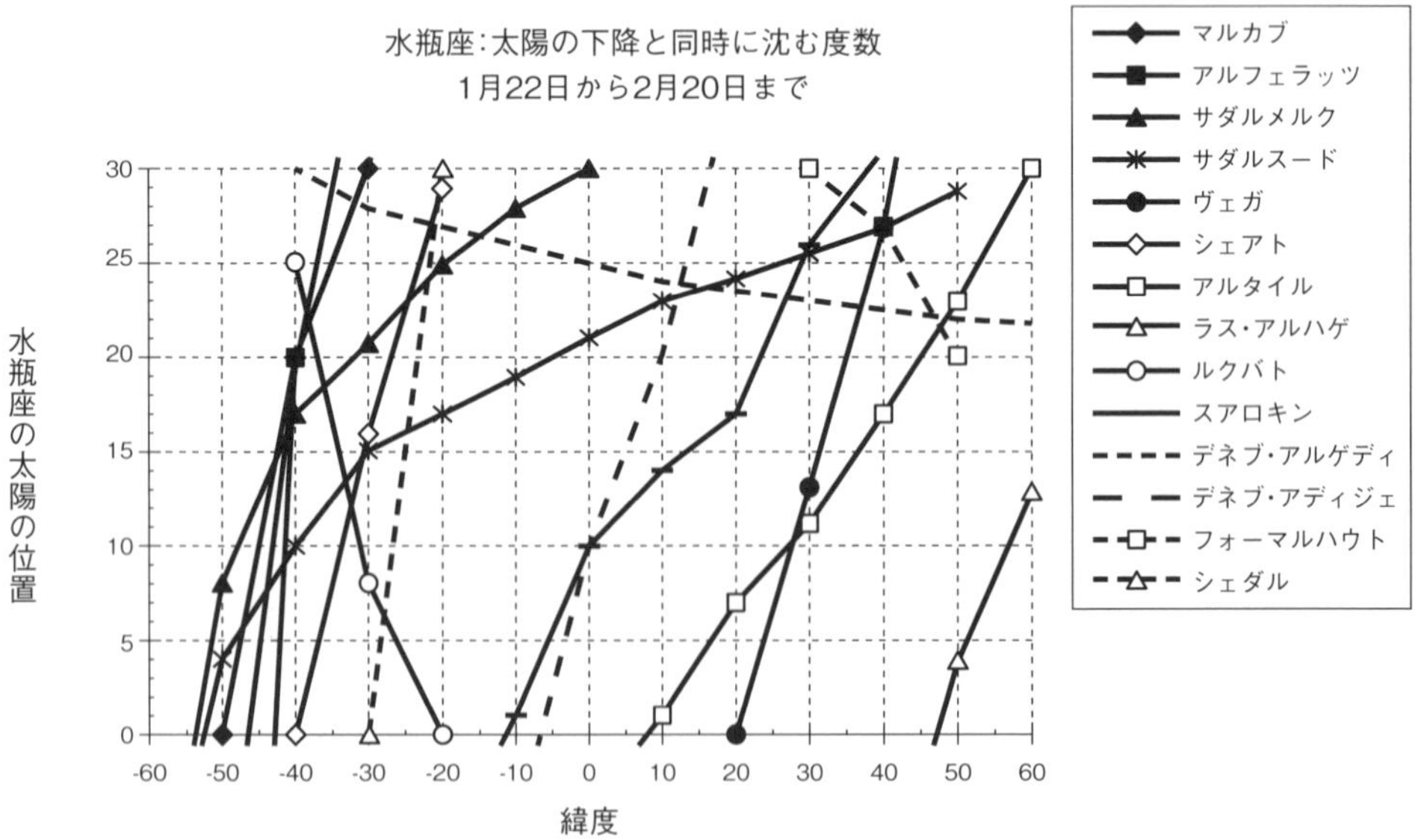
水瓶座:太陽の下降と同時に沈む度数
1月22日から2月20日まで
水瓶座の太陽の位置
緯度
30
25
20
15
10
5
0
-60
-50
-40
-30
-20
-10
0
10
20
30
40
50
60
マルカブ
アルフェラッツ
サダルメルク
サダルスード
ヴェガ
シェアト
アルタイル
ラス・アルハゲ
ルクバト
スアロキン
デネブ・アルゲディ
デネブ・アディジェ
フォーマルハウト
シェダル

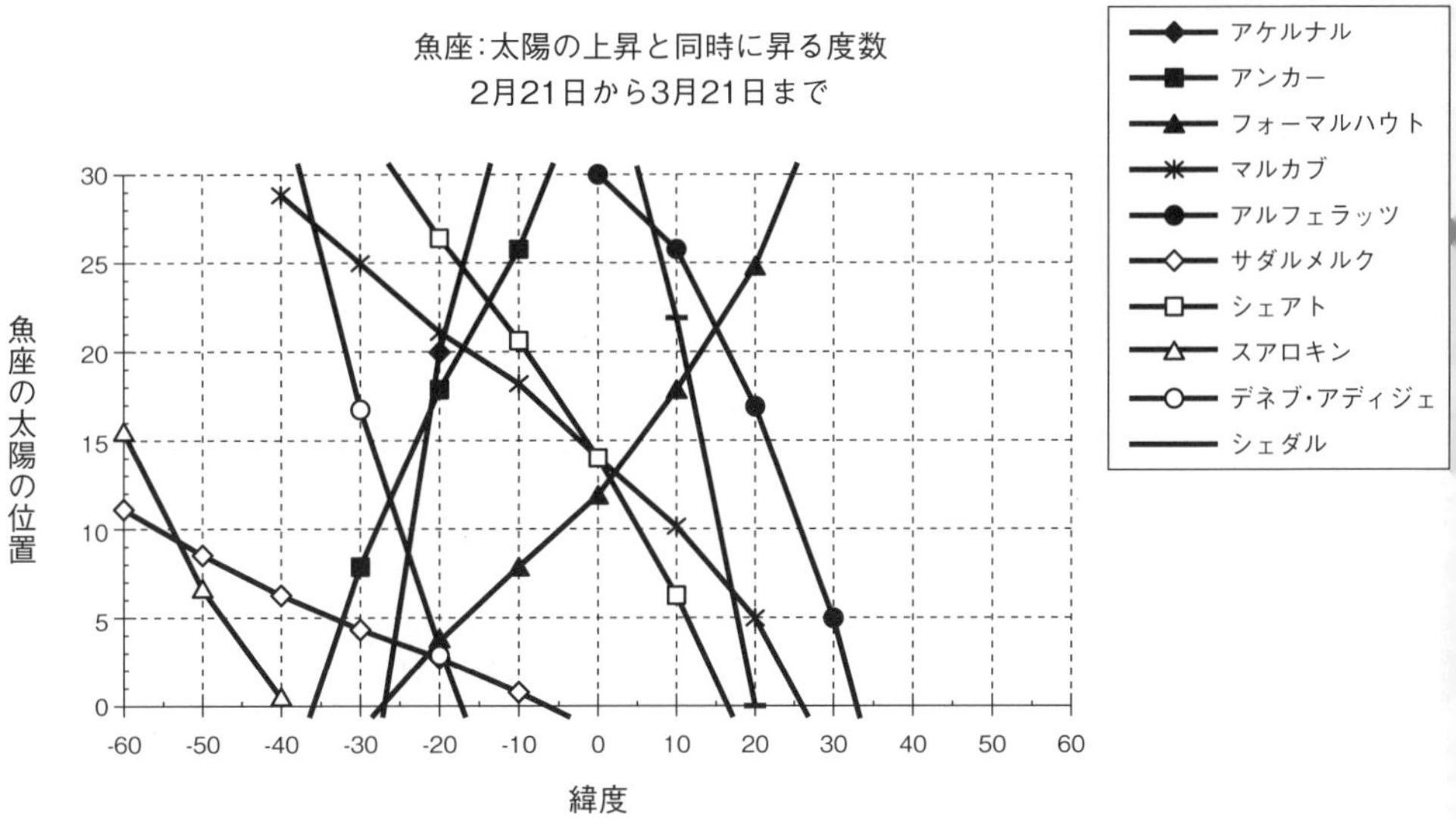
魚座:太陽の上昇と同時に昇る度数
2月21日から3月21日まで
魚座の太陽の位置
緯度
アケルナル
アンカー
フォーマルハウト
マルカブ
アルフェラッツ
サダルメルク
シェアト
スアロキン
デネブ・アディジェ
シェダル

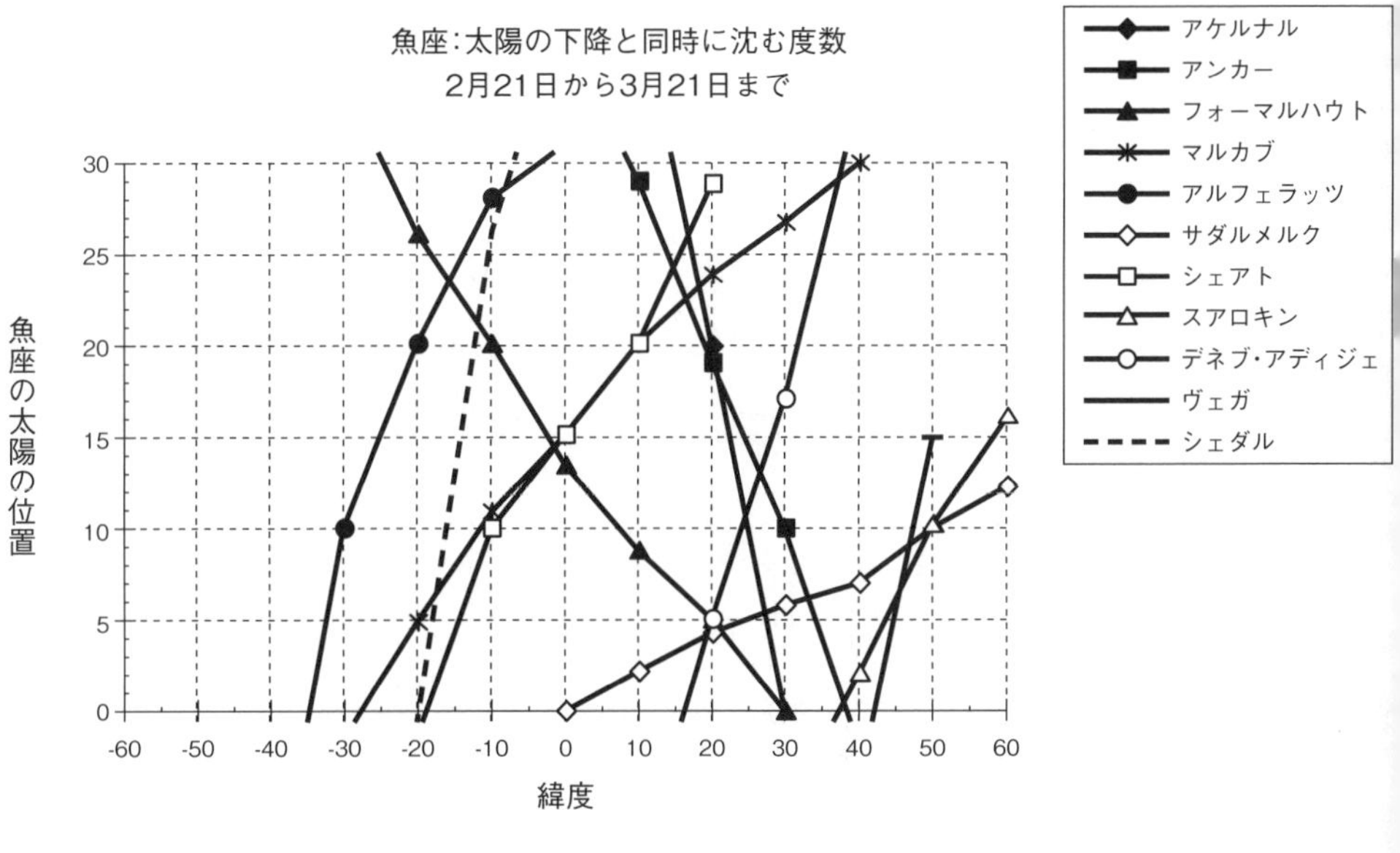
魚座:太陽の下降と同時に沈む度数
2月21日から3月21日まで
魚座の太陽の位置
緯度
アケルナル
アンカー
フォーマルハウト
マルカブ
アルフェラッツ
サダルメルク
シェアト
スアロキン
デネブ・アディジェ
ヴェガ
シェダル

付録D

# マンデン占星術のための太陽の上昇と同時に昇る星マップ

この付録は、一等星を太陽の上昇と同時に昇る星としてマンデン占星術で扱うことができるようにすることを目的としています。これらのグラフは付録Cのグラフとよく似ています。[1] しかし、一等星にのみ焦点を当てることで、黄道のまるまる一年間ないしは360度をひとつのグラフに配置できます。適切な緯度のもとで見ていくことで、一年をとおしてすべての一等星が本当に太陽の上昇と同時に昇る日付を見つけることができます。明白に太陽の上昇と同時に昇るのは星が太陽との関係で黄道帯のおよそ8度から10度うしろにあるときに起こります。したがって明白に太陽の上昇と同時に昇る日付はこのグラフに示されている日付からおよそ八日から十日後です。星は別の星が代わりに現れないかぎり本当のあるいは宇宙的な上昇からおよそ十日後の明白な上昇までの期間に影響を与えます。

付け加えると、通過中の惑星とともに主要な星が太陽の上昇と同時に昇る時期を調べることができます。第一に惑星が通過している黄道星座の度数を考慮する必要があります。この度数を見つけたら通過

1　付録Cのものと同様に、これらは二〇〇〇年で計算されています。これらのグラフにおける歳差運動の意味は付録Cを参照してください。

している惑星が太陽と同時に上昇する日付に変換しましょう。たとえば惑星が獅子座10度にある場合、太陽が獅子座10度にある（八月二日か三日）日は惑星が太陽と同時に昇る日付です。これを見つけたら、通過している惑星が太陽の上昇と同時に上昇する星とつながっているかどうか、そしてどの緯度でこれが起きているかを見つけるためにグラフの日付をチェックしましょう。

たとえば海王星の水瓶座入りは一九九八年に生じ、一月二十一日と二十二日の朝太陽とともに上昇します、言い換えれば太陽が水瓶座0度にあるときです。グラフをチェックするとグラフ1は関係がないことがわかりますがグラフ2は、南緯20度で海王星が昇り、太陽とヴェガが昇ることを示しています。そのため南半球では、海王星の水瓶座入りがヴェガと関わっています。

この緯度で水瓶座0度にある太陽の日の出チャートを作ると、[2] 太陽が昇るとき天頂にある度数を見つけることができます。これは天秤座24度です。この付録にある天頂にある度数のリストを参照してスピカ（女神の贈り物）が天秤座25度で天頂にあることがわかります。

およそ南緯20度では、一九九八年の一月末には海王星は太陽とヴェガとともに上昇し、スピカが天頂にあります。これは無力な状況から脱却することを暗示しています（ヴェガと海王星）。この緯度で困窮した状態にある国は、より大きな独立や自由を得られる可能性があります。興味深いことに、これはフランス領ポリネシアの緯度であり、国連が二〇〇〇年までにフランスから独立するよう要請してきた

2　日の出は経線の長さにそって生じるので、場所の経度は実際の日の出図に影響しません。

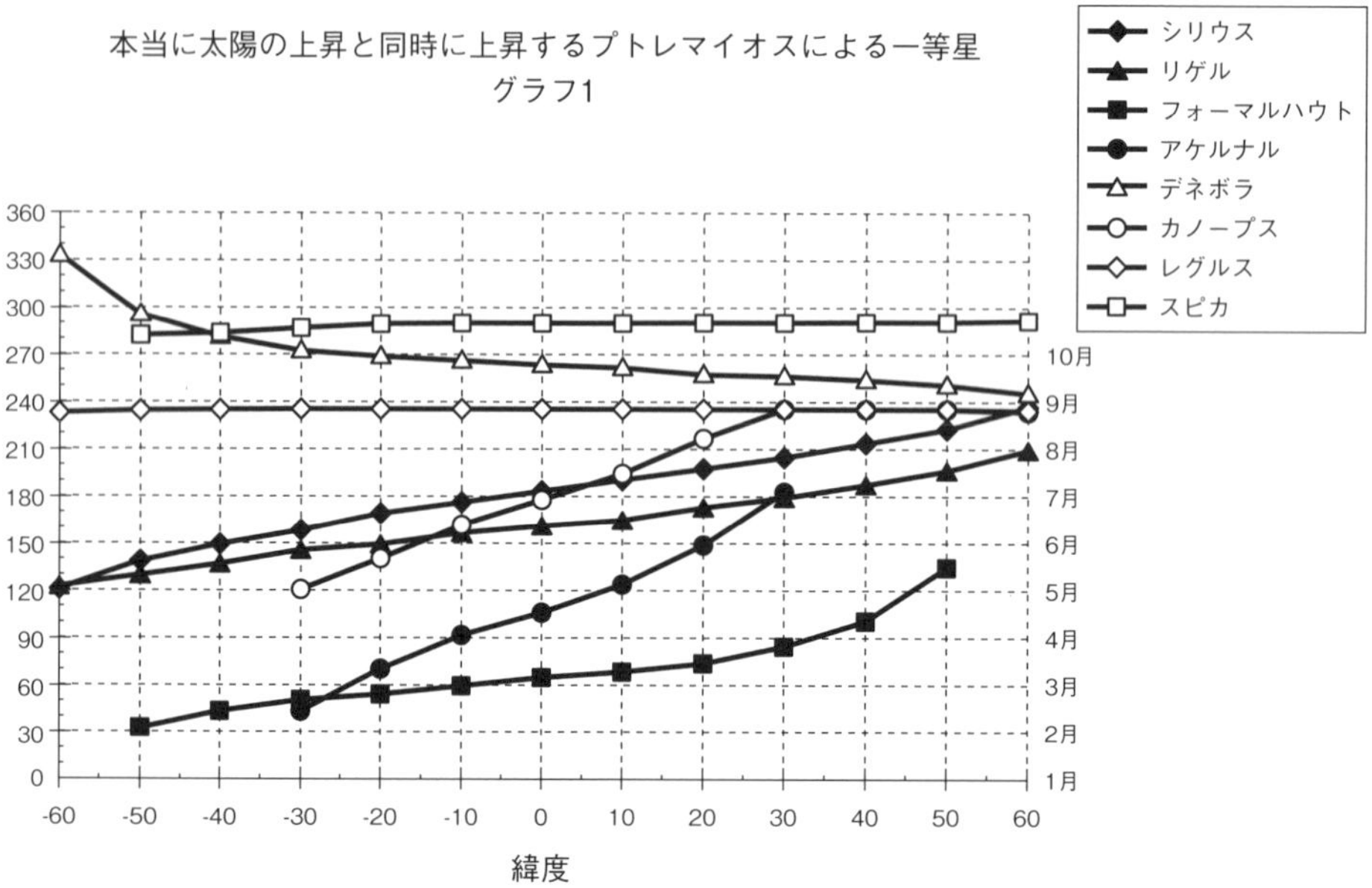
本当に太陽の上昇と同時に上昇するプトレマイオスによる一等星
グラフ1
シリウス
リゲル
フォーマルハウト
アケルナル
デネボラ
カノープス
レグルス
スピカ
360
330
300
270
240
210
180
150
120
90
60
30
0
10月
9月
8月
7月
6月
5月
4月
3月
2月
1月
-60 -50 -40 -30 -20 -10 0 10 20 30 40 50 60
緯度

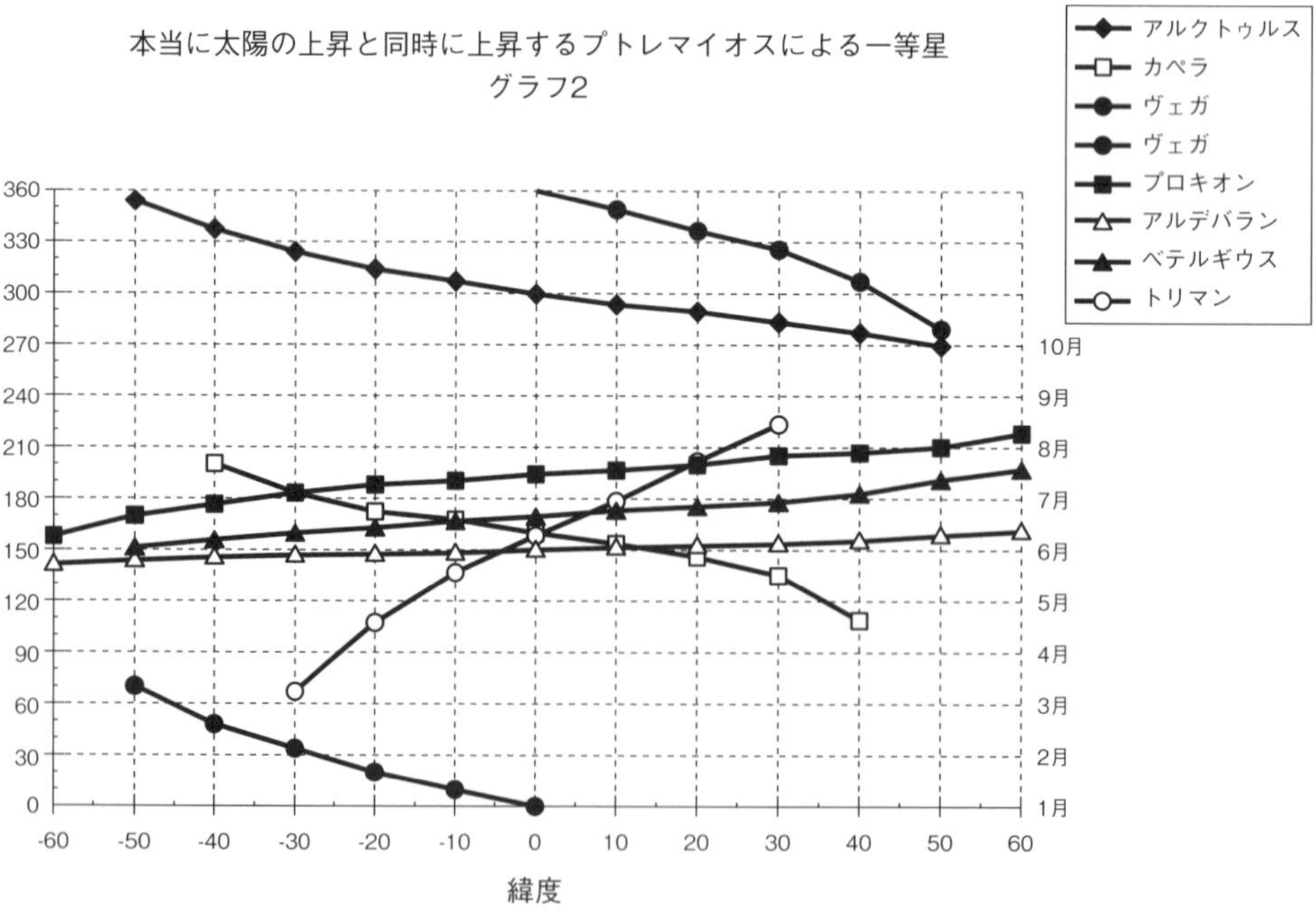
本当に太陽の上昇と同時に上昇するプトレマイオスによる一等星
グラフ2
アルクトゥルス
カペラ
ヴェガ
ヴェガ
プロキオン
アルデバラン
ベテルギウス
トリマン
360
330
300
270
240
210
180
150
120
90
60
30
0
10月
9月
8月
7月
6月
5月
4月
3月
2月
1月
-60 -50 -40 -30 -20 -10 0 10 20 30 40 50 60
緯度

国です。

これは単に、惑星の組み合わせと結びついているとき太陽の上昇と同時に昇る星を使用するこの古代の技法への紹介です。この分野におけるさらなる研究がこうした技法への理解を増すことになります。したがってこの付録はこの分野の研究を進めることに関心のある人のために用意されています。

## 表1　天頂にあるときの度数

| 星 | サイン | 星 | サイン |
|---|---|---|---|
| アンカー | 牡羊座7度 | ゾスマ | 乙女座20度 |
| シェダル | 牡羊座12度 | ドゥーベ | 乙女座24度 |
| ミラク | 牡羊座17度 | | |
| アケルナル | 牡羊座26度 | デネボラ | 天秤座0度 |
| | | トゥバン | 天秤座3度 |
| アル・リシャ | 牡牛座3度 | ヴィンデミアトリクス | 天秤座17度 |
| カプルス | 牡牛座7度 | ディアデム | 天秤座19度 |
| ハマル | 牡牛座12度 | スピカ | 天秤座25度 |
| アルゴル | 牡牛座18度 | | |
| メンカル | 牡牛座20度 | アルクトゥルス | 蠍座10度 |
| アクルックス | 牡牛座23度 | ズベン・エルゲヌビ | 蠍座15度 |
| ミルファク | 牡牛座24度 | ズベン・エシャマリ | 蠍座21度 |
| | | アルフェッカ | 蠍座26度 |
| アルシオン | 双子座3度 | | |
| アルデバラン | 双子座10度 | アンタレス | 射手座9度 |
| アゲナ | 双子座14度 | ラス・アルゲティ | 射手座21度 |
| カペラ | 双子座18度 | ラス・アルハゲ | 射手座25度 |
| リゲル | 双子座18度 | アキュレウス | 射手座26度 |
| ベラトリックス | 双子座21度 | | |
| エル・ナト | 双子座22度 | アキュメン | 山羊座0度 |
| トリマン | 双子座23度 | ファーシーズ | 山羊座15度 |
| アルニラム | 双子座25度 | ヴェガ | 山羊座16度 |
| ファクト | 双子座25度 | ルクバト | 山羊座24度 |
| ベテルギウス | 双子座28度 | アルタイル | 山羊座26度 |
| カノープス | 蟹座5度 | スアロキン | 水瓶座8度 |
| ムルジム | 蟹座6度 | デネブ・アディジェ | 水瓶座8度 |
| アルヘナ | 蟹座13度 | アルデラミン | 水瓶座16度 |
| シリウス | 蟹座14度 | デネブ・アルゲディ | 水瓶座25度 |
| カストール | 蟹座21度 | マルカブ | 水瓶座25度 |
| ポルックス | 蟹座23度 | サダルスード | 水瓶座26度 |
| プロキオン | 蟹座25度 | | |
| | | サダルメルク | 魚座5度 |
| アキュベンス | 獅子座12度 | フォーマルハウト | 魚座13度 |
| アルファード | 獅子座17度 | シェアト | 魚座15度 |
| レグルス | 獅子座28度 | アルフェラッツ | 魚座25度 |
| アルケス | 乙女座15度 | | ポラリス（常に天頂にある） |

## 黄経：プトレマイオスの方法と現代のシステム

黄道上の位置に星を投影するプトレマイオスが創始した方法はもはや使用されていません。この投影方法を再考するためにこの付録では一七〇以上の星を取り上げ、最初にプトレマイオス独自の星のカタログによってそれらの位置を、次に黄道の極からのプトレマイオスの投影法を使った西暦二〇〇〇年のそれらの星の位置を、最後に赤道を経由した現代の投影法を使った二〇〇〇年の星の位置を示します。

プトレマイオス式の現在の位置はオリジナルの位置に25度49分23秒を加えることで求められます。プトレマイオスの位置はすべて十分単位で与えられます。そのためオリジナルの位置に25度50分を加えます。星の正式名称のあとの番号は『イェール輝星星表 第四版』（*The Yale Bright Star Catalogue*, fourth edition,D. Hoffleit and C. Jaschek, Yale University Observatory, 1982）からきています。プトレマイオスの星の位置が現在の位置から著しく異なるのはおそらく誤記またはプトレマイオスによる実際の誤りです。

アンドロメダ→スター・マップ 1

| 名　称 | 星座の位置 | プトレマイオスの位置 150 年 | プトレマイオスの位置 2000 年 | 赤道の極を使用 2000 年 | 等　級 |
|---|---|---|---|---|---|
| アルマク 603 | 左足の上 | 牡羊座 16 度 50 分 | 牡牛座 12 度 40 分 | 牡牛座 14 度 13 分 | 2.3 |
| アルフェラッツ* 15 | 馬のへそ | 魚座 17 度 50 分 | 牡羊座 13 度 40 分 | 牡羊座 14 度 18 分 | 2.2 |
| ミラク 337 | 腰の上 | 牡羊座 3 度 50 分 | 牡羊座 29 度 40 分 | 牡牛座 0 度 24 分 | 2.4 |

* プトレマイオスはこの星をペガスス座にあると記しています。

みずがめ座→スター・マップ 26

| 名　称 | 星座の位置 | プトレマイオスの位置 150 年 | プトレマイオスの位置 2000 年 | 赤道の極を使用 2000 年 | 等　級 |
|---|---|---|---|---|---|
| アルバリ 7950 | 左手 | 山羊座 14 度 40 分 | 水瓶座 10 度 30 分 | 水瓶座 11 度 42 分 | 3.8 |
| サダルスード 8232 | 左肩 | 山羊座 26 度 30 分 | 水瓶座 22 度 20 分 | 水瓶座 23 度 23 分 | 3.1 |
| サダルメルク 8414 | 右肩 | 水瓶座 6 度 20 分 | 魚座 3 度 10 分 | 魚座 3 度 45 分 | 3.2 |
| スカト 8709 | 右すね | 水瓶座 11 度 40 分 | 魚座 7 度 30 分 | 魚座 8 度 51 分 | 3.5 |
| サダラクビア 8518 | 右腕 | 水瓶座 9 度 30 分 | 魚座 5 度 20 分 | 魚座 6 度 42 分 | 4.0 |

わし座→スター・マップ 2

| 名　称 | 星座の位置 | プトレマイオスの位置 150 年 | プトレマイオスの位置 2000 年 | 赤道の極を使用 2000 年 | 等　級 |
|---|---|---|---|---|---|
| アルシャイン 7602 | 頭部 | 山羊座 4 度 50 分 | 水瓶座 10 度 40 分 | 水瓶座 2 度 24 分 | 3.9 |
| アルタイル | のど | 山羊座 3 度 50 分 | 山羊座 29 度 40 分 | 水瓶座 1 度 47 分 | 0.9 |
| デネブ・オカブ 7377 | 左の翼の端 | 射手座 26 度 00 分 | 山羊座 21 度 50 分 | 山羊座 23 度 37 分 | 3.4 |
| デネブ 7235 | 左の翼の端 | 射手座 22 度 10 分 | 山羊座 18 度 00 分 | 山羊座 19 度 47 分 | 3.0 |
| タラゼド 7525 | 尾 | 山羊座 3 度 10 分 | 山羊座 29 度 10 分 | 水瓶座 00 度 55 分 | 2.8 |

おひつじ座→スター・マップ 17

| 名　称 | 星座の位置 | プトレマイオスの位置 150 年 | プトレマイオスの位置 2000 年 | 赤道の極を使用 2000 年 | 等　級 |
|---|---|---|---|---|---|
| ボタイン 951 | 尻尾 | 牡羊座 23 度 50 分 | 牡牛座 19 度 40 分 | 牡牛座 20 度 51 分 | 4.5 |
| ハマル 617 | 頭部 | 牡羊座 10 度 40 分 | 牡牛座 6 度 30 分 | 牡牛座 7 度 39 分 | 2.2 |
| メサルティム 545 | 角 | 牡羊座 6 度 40 分 | 牡牛座 2 度 30 分 | 牡牛座 3 度 11 分 | 4.8 |
| シェラタン 553 | 角 | 牡羊座 7 度 40 分 | 牡牛座 3 度 30 分 | 牡牛座 3 度 58 分 | 2.7 |

ぎょしゃ座→スター・マップ 4

| 名　称 | 星座の位置 | プトレマイオスの位置 150 年 | プトレマイオスの位置 2000 年 | 赤道の極を使用 2000 年 | 等　級 |
|---|---|---|---|---|---|
| カペラ 1708 | 左肩 | 牡牛座 25 度 00 分 | 双子座 20 度 50 分 | 双子座 21 度 51 分 | 0.2 |
| メンカリナン 2088 | 右肩 | 双子座 2 度 50 分 | 双子座 28 度 40 分 | 双子座 29 度 54 分 | 変光星 |

うしかい座→スター・マップ5

| 名　称 | 星座の位置 | プトレマイオスの位置150年 | プトレマイオスの位置2000年 | 赤道の極を使用2000年 | 等　級 |
|---|---|---|---|---|---|
| アルクトゥルス5340 | 左手 | 乙女座4度10分 | 天秤座0度00分 | 天秤座24度13分 | 0.2 |
| イザール5506 | 右もも | 天秤座0度00分 | 天秤座25度50分 | 天秤座28度06分 | 2.7 |
| ネッカル5602 | 頭部 | 乙女座26度40分 | 天秤座22度30分 | 天秤座24度14分 | 3.6 |
| プリンケプス5681 | 右肩 | 天秤座5度40分 | 蠍座1度30分 | 蠍座3度08分 | 3.5 |
| セギヌス5435 | 左肩 | 乙女座19度40分 | 天秤座15度30分 | 天秤座17度39分 | 3.0 |

かに座→スター・マップ20

| 名　称 | 星座の位置 | プトレマイオスの位置150年 | プトレマイオスの位置2000年 | 赤道の極を使用2000年 | 等　級 |
|---|---|---|---|---|---|
| アキュベンス3572 | 南のハサミ | 蟹座16度30分 | 獅子座12度20分 | 獅子座13度38分 | 4.3 |
| アルタルフ3249 | 南の後ろ脚 | 蟹座7度10分 | 獅子座3度00分 | 獅子座4度15分 | 3.8 |
| アセルス・アウストラリス3461 | 南のロバ | 蟹座11度20分 | 獅子座7度10分 | 獅子座8度43分 | 4.2 |
| アセルス・ボレアリス3449 | 北のロバ | 蟹座10度20分 | 獅子座6度10分 | 獅子座7度32分 | 4.7 |

おおいぬ座→スター・マップ6

| 名　称 | 星座の位置 | プトレマイオスの位置150年 | プトレマイオスの位置2000年 | 赤道の極を使用2000年 | 等　級 |
|---|---|---|---|---|---|
| アダラ2618 | 下腹 | 双子座23度40分 | 蟹座19度30分 | 蟹座20度46分 | 1.6 |
| アルドラ2827 | 尻尾 | 蟹座2度10分 | 蟹座28度00分 | 蟹座29度32分 | 2.4 |
| ミルザム2294 | 前脚 | 双子座11度00分 | 蟹座6度50分 | 蟹座7度11度 | 2.0 |
| ムリフェイン2657 | 首 | 双子座23度20分 | 蟹座19度10分 | 蟹座19度36分 | 4.1 |
| シリウス2491 | 顔 | 双子座17度40分 | 蟹座13度30分 | 蟹座14度5分 | -1.4 |
| ウェズン2693 | 左もも | 双子座6度40分 | 蟹座2度30分 | 蟹座23度24分 | 2.0 |

こいぬ座→スター・マップ6

| 名　称 | 星座の位置 | プトレマイオスの位置150年 | プトレマイオスの位置2000年 | 赤道の極を使用2000年 | 等　級 |
|---|---|---|---|---|---|
| ゴメイサ2845 | 首 | 双子座25度00分 | 蟹座20度50分 | 蟹座22度11分 | 3.1 |
| プロキオン2943 | 後部 | 双子座29度10分 | 蟹座25度00分 | 蟹座25度47分 | 0.5 |

りょうけん座→スター・マップ5

| 名　称 | 星座の位置 | プトレマイオスの位置150年 | プトレマイオスの位置2000年 | 赤道の極を使用2000年 | 等　級 |
|---|---|---|---|---|---|
| アステリオン*4785 | おおぐま座の尻尾の下 | 獅子座20度10分 | 乙女座16度00分 | 乙女座17度42分 | 4.3 |
| コル・カロリ† | おおぐま座の尻尾の下 | 獅子座27度50分 | 乙女座23度40分 | 乙女座24度33分 | 2.9 |

*プトレマイオスはこの星をおおぐま座にあるとしています。

†プトレマイオスはこの星をおおぐま座にあるとしています。

## 山羊座→スター・マップ25

| 名　称 | 星座の位置 | プトレマイオスの位置150年 | プトレマイオスの位置2000年 | 赤道の極を使用2000年 | 等　級 |
|---|---|---|---|---|---|
| アルムス806 | 体の真ん中 | 山羊座16度40分 | 水瓶座12度30分 | 水瓶座12度43分 | 4.9 |
| ボス7822 | 鼻口部 | 山羊座8度50分 | 水瓶座4度40分 | 水瓶座5度9分 | 5.0 |
| カストラ8260 | 角 | 山羊座23度20分 | 水瓶座19度10分 | 水瓶座20度11分 | 4.7 |
| ダビー776 | 東の角 | 山羊座7度20分 | 水瓶座3度10分 | 水瓶座4度02分 | 3.2 |
| デネブ・アルゲディ8322 | 尻尾 | 山羊座26度20分 | 水瓶座22度10分 | 水瓶座23度32分 | 3.0 |
| ドルスム8075 | 背中 | 山羊座16度40分 | 水瓶座12度20分 | 水瓶座13度50分 | 4.2 |
| オキュルス7814 | 鼻口部 | 山羊座8度40分 | 水瓶座4度30分 | 水瓶座4度42分 | 5.2 |

## りゅうこつ座*スター・マップ3

| 名　称 | 星座の位置 | プトレマイオスの位置150年 | プトレマイオスの位置2000年 | 赤道の極を使用2000年 | 等　級 |
|---|---|---|---|---|---|
| アヴィオール3307 | 竜骨の低部 | 獅子座8度30分 | 乙女座4度20分 | 乙女座23度7分 | 1.7 |
| カノープス2326 | オール | 双子座17度10分 | 蟹座13度00分 | 蟹座14度58分 | -0.9 |

*りゅうこつ座の星はすべてアルゴ座にありました。

## カシオペア座スター・マップ1

| 名　称 | 星座の位置 | プトレマイオスの位置150年 | プトレマイオスの位置2000年 | 赤道の極を使用2000年 | 等　級 |
|---|---|---|---|---|---|
| アキルド219 | ベルト | 牡羊座13度 | 牡牛座8度50分 | 牡牛座10度14 | 3.6 |
| カフ21 | 椅子の背もたれ | 牡羊座7度50分 | 牡牛座3度40分 | 牡牛座5度7分 | 2.4 |
| ルカ40 | 膝 | 牡羊座20度40分 | 牡牛座16度30分 | 牡牛座17度55分 | 2.8 |
| シェダル168 | 胸 | 牡羊座10度50分 | 牡牛座6度40分 | 牡牛座7度47分 | 2.5 |

## ケンタウルス座スター・マップ7

| 名　称 | 星座の位置 | プトレマイオスの位置150年 | プトレマイオスの位置2000年 | 赤道の極を使用2000年 | 等　級 |
|---|---|---|---|---|---|
| アゲナ5267 | 左の膝 | 天秤座24度10分 | 蠍座20度00分 | 蠍座23度46分 | 0.9 |
| メンケント5288 | 右肩 | 天秤座15度40分 | 蠍座11度30分 | 蠍座12度18分 | 2.3 |
| トリマン5459 | 右のひづめ | 蠍座8度20分 | 射手座4度10分 | 蠍座29度28分 | 0.1 |

ケフェウス座スター・マップ1

| 名　称 | 星座の位置 | プトレマイオスの位置 150 年 | プトレマイオスの位置 2000 年 | 赤道の極を使用 2000 年 | 等　級 |
|---|---|---|---|---|---|
| アルデラミン 8162 | 右肩 | 魚座 16 度 40 分 | 牡羊座 12 度 30 分 | 牡羊座 12 度 46 分 | 2.6 |
| アルフィルク 8238 | ベルトの下 | 牡羊座 7 度 20 分 | 牡羊座 3 度 10 分 | 牡牛座 5 度 33 分 | 3.3 |
| エライ 8974 | 左足 | 牡牛座 3 度 00 分 | 牡牛座 28 度 50 分 | 双子座 0 度 06 分 | 3.4 |

くじら座スター・マップ8

| 名　称 | 星座の位置 | プトレマイオスの位置 150 年 | プトレマイオスの位置 2000 年 | 赤道の極を使用 2000 年 | 等　級 |
|---|---|---|---|---|---|
| デネブ・カイトス 188 | | | | 牡羊座 2 度 34 分 | 2.2 |
| カファルジドマ 804 | 口 | 牡羊座 12 度 40 分 | 牡牛座 8 度 30 分 | 牡牛座 9 度 25 分 | 3.6 |
| メンカル | あご | 牡羊座 17 度 40 分 | 牡牛座 13 度 30 分 | 牡牛座 14 度 19 分 | 2.8 |
| ミラ | 体 | 未記載 | | 牡牛座 1 度 31 分 | 変光星 |

はと座* スター・マップ6

| 名　称 | 星座の位置 | プトレマイオスの位置 150 年 | プトレマイオスの位置 2000 年 | 赤道の極を使用 2000 年 | 等　級 |
|---|---|---|---|---|---|
| ファクト 1956 | 後ろ脚の下方 | 牡牛座 26 度 00 分 | 双子座 21 度 50 分 | 双子座 22 度 10 分 | 2.8 |
| ワズン 2040 | 後ろ脚の下方 | 牡牛座 29 度 00 分 | 双子座 24 度 50 分 | 双子座 26 度 25 分 | 3.2 |

* プトレマイオスは、はと座のふたつの星をおおいぬ座にあるとしていました。

かんむり座スター・マップ11

| 名　称 | 星座の位置 | プトレマイオスの位置 150 年 | プトレマイオスの位置 2000 年 | 赤道の極を使用 2000 年 | 等　級 |
|---|---|---|---|---|---|
| アルフェッカ 5793 | 王冠のなか | 天秤座 14 度 40 分 | 蠍座 10 度 30 分 | 蠍座 12 度 17 分 | 2.3 |
| ヌサカン 5747 | 王冠の西端 | 天秤座 11 度 40 分 | 蠍座 7 度 40 分 | 蠍座 9 度 6 分 | 3.7 |

からす座スター・マップ12

| 名　称 | 星座の位置 | プトレマイオスの位置 150 年 | プトレマイオスの位置 2000 年 | 赤道の極を使用 2000 年 | 等　級 |
|---|---|---|---|---|---|
| アルキタ 4623 | くちばしのなか | 乙女座 15 度 20 分 | 天秤座 11 度 10 分 | 天秤座 12 度 14 分 4.2 | 4.2 |
| アルゴラブ 4757 | 羽根 | 乙女座 16 度 40 分 | 天秤座 12 度 30 分 | 天秤座 13 度 26 度 | 3.1 |
| クラズ 4786 | 足 | 乙女座 20 度 30 分 | 天秤座 16 度 20 分 | 天秤座 17 度 21 度 | 2.8 |

コップ座→スター・マップ12

| 名　称 | 星座の位置 | プトレマイオスの位置150年 | プトレマイオスの位置2000年 | 赤道の極を使用2000年 | 等　級 |
|---|---|---|---|---|---|
| アルケス4287 | カップの底 | 獅子座26度20分 | 乙女座22度10分 | 乙女座23度41分 | 4.2 |
| ラブラム4382 | カップの真ん中 | 乙女座0度00分 | 乙女座25度50分 | 乙女座26度41分 | 3.8 |

はくちょう座→スター・マップ2

| 名　称 | 星座の位置 | プトレマイオスの位置150年 | プトレマイオスの位置2000年 | 赤道の極を使用2000年 | 等　級 |
|---|---|---|---|---|---|
| アルビレオ7417 | くちばし | 山羊座4度30分 | 水瓶座0度20分 | 水瓶座1度14分 | 3.2 |
| デネブ・アディジェ7924 | 尻尾 | 水瓶座9度10分 | 魚座5度00分 | 魚座5度19分 | 1.3 |
| ギェナー7949 | 左の翼 | 水瓶座0度50分 | 水瓶座26度40分 | 水瓶座27度44分 | 2.6 |
| サドル7796 | 胸 | 山羊座28度30分 | 水瓶座24度20分 | 水瓶座24度49分 | 2.3 |

いるか座→スター・マップ2

| 名　称 | 星座の位置 | プトレマイオスの位置150年 | プトレマイオスの位置2000年 | 赤道の極を使用2000年 | 等　級 |
|---|---|---|---|---|---|
| ロタネブ7882 | 体の西側 | 山羊座18度30分 | 水瓶座14度20分 | 水瓶座16度19 | 3.7 |
| スアロキン7906 | 体の西側 | 山羊座20度10分 | 水瓶座16度00分 | 水瓶座17度22分 | 3.9 |

りゅう座→スター・マップ9

| 名　称 | 星座の位置 | プトレマイオスの位置150年 | プトレマイオスの位置2000年 | 赤道の極を使用2000年 | 等　級 |
|---|---|---|---|---|---|
| ラスタバン6536 | 目 | 蠍座13度10分 | 射手座9度00分 | 射手座11度56分 | 3.0 |
| ヅィバン6636 | 四番目のとぐろ | 双子座13度20分 | 蟹座9度10分 | 蟹座13度51分 | 4.9 |
| エダシク5744 | 最後のとぐろ | 乙女座12度40分 | 天秤座8度30分 | 天秤座4度56分 | 3.5 |
| エタミン6705 | 頭の上 | 蠍座29度40分 | 射手座25度30分 | 射手座27度56分 | 2.4 |
| グルミウム6688 | あご | 蠍座27度20分 | 射手座23度10分 | 射手座24度43分 | 3.9 |
| クマ6554 | 口 | 蠍座11度50分 | 射手座7度40分 | 射手座10度17分 | 5.0 |
| ノードゥスI 6396 | 四番目のとぐろ | 乙女座8度20分 | 天秤座4度10分 | 天秤座3度23分 | 3.2 |
| ノードゥスII 7310 | 最初のとぐろ | 魚座20度30分 | 牡羊座16度20分 | 牡羊座17度09分 | 3.2 |
| トゥバン5291 | 尻尾 | 獅子座11度10分 | 乙女座7度00分 | 乙女座7度27分 | 3.6 |
| ティル7682 | 2番目のとぐろ | 牡羊座7度40分 | 牡牛座3度30分 | 牡牛座2度42分 | 4.0 |

エリダヌス座→スター・マップ10

| 名　称 | 星座の位置 | プトレマイオスの位置150年 | プトレマイオスの位置2000年 | 赤道の極を使用2000年 | 等　級 |
|---|---|---|---|---|---|
| アカマル897 | 河の端 | 牡羊座0度10分 | 牡羊座26度00分 | 牡羊座23度16分 | 3.4 |
| アケルナル472 | 河の現代の端 | 未記載 |  | 魚座15度18分 | 0.6 |
| ザウラク1231 | 河の途中 | 牡羊座27度00分 | 牡牛座22度50分 | 牡牛座23度52分 | 3.2 |

ふたご座→スター・マップ19

| 名　称 | 星座の位置 | プトレマイオスの位置150年 | プトレマイオスの位置2000年 | 赤道の極を使用2000年 | 等　級 |
|---|---|---|---|---|---|
| アルヘナ2421 | 東の双子の左かかと | 双子座12度00分 | 蟹座7度50分 | 蟹座9度06分 | 1.9 |
| カストール2891 | 西の双子の頭 | 双子座23度20分 | 蟹座19度10分 | 蟹座20度14分 | 1.6 |
| メブスタ2473 | 西の双子の左ひざ | 双子座13度00分 | 蟹座8度50分 | 蟹座9度56分 | 3.2 |
| ポルックス2990 | 東の双子の頭 | 双子座26度40分 | 蟹座22度30分 | 蟹座23度13分 | 1.2 |
| テジャト・ポステリオル2286 | 西の双子の足 | 双子座8度30分 | 蟹座4度20分 | 蟹座5度18分 | 3.2 |
| ワサト2777 | 東の双子の左の睾丸 | 双子座21度40分 | 蟹座17度30分 | 蟹座18度31分 | 3.5 |

つる座*

| 名　称 | 星座の位置 | プトレマイオスの位置150年 | プトレマイオスの位置2000年 | 赤道の極を使用2000年 | 等　級 |
|---|---|---|---|---|---|
| アル・ナイル8425 | 南の魚の尻尾 | 山羊座20度10分 | 水瓶座16度00分 | 水瓶座15度53分 | 2.2 |

*プトレマイオスはつる座の星をみなみのうお座に割り当てていました。

ヘルクレス座→スター・マップ11

| 名　称 | 星座の位置 | プトレマイオスの位置150年 | プトレマイオスの位置2000年 | 赤道の極を使用2000年 | 等　級 |
|---|---|---|---|---|---|
| コルネフォロス6148 | 右肩 | 蠍座3度40分 | 蠍座29度30分 | 射手座1度04分 | 2.8 |
| マシム6526 | 左腕 | 蠍座22度 | 射手座17度50分 | 射手座19度53分 | 4.5 |
| ラス・アルゲティ6406 | 頭 | 蠍座17度40分 | 射手座13度30分 | 射手座16度05分 | 変光星 |
| サリン6410 | 左肩 | 蠍座16度40分 | 射手座12度30分 | 射手座14度45分 | 3.2 |

うみへび座→スター・マップ12

| 名　称 | 星座の位置 | プトレマイオスの位置150年 | プトレマイオスの位置2000年 | 赤道の極を使用2000年 | 等　級 |
|---|---|---|---|---|---|
| アルファード3748 | ヘビの心臓 | 獅子座00度00分 | 獅子座25度50分 | 獅子座27度16度 | 2.2 |

しし座→スター・マップ21

| 名　称 | 星座の位置 | プトレマイオスの位置150年 | プトレマイオスの位置2000年 | 赤道の極を使用2000年 | 等　級 |
|---|---|---|---|---|---|
| アダフェラ4031 | のど | 獅子座0度10分 | 獅子座26度00分 | 獅子座27度33分 | 3.6 |
| アル・ジャブハー3975 | のど | 獅子座0度40分 | 獅子座26度30分 | 獅子座27度34分 | 3.6 |
| アルギエバ4057 | のど | 獅子座2度10分 | 獅子座28度00分 | 獅子座29度36分 | 2.6 |
| アルテルフ3773 | 口 | 蟹座21度10分 | 獅子座17度00分 | 獅子座17度52分 | 4.5 |
| デネボラ4534 | 尻尾の先 | 獅子座24度30分 | 乙女座20度20分 | 乙女座21度36分 | 2.2 |
| ラス・エラセド・アウストラリス3873 | 頭 | 蟹座24度10分 | 獅子座20度 | 獅子座20度42分 | 3.1 |
| レグルス3982 | 獅子の心臓 | 獅子座2度30分 | 獅子座26度20分 | 獅子座29度42分 | 1.3 |
| ゾスマ4357 | 背中 | 獅子座14度10分 | 乙女座10度00分 | 乙女座11度18分 | 2.6 |

おおかみ座→スター・マップ6

| 名　称 | 星座の位置 | プトレマイオスの位置150年 | プトレマイオスの位置2000年 | 赤道の極を使用2000年 | 等　級 |
|---|---|---|---|---|---|
| アルネブ1865 | 体の中心 | 牡牛座25度50分 | 双子座21度40分 | 双子座21度23分 | 2.7 |

天秤座*→スター・マップ23

| 名　称 | 星座の位置 | プトレマイオスの位置150年 | プトレマイオスの位置2000年 | 赤道の極を使用2000年 | 等　級 |
|---|---|---|---|---|---|
| ズベン・エラクラブ 5787 | 北のハサミの中心 | 天秤座27度50分 | 蠍座23度40分 | 蠍座25度7分 | 4.0 |
| ズベン・エルゲヌビ 5531 | 南のハサミの先端 | 天秤座18度 | 蠍座13度50分 | 蠍座15度4分 | 2.9 |
| ズベン・エシャマリ 5685 | 北のハサミの先端 | 天秤座22度10分 | 蠍座18度 | 蠍座19度21分 | 2.7 |

*てんびん座はさそり座のハサミとされていました。

こと座→スター・マップ2

| 名　称 | 星座の位置 | プトレマイオスの位置150年 | プトレマイオスの位置2000年 | 赤道の極を使用2000年 | 等　級 |
|---|---|---|---|---|---|
| シェリアク7106 | 竪琴の腕木 | 射手座21度00分 | 山羊座16度50分 | 山羊座18度52分 | 変光星 |
| ヴェガ7001 | 竪琴の柱 | 射手座17度20分 | 山羊座13度10分 | 山羊座15度17分 | 0.1 |

へびつかい座→スター・マップ13

| 名　称 | 星座の位置 | プトレマイオスの位置150年 | プトレマイオスの位置2000年 | 赤道の極を使用2000年 | 等　級 |
|---|---|---|---|---|---|
| ハン6175 | 左ひざ | 蠍座12度10分 | 射手座8度 | 射手座9度13分 | 2.7 |
| ケルブ・アルライ6603 | 右肩 | 蠍座28度00分 | 射手座23度50分 | 射手座25度19分 | 2.9 |
| ラス・アルハゲ6556 | 頭 | 蠍座24度50分 | 射手座20度10分 | 射手座22度26分 | 2.1 |
| イェド・ポステリオル6075 | 左手 | 蠍座6度00分 | 射手座1度50分 | 射手座3度30分 | 3.3 |
| イェド・プリオル6056 | 左手 | 蠍座5度00分 | 射手座0度50分 | 射手座2度17分 | 3.0 |

オリオン座→スター・マップ14

| 名　称 | 星座の位置 | プトレマイオスの位置150年 | プトレマイオスの位置2000年 | 赤道の極を使用2000年 | 等　級 |
|---|---|---|---|---|---|
| アルニラム1903 | ベルトの中央 | 牡牛座27度20分 | 双子座23度10分 | 双子座23度27分 | 1.8 |
| アルニタク1948 | ベルト | 牡牛座28度10分 | 双子座24度00分 | 双子座24度41分 | 2.0 |
| ベラトリックス1790 | 左肩 | 牡牛座24度00分 | 双子座19度50分 | 双子座20度56分 | 1.7 |
| ベテルギウス1698 | 右肩 | 双子座2度00分 | 双子座27度50分 | 双子座28度45分 | 変光星 |
| メイサ1879 | 頭 | 牡牛座27度 | 双子座22度50分 | 双子座23度42分 | 3.7 |
| ミンタカ | ベルト | 牡牛座25度20分 | 双子座21度10分 | 双子座22度24分 | 2.5 |
| リゲル1713 | 左足 | 牡牛座19度50分 | 双子座15度40分 | 双子座16度49分 | 0.3 |
| サイフ2004 | 右ひざ | 双子座0度10分 | 双子座26度 | 双子座24度24分 | 2.2 |

ペガサス座→スター・マップ15

| 名　称 | 星座の位置 | プトレマイオスの位置150年 | プトレマイオスの位置2000年 | 赤道の極を使用2000年 | 等　級 |
|---|---|---|---|---|---|
| アルゲニブ8739 | 翼の端 | 魚座12度10分 | 牡羊座8度00分 | 牡羊座9度09分 | 2.9 |
| ケルブ8880 | 翼のしたの体 | 魚座4度30分 | 牡羊座0度20分 | 牡羊座1度02分 | 4.6 |
| マルカブ8781 | 背中の広い部分 | 水瓶座26度40分 | 魚座22度30分 | 魚座23度28分 | 2.6 |
| マタル8650 | 右ひざ | 水瓶座29度00分 | 魚座24度50分 | 魚座25度42分 | 3.1 |
| シェアト8775 | 右肩 | 魚座2度10分 | 魚座28度00分 | 魚座29度22分 | 2.6 |

ペルセウス座→スター・マップ1

| 名　称 | 星座の位置 | プトレマイオスの位置150年 | プトレマイオスの位置2000年 | 赤道の極を使用2000年 | 等　級 |
|---|---|---|---|---|---|
| アルゴル936 | ゴルゴンの頭 | 牡羊座29度40分 | 牡牛座25度30分 | 牡牛座26度10分 | 変光星 |
| カプルス* | 右手 | 牡羊座26度40分 | 牡牛座24度00分 | 牡牛座24度11分 | 4.4 |
| ミラム834 | 右ひじ | 牡牛座1度10分 | 牡牛座27度 | 牡牛座28度42分 | 3.9 |
| ミルファク1017 | 体の右側 | 牡牛座4度50分 | 双子座0度40分 | 双子座2度04分 | 1.9 |
| ミサム941 | 左ひじ | 牡牛座0度30分 | 牡牛座26度20分 | 牡牛座27度41分 | 4.0 |

*カプルスは星雲です。

うお座→スター・マップ27

| 名　称 | 星座の位置 | プトレマイオスの位置150年 | プトレマイオスの位置2000年 | 赤道の極を使用2000年 | 等　級 |
|---|---|---|---|---|---|
| アル・フェルグ437 | 北のひも | 牡羊座00度40分 | 牡羊座26度30 | 牡羊座26度48分 | 3.7 |
| アル・リシャ596 | 二本のひもの結び目 | 牡羊座2度30分 | 牡羊座28度20分 | 牡羊座29度22分 | 3.9 |

みなみのうお座スター・マップ16

| 名　称 | 星座の位置 | プトレマイオスの位置150年 | プトレマイオスの位置2000年 | 赤道の極を使用2000年 | 等　級 |
|---|---|---|---|---|---|
| フォーマルハウト8728 | 口 | 水瓶座7度00分 | 魚座2度50分 | 魚座3度51分 | 3.5 |

いて座→スター・マップ24

| 名　称 | 星座の位置 | プトレマイオスの位置150年 | プトレマイオスの位置2000年 | 赤道の極を使用2000年 | 等　級 |
|---|---|---|---|---|---|
| アルバルダ7264 | 頭 | 射手座19度10分 | 山羊座15度00分 | 山羊座16度14分 | 3.0 |
| アルナスル6746 | 矢の先 | 射手座4度30分 | 山羊座0度20分 | 山羊座1度15分 | 3.1 |
| アスケラ7194 | 脇の下 | 射手座16度20分 | 山羊座14度10分 | 山羊座13度37分 | 2.7 |
| ファーシーズ7116 | 目 | 射手座15度10分 | 山羊座11度10分 | 山羊座8度17分 | 5.9 |
| カウス・アウストラリス6879 | 弓の南の部分 | 射手座8度00分 | 山羊座3度50分 | 山羊座5度04分 | 2.0 |
| カウス・ボレアリス6913 | 弓の北の部分 | 射手座9度00分 | 山羊座4度50分 | 山羊座6度18分 | 2.9 |
| カウス・メディウス6859 | 左手のこぶし | 射手座7度40分 | 山羊座3度30分 | 山羊座4度34分 | 2.8 |
| ルクバト7348* | 左ひざ | 射手座17度00分 | 山羊座12度50分 | 山羊座16度37分 | 4.1 |

*NASAのプトレマイオスの星カタログにはルクバトへのこのイェール番号に異論があると記載されています。星番号7792のほうが候補になりそうです。プトレマイオスはこの星を射手座20度00分と位置づけたため、現代の位置は山羊座15度50分となっています。

さそり座*→スター・マップ23

| 名　称 | 星座の位置 | プトレマイオスの位置150年 | プトレマイオスの位置2000年 | 赤道の極を使用2000年 | 等　級 |
|---|---|---|---|---|---|
| アクラブ5984 | ひたい | 蠍座6度20分 | 射手座2度10分 | 射手座3度10分 | 2.9 |
| アンタレス6134 | サソリの心臓 | 蠍座12度40分 | 射手座8度30分 | 射手座9度45分 | 1.2 |
| ジュバ5953 | ひたい | 蠍座5度40分 | 射手座1度30分 | 射手座2度33分 | 2.5 |
| サルガス6553 | 第五関節 | 蠍座28度10分 | 射手座24度00分 | 射手座25度35分 | 2.0 |
| シャウラ6527 | 第七関節 | 蠍座27度30分 | 射手座23度20分 | 射手座24度34分 | 1.7 |

*アキュレウスとアキュメンはさそり座の針にあるふたつの星雲です。プトレマイオスはこれらを星座に含めておらず、NASAのプトレマイオスの星カタログは割り当てに疑問をもっている星雲をひとつだけ挙げています。星カタログは割り当てに疑問をもっている星雲をひとつだけ挙げています。

おうし座→スター・マップ18

| 名　称 | 星座の位置 | プトレマイオスの位置150年 | プトレマイオスの位置2000年 | 赤道の極を使用2000年 | 等　級 |
|---|---|---|---|---|---|
| アイン1409 | 北の目 | 牡牛座11度50分 | 双子座7度10分 | 双子座8度27分 | 3.6 |
| アルシオン1165 | プレアデス星団、肩 | 牡牛座3度40分 | 牡牛座29度30分 | 牡牛座29度59分 | 3.0 |
| アルデバラン1457 | ヒアデス星団、南の目 | 牡牛座12度40分 | 双子座8度40分 | 双子座9度47分 | 1.1 |
| エル・ナト*1791 | 北の角の先 | 牡牛座25度40分 | 双子座21度30分 | 双子座22度34分 | 1.8 |
| ヒャドウム1373 | 顔 | 牡牛座10度20分 | 双子座6度10分 | 双子座6度52度 | 3.9 |

*エル・ナトはぎょしゃ座の足の星でもあります。

おおぐま座→スター・マップ9

| 名　称 | 星座の位置 | プトレマイオスの位置 150 年 | プトレマイオスの位置 2000 年 | 赤道の極を使用 2000 年 | 等　級 |
|---|---|---|---|---|---|
| アリオト 4905 | 尻尾の基点 | 獅子座 12 度 10 分 | 乙女座 8 度 00 分 | 乙女座 8 度 56 分 | 1.7 |
| アルカイド 5191 | 尻尾の先 | 獅子座 29 度 50 分 | 乙女座 25 度 40 分 | 乙女座 26 度 55 分 | 1.9 |
| ドゥーベ 4301 | クマの背中 | 蟹座 17 度 40 分 | 獅子座 13 度 30 分 | 獅子座 15 度 12 分 | 2.0 |
| メグレズ 4660 | 尻尾の付け根 | 獅子座 3 度 10 分 | 獅子座 29 度 00 分 | 乙女座 1 度 04 分 | 3.4 |
| メラク 4295 | 脇腹 | 蟹座 22 度 10 分 | 獅子座 18 度 00 分 | 獅子座 19 度 26 分 | 2.4 |
| フェクダ 4554 | 左太もも | 獅子座 3 度 00 分 | 獅子座 28 度 50 分 | 乙女座 0 度 28 分 | 2.5 |
| タリタ 3569 | 左前足 | 蟹座 5 度 30 分 | 獅子座 1 度 10 分 | 獅子座 2 度 48 分 | 3.1 |
| タニア・ボレアリス 4033 | 左後ろ足 | 蟹座 22 度 40 分 | 獅子座 18 度 30 分 | 獅子座 19 度 33 分 | 3.5 |

こぐま座→スター・マップ9

| 名　称 | 星座の位置 | プトレマイオスの位置 150 年 | プトレマイオスの位置 2000 年 | 赤道の極を使用 2000 年 | 等　級 |
|---|---|---|---|---|---|
| コカブ 5563 | 肩 | 蟹座 17 度 30 分 | 獅子座 13 度 20 分 | 獅子座 13 度 19 分 | 2.2 |
| フェルカド 5735 | 右ひじ | 蟹座 26 度 10 分 | 獅子座 22 度 00 分 | 獅子座 21 度 36 分 | 3.1 |
| ポラリス 424 | 尻尾の先 | 双子座 0 度 10 分 | 双子座 26 度 00 分 | 双子座 28 度 34 分 | 2.1 |
| イルドゥン 6789 | 尻尾 | 双子座 2 度 30 分 | 双子座 28 度 20 分 | 蟹座 1 度 12 分 | 4.4 |

おとめ座→スター・マップ22

| 名　称 | 星座の位置 | プトレマイオスの位置 150 年 | プトレマイオスの位置 2000 年 | 赤道の極を使用 2000 年 | 等　級 |
|---|---|---|---|---|---|
| ヘゼ 5107 | 右の臀部 | 乙女座 24 度 50 分 | 天秤座 20 度 40 分 | 天秤座 21 度 52 分 | 3.4 |
| カンバリア 5359 | 左足 | 天秤座 10 度 00 分 | 蠍座 5 度 50 分 | 蠍座 6 度 56 分 | 4.6 |
| スピカ 5056 | 左手 | 乙女座 26 度 40 分 | 天秤座 22 度 30 分 | 天秤座 23 度 50 分 | 1.2 |
| ヴィンデミアトリクス 4932 | 右の翼 | 乙女座 12 度 10 分 | 天秤座 8 度 00 分 | 天秤座 9 度 56 分 | 3.0 |
| ザヴィヤヴァ 4540 | 左の翼 | 獅子座 29 度 00 分 | 乙女座 24 度 50 分 | 乙女座 27 度 09 分 | 3.8 |

## 出生データ

恒星を使用する場合、占星術師は正確な出生データを必要としません。ほとんどのパランの関係は出生時に生じる実際の結びつきよりもむしろ、チャートに潜在的にそなわっている結びつきです。しかし、次は本文で使用されているすべての例の出生データと出典のリストです。データの主な出典はアストロラーベ――そこを通じて提供されている〝ブラックウェル・データセット〟です。このデータは〝ブラックウェル〟と簡単に表記しています。出生時間はすべて二十四時間制の慣例を使用しています。

**ジョン・アディー**……………１９２０年６月15日。８時15分（ＢＳＴ）。バーンズリー、イングランド。北緯53度33分、西経01度29分。ブラックウェル。

**モハメド・アリ**……………１９４２年１月17日。18時30分（ＣＳＴ）。ルイビル、米国。北緯38度15分、西経85度46分。ブラックウェル。

**ニール・アームストロング**………１９３０年８月５日。５時41分（ＥＳＴ）。ワシントン（編注　原文では、Washington Twpとあるが正しくはオハイオ州ワパコネタ（ウィキペディア、Astrodienst参照））。しかしこの緯度でも本文中にあるようにシリウスが太陽の上昇と同時に昇る星である、米国。北緯40度34分、西経84度15分。ブラックウェル。

**ロシアのアナスタシア皇女**……………１９０１年６月17日。23時00分（ＬＭＴ）。ペテルゴフ、ロシア。北緯59度53分、東経29度54分。Lois Rodden Astro Data II AFA 1988. DD.

**ウィリアム・ブレイク**……………１７５７年11月28日。19時34分（ＧＭＴ）。ロンドン、イングランド。北緯51度32分、西経00度07分。ブラックウェル。

**ブラヴァツキー夫人**……………１８３１年８月12日。２時17分（ＬＭＴ）。イエカテリノスラフ、ロシア。北緯48度27分、東経35度01分。Profiles of Women AFA 1979. A.

**ジョーゼフ・キャンベル**……………１９０４年３月26日。19時25分（ＥＳＴ）。ニューヨーク、ニューヨーク州、米国。北緯40度45分、西経73度57分。Lois Rodden Astro Data III AFA 1986. A.

**ルイス・キャロル**……………１８３２年１月27日。３時55分（ＧＭＴ）。ダーズベリ、イングランド。北緯53度21分、西経02度38分。ブラックウェル。

**フィデル・カストロ**……………１９２６年８月13日。13時00分（ＥＳＴ）。ビラン、オリエンテ州、キューバ。北緯20度33分、西経75度55分。Lois Rodden Astro data III AFA 1986. A.

**アザリア・チェンバレン**……………１９８０年６月11日。13時15分（ＡＥＳＴ）。マウント・アイザ、オーストラリア。南緯20度44分、西経139度30分。Lois Rodden Astro data V AFA 1992. A.

**チャーリー・チャップリン**……………１８８９年４月16日。20時00分（ＧＭＴ）。ロンドン、イングランド。北緯51度31分、西経00度06分。Lois Rodden Astro data II AFA 1988. AA.

**チャールズ皇太子**…………１９４８年11月14日。21時14分（ＧＭＴ）。ロンドン、イングランド。北緯51度30分、西経00度07分。ブラックウェル。

**アガサ・クリスティ**…………１８９０年９月15日。４時00分（ＧＭＴ）。トーキー、イングランド。北緯50度28分、西経03度30分。ブラックウェル。

**キャプテン・クック**※…………１７２８年10月27日。マートン・イン・クリーブランド、ヨークシャー、イングランド。ブリタニカ百科事典。※またはジェームズ・クック

**ノエル・カワード**…………１８９９年12月16日。２時30分（ＧＭＴ）。テディントン、イングランド。北緯51度25分、西経00度20分。ブラックウェル。

**オリバー・クロムウェル**…………１５９９年５月５日。３時00分（ＬＭＴ）。ハンティントン、イングランド。北緯51度51分、西経00度12分。ブラックウェル。

**レオナルド・ダ・ヴィンチ**…………１４５２年４月14日。21時03分（ＧＭＴ）。アンキアーノ、イタリア。北緯43度43分、東経11度00分。ブラックウェル。

**ジェームズ・ディーン**…………１９３１年２月８日。２時00分（ＣＳＴ）。インディアナ州マリオン、米国。北緯40度32分、西経85度40分。ブラックウェル。

**ダイアナ皇太子妃**…………１９６１年７月１日。19時45分（ＢＳＴ）。サンドリンガム、イングランド。北緯52度50分、西経00度30分。Lois Rodden Astro data III AFA 1986. A.

**チャールズ・ディケンズ**…………　１８１２年２月２日。00時05分（ＧＭＴ）。ランドポート、イングランド。北緯50度47分、西経01度05分。ブラックウェル。

**アルフレド・ドレフュス**…………　１８59年10月９日。15時00分（ＬＭＴ）。ミュルーズ、フランス。北緯47度45分、東経07度20分。Lois Rodden Astro data V AFA 1992. AA.

**ドナルド・ダンスタン**…………　１９２６年９月21日。６時00分（ＮＺ）。スバ、フィジー。南緯18度08分、東経178度25分（著者自身の記録）。

**アメリア・イアハート**…………　１８９７年７月24日。23時30分（ＣＳＴ）。アッチソン、カンザス州、米国。北緯39度34分、西経95度07分。ブラックウェル。

**英国王エドワード八世**…………　１８９４年６月23日。21時55分（ＧＭＴ）。リッチモンド、イングランド。北緯51度27分、西経00度18分。ブラックウェル。

**アルバート・アインシュタイン**…………　１８７９年３月14日。10時50分（ＧＭＴ）。ウルム、ドイツ。北緯48度30分、東経10度00分。ブラックウェル。

**ジョージ・エリオット**…………　１８19年11月22日。５時06分(ＧＭＴ)。チルヴァース・コトン、イングランド。北緯52度15分、西経01度35分。ブラックウェル。

**ヘンリー・フォード**…………　１８６３年７月30日。19時32分（ＧＭＴ）。ディアボーン、ミシガン州、米国。北緯42度19分、西経83度11分。ブラックウェル。

**ジークムント・フロイト**……………１８５６年5月6日。17時17分（ＧＭＴ）。フライベルク、モラヴィア。北緯49度37分、東経18度08分。ブラックウェル。

**ガリレオ・ガリレイ**……………１５６４年2月15日。14時32分（ＧＭＴ）。ピサ、イタリア。北緯43度43分、東経10度24分。ブラックウェル。

**エドワード・ゲイン**……………１９０６年8月27日。23時30分（ＣＳＴ）。ラ・クロス、ウィスコンシン州、米国。北緯43度48分、西経91度15分。Lois Rodden Astro data V AFA 1992. AA.

**ジョン・グレン**……………１９２１年7月18日。16時00分（ＣＤＴ）。ケンブリッジ、オハイオ州、米国。北緯40度02分、西経81度35分。ブラックウェル。

**ヘルマン・ゲーリング**……………１８９３年1月12日。4時00分（ＣＥＴ）。ローゼンハイム、ドイツ。北緯47度51分、東経12度06分。ブラックウェル。

**ロバート・グレーヴス**……………１８９５年7月24日。17時00分（ＧＭＴ）。ウィンブルドン、イングランド。北緯51度25分、西経00度13分。Lois Rodden Astro data II AFA 1988. D.

**ボブ・ホーク**……………１９２９年12月9日。3時30分（ＡＣＳＴ）。ボーダータウン、南オーストラリア州。南緯36度19分、東経140度47分（オーストラリアの占星術師からの情報）。

**パティ・ハースト**……………１９５４年2月20日。18時01分（ＰＳＴ）。サンフランシスコ、米国。北緯37度47分。西経122度25分。アストロラーベのマッカイ・データセット。

**ヘンリー八世**…………………１４９１年7月7日。10時40分（ＬＭＴ）。グリニッジ、イングランド。北緯51度29分、西経00度00分。Lois Rodden Astro data II AFA 1988. AA.

**アドルフ・ヒトラー**…………………１８８９年４月20日。17時37分（ＧＭＴ）。ブラウナウ・アム・イン、オーストリア。北緯48度15分、東経13度02分。ブラックウェル。

**ジャンヌ・ダルク**…………………１４１2年1月6日。17時11分（ＧＭＴ）。ドンレミ、フランス。北緯46度26分、東経05度40分。ブラックウェル。

**ヨハネ・パウロ二世**…………………１９２0年5月18日。12時00分（ＣＥＴ）、ヴァドヴィツェ、ポーランド。北緯49度53分、東経19度30分。ブラックウェル。

**ジム・ジョーンズ**…………………１９３1年5月13日。22時00分(ＣＳＴ)。リン、インディアナ州、米国。北緯40度03分、西経84度56分。Lois Rodden Astro Data II AFA 1988. A.

**カール・ユング**…………………１８７5年7月26日。19時26分（ＧＭＴ）。ケスヴィル、スイス。北緯47度36分、東経09度20分。Lois Rodden Astro data II AFA 1988. DD.

**イマヌエル・カント**…………………１７２４年4月22日。2時16分（ＧＭＴ）。ケーニヒスベルク、ドイツ。北緯50度05分、西経10度34分。ブラックウェル。

**グレース・ケリー**…………………１９２９年11月12日。5時31分（ＥＳＴ）。フィラデルフィア、ペンシルベニア州、米国。北緯39度57分、西経75度10分。Lois Rodden Profiles of Women. AFA 1979.

**ジャッキー・ケネディ**……………１９２９年7月28日。14時30分（ＥＤＴ）。サウサンプトン、ニューヨーク州、米国。北緯40度53分、西経72度23分。Lois Rodden Profiles of Women. AFA 1979.

**ジョン・Ｆ・ケネディ**……………１９１７年5月29日。15時00分（ＥＳＴ）。ブルックライン、マサチューセッツ州、米国。北緯42度19分、西経71度08分。ブラックウェル。

**ヨハネス・ケプラー**………………１５７１年12月27日。14時01分（ＧＭＴ）。ヴァイル・デア・シュタット、ドイツ。北緯48度44分、東経08度53分。ブラックウェル。

**マーティン・ルーサー・キング**……１９２９年1月15日。12時00分（ＣＳＴ）。アトランタ、ジョージア州、米国。北緯33度45分、西経84度23分。ブラックウェル。

**スティーヴン・キング**……………１９４７年9月21日。1時30分（ＥＤＴ）。ポートランド、メイン州、米国。北緯43度39分、西経70度16分。Lois Rodden Astro data III. A.

**ヘンリー・キッシンジャー**…………１９２３年5月27日。5時30分（ＣＥＴ）。フュルト、ドイツ。北緯49度29分、東経11度00分。ブラックウェル。

**ジョン・レノン**……………………１９４０年10月9日。18時30分（ＢＳＴ）。リバプール、イングランド。北緯53度25分、西経02度58分。ブラックウェル。

**エイブラハム・リンカーン**…………１８０９年2月12日。12時40分（ＧＭＴ）。ホーゲンヴィル近郊、ケンタッキー州、米国。北緯37度35分、西経85度45分。ブラックウェル。

**ニッコロ・マキャベリ**……………１４６９年5月2日。22時23分07秒（ＧＭＴ）。フィレンツェ、イタリア。北緯43度46分、東経11度15分。ブラックウェル。

**ネルソン・マンデラ**…………………１９１８年7月18日。14時54分（ＥＥＴ）。ウムタタ、南アフリカ連邦。南緯31度35分、東経28度47分。Considerations Vol. X no.2. April 1995.

**カール・マルクス**……………………１８１８年5月5日、1時33分24秒（ＧＭＴ）。トリアー、ドイツ。北緯49度46分、東経06度39分。ブラックウェル。

**ミケランジェロ**………………………１４７５年3月6日。1時00分30秒（ＧＭＴ）。カプレーゼ、イタリア。北緯43度39分、東経11度39分。ブラックウェル。

**マリリン・モンロー**…………………１９２６年6日1日。9時30分（ＰＳＴ）。ハリウッド、カリフォルニア州、米国。北緯34度06分、西経118度21分。ブラックウェル。

**マザー・テレサ**………………………１９１０年8月27日。14時25分（ＣＥＳＴ）。スコピエ、ユーゴスラビア。北緯41度59分、東経21度26分。Lois Rodden Astro Data III AFA 1986. C.

**ヴォルフガング・アマデウス・モーツァルト**……１７５６年1月27日。19時21分（ＧＭＴ）。ザルツブルク、オーストリア。北緯47度48分、東経13度03分。ブラックウェル。

**ベニート・ムッソリーニ**……………１８８３年7月29日。13時10分25秒（ＧＭＴ）。ドヴィア、イタリア。北緯44度15分、東経12度12分。ブラックウェル。

**アイザック・ニュートン卿**……………１６４３年1月4日。1時38分（ＧＭＴ）。ウールズソープ、イングランド。北緯52度48分、西経00度37分。ブラックウェル。

**ジャック・ニコルソン**……………１９３７年4月22日、11時00分（ＥＳＴ）。ネプチューン、ニュージャージー州、米国。北緯40度13分、西経74度01分。Lois Rodden Astro Data II AFA 1988. A.

**ローレンス・オリヴィエ**……………１９０７年5月22日。5時00分（ＧＭＴ）。ドーキング、イングランド。北緯51度14分、西経00度20分。ブラックウェル。

**パブロ・ピカソ**……………………１８８１年10月25日。23時15分（ＬＭＴ）。マラガ、スペイン。北緯36度43分、西経04度25分。Lois Rodden Astro Data II AFA 1988. DD.

**バグワン・シュリ・ラジニーシ**………１９３１年12月11日。17時13分（ＩＳＴ）。ガダルワラ、インド。北緯22度55分、東経78度47分。出典なし。時間不使用。

**クリストファー・リーブ**……………１９５2年9月25日。3時30分（ＥＤＴ）。ニューヨーク、ニューヨーク州、米国。北緯40度45分、西経73度57分。Lois Rodden Astro Data II AFA 1988. A.

**ウィリアム・シャトナー**……………１９３１年3月22日。4時00分（ＥＳＴ）。モントリオール、カナダ。北緯45度31分、西経73度34分。Lois Rodden Astro Data III AFA1986. A.

**ジョージ・バーナード・ショー**………１８５６年7月26日。1時05分（ＧＭＴ）。ダブリン、アイルランド。北緯53度20分、西経06度15分。ブラックウェル。

**メアリー・シェリー**……………………１７９７年８月30日。23時20分（ＧＭＴ）。ロンドン、イングランド。北緯51度31分、西経00度06分。ブラックウェル。

**Ｏ・Ｊ・シンプソン**……………………１９４７年７月９日。８時08分（ＰＳＴ）。サンフランシスコ、カリフォルニア州、米国。北緯37度47分、西経122度26分。Lois Rodden Astro Data II AFA 1988. AA.

**スーパーマン**……………………１９４０年２月12日。17時15分(ＥＳＴ)。ニューヨーク、ニューヨーク州、米国。北緯40度45分、西経73度57分。Lois Rodden Astro Data III AFA 1986. A.

**エリザベス・テイラー**……………………１９３２年２月27日。２時00分（ＧＭＴ）。ロンドン、イングランド。北緯51度31分、西経00度06分。ブラックウェル。

**アルフレッド・テニスン卿**……………………１８０９年８月６日。00時06分28秒（ＧＭＴ）。サマズビー、イングランド、北緯52度55分、西経00度22分。ブラックウェル。

**マーガレット・サッチャー**……………………１９２５年10月13日。９時00分（ＧＭＴ）、グランサム、イングランド。北緯52度55分、西経00度39分。ブラックウェル。

**毛沢東**……………………１８９３年12月26日。７時30分（ＬＭＴ）。湘潭県、中国。北緯27度55分、東経112度47分。ブラックウェル。

**トランス・ワールド航空便墜落事故**……１９９６年７月17日。20時02分（ＥＤＴ）。ニューヨーク、ニューヨーク州、米国。北緯40度40分、西経73度47分。当時の新聞から。

**フィンセント・ファン・ゴッホ**………１８５３年3月30日。10時41分20秒（ＧＭＴ）。ズンテルト、オランダ。北緯51度28分、東経04度40分。ブラックウェル。

**ジュール・ベルヌ**…………１８２８年2月8日。12時20分（ＧＭＴ）。ナント、フランス。北緯47度13分、西経01度33分。ブラックウェル。

**ウィリアム・ワーズワース**………１７７０年4月7日。22時15分24秒（ＬＭＴ）。コッカーマス、イングランド。北緯54度40分、西経03度21分。ブラックウェル。

## 付録G：星のガイド

この星の早見表は、星を素早く見つけられ、それぞれの星の簡単な意味がわかるようになっています。

| | | | |
|---|---|---|---|
| アケルナル | エリダヌス座 | アルファ星 | 危機 |
| アクルックス | みなみじゅうじ座 | アルファ星 | 物事を実現させる |
| アキュベンス | かに座 | アルファ星 | 生命への愛 |
| アキュレウス | さそり座 | M6 | 人を強くする攻撃 |
| アキュメン | さそり座 | M7 | 人を弱くする攻撃 |
| アゲナ | ケンタウルス座 | ベータ星 | 学ぶことの苦痛 |
| アルシオン | おうし座 | エータ星 | 内なる洞察だが判断力がある |
| アルデバラン | おうし座 | アルファ星 | 強い誠実さ |
| アルデラミン | ケフェウス座 | アルファ星 | 男性主権 |
| アルゴル | ペルセウス座 | ベータ星 | 女性の激しい情熱 |
| アルヘナ | ふたご座 | ガンマ星 | 強い信念をもつ |
| アルケス | コップ座 | アルファ星 | なにか大切なものを運ぶ |
| アルニラム | オリオン座 | イプシロン星 | オリオンのベルト |
| アルファード | うみへび座 | アルファ星 | 無意識の感情 |
| アルフェッカ | かんむり座 | アルファ星 | 冠を授かる |
| アルフェラッツ | アンドロメダ座 | アルファ星 | 自由と動き |
| アル・リシャ | うお座 | アルファ星 | 物事をひとつに集める |
| アルタイル | わし座 | アルファ星 | 大胆さと決断 |
| アンカー | ほうおう座 | アルファ星 | 超越する、変容する |

| | | | |
|---|---|---|---|
| アンタレス | さそり座 | アルファ星 | 強迫観念を避ける必要性 |
| アルクトゥルス | うしかい座 | アルファ星 | 先駆者 |
| ベラトリックス | オリオン座 | ガンマ星 | 影をとおしての成功 |
| ベテルギウス | オリオン座 | アルファ星 | 成功 |
| カノープス | りゅうこつ座 | アルファ星 | 航海者、先駆者 |
| カペラ | ぎょしゃ座 | アルファ星 | 独立への欲求 |
| カプルス | ペルセウス座の星雲 | | 男性の激しい情熱 |
| カストール | ふたご座 | アルファ星 | 知的な作家 |
| デネブ・アディジェ | はくちょう座 | アルファ星 | 気づきたいという意欲 |
| デネブ・アルゲディ | やぎ座 | デルタ星 | 法律が与える |
| デネボラ | しし座 | ベータ星 | 権威の外にいる |
| ディアデム | かみのけ座 | アルファ星 | 女性の犠牲 |
| ドゥーベ | おおぐま座 | アルファ星 | 静かな強さ |
| エル・ナト | 牡牛座 | ベータ星 | 武器 |
| ファーシーズ | いて座 | M22 | 無慈悲さ |
| フォーマルハウト | みなみのうお座 | アルファ星 | 人道主義的、詩的 |
| ハマル | おひつじ座 | アルファ星 | みずからの道に従う |
| マルカブ | ペガスス座 | アルファ星 | 安定している |
| メンカル | クジラ座 | アルファ星 | 集合無意識に影響される |
| ミルファク | ペルセウス座 | アルファ星 | 若い男性のエネルギー |
| ミラク | アンドロメダ座 | ベータ星 | 受容的である、豊穣である |
| ムルジム | おおいぬ座 | ベータ星 | メッセージを運ぶ |

| | | | |
|---|---|---|---|
| ファクト | はと座 | アルファ星 | 未知の水域を探検する |
| ポラリス | こぐま座 | アルファ星 | 感情的または育成する使命 |
| ポルックス | ふたご座 | ベータ星 | 感情的な作家 |
| プロキオン | こいぬ座 | アルファ星 | 長続きしない機会 |
| ラス・アルゲティ | ヘルクレス座 | アルファ星 | 秩序を求める |
| ラス・アルハゲ | へびつかい座 | アルファ星 | 治療者 |
| レグルス | しし座 | アルファ星 | 復讐を避ける必要性 |
| リゲル | オリオン座 | ベータ星 | 教育者 |
| ルクバト | いて座 | アルファ星 | 着実さと一貫性 |
| サダルメルク | みずがめ座 | アルファ星 | 王のなかの幸運な者 |
| サダルスード | みずがめ座 | ベータ星 | 幸運中の幸運 |
| シェアト | ペガスス座 | ベータ星 | 知性への愛 |
| シェダル | カシオペア座 | アルファ星 | 女性主権 |
| シリウス | おおいぬ座 | アルファ星 | 不死の炎 |
| スピカ | おとめ座 | アルファ星 | 才能、才能を授かっていること |
| スアロキン | いるか座 | アルファ星 | みずからの分野の達人である |
| トゥバン | りゅう座 | アルファ星 | 宝物を守る |
| トリマン | ケンタウルス座 | アルファ星 | 他者に広めたいという願望 |
| ヴェガ | こと座 | アルファ星 | カリスマ性 |
| ヴィンデミアトリクス | おとめ座 | イプシロン星 | 収集家 |
| ゾスマ | しし座 | デルタ星 | 犠牲者 |
| ズベン・エルゲヌビ | てんびん座 | アルファ星 | 個人の利益を目的としない社会改革 |
| ズベン・エシャマリ | てんびん座 | ベータ星 | 個人の利益のための社会改革 |

# 参考文献


Al-Biruni. *The Book of Instruction in the Elements of the Art of Astrology*. Ramsey Wright, trans. London: R. Lusac, 1934.

Alexander, H.B. "*North American Mythology*" in *Mythology of All Races*, vol. 10. Boston, 1916.

Allen, Richard Hinckley. *Star Names: Their Love and Meaning*. New York: Dover, 1963.

Anonymous of 379. *The Treatise on the Bright Fixed Stars*. Robert Schmidt, trans. Berkeley Springs, WV: Golden Hind Press, 1994.

Ashmad, J. M., trans. *Ptolemy's Tetrabiblos*. London: Foulsham, 1917.

Baring, A and Cashford, J. *The Myth of The Goddess*. London: Arkana, 1993.

Beck, Lewis White, ed: *Immanuel Kant Selections*. New York: Macmillan, 1988.

Bierlein, J. F. *Parallel Myths*. New York: Ballantine Books, 1994.

Blake, John F. *Astoronomical Myths*. London, 1877.

Branley, Franklin M. *Experiments in Sky Watching*. London: Faber & Faber, 1962.

Brennan, Martin. *The Stars and the Stones*. London: Thames & Hudson, 1983.

Brewer, E. Cobham. *Brewer's Concise Dictionary of Phases & Fable*. London: Cassell, 1992.

Budge, Wallis E. A., trans. *The Egyptian Book of the Dead*. New York: Dover, 1967.

———. *The Gods of the Egyptians* 2 vols. New York: Dover, 1969.

Bulfinch, Thomas. *Myths of Greece and Rome*. New York: Penguin, 1979.

Caldecott, Moyra. *Women in Celtic Myth. Rochester*. VT: Destiny, 1992.

Campbell, Joseph. *The Hero with a Thousand Faces*. London: Paladin, 1988.

Chetwynd, Tom. *The Age of Myth*. London: Mandala, 1991.

———.*Dictionary of Sacred Myth*. London: Aquarian/Thorsons, 1994.

Cooper, Jason D. *Mithras*. York Beach, ME: Samuel Weiser, 1996.

Crowley Aleister. *777 and Other Qabalistic Writings of Aleister Crowley*. York Beach, ME: Samuel Weiser, 1977.

Davidson, Norman. *Astronomy and the Imagination*. New York: Routledge & Kegan Paul, 1985.

Davies, W. V. *Egyptian Hieroglyphs*. London: Berkeley, 1987.

de Santillana, Gergio, and von Dechend, Hertha. *Hamlet's Mill*. Boston: Non-pareil, 1977.

Dorotheus of Sidon. *Carmen Astrologicum*. David Pingree, trans. Mansfield, England: Ascella, 1993.

Durdin-Robertson, Lawrence. *The Year of the Goddess*. London: Aquarian, 1990.

Ebertin, Reinhold and Hoffman, Georg. *Fixed Stars and their Interpretation*. Tempe, AZ: AFA, 1971.

Ellis, P. B. *Dictionary of Celtic Mythology*. London: Constable, 1993.

Filsinger, Tomas J. *Manual Notes and Tables for the Map of the Universe*, Berkeley, CA: Celestial Arts, 1988.

Gantz, J., trans. *The Mabinogion*. London: Penguin, 1976.

Graves, Robert. *The Greek Myths*. 2 vols. London: Penguin, 1960.

———. *The White Goddess*. London: Faber & Faber, 1988.

Green, Miranda J. *Dictionary of Celtic Myth and Legend*. London: Thames & Hudson, 1992.

Greene, Liz. *The Astrology of Fate. York Beach*, ME: Samuel Weiser, 1984.

Gregory, Lady. *Gods and Fighting Men*. Gerrads Cross, England: Colin Smythe, 1970.

————. *Cuchulain of Muirthemne*. Gerrards Cross, England: Colin Smythe, 1990.

Grimal, Pierre. *The Dictionary of Classical Mythology*, A. R. Maxwell-Huslop. trans. Cambrige: Blackwell Reference, 1986.

Guerber, H. A. *The Myths of Greece and Rome*. London: Harrap, 1991.

Hawking, Stephen W. *A Brief History of Time*. New York: Bantam, 1988.

Hinnells, John R., ed. T*he Penguin Dictionary of Religions*. London: Penguin, 1984.

Jacson, K. H. *A Celtic Miscellany*. London: Penguin, 1971.

Jobes, Gertrude, and James. *Outer Space: Myths, Name Meanings*, Calendars. New York: Scarecrow, 1964.

Johnson, Robert A. *Owing Your Own Shadow*. San Francisco: HarperSanFrancisco, 1991.

Jones, Steve. *The Language of the Genes*. London: Flamingo, 1994.

Kinsella, Thomas. *The Tain. Oxford: Oxford University Press*, 1989.

Koltuv, Barbara Black. *The Book of Lilith*. York Beach, ME: Nicolas-Hays, 1986.

La Caille, N. Louis de. *A Catalogue of 9766 Stars in the Southern Hemisphere*. London, 1847.

Layard, John. *The Lady of the Hare*. Boston: Shambhala, 1988.

Levi-Strauss, Claude. *Anthropology and Myth*. Oxford: Basil Blackwell, 1984.

Lilly, William. *Christian Astorology*. London: Reglus, 1985.

Lockyer, Norman. J.*The Dawn of Astronomy*. Kila, MT: Kessinger, 1992.

Luce, J. V. *An Introduction to Greek Philosophy*. London: Thames & Hudson, 1992.

Mackey, Samson A. *Mythological Astronomy of the Ancients*. Minneapolis: Wizard's Bookshelf, 1992.

Magnusson, Magnus. *BC—The Archaeology of the Bible Lands*. London: British Broadcasting Corporation, 1977.

Mair, A. W. and G. R., trans. *Callimachus, Lycophron, Aratus*. Cambridge: Harvard University Press, 1989.

Malin, Stuart. *The Greenwich Guide to Stars, Galaxies, and Nebulae*. London: George Philip, 1989.

Mann, A. T. *Sacred Architecture*. Shaftesbury, England: Element, 1993.

Mann, Christopher, prod. "The Great Pyramid" Documentary on BBC, 1994.

Ma'sar Abu. *The Abbreviation of the Introduction to Astrology*. K. Ch. Burnett and M. Yano, trans. New York: J.E. Brill, 1994.

Maternus, Firmicus the Mathesis. *Ancient Astrology: Theory and Practice*. Jean Rhys Bram, trans. Park Ridge, NJ: Noyes, 1975.

Michell, John. *At the Center of the World*. London: Thames & Hudson, 1994.

Murname, William J. *The Penguin Guide to Ancient Egypt*. London: Penguin, 1983.

*New Larousse Encyclopedia of Mythology*. London: Hamlyn, 1968.

Plato. *Critias. Desmond Lee*, trans. London: Penguin, 1977.

————.*Laws Book V*. Benjamine Jowett, trans. Electronic publication on internet.

————.*Timaeus*. Desmond Lee, trans. London: Penguin, 1977.

Poynder, Michael. *Pi in the Sky*. London: Rider, 1992.

Ptolemy, Claudius. *The Almagest*. Chicago: Britannica, Great Books of the World, 1985.

———. *The Phases of the Fixed Stars*. Robert Schmidt, trans. Berkeley Springs, WV: Golden Hind Press, 1994.

———. *Tetrabiblos*. Robert Schmidt, trans. Berkeley Springs, WV: Golden Hind Press, 1994.

Ramesey, William. *Astrology Restored*. 1653. Reprint: Adelaide, Australia: Adelaide Publication and Reprints, 1995.

Rigor, Joseph E. *The Power of Fixed Stars*. Hammond, IN: Astrology and Spiritual Center, 1978.

Robson, Vivian E. *The Fixed Stars and Constellations in Astrology*. York Beach, ME: Samuel Weiser, 1984.

Rodden, Lois M. *Profiles of Crime*. Yucaipa, CA: Data News Press, 1982.

———.*Profiles of Women*. Tempe, AZ: AFA, 1979.

Ronan, Colin A. *The Skywatcher's Handbook*. London: Corgi, 1985.

Room, Adrian. *Dictionary of Astronomical Names*. New York: Routledge, 1988.

Sarjeant, W.M.C. Eldon, ed. *The Astrologer's Guide: Anima Astrogiae*. London: Regulus, 1986.

Saulnier, S. *Observations on the Circular Zodiac of Denderah*. London, n.d.

Sellers, J.B. *The Death of Gods in Ancient Egypt*. London: Penguin, 1992.

Settegast, Mary. *Plato Prehistorian*, New York: Lindisfarne, 1986.

Spence, Lewis. *The Mysteries of Britain*. North Hollywood, CA: Newcastle, 1993.

Stalley, R. F. *An Introduction to Plato's Laws*. Oxford: Basil Blackwell, 1983.

Stewart, R. J. *Celtic Gods, Celtic Goddesses*. London: Blandford, 1990.

Stott, Carole. *Celestial Charts: Antique Maps of the Heavens*. London: Studio Editions, 1991.

Tennant, Catherine. *The Box of Stars*. London: Chatto & Windus, 1993.

Von Hagen, V. W. *The Ancient Sun Kingdoms of the Americas*, London: Thames & Hudson, 1962.

Walker, Barbara. *The Woman's Encyclopedia of Myths and Secrets*. San Francisco: HarperSanFrancisco, 1983.

Wilkinson, R. *Reading Egyptian Art*. London: Thames and Hudson, 1992.

## 訳者あとがき

本書を手に取っていただきありがとうございます。

ベルナデット・ブレイディ氏の恒星占星術についての書籍の二冊目です。

実際には、原書の出版は逆の順番になっています。前作の『ブレイディの恒星占星術』は占いにすぐ使用できる実用書的な書籍です。一方で、『本書（原書は一九九八年出版）』は恒星を使用した占星術の基となっている歴史、哲学、星の神話について詳述されています。一冊目の本を読んで占いに使用されている方も、ぜひ背景となっているブレイディ氏の思想と、より詳しい恒星の神話にご興味を持っていただければ幸いです。

「私たちが結論の型に行きつけば、惑星に動かされた占星術から恒星を復活させることに力をいれましょう、心理学的なるつぼの底の捨てられた破片よりも、恒星を中心的な教義にするのです。私たちは恒星を占星術にとり戻すことが可能です。それぞれの人間の精神は満天の空であり、自らの静寂のポイントである神聖な北極点を中心としているのです」（本文より）

占星術は星の学問（Astrology）でした、しかし、時代をへて、太陽系に閉じ込められた惑星学になりました。ブレイディ氏の恒星占星術は占星術に星を取り戻す行為です。平面的なホロスコープを、出生地の場所から空を見ている立体的な状態にしたのが、恒星占星術なのです。

欧米では西洋占星術の研究者、実践家によるセミナーが開催され、専門雑誌が発行されています。そこでは研究者が新しい学説、新しい占いの技法を発表し、オープンに議論が行われてきました。ブレイディ氏の恒星占星術もその流れから一九九〇年代に発表されました。西洋占星術は時代によって変化し、開かれた知性によって新しい占星術の技法が産まれます。

恒星占星術を知ることで占星術の起源と歴史について考えるきっかけとなります。恒星パランとヒライアカルライジング、セッティングは技法としての分かりやすさ、面白さがあります。それだけではなく、恒星の神話や伝説を知ることで、古代人の世界観、神話、哲学を紐解くヒントになるでしょう。

最後に本書の出版をしてくださった太玄社社長・今井博揮様、編集者の西尾厚様。そして Anthem Akira 様に御礼を申し上げます。誠にありがとうございました。

二〇二四年〇月

さくらいともみ

## 本書と『ブレイディの恒星占星術』との違い

『ブレイディの恒星占星術』では64個全ての星にヒライアカルライジング、セッティング、パランがありました。本書では星によってはヒライアカルライジングがなく、パラン表がない場合があります。特にポラリス、ドゥーベ、アルデラミン、トゥバンといった北極圏に位置する星にパラン表がありません。

一等星ではない弱い光の星はヒライアカルライジングではなく、コスミックライジングとされています。ヒライアカルライジングとコスミックライジングに解釈の違いはありません。

コスミックライジングは太陽の光で星が見えないが、東の空に太陽と共に上昇しているという状態です。『ブレイディの恒星占星術』ではコスミックライジングの表記はほぼありません。光の弱い星であっても、全てヒライアカルライジングとされています。

本書ではノード（ドラゴンヘッド）は使用しないと言及されていますが、『ブレイディの恒星占星術』ではノードと全ての恒星パランの組み合わせが記載されています。本書と『ブレイディの恒星占星術』を比べると後者では理論が確定しており、ソフトウエアも作られています。というのも本書は一九九八年に発刊された書籍であり、細部は当時未検証でした。しかしながら本書では、恒星占星術の背景になる思想がより深く記述されています。

『ブレイディの恒星占星術』は占いの実践向けの書籍であるのにたいし、本書は神話や哲学についての記述が多く、恒星を占星術に使用するための心構えを知るという意味においても貴重な書籍です。

恒星占星術のソフトウエア（Starlights）は次で購入可能です。

https://zyntara.com/

【さくらいともみ：西洋占星術家。子供のころから占星術、神秘学に興味を持つ。翻訳書に『ブレイディの恒星占星術』（太玄社）。恒星占星術の講座を開講している。

X（Twitter）➡ https://twitter.com/cerisewell】

著者について

**ベルナデット・ブレイディ**はオーストラリア占星術協会（ＦＡＡ）の会員であり、一九八六年から一九九八年までＦＡＡ審査委員会のメンバーでした。彼女は占星術師としての教育と資格取得に特化したオーストラリア最大の占星術学校のひとつである「アストロ・ロゴス」の共同校長です。彼女のこれまでの出版物には、占星術のソフトウエアパッケージJigsaw（Astrolabe社）、*The Eagle and the Lark: A Textbook of Predictive Astrology*（Weiser, 1992）および占星術雑誌のさまざまな記事があります。一九九二年にブレイディは話し言葉と書き言葉における優秀さにたいしてＦＡＡの第一回サザンクロス賞を受賞しました。一九九六年にはサロス周期、グラフィックな時間補正（レクティフィケーション）と恒星に関する独自の業績にたいしてＦＡＡのサザンクロス研究賞を受賞しました。彼女はオーストラリアに在住し研究していますが、ニュージーランド、英国、アイルランド、カナダ、ヨーロッパ、米国で講演を行っています。米国で三年ごとに開催される有名な合同占星術会議（ＵＡＣ）でも講演しています。

ブレイディの恒星占星術の基礎——恒星の神話、伝説、哲学

2025年1月30日　初版発行

著　者——ベルナデット・ブレイディ
訳　者——さくらいともみ
装　幀——山添創平
編　集
本文DTP——西尾 厚

発行者——今井博揮
発行所——株式会社太玄社
TEL：03－6427－9268　FAX:03－6450－5978
E-mail：info@taigensha.com　HP：https://www.taigensha.com/

発売所——株式会社ナチュラルスピリット
〒101-0051　東京都千代田区神田神保町3-2 高橋ビル2階
TEL：03－6450－5938　FAX:03－6450－5978

印　刷——創栄図書印刷株式会社


ISBN 978-4-86813-002-4 C0011